教育部人文社会科学重点研究基地黑龙江大学俄罗斯语言文学与文化研究中心"**百年文库**"
国家社科基金项目（11BYY123）
黑龙江省高校哲学社会科学学术创新团队建设计划（TD201201）

俄语动词认知隐喻机制研究

彭玉海 ◎ 著

中国社会科学出版社

图书在版编目(CIP)数据

俄语动词认知隐喻机制研究 / 彭玉海著 . —北京：中国社会科学出版社，2018.2

ISBN 978-7-5203-1864-8

Ⅰ. ①俄⋯　Ⅱ. ①彭⋯　Ⅲ. ①俄语–动词–隐喻–研究　Ⅳ. ①H355

中国版本图书馆 CIP 数据核字（2017）第 330203 号

出 版 人	赵剑英	
责任编辑	任　明	
责任校对	石春梅	
责任印制	李寡寡	

出　　版	中国社会科学出版社	
社　　址	北京鼓楼西大街甲 158 号	
邮　　编	100720	
网　　址	http://www.csspw.cn	
发 行 部	010-84083685	
门 市 部	010-84029450	
经　　销	新华书店及其他书店	
印刷装订	北京君升印刷有限公司	
版　　次	2018 年 2 月第 1 版	
印　　次	2018 年 2 月第 1 次印刷	
开　　本	710×1000　1/16	
印　　张	32	
插　　页	2	
字　　数	520 千字	
定　　价	98.00 元	

凡购买中国社会科学出版社图书，如有质量问题请与本社营销中心联系调换
电话：010-84083683
版权所有　侵权必究

前　言

　　人的语言意识和语言思维同隐喻、认知密不可分，认知隐喻成为语言语义建构、语义衍生的基本法则和重要途径，隐喻研究相应成为词汇语义研究和认知语义研究的显学。在语言分析与理解、语言综合与运用的创造性思维过程中，人们常常会基于自身认知行为能力，通过一个意义、一个概念域来认识和表现另一意义、另一概念域的现实事物对象（包括事物、行为、现象、状态、过程、关系、性能等），其内涵方式与外化机理逐步演进为人的基本语言智识、信念与语言行为哲学。因此，隐喻被视为是实现人类思维想象与语言语义张力的理想认知模式。认知隐喻的一个显著特点是具有涉身经验性与心理连通性、空间联觉性与动觉输传性。现实生活中，行为、动作、活动是基本的行动意识关联体，反映在语言和思维表征上，这些概念结构内容会激活、调动人的动作思维联想和以此喻彼的意义表达意愿，即以熟悉的、贴己性强的动作行为来表现和具化陌生的、及己性差的动作行为（包括抽象行为和一些具体行为），这种隐喻意识与"隐喻具身性（metaphorical embodiment）"仿佛为人们提供了描绘动作认知心理体悟的彩笔，使人对行为世界的理解与表征有了多姿多彩的概念化语义呈现方式，而这恰如其分地反映出人的隐喻语义意识和动作思维特性与奥秘，促发语言、交际中大量的动作事件隐喻存在，而语言中的动词隐喻及相应的喻义衍生也由此应运而生。本课题正是以动词为载体，就语言认知隐喻理论问题进行探讨，并藉此研究语言认知的意义活动与产出机制。

　　课题研究是结合认知语言学理论、心智哲学理论对俄语语义学的一次创新性探索和开掘，同时也是深入识解俄语认知语义学理论前沿问题的一次有益尝试。课题的重点和核心议题是以俄语动词为对象物，对俄语词汇多义语义衍生及相关的认知隐喻机制展开研究。课题研究的基本理论线索为：俄语动词隐喻的结构组成→语义功能及语义变异→认知意象建构→认知概念域映射→模式化操作（语义衍生）→形式化描写。它以动词这一重要而独特的语言载体切入有关隐喻认知理论问题、建立起俄语动词隐喻的理论框架、体系，同时在该隐喻理论支持下深入探察俄语动词认知语义问题，分析隐喻对动词语义功能的影响、隐喻形成的动词各种语义变化、动词语义迁移、多义语义衍生模式，探解动词隐喻的认知机制、认知模式，具体对不同类别动词的隐喻意义操作机制展开分析，并对动词喻义的形式实现问题进行探讨、通过典型的俄语动词喻义的形式实现展示隐喻认知语义的句法特征行为和句法描写机制。相应本书内容分8个部分。第一部分首先廓清动词隐喻理论中的基本结构关系，对俄语动词隐喻进行基本结构分解和概念成分的分析；第二部分对俄语动词隐喻的语义功能进行阐释；第三部分对俄语动词隐喻"语义变异"机制加以讨论；第四部分对不同动作概念域之间的认知映射这一动词隐喻运作核心和基本方式、手段展开详细分析、讨论；第五部分对俄语动词隐喻的认知运作——隐喻模式问题进行探讨；第六部分分别以物为动词、感知动词、言语动词、思维动词、情感动词为实体，对俄语动词隐喻机制展开具体分析和实证研究；第七部分对俄语动词隐喻意义的形式实现问题进行剖析、研察；第八部分对课题研究作出归纳、总结，得出相应研究结论。课题研究有力诠释并验证了语言思维的认知纵深与意义运作潜势，充分展现了语言中"人"的主体性及语言语义的认知隐喻属性，揭示出隐喻之于人这一语言主体其实就是一种基本的语义能力（语义行动力），显示出动词隐喻具有极强的（认知）事象创意性与语义表现建树性，表明有关动词隐喻机制的研究也是对人的语言认知规律和认知思维特点的深层观察与审视，将从认知层面上极大推动人类语言意义机制以及自然语言实质问题的理论探索。

　　方法论意义和价值上讲，本课题有关俄语动词认知隐喻机制的研究结论可用于指导俄语形容词、名词等的认知语义研究，同时对于汉语动词词汇隐喻、概念隐喻以及认知语法的研究也有一定的借鉴作用和启迪性，一定程度上丰富和充实了语言词汇语义与认知语义的研究，展示出其突出的理论意义和价值。另一方面，课题研究结论可用于指导俄、汉语词汇实践教学，启发和促动教师有目的地培养学生的隐喻能力，帮助学生明白动词多义的来龙去脉及其背后隐匿的语言认知机制与奥妙，使其真正从意义关系的本源上认清动词语义衍生的认知实质、从概念语义的心智特点与经验结构层面领会和把握特定动词的语义特点和用法，对于语言表达和驾驭能力与言语交际能力的提高具有显著价值，它将有助于语言运用者学会如何去丰富和甄选动词词汇以反映复杂多变的现实动作事况及相应的行为意象与心理现实。这些都很好地彰显出本课题研究的实际运用价值。此外，相关研究结论有益于词汇信息库、词汇语义动态模式的构建，可为自然语言信息处理、语言机器翻译和机器词典的编纂带来积极启示。

专著系国家社科基金项目"俄语动词隐喻机制研究"（项目编号：11BYY123，结项等级为良好）、黑龙江省高校哲学社会科学学术创新团队建设计划"俄语语言学创新研究"（项目编号：TD201201）的研究成果。专著的出版得到了黑龙江大学重点建设与发展工作处的鼎力支持与帮助，同时也得到了中国社会科学出版社的大力协助。谨此深致谢忱！

彭玉海

识于 2017 年 6 月

目　　录

绪论 ………………………………………………………………… (1)
第一章　俄语动词隐喻理论分析：结构解剖及语义功能 ………… (12)
　第一节　俄语动词隐喻相似性 ………………………………… (14)
　　一　俄语动词隐喻相似性的内涵 …………………………… (15)
　　二　俄语动词隐喻相似性的实质 …………………………… (25)
　　三　俄语动词隐喻相似性类型（具体表现）……………… (29)
　　四　小结 ……………………………………………………… (38)
　第二节　俄语动词隐喻语义错置 ……………………………… (39)
　　一　动词隐喻的语义错置问题 ……………………………… (40)
　　二　隐性错置 ………………………………………………… (45)
　　三　显性错置 ………………………………………………… (54)
　　四　动词隐喻语义错置与选择限制 ………………………… (61)
　　五　小结 ……………………………………………………… (62)
　第三节　俄语动词隐喻意象图式 ……………………………… (64)
　　一　俄语动词隐喻意象图式的内涵 ………………………… (65)
　　二　俄语动词隐喻意象图式的特征 ………………………… (68)
　　三　俄语动词隐喻意象图式的基本类型 …………………… (71)
　　四　俄语动词隐喻意象图式的认知运作 …………………… (78)
　　五　小结 ……………………………………………………… (82)
　第四节　俄语动词隐喻概念结构与认知域 …………………… (82)
　　一　动词隐喻概念结构 ……………………………………… (83)
　　二　动词隐喻概念结构与认知域 …………………………… (93)
　　三　动词隐喻概念结构的操作和表现机制 ………………… (95)
　　四　小结 ……………………………………………………… (100)

第五节　俄语动词隐喻的语义性能 ……………………………（100）
　　　一　动词隐喻的基本语义性能 …………………………………（101）
　　　二　动词隐喻的评价语义特征 …………………………………（105）
　　　三　动词隐喻的本体—喻体互动语义关系 ……………………（110）
　　　四　动词隐喻的否定语义特征 …………………………………（113）
　　　五　动词隐喻的语义凸显功能 …………………………………（119）
　　　六　小结 …………………………………………………………（122）
　　本章小结 ……………………………………………………………（122）
第二章　俄语动词隐喻的语义变异机制 …………………………（124）
　　第一节　动词隐喻中的语义变异 …………………………………（125）
　　第二节　俄语动词隐喻中的语义剥离 ……………………………（127）
　　　一　行为意志活动性的剥离 ……………………………………（127）
　　　二　行为活动方式、工具的剥离 ………………………………（129）
　　第三节　俄语动词隐喻中的语义增生 ……………………………（130）
　　第四节　俄语动词隐喻语义成素的各种变异 ……………………（132）
　　　一　对客体作用方式的变化 ……………………………………（132）
　　　二　动作客体事物特点的变化 …………………………………（133）
　　　三　动作构件的变化 ……………………………………………（134）
　　　四　动作作用性质的变化 ………………………………………（136）
　　　五　情态—语用功能变异 ………………………………………（137）
　　第五节　俄语动词隐喻语义变异的协同性 ………………………（139）
　　本章小结 ……………………………………………………………（141）
第三章　俄语动词隐喻映射 ………………………………………（143）
　　第一节　动词隐喻中的认知映射 …………………………………（144）
　　第二节　具体域（或物理域）向抽象域的映射 …………………（148）
　　　一　"花掉、花光、花在……上、用在……上" ………………（150）
　　　二　"消逝、失去、不存在" ……………………………………（151）
　　　三　"回避、逃避、摆脱" ………………………………………（151）
　　　四　"脱离、退出、放弃、（被）开除<俗>" …………………（152）
　　　五　"专心致志地做……、埋头干……、沉浸于" ……………（152）
　　　六　"超过、赶过" ………………………………………………（153）
　　　七　"偏离、脱离" ………………………………………………（153）

第三节　一具体域向另一具体域的映射 …………………… (154)
　　　一　"移去、消失" ………………………………………… (158)
　　　二　"陷入、沉入、(脑袋等) 埋进、藏进" ………………… (158)
　　　三　"装得下、装进去" …………………………………… (159)
　　　四　"溢出、冒出、(锅等) 漫出" ………………………… (159)
　　　五　"延伸、伸向" ………………………………………… (159)
　　　六　"(人体或植物某部分) 长得特别大、光长……" …… (160)
　　第四节　具体域向"抽象性质具体域"的映射 ……………… (160)
　　本章小结 ………………………………………………………… (162)
第四章　俄语动词隐喻模式 ………………………………………… (164)
　　第一节　认知隐喻的模式化 …………………………………… (165)
　　第二节　俄语动词隐喻模式的内涵特质 ……………………… (167)
　　　一　结构隐喻在动词隐喻模式中的基本性 …………………… (168)
　　　二　动词隐喻模式中的二性隐喻 ……………………………… (169)
　　　三　动词隐喻模式的复合性 …………………………………… (174)
　　　四　动词隐喻模式中的隐喻映射 ……………………………… (176)
　　第三节　俄语动词结构隐喻模式 ……………………………… (177)
　　第四节　俄语动词方位隐喻模式 ……………………………… (181)
　　第五节　俄语动词本体隐喻模式 ……………………………… (185)
　　本章小结 ………………………………………………………… (190)
第五章　俄语动词隐喻意义的运作机制 …………………………… (191)
　　第一节　俄语物为动词隐喻意义机制 ………………………… (193)
　　　一　俄语空间物为动词的隐喻意义机制 ……………………… (194)
　　　二　其他典型物为动词的隐喻意义机制 ……………………… (232)
　　第二节　俄语感知动词隐喻意义机制 ………………………… (251)
　　　一　俄语感知动词隐喻意义次范畴化 ………………………… (252)
　　　二　俄语感知动词隐喻意义的认知机制 ……………………… (271)
　　　三　小结 ………………………………………………………… (328)
　　第三节　俄语言语动词隐喻意义机制 ………………………… (329)
　　　一　物理作用动词的言语活动隐喻意义 ……………………… (330)
　　　二　物理作用动词言语喻义的认知隐喻机制 ………………… (346)
　　　三　小结 ………………………………………………………… (362)

第四节　俄语思维活动动词及其隐喻意义机制 ………… （364）
　　一　俄语思维活动动词及其隐喻问题 ………………… （364）
　　二　思维活动意义动词的认知隐喻机制 ……………… （373）
　　三　小结 ………………………………………………… （387）
　第五节　俄语情感动词隐喻意义机制 …………………… （388）
　　一　俄语隐喻性情感动词的语义次范畴 ……………… （389）
　　二　俄语情感动词隐喻意义的认知机制 ……………… （410）
　　三　小结 ………………………………………………… （439）
　本章小结 …………………………………………………… （440）
第六章　俄语动词隐喻意义的形式实现机制 ……………… （442）
　第一节　动词隐喻意义的形式句法机制 ………………… （443）
　第二节　俄语动词隐喻意义形式实现 …………………… （444）
　　一　动词 уйти 基本义的形式特征 …………………… （445）
　　二　动词 уйти 隐喻义的形式实现机制 ……………… （446）
　　三　小结 ………………………………………………… （454）
　本章小结 …………………………………………………… （455）
结束语 ………………………………………………………… （457）
参考文献 ……………………………………………………… （466）

绪　　论

　　惟有透过隐喻，物质才得以呈现，
　　因为没有比较就没有存在，因为存在本身就是比较。

——О. Э. Мандельштам

　　自然语言有一个很大的特点，那就是同一动词性词汇往往有静态、动态意义及其各种变体意义方式和用法，语言词义系统因此而变得复杂化，而这一特征在动词多义性的隐喻意义机制中表现得尤为鲜明。隐喻是一种认知活动，同时也是自然语言表现的一种重要机制，语言词汇语义的拓展、延伸往往离不开隐喻[①]，"隐喻使知识的组织变得有效而有序，所以隐喻实际是人类重要的思维法则和概念性原则。隐喻总会增进我们对人的行为、知识和语言的理解"（Арутюнова，1998：372），"社会公众和个体对现实的心智阐释模型都建构于隐喻"（Лассан，2010：24），"隐喻是知识变化、更新的主要来源"（Bowdle & Gentner，1999：90），"隐喻延长了思想行为的半径，它是逻辑范畴中一种类似于鱼钩的工具"（Дубин，1991），"隐喻与其说决定于世界的本质，不如说是根植于人的特质"（Арутюнова，1990а：9）。应该说，认知语言学界对隐喻的关注由来已久，但目前，系统、深入、细致的描写和刻画并不多见，尤其是对语言中一些具体词汇语义类别的针对性、系统化研究做得还很不充分，"可借以对语言词汇系统中语言隐喻地位作出客观认识的大量词汇材料至今尚未得到分析"（Скляревская，1993：3），而动词的隐喻问题即类属其中。动词是事件语义的构架、命题结构的凝缩，在语言语义系统中占据重要地

[①] S. Ullmann 曾指出，"多义是人类话语的一个基本特征，它以多种方式出现"（Ullmann，1962：159），而隐喻则是其重要形式和理据，"一个词的词义发展往往是隐喻使用的结果，多数情况下隐喻是词义变化的助推器"（Sweetser，1990：8），"每一自然语言的语义都由大量各种各样的隐喻模式构成"（Андерсон，2006：72），"隐喻不是语言的表面现象，而是深层的认知机制"（胡壮麟，2005：64），"据统计，普通语言中大约70%的表达方式是源于隐喻概念"（赵艳芳，2001：106），其语义寓载与产出功能十分显赫。

位。作为高频出现的语汇，动词在反映现实和思想表现的语言实际中有着非常高的语义扩展、变化的需求，而其词义引申及多义衍生往往通过隐喻机制得以完成，因此它与隐喻结下不解之缘①，动词隐喻成为多元化、多视角、多层次研究动词语义及语言语义的一个重要入口和理论思想进路。另一方面，客观现实和语言运用实际中，动作事件的取样面相当丰富、细致，因为一个动作包含的信息量、信息元素远大于语言解释所能传递出的信息内容，其价值信息远超乎我们所能识别和分离、提取出来的信息量，这为动词隐喻认知语义的衍生提供了极大空间②，因此语言中许多动词具有一定隐喻意义，"表示人类最基本的具体行为活动的动作型动词大多具有隐喻性用法"（葛建民、赵芳芳，2010：46），"动词是最常用词类，动词的词义引申往往是隐喻所为"③（张建理、朱俊伟，2011：5），并且随着认知的拓展和深化，动词具有不断延射勾连、创建新的语义网络的可能，动词隐喻成为语言机制中一种基本的动作思维认知符号行为，它所蕴含的丰富而强大的语义机能和语言认知机理亟待全面、深入地探讨和挖掘。这些都对俄语动词隐喻机制的系统研究提出了现实而迫切的要求④。

---

① 对动作的认知表现有主观因素的深度介入，而"人的主观世界必然导致词义演变"（张绍全，2010：31—35），因此，动词隐喻在语言机制中异常活跃。

② 与此相关，俄罗斯语言学界将动词多义性的认知方法研究称为"全面化的认知方法"（холистический когнитивный подход）（Зализняк Анна，2004：21），这在 Плунгян（2001），Плунгян，Рахилина（1996，2000）中也有体现。

③ "动词是语言的核心词汇，是语言的灵魂。人类社会及客观世界中所有现象的描述都离不开动词。思维和语言表达对动词需求的无限性和语言中动词的有限性及人类思维的隐喻本质导致了大量动词的隐喻性用法。"（葛建民、赵芳芳，2010：43）

④ 俄罗斯语义学虽被一些学者视为"认知性质的语义学"（Зализняк Анна，2006：19），自 20 世纪 70 年代以来在隐喻研究的理论方向、理论体系建设上有所建树（参见王松亭 1999a：40-44），但在动词隐喻理论研究方面存在很大不足，并且"各种隐喻转义的语义实质总体上没有得到充分研究"（Шмелев，2007：231），很多方面落后于西方语言学界，多数还停留在传统的修辞方面的谈论裹足不前，把它同概念隐喻理论、同认知语言学结合起来，展开系统化深入研究的不多，而有针对性地将其下放到词汇中进行实证分析和考察的则更为少见。即使晚近异军突起的沃罗涅日大学认知语义学派引进了西方的表征、图式、概念、框架、场景等理论来分析俄语语言世界图景，阐释语义的认知过程，但同实质性的词汇认知隐喻分析还是存在较大距离（参见 Попова，Стернин 2007：18—118）。俄罗斯语言学界甚至在隐喻的定位、实质上还缺乏明晰认识，笔者曾与 И. Б. Шатуновский 作过交流，发现他把类似于句中用法的典型动词隐喻也排除在外：Камень *заваливает вход в пещеру*。而究其成因，在我们看来，就在于对隐喻实质、隐喻机制认识的模糊。而 Г. И. Кустова 对动词 ставить/поставить 的隐喻认识也存在偏差，性质上同样来自隐喻的多义义项分别被她处理为"特殊意义"（Кустова；2000：90，102—103）和"隐喻意义"（Кустова；2000：90，100—101）。因此本课题有关于俄语动词隐喻机制问题的探索显得尤为迫切和必要。

西方有关动词隐喻的研究有一先天不足，这源于其隐喻理论本身显得繁复而缺乏可操作性和针对性、系统性①，这一点在许多学者的研究及理论文献中都不难发现，也给动词隐喻的局部理解和整体建构带来一定困难。另外，西方已有的相关语言认知研究多局限在概念隐喻层次、系统，或者是停留在名词、形容词、介词（前置词）的隐喻问题分析，对动词的隐喻理论问题涉及不足，尚未形成一套成熟、完整的理论方法对此展开深入的研究，而这一不足在俄语认知语言理论和语义理论中的反映也甚为突出，俄语中对许多动词隐喻现象及其相关多义现象都不加重视或者识而不察，对隐喻的区分往往流于疏略和笼统，如 Туман бродил по ущелью（山谷里云雾缭绕），动词表示的"缭绕"与人的"徘徊游荡"被视为同一个义项。Н. Д. Арутюнова 将包含物理感知意义和"命题态度"意义的感知动词（如 видеть，слышать）看成是"混合命题态度"谓词，而并没有把其中的"命题态度"认知喻义单独分化出来。（Арутюнова，1989：7—30）另外，在一些俄语详解词典（包括科学院词典 МАС，БАС 等）中不少隐喻意义都没有明确标注，甚至没有专门指出这属于转义义项，未严格区分并标示出这些多义义项，例如，出现在句子"Заговорила артиллерия（开始炮击）；Совесть заговорила（良心发现）；Чувство заговорит（情感迸发）"之中的动词 заговорить（说起话来，开始讲话）分别表示了异于始源义的动作事件（范畴）意义，但这样的隐喻变义却时常被等量齐观地视为该义的同一词汇意义单位。而这主要归因于词典编纂没有特别关注这些义项之间的语义理据和认知关联性。本课题的研究正是切中了这一要害，将对俄语动词的隐喻理论、认知语义问题进行全方位、多层级的探讨，同时借鉴莫斯科语义学派集成描写方法对俄语动词隐喻意义的形式机制展开相关分析。因而本课题研究一方面是对动词认知语义、词汇语义的系统化描写，另一方面也是以动词为载体，分析句法—语义界面理论的一种尝试。本课题的研究目的、任务是要建立起有关俄语动词隐喻机制的理论框架，为俄语动词隐喻问题的研究探寻出行之有效的

---

① 正如 Е. В. Падучева 对西方认知语义方法的评价："在 Langacker（1987）及其随后的一系列认知语言学著作中，建议将各种意义相联结的办法是赋予整个词一个认知结构。某种意义上讲，这一下子就对所有意义作出了规定，但却无法对任何一个实际意义作出描写。"（Падучева，2004：16）

理论方法，推动动词多义的语义衍生及相应语义—句法研究的深入开展。课题研究主要分六大方面，包括俄语动词隐喻结构解剖及语义功能（理论建构与阐释）、俄语动词隐喻的语义变异机制、俄语动词隐喻映射、俄语动词隐喻模式、俄语动词隐喻意义的运作机制及俄语动词隐喻意义的形式实现机制。这将便于将纷繁的动词认知隐喻（глагольная когнитивная метафора）现象作为一个整体来把握和认识，在释解动词喻义由来、特性的基础上究察、展现俄语动词隐喻的语言认知逻辑和语义属性，对于深入探讨俄语动词多义性及词汇认知语义理论具有重要的现实意义。

"隐喻属于一种基本的思维机制"（Будаев, Чудинов, 2007а：70；Будаев, 2007：16），作为记载认知成果的工具，隐喻一旦进入语言，本身就构成一种认知语义现象，隐喻就是对语义的不断更迭、创新活动。"隐喻不仅形成对事物的表象，而且前定着思考它的方式方法"（Кассирер, 1990：37），这一思维机制和功能在其时空穿透力上有突出表现，"形象的相似及隐喻共性现象既表现在空间上，也表现在时间上。从空间上讲，不同语言在互不影响的情形下可能形成相同隐喻性转换；而从时间上讲，则表现为同语族语言甚至同一种语言在不同历史发展阶段会有相同的隐喻转换"（Гак, 1988：21）。动词隐喻是"在行为语义相似基础上将一个现象类比为另一现象，借助想象的等同性，用表示一个动作情景的动词来表现或描写另一动作情景"（参见 Глазунова 2000：177），动词隐喻的一个重要认知功能是凝练出动作认知上的规律性东西，有效地调整动作语义域的距离远近，使不同事物（尤其是抽象事物）动作实体获得物理实在意义上的分离性彰显。非常重要的是，动词隐喻及由此引发的动词多义性在俄语中相当普遍，这在具体物为动作（конкретное физическое действие）的认知表现中更不难发现。例如，动词 отогнуться 本义表示"事物伸直，直起来"：Проволока отогнулась（铁丝弄直了）。用来表现难以描述的、形状不定的"火苗"的行为事件时（"向一侧歪斜"），实际上就是一种隐喻意义，而这一点往往被学者们所忽略：Язычок пламени отогнулся в сторону, затем выпрямился（火舌卷向一侧，然后又直往上冲）。另外，一些常用的具体动作动词用以表现抽象动作行为则更是俯拾即是。俄语动词 отогреть 的具体动作"烤暖，使（身体）暖和起来"意义（отогреть озябшие руки）（烤暖冻僵了的手）很容易让人联想到并传递出人的内在感受行为，表示"关怀……，温暖人的心"之义

(отогреть чьё сердце/чью душу)。而且这一隐喻"语义潜势"(章宜华, 2011：143)还会在该动词的构词派生中得以延伸，使其带-ся动词转表"(因受到关怀、爱抚而)感到温暖"这一内心感受、精神—情感体验意义：Сирота отогрелся душой и телом (这个孤儿身心都感到了温暖)。动词 теплиться (微微燃着，发微光)(Теплится тоненькая свеча；Звёзды едва теплились)(点着一根很细的蜡烛；星星微微发光)可以极为形象化地隐喻"有些微生命气息、知觉、感觉等，勉强呈现出……"之义：В нём ещё теплится надежда на лучшее будущее；Жизнь в нём едва теплится (他心里对美好的未来还抱有一线希望；他的生命奄奄一息)。另外，动词隐喻的普遍性还有一种表现形式，即一些源自隐喻的动词意义可能已经不再为人觉察，甚至演变为动词基义。如俄语动词 преградить (挡住，堵住)所表示的"阻挡，阻止住"这一意义(преградить доступ наводнению [把洪水拦截住]，преградить отступление врагу. [阻挡/截断敌人的退路])即是如此。实际相较于本原意义，此时它包含明显的认知意象相似，属于认知隐喻所衍生的语义，其原有动作是纯物理性质的单一动作，而该动作则还包含特殊的抽象性质，是多种不同动作的集合，构成抽象的复杂动作集，其语义张延凸居显位。再则，有些动作行为关系非得通过动词隐喻方能获得言简意赅、生动贴切的表现①，或者说"在隐喻中得以实体化"(Рудакова, 2004：27)，比如：Не далеко ли я замахнул？ Всегда-то я пересыпал (我是不是扯/聊得太远了？我总是说得过多)； Уже давно веяло революцией (革命形势早已迫近/早已嗅到了革命的气息)； В таком крутом магазине кожи завалились (高档商店里皮革制品应有尽有)； На дворе гвоздят морозы (外面寒冷异常[严寒就像是钉在了室外似的])； Офицер прищурил глаза воткнул их на секунду в рябое, неподвижное лицо (军官眯缝着眼睛，剜了一眼那张呆板的麻脸)； Мысль автора тонет в ненужных подробностях (作者的想法淹没/迷失

---

① 而这类表达往往"具有形象化特征，塑造出活的隐喻"(Комлев, 2006：88)，"隐喻性(或隐喻度)较高"(Касаткин, Крысин, Лекант и др., 2001：126, 217)。但值得注意的是，类似这样的动词引申义在一些学者眼里只属于动词的意义"用法"而不是独立的义项或现成的语义成品，而我们赞同并采用 Е. В. Падучева "规范与创新界限模糊化、词的意义和用法相统一"的观点(Падучева, 2004：15—16)，对动词规律性的用法与动词喻义不再过多细分，它们同处于意义的共时相互关系之中，都同样进入动词喻义范畴。

在不必要的细节中）；Цены на товары широкого употребления сильно *вздуты*（日用品价格暴涨）。而这在汉语中同样不难发现。例如：楼市资金链断裂；优势就这样被慢慢地稀释；关键球上每一分的价值都会被放大；打压社会进步力量／打压市场；交通信号灯设置缺乏人性化，行人路权受到挤压／挤压训练时间；拉动／刺激经济增长／拉动楼市刚需；拉升市场份额；民众消费信心下滑；善于营销／推销／包装自我；社会运行慢下来（减速），个人才能松下来（放松）；朝日关系解冻直接撬动亚太战略平衡；各地"单独二胎"政策纷纷落地；美国队被拖入加时赛；手感欠佳，詹姆斯的上场时间被切割得零零碎碎。这些动词隐喻句对动作事件的描述真切而形象，换成其他说法则可能显得冗余复杂、词不达意，创生性的动作体验、韵味随之消失殆尽①。也正是基于动词隐喻对动作知识对象的强大延射力及其在语言词义衍生中的重要性，有学者称它为"语言变化的先导、语言的'刀锋'（cutting edge）"（束定芳，2000 a：4）。

动词隐喻有一个重要特点，那就是由于行为性、动作性是人类生存、生活活动的基本要素，它的认知涉身性、具身性（embodiment）非常突出，人们对动作喻体的选择趋同性强、吻合度高，如果说"名词隐喻中的喻体往往具有民族性、稳固性（约定、惯用）的话"（参见丁全 2001：30），那么动词隐喻则一般不受民族性的限制，这主要是因为动作行为属于客观事理范畴，自然作用规则对所有人的影响都一样，人的直觉感悟和认知体验、联想往往趋于一致。而这为动词隐喻的达成及其喻义实现带来了极为有利的条件，因而动词在语言认知表现中广泛存在。俄语动词派生能力很强，而其隐喻意义往往也会随之存续、延伸，"前缀型动词往往保持属于无前缀动词的隐喻转义"（Кронгауз，2005：188），形成语义衍进的递加关系，这无疑增强了俄语动词的隐喻潜能，显示出其认知语义的张力，同时也凸显出研究俄语动词喻义机制的重要性。另一方面，动词隐喻有突出的理据性，"以意义的隐喻转义为基础的语义派生关系有利于保持生产意义和派生意义之间活的联系，这在动词的语义及动词使用中都有反映"（Кацнельсон，2011：108），它保障了动词多义的常规化。此外，动词隐喻还具有显著的心理属性，它所传达的现实内容通过心理世界与物质

---

① В. Г. Короленко 的小说名称《Река играет》，常见的 Товар хорошо идёт；Поток бежит；Ходят по небу бычки；Вулкан проснулся 等也都如此。

实在相联系。正是在这一意义上，动词隐喻左右着我们的动作事实认知作为，成为语言语义的一种重要认知格局。

具体研究中，我们提出，认知相似性、语义错置、意象图式（概念结构）、语义变异、隐喻映射以及隐喻模式在俄语动词隐喻中各自发挥不可替代的作用，这表现为它们一方面是动词隐喻的功能性要素，发挥着构建动词隐喻的功能，另一方面又以各自的功能身份参与动词隐喻操作，成为动词隐喻过程运作手段，由此共同构成俄语动词隐喻机制。"世界不是被反映，而是被解读"（Кубрякова，2004：16），动词喻义是人类认知客观世界的主观心理记载、诠释，即使表象上静态的寓比也潜含动态的判读、抉择，从认知角度和语言同人的关系来看，动词隐喻代表着一种积极的语义衍生机制，它是语言研究"人本中心论"和"动态语义模式"趋势的重要体现。而这些方面在俄语动词隐喻机制六个方面都有积极反映。

"相似性"是动词隐喻的认知基础和前提条件，蕴藏动词喻义的来源，代表着认知者概念化努力的开始，它好比隐喻认知触发器和发动机，激活并驱动认知记忆同本体动作事况之间的类比点，实现一种心理—智能上的交会、叠合，在心理机制中，通过动作之间存在的某种质的规定性将或抽象或具象的动作对象联结、并置起来，表现出心理实在之下动作本体和喻体之间的静态匹配关系。动词隐喻的内部语义衍生同外部词汇派生之间一个很大的区别就在于，它的相似性言判背后有一种被称为认知心理节奏和心理距离的东西，而这两个要素又反过来促成了相似关系的摄取和建立。

"语义错置"是动词隐喻的语义操作基础和前提，是动词隐喻产生及喻义生成的要件，它包含动词隐喻背后的语义实质——动作本体和喻体之间的事件及其内部要素之间的特殊逻辑范畴、语义关系和语义指向的"异置"关系，是两个动作不同范畴概念认知交集的意向构造协调方式，也是不同认知对象（包括动作事件参项）之间语义关联的节点，所反映的是动作认知意识调动和扩散机制，深层次上蕴含着一个聚合性质的语义运算过程——内在动作觉悟、思想信息的嫁接和语义重构，一定意义上也体现出动词隐喻思维的曲折性与动词喻义演进的特有逻辑属性。

"意象图式"对动作事件内容进行编码，对结构信息进行整合、提取，交织组构起经验知识的网络和概念结构，动作喻体、原型包含的实例（事例）关系是意象图式和概念结构的重要心理基础和语义内核及语义操作对象、内容，动词隐喻过程中通过对本体和喻体动作对应的意象概念内容、关系进行认知比照和对接处理，从而形成心理现实中的动作形象画面（意念化的心理剪影、视象）和功能图式框架。意象图式好比动词隐喻的认知能量汇聚点、输出点，而概念结构一方面是动词隐喻语义表现和概念化的方式，另一方面是动词隐喻语义变化的认知转换动因和结果。

"语义变异"是人的"语义感""意义触觉"同动作认知对象之间的一种自觉调适和顺应方式、机制，同时也是认知能动意识对基原动作的语义压制方式和手段，是人的动作语义认识和动作表达意向在动词义征层面的反映，这体现为认知语义意志迫使动词基义对动词喻义作出某种让步、妥协，形成动态化的语义响应。语义变异在动词隐喻中以潜隐的方式发挥作用，其间动词义子特征借由语义剥离、语义增生、语义成素各种变化以及语义变异协同等方式融入动词隐喻语义过程，但它们不以专门、单一的显在方式呈现，几乎内化为动词隐喻思维的一种语义定规，这构成其参与动词喻义衍生机制的独特面貌，也是其语义认知行为的基本特点，在动词隐喻机制中占据特殊地位。

"隐喻映射"具体落实包含在意象图式结构之间的内容衔接、意象图式逻辑结构的转移，它将图式间的匹配事件因子进行特定认知加工，并在本体动作的语义意识、语义描写和语义表现中记载下新的事件结构关系，从而确立起新的动作语义实质和语义关系，构建起动作本体语义信息登录、转化、联觉的基本认知路径。它打破了原有动作范畴的概念界野，实现概念框架的异动、转合，是主观化词义极为重要的一个认知切换和认知操作环节，形成动词隐喻机制的核心步骤。

"隐喻模式"是抽取动作本体和喻体事件关系实质的工作方法，其背后是一个从动作表象深入动作深层本质的复杂操作过程，由此提炼出有关动作对象的认知思维类型化处理范式，因而代表着动词隐喻工作机制的思想精髓。动词隐喻模式的基本认知功能和价值在于它的思维统合性，它可以在动作本体与喻体之间达成心理体验的单一性和一致性，便于从一个动作的特定内涵中复制或催生出新的动作意涵，为动词喻义的生成提供了一个可操作的动作认知形态和动作肖像的概念系统照应模型。

而值得注意的是，上述相似性、语义错置、意象图式（概念结构）、语义变异、隐喻映射及隐喻模式在俄语动词隐喻机制中所扮演的双重角色中，认知相似性、语义错置、意象图式（概念结构）在隐喻建构和隐操作中的双重功能效应尤为突出，但以结构组成、建构性的认知功能为主，也因如此后文具体研究中，我们将这三部分内容置于第一章进行分析和讨论，而语义变异、隐喻映射及隐喻模式操作性更强，认知运作功能更见显著。这些隐喻环节的协同作用构成一个认知整体行为，产生整一化的认知行动力，形成俄语动词语义衍生的隐喻机制，而动词喻义的产出代表其语言认知能量的一次语义循环。

此外，由于动词语义结构不同则句法分布、句构方式往往相应不同，动词隐喻后产生的意义变化一般也要在其组合、聚合形式特征上反映出来，动词隐喻义与动词基义之间以及动词不同喻义之间在上述两方面可能存在差异，因此，形式句法内容的分析和描写将成为本课题探讨俄语动词隐喻意义机制的一个独特手段。

需要说明的是，本课题研究所分析的各类动词隐喻意义多数源自动词的基原意义即本义，但也可能来自基原义引申出的其他动作意义，即源于动词引申意义链上的某一义项，此时特定动词隐喻意义是通过语义衍生的"链式关系"拓扑结构形式得来，就是说，"随着词义的发展，非原型义项也可能经过隐喻、转喻引申而成为其他义项的原型义项"（唐明凤，2008：166）。例如，俄语动词 стеснить 的"挤紧，使变得狭窄"这一本义引申出"使窒息，使发闷"意义，再由此隐喻衍生出"使感到痛苦、沉重"之义。再如，动词 городить 的隐喻意义"（别有用心地）胡说八道，胡诌"（городить глупость）（说蠢话）源于其引申义"谋划"（городить план.）（谋划方案），而非直接来自其本义"给……围上篱笆"（городить огород）（给菜园子围起篱笆）。此外，动词的多义隐喻义项（之间）并非总与本义或原型义有关——"实践中很难把所有的语义变迁归结为一个常体的衍生物"（华劭，2014：87），而并不是像 Е. В. Падучева 所说的"只有在基原义与衍生语义间才有最低限度的重复语义关系"（Падучева，2004：18），"很可能只是其中两个两个意义之间有联系"（华劭，2013［R］），这可以理解为一种"断裂式链式关系"，进而动词隐喻意义关系所呈现的不是单中心结构范畴（monocentric structure category），而是多中心结构范畴（polycentric structure category）（参见唐明凤 2008：166）。例如俄语动词 резать（割，砍）的隐喻意义"把……分成"就来自其"切开，切分"这一转义义项：Шапка режет ему лицо（帽子把他的脸分成两半/帽子遮住了他半张脸），并且这一链式喻义关系还会在其前缀法派生动词中延续下去：Леса небольшие и сильно изрезаны дорогами（树林不大，可被道路分割得七零八落）；Его чело изрезали морщины（他满额都是皱纹）。同样，动词 попасть（射中，命中）隐喻衍生"遭遇……，陷入……状态"这一意义时，其直接语义理据也是源自其转义项"来到，走进"①：Они попали в засадку/переплёт/ярость（他们遭遇伏击/陷入窘境/勃然大怒）。这正如杜桂枝（2002：36）所注意到的，动词多义转义义项"有的直接源于基本语义；有的则是在隐喻转义的基础上出现二次、三次甚至更多次的转义"②。进一步讲，俄语动词的隐喻引申还可能源于动词语义中的概念特征内容。例如，动词 плестись（勉强地走，拖着步子走，懒洋洋地迈步）的隐喻意义"时间过得慢"（Время плелось.）、"行为进行得懒散、缓慢"（Разговор плёлся тихо.）主要来自动作意象中的"缓慢、懒洋洋、无精打采"这一概念结构成分。动词 снести 基本意义为"把……拿到下面去，送到……去"（снести мешок в подвал, снести посылку на почту），而它的"经受……，忍受"这一情感喻义（снести обиду/горе）（经受委屈，忍受痛苦）却是直接源于该动词的"搬走，搬动"（снести тяжёлый ящик）和"压，减"（снести цену）意义或概念意义的综合——概念集特征。因而一定程度上可以认为，动词隐喻意义的衍生与包含在词义中的"概念集"有关，"隐喻性词义的演变往往以源域的概念场为中心"（王文

---

① 此外，还有许多动词喻义项都有可能来自其基本意义之外的某一其他转义义项。如动词 заехать 隐喻言语活动等意义时，不是直接来自本义"顺路去……"，而是来自其派生义"到太远的地方，超越某一范围"，从而表现"说得太过，想得太过，做得太过"之义：Это он заехал слишком далеко, я ему не верю; Вася заехал слишком далеко в своих мечтах（他把话说得太过了，我不相信他；瓦夏耽于幻想/抱过高的愿望）。动词 засесть 隐喻"思想、情感、言语等（不由自主地）深深印入心中"这一意义时（Эта мысль засела ему в голове/в голову/в сердце/память）（这个想法深深印入他脑子里/印入他心中/印入他记忆中），同样是来源于其本义"在某处坐下来"（засесть за стол）之外的另一意义"深深陷进……"（Пуля засела в боку.）（子弹打进了肋部）。再如，动词 наскочить 的隐喻意义"冲着某人责怪，非难，挑刺"，则是利用了动作形象性和动作出人意料的突然性：Что ты на меня наскочил? Я тут ни при чём（你怎么冲我来了？这与我无关），而它不是直接源自基本意义"撞上，碰上"（Автомобиль наскочил на извозчика）（汽车撞到了马车上），而来自同该基义有一定关系的另一意义"猛地扑向……"（Он наскочил на меня）（他朝我猛扑过来）。

② 而客观上讲，"语言理论中对多义词意义之间的关系存在不同解释，并且在词典学实践中有不同反映"（Кустова, 2005：53）。

斌，2007a：17)，而不是其义项整体。但总体上讲，不论是哪种意义联系，动词的动作隐喻意义与基原义之间都存在某种语义对应性、直接或间接的语义联系或者"都能发现某种独特的共性意义成素"（нетривиальные общие смысловые компоненты）(Апресян Ю., 2005：4)，形成特殊的动词"多义关系规律性聚合体"。另外，我们对动词隐喻多义关系的理解、定位是，如果一个动词的两个意义无法满足"单义"规定，那么该词即为多义词。而所谓"单义"规定是指"如果 A 等于 B 或者 C，则 A 或者等于 B，或者等于 C，或者同时等于 B 和 C，则此时 A 为单义词"（Урысон，2003a：174)。

总之，认知隐喻①是动词意义延扩的重要标志和推力，在动作喻体和动作本体之间存在着一个（广义）行为概念意义联想及意义构建、理解的想象性空间，这就是动词隐喻的意义张力。正是在这一认知语义张力效应和相应的语言认知思维之下，借助语义类比的"隐喻转换逻辑"（Глазунова，2000：130，177）和"心智形象性特征"（Лакофф，1996：147)，可以将分散的动词词汇语义现象组织起来，在心理联觉（синестезия）和认知意识中建构出新的语义网络和语义现实，同时也为考察和识解动词义系统提供了积极而现实的认知方法和路径。

下面进入本课题有关俄语动词隐喻机制的具体分析和研究。

---

① 语言认知（功能）同隐喻密不可分，隐喻是语言认知活动的重要手段和载体，"认知功能贯彻于人的所有的隐喻性的话语之中"（杨衍松，2003：11)。

第一章　俄语动词隐喻理论分析：
　　　　结构解剖及语义功能

作为现实事况的二次称名符号方式，隐喻的核心是词汇单位的语义问题，"隐喻结构和功能要在同语言语义规则描写的紧密联系中加以描写"（Никитина，2010：36），动词隐喻的结构方法和功能表现同语言的语义属性密切相关。俄语动词隐喻有它自己独特的结构组成和语义特性，并且一定程度上这种结构特征和语义功能是相互联系的，因为动词隐喻框架性内容中有语义内容的因子、语义基因，而其语义性能和功能是动词隐喻结构组成的支撑点、生发点，即从语言层面上讲，语义功能是隐喻组织建构的直接动因，语义性能、特征是组建动词隐喻的特定条件。

动词性隐喻是一种独特的、间接的或认知滤取式的"本体—喻体"结构方式。本章的任务一方面是厘清俄语动词隐喻理论中的基本结构关系，对俄语动词隐喻进行结构分解和概念组成的分析，另一方面是对俄语动词隐喻的语义性能、特征和功能表现加以阐释。具体分述如下。

首先，对俄语动词隐喻建构的基本认知条件（基本认知方式）、基本语义条件、实质内容条件及概念内容结构条件进行阐述。

（1）基本认知条件方面，作为一种复杂的主观心理构建，"相似性"是动词隐喻的认知基础、认知预存和联动性转换条件，是认知主体的知识能动性参与隐喻组构的表现，我们将对俄语动词隐喻相似性的内涵（包括隐喻的复合相似、隐喻的合成相似、隐喻相似的喻底以及隐喻相似性的连锁性等）、俄语动词隐喻相似性的实质（包括隐喻相似性的"非对称性"、相似性的完形感知、隐喻相似性的语境性、俄语动词隐喻相似性类型或具体表现——行为实现方式的相似性、行为结构特点的相似性、行为感受—评价特点的相似性）等问题进行研究。

（2）基本语义条件方面，"语义错置"是动词隐喻构架的语义操作单元和语义信息处理条件，它代表动作经验集的特殊语义简化与切分方式，构成俄语动词隐喻的范畴性预设和语义经验基础，实现动作隐喻内部概念语义的范畴性比对、交叉、错接，有关动作事象抽象经验的建构通常是在它背后自觉的语义冲突意识中来完成的。我们将对动词隐喻的语义错置、隐性错置、显性错置及动词隐喻语义错置与选择限制方面的问题进行分析。

（3）实质内容及概念内容条件方面，意象图式是构成动词隐喻的语义储备、语义比照（类比）、语义获取途径和语义运转（转换）条件，我们将探讨隐喻意象图式的内涵、属性、次范畴表现及认知运作，它是动词隐喻语义引申中动作事件变化的基本认知内容；概念内容条件方面，概念结构与认知域则是动词隐喻的事件语义心理运算方式或者动作行为的信息打包处理器，是对动作事件内在结构的浓缩和提炼，在动词隐喻结构中发挥事件分类、事件切分、模块式简化的结构生成功能。我们将对俄语动词隐喻概念结构的内涵、特征、运作、表现机制及其与认知域的关系等方面的问题展开分析。

其次，俄语动词隐喻建构有自身独特的内在语义属性，包括动词隐喻的各种语义功能、语义内容特性或语义性能。我们将主要分析俄语动词隐喻的基本语义性能、评价语义特征、本体—喻体互动语义关系、否定语义特征以及语义凸显功能。寓于动词隐喻的这些意义结构方式及语义性能、语义特征同时也构成其理论内容的基本要件。

根据我们的观察，认知语言学及传统的语词多义性研究所注重的一般是名词、形容词、介词（前置词）以及"系表"句式意义中的概念隐喻或根隐喻问题[①]，而动词隐喻事件描述性、表现性强，属于结构行为十分突出的"命题性"词汇隐喻，有别于名词、形容词、介词性成分和"系表"结构意义整体所读解出来的认知内容，要弄清动词隐喻理论机制，厘清动词隐喻的基本理论关系，建立动词隐喻的基本框架，须要从上述四个方面对其进行结构解剖和概念组成的分析，同时对其语义性能、特征和语义表现展开分析和讨论。

---

① 所谓概念隐喻是指"记载在社会的语言和文化传统中的源域与目标域的稳定对应关系。例如：Жизнь —это путешествие"（Баранов，2003：76）。"概念隐喻通常隐含于字面意义之外，是深层次的，它高度概括了各类隐喻性表达的内涵"（梁婧玉、汪少华，2013：11），而"将隐喻定义为'用一种事物来理解另一种事物'，就是从概念隐喻的存在来加以证明的"（谢之君，2007a：38）。这里值得注意的是，概念隐喻说得准确些应该是"根隐喻"，它高度凝练，涵纳典型、公认的普遍生活认识、哲理，重在抽象性和普适性，有原型化认知和理想认知模型成分。认清这一点利于客观对待概念隐喻本身同词汇隐喻的关系。

第一节　俄语动词隐喻相似性

现实世界是一个物质与意识交融的世界，而客观世界纷繁芜杂，变化万端，认知过程中人们必然要借助"比物取象"的相似性联想来因应这一复杂的现实事况，而且这也是思维进化中分析和解决问题的基本方法、手段，对相似性的感知、领悟和辨别成为人类最本质的认知潜能。在身体经验、心理经验等内在结构条件下，人的语言认知行为往往并不是默守逻辑形式的充分必要条件规约，而是首先寻找认知客体同典型事物的相似联系、相像程度。"隐喻被视为是积极有效的语义类比原则"（Рахилина，2000：360），动词隐喻过程中，基于类比联想和心理接近、心理特性上的相通，喻体会对本体产生一种特殊的代入感，本体对喻体动作则"感同身受"，心理意识上的相似性由此而生。凭借统觉—经验意识，"与生俱来的类比感使人能够在相距甚远的事物之间寻找相似性"（Скляревская，1987：59），"以相似或不相似对事物进行组合与分类是人最惯常的认知行为"（Bolinger，1980：141），"隐喻是根据语言外新事物与旧事物的相似性来使用词语"（Кронгауз，2005：129），"隐喻就是基于事物（行为，性质）的相似性将一事物的名称运用于另一事物（行为，性质）"（Голуб，1998：36），"隐喻产生于源域同目标域之间的某种相似性联系"（Panther，2006：162），"隐喻根据相似性和同一性将两类不同现象联系起来"（Друлак，2006：137）。认知隐喻行为中，人们在发掘事物相似性的同时，通过对比，去除或者忽略相互间的差异性，使认知思维获得条理并聚焦于本体事件的核心，因此，"隐喻中的相似性对于思维和语言来讲是最为基础的"[①]（Quine，1977：157；Арутюнова，2002а：296；Топоров，2002：521）。"自然语言善于从形象中获取意义"（Арутюнова，1998：375），进而从具体事物、动作出发，发现事物间、动作间的相似性并以此喻彼成为意义生成的重要前提、手段。相似性在认知隐喻中也就成为主观世界与客观世界联系的方式和纽带，反映着语言主

---

　　① 这在新进崛起的"多模态隐喻理论"中同样如此。张辉等在谈论多模态隐喻问题时就注意到，有时通过一些模态表征判断隐喻的源域与目标域及两者之间的相似性是理解隐喻问题的关键。（参见张辉等 2011：17）

观、客观的统一。

"语义两面性是隐喻的基本特征之一"（Степанова，Шрами，2014［OL］；Сагова，2014［OL］），而这种两面性①映现到心理联想关系上就折射为认知对象之间的相似性。就动词隐喻而言，喻体的选择离不开动作间认知相似性的某种想象，动词隐喻的语义动机会自然引导人对其所表示动作事件、属性之间的相似联想②，产生由此及彼的认知意义，"隐喻是以喻体和本体之间的相似性作为意义转移的基础的"（束定芳，1998：14），其真正的认知内容就在于对喻体和本体相似性的一种认知确认，"隐喻的意义联系基于所表示事物、现象、特征、行为的相似性。这形成相应的多义的类型"（Белошапкова и др.，1989：200），Ф. Уилрайт 还从动词隐喻意义的本质上肯定了这一点，在他看来，"隐喻转义的实质在于在想象中进行的（动作语义——引者注）扩展和联合"（Уилрайт，1990：82），这里所谓的"联合"就是动作之间的相似关系。目前，语言学界有关于隐喻的相似性基础基本已达成共识，但由于相似性本身相对复杂而富于个性，与它相关的理论问题并未得到细致、深入的描写和明晰的揭示③。另外，动词隐喻相似性相关方面的问题和内容远非看起来那样简单，语言学界对它的认识和分析还有值得商榷的地方，在一些问题上的分析似是而非，甚至有些方面的问题被混淆了。因此动词隐喻相似性问题大有进一步探讨的空间，以下就是要从新的角度重新审视该理论问题，对俄语动词隐喻相似性的内涵、本质及具体分类、表现等问题展开讨论。

一 俄语动词隐喻相似性的内涵④

（一）隐喻的复合相似

就语言认知而言，相似性具有某种本体属性，因为对相似性的感

---

① 这里指隐喻在语义上同时关联于在前意义与继后意义两个面相。
② 人类心理上的联想有类比联想、类似联想、比照联想、近似联想或相近联想以及相关性或毗邻联想等形式，动词认知隐喻机制的联想主要是相似性的联想。
③ 其实，如前所述，语言学中对动词隐喻的研究相对有限，因为一般注重的是句子所蕴含的隐喻，或者是名词性事物的隐喻问题。与此相关，动词隐喻中的相似性也就被忽略。
④ 相似性一称"象似性"（iconicity），但由于象似性主要指语言结构、形式直接映照所表现的概念和经验结构，反映句法结构同客观事态间的语义映现关系（形义理据性），而且就语义性质来讲，它所包含的概念较广、轮廓欠清晰，因此我们采用"相似性"这一说法，指狭义的认知语义（语言概念意义）层面的关系。

知、捕捉和把握是人类认识世界、表达世界的基本方式①，"人类认识世界的方法之一就是寻找相似性……反映在语言上，就是语义的延伸"（赵艳芳，2001：30）。В. Е. Буслаев 早就提出，"隐喻的基础是不同事物以自己的行为和属性在我们意识中产生了相同的印象"（Буслаев，1959：29），其对应所指即隐喻的相似性这一认知基础。隐喻相似性表现共性化的思维观念，是经验知识内容在人的意识中的价值表现形式。所谓"相似性"（similarity）指人们对不同认知客体产生的心理意象上的相似，包括动作、现象、事物等彼此间的相仿、类同、一致性，它是概念上的相似，心理上的相似，即心理概念、心理认同意义上的相似，而不是客体对象在物理属性或实体上的相似，相似性很大程度上是动作、事物概念内涵的延伸。对于本体动作来讲，喻体动作是本体动作的意向性的内容，有意向态度的作用成分，即认知者基于动作经验感知、体悟，主观上把它想象、认定为是那样的，因此是人赋予本体动作的一种相似心理属性和类同感受，正所谓"隐喻主要用于揭示人的内在特征"（Арутюнова，2002b［R］）。动词隐喻中，"喻体与本体不是同一范畴，但属于包含两者的另一范畴"（刘振前、时小英，2002：18），而这新的范畴内容所呈现的往往就是不同动作现实片段之间的相似性。认知主体通过心理描述，发现了认知客体彼此间的共性特征，使之成为动作或事物之间联系的纽带，有了它，不同范畴的现象能够并置在一起，实现范畴的跨越、映现，达成新的概念化内容和创造性的语义理解——"隐喻的理解（及生成）是创造性投入的结果"（Дэвидсон，1990：172）。非常重要的是，隐喻相似联系的真实性通过人的心理调节机制来实现，即"相似性的真值条件在心理概念中得到满足"（王文斌，2007a：15）。

相似性是将本体比作喻体的一个依据，但就动词隐喻来讲，是动作相似还是动作相关联的某事物的相似？进一步讲，动作相似及与其相关联事

---

① 人们通过相似性的本体特性，很容易用他熟悉、已知的动作认识内容来反映、表现各种不同形式的现实动作行为内容，而且他掌握、了解的动作方式在语言思维中具有极强的延射性，越是熟悉的行为活动其延射力就越强，进而形成一种相似性的本体化意识。例如，基于对"（山体）滑坡"这一动作概念体的熟知度及概念义征的形象理解，人们会大量用它来表现相似的其他动作现象：思想滑坡、观念滑坡、道德滑坡、质量滑坡、成绩滑坡、知识滑坡、纪律滑坡、收入滑坡、排名滑坡、训练滑坡、健康滑坡、经济滑坡……

物的相似之间是什么关系？这是动词隐喻内涵的重要内容。我们认为，动词隐喻实际上包含了这两个层次的相似性，而且后一层次内嵌于前一层次中，因此，动词隐喻中的相似性实际是一种"复合相似（complex similarity）"。

一是动作的相似。

正如语言表达有思维惯式的因素，同样，动词隐喻也有动作相似的惯性因素在里面，即它首先包含了由动作之间的联想而形成的动作形象的相似性。动作相似构成动词隐喻最直接的认知基础和认知表达内容。比如，表示人、物空间位移的动词 ходить 转而表示其他事物的动作行为：Ходит (-ят) мальчик, корабль, поезд/часы, жернова, напильник/дым, запах, тесто/чума, анекдоты/вести, мысли, цена... （转引自华劭 2007a：4）所凭借的就是"无定向运转"这一空间运动动作在隐喻中的共性表现。再如，用表示具体事物可见特征的动词去描述抽象观念：Мысль/Мысли рождается, зреет, увядает, не умрет.../мчится, топтались (на месте), метались (из стороны в сторону), перескакивали (с одного предмета на другой), витали (на воздухе), толкались... （华劭，2007a：5）其理据就是喻体与本体之间的动作本质属性的相似或类同。掌握了相似性，就可以通过已有的喻体动作来表现本体动作属性，这是动词隐喻最为核心的一点。借助喻体既有的动作形象，认知思维中的动作本体得以图式化呈现①，这意味着它们之间必定有相似之处的连通。陈嘉映谈得好，"隐喻不是两个现成事物的现成属性之间的相似，而是未成形的借已成形的结构得以成形"（陈嘉映，2003：374）。这样，喻体与本体动作的相似性成为动词隐喻的基本条件。

需要指出的是，动词隐喻的动作相似性并不局限于动作行为本身、动作核心成分的相似，还包含动作各种辅助要素，如动作方式、结构、发展趋势及动作相关属性、特征等多方面内容上的相似。因为相似性也不排除本体和喻体事物之间某些特征上的相似，"可以是属性、特征、关系上的相同或相似"（张敏，2003：15），"对隐喻来讲，相似性也可以是表面的、非深层的"（Никитин，1979：98）。而

---

① 当然，此时本体动作本身也起了作用，是本体与喻体形象互动的结果。参见本节第 3 部分。

В. Г. Гак 则在词语的隐喻意义变化关系中注意到了这一点，他明确指出，"在动词隐喻转义中，一个基本语义被另一个所取代，而两种意义的共同点仅仅依靠区分性语义甚至是潜在性的语义特征来决定"（Гак，1977：112）。换言之，动词隐喻意义中，本体和喻体动作的相似基础可能来自词语潜在、次要的语义特征——表示动作核心成分之外的相似特征。

二是动作相关事物的相似。

相关事物的相似是动词隐喻的次生语义联想和认知诉求。非常重要的是，动词隐喻中事物的相似以动作相似为前提，有了动作相似性这一比照对象和参照点，才能谈得上动作相关事物的某种相似性，它内包于动作框架、动作属性的相似中。可以认为，事物相似性是动词动作相似性的一种延伸，是人的认知调动的结果，体现了人认知适应、认知协调的能力。

事物相似性由"动作相似"推导和联动、激活①，客观地讲，带有一定的规则强制性，有些像逻辑上的蕴含功能。因为孤立地看，它的相似可比性其实并不强，也不是很牢靠。比如，俄语动词 изгладить 隐喻中的喻体动作意义是"把碑文、字迹等磨得模糊不清、磨光"（изгладить надпись на камне/буквы рукописи），而本体动作意义是"消除（印象、记忆、思想）"（изгладить неприятное впечатление/воспоминания/ощущение пережитого ужаса），二者间的动作相似性是"使……看不清、不复存在"，动作涉及的客体自然就要被想象成"可被磨灭的事物"，而与此同时孤立地分析"不愉快的印象"和"碑文"，似乎并看不出有什么实在的相似之处，但带上它们对应的动作框架相似性，就可以提炼出相互间"可以消磨"这一共性内容，或者说基于"被磨灭"的动作特征，它们各自获得了"逐渐消失、模糊"的特点，所以"印象"就像"碑文"（实际使用中不加喻词时，即为"印象就是碑文"的隐喻），这形成动作与事物间的一种相似推导关系。同样，俄语动词 пестреть 隐喻时，喻体动作（На кораблях пестрели флаги.）与本体动作（Имя этого писателя

---

① 即事物概念的相似通过动作框架相似性的激活而被激活。（参见 Matsui 2000：120）

пестрит в газетах.）① 中的主体事物"彩旗""作家的名字"在动作相似（"耀眼""抢眼"）的规定之下，产生了"彩旗是作家名字"的相似性。例析中不难发现，事物相似性是动词隐喻意念下的自然衍生物，一定是在相应的动作性能之下，才能成立的相似。从这一意义上讲，事物相似性又是一种"寄生的相似性"，反应出动词隐喻思维中事物对象对动作基体的寄寓性。

  相似性是不同事物、事件间的一种认知共性，所以，两个层次的相似性在具体的动词隐喻中相辅相成。相应地，相似性的认知机制是各结点通过概念框架而激活连通的关系。例如：今天提款机一连吃了顾客三张龙卡（程琪龙，2002：50）。使用该动词时，"吃"的动作形象概念已经注入了本体动作的认知，二者的相似为动作主、客体事物的概念相似提供了理据：这里的结点是动词命题所关联的主、客体事物，提款机相似于人的"嘴巴"，龙卡相似于"食物"，相似激活以后，再与动词"吃"贯通起来转喻新的动作事件。显然，该例的相似性首先指动作的相似，然后才是事物的相似，构成基于动作框架的事物相似性。Н. Д. Арутюнова 也曾在动作涉及的主体事物相似性中确定隐喻的存在：Его мучает（терзает, преследует）совесть；Совесть не дает ему покоя（жилья）. 这里有"良

---

① 所用例句主要来源：Шведова, Н. Ю.《Толковый словарь русского языка》[Z]. М., Азбуковник, 2007; Ковников, А. Ю.《Большой синонимический словарь русского языка》（в двух томах）[Z]. Санкт－Петербург, Нева, 2003; Бабенко, Л. Г., Волчкова, И. М. и др.《Толковый словарь русских глаголов：Идеографическое описание》[М]. М., АСТ－ПРЕСС Книга, 1999/2009; Кузнецов, С. А. и др.《Большой толковый словарь русского языка》（БТС）[М]. СПб.：НОРИНТ, 2008; Дмитриев, Д. В.《Толковый словарь русского языка》[Z]. М., Астрель·АСТ, 2003; Ляшевская, О. Н., Шаров, С. А.《Частотный словарь современного русского языка》（На материале Национального корпуса русского языка）[Z]. М., Азбуковник, 2009; АН СССР,《Словарь русского языка》（в 4 х томах）（МАС）[Z]. 2-е издание. Под ред. Евгеньева, А. П. М., Русский язык, 1981－1984; Апресян, Ю. Д., Апресян, В. Ю., Бабаева, Е. Э. и др.《Новый объяснительный словарь синонимов языка》[Z]. Второе издание, исправленное и дополненное. М., Языки славянской культуры, 2003; НКРЯ//ruscorpora. ru/search－main. html; Национальный корпус русского языка. — URL：http：//www. ruscorpora. ru; Тюбингенские корпусы русских текстов. —URL：http：//www. sfb44-1. unituebingen. de/b1/ rus/korpora. html;《俄汉详解大词典》（四卷本）黑龙江人民出版社 1998 年版;《大俄汉词典》（修订版），商务印书馆 2001 年版; АН СССР,《Русская грамматика》（т. II）[М]. М., Наука, 1980.

心"这一像"敌人、加害者"(преследователь)形象的隐喻,也有动作关系的隐喻(参见 Арутюнова 1998：388)。同样,动词隐喻句子 Тоска гложет；Раскаяние гложет его；Горе сушит (痛苦灼烧煎熬、使人憔悴)中,加害者的形象相似和动作的相似性也很明显。正是有了这两个层次的相互协调,相似性成为动词隐喻及其意义引申的重要"内部形式(внутренняя форма)"①。

这样,动作的相似连带所涉事物的认知意念相似,两个层次的相似性构成俄语动词隐喻的"复合相似"。其中动作相似以明喻(像什么动作、比作什么动作)为基础(有学者误认为就是明喻),而动作对应的主体或(和)客体事物之间的相似性(A物像是B物)更多由认知布局或拓扑关系(topology/топология)来实现②。这两个层次的相似在动词隐喻中始终协同作用。

(二) 隐喻的合成相似

一些学者认为,动词隐喻相似性来源于喻体,也有学者认为源于本体,而从认知主体的心理真实性来看,它并不取决于某一单方面的因素,因为动词隐喻是动作本体与喻体之间相互作用的结果,动作之间的相似性相应也潜含着这一认知特质。动词隐喻的过程中,从认知联想出发,本体、喻体动作的特征、属性会建立起自然的类比、比照关系,进而确立彼此间的相似性、相似点,形成喻体和本体的相似性互动、相互映合。因而,喻体与本体相似性是两个表象的融合,隐喻相似性是本体和喻体动作在人的认知结构中相互靠拢、映现形成的"合成相似"(synthetic similarity),是二者互相匹配而识别出来的共性特征子集。这意味着在动词隐喻中,本体和喻体特性在相似性的确定中都发挥了各自的作用。一方面,动词隐喻相似性是本体动作的认知驱动,认知过程中,主体一旦有了需要表现的较为抽象、复杂或陌生的本体动作,他会自动搜索、汇集该动作表象

---

① 意义的内部形式包括多方面的内容,相似性是其认知语义的独特表现。而所谓内部形式是"语言持有者意识中的语言表达式意义的形象理据(образная мотивация)"(Баранов,2010：3；Зализняк Анна,2005 [OL]),是"被命名客体的特征,事物根据这一特征获得自身意义"(Алефиренко,2005：131),也是"语言使用者思想运动的轨迹"(Баранов,2007：445—446)、"含义的理据基础"(Телия,1986：48；Алефиренко,2005：131)。

② 顺便指出,由此不难看出,隐喻实际是没说出来的明喻,而动词隐喻则更是包含了两个层次或两个隐藏的明喻。

的属性、特征乃至对它的感受等，形成一种心理领悟，继而通过寓比、演绎的方法找到动作、特征类同体。显然，在建立相似性的过程中，目标动作发挥了认知定位的作用。而另一方面，认知主体的类比性联想中，喻体动作为其填充具体物象内容，使具体、简单、熟悉的喻体表象与本体动作形象检验、匹配、映合并提取出共性特征范畴，建构"合成相似性"，最终确定出相似点。由此不难看出，该合成过程是一个认知综合和分析的双向过程，也是隐喻相似性的编码、解码过程。相似性的合成使隐喻动作的相似点变得清晰，使施喻目的得以实现，因而"相似点出现的过程事实上是本体表象的某一特征或某些特征被逐步强化的过程"（胡元德，1995：126）。另外，之所以说动词隐喻相似具有合成的特性，还因为本体和喻体之间的互动联系可以反过来作用于本体，使本体的特性得到加强以及更为充实、丰富的理解。

这样，动词隐喻相似性的内涵中，本体和喻体都输入了部分结构、内容到这一相似空间中，具有动态呼应性。相似性合成过程是在心理演算的基础之上，对本体和喻体动作进行认知运作，所产出的心理空间（物）构成特殊的"相似性合成空间"，本体和喻体表象之间是你中有我、我中有你的"相互相似"关系（相似镜像关系）。尤其当本体和喻体都是较为熟知的动作表象时，二者间的相互映合、靠近会显得很自然，彼此间的"相似合成"不仅成为一种积极的认知符号行为，而且几乎成为人的"认知意识"之中的自觉判断行为（Попова，Стернин；2007：50）。

进而言之，动词隐喻的合成相似有不同表现方式，主要通过两方面内容具体表现出来，一是人们发现相似性，二是创造相似性[①]。

相似性可以是隐喻之前客观存在的，也可能是隐喻时新创造出来的。前一种相似性潜在地存储于人的认知结构中，是人们较为常用和熟悉的、已经感受到的相似性，后一种相似性一般具有独创性、新颖性，与人的主观认识、评价和语言目的等有关，而且可能具有临时性、随机性。Lakoff

---

[①] 顺便指出，可以根据实现合成相似性的两种方式对动词隐喻加以区分。比如，林书武分出三种类型的隐喻：常规（约定俗成的）隐喻、以象似性（相似性——引者注。下同）为基础的隐喻、创造象似性的隐喻（林书武，1995a：70）。其中前两种属于"发现相似性的隐喻"。

& Johnson（1980：154）即认为①，"隐喻使通过某一经历来理解另一经历的某些方面成为可能，它可以借助原有的孤立的相似性即原有静态的相似性，也可以创造新的相似性"。国内学者的研究也注意到，"相似性是认知主体在不同事物之间辨别或创造的共享特征或联系"（谢之君，2000：10），"隐喻的相似关系的确认是一个创造性的过程，这一相似关系可能建构在人们已经形成的认知模式中，也可能是使用者的偶然感悟"（陈勇，2005：3）。而这两种合成相似性（过程）都同样表达了语言的认知关切。

首先，"隐喻之前客观存在的相似性"意味着隐喻是发现相似性，而隐喻的概念范畴化过程中，"发现相似性"是由相似性的客观存在所决定的。隐喻相似性本身是认知范畴化的重要内容，发现相似性是概念化及其对比、转化和并置的过程。日常生活中，认知客体的特点、性能为人们认识、了解以后，那些反复出现的事物、现象会形成一种认知经验、心理经验，通过对比、分类、过滤、筛选、提取、合并等处理，客体属性逐渐被概念化，并存储在人的大脑中，成为认知激活的对象。随着认知活动的积累，概念不断增多，迫使概念进行范畴化，促成世界（事物、过程）认知概念化的实现，一旦共性化的动作、事件或其相关特性被认知所捕捉，范畴化的功能机制就会确定出认知库中的相似性内容，实现本体和喻体之间的合成相似。显然，这是人脑的认知活动记载并发现了客体表象之间存在的相似性联系。隐喻中，学者们注意更多的往往就是"发现相似性"，认为"相似性是在隐喻使用前人们就已经了解的"（参见束定芳 2000b：23），"隐喻是以源域与目标域之间的某种现有相似性为基础"（Indurkhya，1992：2）。

其次，"隐喻迫使我们关注两种或多种事物之间的某种经常是新颖的、出人意料的相似性"（Дэвидсон，1990：173），这就是"相似性的创造"层面。"创造相似性"是把彼此间原本可能并不存在共性的两个动作、事物放在同一概念框架下进行思考，有意识地"以不同类为类"（钱钟书，1984：74），确立出"不相类中的相似"（сходства несходного）

---

① 不过，G. Lakoff & M. Johnson 倾向于认为隐喻更多来自创造新的相似性："尽管隐喻可以部分地以孤立的相似性为基础，最重要的还是那些通过隐喻而创造出来的相似性。"（Lakoff & Johnson，1980：154）

（Чернейко，1997：332），能动性地确定出它们之间的相似合成关系①，这赋予本体事物以新的视角和认识内容。"创造相似性的隐喻通过发现原来没有任何联系的事物之间的相似性而为人们提供新的角度，从而构建新的社会身份。"②（潘艳艳，2011：14）新创造相似性也可能是人受到某种启发，对相似关系并不明显的本体和喻体进行相似性的认知联想，这种情形多出现在人们较为陌生的动作、事物之间，而且往往带有抽象与具体的跨域特性，Н. Д. Арутюнова 就曾发现，"隐喻会在具体概念和抽象概念之间、物质和心灵之间发掘共性。例如：Вода течет；Жизнь течет；Время течет；Мысли текут. 此时与其说人是在发现相似性，不如说是在创造相似性"（Арутюнова，1998：374 и др.）。束定芳等进一步看到，"隐喻并不一定以已经存在的或被人们发现的相似性为前提，往往是说话人想象中的相似性更具有新奇性和认知功能"（束定芳，1996：14），"隐喻并不简单地表述先在的相似性，而是通过创造相似性而成为人类认识真理的重要方式"（刘英波，2014：46）。李善廷也指出："相似性可以有主观塑造的色彩，正因如此，人们才能较为顺利地理解他人所发现的相似性，尽管相关事物对他来讲可能完全是陌生的。"（李善廷，2008a：23）

可以认为，俄语动词隐喻中，发现相似性和创造相似性都是对动作、事物本质和属性的反映，代表的是两类认知合成的过程，统辖于同一认知目的，因而总体上并无抵牾。这样处理可以避免在"隐喻是发现相似性还是创造相似性"这一问题上陷于无谓的纠缠。何况不论发现相似性还是创造相似性其实都属于一种"创造性活动"，"从根本上说，隐喻是人类的创造"（王希杰，1993：141）。而且从某种意义上讲，创造相似性实际上是发现相似性的一种变体表现方式，二者是一个问题的两个方面，因为许多情况下，创造相似性只是把潜在的、不太熟悉的相似性挖掘、表现出来，并且它可能在时间段上离我们较近——新近被发现的相似性，正如

---

① 这是能动性地"在甲乙相似度大小的张力下取值"（侯国金，2013：53）。于广、王松鹤也曾指出，"隐喻的相似性有时极其隐秘，难以发现。有时两件事物之间并不存在选择相似性的基础，尤其是动词性隐喻"（于广、王松鹤，2011：54）。而促成并使之得以发现的是人类的感觉系统和心理、心智特点，"感知机制同心理的相互作用可以使人能够对看似无法比较的概念进行比较"（Арутюнова，1990b：13）。

② 我们认为，引文中所说的"没有任何联系"实际是相对的，而不是绝对的，只是静态条件下的情形，而一旦进入创造性的认知活动中，"联系"自然产生。

华劭所言，"本体与喻体的本质性相似关系并不受时空因素的限制，也不受个人看法的左右"（华劭，2007a：2），这意味着许多时候相似性是客观上原本就有的，所谓"创造"只是更多强调了相似性的独特、新奇性，带有相对明显的生动性、个体性，"创造性思维"更突出。

概括起来，发现相似性、创造相似性在主、客观性上或主观投入上存在一定的差别，但本质上都是从不同认知对象中找出共性与类同关系，都是一种创造性思维和创造性认知的过程，"纯然是认知感悟的果实"（王文斌，2006：128），是以认知意识上的已知来同化未知的一定结果，而且不论发现相似性还是创造相似性都包含着本体和喻体之间的互动性，都是二者概念化内容相互作用、转化的结果，这构成两种隐喻相似运作方式的内在统一性。

（三）隐喻相似的喻底

隐喻本体与喻体间泛泛的相似性可以落实为具体的相似点，该共性点可称为"喻底"（ground），它使隐喻的根据、基础更加明显，所以 Lakoff & Turner（1989）认为，隐喻首先就是要过滤出属于不同概念域的表象之间的喻底。隐喻有别于明面的比较，是一种隐含，即"紧缩的明喻"（сжатое сравнение）（Дэвидсон，1990：193），其相似性无法通过喻词表达出来，相似性喻底本身是隐现的，而且有时不是很明确，因此需要人的主观动因，进行分析、推导（参见束定芳 2000b：27）。另外，值得注意的是，隐喻相似的喻底不仅可以是抽象的，也有可能是具体性质的，即相似性发生在两个具体的动作行为之间。因为从认知对象上讲，隐喻本身并不排斥具体化的认知内容，具体动作的本体也同样代表抽象的心智结构实质，"拥有同样的心智基础"（Kennedy，1990：116），隐喻过程中主体认知关系会产生变化，其中包括隐喻会创造物质对象的相似性。

（四）隐喻相似性的连锁性

隐喻相似性具有连锁性，已有的相似性会创造出新的相似性，在认识、掌握到的相似性基础上生发、创造出新的相似性，预示新的隐喻，使认知活动不断地在新的相似条件下连续运作、往复。相似性是隐喻产生的基础，而有了事物间的相似性前提，还可以不断地建立起动作、事物的认知联系，即可以在相互联系的动作、事物之间找出更多的相似性，并且从新发现的相似性中推导、探寻出新的认知切合点和关联性，形成不同的认知衍射关系。因此，根据相似性建立的动词隐喻能够进一步复制新的相似性，充分发挥了认知手段的生成机能，使动词等语词在新的相似关系中拓展认知空间。而更为重要的是，相似性的连锁性导致动词隐喻映射、隐喻意义的连锁性，从而成为一种积极、有效的动词语义衍生方式。

(五) 隐喻—相似认知序位

认知语言学中，还存在隐喻与相似性之间的关系问题即认知序位性：是隐喻创造了概念之间的相似性还是相似性创造了隐喻？一种观点认为，隐喻会创造物质对象的相似性，即隐喻在先。Lakoff & Johnson（1980：147—148）就提到，"是隐喻创造了概念之间的相似性"。本体与喻体间的相似性是隐喻过程中由人的认知主观性创造出来的，而不是隐喻之前已然存在的。但许多学者持相反的观点，认为"相似性是隐喻发生的基础"（束定芳，2002：103）。也有学者认为，二者这方面的关系很难确定，"我们简直分不清是因为两个事物的相似，我们才有了隐喻，或者有了这个理解因此创造了两者的相似"（陈嘉映，2003：374）。实际上这两种观点都有自己的合理性，彼此间并不排斥，只是审视问题的角度不同。我们的观点是，人们发现了本体、喻体之间的相似性之后通过概念转移形成隐喻，即二者实际是共生的，不存在或者没有必要区分二者孰先孰后，因为脱离开隐喻，相似性失去了存在的价值，而没有相似性，隐喻几乎无从进行。这也从一个独特的角度显示出相似性在动词隐喻中的特殊地位。

二 俄语动词隐喻相似性的实质

(一) 隐喻相似性的"非对称性"

观念之间的联系是由人的认知确定的，它反映的各种现实联系、关系及事物的相互作用都有人的主观判断和分析在里面。"喻体、喻旨之间的相似性有时纯粹是心理的，因此也可能是十分主观的"（赵彦春、黄建华，2000：154），"两个事物之间相似与否，带有极大的主观性"（陆俭明，2009：45）。就动词隐喻来讲，它所表现的动作属性之间的各种相似性联系都是主观认知切分、转换和布局的结果，这使动词隐喻的内部成像、结构关系显得非常重要，对其内部结构的认识成为相似性的一项实质性内容。

动词隐喻中，本体和喻体之间有相似之处的同时，必然存在差异，"相似性是在差异中觉察到的"（曹丹红、许钧，2012：73），这是隐喻的前提。"隐喻反映的是事物特征的共性和差异，相似性只是其中的一个部分"（Никитин，1979：94，98）。隐喻过程中，认知主体发现、创造的本体、喻体动作间的相似点只包含它们的某一方面或某些特征、内容，而不是全部特征和内容。卢英顺指出，"相似并不强求本体和喻体之间全面的相似，只要在某一方面（即某一特征上）相似即可"（卢英顺，2001：45）。这样，本体和喻体之间并不存在严格的概念对称，只是其中的部分特征相似、对称，这就是隐喻相似的"非对称性"（asymmetry）。J. I. Saeed 就指出："隐喻不可能在两个概念之间建立起一一对等的相似性比较。"（Saeed，1997：306）动词隐喻的相似性在"非对称"关系下，本体和喻体动作事件只有认知取像点、关注点的概念部分相似，"由于隐喻语义的内涵性原因，隐喻所指内容会大幅简化为据以进行类比的一个特征"（Опарина，2000：189），而动作的其他方面如事件域、动作细节等都各有自己的内容，这与人的认知意图和事件认知布局是相适应的，同时与"隐喻的部分转换"特征（谢之君，2007a：113）也相呼应。

进而言之，隐喻相似"非对称性"意味着认知对象的差异实际极有可能大于共性，Н. Д. Арутюнова 说得好，"隐喻的局部相似性中，当本体与喻体之间差异大于共性时，隐喻才会产生"（Арутюнова，1998：367）。而从辩证角度看，相似"非对称性"中的同和异实际互为依托，因为"对于隐喻来说，有同才有转换的基础，有异才有认知的价值"（Richards，1965），二者同时在起作用。可以认为，动词隐喻的相似性是"同中有异、异中求同"——"相似的差异和差异的相似""在差异中寻找相似，从矛盾中发现和谐"（杨衍松，2003：12），进而"好的隐喻意味着本能地在差异中察觉到一种相似性"（曹丹红、许钧，2012：73）。

正因为相似性具有"非对称性"这一本质特征，所以"隐喻不仅强调相似，也可能强调对峙、对立"（Арутюнова，1998：381）。而且正因为隐喻有了相似性的"非对称性"，才可以进行跨域映射，如具体认知域映射到抽象域等，"有了相似的非对称性，隐喻才可能比较不同范畴的内容，如抽象与具体，时间与空间"（参见 Арутюнова 1998：369），这是相似"非对称性"的推论，也是其功能的表现。另外，客观地讲，动词隐喻相似的"非对称性"越高，动作本体和喻体的共享特征会越少，动词隐喻度就越高，动词隐喻意义的表现力和认知度就越强。由此可见，相似"非对称性"在动词隐喻中具有重要意义。

(二) 隐喻相似性的完形感知

相似性具有完形性的性质，即隐喻的客体表象之间的相似反映的是一种认知完形，而"完形"（gestalt）是主观的心理构造物，"一个完形就是一个单一的心理意象"（沈家煊，1999：4）。"隐喻思维为人们提供了认识世界的第六感知，这种感知是对事物相似性的完形感知，这或许可以解释为什么人们能够将表示截然不同语义概念的词放在一起而创造和理解隐喻。"（赵艳芳，2001：99）动词隐喻的相似性关系中，最典型的是动作整体事件框架的相似，因为认知行为捕抓的是对象的整体而不是局部，就人的认知活动而言，由于整体比部分更具感知显著性，对动作、事物的整体性把握比局部感知就更容易处理、更便于记忆。可以说，这是由人的认知特质本身所决定的。

动词隐喻的认知操作中，不论是动作的相似还是动作相关事物的相似都是完形概念事件的相似，它们在组织知识的同时都建构完整的认知"心理空间"（Зубкова，2010：7），确立相似性时所建立的关于动作或其属性、所涉事物的认知框架都是一个个完形。其中动作的事件相似性完形感知是动作框架或其特性的整体相似，就是说两个形成类比关系的动作对象本身就是事件、状态、现象，是一个完整的认知图式。而非常重要的是，动作在某一方面、某一特征的局部相似在认知体验上也同样以完形概念的方式呈现，认知主体会把这些局部内容当成一种完形体加以感知，这是一个心理运作的技术性、体验性问题。而另一方面，动作所涉事物的完形感知的表现也较为独特。首先，事物本体和喻体间的相似性是人作出的认知心理描写，是人在概念关系上的认识和评估，而不是事物物理属性和实体意义上的相似。显然，这种心理描写、评估对应的都是一个个的认知完形。其次，它是通过两个事物的相似性对比所对应的"陈述—命题"行为表现出来的。在这一命题行为中，认知沟通并不是对两个事物表象作简单的联结、比较，而是要把它们并置在一起，通过思维协调建立起内在相似联系，这就是完形心理学所主张的"'整体要大于部分之和'原则"（沈家煊，2000：31）。因而可以认为，事物相似性的认知切入点是局部性的，但贯彻认知意图的突破口和着力点却是事物间隐含的整体性完形事件。对事物相似性的事件完形可以这样来描述："本体 A 相似于喻体 B"，两个事物之间的相似性通过命题、判断表现出来，后者代表的是完整的概念性事件，是一种意象化完形。

(三) 隐喻相似性的语境性

"一方面，语境为意义联想提供条件，另一方面，语境又构成一种机制，使说话人在一定范围内选择合适词语以形象地表现意义。"（Колшанский，1980：107）这里所说的语境即语言事实，是语言学意义上的语境，不包括语言外的语境，这是动词隐喻中的一种"动态语境假设"（江晓红，2011：36）。应该说，相似性的语境实质承袭了隐喻的话语特性或者语境对比性，是影响、制约隐喻类比思维的各种要素在认知主体头脑和心理意象中结构化的结果。动词隐喻看起来只是一个词汇内部的语义现象，但由于其使用必然涉及认知和话语的表现，动作的相似性也同样是在人的特定认识和行为事件中理解出来的相似，必然有话语的"语境假设"。黄缅谈得好，"隐喻总是在一定的语境当中运用的。在一定语境制约下，人们已有的涉身经验、已有的常规关系意识会成为联系两事物的相似点的引导，使有关的隐喻限定在一定的认知域里"（黄缅，2006：121）。不论从语言分析还是语言综合的角度看，隐喻相似性最终都离不开施喻者和受喻者的参与，调动、使用或接触、理解一个隐喻之前并没有注意、发现到的相似性也只有在语境条件下才能成为现实。从这一意义上看，应该是隐喻在某一特定的认知条件、话语语境下发现了相似性，"任何相似性的存在都有规约其存在的条件，一个隐喻的建构，就是在一定认知语境下，基于一定的条件，将事物间的某种相似性具体化"（李善廷，2008a：22）。

进而言之，将记忆、知识背景中既有情景、事件的语义认识投放、移植到新接触到的相似的动作事件，以帮助理解和表达现实事况，这一隐喻行为本身就是语境的辐射和转移行为。"人们的思维过程是隐喻式的：对这一语境中意义的理解来源于对以前所遇的另一语境中相似方面的领悟"（李鑫华，2005：71—72），"事物间的相似性在什么程度上被认识和利用，完全取决于合适的激活语境和主体的认知图式"（李善廷，2008a：23）。这都显示了隐喻相似性的认知语境本质[①]。而值得注意的是，动词隐喻相似"语境性"建立和处理过程中，一般知识记忆和个人经验、生活经历构成独具特色的"语境"内容，相对稳定的长久语义记忆和

[①] 所谓认知语境，"是人对语言使用的知识，是与语言使用有关的、已经概念化了的知识结构状态"（李勇忠、李春华，2001：26）。

动态性的情节性记忆一同进入相似性的语境识别范围，长久记忆信息通常用以在较低层次进行编码，而情节记忆信息则是用于在更高层次上实现对目标信息的处理，共同划定并完成动作相似线索的认知检索。从这一意义上说，"语境性"是促成和营建动词隐喻相似性的一个独特要素。

由此而论，动词隐喻相似性的理解须要考虑话语因素，这也验证了动词隐喻的话语、语境性质，即动词隐喻意义的理解和表达与上下文、语境因素乃至语义组合条件等有密不可分的关系①，"隐喻的使用和理解都离不开一定的语境"（江晓红，2011：36，37）。这一实质内容也从一个侧面表现了"动词隐喻的动态性"及"动态识解机制"（参见张建理2008：2；张蕾2011：31）。

三　俄语动词隐喻相似性类型（具体表现）

俄语动词本体与喻体之间的相似性反映情景事件或其某一、某些方面在语义本质上的某种相似性、相通性。正是在这一意义上，俄语动词隐喻的实质是通过认知相似性，由动词意义衍生出新的语义关系。在认知者眼里，喻体动作形成对本体动作的烛照关系，"隐喻被使用者认为包含着它所描写对象的本质"（华劭，2007a：2），而本体和喻体间的这一本质性关系要通过相似性具体表现出来。俄语动词隐喻的相似性有多方面的内容，不仅包括"心理、功能等的相似性"（葛建民、赵芳芳，2010：46），有些甚至超出了纯认知—语义范畴，包括情态、语用等因素，这也体现了俄语动词隐喻丰富的语言性能。通过动作信息的认知加工，在施喻者语义意识中会产生"直觉上自然，心理上可信，经验上可行"的动作类同效果（参见孙崇飞、钟守满2013：41）。

这里非常重要的是，俄语动词的语义本身包括"核心意义成分即超义素、区分义素及潜在义素等"（参见Гак 2002：262），而隐喻时的相似性不一定局限于超义素或区分义素的动作部分相似，也可能是潜在义素动作成分的概念化相似。另外，动词隐喻的相似性并不一定意味具体的相

---

① 这与韩礼德的语境模型论相通，"语境因素和语义结构存在着一一对应的关系"（参见赵冬生2012：46）。

似，有时可能是模糊的动作相似①，"隐喻并不指出两物相比的具体特征"（Арутюнова，1990b：27—28；1979：156）。俄语动词隐喻相似性可具体表现为动作本体同喻体在行为实现方式、行为结构特点、行为感受—评价特点以及行为过程机制、行为感知特点、动作作用方式、动作结果等方面的类同、相似，以下在讨论隐喻动作相似性类型、相似性具体表现时，将侧重于较新的、传统上忽略了的相似性方法、内容（包括动作核心之外的相似性内容），并且在分析这些动词隐喻相似性具体表现（类型）的基础上，进而对行为认知相似性的协同作用机制加以阐释。

（一）行为实现方式相似性

行为方式是动作语义的重要组成部分，而行为实现方式的相似性是许多动词隐喻意义的根基。"行为方式"相似性指行为在执行、完成时在采用的方法、表现出来的方式特征方面的相似，即总体上的"行为呈现方式（способ представления действий）的相似"（Белошапкова и др.，1989：200）。例如：Вода в банке поболталась и успокоилась.（罐里的水晃荡一会儿后平静了下来）句中动词поболтаться的"无拘、自然、往不同方向摇摆"的动作方式与人漫无目的"晃悠"的行为方式有一种抽象的相似，有了这一点，它衍生出"游荡、闲逛"的喻义。动词оттенить隐喻之时，喻体动作与本体动作相比，在"动作不是均匀使力"这一行为方式上十分相似，引申出"在客体事物的某一部位或细节上更用力、用心或投入更大精力"的动作方式意义，进而获得оттенить"突出""强调"的意思：Автор оттенил подробности в рассказе（作者突出了故事的细节）；Писатель оттенил свою основную мысль（作家突出自己的核心思想）；Художник оттенил характерные черты героя（艺术家鲜明地刻画了主人公的特点）。而动词прикипеть（[煮焦的东西、面团等]粘贴在，紧贴在……上）（Тесто прикипело к хлебному корыту.［和好的面粘在面盆上了］）的行为实现方式十分独特、形象，人的认知心理很容易固摄住它，从而产生心理移觉，表现认知意识上相似、类同的行为，动词近而衍生出"依恋，眷恋，依依不舍"之义，即人对其他事物和人的精神、

---

① 正如Ш. Балли指出："隐喻相近性往往基于模糊的类似，有时是完全不合逻辑的类似。"（Балли，1961：221）而隐喻中总有一种"似是而非"的认知语义元素，这其实也是其魅力所在，它创造出一种特殊的语言认知收放空间。

情感上的（强烈）依赖性、归依性或归属感。

此外，俄语动词 сжать 表示的本体动作与喻体动作在行为发挥作用的方式、行为力度方式上相似：喻体动作 сжать пружину/губку 表示的是"用力挤压、按压、压紧、压缩"，而本体动作可表示"使心里感到压抑、痛楚"：Горло ему сжала спазма（一阵抽搐使喉咙憋闷得喘不过气来）；Тоска сжала ей сердце（忧愁使她心里压抑）。显然，这里的相似性是一种生理感受的动作作用方式与物理作用的动作方式的相似。

俄语动词 плыть（游动、漂浮、漂流、航行）(Смотри, какая большая рыба плывет; Пароход плыл на север.) 隐喻时可以表示"缓慢行进、掠过、浮动"（По дороге плывут нагруженные тюками верблюды; Поезд тронулся. Мимо плыли белые хаты, сады, огороды. Всё плыло перед его глазами）、"（思绪、回忆等）浮现"（Воспоминания так и плыли ей навстречу）、"（时光）流逝"（Дни плыли за днями незаметно.），此时借助的则是本体动作与喻体动作之间行为推进、呈现方式的相似性。

（二）行为结构特点相似性

行为结构特点的相似同样是俄语动词隐喻意义产生的重要方式，这是对行为的内部典型结构关系的解构，它在动词引申转义中表现极为活跃。华劭曾注意到，"俄语动词 охватить（抱住，搂住）隐喻表示'箍上，包上'这一意义时，就是基于动作结构相似性：охватить ствол дерева руками→охватить бочку обручем"（华劭，2003：165）。以俄语动词 побить 为例，其本义为"打、揍""打破、打碎（全部或许多）"：Он побил одного мальчика；В драке его сильно побили；Мужик побил стёкла в окнах. 它可以隐喻表示以下意义[①]。(1)（抽象意义上的）打破，超越。例如：побить старые нормы（打破陈规、打破旧的定额），побить рекорды（打破、超越记录）。(2) 打败，战胜。例如：побить врага（打败敌人），побить кого на соревнованиях（比赛时获胜）。(3) 打死（许多）。例如：Он один побил много неприятельских солдат

[①] 需作说明的是，总体上我们将指出的动词喻义多源自其初原意义，衍生出隐喻义的始源域为动词基本义项，只有少数来源于由动词本义引申出的某一转义义项，即始源域为派生所得的其他动作意义。下同。

（他一个人打死了许多敌兵）；Крестьяне побили саранчу（打死许多蝗虫）。(4) 打坏、碰伤，毁伤，损坏。例如：Колени побиты（膝盖碰伤了）；Мороз побил овёс（燕麦都冻坏了）；Пшеницу побило градом（冰雹打死了小麦）。不难看出，例子中的隐喻本体动作均包含了物理作用同喻体动作在行为结构方面的相似、类同。

俄语动词 очертить 的喻体动作是"描画外形、勾勒事物轮廓"（очертить рисунок）（画出图画的轮廓），借助行为结构特点的相似，可以产生隐喻意义"扼要描述、简要叙述"（очертить ход события/всю жизнь друга）（扼要描述事件经过/简略叙述［介绍］朋友的生平）。

俄语动词 сесть（坐、坐下）借助独特的行为结构相似性隐喻新的语义"缩水、下落、下沉"（Рубаха села после стирки；Вода в реке села；Дом сел.），而这里的动作结构相似表现为事物空间距离的相似，本体动作和喻体动作都与特定物理性质的"距离缩短"有关。

俄语动词 сойти（下去、下到）通过动作结构特点的相似，可引申出"消失"这一喻义：Кашель прекратился, с лица сошла зелень（咳嗽止住了，脸上苍白发青的颜色消失了）。同理，运动动词 входить（进去、进入）可以获得"深入了解、钻研"的隐喻意义：Евгений входит во все детали（叶弗盖尼了解详细细节）。

俄语动词 зреть 既定义是表示"（果实、庄稼）逐渐成熟、正在成熟"（Зреют хлеба；Помидоры зреют на солнце；Апельсины зреют осенью.），而借助动作的结构相似，可以隐喻与人的心智活动有关的动作事件，获得"（人的思想、才智等）渐渐发展成熟、成长起来"的认知意义（Они политически зреют；Медленно зрела мысль；Талант зреет.）。

动词 пересечь 由"（人）越过，渡过，穿过"（пересечь границу/улицу/речку）这一意义隐喻表示"横贯，贯穿，通过"（Область пересекут две железные дороги.）（将有两条铁路贯穿省区）之义时，很明显是利用了人的动态空间跨越行为同静态的事物空间关系之间在结构上的相似和类同特点。

（三）行为感受—评价特点相似性

俄语动词隐喻的意义联系可能基于所表示行为的"评价结构的相似"（Белошапкова и др., 1989：200）。"隐喻不仅是语义的中心问题，同时也是一个语用问题"（田润民，1995：18），"认知主体的心理认同和感受在隐喻的构建中发挥重要作用"（李福印、张炜炜，2007：394），隐喻可能包含了某种感受①、态度、情感、评价等伴随意义（коннотации），而某种程度上讲，这正是隐喻所需要的，因为"隐喻喜欢同附加含义打交道"（Арутюнова，1998：369），Н. Д. Арутюнова 把这类含义归结为"各种实用评价、情感意义成分"（出处同上）。认知性的感受和评价在隐喻的实际表现中十分丰富。以下作一具体分析。

本体和喻体动作的行为感受—评价特点具有相似性，这主要指说话人对行为的评价，即潜在的说话者对动作所持的感受、看法、态度等相似，这同说话人意向性、心理性的感觉密切相关。例如，俄语动词 болеть 隐喻可以表示"替……担心、为……操心，关心"的意义：болеть за больную мать（替生病的母亲担心），болеть за успех дела（为事业的成败挂心），болеть о коллективе（关心集体）。动词 поболеть 也可表示"操心，为……着急"的意义：поболеть о своём здоровье（操心自己的身体）。显然，这两个动词的隐喻动作均包含了相似于本体动作中的说话人"不舒服、紧张、上火"的语用评价、感受。

俄语动词 сломать（弄坏）隐喻后，可表示"战胜、击败、折服、摧毁、使（精神、体力）垮掉"的意思：сломать врага（战胜敌人），сломать сопротивление противника（摧毁敌人的反抗），сломать план（破坏计划）。句子 Ни бури, ни боли нас теперь не сумеют сломать（无论是风暴还是疼痛都不能制服［压垮］我们）中，动词 сломать 隐喻时的相似性表现为"对动作具有的某种态度和评价"，但在本体中表现出两种情况，一是正面、积极的评价和态度（"战胜、击败"），二是负面、消极的评价和态度（"压垮、使垮掉"）。

俄语动词 облегчить 作为喻体表示的是物理性质的具体动作"减轻重担、负担"（облегчить груз повозки/ношу），而本体意义是抽象性质的

---

① "语言具有主观性的特征"（赵秀凤，2010：22）。由于人对事物的某种感受具有很强的主观性，因而在语言表达时有可能把主观化的个人感受融入其中——此系认知切身性的自然表现和延伸，基于这样的认识，我们把"行为感受"也一并纳入语用评价的范畴内容。比如，汉语动词"累"的动作内涵是人们比较熟悉的，它的行为感受特点和切身经验性很容易在别的动作表达中反映出来：他家钱多得都长毛了，钱绳都累断了；沉甸甸的果实把梨树累弯了腰。此时，"累"的转义所利用的就是评价性感受的隐喻相似性，这一相似含有言语者生动、形象的个体化感受色彩。

心智、社会化行为"缓解、缓和某状况、情势"（облегчить положение/труд/боль）或心理—情志行为"使精神、身心轻松、放松"（облегчить душу/сердце）。该动词隐喻语义的转化是基于本体和喻体动作在人的心目中产生了相似的"轻松、舒缓"的"好感"，认知主体对动作的评价具有类同性。

俄语动词 колоть 的隐喻含有明显的"行为感受特点"相似性，喻体中的"刺痛、扎"（колоть руку булавкой）与本体动作的"挖苦、刺激"（колоть другого замечаниями）在当事者身上引起"不快""排斥"的感觉十分相似。顺便指出，该隐喻同时也包含了"对客体作用方式"和"动作事件范畴"（由物理作用力行为变为精神—情感作用行为）方面的差异。

俄语动词 убить（杀死、杀害）的本体与喻体动作在认知意识中有相似的负面评价和态度（强烈的否定、排斥心理），根据这一相似内容衍生出"耗费、消耗、消磨"这一新的语义（убить много денег/свою молодость на игрушки/время/силы/скуку）。而俄语动词 пестреть（五彩夺目、闪耀）隐喻时，可表示"充满、充斥"这一意义（Книга пестрит опечатками.）（这本书满是打印错误），显然，此时借助这一动作表现了话语者对"印刷错误过多"的一种不满态度和否定评价，而且含一定的夸大、渲染色彩，这很好地反映出动词事件隐喻表达方式同主观意愿之间的关系，正如 М. А. Бородина，В. Г. Гак 指出："称名时，表达主观色彩的意向往往导致隐喻化及词语用于转义。"（Бородина，Гак，1979：95-96）

此外，动词 посыпаться 本来表示的是"纷纷落下、掉下"（Посыпались листья.），借助"动作感受特点"的相似性，它可以喻指"接踵而至、纷至沓来"的意义（Посыпались вопросы [一个个问题纷至沓来]；Посыпались аресты, денежные штрафы и запрещения [拘捕、罚款、查封接踵而来]）。同样，动词 темнить 本来表示具体动作"使黑暗、使（光线）晦暗、使颜色变得深些"（Драпировка темнит кабинет；Художник темнил светлые пятна в картине.），借助"行为感受"的相似性，它可以隐喻表示"使忧郁、使愁闷、使（面容、脸色）阴沉"的动作意义（Его слово темнило настроение；Тоска темнила ее лицо.）。而由于这两个动词例子中的认知感受相似性不带明显的好恶倾向，客观评价成分偏多，语用—评价性有所削弱。

（四）其他方面行为相似性

这主要指行为过程机制、行为感知特点、动作作用方式、动作结果等方面的相似性。

首先，"行为过程机制相似"表现为动作本体和喻体之间在动作过程运作的内在特征、性能上的类同性，这种比照关系同前文论及的"行为结构特点相似"所不同的是，它注重的不是动作情景的结构性内容，而是过程整体投射出来的某种行为属性。例如，动词 примыкать（靠近，紧挨，衔接上：Первый взвод примкнул ко второму [第一排和第二排紧挨在一起]）隐喻衍生"追随，赞同（某种思想、观念）"意义时，其认知基础即为行为认知对象在过程机制方面的相似性。运用这一相似联想产生隐喻意义的还如动词 заходить（开始走来走去；来回动起来）（заходить по комнате）（开始在房间里来回走动），根据行为过程机制相似性，该动词可以隐喻表现另一具体动作"事物猛烈地抖动起来，很厉害地颤抖起来"：Спицы ещё быстрее заходили в её руках（织针在她手里来回动得更快了）；Волны заходили（波浪来回翻滚）；Домик весь заходил ходенём（整个小房子猛烈地抖动起来）。

其次，"行为感知特点相似"在俄语动词隐喻中的表现相当活跃，它很好地体现出动作认知活动的心理迁移或心理感知移位特点，比如，动词 спать（睡觉）通过直觉似（本体性）的感知心理迁移，很自然地隐喻表现人的现实生活状态"闲着，无所事事（如同睡觉一般）"，从而获得相应喻义。同样，动词 теряться（消失，迷失，丢失）（Узкая тропа терялась в бору.）（狭窄的小路在松林中消失）隐喻"衰弱，减退"之义：Зрение теряется；Живость движений понемногу терялась；К старости теряется память.（视力减退；行动渐渐不如以前灵活了；到老年时记忆力逐渐减退）所依据的基本认知相似关系也是本体、喻体动作间的"行为感知特点"相似。突出表现出这一相似类聚特点的还有动词 просвечивать（透过……看得见）（Сквозь чулки просвечивает тело.）（隔着袜子能看得见肉），借由动作本体与喻体之间的感知行为心理移位，它能够生动地传达"流露出某种心情"这一隐喻义：Сквозь её приветливость просвечивает холодность и принуждённость.（从她的殷勤中可以看出冷漠和勉强）动词 скрасить 由物理实在上的"美化，粉饰"动作意义（Прекрасно сшитый сюртук и мягкая круглая шляпа очень его скрасили.［漂亮的常礼服和一顶圆形软礼帽美化了他/使他显得很好看］）隐喻表现"掩饰，掩盖，弥补"这一精神意志行为时，心理移位上的行为感知特点相似性也十分突出：Людмила старается скрасить недостатки сына.（柳德米拉竭力掩盖儿子缺点）而动词 плакать（哭泣，流泪）根据感知特点、形象性的相似，可以非常生动、鲜明地隐喻表现"（窗户、玻璃）布满水珠、雨滴，有水珠"这一自然状况动作意义：Окна плачут.（窗户上布满了水珠）。

再则，"动作作用方式相似"可以是显在和隐性的动作过程方式，强调的是动作作用过程表现方式上的相似类比关系。例如，动词 змеиться 本义为"蜿蜒""弯弯曲曲地移动"：Змеится ручеёк. Беловатой полосой змеилась тропинка. 而基于动作作用方式的相似性所产生的动词喻义为"浮现、(微笑)掠过""（影子等）浮动、飘动"：По её лицу змеилась улыбка; По стенам змеились тени（她脸上掠过一丝笑容；墙上飘忽着阴影）。而动词 забродить（徘徊起来，慢慢地踱起步来）隐喻具体动作"漂浮，游动"（По небу забродили тучи.［乌云开始在空中浮动］）意义时也如此。

最后，"动作结果相似性"表现行为在动作结果方面透射出来的认知接近性的联想内容、特征。例如，动词 завалиться（坠落，倒塌下去）（Книга завалилаь за полку.［书掉落在书架后面］）可隐喻"遭到失败，遭到破产"这一意义（Феодор завалился на экзамене; Фирма завалилась в торговле.）（费多尔考试失败；商行经营破产），其突出的认知相似点即为行为结果上的心理联想趋同性。同理，俄语动词 догнать（追赶，追上）(догнать беглеца/зверя［追上逃犯/追赶野兽］) 借助动作结果的相似联想，能够隐喻衍生动词新义"在成绩等方面追赶上"：Они догнали передовых работнтков; Эрнест догнал его в учёбе（追赶上先进工作者；埃内斯特在学习上赶上了他）。

（五）行为相似性的协同作用

动词隐喻往往可能同时表现出动作本体与喻体之间不同方面的认知相似，形成动词隐喻相似性的协同作用，这是极为重要而独具个性的动作感知和心理记载方式（"心理录痕"），是施喻者认识和获取新的动作关系、动作实质内容的积极认知策略和手段，它在俄语动词隐喻现实中表现相当活跃。例如，动词 подзаправиться（吃一点，垫补垫补）（Люди с утра не ели, пускай подзаправятся）（人家一早还没吃东西，让他们吃一点儿吧）隐喻"飞机、汽车等加点儿油"这一行为意义时，就包含了本体和喻体之间在动作功能、动作方式、动作结构上的认知相似性：Вот подзаправятся самолёты и полетят.（飞机在这儿加点油就起飞）动词 затемнить（把……的光遮住，使色彩更暗）（затемнить окна, затемнить фон картины）（遮住窗户的光，使画的背景底色暗淡）隐喻"把思想、意识、意义等弄混乱，弄模糊"之义时，包含着动作结构、动作作用方式、动作感受—评价特点及动作结果方面的相似：затемнить смысл жизни, затемнить классовое сознание, Фабула повести затемнена; Свою речь он любил затемнять книжными словами.（模糊人生的意义，模糊阶级意识，小说的情节写得模糊；他喜欢咬文嚼字，把话说得晦涩难懂）。而动词 гвоздить（打入，钉入）（гвоздить клин в стену）（往墙里钉入木楔）隐喻表示"叮咛，反复嘱咐"之义时（Мастер несколько раз ему гвоздил об этом, но он всё-таки забыл.）（关于这件事师傅向他嘱咐了好几遍，可他到底还是给忘了），蕴含着本体同喻体在动作结果特性及动作方式、动作感知—评价甚至动作结构特点等方面突出的认知相似。动词 предаться（投降，屈服于）（предаться врагу/трудностям）（投敌/屈服于困难）隐喻衍生"完全陷于，沉湎，醉心于……"（предаться пьянству/забавам и наслаждениям/искусству）（嗜酒贪杯/沉湎享乐/醉心于艺术）意义时，本体与喻体行为在动作结构特点、感知特点、行为作用方式乃至动作结果等方面都表现出认知相似性的特征，其相似协同作用关系十分突出。动词 хлынуть（涌出，倾泻）（Кровь хлынула из раны; Хлынул проливной дождь.）（血从伤口涌出；泪如泉涌）隐喻"涌上，向某人扑去"意义时（Люди хлынули на улицы; В прорыв хлынули танки; Вся толпа хлынула на них.）（人们涌上街头；坦克向突破口冲了上去；人群向他们扑过去），也同样有包括动作行为结构特点、动作感知特点、动作结果相似在内的认知类比性的协同参与。动词 примириться（同……和解，言归于好）同时借助动作过程机制和动作结果的相似所达成的心理移位，隐喻表示"安于……，迁就，容忍，顺应"之义：Она примирилась с создавшимся положением/ недостатками мужа.（她已安于现状/容忍了丈夫的缺点）动词 опустошить

（把……倒空，用空）（Валентин опустошить бутылку；Изголодавшись, Павел незаметно для себя опустошил третью тарелку.）（瓦连京倒空了杯子；保尔饿坏了，不知不觉把第三盘菜也吃光了）则通过认知心理中的动作过程机制、动作结果和动作感知隐喻相似性，引申出"使精神空虚"这一新义：Это опустошило душу человека.（这使人的心灵空虚）而动词завалиться（坠落，掉下）（Завалились ступеньки.［台阶塌陷］）同时介由动作作用方式、动作结果以及动作感知特点的相似性因素参与，形象地刻画出"（面部器官等）深深陷下去，塌陷"这一动作喻义（Глаза глубоко завалились.［眼窝子深深地陷下去］）。

可以认为，俄语动词隐喻中，"行为"相似性的协同作用是一种常态，鲜见单一的"行为相似"认知领受与切换形式，这充分地显示出在动词隐喻中，动作感知摄取面、动作认知切面的丰富性和人的认知触觉的细致、灵敏性，同时也反应出隐喻思维中动作认知甄别、识解的切己性及动作认知比照的活跃度与认知心理感应、认知切换的积极调适性。

四 小结

动词隐喻的喻体与本体之间的关系即"相似性"联想的问题。"弄清词义与人的生活经验的相互作用对于隐喻本质的理解至关重要"，（Арутюнова，1998：347）而对隐喻相似性的探讨则是一种有益的尝试。相似性在建构、理解动词隐喻中都至关重要，因为动词隐喻的语义是不在场的动词的抽象语义，是看不见的抽象语义或另一具体动作语义，"动词所表示的是在说话时刻看不到的抽象行为"（杜桂枝，2002：34）。而要得出在场动词的语义，就需要找到它与不在场动词动作语义之间的相似性"喻底"。

研究表明，动词隐喻意义的相似性是心理领悟上的相似即"心理相似""智慧上的相似"，而不是物理实在上的相似或者世界本原的机械相似。俄语动词隐喻相似性有多方面的内涵、本质及具体表现形式，本体和喻体之间的相似性并不局限于抽象动作属性的相似，还有一些是具体物理作用动作属性的相似，另外，动作概念的相似性也不一定是动词核心语义成分或超义素特征的相似，区分性的或潜在的动词语义成分、义素也会成为动作隐喻的相似点。一定程度上讲，俄语动词隐喻的语义直接由动作喻体、本体之间的相似性选择、相似性（联想）特点决定，相似性在隐喻转义中的普遍性无疑可深化我们对俄语动词多义现象的理解。而从动词隐喻相似性的具体表现、类型上讲，除了有基本的动作行为实现方式、行为结构特点、行为感受—评价特点及行为过程机制、行为感知特点、动作作用方式、动作结果等方面的类同、相似之外，还大量存在各种相似性的协同作用方式，这是动词隐喻机制中非常重要的认知相似范式，反映出人的语言认知心理特点。

由此观之，"相似性"一方面是隐喻思维活动的基本需要，另一方面也是拓展隐喻思维的钥匙，确立相似性是人类认知结构的重要组成部分，而隐喻中的相似性实际是动词一种"语义象征性"，正是在这一意义上，相似性是俄语动词隐喻的基本要件之一。

第二节 俄语动词隐喻语义错置

隐喻有自己鲜明的特点和结构内容，语义错置或内部语义冲突便是其中重要的一个方面。语义错置反映出动词隐喻认知活动的心理过程，在深层关系上表现出施喻者对动词隐喻（范畴性）语义要素、语义对象的认知介入状态，它不仅是隐喻内在结构的核心要素、隐喻的指标，而且是其基本语义性能的重要体现，是"隐喻张力（效应）"的重要来源及其在范畴层级语义方面的具体表现，也是隐喻区别于换喻等其他相关认知现象的重要条件之一。根据 Cormac 提出的判断隐喻的"冲突理论"原理，"隐喻是有意构造虚假，通过冲突促使新的见解得以表达和理解"（胡壮麟，1997：51），"隐喻是语言中'非逻辑'的稳定来源（постоянный рассадник）"（Арутюнова，1998：367），"隐喻的突出特点之一是语义冲突，它是隐喻产生的基本条件，……也是发现和创造隐喻的必备条件"[①]（束定芳，2002：98）。而且重要的是，"动词隐喻的语义错置中表面上的语义冲突是确立新的、贴切的语义的一种手段和认知方式，而不是单纯的语义矛盾"（参见保罗·利科 2004：295）。隐喻语义错置这一认知行为几乎可视为施喻者的认知本能表现，表象上看似扰乱了人的语义逻

---

① 而与此同时，不能不指出的是，语言使用者往往不会注意到隐喻错置的特殊存在，因为我们一直就是这样用的，早已习以为常。这就好比自然引力，作为已发现的最微弱力量，一般不会注意到它，因为我们一直生活于其中。

辑，而实际上却净化了语词语义的外部表现环境及语词语义的认知思维，理顺了特定语言单位的认知语义秩序和分析线索，本质上也代表着隐喻的一种语义思维模式和认知逻辑，几乎内化为动词隐喻语义性的内涵符号。认知语言学中虽然注意到了隐喻语义错置的这一特点，但深入、细致地讨论这一问题的并不多，而在动词隐喻这一平面上对其展开专门研究的更是少见。基于这一点，本节将对俄语动词隐喻的语义错置问题进行探讨，一方面，对其语义错置问题作出层次上的切分；另一方面，更重要的是要对语义错置的内涵、实质、各层级具体内容、主要表现及其与相关概念的关系等方面的问题展开讨论。这对于深入认识俄语动词隐喻构建及隐喻的实质具有重要意义。

一 动词隐喻的语义错置问题

一方面，动词隐喻"语义错置"指喻体的意义与本体或与上下文、语境条件不相协调或相矛盾的情形，隐喻过程中，动词（句子）字面意义或本义在逻辑上与语言语境相矛盾，出现语义上的冲突，即组合在一起的词语由于彼此接纳了不相容的语义特征而产生的矛盾冲突。而另一方面，"语义错置"也是对动词隐喻时所处语义环境或语义状态的一种概括，它为动词创造一种新的组配关系，提供新的信息、形成新的语义，因而某种意义上讲，动词隐喻的理解就始于对语义冲突的判断和分析，之所以说动词隐喻是暗示性的语言方式，很大程度上就与它所包含的语义错置特征有关。"如果说相似性是隐喻互动过程的依据，互动是隐喻意义产生的基本方式，那么语义错置则是隐喻产生的基本条件。"（束定芳，2002：103）

而从功能上看，动词隐喻语义错置中的矛盾性实际上是隐喻发生的信号，通过语义冲突发现隐喻的存在，并溯源而上寻找冲突发生的缘由，即本体动作和喻体动作之间的相似性，最终达成对动词隐喻的理解、动词喻义的生成。另外，语义错置实现了动词隐喻"陌生化"的语义功能，产生了隐喻语义特殊的交流效果，即"隐喻通过范畴错置（即这里的语义错置。下同——引者注）的形式而给人以新颖、出乎意料的语义交流效果"（徐敏，2007：99）。

进一步讲，动词隐喻语义错置之所以成立并能付诸实现，某种程度上讲，这是由隐喻的"跨逻辑范畴"认知能力及其创造性本质所决定的，

"隐喻能超越思维过程中单纯范畴化的局限，也能超越以规则为基础的语言的范围"（参见单文波2008：106），"隐喻是两种概念域投射、互动的产物，作为一种以相似联想为心理机制的认知过程，隐喻必然会跨越逻辑分类框架和范畴鸿沟，将两种概念作超常联结，从而体现出创造性特质"（陈勇，2005：3）。因而"跨范畴"心理特性构成动词隐喻语义错置的实质和认知内容、认知效应，它形成了动作事件域的替换、转移，继而产出动词喻义，"用一种动作过程来代替另外一种动作过程，……包括用物质过程代替心理过程等，形成字面意义之外的意义"（参见田苗2011：69，71）。

俄语动词隐喻中的语义错置是语义的一种错合关系，词语间的常规意义对价关系被打破，超乎了认知的惯性联想范围，会出现一种"张力效应"（tension effect），即隐喻张力的建立和消解。这里的"张力"① 是一种因表面语言关系、语言规范的偏离，而在人的认知心理上产生的"紧张感""压力感"，这种心理拉力或牵伸力形成一种"认知应力"（cognitive stress）。根据Cormac提出的"张力"原理，"隐喻会让读者或听者产生张力感或不自然的反应，而隐喻的合乎语法性和真值则决定于张力感的消失"（陈勇，2005：4）。就是说动词隐喻对表面规则的偏离在人的语言意识中形成一种不适应，激活了人在认知思维上的"张力"及其消除的心理机制，张力感促使认知主体重新审视语义上的冲突性，并把这种对语言关系的偏离处理为"有意而为"的语义错置，去探寻隐藏在表层冲突之下的意义内容，而隐喻张力的消解就是语义错置中冲突的消除、毁灭②，并由此重生新的动词语义。不难看出，动词隐喻张力的形成、消除相当于引起伸长的两个方向的平衡力。

语言的认知活动中，"当认知结构无法建立一对自相矛盾的概念之间的联系时，大脑就会启动驱动程序来处理信息"（周红民，2004：61），"以消解范畴错置"（束定芳，2008：195），消除这一隐喻张力。隐喻性

---

① 动词隐喻结构内部要素间看似矛盾、不合语法，超乎认识常规，但借助认知联想，却并非严格的矛盾、虚假，也不一定造成语法异常，这也会让受喻者产生情绪上的张力（参见胡壮麟1997：51—52）。

② 而且"在消解语义障碍的同时拆除了逻辑规则间的界限"（Арутюнова，1998：363），动词隐喻字面上的"不可读性"也就随之消除，显示出动词隐喻的语义逻辑特性。

(metaphoricity)正是源于这种以不同类为类所产生的看似违反而实际又可通达语义的张力(参见龚玉苗、周榕2011：66)，同样，动词组配关系中以表面的失调表现背后的语义协调所依靠的也是这一张力效应。

张力的消解表现了隐喻错置消除、喻义衍生的过程。"隐喻是从一个自我毁灭、自我矛盾的陈述构成一个有意义的自我矛盾的句子。所谓'毁灭'应该是字面意义的毁灭。而在这'毁灭'过程中，新的意义也就同时诞生了。"(束定芳，2002：98)"隐喻'范畴错置'的重要性在于意义的创生——它摧毁了原先的秩序，提供新的信息，重新描述某种'现象'。"(王铭玉，2004：378)凭借这种有意识的隐喻语义错置，原有的意义关系、秩序分化，产生认知意识中的隐喻化联系，动词衍生出了新的语义。因而，隐喻张力的建立和消解是一个独特而极有价值的认知过程，"隐喻的玩味之处并非在于冲突本身，而是对冲突作出认知性的回应"(单文波，2008：105)。

可以认为，隐喻语义错置体现了隐喻的一种特质，因为隐喻本质上就是两个不同认知域之间的互动，隐喻意义的产生最初就是词汇的本初语义与语境矛盾作用的结果。表面上看，语义冲突的存在似乎使隐喻的理解变得复杂化，而实际上从语言语义，尤其是语词多义性的角度看，在具体语言环境中解读语义冲突性特征既是施喻的一种认知策略，也是把握隐喻的重要条件。动词隐喻语义错置的内涵特质集中体现在其独特的运作程序。与动词隐喻的"命题"[①]特点相关，其语义错置中，首先产生的认知联想是动作"事件—情景"这一基点内容[②]，即如前所述，动作喻体与动作本体事件会产生语义表象上的不适，带来理解管道上的暂时短路。而动词动作情景由事件参项或情景参与者组成，动词命题概念结构的下向因果力会驱动认知者在事件语义片段中进一步落实这一异置关系，这样，动词隐喻语义错置自然延伸出情景参项(题元名词)之间的特殊语义关系，表现为动作本体、喻体事件参项间的语义比照、联想关系和由其概念—范畴属性的交集所确定出的语义矛盾性。显然，不论是动作情景整体还是情景片

[①] 命题包含动词句子展开方式的基因信息，"它是观念的联合和观念内容的'非模态化'整体，……是未来句子的骨架"(Гриднева，2009：11—12)。

[②] 正如 Г. И. Кустова 认为，"词的语义潜能不仅来自其基本意义，还来自它所关联的情景，即最终归结于该词所描写的情景域"(Кустова，2005：56)。

段发生不同形式的语义错置，都是动词隐喻认知的积极语义梳理过程，并预示着一个新的认知语义配置过程。

顺便指出，语言学界有一种不同的观点，即以所谓的隐喻"直陈性"来否认语义错置的存在。如前所述，语义错置是隐喻产生的基本条件，但语言学界有学者认为，"隐喻直陈性使隐喻意义并不依赖于字面包含的语义冲突，而取决于所使用的语词的通常含义"（马明，2009：35），根据马明、陈瑶的看法，隐喻语义错置用"是"来表达所喻和喻体之间的概念关系，这在本质上是对事物的直陈，即通过概念的转移，把喻体的特征直接赋予本体，而不是修饰性的形容（马明、陈瑶，2008：543）。但这事实上行不通。因为至少可以断言，他们所说的直陈性只存在于一些典型化的"根隐喻"中（如 Life is a journey；Anger is fire；Time is money；Argument is war），并不具备普遍代表性。"是"结构表达的隐喻直陈性意义局限在下文将论及的"隐性错置层"，而在下面要谈的"显性语义错置层"中，这一说法站不住脚，在该层次中，并不存在这样的本体、喻体特征赋予关系，因为显然不可能在"动词—题元"异常的语义组合中做出概念上的"直陈性"转移，动词隐喻的字面表达不可能等同于其字面外的隐喻意义。

此外，赵彦春（2010）在谈论歧义与隐喻的区分时，基于隐含意义的可推导性也否认隐喻中"语义错置"的存在。他指出，"隐喻表达式在相关语境下不会产生歧义，也不可能发生范畴的转变或错置"，而且"隐喻时，我们只涉及一个范畴而不是两个范畴"[①]（赵彦春，2010：419）。这同样值得商榷。一方面，赵彦春的观点也只针对"根隐喻"，概括性有限。另一方面，其实质是抹杀了该概念隐喻中本体和喻体之间的转换程序，直接把属于喻体的某一属性认同为本体原本已有的。此外，从认知语义的分析、表达上讲，这里决不可能只存在一个认识范畴。该观点很明显

[①] 他的例证是，当我们说"他是一部机器"时，我们说的是"他"，而不是另一范畴的机器。词的本义是概念的全集，而喻义只是子集。也就是，当我们说"他是一部机器"时，我们并不是说由机器外形、功能、耗油量等构成的信息集，而是说被叙述者"他"表现出机器的某种特性，如不知疲倦、冷酷无情、不知变通等。他的分析显然过于极端化，不能因为"他"有了这样的意义特性而否认这种意义获得过程本身，"他"的这一意义特性缘何而来？这中间的认知转换步骤是无法抹去的。何况，这种情形在其他时候如动词的显性隐喻结构分析中是不奏效的。

是以认知结果取代了认知过程，他所谓的"不会……""不可能……"其实看到的都只是词语喻义的产出，而没有注意到喻义的形成机制，忽略了隐喻中的语义错置同样在乎的还包括其认知语义表现和认知运作机制。此外，对于动词隐喻来讲，不同事件之间的认知认同并不像作出典型的概念隐喻那样简单，喻体动作对本体动作的"直陈"显然有可能会遇到认识、理解和分析上的一定困难。

而从认知根源上讲，动词隐喻语义错置背后有"相似性"联想的支撑。范畴错置、语义冲突运用相似联想，使本体和喻体的宏观范畴和微观语义转移、错接，进而融合，突破概念性的动作意象表达，创造出独特的动作意象，传递个性化的认知体验，创建出直接观感的动作形象[①]，虽看似在语义规则之外，却在事理体验之中，使人在语义错置中体验动作的真实，"把不同描写对象的词语腾挪并置，创建了能够与不同动作事件对话的深层话语的同构、相似关系"（参见徐秀芝 2005：74）。因而，俄语动词隐喻的语义错置折射的语义矛盾性促使认知主体挖掘矛盾双方的相似性，准确理解、把握动词隐喻的意义，"作为隐喻修辞效果的'范畴错置'，它往往依靠事物的类似性使人产生联想，从而'变'错置为正常"（王铭玉，2004：378）。

此外，隐喻过程中，"人可以创造性地在特定的语境中用语言手段把某些结构成分凸显出来"（王军，2011：52），动词隐喻中的语义错置还有独特的认知凸显语义功能，它造就了动词特殊的语言语境性、隐喻性，有利于凸显动作本体的意义，即表面上的语义冲突反而突出了本体和喻体之间的共性特征、认知同构性。而另一方面，动词隐喻通过语义错置凸显动词语义中的功能特征或关系特征，继而通过功能、关系特征发现隐喻的相似点内容。这样，隐喻语义错置还建立了语义凸显与相似性联想之间的一种互动关系，创生出新的动作意象，富于张力，启发联想，有助于在动作本体与喻体之间形成等同的动作体验，建构起超越范畴的动作镜像关系。

具体而言，对于动词隐喻语义错置包含的喻体意义与本体或与（语言）语境之间的冲突可以作这样的理解：一方面，喻体意义与本体之间

[①] 华劭即把隐喻错置同其创生性动作形象联系起来认识，在他看来，"认知隐喻的形象性来自它对主体'错位'性的描写，也会增加其表现力"（华劭，2007b：213）。

的冲突指喻体动作与本体动作以及对应的题元名词之间的错置关系；另一方面，喻体意义与语境的冲突指的是动词与题元名词相组合而形成的错置。与此相关，俄语动词隐喻语义错置包括两方面的内容，一是包含在动词隐喻表达式中的错置，这是"隐性错置层"，二是体现在动词上下文组合关系中的错置，这是"显性错置层"。下面对这两个层次的动词隐喻语义错置展开具体分析和研究。

二 隐性错置

首先需要强调指出的是，隐性错置独具个性地反映出范畴化的语义异置功能关系和特点，现有文献的研究中，往往忽略了动词隐喻语义的"隐性错置层"，而且即使有所涉及，都是在标准的概念性隐喻（即基于空间概念、身体功能、身体经验的本体性隐喻）中谈论所谓的逻辑错置，而未能真正触及语义错置的更为实际的内容，没能够深入问题的实质性讨论中。虽然该层次的语义错置是隐性的，但对于俄语动词的隐喻来讲却是第一性的，可以说是动词隐喻存在的一个先决条件。

所谓"隐性错置层"是体现在动词隐喻内部的语义错置，指隐藏在动词表层结构下的语义冲突关系，也可以理解为隐藏在动词主隐喻背后的次隐喻、动词隐含的"二性隐喻"[①]（Арутюнова，1980：156—249；Бессарабова，1987：156—173）。"一个主概念隐喻底下还可能有次概念隐喻，这些次概念隐喻统一在主概念隐喻之下，构成一个统一的、相互关联的多层次网络。"（闫铁煌，2004：55—56）

隐性层次的语义错置通过不同动作概念之间的意识化并置这一间接方式表现出来，后者本身就是实现概念跨越性对接的特殊隐喻。我们提出的观点是，动词隐喻隐性错置包括两类。一是最直接、突出，也最为核心的错置："动作本体是动作喻体"，记为"X IS Y"[②]。二是动作本体与动作喻体事件结构中各自对应的题元名词之间的语义错置，该错置是间接、不

[①] 所谓"二性隐喻"是指动词下位层次的另一隐喻，即动词隐喻语义结构所隐含的第二层级隐喻，而这里主要是从其隐喻建构的语义功能、语义条件上来看，因而形成次隐喻方式的"隐性语义错置"。有关"二性隐喻"可详见第四章第二节。此处从略。

[②] 这一层次的动作情景隐喻错置中往往潜含施喻者的心理默认，此时动词隐喻（尤其是创生性、新颖鲜活的动词隐喻）很可能存在一个"内在交谈者"（внутренний собеседник）。

太明显的:"本体动作主体是喻体动作主体";"本体动作客体是喻体动作客体"。主体、客体题元的语义错置分别记为"Sub. IS A"和"Ob. IS B"。需要表明的是,在具体的动词隐喻中,主体、客体题元是否同时出现、相应某一项次语义错置的有无将取决于动词特点,可能只有主体或客体,也可能是主、客体题元都有,这依本义、喻义时动词的具体情况而定。须要指出的是,由于动词隐喻过程中往往遵循"认知就近"原则,一般不会专门去想或者没必要想后一层次上题元名词语义错置,而是依靠"'人本中心论'语言直觉"(Алтапов,1993:15)即认知直觉,直接处理更为核心的"X IS Y"层所代表的动作之间的隐性语义错置,或者首先处理"X IS Y"层隐性语义错置,而后处理下一层次中题元名词的语义错置。

进一步讲,两个层次隐性错置的产生、建立同前文提及的动词隐喻的"命题结构"特性密切相关,是动词命题事件框架及情景构件各自对应的不同性质语义错合的结果。有关这一点,前文已有所涉及,这里择要作出更进一步的分析和说明。动词隐喻运作中,认知主体首先分别抽取出动作本体与喻体的情景语义内核,并对其加以类同、比照,从认知策略上建构起二者之间的"语义阻隔"①,形成事件范畴的逻辑语义冲突,进而得出"X IS Y"层隐性错置。而动词隐喻情景语义意识向下伸延,驱使认知意念向事件参项或情景片段发出语义比照、语义关联的诉求,在认知心理中建立起本体、喻体动作事件参与者的交叉语义对应:主体$_1$⇔主体$_2$,客体$_1$⇔客体$_2$②,而这一动作整体事件的结构语义分解、对应即延展出事件关系项、题元名词间的相应语义矛盾和概念范畴冲突。可以认为,这是动词整体事件语义落差的自然连锁反应,因为从认知心理完形上讲,整体大于局部,整体也规定着局部,事件整体的矛盾必然会引发其构成要素间的语义失调。这就形成了"Sub. IS A"和"Ob. IS B"层隐性错置。由此也可以窥探出两个层次语义错置之间存在着的密切关系,即整体错置层决定局部错置层,局部错置内嵌于或依附于整体层的事件错置,而局部错置层

---

① 动词隐喻隐性错置中,对不同"情景—事件"的勾联、并置能力是人的隐喻能力的重要体现。正如许保芳、袁凤识(2012:35)指出,"隐喻能力是认知主体基于自身体验在两个不同范畴的认知对象之间构建一定语义关联的能力"。

② 代码式中的数字"1"对应于本体动作事件,"2"对应于喻体动作命题。

对整体错置层有独具个性的语义建构作用。这表现为动词隐喻时，首先是有了认知意识中动作事件间的范畴性语义脱节、冲突，然后才会衍推到事件内部的参与者要素，而反过来，动作整体框架的矛盾通过动作事物参项反映、表现出来，因此后者是承担上一层次语义错位的载体或操作元。另外，动词隐喻加工中，一方面前者作为主因规定着后者的存在，可以从前者推知后者，但无法由后者进行反溯推理。例如，动词 затенить（把……遮挡在阴影之下）（Окна затенеы густою зеленью лип.）（窗户被椴树的浓阴遮住了／椴树浓阴遮住了窗户）隐喻时，可产出"盖过……的声誉，使相形见绌，使黯然失色"这一喻义：Иосиф затеняет всех своим выдающимся успехом（约瑟夫非凡的成就让所有人黯然失色）。此时，首先是认知意识中建立起了本体事件"声誉盖过……"与喻体动作"阴影遮敝住"在语义表象上的整体范畴错置"X IS Y"，该情景语义的逻辑矛盾促使认知者进一步思考错置情景结构要素之间的关系，通过语义交叉对比，分别确定出动作主体、客体事物间范畴性的语义冲突：约瑟夫是树荫（"Sub. IS A"）；人是窗户（"Ob. IS B"）。而反观事物参项，它们之间异常的逻辑语义联系使整体情景冲突得以厘清和具体实现，从而局部语义错置的来龙去脉成就了事件整体关系的范畴对立，同时彰显出事件语义的认知功能特性。而进一步讲，我们并不能或者很难从"约瑟夫是树荫""人是窗户"的范畴对立中直接反推出"声誉盖过"与"阴影遮蔽"之间的命题意义错置联系，正如我们无法将事物直接对接于特定事件，也无法从事物参项中预测特定事件的发生[①]。此外，两个错置层也具有一定共性特征：一般说来，语义冲突性越强，范畴语义的认知跨度越大，而动词隐喻个性也往往越鲜明，隐喻创新性越强。反之亦然。

总之，两个层次的隐性语义错置从不同角度反映出动词隐喻体所特有的矛盾的语义并置关系、语义交叉组构，各有其认知语义功能、价值。以下进入动词隐喻两个隐性错置层级的具体分析。

首先是"X IS Y"层次的动词隐喻语义错置分析。

该层次的逻辑错置特性非常突出，相互间原本并不被认为存在相似性的动作、事件被认知主体赋予了看起来是矛盾的相似性。

---

① 而这同样由动词的命题意义属性和事物参项的概念属性所决定，也是动词语义潜势（meaning potential）和预示力的一种表现，再一次印证了动词隐喻的"命题性"。

动词隐喻在结构形式上通过在句中直接占位得以实现，其内嵌的典型命题隐喻形式或隐喻陈述可描述为"X IS Y"。该概念隐喻内容的描写既不是对动作现实的真实照搬，也不单纯是施喻者个人的看法，而是认知主体对客体能动作用之下形成的对动作之间关系的认识。可以作这样的结构化认识，内嵌的隐性"语义错置"表面上看起来是一种句法行为，即通过句法方式把两个本属于不同类属的概念并置或等同在一起，但背后的动机或实质却是语义性质的，所以才形成特殊的语义冲突即动作事件范畴错置。这一隐性错置是动词隐喻语义产生的必备条件，"人们认识新事物时，大脑会在记忆中寻找已存在的相关概念，并使之发生关系，形成新的概念范畴。这样产生的概念同原有概念的相关性、交叉性使范畴发生错置，从而使隐喻的产生成为可能"（陈勇，2005：2）。不仅如此，"隐喻有意识的使用是概念和范畴发展到一定阶段后，概念融合、范畴错置的产物"（陈勇，2005：2）。

在动词隐现的"X IS Y"认知框架中，X，Y之间的语义关系既不是单纯的描写关系或"本体—属性"关系，也不表示存在、类属关系，而只表示不太严格的等同关系，因为 X，Y 分属于两个不同范畴类别，而不可能完全等同，"这就打乱了原来词语搭配的范畴网络，是一种典型的范畴错置"（参见徐秀芝 2005：72）。由此造成本体与喻体动作域内部存在相似性的同时，又相互冲突的情形，这种既冲突、对立，又有特殊对应关系的认识内容赋予了动词隐喻以独特的意义，产生语义上的不相容和新的本体动作体验，这也是隐喻魅力的一个具体表现。而这一错置活动之所以得以进行并成立，得益于人的动态化认知思维。俄语动词隐喻过程中，本体动作作为目标来讲，是静止的一面，但本体动作的感受和表达处于动态化状态，包含动态的逻辑性，后者代表了观察本体动作的积极思维方式、对动作事件发展变化的一种认知判断和认知预测。

隐性的 X IS Y 语义错置反映了认知语义与逻辑规则的关系，或者说认知主体对逻辑规则、思维规律的有效利用和驾驭。施喻主体通过感性认识，形成对动作信息内容的抽象概念，在类比逻辑基础上，对本体和喻体动作概念进行认知共性方面的分析、判断，进而对二者间的逻辑关系进行推理，并建立起它们之间的特殊语义关系。这样，借助逻辑上的语义冲突启发并构建起有关动作对象的一种新的认识。因此，这种语义错置的最大特点在于它切合了人的思想表现实际。

隐性 X IS Y 语义错置的语义功能可以在隐喻"互动理论"（Richards, 1965；Black, 1962）中得到解释。这里 X IS Y 的两个不同义域的词语（两个体词参项 X, Y）形成语义上的"互动"，并非简单地把本体 X"比作"喻体 Y，或者用喻体 Y"替代"本体 X，而是强调两个不同义域的词语在语义上的"互动"过程，这个过程也就是新的语义创生过程，于是隐喻中的一个词（本体）通过另一个词（喻体）得以理解（参见胡萍英 2009：109）。正是因为这种有意识的错置，"原来的分类秩序被打破，新的联系形成，新的意义也随之创造出来"（谢之君，2007b：134）。

非常重要的是，X IS Y 层次的隐性语义错置中，隐喻本体和喻体互动的同时，背后隐藏的是"临时范畴"（adhoc category）现象，即在这一隐喻范畴关系中，用以施喻的动作对象临时性地充当了两个不同的范畴，并使其中一个成为认知解码对象和目标意义对象，这就是本体动作范畴。根据"临时范畴"理论（Barsalou, 1983：211—227），人类语言具有一个固有特性，那就是词语概念有"双重指称"的特点，而隐喻中的喻体同样具有这一性质，它可同时指称具体意义（喻义）和抽象意义（本义）范畴，因此隐喻的理解可以通过范畴特征的转移、赋予机制来实现。

进而言之，由于 X IS Y 中本体与喻体意义之间有种和属的关系，即前者是后者的子集，我们也可以鉴用传统的隐喻理论观点来看待这一层次语义错置现象。其实传统的哲学和修辞理论研究就基于隐喻是从属到种或从种到属，或从种到种的转换关系，把隐喻看成一种范畴错置现象和意义转换的形式（参见 Aristotle 1981：1457b）。这种隐性错置是典型的以不同类为类的认知过程[①]，就动词隐喻来讲，语言使用者意识到动作本体和喻体为不同类行为，而且隐喻所表现的动作范畴关系不同于常规的范畴隶属关系，"语言使用者会通过本体和喻体在范畴层级中的重组完成范畴错置的消解"（龚玉苗、周榕，2011：71—72）。正因如此，二性隐喻 X IS Y 有着超乎我们想象的丰富衍推系统，"它可以推导出丰富的动词隐喻意义，包含很强的隐喻张力"（黄华新、徐慈华，2006：27）。

比如，俄语动词 разодрать 本义为"撕碎、撕裂、扯破"（разодрать письмо，разодрать рубашку сверху донизу，разодрать брюки），借助认

[①] 钱钟书（1984：75）在逻辑认识方面，曾把"以不同类为类"这一基本的范畴联系和语义错置看成隐喻的本质。

知相似联想，可以隐喻衍生"瓦解、使内部不和、四分五裂"之义（разодрать эту страну, разодрать их организацию, разодрать боевой дух войск врага），该隐喻把表面上不相关的本体和喻体动作进行并置，使具体的物理行为"撕破"与抽象的社会行为"瓦解"等同在一个结构关系中，形成潜在的逻辑语义错置：разодрать$_2$есть разодрать$_1$（"瓦解、分裂组织"是"撕破东西"）。俄语动词 разопреть 本义为"（因受潮、蒸煮等）软化"，而隐喻时可引申出新的语义"（因热、身体流汗）疲乏无力"。试对比：Горох *разопрел*$_1$（豌豆变软乎了）；Гречневая каша *разопрела*$_1$（荞麦饭煮软了）—Рабочие от солнца совсем *разопрели*$_2$（太阳晒得工人们一个个都没力气了）。显然，这里动词隐喻包含了认知主体对两个动作间潜在的相似性的认同，形成二者之间的范畴错置：*разопреть*$_2$есть *разопреть*$_1$（"人的生理上的疲乏"是"事物物理性质上的软化"），借助这一语义错置，在人的认知中建立起了物理作用域与生理活动域之间的并置关系。而动词 ухватить（抓住、握主、攥住）的隐喻通过"链式关系"可以衍生出"攫取、占据、霸占、据为己有"和"捉摸到、领悟、了解"两项语义，三者属于不同认知语义域：喻体动作属于物理作用域，而两个本体动作分别属于异质集合行为域和抽象智力行为域。试对比：1Я *ухватил*$_1$ его за ногу（我一下子抓住了他的腿）；Полиционер *ухватил*$_1$ вора за воротник（警察揪住小偷的衣领）—2Негодяй *ухватил*$_2$чужую личную собственность（地痞攫取了他人的家产）；Помещик *ухватил*$_2$ землю（地主把土地据为己有）—3Мы *ухватили*$_3$ мысль собеседника/его намёк（我们领悟到了谈话人的意思/琢磨出了他暗示的意思）。在此，施喻者通过认知体验和语义分析，把本体、喻体动作放在特定认识视角、认知框架下进行处理，提取它们之间的相似性，从而建立起不同范畴动作的隐性语义错置命题，即"*ухватить*$_2$/*ухватить*$_3$есть *ухватить*$_1$"（"攫取/领悟……"是"抓住……"）。俄语动词 варить（煮、熬、炖）隐喻时可以衍生出"（胃）消化"这一意义，试对比：Повар *варит*$_1$ рыбу（厨师正忙着炖鱼）—Желудок плохо *варит*$_2$/Желудок его *варил*$_2$ исправно（胃消化不良/他胃消化很好）。这里行为特征的类比、转移在隐藏的认知判断下进行，喻体动作 варить$_1$ 与本体动作 варить$_2$ 的映射系统所潜含的隐喻对应关系、逻辑条理是：варить₂есть варить₁（"［胃］消化"是"炖东西"），而这两个动作本身属于不同的事件范畴，放置于一个等同的逻辑命题中显然构成语义错置。句子 Он *охватил*₁ руками ствол дерева（他用双手抱住树干）— Пламя *охватило*₂ здание（火焰笼罩了整栋建筑物）— Нас *охватила*₃ безграничная радость（我们感到了［内心充满］无比的喜悦）中，动词 охватить（抱住、搂住）的喻义"笼罩""充满、支配"包含的命题判断结构隐喻为"*охватить*₂/*охватить*₃ есть *охватить*₁"，即"'笼罩'是'把……抱住'""'充满'、'支配'是'把……抱住'"，这是认知主体在心理概念上对 охватить₂/охватить₃ 与 охватить₁ 动作概念之间相似隐喻关系的认同①。显然，该隐喻框架包含的两个动作事件存在语义异常，"这样的命题隐喻的语旨（tenor）与语依（vehicle）（载体、根据）或主项与述项在概念上不相协调，形成语义冲突和矛盾"（林书武，1997：12—13），分属于不同语义、事件范畴的两个动作对象联结在一起进行类比，构成范畴错置，"从而实现特征的转移，进而形成隐喻意义"（参见束定芳 1996：14；王松亭 1999b：15）。E. F. Kittay 认为，"隐喻通过关系的变换构建了概念范围，重新组织了一个语义场（认知语义域或语义范畴——引者注）"（Kittay，1987：36），语义场内部喻体与本体之间就形成了范畴上的语义错置。而这种命题关系中的语义错置可借助"喻底"即本体和喻体之间的特定"相似性"得以消除，"隐喻语义的矛盾性是一种表面现象，它实际是隐喻的标志和信号。隐喻的理解正是透过这一表面的矛盾性而发现矛盾双方的相似性，从而真正理解隐喻的意义"（束定芳，1998：15）。上述例子中，本体和喻体动作之间概括、提炼出来的相似点、共性点是"（主体对客体）着力点集中、着力性较强的动作作用关系"，凭借这一喻底，俄语动词 охватить 的隐喻语义错置得以消除。这样，该语义错置体现于本体 охватить₂，охватить₃ 与喻体 охватить₁ 之间的相似性喻底，表面上的不合逻辑在新的语义意识、新的认知联想逻辑下，形成了动词新的语义功能，一定程度上直接反映出动词的喻义，也表现出客观存在与内心感受、主观认知间的矛盾，是通过喻体动作的熟悉度和简易性来形象化地映衬和表现本体动作。动词隐喻语义错置的消解也表现出客观存在与内心感受、主观认知之间的特殊关系，是通过喻体动作的熟悉

---

① 这在施喻者的心目中是一种"约定俗成的隐喻"（林书武，1995b：41）。

度和简易性来形象化地映衬和表现本体动作。从这一意义上讲，俄语动词隐喻中的这一语义错置层次在认知意识中实际相当于一种语言运作方式，用以在潜意识中组织语义关系并赋予动作某种新的语义内涵。

由此可以看出，动词隐性语义错置的客观结果是形成认知主体意识上的动作差异和新鲜感，难怪有学者认为，"隐喻的一个基本特征是话题和喻体之间有某种距离。话题与喻体间的相似性应该伴随一种由于它们分属于不同领域而产生的一种差异感"（Gibbs，1994：321），而且正是这一差异感为俄语动词的隐喻提供了以此意彼和传达动作特殊信息、意象的可能。

以下我们再谈谈俄语动词隐喻隐性语义错置中的"Sub. IS A"与"Ob. IS B"次层语义错置问题。

一般来说，"动词性的隐喻往往都会隐含一个更基本的名词性的隐喻"（束定芳，2004：28），"Sub. IS A"与"Ob. IS B"层次的动词隐喻语义错置就属于这样的名词性"二性隐喻"或"近似隐喻"、"隐喻接近"（метафорическое сближение）（Гаврилова，2002：197），它反映出隐性错置结构体中认知（判断）的"二次启动"，是动词隐喻隐性错置内嵌的一个自然过程属性，此时，动词句子隐喻隐含的这一"二性隐喻"包含着更为基本的概念隐喻。例如：Они запятнали свою репутацию（他们玷污了自己的名誉）中动词 запятнали（喻体动作"弄脏、弄上污迹"隐喻本体动作"玷辱、败坏"）隐喻内嵌的二性隐喻为 Репутация есть скатерть/бельё. 其中的客体题元隐性语义错置（"Ob. IS B"）来源于施喻者对被等同事物之间某种相似特性的认识：都可能弄脏，也都可以被洗干净。俄语动词 пошевелить 原本表示"摇动、拨动、使动弹"（пошевелить листья/горячую золу），而隐喻时可引申出"惊动、使不安、让人不安宁"（пошевелить семью/сердце мамы）这一情感活动语义，显然，这里包含"Ob. IS B"这一隐性语义错置，把受动作影响的"人"类同为喻体动作中的"事物"。再对比 Ребятки пересекают$_1$ площадь（伙伴们穿过广场）——Область пересекают$_2$ две железные дороги（有两条铁路穿越该区），右句中动词 пересекать$_2$ 是以人的目的性具体动作 пересекать$_1$ 隐喻事物之间的空间位置关系，而在认知意识中还隐含着"Sub. IS A"（Железная дорога есть человек）这一隐性语义错置。相关问题上陈勇曾指出，动词语句 Женщины сначала они холодны, потом *тают* в руках, а затем липнут. 隐含 Женщины есть мороженое. 这一隐藏于人的认知结构中的概念隐喻（Sub. IS A）内容（例自陈勇 2005：4）。Н. Н. Перцова 曾以"时间"为对象对其作相应动词隐喻解读时谈到过动词句子中的"时间"主体和客体的隐性错置，其主体隐性错置如：Время течет（Время есть жидкость）；Время тянется（Время есть эластичная вещь）；Время идет，Время летит（Время есть летающее существо）；Время покажет，Время торопит（Время есть человек）. 客体的隐性错置如：выиграть время（Время есть ценная вещь），тратить время（эквивалент денег）；терпить время，ждать время，убивать время（Время есть живое существо）.（Перцова，1990：98）.

而由于动词表示紧缩的命题（свернутая пропозиция）（Арутюнова；2005：32—35，62—66），所代表的是认知框型下形成并被压缩于词内的情景范畴关系的概念化结构或事件语义雏形，因此俄语动词对应的动作事件作为本体、喻体谈论时，一般自然会涉及蕴含其中的主体、客体等题元（体词成分）。这样，动词隐喻隐性错置中的 X IS Y 次层分析往往也就要连带到主、客体题元层的隐喻错置分析和描写，自然会把它们并置在一个看似冲突的逻辑结构中，把表面上没有的相似性联想加附于动作本体和喻体事件内部所涉的题元事物身上。不仅如此，实际认知隐喻过程中，因为有"认知语境"作为背景、支撑，并且从"省力原则""认知节约原则"（принцип когнитивной экономии）出发（Кубрякова，2013：41），施喻者一般不会再多余地去设想"本体、喻体对应题元之间的冲突性相似"①，就是说，这一语义错置的过程往往经历了一个"认知省略"过程，而且一般而言，它自然寓于动词隐喻的"X IS Y"隐性错置层。因而在此不打算专门讨论这一亚层次的动词隐喻语义错置问题。

还想指出的是，针对以上所谈的俄语动词隐喻语义错置中（尤其是 X IS Y 次层）的隐性错置，归纳起来都存在独特的"跨域比喻"或"远程比喻"现象。即该层次的隐喻语义错置"跨越相距甚远或两个毫不相关的概念范畴"，将属于不同语义范畴的本体与喻体并置在一起作等值、类

---

① 而正是在这一题元层的交叉错置中显示出隐喻错置的一个特点，那就是语言使用者往往不会注意到或者忽略它的特殊存在，因为人们一直就是这样用的。这就好比引力（作为已发现的自然界最弱的力量），一般不会注意到它，因为我们一直生活于其中。

同性的判断，使本体和喻体之间部分语义特征发生转移，以赋予本体以独特的主观感受和认识意味，扰乱原初概念的语义网，形成表层的偏离效应，构成具有鲜明认知特点的"远程比喻"①。

三 显性错置

西方认知语法、认知语义学一般是从所谓的"根隐喻"（X IS Y）结构出发谈"逻辑范畴错置"，把隐喻语义错置局限在分属不同范畴的本体和喻体之间的语义冲突上，即上文分析的隐性层次语义错置，而没有看到或者很少注意到动词隐喻中的显性语义错置。而动词隐喻意义不仅有逻辑判断上范畴错置的关系，也是动词基本语义与具体上下文组合条件相冲突的结果。动词本原语义结构、语义信息与现时组配之间构成意义上的矛盾。就动词隐喻来讲，狭义的语义错置可能只包括显性层，而不包括隐性错置层。所以有学者在谈到动词隐喻时仅仅单方面看待组合关系上的显性错置层，认为"动词性隐喻指的是话语中使用的动词与逻辑上的主语或者宾语构成冲突所形成的隐喻"（束定芳，2000b：25；2000c：62—63）。就是说，在动词隐喻与显性语义错置之间画上了等号。这在一个方面反映出显性语义错置重要性的同时，从另一方面看，也割裂了它与隐性错置之间的联系以及对隐喻机制建构的共同作用。我们将这两个层次的语义错置统一于动词隐喻认知过程。

俄语动词隐喻"显性错置"是显现在动词表层组合构造中的隐喻语义错置，这是动作本体、喻体的错合在动词隐喻组合层面上的语义必然反映。动词本原语义与现时组配之间构成意义上的矛盾，现有占位题元同动词字面义发生冲突，动词与主体或（和）客体等体词性成分（термы）在语义上不相容就形成线性关系上的"显性错置"。"（动词）隐喻关系中，本体结构和喻体结构各有不同的概念语义条件"（程琪龙，2007：40），要借用动词喻体的概念条件表现本体概念条件，在字面的组合段或上下文中自然会产生语义冲突，反映出"句子字面意义在逻辑上矛盾或

---

① 语义错置的远程比喻是在语义层面违背逻辑事理和语义关系而配置的变异结构。它被视为范畴错置式的一种变异形式，它的生成以潜隐的比喻为基础，由于词语组合的跳跃性、本体或喻体的不完足性，因而创设了广阔的联想空间，成为极具张力的一种比喻形式，是隐喻的变异（参见徐秀芝 2005：72—73）。

与语境相矛盾"（束定芳，1998：15）。俄语动词隐喻的语义是对动词既定意义的一种反动，动词既定义与其左右翼词语的语义发生冲突，动词本义和它的使用条件相矛盾，打破了动词喻体原有事件的格局和分类框架。比如，当使用动词 меркнуть 的字面意义"暗淡起来、渐渐昏暗、暗淡失色"理解其隐喻句子的意义时，会发现明显的语义冲突，"认知主体感知到句内的语义冲突而启动局域激活"（张建理，2008：3），继而促发自己走向相应协调的语义解读。试对比：1Звёзды *меркнут*（星星渐渐暗淡了）；День *меркнет*（天黑起来）—2Перед Пушкиным *меркнут* имена прежних русских поэтов（普希金使俄国诗坛前辈黯然失色）；*Меркнет* слава актёрки（这位女演员声誉日下）。显然，这里的 имена（名字）与 слава（声望）表示的都是抽象事物，并不会"发光"，相应也就谈不上"暗淡"或"昏暗"、"失色"，这就形成了动词与题元名词之间的显性语义错置。动词 украсить 本义为"装饰、点缀、打扮、使美丽"（украсить комнату картинами, украсить голову цветами, украсить победителя венком），在语义关系上，其动作主体是"人"，客体是具体事物（包括"人"或其某部位），而隐喻时该动词表面上的这一语义规定会遭到破坏，动词与其组配的主、客体题元在语义关系上产生矛盾和冲突。试对比隐喻时的情形：Улыбка *украсила* её лицо（笑容使她更加美丽）；Пушкин *украсил* народную песню и сказку блеском своего таланта（普希金以卓越的天才给民歌和民间故事增添了光彩）。通过这一隐喻语义错置，动词衍生的语义分别表示的是事体之间的抽象关系、抽象行为（"笑容让人更美""人使……变得更有意义、更有光彩"），已不再是具体的物理作用行为。对动词隐喻句子 *Умчалась* юность（少年时代转眼就过去了）的分析如果依照动词原有意义进行，也会发现动词与题元之间的语义错置，因为 юность（少年时代）包含的抽象时间语义与动词 умчаться（疾驰而去、迅速飞去、驶去）的"空间运动"语义相冲突。同样，俄语动词 умягчиться（变得柔软、有柔韧性）隐喻表示"变得温和、柔和、善良"这一心理活动意义时，本体动作意义违反了喻体动作的语义规定，以字面意义理解动词与题元之间的组合关系，其语义错置特性非常突出。试对比：1Кожа *умягчилась*（皮革变软了）—2Голос *умягчился*（声音变得柔和了）；Всем стало жалко его и у всех *умягчилось* сердце（大家都很可怜他，所有的人都心软了）。在理解句子 Урок/Собрание *идёт* 中的动词意义时，

可能带着 Человек идёт 的组合语义关系来理解它，而由于句子主体 урок，собрание 本身并不具备"移动、运动"的能力，对动词可能有一种语义模糊的感觉，形成动词隐喻的语义错置。俄语动词 пленить（俘获、俘虏、征服）在隐喻时可获得喻义"使迷恋、心醉、折服"：Девушка пленила его сердце；Рассказ пленил детей；Студент пленил преподавателя своим умом. 例子中表本体动作的动词语义关系较之于喻体意义条件，显然构成语义异常、语义错置，是对喻体动作语义关系的违反。动词обмануь（欺骗）隐喻表示"使误认、产生错觉"意义时，伴随动词分布关系的语义错置：Глаза обманули его（他看错了）；Память обманула дедушку（爷爷记错了）；Меня обмануло его внешннее спокойствие, что всё благополучно（他表面上的平静让我产生一种错觉，以为一切进展顺利）。不难发现，显性错置层次在语言组合语境下直接反映出这一语义冲突，动作的本体和喻体潜寓于一体，所以就动词本身来讲是隐性的，所谓"动词隐喻是隐性的隐喻"这一说法即源于此。但从字面上看，动词与其组配的主目（argument）之间语义上的矛盾却是很突出的。

俄语动词隐喻的显性语义错置与隐喻的开放性不无关系。相似性的认知联想决定了隐喻并非一个封闭的体系，认知主体能动地通过在场的、显性的话语组合关系联想到不在场的动作、事物关系和性质。动词隐喻"显性错置"在一般的语义—句法关系中，就是所谓的语义"超常规搭配"、动词搭配上的语义异常。"人类认知和表达的需求逐渐用于和不同范畴的名词搭配，形成非常规搭配。这些搭配形成语言使用的语义冲突。"（田苗，2011：71）语言中的每一个单位都与其他词处于一种或是聚合或是组合的关系之中，显性语义错置把语义上不相关或不协调的对象纳入一个形式结构体中，形成动词隐喻中聚合对组合关系的影响，它体现了"变异理论"方法，即隐喻之不同于类推，在于语言有意的误用、语言方式的变异，"人们使用隐喻时，试图将具有对立语义选择标记的词在语义上进行组合，因而隐喻常在语义的搭配上出错"（陈勇，2005：4）。

显性错置层"超越规范的组合，扰乱词语规约的语义网络，促发新的语义联想"（徐秀芝，2005：73）。此时，动词喻体（事件概念）在语义上与所涉题元名词的语义失调引发对动词真正意义即喻义的探寻。动词隐喻中，正是通过具体语境、组合上的过滤与筛选，限定并确定出适合于动词隐喻解释的语义特征。这一层次的语义错置在动词隐喻中显得非常特别，直接制约着动词喻义的分析和提取，因而可视其为动词隐喻的成因或一个先决条件。

动词隐喻显性错置与动词组合时语义特征的表现密切相关。每一个词都包括必有特征、可能特征和不可能特征，"必有特征"是属于某个类别的对象必须具有的特征，当这一类别被词语指说时，它就是这一词语的区别性语义特征或内涵特征。"可能特征"是属于某个类别的对象可能具有的特征，当这一类别被指出时，它就是该词能通过句法组合接受的语义特征，亦即这一词的外延特征。而"不可能特征"是属于某个类别的对象不可能具有的特征，当这一类别被词语指说时，它就是该词不能通过句法组合接受的语义特征（参见刘大为 2001：6，17）。换句话说，凡是与一个词的必有特征相冲突的语义特征就是不可能特征。一个词一旦通过句法组合接纳了一个与其必有特征相矛盾的不可能特征，就会产生语义冲突。动词隐喻显性错置是由动词的表层组合中出现了包含其"不可能特征"的题元名词形成的，即本体动作接纳了原喻体动作不能接受的特征，反过来讲，喻体动作可接受范围之外的语义特征进入了动词语义构造而形成了语义冲突。可记为"动词表面上的必有特征+题元名词中的不可能特征→隐喻显性语义错置"。

而由于人们会带着喻体状态下的组合语迹（trace）、词语字面意义来认识和分析本体条件下的动词语义分布关系，同时涉及了两个动作情景，形成动词语义的"双重影像"（double image）（葛建民、赵芳芳，2010：46）。此时，动词隐喻中的异常组合不但引出通常的联想关系及相对应的动作形象，同时还引发人对新的组合所构成的动作形象的想象，"将本属于某一领域的事物特征转移到另一领域，所引起的相关意象经历从不和谐到和谐的动态互动过程"（束定芳，2002：28），所以，与非隐喻式名称相比，隐喻式名称自然会激活一个因显性语义错置而生的熟悉的旧意象。双重影像同隐喻的结构特点、作用方式（即源域结构和目标域结构之间的互动）密切相关，"不同形象的排列、组合和交织让人产生丰富联想，增加了语言生动性和表达力"（束定芳，2002：105）。也可以这样理解：由于喻体多为说话者或听者所熟悉，或说话者为达到某一特殊交际目的而选择的事物，因此在听话者大脑中常常形成一种鲜明的意象，并与本体所具有的意象构成双重影像，从而使隐喻具有一种特殊的意义结构和意象效果（参见陈冬秀 2004：19）。动词隐喻中的双重影像也是一种语义事件的

"糅合"（coercion），充分反映了隐喻语义错置本质上是概念的一种认识转换方式的特点。

进一步讲，不同动作情景交织下的"双重影像"会导致"动词述体的隐喻在语义上可能含混、模糊不清"（Арутюнова，1998：374）或者"指涉界限的模糊性"（Арутюнова，1978a：252），在认知者之间形成了一种难以言状的动作情景语义共识，而动词隐喻中这种由不同动作意象错合而成的语义模糊性①也是语义错置的一种认知后果、认知效应（展开从略）。

应该指出，动词隐喻时，正是这样的"显性"语义错置成就了动词字面外的语义即隐喻含义。而事实上一旦形成隐喻，动词的语义与上下文实质上并不矛盾，因为"显性错置"中，动词隐喻有一套解除这一矛盾的语言机制——语义错置的消解机制②。此时动词会强迫自己原有的语义性能作出相应改变，与组配的主体和（或）客体题元等重新达成语义一致，并借此衍生新的语义，也就是说，动词语义成素的结构作出相应改变、调整，解除了隐喻中的语义错置，可以认为，"对隐喻语义的理解就是对这种冲突的消除"（束定芳，2002：106）。而这不是别的，正是动词隐喻显性错置中的"张力效应"。动词隐喻中，解除显性组合上的语义错置是对隐喻张力感的消除，"隐喻的张力能在人的认知图式结构中被消除"（陈勇，2005：4），施喻者在客观事理和深层认知语境、逻辑背景基础之上，把动词字面意义和上下文语义组合信息进行概念整合，消除动词隐喻联想的张力。这是动词隐喻对语义关系既违反又适应、违反与适应对立统一的动态化过程。隐喻对共现原则的违反与适应恰恰体现在对组合关系的违反与适应上。例如，动词 разогреться 的本义表示"烧（晒、烤等）得非常厉害、变得很热"：Моторы разогрелись（发电机很烫了）；Суп разогрелся（汤烧得很热了）。但当我们用这一物理动作意义理解隐喻后的动词句子 В этот день сердце моё разогрелось（这一天我的心得到了温暖）时，"心"与"烧、晒、烤"类"加热"动作没有共性语义成分、"语义因子"（Тихонов，Хашимов и др.，2008：446），不可能结成字面

---

① "隐喻认知方式的主观性决定了隐喻认知的模糊性。"（周运会，2013：263）

② 因而，归纳起来讲，隐喻中的语义错置只是隐喻的一种语义手段和策略，"隐喻的范畴误置不是别的，正是发现逻辑的动力和手段"（谢之君，2000：12）。

上的语义协调关系，它们之间的语义错置形成隐喻张力，此时须在喻体、本体动作间建立起新的语义联系："心"是有温度、热度的，是可以感受温暖的，而"烧、晒、烤"也有"热、暖"的因素在里面，隐喻时是借助该生理活动、现象形象性地表达并突出身心状态的"温暖"程度。通过这一认知联系和想象，动词隐喻语义错置的张力得以消解，而此时动词所表示的独特动作性状和意味也使其超越了形象性本身，它使得（动词述谓）认知隐喻"从形象手段转化为语言所缺乏的意义传达手段"（Арутюнова，1978b：336）。俄语动词 липнуть 原发意义为"黏上、发黏"，而当其隐喻表示"纠缠不休、缠得让人厌烦"这一意义时，字面意义会与组合的体词成分发生语义冲突，若要得出该喻义，则必须破除语义错置，消解该动词的隐喻张力。试比较：1Бумага липнет к пальцам（纸黏在手指上）；Платье，насквозь промокшее от пота，липло к телу（被汗水湿透了的衣服黏在身上）——2Ребёнок к ней так и липнет（孩子缠得她心烦）。再如，отмыть чёрные деньги（洗钱）中，动词 отмыть（洗）与 чёрные деньги（黑钱）的超常规搭配违反了语义共现原则，激活了认知主体的想象张力（参见李立永 2004：11），人们会凭借动作与客体之间可能有的联系，想到"钱"这一被洗的对象是"脏"的，黑钱是指不合法的钱，不能进入流通领域，有"脏"的性质，要使黑钱合法化，必须把它变"干净"，所以要去"洗"它。由此产生了相似性"张力"，并且以此作为联系"洗"与"黑钱"的共同语义基础。这样，隐喻的违反与适应过程引发动词 отмыть 认知隐喻的张力效应。这也如魏在江（2011：6）谈到"酿造生活"之类表面上的动宾异常组配（即动词隐喻造成的语义错置）时所看到的，这样的超常搭配让人产生回味无穷的联想。

  有关于动词隐喻张力存在一种观点，认为显性层次的语义冲突这一隐喻张力是不可消除的。Ortony（1979：74）提出，某一语言表达成为隐喻的第一要素是从语用角度或从语境角度看，它必须是异常的，由此产生的隐喻张力无法消除。也就是说，"不管是词、短语，还是句子，或者是更大的话语单位，从其字面意义来理解有明显与语境不符之处，并且这种语义异常或语义冲突原则上是不可消除的"（陈冬秀，2004：16）。而在我们看来，他们所说的不可消除实际是从其产生的背景上看的，是一种表象上的无须消除，但在认知实质上若不消解隐喻的语义冲突张力，却是站不住脚的，因为这样会直接威胁动词隐喻意义的认知获取性。这片面夸大了语用因素对认知语义的影响，要知道前者的渗透毕竟不能从根本上取代后者。

由于隐喻是透过语义矛盾来促成新的认识和语义关系，隐喻中的显性语义冲突也可以这样来认识：动词隐喻意味着有目的地把一动作看成另一动作，那么隐喻本质上可视为一种语义偏离现象（semantic deviation），是由一个语义域到另一语义域的偏离、串联。换言之，动词在使用时其字面意义与句构组合条件发生语义冲突，不得不做出与动词句子语义—句法条件相适应的新的理解，于是产生另一种意义。而另一方面，"语义错置形成了表面的偏离效果，但是这种偏离完全具有理据性，因为隐喻置换与正常表达之间有着必然的联系"（窦艳，2007：170）。借助认知语境、认知联想，依据语义偏离背后的隐喻相似性，施喻者能够找出语义偏差的内在原因，并将两个不同的语义领域紧密联系起来，从而解出喻义。因而动词隐喻意义的理解过程就是对语义偏离现象的探寻和消除，从这一点上看，"隐喻是在为了消除语义不相关造成偏离时而出现的"（束定芳，2000c：231）。

语言学中对隐喻的关注与施喻者有目的地破坏语义规则，造成句子表面上的语义矛盾、语义失调有关。Н. Д. Арутюнова 在隐喻意义产出中看到了它的这一语义特性，她曾指出："对句子语义正确性问题的讨论以及强调各种规则的偏移使现代语言学对隐喻产生了兴趣。"（Арутюнова，1998：346）而且 Н. Д. Арутюнова 还进一步认识到，"隐喻有一个很大的语义特点，就是它始于对逻辑思维的违反（隐喻的产出过程——引者注），而又回复到对逻辑意义的服从（隐喻的语义结果——引者注）"（Арутюнова，1998：368），亦即往往"依靠相似性的联想，又可以使隐喻的语义错置还原为正常"（王铭玉，2000：28）。

显性语义错置还有一个重要的语义功能，就是进一步启发并丰富认知上的语义联想。俄语动词 пухнуть 原本表示"浮肿、肿胀"这一与生理现象有关的动作：Щека *пухнет* （一面腮浮肿了）；Ноги *пухнут* （两腿肿胀）。根据人的这一身体经验和认知感悟①，我们可以形象化地联想到与此相似的其他动作、现象。比如，可由此联想到"河水上涨""植物芽孢

---

① "认知包括理解世界的任何形式，而它始于人同周围环境的最初接触。"（Кубрякова，2012：21）

鼓起"等：Река пухла（河涨水了）；Почки на деревьях начинают пухнуть（树上的芽苞鼓起来了）。在这一隐喻过程中，动词本义与题元名词之间显然有语义错置，因为没有知觉的非生命事物"河水""芽苞"无法像人体部位、器官那样"肿胀"。而当我们说 Любовь/Энтузиазм стынет（爱情/热情冷却下来）时，主体题元同原本表示"物体变冷"（Чай/Утюг стынет.）的动词构成语义错置，自然会产生"爱情、热情"与"茶水、熨斗"类事物之间的认知语义联想。同理，对话 - Как здоровье Юлия? - Он цветёт（尤里身体怎样？—他身体好极了）中，隐喻的动词 цвести 与 Он（指 Юлий）之间的语义错置引导我们把 Юлий 体会成"正开放着的花"，从而产生"充满力量、充满朝气、身强力壮"的语义联想。因此，动词与名词搭配的改变一方面打乱了既有的语义关系，另一方面促发新的认知联想。我们认为，就动词隐喻的语义功能来讲，更能体现其价值的是它从可控制的语义组合失配中所获得的新颖的认知语义联想。

俄语动词隐喻显性层次的语义错置特征也从一个侧面印证了"词语隐喻意义的稳定性不是别的，正是上下文的稳定性"（Richards & Orgden, 1989：71）的观点。动词隐喻的识别需要语境提供线索，当其字面意义无法成立时，通过对话语框架、动词事件指称对象变换的分析、判断，识别出动词隐喻。所以，动词隐喻的产生主要是其字面意义同语境的认知冲突，冲突的化解过程也是动词喻义的理解和产出过程。隐喻的一大语义特点是运用现成的词语、打破常规的组合方式而表达一种新的意义，而这新的上下文关系往往给动词带来鲜明的语义特点，也显示出动词喻义的特性。

四　动词隐喻语义错置与选择限制

进一步讲，俄语动词隐喻语义错置与选择限制之间存在密切的关系。这主要指隐喻显性错置层的语义冲突实际是对语义选择关系的违反，动词隐喻的语义如果放在词围即动词句子中来看，就是"违反了语义选择限制条件"（束定芳，2002：98）。选择限制关系一般用于语法规则和语义特征的运用上，而动词隐喻的语义错置就是动词意义在逻辑上与语言语境的矛盾性，即违反选择限制原则。正是在组合上动词隐喻的反常搭配、对选择限制规则的违背扰乱了周围的语义网络，"给人们造成语义理解上的张力，人们便在语义认知中进行意义转移"（闫铁煌，2004：55），体现了隐喻语义错置的概念认识转换价值。

选择限制关系的破坏扩大了动词与题元名词间的联系和选择范围，扩大了题元体词的聚合体。这样，从符号关系分析，俄语动词隐喻的显性错置也反映了聚合与组合的特殊转化关系。任何符号活动都是从聚合轴上向组合轴的投射，隐喻是通过在聚合轴上选择关系的扩大而改变了语言单位内的组合关系，从而创造出新的意义和所指。隐喻的这种违反与超越引起了对立原则的变化，同时也引起了聚合关系的变化，动词选择限制范围的改变，使题元事物被赋予新的特征，动词也相应获得新的语义表达形象。所以，俄语动词隐喻是通过选择限制的改变，把有各种联系的符号从聚合段投射到组合段上的结果，"对选择限制关系的破坏相应构成动词隐喻的信号"（李立永，2004：11）。

此外，动词隐喻选择限制性形成的聚合、组合关系上的变化会淡化组合段与聚合段之间的区分，正所谓"组合段与聚合体的区分可能因隐喻的目的而变得模糊"（华劭，1996），"在结构主义语言学中，两个轴向上的修辞关系是大量交合的，两个轴上的分节方式有时是反常的，所以组合段和聚合体之间的区分也可能变得模糊了"（罗兰·巴特，1988：168），而这体现出的正是动词隐喻的显性语义错置特性。

总之，由于本质上隐喻是一种语言使用现象，其语义须结合上下文组合条件方能产生，这必然牵涉语义的选择限制特性，而动词隐喻的显性语义错置非常突出地反映了这一特性。概括起来，动词隐喻显性语义错置实质上是对选择限制关系的违反，某种意义上讲，二者相生相伴：显性语义错置必造成对选择限制关系的违反，而选择限制关系的破坏必形成隐喻的显性语义错置。显性语义错置是选择限制关系带来的认知（语义）后果，而选择限制关系则是显性语义错置的句法手段和意义方式，因而它们统一于动词隐喻意义机制的认知活动中。所以从句法—语义实现的角度看，动词隐喻语义错置即是指其意义组合违反了动词语义的选择限制关系的现象。

五 小结

研究表明，隐喻运作机制是多方面因素综合作用的结果，而凡是俄语动词隐喻必含语义错置，后者构成俄语动词隐喻语义衍生的一个要件。本质上讲，俄语动词隐喻不同层次的语义错置都是隐喻语义"创造性"的具体表现。这同时也表明，动词隐喻又是一个语义错置"自我毁灭"的过程，正是这一"毁灭"过程生发出了动词新的语义。隐喻语义错置使新的喻义进入动词原来的语义群，动词新的语义网络由此诞生。一个动词原初语义经受了一次次语义错置带来的冲击之后，实现了该动词语义的衍生和扩展。进而言之，就俄语动词隐喻本身来讲，认知主体对语义错置所作的认知回应、互动在动词喻义的形成中至关重要，而语义冲突背后的语义衍生机制寓于其中。这一认识使隐喻语义错置的观察和认识得到理论上的升华。以上分析一定程度上加深了我们对俄语动词隐喻的实质及相关概念的认识，同时也拓宽了有关俄语动词隐喻机制的研究视野。

可以从比喻形式和比喻效果上观察动词隐喻语义错置的属性：不同层次的范畴错置式、语义错置式与常规比喻表达形式相比较，都属于一种负偏离表达式，都是喻体选择的一种变异，一种错位配置。而与常规比喻的效果相比，语义错置应该具有正偏离语义特征（参见徐秀芝2005：73）。

通过研究我们得出一个重要结论，那就是俄语动词隐喻意义实际是一种（语言）语境意义，是动词的基本语义与上下文语境积极互动的结果。俄语动词的隐喻并非局限于孤立的动词本身，而是在特殊语言组合关系，即在一个隐含的动词句子中产生的，也正因如此，俄语动词隐喻显性语义错置与选择限制关系之间有着密切的联系。该结论有助于深入认识为什么说动词隐喻属于特殊的话语行为，是一种具有话语特征的意义隐含现象。隐喻显性语义错置条件下动词喻义的上下文和语境特性也进一步印证了"语词意义就是其使用"的著名论断。

研究还表明，动词隐喻隐性语义错置原则上内嵌着其他更为基本的概念性隐喻。体现较为直接的是表动作概念等同性的二性隐喻"X IS Y"，体现较为间接的是表体词概念等同性的二性隐喻"Sub. IS A"与（或）"Ob. IS B"。此外，动词隐喻错置中，显性错置会有"局部错置"（"错置缺项"）的情形，即可能只是主体或客体题元同动词形成语义冲突，而且这在隐性错置层会引起连锁反应，即隐性错置中的题元交叉矛盾会自然消解，因为本体动作中某一事件参项（题元名词）同动词语义协调就意味着它同喻体动作事件的对应参项不会相抵触，从而引发"Sub. IS A"和

(或)"Ob. IS B"层隐性错置缺位①。

总之，不论是隐性语义错置还是显性语义错置始终伴随着动词隐喻过程，虽然一定情况下，显性错置和隐性错置的"Sub. IS A""Ob. IS B"层有可能会缺位，不过它们其实是以缺位的"零性错置"或"局部错置"这一特殊方式呈现出来，并且与此同时二性隐喻"X IS Y"的隐性错置层却不会消失，它会贯穿于动词隐喻的整个过程。因此，有关于两个层次语义错置的研究表明，俄语动词隐喻始于语义错置，也终于语义错置，前者指动词喻义产出的条件、机制，即语义错置的建立，后者指动词喻义的获得，即语义错置的消解。

综上所述，俄语动词隐喻是从表面自我矛盾的语义关系中推导并建立起有特殊意义的一个认知语义过程，是从"自我矛盾"求得新的语义的再生。这同时也表明语言内部认知运作、认知表现方式的丰富多样性。隐喻的运用是一种语义发生冲突和新的语义衍生的过程，从语义角度来分析，隐喻是一种语义异常、语义破格。研究还发现，语义错置不仅是俄语动词隐喻的重要语义特征和语义条件，而且是辨别俄语动词隐喻多义性的一种特殊、积极的意义手段，并在一定程度上反映、决定着动词隐喻的实质。

第三节　俄语动词隐喻意象图式

客观事况、事像与人类动作、活动各有自己不同的呈现方式，而一些看似无关的现象、活动之间存在认知上的相似性，根据这些认知共性特征和人对客观对象的认识、记忆，可以连通性地激活、提取出存在于它们之间的某种经验功能样貌，这便是意象图式。"意象图式是感知和思维之间的联系环节"（Лакофф，2004：567），它来源于人的直接身体体验、人的动作身心实践，对人来讲具有直接的感知、认识意义，各种认知概念、范畴都通过意象图式得以确立和明晰化，意象图式是隐喻的认知根基，它在认知语义的生成、理解中至关重要。"意象图式驱动人的认知推理、表现人的认知能力"（Mandler，1992：96），是人们理解空间概念和各种抽

---

① 关于局部错置、错置缺位表现尚可参见本书第五章第一节等内容。由于篇幅关系，此处不作专门展开。

象概念的基础，构成语词背后特殊的意义代码，"作为人类共同的认知特点，……意象图式反映人类共同的认知规律"（李福印，2007：80），这使它成为认知语言学中分析、描写隐喻语义的核心要素以及基本方式和手段，因此很有深入研究的必要。认知语言学中，既有意象图式理论主要运用于空间概念隐喻的分析，而深入动词等词汇多义的语义机制之中进行实际探讨的却不多见。针对这一不足，本节将对俄语动词隐喻中的意象图式问题展开深入分析，考察并展示俄语动词隐喻多义中，作为隐喻实质内容、概念内容的意象图式的具体表现和运作机制。

一 俄语动词隐喻意象图式的内涵

"隐喻能引发我们对某些事物结构的想象，而支持这些结构的平台便是意象图式。"（彭建武，2005：25）意象图式（image schema/образная схема）是语言认知活动的基本经验基础，它是人们从预存的经验范畴或已知的概念系统中获取意义的手段，也是语言组织概念内容的一种特有认知方式。认知语义的意象图式最初是在概念隐喻理论中被提出来的（Lakoff & Johnson，1980）。M. Johnson 较为详细地探讨了意象图式的体验基础及其在意义建构和推理中的作用（Johnson，1987）。G. Lakoff 则用意象图式理论建立起自己的范畴理论（Lakoff，1987）。Johnson（1987），Lakoff（1987）明确提出了意象图式理论。按照这一理论，意象图式是由人们在空间中的身体运动、对物体的操纵及感知的相互作用之下产生的意念性结构，是对空间、时间基本体验的一种认知取象。

意象图式产生于一些看似互不相干的行为、活动之中，人们通过身体感知和认知体验使这些表面上看似无关联的活动相互连通，给抽象的活动赋予结构特征。这样，人们就可以利用意象图式来理解这些活动，进行认知建构和认知推理。因而，从这一点看，意象图式是人的知识跟进，是知识的一种认知过渡和中转。以下是国内外学者有关意象图式的代表性定义。

意象图式来源于人类对客观世界的感知和身体经验的内在结构和基本逻辑，是在对事物之间基本关系的认知基础上所形成的认知结构，是人类经验和理解中一种联系抽象关系和具体意象的组织结构，是反复出现的对知识的组织形式，是理解和认知更复杂概念的基本结构（赵艳芳，2001：68）。

意象图式是运用了完形、动觉、意象三种互动方式认识外在事物之间的关系而获得的一种认知模式（王寅，2007：179）。

意象图式是来源于人们在日常生活中与外在世界的互动经验，是一种简单、基本的认知结构（Ungerer & Schmid，2001：127）。

意象图式是感知互动及动觉运动中不断再现的一种动态结构，这种结构赋予人的经验以连贯性、结构性的内容（Lakoff，1987：xiv）。

作为认知结构的意象图式源于人同外界的互动，这是人的身体经验，而非社会经验（Баранов，2003：80）。

意象图式是人与外界相互感知、作用的过程中，不断重复出现的、赋予人经验一致性结构的动态性认知模式（Johnson，1987：23）。

学者们总体上认为，意象图式是"相对简单的、在日常身体体验中不断重复出现的动态性意象结构"（Lakoff，1987：267；Баранов，2003：76）。而Oakley（2007）把意象图式同感知的意义信息联系起来。在他看来，人的大脑具有分析感知意义（perceptual meaning analysis）的能力，即能够把感知到的信息分析为意义，借由这样的意义分析形成意象图式。他的这一说法强调了意象图式中感知、动觉同意义信息之间的直接关联性。

在综合以上各家之言、结合俄语动词隐喻语义衍生特点的基础上，我们认为，意象是施喻者进行动作认知构念的基本元素，俄语动词隐喻中的意象图式是人在身体经验基础上自然形成的简化或直观化的特殊认知结构，是大脑、思维对动作、活动的意象化认知布局和高度抽象化的动作图式，是联结身体经验与周围世界的认识纽带，它赋予动觉经验以关联和结构性。这意味着人们通过对具有相似关系的动作事例反复感知体验、不断进行概括而逐步形成一种动作意念框架，它既含身体感知的内容，也有下意识的认知提炼或自觉的理性概括成分。显然，俄语动词隐喻中的意象图式可以使我们对本体动作事件的感受和认知变得简化、明了而又经济、省力，本质上是对知识的一种简洁有效的组织形式，是认知经验和现实环境对思维的一种能动作用。从认知方法上看，动词隐喻意象图式是对动作物象的一种想象性理解和概括[①]，它把不在场的动作意象带到当前动作的认知模拟和构建中，通过前者唤起后者、表现后者，或者从当下新的动作画面回溯、映照到"认知预存"的动作意象，由前者联想、激活后者，这

[①] "隐喻将'理智与想象'相结合，拥有一种'想象出来的'合理性。"（Стародубец，2007：32）

种认知心理对接是人在意识中对动作画面感的一种投射和写照①，形成动词隐喻的同构效应。

进而言之，作为动作事况相关语义知识的特殊认知过渡与中转，俄语动词隐喻意象图式既有动作"意象"的意义，又兼含"图式"的特性，我们可以通过二者进一步观察其内涵特质。首先，"意象"在动词喻义生成和理解中至关重要，"先有意象，后有语义，语义是对意象的体现"（林正军、杨忠，2011：13）。作为动作"意象"，它是特定的、体验性动作经验的心智表释（Fillmore，1982：123；Croft & Cruse，2004：44），是人在大脑中形成的"动作状貌"的一种心智映象，包含动作的一定连续性细节特征、活的动态现实片段，是对动作形象的一种程式化认知模拟，具有非命题性；其次，作为动作"图式"，它不仅仅限于表示某一具体的行为体验、活动，更强调动作意象的抽象、概括性及规则、结构性，剥离于特定的环境，成为认知常项。另外，"动作的意象和图式都是下线的认知加工，其中必然要涉及人的主观因素，因此意象图式必然具有一定的想象性、个体性"（王寅，2006：54—55）。但与此同时须要看到，动词隐喻意象图式并不是意象和图式的简单加合。

值得注意的是，已有的意象图式理论中，意象图式一般局限于空间结构的概念图式，西方学者对意象图式理论的分析往往局限于空间概念、空间线性图式。比如，Gibbs & Colston（1995）认为，意象图式一般表示空间关系和人的空间活动的动态化模拟表征（Gibbs & Colston，1995：349）。而 Oakley（2007）则把意象图式看成为了把空间结构映射到概念结构而对感性经验所作的简化描写，相当于是对空间概念结构的一种图式化压缩。而我们认为，俄语动词隐喻的意象图式除了空间概念，还有大量的其他意象内容，代表各种动作、行为、活动事件等。正如吴哲（2007：218）所看到的，"（西方）意象图式理论的不足之处在于，很难全面地总结和归纳出人脑中究竟存在多少种图式，而且意象图式主要涉及空间关系，尽管这里所说的空间关系是广义的，但仍不能概括所有概念（词语）转义的情形"。

---

① 由于意象图式具有认知上的"原型性"，动词隐喻过程中，意象图式的介入本身就可以激活、联动有关于某种动作形象的意义，"意象图式结构是最基本的语义结构"（王寅，2007：178），因而，它与认知语义有本质性的关联。

二 俄语动词隐喻意象图式的特征

很大程度上讲,语言认知中的意象图式方法原则与人的思维方式、特点乃至思维能力都有直接关系,"人在理解语言时能够以图式化语言描述对象和话语情境,帮助理解语言"(崔艳菊、严灿勋等,2011:14)。因而人们往往可以凭借认知经验、意象图式和思维联想去理解表层结构上看似不合逻辑的语言表达、语言内容。作为一个重要的认知概念,意象图式有其独特性,而具体到俄语动词隐喻中的意象图式,它具有如下特征。

(1) 动词隐喻意象图式的基本特点是抽象概括性、身体(认知)体验性。俄语动词隐喻意象图式是同类动作经验的高度概括,是对思维内容的一种抽象表释。因为意象图式是基于人类身体和身体经验与外部世界相互作用的认知结构,是先于语言和概念而存在的高度抽象的意识框架,而且"意象图式代表的是抽象的认知结构而非具体图象"(成军,2006:68),"意象图式比起表象或心象更为抽象、概括"(王寅,2006:55)。相应地,在认知范畴化过程中,意象图式的作用表现为,一方面是在类比基础上对隐喻动作对象的勾勒、抽象;另一方面对命题认知模型进行补充,对非命题知识内容加以抽象和概括。进一步讲,"意象图式的高度抽象性使人们从千差万别中抽象出彼此的相似性,将具有'家族相似性'的看似歧义的事物归于同一范畴之下"(参见成军2006:68)。

如同空间概念的意象图式一样,俄语动词隐喻意象图式也可以用线条等略图表示①,"意象图式是从我们日常的基本空间经验和动作经验中抽象概括出来的,具有高度的体验性和图式性,体现了人类身体与外部物质世界之间的相互作用"(刘云红,2011:7)。通过动觉意象图式对动作行为的高度抽象和结构模拟,完成了由空间到时间、再到心理的图式转变。

(2) 动词隐喻意象图式是初始层次或深层次上的认知结构。"意象图式是积聚在一起的知识单元,构成心智的基本元件"(王寅,2006:55),"意象图式是隐喻背后一种更为原始的认知结构层次,它将我们的生活经验和语言这一更高层次的认知语域链接起来"(Saeed,2000:308;于广、

---

① 空间运动的线性、结构性因素便于以图示例,所以空间意象图式往往可以通过简图方式表现出来。

王松鹤，2011：54）。所以，动作意象图式只包含最低数量必须构成要素及最原初的动作关系。这一特性从动作"意象"和"图式"中也不难看出：动作意象指通过感知、体验具体动作事例而形成的抽象行为表征，是在不同动作形象中建立起来的一种心理印象。而"图式"指客观动作对象具有的结构层次认知单元，代表一种思维的结构化方式，是人外化抽象的思想内容的一个组织，它去除了意象中的空间、时间性元素和具体细节内容，是人具有的抽象知识表征能力的积极体现。

（3）动词隐喻意象图式是一个完形感知的动作意义整体。在认知主体的潜意识中，动作隐喻意象图式是代表动作行为、事件的认知完形体（cognitive gestalt）或完形结构，具有完形特征。相应意象图式带着这一完形特征进入认知域[①]的组成，表现认知隐喻中动作事件关系，从而成为认知隐喻的重要元素。所以，俄语动词隐喻认知过程中涉及的目标域和源域实际上对应的都是动作完形意象的一种经验模型，"是我们组织外界空间经验或辨认经验模式的格式塔结构（gestalt structure）（即完形结构——引者注）"（参见 Lakoff 1993；唐瑞梁 2007：44）。

（4）动词隐喻意象图式的静态—动态特性。几乎所有意象图式都具有静态—动态特性这一特点（Cienki，1997：6），因为绝大多数意象图式既表示一种状态又表示一种过程，动词隐喻中的意象图式也不例外。例如，在空间运动过程中，人以一种动态方式行进，构成动态性的"路径—方向"意象图式。而由起点到终点的道路却又是静态的，构成静态性质的"路径—（延伸）向度"意象图式。由于意象图式是人类日常行为和思维中反复出现的有意义的动态空间结构类型（Mandler，2004；Lakoff，1987；Johnson，1987），"大部分意象图式的认知结构往往并不会以实体方式表现出来，而是以一种动态熟巧的方式存在"（Баранов，2003：80），因而从动词隐喻视点观察和分析，一般注重的是意象图式的动态性特点。К. А. Гилярова 即认为，"意象图式是复现感知过程和动觉程序的动态性样本"（Гилярова，2001：53），就动词隐喻来讲，就是动作过程的一种动态方式复现。Johnson（1987）特别指出了意象图式结构的动态

[①] 也可以说，意象图式是语域的一种具体表现形式。而认知语域是认知语言学中的一个重要概念。R. W. Langacker 把语域定义为"是一种认知语境，用它来表现语义单位特点或描写概念特征"（Langacker，1987：147）。

性特征，在他眼里，图式结构并不像直观图所显示的静止固定格式，而是一种动态模式。意象图式的动态性特征在俄语动词隐喻中表现十分活跃，对于分析俄语动词隐喻意义机制具有重要价值。

（5）动词隐喻意象图式的灵活性。该灵活性反映出动作创新建构中"认知主体意向性的扩散和统一"（李善廷，2008b：11），它是意象图式本身一个极为重要的特征，但往往被学者们忽视。意象图式表现出较强的适应性，基于人的认知能力，它可以根据本体的特点，做出相应调整，以适应隐喻喻体、本体之间的关系。人的认知能动性可以对意象图式进行灵活操作，使其具有一定的变通，灵活地建立起隐喻中的相似性认知联想。与刻板的模子、套式不同，"意象图式可作适当调整以适应众多基于同一图式之上的相似而又不相同的情景"（师璐，2004：112），而且"人们随着认识的变化，会不断修正意象图式"（王寅，2007：178）。在一些特定的动词隐喻关系中，动作本体和喻体之间并不总是存在现存的、严整的、理想化的相似性，它们之间的认知关联需要得到意象图式上的连通、确认，此时须淡化或剔除它们间的差别，强化或者尽量发掘出其间的相似性，使两个意象尽可能相吻合，图式架构总体上相符，从而建构起一种心理相似性。何况，从认知客观上讲，"意象图式是可以发生变化的，从一个基本的意象图式出发，通过强调和凸显图式中的不同成分可能产生图式的不同变体，从而将一个意象图式扩展运用于其他的认知活动"（吴哲，2007：217）。这样灵活处理的结果是形成大量的意象图式变体，动作意象图式变体与基本意象图式之间建立起来的新的相似点成为隐喻多义义项的依据，从而大大增强了动词隐喻能力及语义衍生的潜能。应该看到，意象图式的这一能动性也是人的认知推理、认知能力的积极表现，而且由此产出的不同意象图式变体也赋予了俄语动词隐喻语义机制较实在的可操作性。

某种意义上讲，动词隐喻意象图式的灵活性是其动态性特征的具体表现或其推论，二者之间有密切的联系。行为的意象图式作为一种能动性结构，它来自经验，但不是被动地接纳认知经验的容器，人们可用其组织、建构动作经验，所以往往是动态的。

（6）动词隐喻意象图式的稳定性。这与一般意义上的意象图式特性是一致的。人们为了认识事体、理解世界、获得意义、建构知识体系，需要多次运用意象图式来对外部世界中事体间的同一关系进行反复比较、仔细分析，不断抽象、凝练，从而逐步完善意象图式，使其具有相对稳定性，这样，"它才能作为了解世界的一种认知模式储存于记忆之中"（王寅，2006：55）。而有了相对稳定性，动作、行为意象图式才能逐渐被多数认知主体所接受并反复使用，即使是个体性的意象图式也会在不断的认知活动、认知感悟中逐步修正、完善，趋于稳定。

（7）动词隐喻意象图式的转移或迁移性。意象图式的转移指的是在隐喻过程中，认知图式框架会由动作喻体转移到动作本体上，根据相似性，借由喻体概念属性来认识和表现本体的特征，实现认知互动。动词隐喻意象图式的迁移性能为动词隐喻意义的获得提供直接条件，使认知语义的实现成为可能。显然，这一特性也是意象图式在动词隐喻过程中发挥作用的一个重要前提条件。而需要说明的是，意象图式的转移与意象图式的转变（image schema transformation）不是一回事。后者指的是人们在利用意象图式进行概念化的过程中注意焦点（attention focus）的变化。

三 俄语动词隐喻意象图式的基本类型

作为认知的经验功能表现形式，意象图式是高度抽象化的，所以数量上有限。Lakoff（1987：282—283）讨论过容器、途径、联系、外力、平衡、空间方位①或关系等几种基本意象图式，并以此为出发点提出了形式空间化假设。Johnson（1987：126）列出基本的、最具代表性的 27 个意象图式。意象图式有基本、复杂之分，基本意象图式可相互结合，构成更为复杂的意象图式，后者同样具有高度抽象性和一定的灵活性，人们可据此以类推方式来建构体验性概念，通过不同认知方式形成更多的范畴和概念，特别是抽象的范畴和概念，建立更多的认知模型，进而"获得抽象思维和推理的能力，建构起非体验性的知识"（Lakoff，1987：453），"帮助我们理解无限多的事件"（王寅，2006：55）。

观察和分析发现，俄语动词隐喻的基本意象图式类型虽不如英语介词、名词等隐喻中的图式那么多，但很有自己的特点，而且它主要并不表现为西方现有认知理论谈得较多的容器、路径、平衡、上—下、前—后、

---

① 空间方位意象图式又包括上—下、前—后、部分—整体、中心—边缘等意象图式（Lakoff，1987：267）。

部分—整体等意象图式。这一点非常值得重视。我们认为，俄语动词的隐喻主要有路径—方向图式、重力或外力作用图式、重力—方向图式、连接图式、方位图式、状态图式、存在—过程图式、分裂图式、整体—部分图式、"感知—形象"图式等，对许多动作、行为的理解都建立在这些图式所产生的相应隐喻基础之上①。它们在各种物理作用动词的隐喻意义衍生中表现最为典型、活跃，尤其在俄语运动动词的隐喻中使用较为广泛。这与人类感知和运动能力的基本身体性质密切相关，因为就动词表示的（广义）动作而言，人的空间活动、物理性质行为与身体经验有最密切的关联，是人们最为熟悉的，它们所对应的"路径""方向""重力作用""方位""连接"等意象图式结构简单，便于人们以便捷、直观的方式来反映动作范畴的组织方式、组织结构及动作概念范畴之间的种种联系。正是借助于这些数量有限的意象图式，"人类对无限世界的动作、行为的认识和理解才变得简单、有序，思维及推理也因此变得既轻松又有意义"（成军，2006：68）。俄语动词隐喻意义的生成中，弄清意象图式的具体类型非常重要，它同图式的内涵、特点一样，也直接制约着语义关系的分析和判断。现不妨通过实际例子加以察看和简要分析。

重力或外力作用图式：所谓重力或外力作用图式是表示物理作用的一种意象，包括一事物作用于他事物或对自身施加作用力，它在喻体动作事件中表现一般要明显一些，而在本体动作事件中的表现会伴随一定的变异或者说图式中某些"力"的特征会有一定淡化，需要灵活看待和处理。例如：Приятель поглотился работой（全神贯注于……）；Художник в угоду семье бросил свое искусство；Брат подхватил интересную книгу（弟弟弄到一本有意思的书）；Мы отрезали вражескую армию от её тыла/Петров решительно отрезал себя от друзей（我们切断了敌军与其后方的联系/彼得决然地断绝了同朋友的联系）；Размолвка с женой его сильно угнетала（与妻子之间的不愉快使他十分苦恼）；Вино ударило ему в голову（酒劲冲到了他头上/他不胜酒力）；Магазин спихнул неходовой товар/невыгодный заказ（商家推销出滞销货/推脱掉不赢利的

---

① "重力"或"外力作用"图式是一种基本性的动词隐喻意象图式，随动词隐喻语义类型的不同，它还可能具体化为其他不同变体形式，如"重力—方式"图式、"重力—结果"图式及"重力—目的"图式等。

订单)。

　　重力—方向图式：所谓重力—方向图式是在重力基本图式内容上兼含了"动作方向"的意象，在此，身体经验中的"力量"和"空间"元素都得以显现，动作的"重力性"和"方向性"协同构成一个完整的意象拓扑结构。相比较而言，本体动作的"方向性"特征更为突出，而"重力"作用意象成分极大地淡化。例如：Силуэты поглотились темнотой ночи（融于夜色、被夜色吞没）；Кутузов погрузился в ровную, привычную жизнь настолько, насколько ему давали покоя страсти, кипевшие вокруг него（Л. Толстой）；Старик впал в сомнение/забытьё/отчаяние（老人陷入狐疑/陷入昏迷/陷入绝望）；Друг вплёл меня в эту ссору（朋友让我卷入这场口角）；Она доставила семье неприятность/хлопоты（她给家里人带来不愉快/操心的事）；Парень бросается из крайности в крайность（小伙子从一个极端陷入另一个极端）；Ты свой грех на неё не сложишь（你不要把自己的过错推诿给她）；Они налегли на учёбу/закуску（他们努力学习/一个劲儿吃冷盘）。

　　路径图式：所谓路径图式指运动动作特有的行进路线这一意象，它有较强的结构、线性特点，认知线索简单明了，起点、终点及介于二者之间的相邻点和方向，但在本体动作的表现中往往复杂化，路径的内部基本逻辑保留下来，而空间关系的内涵实质往往以各种变体方式表现出来，空间运动原有特性会发生一定变异或可能有程度不等的削弱。例如：Лес подошёл к самой дороге/Это пальто ему подойдёт/Он не подойдёт на должность секретаря；Девчонка летает мыслью к родной деревне；По дороге плывут нагружённые тюками верблюды（驮着成包货物的骆驼缓慢地行进在路上）；Переполненный трамвай медленно полз в сторону вокзала（拥挤不堪的电车慢吞吞地朝车站方向驶去）。而在动词 зайти 的隐喻中，路径空间关系可能演变为抽象的性状—程度关系和时间矢量关系，具体的空间动作形象表现出抽象的动作认知结构，从而衍生出认知语义"动作进行得过于……""动作持续到……"：Спор зашёл слишком далеко（争吵得太过火了）；Беседа зашла за полночь（谈话一直持续到后半夜）。

　　路径—方向图式：所谓路径—方向图式是指在典型的路径图式基础上更突出行为的方向性特征或其结果特征，这里的结果特征可视为方向特征的一种表现形式。总的说来，路径—方向图式在人的各种空间运动行为中表现较为典型。路径—方向图式可以隐喻表现或简单或复杂的动作事件，而表示复杂事件时往往包含了异质的多种动作的集合，该集合都隐含动作的起始源头、一系列中间过渡阶段（道路）及终位状态（目的地）。例如：Лестница ведёт на крышу/Коврик ведёт в гостиную；Из него вышел хороший разведчик/На экраны вышел новый фильм/Они плохо вышли на фотографии；Его давно тянуло за граннцу（他早就想出国了）；Разорение пришло на их семью；Рабочий пришёл в негодование；В шкаф вошло много книг；Полковник довёл приказ до каждой боевой единицы（团长已把战斗任务下达到每个作战单位）；Очередь дошла до меня по очереди（按名单该轮到我了）；Супруги докатились до расхода（夫妻俩落到了离婚的地步）。

连接图式：所谓连接图式表示的是动作发生时主体事物与其他事物构成直接或间接的联系性及物理作用意义上的某种关联，而在隐喻本体动作中该关联作用可能通过抽象的方式表现出来。例如：Шкаф застрелял в дверях и дальше не шел（柜子卡在门里进不去）；Очень интересно было познакомиться с воспоминаниями личного секретаря Л. Н. Толстого；К вышесказанному я прибавлю только то, что она не виновата в этом деле（对于已说过的话我只想补充的是，她在这件事情上没有错）；Бригадир подключил их к своим делам（组长吸收他们参加自己的工作）。这里的动作事物之间具有依附性和对称性，前者是一事物对另一事物的依附，后者指它们之间的相互联系：A 和 B 产生联系，则 B 也和 A 联系在一起。

路径—连接图式：所谓路径—连接图式是路径图式和连接图式的变体形式，即在路径关系中同时表现动作的连接作用，通过带有一定方向、路径性质的动作行为形成事物之间的某种联系。当然，本体动作中这种路径—联系性也极有可能是一种抽象的"方向接合、交集"关系，即事物之间的连接借由的是抽象动作关系形成的途径、方式。例如：Андрей поставил его на ответственную работу/Он поставил подругу в неловкое положение/Поставьте меня в известность, когда вернётесь（安德烈委派他担任重要工作/他让女朋友很不好意思/您回来的时候，请告诉我一声）；Новые факты привели ученого к важному открытию；Ложь к добру не ведет；Он пригнал дверь к косяку/платье к телу（他使门与门框掩合/使衣服合身）；Рабочие подгоняют стекло к раме/Портной подгоняет костюм к росту мальчика（工人给窗框配上玻璃/裁缝照着男孩的身材改衣服）；Бабушка пересадила ребёнка на кашу（祖母改喂小孩子稀饭）；Он умеет правильно подойти к вопросу/Это пальто ему не подойдёт/Анна подойдёт на должность секретаря（他善于正确地看待问题/这件大衣他穿着会合身/安娜适合于担任秘书职务）。

方位图式：所谓方位图式是指有某种空间方位特性的动作意象结构，也可以说，这类图式的动作本身潜含处所要素，尤其就喻体动作而言，方位意义成为体现该动作基本内涵的结构性成分，只是在本体动作的理解中须要对该方位意义作一定变通分析和处理，可能由具体的动作或状态空间变为抽象的主体或客体空间，即动作事件的结构空间，直至变为表示主体所处的一种状态。例如：Девушка купается в наслаждениях（радости）；Город лежит в долине/На её лице лежала печать страдания/Кругом лежит мгла/На нём лежат все заботы；Революционеры сидят под арестом/В нём сидела уверенность/Сюжет сидит в голове автора уже много лет. Кругом лежит мгла（四周烟雾弥漫）；Народные массы сидят в осаде（当地民众被困）；Река пряталась в зарослях（河流消失在灌木丛中）。

重力—性质图式：所谓重力—性质图式指具体的物理作用转而表示动作的性质及其造成的某种状态，它是重力图式的变体形式，通过喻体动作特点突出本体动作的结果和性质，反映出认知主体对外在动作的感受和判断，因而带有较强的认知评价特性。例如：Это событие Японию плохо рекомендует（这一事件损害了日本人的声誉）；Старик пригрел у себя сирот（老人呵护孤儿，给他们温暖）；Он уколол её самолюбие；Публика давно уже подхватила удачные, меткие интернет-выражения.（大众早就已经理解和掌握了一些贴切的网络词汇）；Этим поступком он отравил всем веселье/Мысли о детях отравляют её（他这样的行为扫了大家的兴致/对孩子们的思念折磨着她）；Водка подогрела их/Живая игра актёра подогрела публику（酒劲让他们兴奋/演员生动的表演使观众兴致勃勃）；Режиссёр умягчил наш гнев（导演平息了我们心中的怒气）/Слова сына умягчили сердце мамы（儿子的一番话安抚了母亲的心/消除了母亲心中的怨气）。

状态图式：所谓状态图式是指动作以某种特殊的状态方式呈现出

来，动作包含了较为突出的行为方式内容，动作范畴根据"状态"这一原型被概念化为与认知主体的感受、知觉有关的活动，一方面包含对动作进行理性评价和观察的成分，另一方面蕴含着事体经验的概念化内容。例如：Улыбка бродила на лицах（人们脸上掠过一丝丝微笑）；Жизнь покатилась, как широкий праздник（生活过得很阔绰）；Самовар не сходил со стола（茶炊从不离桌）。句中动词бродить，покатиться，сходить所表现的认知语义都包含了主体对动作的认知判断和状态描写成分。

存在—过程图式：所谓存在—过程"图式是指动作一方面有一定的"事体存在"意象成分，另一方面又有一定的"行为进行过程"因素，总体上表现的是以某种过程方式存在的行为事件。这在认知上建构和描写人的思想、情感活动时表现得尤为明显（参见Арутюнова 1988：392-393）。例如：Яков пылает страстью к музыке（雅科夫对音乐充满激情）；Ребятки купаются в наслаждениях（孩子们都沉浸在喜悦中）；Он сгорает желанием к искусству（他内心充满着对艺术的渴望）；В Ираке пахнет войной/Между ними пахнет ссорой（伊拉克要打仗/伊拉克有爆发战争的火药味；他们之间有吵架的势头）。

分裂图式：所谓分裂图式是指动作以离心—扩散的分离方式表现出来的动作模式，在人的认知意念中它所表现出来的往往是不受主体控制的行为、事况，可以是精神、意志方面的活动内容，也可能是其他事体活动的事理表现内容。例如：Радость испарилась（快乐不知不觉消散了）；Его покинул рассудок（他失去了理智）；Запасы уже иссякли（储备的物质已经用光）；Силы врага иссякли（敌人的力量耗尽了）。

整体—部分图式：所谓整体—部分图式是指动作的表现有组构、分割、凸显的特征和因素，这可能是部分与整体的组成关系，也可能是某一特点、属性与其载体间的体现关系，这种特殊的组构要素之间存在着某种内在关联和质的规定性。例如：Область выбыла из-под команды правительства（这个州脱离了政府的管辖）；Доклад мэра отвлёкся от темы（市长的报告偏离了主题）；Девочка выделяется своей смелостью（小姑娘勇敢出众）。

感知—形象图式：所谓感知—形象图式是指动作对象在认知主体的自

我意识中形成的一种主观心理感知形象①，它依赖于心灵中既有内容的影响，通过理解、记忆和思考相互连通的动作表象，创建出有关动作内容的整体性的认知统觉和感知样貌，其身体经验的感知体验性十分突出。比如，动词 голодать（饥饿、挨饿、吃不饱）的"切身体会"可用以隐喻抽象的"迫切需要、缺乏"之义（голодать по чему），其间"感知—形象"图式发挥了至关重要的语义功能和认知引领作用。再如，俄语动词 иссякнуть（枯竭、干涸）（Вода в источнике иссякла.）隐喻表现"用完、花光、消耗殆尽、终止"意义时，认知运作中也加附了突出的"感知—形象"图式内容：Запасы уже иссякли（储备品已经用光）；Силы врага иссякли（敌人的力量已耗尽）；Терпение иссякло（再已无法忍耐/忍耐不住了）；Спор иссяк（争论终止了）。而动词 увянуть（枯萎、凋谢、蔫）（Ветка увяла；Цветок увял от зноя）不论用以隐喻另一具体行为"颓丧、萎靡；衰败、衰老"（Лицо увяло；Он увял в глуши；Услышав это, он как-то сразу увял [面容枯槁；他在荒凉僻静之处衰老下去；他一听见这话，好像马上就颓丧了]），还是隐喻表现抽象动作事件"衰落、衰退"意义：Способности его увяли в бездействии（由于无所事事他的才能衰退了），其中表现最为突出的都是"感知—形象"意象图式。

而值得关注的是，动词认知语义的衍生中，还存在多个意象图式并合使用的情形，形成"意象图式融合"（blengding of image schemas），它是人的思想活动和认知创意中非常重要的现象。而具体隐喻过程中，意象图式融合首先立足于认知积淀中的抽象的意象图式与身体经验的映合和交汇，形成有关目标域的物象化认知，然后才是不同认知图式的交叠、互动。某种意义上讲，意象图式融合更符合人的思维特点，更为客观地反映了心智活动过程的认知现实，可视为动词隐喻机制中一种基本而特别的认知操作形式。例如，上文提及的 Улыбка бродила на лицах（人们脸上掠过一丝丝微笑）；Жизнь покатилась, как широкий праздник（生活过得很阔绰）；Самовар не сходил со стола（茶炊不离桌）中，动词 бродить、покатиться、сходить 的认知隐喻不仅包含有"状态"意象图式，而且还

---

① 可以打一个比方："辣"严格讲不是一种味觉，而是味蕾被刺激出来的焦灼感、灼烧感，所以它很容易同人的心理感受联系起来。

有明显的"路径"图式和一定的"方位"图式内容，是几种认知方式的交互作用形成了这些动词的相应认知语义。而 Стажёр впал в сомнение/забытьё/отчаяние（老人陷入狐疑/陷入昏迷/陷入绝望）中，动词 впасть 的认知语义则是"重力—方向"和"路径—方向"意象图式相融合的产物。

另外，一个非常重要的方面是，动词隐喻的线性组合条件不同会引发相应不同的意象图式表现形式，这些形式从自身角度实现动词不同性质的认知语义价值。比如，俄语名词 вопрос 参与构成的（熟语性）动词隐喻结构就承载着动词可能具有的多种意象图式次范畴关系：поднять вопрос，оставить вопрос открытым，снять вопрос（重力图式）；вопрос созрел，осветить вопрос（重力—性质图式）；столкнуться с вопросом（重力—连接图式）；поставить под вопрос（方位—连接图式）（参见陈勇 2011：65）。该名词与不同动词相组合，形成不同的隐喻意义组织，反映了各自不同的认知内容和语义特性，而这又都与动词所代表的不同意象图式有关。

四　俄语动词隐喻意象图式的认知运作

俄语动词隐喻的意象图式既代表动作的认知经验形象，也蕴含着认知语义映射的方法和结构内容，是获得动词词汇多义的重要途径。"认知隐喻可以把各种类型的意象图式转移、映射到相关的认知域建构起对应的抽象范畴和事件范畴"（高航，2011：2），我们可以利用意象图式来组织不同的动作概念，实现动作意义的认知比照、迁移，衍生出动词新的语义内容，形成俄语动词的不同义项。动词隐喻意象图式运作中，需要将新的动作结构或组织信息纳入原有图式中，而当新的动作信息不能被原有图式所接受时，须建立新的动作图式，前者是"同化"，后者是"顺应"，形成相互影响、作用的机制。另外，意象图式运作中，认知记忆水平和分布状况发挥重要作用。从"短时信息"短路的角度看，隐喻似乎是一种认知思想表现的"临场应变"，却是对人的长时记忆、一定程度上的短时记忆与当下情景的能动驾驭。

隐喻操作中，认知主体根据动作喻体和本体的特点以及它们之间的相似性联系，通过认知推理，把意象图式映射到不同的认知域中，从而赋予其中的动作概念以结构。俄语动词意象图式的隐喻映射中，由具体的物理认知域到抽象认知域的映射是最为常见的，Lakoff & Turner（1989：99—100）即认为空间隐喻是一种意象图式隐喻（image schema metaphor），它将作为始源域的空间具体概念投射到抽象的目标域上，在这一过程中，具体的空间意象及其内在的逻辑都被保留下来。而俄语动词多义的隐喻衍生除了有从具体到抽象的意象图式映射之外，还有其他各种认知域的映射方式（此处展开从略）。

已有的认知语义研究中，意象图式理论主要被用于分析介词的多义现象[①]。而 Gibbs et al.（1994）通过对英语动词 stand 多义现象的一系列实验研究，发现意象图式对心理词库中多义词的组织具有重要意义（高航，2011：1）。以下借助意象图式理论的具体图式表征，结合俄语动词 выгнать, выбросить, продвинуть 的隐喻，对其语义衍生的认知建构加以描述，以察看俄语动词隐喻意象图式的多义运作。

俄语动词 выгнать 原本表示物理作用动作"逐出、撵出、赶到外面"（выгнать вон из дому, выгнать мужика из двора, выгнать стадо в поле），通过隐喻衍生出以下六个义项，表示抽象性的集合动作和其他的物理作用行为：（1）开除（выгнать их со службы, выгнать ученика из школы）；（2）打消（某种念头）（Трудно выгнать эту мысль; Их беседа помогла ему выгнать свою нелепую идею）；（3）（用药物）消除、剔除、打出（寄生虫等）（выгнать болезнь, выгнать плод, выгнать солитёра, выгнать паразита）；（4）催育、助长（выгнать рассаду）；（5）用蒸馏法提取、馏制（выгнать дёготь, выгнать спирт из кукурузы）；（6）把行末字母移到次行、次页（выгнать две буквы на слудующую строку）。这里动词本原动作"重力—方向"图式较为规则地映射到了六个喻义包含的本体动作意象中。隐喻的认知操作中，通过思维映象的能动迁移，喻休动作兼含的特有的"重力"作用图式内容[②]较为清晰地嫁接到了本体动作意象层面，显然，从动作"开除""打消念头""消除""催育""馏制""移行"中都不难看出"力"的作用因素，而仅

---

① 比如，Brugman（1988），Lindner（1982），Tyler & Evans（2001）等，Rhee（2002）集中分析了英语介词 against 的语义演变（参见高航 2011：1）。

② 值得注意的是，就算同是"重力"，不同动词表示的动作也有个体化的特性和内涵，这是其语义概念属性所决定的。

仅靠重力作用图式的借用，还不足以反映具有某种相似性的各本体动作的特有内涵，否则，这些本体动作为什么没有在别的动词隐喻中表示出来，而恰恰通过它做认知表达？这里的喻体意象图式在运作过程中，还同时把"力的方向"图式内容转移到了本体动作中，而且还特别突出了该"方式"图式的目的、意向性作用成分，在动作"开除""打消念头""消除""催育"中尤为明显。两个动作图式合二为一并有机整合，建构成动词 выгнать 喻义的认知意象内容，同时完成了意象图式的多义认知运作。总体而言，"重力—方向"意象图式在动词 выгнать 的多义性运作中是比较典型的，图式的区分性特征和内容在本体、喻体中的表现较为协调一致。

而非常重要的是，俄语动词隐喻过程中，在保障（动作）内在基本逻辑关系不变的情况下，意象图式的概念映现、转移往往伴随一定的变异、繁化，形成相应不同的图式变体①，这构成动词喻义衍生时意象图式多义运作的重要内容，同时也是动词认知语义的重要特征。即使在上述较为规则的动词 выгнать 的隐喻中，喻体图式内容的映射运作也有抽象化意象成分的某种程度参与，人的认知须要把纯粹身体上"力"的作用行为"逐出、赶出"调适或调配为抽象性质的物理作用或物理作用之外的某种行为。不妨通过其他动词的分析作一管窥。

俄语动词 продвинуть 的初始意义为"向前推、挪、推、挪到……"（продвинуть стол к окну/продвинуть стул за дверь）（把桌子挪到窗前/把椅子推到门后去）。该喻体动作属于物理作用认知域，包含"路径—方向"和"重力作用"两个意象图式，隐喻时，它们由源域映射到各个目标域，可以表示不同的本体动作、行为，衍生出以下隐喻意义：（1）"使……进发、向目的地推进"（продвинуть полк к реке）（使一团人向河边推进），（2）"促进、推动、使得到进展"（продвинуть работу/вопрос о жилье）（推动工作的开展/推动住房问题的解决），（3）"推行、推广、推销"（продвинуть литературу в деревню）（将书籍推广到乡下），（4）"提拔、提升、向上推荐"（продвинуть лучших рабочих на руководство）（提拔优秀工人进领导层）。在这一隐喻映射过程中，动词 продвинуть 包含的"重

---

① 意象图式变体指由基本意象图式变异而来的意象结构内容和方式，它往往根据动词隐喻条件的不同，而具体突出、强调原图式结构中的某一或某些成分内容。

力"图式发生了一定的变异或被抽象化。在喻义（1）中，主体对客体"外力"的作用通过异质的行为方式来实现，而且"（客体）移动、朝……推移"这一物理上的直接作用力实际是客体自身施加的，主体物理作用上的"推进"动作最终由客体自己完成。而喻义（3）中，主体对客体的外力作用可能转移到别的行为者身上，即由他人实施。至于喻义（2）（4）中，主体对客体的物理推动力纯粹是抽象的，更多地表现为一种意志作用力或精神意志上的助推，重力作用图式映射、转化为抽象的意志作用力图式，此时物理意义上的"推动"只是抽象的社会—意志行为的一种表征，其认知特性非常突出。

而俄语动词 выбросить（抛出、抛弃、舍弃）（выбросить мусор/окурок，Волнами выбросило лодку на берег）隐喻时产生其他或抽象或具体的动作行为：（1）开除、解雇（выбросить прогульщика с фабрики）；（2）删除（выбросить главу из романа, выбросить лишнюю цитату）；（3）抛售（выбросить товар на рынок）；（4）派出（выбросить вперёд разведку）；（5）挥霍（выбросить зря деньги, выбросить на ветер 5000 долларов）；（6）提出、发出（口号）（выбросить лозунг/призыв）；（7）急速向前伸出、甩出（выбросить руку вперёд）；（8）投入、抛下（выбросить парашютный десант）；（9）长出、出芽（Лук выбросил зелёные стрелки）；（10）（烟、火焰、水等）冒出、涌出（Выбросило из трубы пламя）。该动词的本体喻义可分为两个部分，第一部分包括前六个义项，第二部分包括后四个义项。隐喻过程中，前一部分动作意义在"重力"图式发生转移的同时，很明显有"精神、智力活动、意志力行为"意象伴随其中，喻体具体的外力作用打上了抽象的认知印记，而且不难看出，人在做出"开除"、"解雇"、"删除"、"抛售"、"派出"、"挥霍"及"提出、发出（口号）"等动作行为时，会有若干（类）异质或非同质行为进入动作的构成，即这些行为都不是单一的行为，而是复杂的动作集。而后一部分动作喻义"急速向前伸出、甩出"、"投入、抛下"、"长出、出芽"以及"（烟、火焰、水等）冒出、涌出"的形成过程中，喻体原有的"外力作用"图式较完整地映射到了本体动作上，其意象结构得到了较为规范的保留和呈现，但与此同时"重力"作用潜含的"方式""方向"等意象结构要素、内容发生一定变化，尤其是"长出、出芽""（烟、火焰、水等）冒出、涌出"表示的"非意志活动"与原本人的"目的性动作"之间有明显的差异,意象图式的投射、运作过程中,在保留喻体基本构架的同时,必然要剔除一些不协调的认知意象元素。这些表现都赋予了俄语动词意象图式多义运作以特有的属性。

五 小结

以上对俄语动词隐喻中的意象图式问题进行了分析,并对认知意象图式在俄语动词隐喻中的具体运作做了一定探讨。分析和讨论表明,俄语动词隐喻对应的动作意象图式有自己特有的内涵特质,一方面包含了意象化的连续性动作细节内容,另一方面又是对无数反复(同类)动作的高度抽象和图式模拟,它有自己的一系列特征和典型的类型;人的活动和动作认知经验可以无数,但其意象图式的数量有限,而且是规则、有序的,可以通过有限的意象图式来构建、理解无限的动作事例、动作经验,在认知上综合和分析喻体动作对应的种种本体动作、行为。因而,很大程度上讲,俄语动词隐喻意象图式在对大量动作经验进行抽象概括之外,更多的是对动作进行认知描写的参照模型,是对动作抽象思维内容的一种解释方式。有必要强调的是,俄语动词隐喻意象图式的变异、变体形式不单是其重要特征,而且是动词语义衍生的重要理据和内在动力。这样,意象图式及其变体进入并协同概念结构,建立起俄语动词隐喻意义衍生的概念域映射机制。"意象图式为隐喻映射提供了依据和途径,使人们对各种陌生、抽象的动词事件概念的认知过程图式化、简单化、清晰化"(参见岳好平、汪虹2011:27),这表明意象图式是获取俄语动词多义的积极认知方式和手段,意象图式及其映射是俄语多义动词语义演变的重要机制,而正是在这一意义上,我们有理由认为,意象图式反映了一种抽象、积极的语义原则。

第四节 俄语动词隐喻概念结构与认知域

整体思维与概念联想是语言认知的基本法则,也是语义构成的基本方式和来源,这在俄语动词隐喻的概念语义机制中有着重要而突出的表现。隐喻本质上是在不同事体(包括动作、事件、现象、事物等)之间找出某种概念上的相似性,通过一类事体来理解、体验和表现另一类事体,很大程度上是从概念方式、概念结构层次强调喻体与本体之间的相互作用、关系，所以背后必然有概念结构的介入，概念化、概念方式、概念结构成为隐喻认知生命的基本元素。而由于人对客观事象的认识本身具备有序化、结构化特征，隐喻往往与概念的结构方式、概念组织有关，而且必定是概念结构的产物。"隐喻让我们通过相对具体、结构相对清晰的概念去理解那些相对抽象、缺乏内部结构的概念。隐喻是我们理解抽象概念、进行抽象思维的主要途径"（蓝纯，1999：7），作为一种思维方式和基本认知模式，"隐喻本质上就是概念性质的"（李福印，2005：22）。人的认知能力有了概念结构的积极参与，才会有"概念隐喻"及"概念隐喻"的系统性（Lakoff & Johnson，1980：240—242），很大程度上，语义结构就是由语言形式所激活的事体概念结构，因而有效的语义分析终归要落实到对概念关系、概念结构的分析，"要解释词的语义过程就必须进入认知概念化的层面"（Фурашова，2009：571），"词语的意义依赖于认知者的概念结构，任何语义结构的分析都必须依靠对概念结构的分析"（朗天万、蒋勇，2000：65），"意义就是概念化，语言语义学因此必须试图对思想和概念这样的抽象物体进行结构分析和明确的描写"（束定芳，2008：105）。可以认为，概念结构是俄语动词隐喻语义衍生的认知、意义上的支点，隐喻概念结构是动词认知意义释放的源泉，也是其认知效应的归宿，在认知机制的表释中发挥至关重要的作用。以下将具体对俄语动词隐喻概念结构的内涵、特征、运作、表现机制及其与认知域的关系等方面问题展开分析和讨论。

一 动词隐喻概念结构

（一）动词隐喻概念结构的内涵

动词隐喻基于身体感知活动的认知经验，本身即具有概念性和概念功能。"概念以及概念间的关联是在人的认知发展过程中不断获得的"（贺文、危辉，2010：156），而概念结构由概念之间的相互依赖和关联构成，它是知识经验构成的核心和知识运作的基本点，同时也是人的认知能力、认知储备的重要来源。概念结构包含概念范畴的内容，"每一个意义在概念结构中都有体现，概念结构覆盖了词汇语义和短语语义"（宁岩，2011：68），对事物的认识和阐述并不是一开始就有严格的逻辑表达，对事物创新性的探索须借助丰富的想象，利用熟悉的概念来理解未知的概念，使未知事物获得语言表达。动词隐喻"概念结构"（conceptual structure）包含动作认知的一种语义框架知识或语义结构基元（первооснова）、"认知的知识结构、概念图式"（参见章宜华 2011：143），是人对事体概念特征的一种组织、整合，来自认知主体对动作认知意象的加工及人对情景属性的语义记忆和认知积淀，隐喻中喻体、本体的概念包含的概念化、结构化内容即构成概念结构[1]，它意味着认知思维中固有知识结构的集聚、研判及恰当、适时的推断[2]。由于认知概念与结构方式、关系密不可分，需要结构化的概念信息自然有概念结构的倾向，概念结构成为动词隐喻的重要信息载体。而所谓"概念"是指"有关外部世界的抽象心理表征或逻辑实体"（Lakoff & Johnson，1980），是反映事物本质特征和内在属性的一种思维形式，是人对现实事物的组成、特性、结构等的认识模拟。例如：Поэма несколько *хромает* относительно формы（长诗在形式方面有些蹩脚）；Душа поёт（心情欢畅），句中动词 хромает（跛瘸、拐行）和 поёт（唱歌）的隐喻分别借助属于人的动作属性和概念特征去认识、表现"诗歌"和"情感、情绪"的抽象特征，是通过隐喻分别把诗歌、情感的表现概念化为"跛瘸""唱、歌唱"这一具体动作结构、意象[3]，动词相应成为"概念化意义动词"（Майсак，2005：101）。动词认知隐喻中的概念有别于逻辑概念内容[4]，"概念（系指认知概念——引者注）可以是一个简单的直觉或印象，也可以是一个复杂的知识体系"（王红孝，2004：67），它代表着动作认知意象的基本内容。另一方面，概念结构由语言知识结构和非语言知识结构组成，它是语言知识图式结构、逻辑知识图式结构和社会文化知识图式结构的整合体。这种结构是人在实际生活环境中生成语言、解释语言的产物（王宗英、郭高攀，2010：33）。

---

[1] 概念结构中的这些认知概念化内容受人的生活经历、体验及社会、文化等因素的影响，正如戴浩一所注意到的，概念结构同句法结构一样，会受到文化及经验的影响（参见戴浩一 2002：4）。

[2] 这种知识结构同动词认知语义密切相关，"可以断言，词的意义同隐藏于这些意义之后并保障其得以理解的认知结构或知识模块相关联"（Болдырев，2004：28）。

[3] 又如，我们说狐狸狡猾、羊羔温驯，那是借助人的社会属性和概念特征去认知狐狸、羊羔的一种本能特征，是通过隐喻分别把狐狸、羊羔的这一本能特征概念化为"狡猾""温驯"。

[4] "人脑在处理含有隐喻的语言信息时，总是先倾向于寻找话语的第一性意义，但当发现该意义不能符合当前语境下的表述要求时，便会从已有记忆中寻找已经存在的概念，根据新事物的特征，在记忆中搜寻与新事物有联系的事物，通过建立起两者之间的映射关系，形成一个新的概念范畴，从而理解隐喻性话语。"（练敏，2010：77）

概念结构帮助并直接参与新的认知经验的形成，使新的事体概念对象拥有并逐步呈现出较为明晰的结构。

概念本身是针对认知图式来讲的，概念结构与认知经验、认知方式是联系在一起的，"认知语言学认为，人类概念和范畴是相对于图式或意象图式来界定的"（Lakoff, 1988：122）。根据 Jackendoff（1983：17）的观点，组织概念内容和形成概念结构的认知能力具有普遍性，而这与隐喻中概念结构的物质感知、经验基础不无关系，"概念结构的形成与人的物质经验、认知策略等密切相关"（熊学亮，2001：11），"概念结构之所以有意义，是因为它蕴含于人的身体之中，也就是说，它起自我们概念之先的身体经验中，并受其限制"（Lakoff, 1987：267）。认知语言学的意义观认为，语言来源于人类与客观世界的互动体验，语义基于人的经验感知、心智结构（王寅，2002：60），"对事物语义属性的认识主要来自自身在与周围世界的互动过程中所形成的互动体验"（许保芳、于巧丽等，2014：49）。这样，意义有复杂的组成，语义构造同人的身体感知、动觉经验、心理感受及思维活动等都存在密切联系，动词隐喻概念结构成为语言的一种独特心理表象，是动词语义同认知概念内容相关联的重要一环。

Vyvyan & Melanie（2006）的认知语义研究明确了认知语义学的四条原则：概念结构基于认知体验、语义结构来自概念结构、意义植根于百科知识体系、意义构建反映概念化过程。并通过 M. Johnson 的意象图示理论说明概念结构反映认知体验，又通过 L. Talmy 的概念结构理论说明语义结构源出自概念结构。其核心思想是语义发端于概念结构、意义构建体现概念化过程[①]。并且在认知语言学视野中，意义是非静止的、动态构建而成的，而动态意义构建过程被称为概念化。这里的意义很大程度上不是指概念本身，而是指概念化，认知语义即概念化（Langacker, 2008：30），概念化显然并不是单一的认知加工方式，而是包括语言内部和语言外部多个认知域、多个维度、多层次的组织活动（Langacker, 1999：362），因此概念化是一种复杂的、动态的认知加工过程（Langacker, 1987：138；Croft & Cruse, 2004；Evans & Green, 2006：157），它是语言使用过程中积极的心智经验转换行为，是认知主体的一种心智活动或识解操作（con-

---

① "人们运用基本的概念结构来组织较为抽象的思维，从而逐步形成了语义结构。"（林正军、杨忠，2011：10）

strual operations）（牛保义，2011：2）。这样，概念反映事物本质属性，概念结构表现概念语义的结构。"语义存在于人的心智经验和人的概念化过程中。词语的意义不仅取决于它本身的概念内容，也取决于这些概念内容是通过什么方式被观察、感知和理解的。词义描写离不开意象，意象是概念内容在大脑中形成的构思方式。"（师璐，2008：34）

　　进一步讲，动词隐喻内容具有概念化的客观便利条件，因为动词隐喻表达的动作意象从对应的行为事理上看，相当于是命题，而"命题结构在完形构建中发挥非常重要的作用。命题是表达事物情况的语句，它反映的是事物情况用语句所表达的思想内容"（成军，2006：67）。概念结构成为动词隐喻操作实体的思想内核和基本认知单元，动词隐喻概念结构表现的是抽象框架中意识化的物质内容，成为动觉知识、经验的积极心理表征。动词隐喻在表现认知主体意识中的不同动作形象时，离不开概念化的主观能动性，因为不同的动作事体（指"动作片段"）本身就是概念方式的产物，这由语言与语言外（动作）现实的关系所决定，"语言把现实世界分成不同的概念和范畴"（索绪尔，2002：25），施喻者的范畴、概念、推理和心智内容都并非对外部客观实在的机械复制，动词隐喻这一认知概念系统中，概念结构不是一种与客观世界相对应的、简单的真值条件，不能是客观外界在人们头脑中的"镜像反射"（王寅，2011a：31—32），在它背后是动作意象概念化的语义内涵。

　　动词隐喻意义是其动作原型义外延扩张、动作意象迁移的结果，在这一过程中，人必然要通过喻体动作的概念来发展或者改变本体动作概念（词义）的内涵，凭借概念结构内容来甄别新的动作事体。一定程度上讲，动词隐喻意义是通过突出动词语义结构中的不同概念成分而获得的，动词隐喻概念结构是对外在动作的心理空间再现，动词隐喻的概念化过程激活它所对应的概念结构，从而产生新的义位。此间伴随的动词隐喻映射是概念结构之间的类比、转化关系，"始源域与目标域形成关联之前是两个相互独立的、自在的概念网络体系，包含着人们以前对该事物认知的概念经验"（黄剑平，2007：105），始源域或喻体动作的概念由自身建构，并通过自身被理解、接纳，而目标域或本体动作则需要借助前者的概念进行构造和理解。所以，通过一个动作过程特征说明、表现另一个动作特征时，首先必须是通过一个概念结构去建构另一概念结构。动词隐喻过程之所以能够在喻体动作中表达、理解本体动作，就是利用了喻体的概念结构，在相似性的基础上，借助喻体概念形成关于本体动作的新的概念结构。动词隐喻语义对应于一定程度上被主观化的投射世界（projected world）、概念化世界（концептуальный мир）（Булыгина, Шмелев, 1997），并与其中约定俗成的概念结构直接产生关系，动词喻义的产出和理解相当于认知主体的概念结构窗口化（conceptual structure windowing），"词语的意义依赖于认知者的概念结构。任何语义结构的分析都必须依靠对概念结构的分析"（郎天万、蒋勇，2000：66）。也因如此，动词隐喻意义是认知主体观念、意识中的概念化意义，是概念结构思维的结果。

进而言之，动词隐喻中的喻体和本体就是概念实体，隐喻就是一个概念实体为另一个概念实体提供心理通道（mental access）（Radden & Kovecses, 1999：21），动词隐喻机制实际包含了概念结构的交换过程。因而，动词隐喻就是人的概念能力的表现，是人在认知条件具备的情形下，充分利用各种有价值的认知信息，通过此事体的概念结构来认识和表现彼事体的概念结构。这也形成了一个概念结构的衍生或转移机制。

隐喻是人类组织概念系统的重要基础，动词隐喻的概念结构则是人类的一种基本的认知模式，是人们识解动作、行为的一种认知结构化方式，是有关于典型动作联想关系的一种知识结构。作为认知模型，动词隐喻概念结构类似于 Ch. Fillmore 的"框架"（frame）、"框架语义"概念及 R. P. Abelson, R. C. Schank 的"脚本"（script）或者"结构化脚本"（structured scenario）概念，它构成俄语动词隐喻的积极认知步骤和实质性内容。

（二）动词隐喻概念结构的特征

作为一种独特的认知架构和语义组织方式，俄语动词隐喻概念结构具有自己鲜明的特征，我们认为，这主要表现在它的非一一对应性、范畴化、认知张力及"连锁性"等方面。下面对这些特征加以分析和讨论。

1. 概念结构的非一一对应性

认知隐喻的语义衍生对概念的运用是有组织、有选择的。动词隐喻中，喻体动作只有部分特征被用于建构本体动作的概念结构，其他的特征被忽略或掩盖了①，通过聚焦动作整体概念结构的某一部分派生动词意

---

① 而从另一方面观察，则可看出，"一个概念在某些方面可能是通过隐喻来建构和理解的，而在另外的方面却不是"（王晶芝、杨忠，2010：100）。

义、扩展动词语义，这是其语义分析层面上的内容：其中一个领域被激活、聚焦，而其他语义域信息被忽略。根据这一点，动词隐喻对概念的组织是部分的，而不是完全的、一一对应的。否则，完全等同就成了同一事物，也就无隐喻可言了（陈冬秀，2004：19）。"虽然所喻借助喻体形成概念结构，但喻体中只有一部分结构得到利用……实际上，隐喻之所以成为隐喻，就在于喻体结构只有一部分参与隐喻形成所喻概念的结构，否则所喻概念和喻体概念就是一回事了"（马明、陈瑶，2008：543）。这样，动词隐喻时，施喻者只是提取喻体动作中典型、突出的部分，本体概念结构只是映现喻体的部分特征，形成与喻体概念结构之间的非对称性。例如，俄语动词 бежать，лететь 的隐喻中，主要通过"跑、飞"这一运动动作包含的"快速移动"概念形象和属性来建构、表现"（时间、光阴）流逝"这一抽象动作概念结构（Годы *бегут*［岁月飞逝］；*Летят* за днями дни［日子过得飞快］），动作原型的其他语义特征已然消失或退居次要地位。这样，施喻者只是提取喻体动作"跑、飞"中典型、突出的部分，本体概念结构"（时光）流逝"只是映现这部分特征，形成与喻体概念结构之间的非一一对称性。动词隐喻时，具体选择某些概念成分即意味着要舍弃另一些概念成分进入本体动作概念的设定，这也是俄语动词隐喻时语义变异的依据，包括语义成分的隐现、消减、交际功能的转换等。

概念结构的非一一对应性意味着本体和喻体之间在存在相似性的同时，还存在概念上的某种差异，因为"概念特征本身就分为差异特征与共同特征"（王亚同，2008：117），而同中求异是动词隐喻必须做到的，通过喻体典型概念特征及其与本体的差异反映并表现出本体的特性，这也是认知隐喻的出发点和基本要求。而且这种非一一对应性还表现为隐喻中概念范畴的边界是不相重合的。与此相关，动词隐喻概念结构中的概念至少是三元或多元维度概念，因为只有这样才能谈得上部分利用。与此相关，动词隐喻概念结构中的概念至少是三元或多元维度概念，因为只有这样才谈得上概念的部分利用，如果一个动作事体只涉及二维的平面空间，或者缺少了时间等其他维度的概念因素，则找不出可以部分利用的概念，逻辑上就无法构成动作喻体，动词的隐喻就难以成立。正因如此，"隐喻是建立在经验基础之上，由始源域向目标域进行的系统、部分、不对称的结构映射"（Lakoff，1980：60）。"在隐喻中，两个概念领域之间的相似性应该伴随一种由于它们分属于不同领域而产生的一种差异感"(Gibbs, 1994：321），而为了弥合它们间的差异、找出它们之间某种新的联系，除了对本体、喻体要有各自的概念化认知之外，更需要在它们之间建立起概念结构的分析关系。

2. 动词隐喻概念结构的范畴化

"概念化和范畴化是认识周围世界的基本认知过程"（Болдырев, 2002：26—28），概念结构由概念范畴组成，动词词义是动作场景、事件的缩影，就动词来讲，其中的动作行为与事物范畴是两个（类）基本要素，动词隐喻概念结构首先需要把这两个事件要素整合为一个意义单元，然后还须把本体和喻体各自相似而又有别的事件内容概念化、类同化于一个框架范围，因而它具有明显的范畴化特征，"范畴化指人们能够根据自己的经验对于世界上纷繁复杂的事物进行分类，建立一个个范畴"（张凤、高航，2001：36），"范畴化就是将不同的事物归为同一个类型的过程"（束定芳，2008：42）。范畴本身是认知主体对动作、事物进行分析、归类时启动的基本心理层级和心理运作单元，"因为范畴依赖于人的心理经验，即完全感知、意象、动觉等"（白解红，2001：10），概念结构的范畴化需要对外界事物进行能动性、程式化的认知取滤与梳理，通过积极的认知跟进把主观意念同本体和喻体相关的要素进行类化性质的对比和链接。此时，概念结构的认知处理需要从动作性质、结果、功能、特性等方面的差别中发现相似性，并对动作、行为进行概念、意象、范畴方面的认知布局和事件重构，从而形成概念框架的组织原则并进入隐喻认知的概念化过程。因此，可以进一步认为，范畴化是立足主观内在和客观外在相互作用而开展的事物类属关系操作和认定，"是对世界认知概念化的实现"（彭文钊，2008：30），其间概念化倾向（努力）及概念化主观认识会通过分类意识对现实世界进行结构化、规则化，形成一个贴近于认知心理空间及其事象类化、事象联系特点、联系属性的特殊知识结构或心智（表征）域，而后者显然深深印上了概念结构、概念关联结构的烙印。这样，概念范畴化能力是将特定动作类比于某一（具体）对象动作类别并判断这一抽象事例及比附关系存在的一种认知能力。动词隐喻的基础是相似性，而相似性与动作事件的概括、分类几乎是一个认知整体，分类的心理过程即是概念特征的范畴化（Ungerer & Schmid, 2001：2），因而动词隐喻概念结构的心理机制也是范畴化的一种机制。概念结构范畴化能让同一范畴内部成员的相似性最大化,让不同范畴成员之间的相似性最小化(俞建梁,2010:14)。

动词隐喻时,概念结构通过范畴化对概念进行归类,帮助施喻者认识、理解和判断、分析不同认知域的动作事件,并协助其对事件的发展做出某种预判。经过两次或多次从源域到目标域的映射过程,映射的最后结果才是特定隐喻结构所代表的概念范畴。在具体的范畴化过程中,人们会有意无意地借助于头脑中已有的认知模型,即使在那种完全没有适当认知模型借用的陌生环境,也会尽力从某些认知模型中提取相似的经验来认识新环境及新事物并对其范畴化(成军,2006:66)。动词隐喻概念结构范畴化的结果是建构了新的动作概念、认知心理上相似的动作意象。所以,对动作进行范畴化是认识不同动作的一种重要认知方式,只有通过对比、概括和分类等方式对动作进行范畴化,以范畴的形式表达出来,动作事体才能被重新认识,服务于人的认知需要。因此动作概念的范畴化是人类复杂认知活动中一种基本的能力(参见王寅2006:56—57)。

应该看到,隐喻为人们所认识,是在概念结构和范畴系统形成之后。这一特性也印证了概念范畴化在动词隐喻中的建构作用,表明动词隐喻概念结构是以范畴化结构为基础的。"随着象征思维向理论思维的过渡,人们对反复出现的动作事体和反复获得的经验开始有了概念化的努力,……概念的不断扩充使概念的范畴化成为必然,因为人脑的认知活动是在已有记忆的基础上以最节约的方式进行的。人们认识新事物时,大脑会在记忆中寻找已存在的相关动作概念,并使之发生关系,形成新的动作行为概念范畴。"(参见陈勇2005:2)

3. 动词隐喻概念结构的认知张力

动词隐喻概念结构具有的认知张力性是指它有向外延展的特性,具有开放性或灵活性。动词隐喻是一个具有较强衍生能力的意义机制,这由其概念结构的开放性、灵活性前定,或者说,概念结构的灵活、开放性为其提供了有利的前提条件。

语言认知有自己特有的模型,认知模型是存储于人大脑中的关于特定认知对象的认知表征(Ungerer & Schmid, 2001:51),它具有开放性及网络构建倾向性的特征。所谓开放性是指对某一特定概念范畴的认知描述尽管具有高度选择性、概括性,但永远都不可能穷尽,也就是说,该概念结构的认知描述应该是历时而非共时的(参见成军2006:66)。"一个事体在该范畴的范围内可偏离原型的距离是没有固定限制的，只要实施范畴化的认知操作具有足够的灵敏性和灵活性，就能够找到该成员和原型成员的相似之处。"（Langacker，1987：116）所以我们说，动词隐喻是"动态地建构概念结构的认知运算过程"（蒋勇，2003：30）。也正因为有这一特点，某种意义上讲，动词隐喻中动作意义的概念特征不是动作行为本身所固有的，而是认知主体、施喻者在心智中对动作事件能动作用的结果，因此可称之为"互动特征"（Lakoff & Johnson，1980：119）。

而动词隐喻概念范畴结构必须具备足够的灵活性。为了避免范畴系统出现紊乱，范畴系统应该具有内在的结构稳定倾向，但如果结构稳定到一成不变时，则无法适应不断变化的外部世界的环境，范畴结构必须同时具有稳定性和灵活性。概念结构中的信息密度对于认知活动来讲，可以满足稳定性、灵活性的范畴结构要求[①]。这是因为概念结构以次概念串形式存在，而概念内部的细微差异表明概念结构具有应付不断变化的环境和不断变化的表达需要的动态能力，边缘性的概念串可以进入核心结构，核心概念串也可以交换、游移到边缘性的范畴成员中（参见曾欣悦 2008：23）。而根据认知格式塔原理，"认知活动是反映现实的思维格式塔过程"（Песина，2005：62），思维机制会灵活运用大脑中已经储存的知识分解环境输入的信息，再加以重组。另外，人们使用语言传送或表达信息，并不是直接、简单地传送真实世界所投射的信息，而是需要以概念化的灵活方式重新组构，形成新的概念结构信息（Рахилина，1998：306；Кустова，2000：85、98）。这也许也就是不同的人，对于同一客观世界作同一观察、同一认知，却得出不同概念的原因（参见刘邦凡、杨炳均 2006：38）。

语言认知体系是以概念为核心、具有结构性的一个系统，概念与概念之间相互联系、依存，因此通过一个概念可以联想到其他概念，赋予概念结构以开放、灵活的联想性。人的知识系统由大量概念束及它们之间的各种复杂关系组成，所以认知主体也需要灵活地处理和运用概念系统知识，并建立起合理、有效的结构。认知经验的丰富、新概念的参与、新概念节点的各种关联、融会会使概念结构丰富、复杂，因而概念结构本质上是不断变化、发展的，这也决定了概念结构的开放性、动态

[①] "认知活动具有结构稳定性和灵活适应性两个原则。"（Рахилина，1998：288，2002）

化特征。凭借概念结构的开放性，可以对动词隐喻中可能出现的各种概念变化作出应变和处理，确保语义衍生机制的正常运转，而且动词隐喻概念结构的灵活、开放性也赋予了自身以动态递归的特性，"概念结构呈现一种动态递归式结构，即在线结构（on-line construction）"（王宗英、郭高攀，2010：33）。

概念结构的开放性还有另一种表现，那就是可以对新的概念结构作出预测。既有的认知经验不是形成新的概念结构的唯一来源，由于认知主体能够在经验基础之上驾驭概念、利用概念，人还可以通过概念结构的灵活性和联想性产生新的概念结构，"人们可以想象还未遇到过的范例的概念结构"（郎天万、蒋勇，2000：64），"即使人们对某些事件无法及时了解和认识，人们也可以为它们建立隐喻性的概念结构，用熟悉的具体事物概念结构去领会和把握未知抽象事物的概念结构，把概念结构从一个领域转移到另一领域"（Lakoff & Turner，1989：135）。例如，我们在日常生活中无时不经历运动，从而获得了旅程的概念结构。于是我们用旅程的概念结构去领悟其他领域的概念结构（参见郎天万、蒋勇2000：64）。

进而言之，由于概念具有可分解、操作的特点，任何原初概念都是下一级新概念的起点，而不是概念解析的终点，一般所谓的原初概念都是会有进一步发展的概念，这为动词隐喻概念结构的张力提供了积极的认知空间。借助开放性的概念特征分析，动词隐喻概念结构可衍生出各种不同的复杂概念，还能够与其他概念相联系而构成概念网络。从这一角度看，动词隐喻概念结构的灵活性、开放性决定了概念结构的可分析性，也保障了动词隐喻概念结构的可操作性。

4. 动词隐喻概念结构的"连锁性"

可以说，动词隐喻概念结构的这一特征蕴含于其上一特征，也可以认为，该特征是上一特征的认知手段、方式或推论。

A. M. Collins，E. F. Loftus 提出的"激活扩散模型"（spreading activation model）揭示出人类概念结构的性质。他们认为，"认知主体心智中储存的知识不是单一或孤立存在的信息单元，而是相互紧密关联，组成统一的网络。概念成为网络节点，节点之间有连线相接。当一个概念被加工或受到刺激时，该概念节点就会被激活，信息沿该节点的各连线向四周扩散，从而激活其他节点"（参见 Collins & Loftus 1975：407-428）。这样，大脑存储的知识可看作一个网络模型，只要一个节点被激活，与之相关的图式就可以同时被激活（王更生、汪安圣，1992：180）。当概念结构中的某些概念被激活时，与它邻近的概念也有可能随即驱动，正是这两个因素的共同作用使人类的隐喻思维得以顺利进行。而从认知心理上讲，"代体（喻体——引者注）之所以能够代替转喻目标，是因为凸显、易感知的代体能提供了解转喻目标的心理通道或激活转喻目标"（黄剑平，2007：106）。

根据 G. Lakoff 提出的"隐喻根植于思维"这一认知主张，动词隐喻概念结构很大程度上是人在认知思维上对动词语义的一种结构性限定和引导。不仅如此，根植于人类思维的隐喻概念是人们借用已有知识接近未知世界的一种工具和方式，隐喻式思维有助于人类不断扩展其认知概念系统（耿艳梅等，2003：317），所以动词隐喻概念结构必须具备"连锁性"的衍推特征和能力，借助隐喻概念结构，概念可以不断丰富和扩展、延伸、充实、衔接人们认知世界的思想内容，这也是隐喻概念结构的一个重要功能，而有了这样的概念结构连锁性特征，动词隐喻意义的衍生才有了概念语义方面的强有力保障。

二 动词隐喻概念结构与认知域

"隐喻具有组织人类概念系统和引导人类经验的认知功能"（齐振海，2003：27），即概念同认知密不可分，动词隐喻概念结构与认知域之间有着自然的联系。在我们看来，认知域（cognitive domain）[①]总体上表示的是一个概念范围、事体、事件范围，所以它对应于概念域，是动词语义结构对应的概念域，而概念结构是概念域或认知域内部概念特征、事件成分之间的结构组成关系、结构体或结构框架。所以，认知域中的概念结构内容也就是"认知域概念结构"（项成东，2009：15），认知域之间的关系蕴含或联系着概念结构之间的关系。

如果一个概念能够支撑多个概念显像或者动词动作概念，它就可以被

[①] 认知域是描写词义演变的基本单位和重要内容（Langacker；1987，2008），动词隐喻意义的不同表现的是意义所处的认知域不同。

称为域（domain）①，这一概念域就是认知域（cognitive domain）——"描写某一语义结构时所涉及的概念领域即为认知域"（杨明天，2004：43），动词语义对应的动作事件概念认知域具有概念化的本质，它可以是一个简单的知觉、概念，也可以是一个复杂的知识系统。动作认知概念域有简单、复杂和具体、抽象之分，也可以有基本、非基本之别。比如，空间活动、空间概念是人类最熟悉的、相对单一、具体的基本概念结构，它能够代表、反映的类似动作意象概念十分丰富，形成一个极为高效、有益的认知概念域，空间运动的认知结构被大量用于建构本无空间内容的抽象行为事件、概念，赋予它们以具体、直观的意象图式、概念结构。所以说，"互动性的感知体验决定了人类的概念和思维，也决定了语言结构和表达"（王寅，2011a：31）。而概念域包含的（对立、相关）概念是一个有组织的结构，因而认知域中的概念也是结构化的。Taylor（1997：84）指出："大体上来说，一个概念化或者知识构建，简单也好复杂也罢，都可以用作数个意义建构的认知域。"（吴志杰、王育平，2006：143）"隐喻植根于两个认知域的相互作用"（Баранов，2003：75），同样，认知域中的概念要素不是一盘散沙，它们相互作用，相互联系，排列组合成许多具有等级秩序的概念结构，总起来就是我们的知识系统。比如，进餐馆就餐、打棒球、启动汽车、走路、买东西都是一个个程序图式、一个个概念结构（参见郎天万、蒋勇 1999：47）。

认知语义学使用认知域为背景（基体）描写图形（侧面）的概念结构（Кустова，2006），既包括简单的概念感知，也包括复杂的知识系统。认知域是一个具有层次性的网络系统，多层次的概念描述构成概念化过程。认知域有大小之分，如圆形的认知域大于椭圆形，有繁简之分，如"温暖"只参照触觉认知域，而"书"需参照空间域界定形状，参照"知识"域界定功能，参照颜色域界定色泽，还可能涉及大小、来源、质量等认知域（葛林，2005：140）。隐喻能够把直接适合于此事物的语言作为发现彼事物的透视镜工具来使用，从而将两个分离的领域带入认知和心理的关系之中。通过这一理论模型，我们察觉出事物的新的联系，从而建立起两个认知域之间存在的心理同构（参见谢之君

---

① "域是由概念和表释概念的特征、维度以及语义关系聚合而成的。"（Tourangeau, Sternberg, 1982：214）

2007b：135），而此时隐喻所显示出新的关系即是一种新的概念结构关系。

这样，客观现实经过人类认知加工在人的头脑中形成认知域概念结构，隐喻所表达的便是人类认知活动的结果（马明，2009：37）。由于隐喻的过程实质上是借助一个概念领域结构去理解另一个不同的概念领域结构的过程，动词隐喻概念结构实际反映和表现的就是动作认知域之间的心理联系。正如 Clausner & Croft（1999）认为，认知域所包含的意象图式[①]都是用以组织概念的工具（参见李福印 2007：82）。作为一种基本的认知手段，隐喻构造着人类的思维、推理和经验。也正因为有了认知经验、认知域概念结构的推导，隐喻才能通过一种在某些方面更为基本的认知域特征去理解另一种认知域的内容（Lakoff & Johnson，1980：241）。

而需要指出的是，认知语言学中有一种观点，认为概念结构是认知域（概念域）的上位概念。郎天万、蒋勇就从认知场理论出发指出："概念结构在认知心理上高于场论中的概念域（即认知域——引者注）。概念域中对立的概念就像房间里的几件家具，而概念结构就像因舞会、设宴等不同需要可随时变换格调的摆设法。二者的关系是：概念域给概念结构提供概念实体，概念结构解释概念域潜在的内容。"（郎天万、蒋勇，2000：64）而我们认为，他们所概括的范围层次与我们有所不同，但各自所对应的概念内核是一致的：他们眼里的概念结构是不同事域之间或认知域之间的结构关系，而我们所指的原则上是同一认知域内部的概念特征之间的关系。因此，他们所言的概念域（认知域）相当于此处所谈的特定概念结构中的概念成分。换言之，这里的概念结构总体上限制在同一概念域或认知域范围之内[②]，而他们所谈的概念结构则指向不同的认知域之间。另外，需要看到的是，认知域包含着意象图式，图式是认知域的下位概念。

三　动词隐喻概念结构的操作和表现机制

动词隐喻过程中，认知主体需要把概念结构融入认知操作的整体机制

[①] 意象图式是认知域的一个下位范畴（a subtype of domain）。动作认知过程中涉及的目标域和源域都具有意象图式（Lakoff，1993），因为"任何概念域都有自己的意象图式"（李福印，2007：84）。

[②] 比如，本体和喻体各自的认知域及对应的概念结构。当然，需要看到的是，这与"动词隐喻同时涉及两个认知域及对应的概念结构"是两回事，不可混淆。

中，使动作本体和喻体及相关事物概念关联起来，为创建动词喻义的整体目标服务，这就形成隐喻概念结构的认知运作。动词喻义本身就是语言认知构拟、认知活动的概念化产物，其间动词隐喻对应的本体、喻体概念结构会有相应具体的表现，形成特有的概念运作方式。

对于动词隐喻多义中的概念结构来讲，动词本义为概念结构的原型，即喻义的基本特征、共性特征是转义时动作特征归类、范畴化的心理表征基础，由它演绎出新的动作概念化特征、语义属性[①]。由于概念化几乎伴随认知活动各个阶段，动词隐喻在概念功能实施过程中，不论是空间外在的、形象上的反应还是内在的心智活动表现，都包含概念结构的运作。而这主要包括概念结构相似性喻底的分析、确立及概念结构的认知凸显与链接两大方面。

动词隐喻概念结构操作过程中，概念结构的组织是围绕相似性进行的，而且具体根据相似性效应来展开。认知主体"巧妙利用不同概念范畴下所指事物之间相似点，把本体和喻体结合在一起，使两种不同概念有机地结合为一个整体"（徐晓健，2004：37），进而产出喻义。认知相似性就是施喻者在本体和喻体概念之间辨认和确立共享特征，这一相似性喻底的创建所显示的就是概念结构关系内容或概念化结果。比如说，俄语动词 убить（Солдат убил врага）（士兵杀死了敌人）、зарезать（Грабитель зарезал человека）（强盗杀死一个人）的隐喻概念结构操作中，可以分别用它们来表示其他相似的动作概念形象，而它们内部各自的相似性喻底均包含"使……受损害"（"使失去生命""剥夺生存、存在的机会"）的内容，后者赋予人以心理类同性及动觉经验一致性[②]。隐喻操作时，根据概念结构的心理相似性进行推展，可分别衍生出类似于这一行为的"折磨、扼杀、摧毁"（Эти происшествия так его убили и потрясли［这些事情使他精神上受到了极大折磨和刺激］；Она убила свою молодость на пирушки с друзьями［她在和友人的吃喝玩乐中销蚀掉自己的青春］）、

[①] 这指的是一种"框架属性"。L. W. Barsalou 认为，概念在人脑中主要以框架形式储存，框架包括一套共现的抽象的属性（Barsalou，1992：42）。

[②] "经验一致性"具有很强的结构性、内在复制性和心理图式性，便于图式化地复制知觉意象，在动词隐喻中极为重要，以致有学者认为，"相较于相似性，隐喻更多是基于我们经验中的一致性"（Кобозева，2000：172）。

"使陷入窘境、要命"（Если работа не будет вовремя закончена, вы просто нас зарежете［如果工作不能按时完成，那您就把我们害苦了］；Печальное известие может зарезать их［这悲惨的消息可能击垮他们］）等其他动作事件。动词隐喻语义衍生过程中，并非对原有概念的照搬，而是要根据经验结构，对隐喻过程涉及的概念进行认知加工和重新组构，包括概念的对接、转换、融合等，"隐喻的识别也是一个认知过程，通过联想产生出新的意义过程本身就是在概念体系之间作转换的过程"（窦艳，2007：170—171）。而这些都是动词隐喻概念结构操作时需要考虑的。

动词隐喻概念结构操作中，认知主体的经验感受发挥积极的作用。"概念"可能会将更深一层的结构强加给人们的感知经验，但是不管这种"概念的强加"（imposition of concepts）如何，动词隐喻中人类最基本的经验结构总是存在的（Lakoff，1987）。我们可以"通过对进行认知活动的生物体的身体构造和经验的研究来理解意义"（Lakoff，1987：266），而这里的"经验"不是指狭义的发生在某个个体身上的事件，而是指人类经验的总和，包括人类的身体构造、基因遗传、在客观世界中的物理运动、社会组织等（蓝纯，2001：15—16）。"概念结构之所以有意义，是因为它蕴于身体之中，也就是说，它起自我们前概念经验（preconceptual experience）中，并受其限制。"（Lakoff，1987：267）动词隐喻的概念结构与认知主体内部状态、心智状态密切相关，而这涉及概念结构在动词隐喻机制中的表现。认知主体所获得的各种概念认识无论来自外部感知还是内在状态的体悟，在动词隐喻过程中，实际上都不是直接进入语义意识，"而是在概念系统中被重新转写成一个能够被概念系统访问或存取的格式。由此产生意象内容和反应内容，进而产生意象概念和反应概念"（高航，2011：5）。而这里的概念结构内容积极参与隐喻意义的生成，催生主观上的动词认知语义内容。

Н. К. Сергеевна指出，"隐喻创新的能产性同该语义派生方式具有的认知熟觉中的内部形式相关联"（Сергеевна，2007：5），而这些内部形式同已经掌握的概念结构有密切联系，动词隐喻概念结构的操作主要表现为利用熟悉的、已成形动作喻体的概念结构来建构较陌生的、尚未成形的本体动作概念结构，另一方面，抽象概念往往难于直接感知、获取，而具体事物概念便于描述和直接感知，所以抽象概念一般经由具体概念得以感知和建构，并进行概念结构的操作、转移。比如，表示情感意志活动的

"心痛""心酸""心冷",就是利用身体活动中非常熟悉的生理上的"痛"、"酸"和"冷"的概念结构,来达成对抽象的情绪、情感的心理活动的认识和表现,此时,处于相应情感状态下的认知主体,除了用"心痛""心酸""心冷"来描述人内在的抽象心理感受,找不出其他更为准确、贴切的概念表现方式。进而言之,这一情感的认知表达方式如此熟悉而真实、自然,以至于它原初的隐喻构建关系特性可能会被磨蚀掉,给人一种本原表达的"直陈"的感觉。相关问题上,陈嘉映(2006:334)曾在"推理"和"走路"间的隐喻认知关系中作过这样的分析——"我说你这个推理不成立,跳跃太多了,这时我通常不说'如果咱们把推理比作走路的话,你这个推理跳跃太多了'。为什么?因为'如果咱们把推理比作走路'这一话语隐含着'我们可以不把推理比作走路',然而,我们恰恰始终是从步骤、跳跃等成形的结构来理解和谈论推理的"。

动词隐喻概念结构认知运作的重要内容之一是对动作概念某一方面加以凸显,认知凸显将概念结构操作与隐喻映射贯通起来。Lakoff & Johnson(1980)指出,概念隐喻的系统性虽然可以帮助我们去理解另一个概念,但是这个理解并不是完整的,而是部分的。"部分"是指通过隐喻,目标域的某一方面,而非所有方面得到凸显,而且凸显面与源域密切相关。在凸显的同时,目标域的其他方面被隐藏或弱化。同样,动词隐喻可以突出动作概念结构内容的不同方面,这些方面是动词新义的凸显点,也寓载着在认知主体看来具有某种特点的动作形象,是对动作概念结构不同侧面的凸显。这样,通过概念结构的认知凸显,动词隐喻的概念化操作成为获得新的动作本体概念属性的认知渠道,使认知主体能够根据特定动作经验内容去解读抽象的、不可感知的概念范围,使认知主体能够以新的语言方式来表现它、描写它。例如,原本表示"轰击、轰炸"动作意义的动词 бомбардировать(Корабль бомбардировал форт с моря [军舰从海上轰击要塞])通过凸显整体事件中的"高强度动作""使……受到巨大影响"概念框架属性,可以隐喻表示"指责""烦扰"等动作行为:Прораб *бомбардировал* его упрёками [工长对他大加指责];Константин *бомбардировал* их просьбами [康斯坦丁无休止的请求烦扰着他们]。该认知凸显面无疑还强化了本体动作形象性。

动词隐喻概念结构操作中概念的激活在喻义衍生过程中发挥积极的认知链接作用,通过对概念结构中共性内容和区别特征的认知激活,动作本体和喻体的对应概念特性通过凸显面的延伸达成新的认知切合，并把新的认识内容加赋予动作本体，使其与相关特征、事体构成事件语义上的链接，概念认知节点由此扩散开来，而且进一步使动作事件的描述有了新的语义内涵和认知增进。此外，认知语义中的词语所对应的概念结构、概念内容具有可切分性，动词隐喻会触发存储于大脑中的相关概念领域结构内容，不断建立起概念的链接、交会，实现语义转移。例如，俄语动词цвести的本原意义为"开花、开放"，表现花草树木的动作属性和概念特征，而当它激活、链接出抽象事物的"生长、发展"概念结构意象时，能够表示相似的其他动作事件：Любовь *цветёт* в сердце（爱在心里盛开）；Молодость их *цветёт*（他们的青春在绽放）；*Цветут* науки и искусства（科学技术正蓬勃发展）。显然，此时通过概念的连通、转换，突出了动作的生气勃发状貌以及事物的旺盛生命力，增进了我们对抽象事件的认知理解。而这一过程"就是激活、选择、权衡、舍弃、证实、确认概念结构的过程"（参见郎天万、蒋勇1999：47）。

进而言之，动词隐喻动作本体和喻体的概念链接、互动会形成新创结构（emergent structure），即基于相似性和选择性映射而创建起来的合成心理空间，该空间实质上代表着动作新的概念实体、概念结构，并且这一概念结构背后还包含认知语境因素的积极参与和作用。一定程度上，始源域和目标域的认知链接和互动由隐喻行为关联的认知语境决定，"认知语境是人系统化了的知识结构，由直接场合、语言上下文、知识和社会心理表征构成"（黄剑平，2007：105），动词隐喻过程中，它会激活认知主体头脑中包含有关概念结构内容的语义记忆点，并将人对喻体动作的长期认知积淀升华为对本体动作概念的特定认识，赋予后者新的、具象化的动作概念特征和形象，从而建立起概念结构的认知链接，反映出新的动词事件语义关系。

由于动词隐喻是感知互动、动觉运动的一种动态化认知模式，因此概念结构运作不单是对抽象动作范畴进行概念化的认识工具，更是实现动词认知语义功能的基本程序和手段。以上分析从不同角度反映了动词隐喻概念结构内容的操作过程和基本组织规律、特性，表明动词隐喻语义衍生的概念运作、概念化表现极为活跃，正是在这一意义上，"隐喻一词多义现象必须通过概念结构来解释"（Rakova，2004：32）。

四 小结

综上所述，动词隐喻概念结构是人对客观动作事体的心理表征能力的体现，概念结构是隐喻建构功能、语义功能的重要表现，而直接产出动词喻义的动作认知转换很大程度上就是概念结构的投射、概念认知域的映现。研究表明，动词隐喻中的概念结构既是认知操作的手段、方式，也是认知活动的一种结果，它形成了新的认知概念，从而帮助人们认识世界、建构意义，实现语言表达的创新和语言词汇方式、词汇机制的逐步更替。在主体确定的认知框架之内以相似的一类动作事体来喻指另一类动作事体是俄语动词认知隐喻表达的重要特征和规律。这样，"隐喻就是利用在语言层面上比较成熟、有比较清晰的结构的概念，来系统认识、描述在语言层面上未成形的经验或概念。在隐喻中，具有较明确形式的概念所提供的结构对人类的认知起着指导性的作用，使那些结构未成形的概念逐渐成形，从而帮助人类完成对这些概念的认知"（马明、陈瑶，2008：543）。动词隐喻概念结构的有效运用是认知价值、认知创造性的积极体现。也正是在这一意义上讲，"隐喻的实质是人们对新领域的概念和抽象范畴进行概念化的强有力的认知工具"（单文波，2008：105）。

总之，隐喻通过概念结构实现了其认知功能，也展现出人类的认知能力。动词隐喻表现和反映新的事件意义是人类语言认知的重要方式和手段，而概念结构成为一种积极的认知功能实体是语言中具有普遍意义的现象和事实，一定程度上这正是 Kemmer（2008）所言的"人类的认知概念结构'认知广谱'"（谭业升，2011：53）。

第五节 俄语动词隐喻的语义性能

"隐喻被界定为是理解知识表征形式的关键"（Шахнаров，2000：120；Рябцева，2001：15），因此同人的知识相关的各种语义信息、概念内容自然涵纳其中。从聚合关系上讲，隐喻可以理解为处于相同句法位上、语义有别的符号替换关系，所以隐喻的核心议题之一是语义内容，而"隐喻本身在传统上就被普遍视为语义的中心问题"（田润民，1995：18），另一方面，隐喻本质上是一种具有话语特征的隐含（现象），因此其语义内容很有自己的个性。正是在这一逻辑关系上，В. Н. Топоров 认为,"隐喻问题的分析可以促进语义研究的深入开展"(Топоров,2002:521)。语言学界对隐喻问题的研究由来已久,但专门讨论隐喻语义性能的并不多见,有关隐喻的语义功能、语义关系乃至语义特征的分析零散而不彻底,给人语焉不详、一带而过的感觉。隐喻具有丰富的语义功能和语义特性,构成认知表达和认知分析的重要组成部分。在俄语动词的多义关系中,许多多义义项与隐喻有直接关联,隐喻不仅成为俄语动词语义衍生的积极手段,而且直接参与其语义组成、语义机制。

俄语动词隐喻表现出来的语义信息丰富、驳杂,一方面通过辐射关系、链式关系及辐射—链式关系等拓扑(结构)原理引申出多层级语义内涵,另一方面,它还可以传达与人的主观认知和价值判断相关的多种意义信息,后者是俄语动词隐喻特有的语义方式、语义功能。本节正是要对类属其中的信息内容展开分析和讨论。动词隐喻属于独特的谓词—话语框架的词汇语义和认知语义现象,其中俄语动词隐喻的词汇—认知语义性能也有其特别之处,我们梳理出它五方面的语义功能特性,这包括动词隐喻的基本语义性能、动词隐喻的主观评价语义、动词隐喻本体—喻体的语义关系、动词隐喻的否定语义特征以及动词隐喻的语义凸显功能。这些方面问题的分析将有助于增进我们对俄语动词隐喻语义性能的了解,深入揭示俄语动词隐喻的认知特点和认知实质,同时有助于拓宽俄语动词多义性研究的思路,弄清俄语动词隐喻内部的语义关系、语义机制。

一 动词隐喻的基本语义性能

"隐喻把事物归于某一类的同时,赋予它个性化特征"(Арутюнова,1998:348),"隐喻是对一般称名(在此对应于本体动作——引者注)的形象生动的二性认识"(Телия,1977:199)。如果说动词原型义只是赋予对象一定范畴化特征,将其归于某一类别,那么动词隐喻意义是形象化地赋予事物以动作、状态特征,这构成动词隐喻的重要语义特性,可称之为"情绪效应"功能[①]。隐喻具有较强的"主观性"语义、语言特质,"正是在隐喻中凝聚了对现实的强烈感受,使言语主体摆脱刻板的语言表达"(Шилков,2013:12)。"基于相似性的隐喻理论包含相当大的主观

[①] 相关问题上,Н. Д. Арутюнова 曾有这样的认识,"当需要表达情感或者以情感人时,即会出现隐喻"(Арутюнова,1990b:20)。

性"（华劭，1996：11），动词隐喻在很大程度上是主观表现、主观意图表达的需要，因而动词隐喻一般要从一个特定角度去表现和反映本体动作的特征、属性。除了基本概念意义之外，动词隐喻非常注重形象化的描写意义，可以认为，描写功能和形象性、表情功能构成俄语动词隐喻的基本语义性能，"用来对言语事物进行描写的隐喻派生义位，常常保留着鲜明的形象性和表现力"（张家骅，2006：54），"隐喻可以引起读者丰富的联想，将人的主观经验、情感，栩栩如生地描绘出来"（刘振前、时小英，2002：19）。法国语言学家 Ch. Bally 就曾以形象性（程度）为语义标准对隐喻进行分类（参见李发元 2001：11）。而 А. Лихачева 从语义引申的初始角度看到了这一点，她指出，"隐喻是俄语动词语义衍生的积极手段，其派生语义往往具有形象性"（Лихачева，2008：21—26），Ю.Д. Апресян 则认为，"形象的隐喻是最为本质的、内在系统化的同义表达源泉之一"（Апресян，2006：560），"事物、行为、过程等现象的形象化表达就是隐喻"（Апресян，2003：XXXIV），Т. Бранко 进一步从动词的形式句法表现特性出发，把动词相关隐喻现象看成"动词表情句法""动词表情潜能"，如：Дерево *заглядывало* в окно；Дорога *убегала* в лес（Бранко，2006：76—82）。

在我们看来，俄语动词隐喻的形象性指它选取喻体动作中的形象特征并移植到本体动作，这成为后者意义表现中的"陈说"，喻体动作中的形象性特征上升为本体动作中的语义核心成素①。须要说明的是，"隐喻是形象化的，但它并不描写形象化的具体细节（частности）"（Арутюнова，1998：355），形象性动作的细节内容并不在隐喻表现的范围之内②，或者说不是其重点，它只是从整体上提取、映现喻体行为的形象功能并加以描写（Сынок *погрузился* в сон/Город *погрузился* в темноту；Он *улетает* мыслью в будущее；Жизнь/Судьба *улыбалась* ему；Новую

---

① 其实，某种程度上讲，动词隐喻注重的或者主要使用的不是词语的概念意义，而是其形象化的功能意义，"隐喻成为塑造表情性和形象性的手段"（Клименова，2009：204），这一表义内容往往同隐喻转义的"表象"（представление）意义成分有关（Кацнельсон，2011：88）。Н. Д. Арутюнова 还注意到，隐喻中存在意义和形象的融合（слияние в метафоре образа и смысла）（Арутюнова，1990b：20）。

② 包括动作形象性的内涵、动作形象具体如何形象化、动作如何施展等内容都不在动词隐喻表现之列。

Думу *осеменяют* в Кремле.［Аргументы и факты №3，2000］），而动词一旦形成隐喻意义，会拥有自己特定的语义结构，后者成为动词新的概念意义——"隐喻在塑造形象性、诉诸想象的同时，带来新的意义"（Арутюнова，1998：375），М. В. Никитин 认为，"从词义的描述上，隐喻意义的准确、严格性不及本义，……但相比于直接的表达，隐喻表达在语义上是具有形象性的"（Никитин，1979：98）。另外，隐喻在语义上追求一定的形象化言语表达目的，往往引发一种新的视觉形象和思维形象，"隐喻在创造新的意义的同时，为人们提供看待事物的新视角"（束定芳，1996：16），而新的认知视角又为隐喻的形象性描述功能提供了语义资源和语义方式。正是基于其表义功能和特点，动词隐喻可视为"符号连续统的一个组成部分（часть семиотического континуума）"（Зубкова，2010：1）。

　　进而言之，动词隐喻形象性、表情性质的描写语义功能与动词作为述谓单位本身的概念意义、描述功能或逻辑语义功能是不同的，后者是命题结构框架下的一种述谓行为、命题行为，即谓词对主体特征的限定、说明（предикативная характеристика），而前者除了这一述谓功能之外，更重要的是概念（结构）范畴化的语义比照行为，是话语行为中认知选择的结果。例如，句子 В поле *кипела* весна.（大地春意正浓/春意盎然）借助动词 кипеть 的原型意义"沸腾"，表现春意盎然的景象，让人感觉到春的气息扑面而来，动词喻义的形象化语义特征十分明显。句子 Шарканье прохожих как бы *месило* сгущавшуюся темноту（Набоков）（塞窣的脚步似乎把黑暗搅拌得更浓更稠）中通过动词 месить（糅合）的拟人化隐喻，"鸟鸣山更幽"的意境得以生动再现，动态的宁静夜色跃然纸上。句子 Кукуруза хорошо *идет*（玉米长势喜人）中，动词 идет 的述谓描写特征是它作为谓语的结构性语义功能，而隐喻时语义取意是"农作物长势像人跨步行走"的形象描写、比照功能，也反映出意向性、心理性的认知（同化）统觉特点。同样，动词 созреть 本来表示"（果实等）成熟"（Плоды *созрели*）之义，而隐喻时可表示"（思想等）已经成型、（计划等）酝酿出来"（Соображение уже *созрело*；План *созрел* в его уме），在基本的述谓评定之外，显然有形象性的语义描写功能。俄语动词 застыть 表示的喻体动作是"凝结、凝固、冻结"（Сало *застыло*；Студень *застыл*；Раскалённое железо *застыло*；*Застыла* вода в ведре），当它隐喻表示"(表情)呆住、呆滞、发愣"时（Все застыли от удивления；Слова застыли на языке），对主体行为特征的形象、表情化描写功能也很突出，"以生动的意象加强了效果"（林玉霞，2000：19）。而遗憾的是，В. Г. Гак、А. Ф. Журавлев、В. Н. Телия、В. Н. Топоров等许多学者并没有注意到这两种描写语义特征之间的差别（参见 Арутюнова 1998；Гак2002；Журавлев 1982；Телия 1977；Топоров2002）。为了显示二者的不同，我们把命题结构描写功能称为"本体描写功能"或"纯描写功能"，而把隐喻描写功能称为"主体意识描写功能"或"心理描写功能"，后者注重的是"形象、生动和表现力"（参见束定芳2002：106），赋予表述以鲜活的感染力①，比前者显然多了一种主观语义的内容，也正是它显示出喻义与初原义的基本差异。赵彦春、黄建华还进一步注意到，"就语言习得而言，隐喻的生动性（语义功能）有助于激活认知图式"（赵彦春、黄建华，2000：160）。

另外，动词隐喻的形象性有别于修辞、美学意义上的形象性、意境性②，相当于动作形象的直观性，就是说使本来较抽象的动作变得具体、可感，使原来较为复杂的动作简单化。当动词требовать隐喻使其"主题类别"发生变化（参见 Падучева 2004：43），由初原义"要求"（Они *требуют* выполнить обязательства）衍生"需要"或"必须"（Обувь *требует* ремонта；Внезапная опасность *требует* быстрых решений.）这一意义时，是在本体的"事物或事件间关系"与喻体的"言语意志行为"之间确立了相似性，这看起来只是用"动态行为"表示"情态（语义）关系"，但由于赋予了后者以"人的积极意志活动"特性（主体事物就像

---

① 徐盛桓在谈到隐喻概念化语言认知功能和隐喻的"计算解释"问题时指出："同一个事件可以而且必然存在多样的隐喻化方式，说明这种方式富于表现力、感染力，这是隐喻重要的功能和目的。"（徐盛桓，2013a：31）

② 由于形象化语义功能的关系，俄语动词隐喻的表达看似相类于为追求一定修辞目的而进行的一种"迂说"或"改说"（перефраза），但事实上它们之间并不能画等号，因为作为认知语义表现的隐喻和作为修辞格（тропы）的迂说，其语言基础、语言需要和语言使命都不尽相同。语言学界束定芳（2000）等将其混同于语言修辞功能的做法值得斟酌。至少可以认为，修辞"迂说"并不是俄语动词隐喻语义引申的直接动因，就语言而言，认知才是第一位的，隐喻最为实质的内容在于它首先是一种认知现象。而进一步讲，俄语动词隐喻的现象性语义功能本质上是出自语言必要性的"直陈"，而非修辞格上的形容和修饰。

"人""在要求必须做什么"似的),所以同样包含特定的形象描写语义功能。

值得一提的是,动词隐喻的形象化描写功能往往伴随动作形象的"去陌生化"和"陌生化"。"去陌生化"亦即使新知挂靠于已知①,用熟悉、形象的表示陌生的,此为隐喻中的"去陌生化"操作(参见束定芳1998:15)。而"陌生化"则是使本体动作获得一定的"生疏感""新奇、形象感",此为隐喻中的"陌生化"操作。所以,"隐喻的本体与喻体之间有新知和旧知的关系,即旧知对新知加工、新知按照旧知组块、命名的关系"(参见武瑗华2001:31)。以下三组例句中,分别用较熟悉的喻体动作(a)"吞食、吸收""切、割""抓取"转喻本体动作(b)"专注于、消失""使伤痛、难受""吸引、使产生浓厚兴趣":поглотиться работой(全神贯注于……)/Силуэты поглотились темнотой ночи(融合于夜色、被夜色吞没);Ледяной ветер *режет* ему лицо/Ее слова *режет* ему сердце;Работа *захватила* его целиком/Роман меня *захватил*. 这里(a)动作的熟悉度使(b)动作"去陌生化","新知"从而也变得可知可感。另一方面,(a)动作的特有属性赋予了(b)动作以形象性,造就隐喻所需要的"陌生感",实现本体动作"陌生化"的认知语义切换。

当然,形象化语义描写功能在动词隐喻演变过程中的表现有一定阶段性。特定隐喻产生之初,"往往让人感到新鲜、形象、生动,给人以创新之感"(陆俭明,2009:46)。但客观而言,随着使用的频繁,隐喻化的动词述体常与某一主体事物连用,甚至变成规律的时候,那么隐喻形象性会减弱,动词各隐喻义项的形象性可能因新鲜感的消退而渐变为"死喻"②。

二 动词隐喻的评价语义特征

动词隐喻是人对语言的主观化运用和能动驾驭,因此,"隐喻可能具

---

① З. Д. Попова,И. А. Стернин 注意到,"隐喻概念范畴化的重要表现就是人透过已知事物来认知新知事物"(Попова,Стернин;2001:9)。

② 作为研究对象物而言,这类"死喻"性质的动词隐喻也有其系统性的独特价值。正如Р. Д. Андерсон 所说,"隐喻不仅由独创的、形象语言的个别例子构成,而且由复现的、已通用的语言模型构成"(Андерсон,2006:72)。

有丰富的品评意义、意义成素和含义（指附加意义——引者注）"（参见 Арутюнова 1978a：252），"隐喻不仅是事物称名手段，还是表达人对事物和现实现象的主观评价手段"（Черкасова，1968：35），这构成动词隐喻语义中个性化的情感表现功能（экспрессивно-эмоциональная функция），它反映认知者对客观对象的主观感受和独特理解、认识、态度。"认知语义学……展现语言本身所带的人们在表达和了解现实时留下的'人'的印记，语言对世界进行观念化、反映世界朴素图景的同时，也体现出'人'对现实的感受和体验"（Кустова，2000：86），这些感受、体验构成动词认知隐喻评价语义的重要来源。俄语动词隐喻中的评价语义分两种情况。

一种情况是作为伴随隐喻产出的一种语义成分。隐喻需要对喻体动作要素进行判断、分析和理性的实用评价，并由此建构本体动作，该操作过程中，一般需要考虑喻体动作的概念意义特征。比如，动词 погрузиться 的本义表示物理力"浸入、沉入、没入……"，而当人深深陷入一种情绪的包围时，他会把这一"心理、情绪、思绪的感觉"比作类似的物理作用关系，即心理感受被评价为物理作用的样貌，从而情绪记忆也有了客观动作实在的认知寓载（погрузиться в счастье/отчаяние/размышление/работу）。同样，动词 ломиться 本表示"（被）折断、压折"（Сучья *ломятся* от фруктов；Мачты от сильного ветра *ломятся*）（树枝让果实压得要折断了；船桅让大风刮得要折了），而隐喻时表示"挤得（装得、摆得、长得）满满的"意义时，喻体动作中的"折压"性重力作用概念特征深深地印嵌到了本体动作的塑造，同时赋予了对本体动作状态的肯定态度或者对事件状况的一种满足感等"情绪评价"：Театр *ломился* от публики（剧院里观众坐得满满的）；Столы *ломятся* от множества кушаний（桌子上摆满了各种食物）；Полки *ломятся* под книгами（书架快要被满满登登的书压弯了）。再如，动词 липнуть 本义上表示"黏上、发黏"（Бумага *липнет* к пальцам；Платье, насквозь промокшее от пота, *липло* к телу.），该动作特征给人一种不爽快、不舒服的感觉，而借由该喻体动作的物质感觉，隐喻时可产生消极、否定的评价语义特征，形成"纠缠不休"的喻义：Парень в последнее время *липнет* к девушке；Ребёнок к ней так и *липнет*.

另一种情况是作为隐喻的主观性评价语义，即语言使用者对动作、行为带有一定情感性的主观感受和评价，喻体行为的形象性和本体动作特点的"模态认识"使它们产生相似度的切合。因此我们主要谈的是后一种情况。此时，动词隐喻"传达人的情绪感受"（赵彦春、黄建华，2000：160），隐喻语义本身可能就是一种评价性质的意义，"伴随性质的语义特征转变为动词的区分性语义特征"（Журавлев，1982：60），因为在这部分隐喻中，"本体与喻体的共同意义可能并非来自于词义中的内涵意义，而是词语本义中的蕴涵意义"（Никитин，1979：97）。"蕴涵意义特征并不直接进入本义或内涵意义的核心，而构成词语信息中的独特部分。"（Никитин，1979：101）如动词 петушиться 的"易怒、爱发火"就来自"公鸡"词义中"好斗"的意涵（Он петушится у всех на глазах；Не петушись.），它构成动词隐喻意义中的主观评价语义成分。而动词 лисить 则是运用了 лиса（狐狸）的"狡猾、奸诈"评价特征，隐喻化地表示"（狡猾地）阿谀奉承、溜须拍马"之义（Этот человек любит лисить；Язык лисит, а глаз шпионит）①。动词 обезьяничать 纳入原有名词 обезьяна（猴子）动物爱模仿的特性，同时加进人的主观评价和态度，通过隐喻表现"盲目模仿，盲从"的认知语义：Он часто обезьяничает на манер других（她总盲目仿照别人的样子做事情）；Молодёжь любит обезьяничать манеры, замашки кинозвезды（年轻人喜欢盲目模仿电影明星的风度和派头）。动词 куковать/накуковать（咕咕叫、作布谷声）从生产词 кукушка（布谷鸟、杜鹃）中提取了"凄惨、悲凉"的联想意义②，隐喻时获得"负面、消极"的评价语义特征，表示"受穷、过苦日子"的喻义：Накуковали（кукушки）нам тоску! Хоть убежать.（А.-Пушкин）

---

① 这里举的例子 петушиться，лисить 没有表示相应原型义的动词，这种以动物名称为词干所构成的动词属于只有喻义的隐喻词汇即很难有非隐喻对应形式体的"构成性隐喻"（constitutive metaphor）（刘宇红，2011：[前言] 10），它们分别派生于名词 петух, лиса，所包含的评价语义成分来自对名词事物的认识，因此有学者认为该动词意义属于换喻（метонимия）。而我们仍归之于隐喻，是因为它显然更多借助的是主体动作属性与原有事物（петух, лиса）属性之间的特殊"相似性"。这样，这两个由名词派生出来的动词的意义本身就是隐喻意义。

② 这里值得一提的是，联想义素在动词隐喻认知意义中有十分重要的作用，认知统觉和心理感知、联想要素充斥其间，与此相关，有俄罗斯学者认为，"'远义'是认知科学研究的基本单位"（Болотов，2008：85）。

不少俄语拟声动词可以隐喻表示人的情感意志行为，而其中情绪、评价义素构成动词语义核心。比如，动词 скулить（狗哀嚎→哀怨地哭泣、诉苦、老发牢骚）、выть（狼嗥→哭诉）、рычать（狮子等发威吼叫→怒吼、恶狠狠地喊叫）分别有情绪评价语义特征"哀怨、让人讨厌""悲哀""发怒"。而根据 С. А. Алиева 的观点（Алиева，1997），这样的评价语义特征可能本身就已经包含在转义的拟声动词中，"情绪"义素连同声音强度义素等构成动词隐喻联想的基础。

另外，与人本身的动作相关的动词可能产生的主观评价性喻义也较为常见，如动词 ласкать 的喻体意义为触觉动作"抚摸、爱抚"（ласкать детей/волосы），而赋予"人的愉悦、好感甚至美感"评价语义特征时，可隐喻表示"使……赏心悦目、自在"的意义（ласкать взор/слух, Тёплый ветерок ласкал её лицо.），也可以表示"宠爱、宠幸"（Дочку ласкает вся семья; Его ласкало руководство.）"珍惜、珍爱"（ласкать свою мечту/любовь）的喻义。某种意义上讲，这相当于把对喻体动作的好感、喜欢带进了对本体动作的感受中，产生了"相似性"的主观评价。动词 замаскировать（化装、装扮成）（замаскировать ребяток разными зверями）隐喻时，可以表示"把……伪装起来"（замаскировать мышления）、"遮蔽、掩饰"（замаскировать свои чувства）的意义，显然，喻义包含了对本体动作的主观评价语义特征，而且正是这一主观性的评价使该隐喻确立了本体与喻体间的相似性。动词 петлять（绕来绕去地走）可隐喻表示"离题地胡诌"这一言语方式、行为，显然带有明显的话语主观评价语义特征。М. В. Никитин 进而把这样的评价语义同语用内容相联系，并由此把隐喻的语义特性（范围）推展开来，他认为，"隐喻意义具有灵活性，它包含着一定的语用成分，其语义界限也不分明，隐喻的一些语义成分无法上升到表面，而以蕴含方式呈现，也因如此，隐喻语义可能对上下文和言语情景存在依赖性"（Никитин，1979：98）。由于隐喻语义的构成不一定是内涵性、概念性的，"原则上任何蕴含特征都可能进入隐喻转义的内容"（Никитин，1979：101），这样，评价性质的伴随语义特征在动词隐喻中同样也可以扮演重要角色。

动词隐喻意义的这一特性充分反映出隐喻中主观因素的活跃，其间人的认知能动作用非常突出，这正如逻辑相对主义认为，"认知是人类思维再创造的产物，是人类原有知识与客观世界所提供的信息相互作用的结构，绝不是客观世界信息的简单再现"（彭增安，1998：30）。而这可能在提取原型义的语义特征时就已经开始，此时，隐喻提取、激活的是词语意义中的附加意义成分（коннотация）或潜在意义（потенциальные семы），而非词语的超义素（архисемы）和区分性义素（дифференциальные семы）(Гак，2002：262)，评价性质的附加意义成分可能更需要人的主观能动性参与。

另外，系统功能理论对隐喻的认识也反映出隐喻的主观评价语义功能。从系统功能语法角度看，隐喻也具有语言的基本元功能（метафункция），如概念功能和人际功能等。而人际功能实际包含了隐喻的评价功能，即有关于情态与语气的"人际隐喻"（interpersonal metaphor）(Halliday & Matthiessen，1999)，"隐喻意义表现了语言使用者对动作、事件的态度、评价，所以隐喻也具有人际功能"（参见任绍曾 2006：99）。

再者，隐喻的语用评价功能也反映了它的动态语义特点，这符合隐喻作为主要语义载体、手段的运作态势。因为从认知角度看，语义本身就是动态的，"语言符号的意义与以人的认知结构为基础的'范畴'概念密切相关，它表征的是一个产生于认知活动中的动态语义范畴"（鲁苓，2003：3）。同样，"隐喻义的产出过程也是一个动态构建过程"（赵秀凤，2011：1），动词隐喻的主观评价语义恰恰体现了这一动态化特性。

以上对俄语动词隐喻的形象性、评价性语义特征进行的分析表明，俄语动词隐喻的形象性语义特征使我们对动作行为产生丰富、独特的隐喻联想，而评价性的附加语义赋予动词隐喻以生命力，彰显出语言表现的能动性，使其成为积极有效的语言方式和认知语义资源，并在动词语义的理解上形成一个弹性的语义联想空间，而这也是动词隐喻意义的一个重要特性，"正是各种附加义（主观性质蕴含意义——笔者）赋予隐喻以生命力，使其在语言中运用广泛"（胡世雄，2000：28），"附加含义成为许多常见隐喻的基础"（Апресян，1995a：164）。另外，俄语动词隐喻的形象性基本语义功能与其主观评价语义之间实际是相关的或者存在一定相通性，而这同时也反映出俄语动词隐喻语义特征的关联性以及彼此渗透、交融的语义特性。分析还表明，动词隐喻的形象描写功能接近于性质评价功能，即带入形象性的同时也对动作形象、行为事件进行透视域上的评价，这是出自"评价态式"（модус оценки）或"评价意态"的需要，也是认知判断的结果。

三　动词隐喻的本体—喻体互动语义关系

动词隐喻中的喻体动作表示次要概念或背衬概念，同时也是起始概念、原发概念，对应于本义、既定义，而本体动作表示主要概念，同时也是目标概念、对象概念，即需要喻托和说明的终位概念，对应于衍生义、喻义。隐喻时，"基于符号对感知者的认知影响（когнитивное воздействие）"（Куслий，2011：184），动作本体和喻体之间形成特定的语义关系。

首先，动词隐喻产出的喻义与既定义之间存在属与种的语义关系，"词的本义是概念的全集，而喻义只是子集"（赵彦春，2010：419）。就是说，动词原本包含有若干项动作属性和特征①，动词隐喻时只是选取其中的某一（些）属性、特征，进行认知操作，从而形成动词新的语义内容，该喻义在动词中固着下来，"那就意味着隐喻衍生了新的词义，即完成了词汇化过程"（赵彦春，2010：419）。因此，进入话语框架中，"隐喻真正含义的确认不但取决于说话人的意图，同时还取决于听话人如何选择合适的喻体特征映射到本体上"（束定芳，1998：15）。这样，同一动词的不同隐喻义项极可能只是选择了喻体若干属性（集合）中的特定一个属性（子集），不同隐喻义项是对喻体属性不同选择的结果②，可认为是动词语义引申的不同意义值。比如，俄语动词 перекрыть 的本义为"盖好、盖顶、给铺上……"动作内涵有一定的伸缩空间，它所提供的实际是相对笼统的一个意义范围，可以认为这是具体喻义的上位意义，在这一基本意义上选择动作属性"在……上盖住"时，产出喻义"（音量）胜过、盖过……"：Она своим резким голосом перекрыла общий ум（她的尖叫声盖住了大伙的喧闹声）；Грохот пушки перекрыл выстрел（隆隆炮声压过射击声）。如果选择喻体动作的结果属性"超出、超过（被盖的事物）"，则形成"打破（记录）、突破（定额、指标）"意义：перекрыть рекорд/норму。而若把动作方式稍作改变，变为垂直或水平

---

① 但与此同时应该指出的是，喻体的概念、属性集合某种意义上讲，只是一个潜在的集合，或者说它对应的义项、词汇语义变体处于隐现的层次和状态。

② 隐喻考量时，喻体属性是本体属性的出发点，但需要注意的是，动词既定义包含的动作属性（全集）可能并不能全部囊括喻义的本体动作属性（子集），有时个别本体动作特征是隐喻时借助认知能力临时创造出来的，或者说，在喻体的常规属性或潜在属性之外发现了它新的、现实的属性，这类似于隐喻理论中所说的"隐喻可以创造相似性语义关系"。

(运动）动作方式并加以选择时，产出的另一喻义为"堵住、封锁、截断"：перекрыть трубы/реку，перекрыть дорогу/мост。因而，研究动词隐喻语义时，首先需要弄清动词喻体可能包含哪些属性、语义特征，包括这些语义特性在隐喻时可能产生什么样的（语义）变异。显然，这有助于理解动词多义性的语义机制和内在特性，加深对动词隐喻意义的认识，同时也让我们明白，动词隐喻中存在喻体意义、动作属性的多面性与本体属性选择的单一性，即多选一的关系，"隐喻揭示的事物和概念之间的相似关系并不具有整体性，这就涉及隐喻运用过程中的特征选择问题，这是隐喻的一个创造性过程"（陈勇，2005：3）。

其次，动词隐喻中，既定义与喻义之间实际是相互作用的关系，而不是如多数人认为的那样，只是喻体单方面作用于本体，因为本体也会反作用于喻体，这形成动词隐喻中动作本体—喻体互动的语义联系。"隐喻加工过程中，人们同时加工字面意义和非字面意义"（刘文宇、张勘茹，2013：22），两种意义的相互交织、作用必然表现为本体与喻体的语义互动。一方面，本体和喻体动作分属于两个或两类事件范畴，喻体动作拥有典型的、物理意义上的某一动作特征，人们通过相似性的认知联想，发现本体动作以特定的方式表现出这一动作特性，喻体动作集合当中的某些语义特征被挑选出来加赋予本体动作身上，这是喻体对本体的作用，是动作意识由喻体向本体的渗透、输出。另一方面，隐喻中的本体动作具有特殊的语义定位作用，喻体动作语义功能的发挥要以本体动作为定位点，即它是喻体动作向其趋同、靠拢的"参位""参项"，它使喻体的潜在语义价值变为现实的语义功能，目标动作事件为原初动作提供了语义运动的方向和运动轨迹，这是动作事件隐喻中本体动作反过来对喻体动作所施加的作用[1]。正如学者们所认为，"喻体的特征经过映射转移到本体上。但本体的特征决定着喻体的哪些特征可以转移"（束定芳，1998：14），"本体也会提供理解隐喻所需要的一些已知信息"（参见王寅，2001：315），"本体的特征起到'过滤'（filter）的作用，强调某些特征而抑制另一些特征"（Black，1979）。例如，俄语动词 завладеть 隐喻的本体动作为"吸

---

[1] 关于这一点，我们也可以用名词隐喻做一考察：困难是弹簧，你弱它强；困难是一道墙，一旦穿过去，它就成了一座桥。这里本体"困难"要表示的分别是"力度"和"通达性"，相应选择了其不同喻体属性：弹簧的反作用力（费力气）Vs. 墙的障碍、阻挡性。

引、引诱"时（завладеть вниманием слушателей），规定着选择的喻体属性是"占用、利用"这一目的，而若本体目标动作是"控制、掌控"时（Гнев окончательно *завладел* стариком），则要求选择喻体动作中的"（强烈、彻底的）动作方式"属性，这里不难看出，"隐喻意义是喻依（喻体——引者注）和喻旨（本体——引者注）互动的结果"（Архенова，2010：9—10）。而在动词 посадить（让坐下、坐好）的隐喻中，本体动作包括"使飞机着陆""使受束缚、监禁""种植、栽种"等，这三个喻义规定选择的喻体属性分别是"动作方式""动作结果（使处于静止不动的状态）""动作方向、动作结构"①。而应该讲，本体动作的认知定位作用与语言的综合和交际表现有更为密切的关系。

这样，如果（需做隐喻的）本体动作发生变化，势必会影响到对（同一）喻体动作不同属性的选择，这一点对于分析和确定动词隐喻的语义关系至关重要，"有了主要概念（指本体动作包含的概念——引者注）的定位，人们才能准确获得隐喻意义"（参见王寅2001：307）。通过类比思维将不同动作域的概念进行并置、交合，这意味着本体、喻体动作两个神经元网络的认知链接，二者互为比照，并形成以本体为归依（喻旨）的动作镜像关系，一定意义上体现出两个动作彼此动态参照的相互寄寓性。

总之，动词隐喻时，喻体动作的某种（某些）典型属性引领、促动认知主体把它用于本体动作的描述上，而本体动作对象的特点也可以限定提取属性的范围，本体和喻体事件属性的映合、交会点是二者互动的产物。所以说喻体和本体之间应该是互动关系，不是单向作用关系，深入一步还会发现，这实际是动词隐喻同时加工字面内、外意义的深层次因由，并且也是该加工处理过程的一种表现形式，二者之间特殊的因果关系和协同性也体现出动词隐喻思维的整体性、能动性。而注重动词隐喻本体、喻体之间的双向激活关系也突出了动词喻义的语义独立性和动态性，有助于更为全面、深刻地解读动作隐喻的新创意义及独特形象，同时通过两个动作感知的交融可以更为准确地理解、评价和传达施喻者对客观动作事象的真实心理体会和感受。

---

① 好比常言"与'狼'共舞""与'大象'共舞"。二者的转喻本体、喻旨分别是"凶猛""强大"，相应选择的喻体是"狼"与"大象"。

四　动词隐喻的否定语义特征

隐喻的重要认知内容是它能够深入事件实质，帮助我们获取事物的本质特性，而这在动词表现的动作事件语义迁移中有着极为深刻的反映。动词隐喻过程进入人的语言意识中，需要进行不同层面的认知操作，其中除了相似性的认知联想之外，还要对某些语义特征加以否定。动词隐喻在对两个动作进行类比、肯定其相似之处的同时，有一个区分并确立相异特性、进行否定的重要语义操作程序。而由于动词隐喻中的否定语义特征深藏于概念语义和命题内容关系之中，没有表层上直观、显性的表达，所以其存在往往被忽视，一般研究很少关注到它的这方面内容，自然也不会去专门讨论这一问题。正是针对这一不足，须要对俄语动词隐喻的否定语义特征及其相关认知语义问题展开分析和讨论。以下将具体分析的问题包括动词隐喻否定语义的源出、动词隐喻语义多重否定、动词隐喻否定与肯定的转化等。该分析可以加深我们对动词喻义产出及其认知功能的认识，深化动词认知隐喻理论的研究，同时有助于从新的角度去审视和把握动词隐喻的实质、意义特点及语义机制。

（一）动词隐喻的语义"否定"

"语言具有世界建构性"（张莎，2012：3），其中认知隐喻的语义转换和呈现方式发挥着重要的作用。动词隐喻（句子）的理解中，往往一开始会觉得有些意义隐晦或逻辑不畅，甚至意义异常，就是因为此时的动词已超越原初意义，其语义表现有了意义转换的参与，而这在深层次上所映衬的则是对动词本原语义结构义素的某种"否定"。这一否定来源于动词对应的本体和喻体动作之间存在的差异、本体和喻体动作属性不同以及由此产生的其他语义不同。动词隐喻时，一方面肯定的是本体与喻体类同、相似的特征，另一方面否定的是本体与喻体不同或不相容的属性、特征，而这里的"否定"与肯定同等重要。如果说相似性是基础、前提，那么语义特征的否定则是动词隐喻中的断言——破中有立，建立起动词新的语义内容，实现动词语义结构"'宽化'和'窄化'的概念调整"（吴诗玉、马拯，2013：26）。

隐喻中的否定语义特征问题同本体和喻体之间的差异这一问题是联系在一起的。О. И. Северская 就认为，"隐喻的本质是事物之间同和异的比较机制"（Северская，1994：111）。隐喻不单基于本体和喻体之间的相似性，在表现本体时还必须同时对喻体中的一些语义特征进行否定，"隐喻蕴含否定性义素"（胡世雄，2000：30），"隐喻选择、强调和组织本体的某些完全确定的特征，与此同时排斥另一些特征"（Блэк，1990：188）。动词隐喻中正是否定语义特征带动了动词语义的转化，为动词喻义提供不同于原型义的新的语义内容，从而保障了动词认知语义的衍生。Н. Д. Арутюнова 有关于隐喻语义机制的论述中谈到过动词语义特征的表现，在她看来，"隐喻操作涉及四个方面的要素，即基体、辅体（分别指本体、喻体——引者注）及其各自相对应的特征，这些特征只是部分地体现在隐喻表层结构中，隐喻语义中它们各自的某些特性不表现出来"（Арутюнова，2002а：296；1990：27），而这些没有表现出来的特性就是在认知上隐现的、相似性之外的差别性特征，即隐喻操作中将被排斥、否定的语义特征。

А. Вежбицкая 也曾经指出，"隐喻的深层结构中含有否定"（Вежбицкая，1990：147），她所说的深层结构不仅指隐喻意义的组织和构成，更指隐喻的语义获取过程、语义衍生机制。П. Рикёр 则表示，"隐喻的相似中既有等同，也有相异，'等同'与'相异'并不混合，而是相互对立的关系"（Рикёр，1990：441）。而 Г. Кулиев 在充分肯定相似性在隐喻过程中的作用的同时，也认识到"相异暂时退居次位，但它经常出现在'附近'或潜伏在隐喻中，在相似与相异的游戏中扮演独特的、'幕后提词者'（'潜台词'提示者——引者注）的角色。完全忽视或错误理解相异的'提示'将从根本上影响比较程序的最终结果和隐喻的效果"（Кулиев，1987：128），这从一独特视角揭示出语义"否定"行为在动词隐喻中的作用、表现。

进一步讲，俄语动词隐喻的否定语义特征包含的内容相异性是对其部分内容相似的展开或另一侧向的观察。I. A. Richards 就指出："我们不应该追随 18 世纪的理论家认为'内容'与'外壳'的相互影响只限于有关客体的相似特征，相异也同样重要。"（Ричардс，1990：64）很大程度上讲，隐喻包含的特征差异性还是动词语义转移最大的动因，I. A. Richards 进而指出，"通常相似是语义转移最明显的基础，但'外壳'所引起的'内容'的独特变异在很大程度上是客体间相异而不是其相似的结果"（Ричардс，1990：65），而从语词语义表现和喻义运作的程序来察看，"相似"是通往差异和变化的一个要径，但区别性内容的凸显成就了新义的取值，也正是在这一意义上，"隐喻中两个事物的区别性与相似性各有自己的重要价值"（Richards，1965：62）。

我们还可以通过隐喻与明喻（сравнение）的相关比较来认识动词隐喻中否定语义特征的参与。隐喻与明喻深层语义结构上的区别在于：同样是相比，明喻强调相似，隐喻强调相异。明喻字面意义为真，语意核心在于"肯定"，比如：Своей неуклюжестью Собакевич похож на медведя.（索巴克维奇蠢笨得像头熊一样）在肯定 Собакевич 是"人"的基础上，再肯定他与 медведь 在特征上的相似：行动笨拙、迟缓。而隐喻则基于这一相似特征，对事物包含的语义属性做出明确否定：Собакевич не медведь（索巴克维奇不是熊）。而正是基于"他与熊有很大区别""他不是熊"的认识和事理概念，进一步才构建起了该隐喻，如果 Собакевич 真是熊，则没有隐喻的必要。所以，"隐喻相对于明喻的独特之处正是在于它的'否定性'"（胡世雄，2000：29）。这也从另一方面反映出隐喻的"否定"语义属性。

由于"动词是事件命题的紧缩"，动词隐喻具有话语性的特征[①]，实际在一定程度上摆脱或者超越了静态词义系统的限制，因而以下有关动词隐喻否定语义特征的讨论将在动词句子（语句）中进行，以求在动态框架下客观考察动词隐喻中的语义特征否定以及隐喻意义衍生的问题。

（二）动词隐喻语义特征的否定

动词隐喻否定语义特征所针对的只是不适于本体动作语义实现的那一部分，因为"一个词语的意义无论多么复杂，在特定的结构中，在相关成分的制约下，得以呈现的也只能是某个语义侧面"（任鹰，2007：32）。另外，隐喻的这种对本体和喻体基本特性的否定以及对隐喻字面意义的否定行为隐藏在其指称概念或判断的深层次，而不是直接体现于表层字面关

---

① 一方面，动词隐喻机制中，无论是施喻还是解喻都有话语性、认知语境性，其意义的表现实际是在句子（语句）架构下进行的。正如 Дж. Лакофф，М. Джонсон 认为，（概念）隐喻不是通过词语，而是通过一个命题结构来实现的（Лакофф，Джонсон，2004）。另外，根据华劭（2003：66—67）的观点，语义衍生是从动态语言条件下对原有静态义子的重新建构，这必然涉及语言的话语性。动词隐喻的多义引申也不例外。而另一方面，人的思想连续性以及它反映在上下文线性组合关系上的连续性也直接造就了动词解喻的话语性特征（如"撼山易，撼岳家军难"），而这也直接为动词隐喻广泛性提供了便利条件，因为动词话语组合的顺承性可以帮助表现和理解其隐喻。

系，而且由于动词隐喻中，本体动作是所喻的目标动作，它具有语义
（表现）上的优先性，所以接受否定的首先是喻体语义特征。这具体分几
种不同情况，下面分别对此展开讨论。

1. 否定动词（句子）字面语义/认知意识的语义否定

动词隐喻时，句子字面意义为假或者异常、不成立，甚至无法理解，隐喻通过强调动词概念意义与它所指动作对象之间的区别而使动词句子意义充满"否定"。对字面意义的否定是正确解读隐喻动词语句意义的一个基本前提，它在辨别动词语义、多义过程中扮演认知提示的作用，可以说，它是动词隐喻的语义分析中一个自觉的认知行为，是认知意识的"否定"语义判断，其中与本体动作相冲突的义素特征会被抑制、消除。俄语动词 идти（走，步行；去，往）隐喻时，必然要对其直义语义结构特征进行否定：Работа/Собрание идёт（工作/会议在进行）。它表示的是"事件的进展、运转"，而不是"人走动"（不是"原来的那一动作"），否定了该动词句子表面上的意义，提示、暗指"表示的不是字面意义"。应该看到，动词隐喻舍弃了字面上的意义，从动词原本意义剥离出来，才能确立和正确表达、理解其新的意义即动词喻义。另外，它也是动词隐喻时其他层次否定认知操作的基点，有了该层次否定语义的存在，人们会进一步探寻包含在该动词语义内部、属于动词隐喻下一层次的其他否定语义特性。

2. 对喻体属性的语义否定

进一步讲，动词隐喻时对其字面意义的否定实际上是对动作喻体的否定，或者说对字面意义的否定具体通过动作喻体属性的否定来实现。Работа/Собрание идёт. 该句子的动词隐喻表现的是"抽象事物"的运作，идёт 在指谓"工作/会议在进展"这一动作本体的同时，也否定了"人在行走"这一喻体动作属性，即动词 идёт 在此表示的已不是喻体动作，这不是真的、本初意义上的"行走"。该语义特征的否定在动词 идти 不同性质的意义、不同义项之间建立起明确的分野，帮助认知主体理清其语义概念关系的差异，进一步将正确的本体意义、本体动作特性从喻体动作中区分、提取出来。

而非常重要的是，由于从认知上讲，动词隐喻的理解是离不开其本义的，此时否定的只是喻体动作、动词的本义，但仍需借助相似性、借助喻体动作形象、意象图式来建构、理解本体动作，以确立动词新的意义。隐

喻固然与认知联想密切关联，而它与词语本义中的概念意义仍保持着特有的联系。

3. 对本体属性的语义否定

本体属性的语义否定表现为"该动作本体不具备喻体动作的某一或某些属性"。而这具体通过确立本体同喻体动作之间的相异特征得以实现，反言之，这是施喻者在认知思维中对本体动作特征与喻体动作属性之间差异的一种肯定[1]，借此来读解并确定本体动作与喻体动作之间的不同，建立起动词新的语义内容。比如，俄语动词 идти 隐喻表示"事件进展"时（Работа/Собрание идёт.），认知主体会有这样的语义判断：本体动作"工作/会议的运行"与喻体动作"人的行走"不同——"工作/会议"是非生命事物，不能像"人"一样行走。这里的本体动作不具备喻体动作的语义特征，"工作""会议"不具备作为"人"行走的基本规范行为，满足不了后者的语义规定性；"工作/会议"的向前进展不具备"人"完成空间运动的实体条件，它没有相应的行走工具、手段，也不可能有人行进的特有动作方式。这样，基于本体与喻体动作特征的这些相异性，形成了对动作本体属性的语义否定："'工作/会议的进展'不是'空间行走'"。

由此观之，动词隐喻中动作本体与喻体之间的差别是客观的，这由隐喻所表示的相似特征的非全局性、非整体性所决定，两个动作事件的局部相似意味着需要对本体动作中不同于喻体动作的部分作出扬弃、否定。由此也可以认为，动词隐喻否定语义特征是动作属性部分相似、部分差异的一个推论。

4. 动作参与者特性的语义否定

动词隐喻时，对动作情景参与者（动词题元成分）特性的语义否定是以上几个层次的否定的一种语义延伸，是它们所包含的认知操作在语义组合关系上的一种具体和深入。在 Совесть грызёт（良心受折磨/良心有愧让人苦恼）；Буря ревёт（暴风雨大作/暴风雨怒号）类型的动词隐喻中，分别否定动作参与者 совесть 和 буря 的"非生物"特性："这不是良心（совесть），而是某种有生命的东西，它能够撕咬、啃噬（грызть）东

---

[1] 也正因如此，有学者提出"隐喻并没有明确断定一种相似性"（戴维森，1998：856）的观点。

西";"这不是暴风雨（буря），而是野兽，它能嗥叫（реветь）"。同样，句子 Работа/Собрание идёт 的动词隐喻认知操作中，否定了主体这一动作事件参与者 Работа/Собрание 的"非生命"这一次语义特征，即这不是"没有生命力的'工作'、'会议'"，而应是"能够行走的有生命的'人或动物'"，并且"这不是没有生命力的'工作''会议'"意味着需要把它们理解为"有生命的事物"。进而言之，该层次的隐喻语义特征否定意味着动词隐喻过程中的"隐性语义错置"（参见彭玉海 2012）的形成，后者的语义特征模式为"X IS Y"。这样，该层次语义特征的否定在认知意识中自然建立起了动词隐喻中的隐性隐喻或"二性隐喻"：Совесть есть человек/животное（良心是人/动物）；Буря есть зверь（暴风雨是野兽）；Работа/Собрание есть человек（工作/会议是人）。即在否定的同时肯定、确立一种新的语义认识，这与动词隐喻相似性的判断相呼应，显示出事件角色彼此之间存在的认知相似性，这使认知主体可以从事件参与者的角度去考虑和理解动词的意义变化，从而深入动词隐喻新的语义规定和语义关系之中。因而，在这一认知过程中，该层次语义特征的否定为隐喻提供了特殊的"语义坐标"或事件角色参照点，使我们能更为细致地辨别动词喻义与本义之间的差别。

5. 否定与肯定的转化

句子 Совесть грызёт；Буря ревёт 中的动词 грызёт，ревёт 分别表示的已不是生命体的行为"撕咬"和"嗥叫"，而是转而表示非生命体的动作事件"（思想、感情）使人痛苦"和"（暴风雨）汹涌、怒号"。同样，句子 Работа/Собрание идёт 中，动词隐喻字面语义的否定即意味着是对其对应的认知语义的肯定：此时动词所表现、反映的已不是"人的行走"，它由原有的这一动作转化为"其他（抽象）事物的向前推进、运转"，而后者就是该动词的新创意义——动词隐喻意义，从而最终实现动词隐喻否定与肯定的转化及动词认知语义的衍生。可以认为，该层次的隐喻语义"否定"是施喻者语义组构能力的集中体现，"认知主体的智力参与得到强调，充分发挥了认知主体的认知能动性"（赵蓉，2002：82）。

由此观之，动词隐喻经历了一个基于相似性而强调相异性、对动作特征进行特殊语义"否定"的认知操作过程，对相似的肯定是先设条件，对语义特征的否定是陈说，这构成动词隐喻的独特语义结构和语义衍生机制。研究表明，动词隐喻的否定语义特征对立于隐喻的相似性特征，它表现隐喻本体、喻体动作之间的差异，但实际上是从反向角度突出不同动作之间的独特相似性，同时也凸显了隐喻的认知价值。因而，"否定语义特征"同样是动词隐喻运作和喻义产出的一个基本语义条件，也是一种重要的认知语义现象。隐喻否定语义特征问题的探讨不仅有利于对俄语动词隐喻语义性能的深度解析，而且可以加深我们对俄语动词隐喻构造的了解，深化对动词隐喻相似性问题及动词隐喻本质问题的认识，对于深入了解俄语动词语义衍生、动词多义性的来龙去脉具有十分重要的意义。另外，动词隐喻语义特征的否定有一个必然推论，那就是隐喻中否定成分、否定感一旦消失，动词隐喻就会成为"死喻"。此时，个体化的联想意义上升为语言社团的公认联想意义，这意味着社会集团的语言意识接受了隐喻中隐匿的否定意义成分，不再认为它有什么特殊性或不适应性，原本新创、鲜活的隐喻逐渐失去其生动性、形象性，"认知隐喻的结果是使词语隐喻意义成为它稳定的一个义项、常用意义的组成部分"（参见 Арутюнова 1998：366）。而正是有了这样的语义演化机制，语言词义系统才得以有力延展、扩充。

五　动词隐喻的语义凸显功能

动词隐喻的语义凸显是指当人们以动词喻体动作来表现本体动作时，须要突出动作属性中的某一或某些方面语义特征。动词隐喻的这一语义凸显功能被许多学者忽视，而事实上它是语言认知选择性的一种功能表现，代表人对动作对象概念认知面的不同，该语义内容在动词隐喻中占据了非常重要的地位，同时也彰显出动词隐喻的认知特性。

俄语动词隐喻过程中，并不是对喻体动作特征不加区别地照搬，"隐喻时，必然要对喻体的属性作出选择和限制"（王寅，2001：315），"就词汇而言，可以说投射映现的多是一些原型特征（prototypical features），甚至可能是一些非本质的特征"（赵彦春、黄建华，2000：152）。动词隐喻选取具有区分价值的喻体语义特征，后者构成目标动作或本体动作事件的核心部分，即隐喻中的语义凸显部分。某种意义上讲，动词隐喻之所以必要，就因为语言使用者需要在本体动作中凸显喻体行为中的某一特征[①]，借助该特征能更好地展现本体动作事件、行为属性。

[①]　一般而言，"隐喻喻体特征的突出性高于本体"（刘振前、时小英，2002：17）。

从隐喻的出发点上看，语义凸显可以达到突出本体动作的某方面特性，使其带有特定行为特征的目的。正如 Н. Д. Арутюнова 所说："动词隐喻时语义上（指动词本义中的某些语义内容、特征——引者注）会有一定淡化，而另一方面，它对动作本体现实范畴的特征、表现有更细致的区分刻画（指得以凸显——引者注）。"（参见 Арутюнова 1998：361）"喻体本身具有多种意义特征，隐喻是将喻体的显著语义特征转移到本体身上"（束定芳，1998：15），被转移的部分语义特征即被凸显出来的语义特征，而通过喻体的语义凸显，"目标域中原本显著程度较低的成分（也被）凸显出来"（王军，2011：50）。赵彦春从由能喻到所喻的结果转化上看到，"隐喻是以一个比较熟悉的词，通过语境的调节以能喻的一个或某些特征来凸显被叙述对象的特征"（赵彦春，2010：421）。例如，俄语动词 пригнуть 的喻体动作意义是"使弯曲、低垂向……"（пригнуть ветки к земле），隐喻时突出的是其语义成分"以强力、强制方式达到某一动作目的"，获得"压制、使屈从"的喻义：Подожди, придёт время, и тебя пригну!（你等着，总有一天，我要征服你 [我得让你服我/有你好受的]）而突出喻体动作中的"客体被动、被迫接受动作行为"这一语义成素时，表示"折磨"之义：Их пригнула нужда（贫困折磨着他们）。动词 жечь 的喻体意义为"焚烧、烧毁"（Неприятель жёг город），隐喻时，分别凸显其语义特征"使客体事物受损害""使客体事物不好受"，获得表物理作用的"灼痛、刺痛"、表心理或生理感受的"使难过、痛苦、焦急"的两个喻义。例子分别如：Солнце жжёт лицо; Крапива жжёт; Мороз жёг лицо.—Их поведение жгло семье сердце（他们的表现让家里人难受）；Я, дожно быть, нездоров: в груди всё жжёт（心里老觉着烧得慌）。

进一步讲，动词隐喻喻体意义所含潜在关系的哪些特征被选择出来加以凸显，这取决于本体动作的属性和事件类型的具体情况。Апресян（1995b：68）的分析显示，动词隐喻化联想中，由于动词事件语义特点的不同，可能成为联想内容加以凸显的成分会相应有别。比如，动词 резать、пилить 属于同义词，但它们的伴随含义不同，分别为"猛烈/剧烈、疼痛"和"单调、乏味"，隐喻联想的不同语义凸显点由此而生，相应引发不同的动词隐喻转义：Свет режет глаза.—Вечно она его пилит（光线刺眼——她总数落他个不停）。而正因为有这样的语义特征凸显分配，才形成了动词喻体和本体中的隐喻结构关系：就喻体而言，"隐喻的标准之一是只利用某些特征的部分结构，……隐喻在凸显某一特征的同时，要淡化和掩盖其他特征"（Lakoff & Johnson，1980：84，163）。进而在隐喻动作本体框架中，语义上凸显出来的信息内容也是动词喻义结构中的交际核心成素。此外，不同语境等条件下，"被凸显的事物属性不同，产生的隐喻义可能就不一样"（参见刘佐艳 2002：22），"认知构架所具有的凸显出不同参与者的能力决定了这一模式有多种不同的语义变体"（杜桂枝，2003：2），隐喻多义动词的义项宽度由此得以拓展。

　　动词隐喻的语言现实中，人们会带着喻体动作的典型特征（包括形象化特点）来理解、感受新的动作事件，这与"隐喻发挥述体的描写、形象功能"（参见 Арутюнова 1998：349）相通甚至不谋而合。在人的隐喻思维、隐喻操作中，"一般说来，喻体常常把较为明显的联想意义作用于本体，而且本体可能具有这样的属性"（王寅，2001：306）。也就是说，隐喻时被凸显出来的特征最具张力（tension），多数情况下它是喻体动作中最具代表性的语义部分即"旧事物（已知动作对象——引者注）的核心属性"（吴静、王瑞东，2001：8），Н. Д. Арутюнова 指出，"包含典型特性（标记性符号）的词位容易产生隐喻。很自然，隐喻过程中，个别的区分性特征比类属特征发挥了更为重要的作用"（Арутюнова，1998：346）。例如，动词 пожирать（贪婪地吃）是一个具有突出（形象）特征的动作动词，当它隐喻"吞食，吞没"这一动作意义时（Волны пожирали лодку；Пламя пожирает дом.）（波涛要把小船吞没；火焰在吞没房屋），即充分利用和彰显了喻体动作中"包容""吸纳、吸收"（使客体物消失）的"周遍"行为区分特征（典型特征）和行为进行"迅疾"的形象特征。而该动词隐喻"读"这一抽象动作（Мальчик пожирал бесконечное количество приключенческих книг.）（小男孩贪婪地阅读了许多惊险小说）之时，则突出和强化了动作基原中的"动作涉及面、动作高强度性"这一区分性语义特征，通过喻体动作中（行为）主体表现出来的（标记性的）"强烈兴味、满足感"形象地刻画出本体动作意志的投入性（忘情、陶醉），使抽象的"阅读"动作进程有了生动的画面感，显示出动词隐喻意义建构的意义创生特性。

　　概括起来，动词隐喻时，认知概念域中可供选择并加以凸显的动作属性主要有动作力度、动作方向、动作方式、动作结构、动作结果等动作图式类型，本体动作（隐喻义项）对喻体属性的选择主要执行"显著度规则"（principle of prominence degree），或者说，其根据是动作相关语义特征的"认知显著度"（degree of cognitive prominence）。

六　小结

研究发现，有关动词隐喻语义功能的几个方面，尤其是动词隐喻的基本语义功能与其主观评价语义、动词隐喻的语义凸显功能与评价意义之间实际是相关的或者存在一定相通性，而这同时也反映出俄语动词隐喻语义特征的关联性以及彼此渗透、交融的语义特性。以上分析表明，动词隐喻的形象描写功能某种程度上接近于性质评价功能，即带入形象性的同时也会对动作形象、行为事件进行透视域（перспектива）上的评价，从而掺杂进施喻者的主观感受和认识；而一定程度上讲，语义凸显是出自"评价态式"或"评价意态"的需要，也是特定主观评价方式、作用的结果。我们还发现，前文（本章第二节）论及的动词隐喻范畴错置在表现语义冲突的同时，也会在一定程度上增强语言表达的效果，具有特殊的隐喻生动性和形象性语义功能。由此观之，动词隐喻意义是一个多方面的"主观"因素综合体，其语义性能的深入分析从一个独特的视角揭示了词汇语义和认知语义相关理论问题。

还想指出的是，动词隐喻还有一个极为重要而往往被人忽略了的潜在交际—语义功能，那就是它增强了交际双方尤其是受话一方的交际参与意识和参与感，提高了受话人的话语参与度，从而有效调动、开掘了动词这一重要语言实体的语义功能。此外，动词隐喻中的同一性、无法穷举性、系统性等语义特征也值得关注，但由于篇幅所限，对此不作具体讨论。

本章小结

以上主要从五个方面分别讨论了俄语动词隐喻结构解剖及语义功能，通过相关问题的阐释形成了对俄语动词隐喻的基本理论建构及语义性能的认识和理解。首先，俄语动词隐喻的结构解剖方面，主要有三方面内容。（1）相似性构成俄语动词隐喻的认知基础和基本认知条件，我们具体对俄语动词隐喻相似性的内涵（包括隐喻的复合相似、隐喻的合成相似、隐喻相似的喻底以及隐喻相似性的连锁性等）、俄语动词隐喻相似性的实质(包括隐喻相似性的"非对称性"、相似性的完形感知、隐喻相似性的语境性)以及俄语动词隐喻相似性类型或具体表现(包括行为实现方式的相似性、行为结构特点的相似性、行为感受—评价特点的相似性)等问题进行了研究。(2)语义错置是动词隐喻独特的范畴性要件,构成动词隐喻产生及喻义生成的范畴性预设,隐喻错置的语义冲突背后所蕴含的是动词隐喻的一种特殊语义调适机制,充分体现出"语义变异性"相反相成的语言认知功能以及动词隐喻的动态性、话语性。我们具体分析了动词隐喻中的隐性错置、显性错置及动词隐喻语义错置与选择限制关系,发现并印证了它很大程度上是动词施喻认知行为的基本语义条件,这些内容为俄语动词隐喻贴上了鲜明的认知个性标签。(3)意象图式构成动词隐喻基本概念信息和认知内容,很大程度上蕴含着动词隐喻的实质内容条件,动作意象是动作事件、情景的心理再现,是以时空框架为参照、事件参项为依据所建立起来的动作情景记忆。意象图式所相关的概念结构与认知域是动词隐喻的语义获取途径和语义运转(转换)条件,而且意象图式、概念结构还将构成动词隐喻映射、隐喻模式的认知操作对象(详见第三、四章),在俄语动词隐喻机制中发挥至关重要的作用。上述三方面内容共同构成俄语动词隐喻创意核心,支撑起动词隐喻工作机制的认知基础。其次,俄语动词隐喻语义内容方面,俄语动词隐喻有独特的形象化语义、评价语义、否定语义、认知凸显语义及本体—喻体互动语义功能、语义关系。通过对俄语动词隐喻的这些内在语义属性、语义功能的细致分析、描写和阐释,探明了俄语动词隐喻的语义关系基础、语义运作与转化条件和语义功能特性,揭示出动词隐喻结构内部的语义构成和语义作用关系,从语言认知功能的实质上形成了对俄语动词隐喻语义性能及语义内涵概念性的基本认识。

这样,本章通过对俄语动词隐喻的结构分解、概念成分组成及实质语义关系内容的分析,一方面厘清了俄语动词隐喻理论中的基本结构关系,另一方面建立起了对俄语动词隐喻语义功能特征以及词汇—认知语义性能的总体认识框架。

第二章　俄语动词隐喻的语义变异机制

俄语动词是语言语义机制中内容丰富、复杂而且语义衍生性能极强的词汇单位，其语义演变涉及面广，层次性强，隐藏在其中的许多方面的问题至今还没有得到系统、深入的研究，俄语动词隐喻相关的一系列认知、语义问题就是一个值得深入探讨的问题。动词隐喻意义很大程度上是认知心理和语言意识对动作心智事实的一种语义记载，其间涉及许多主观观察性向动态事件客观呈现的挤压、渗透所带来的语义变量——"意义是基于体验的心智现象，是主客观互动的结果"（孙毅，2010：47），而这背后许多深层次、细致化的内容还没有引起足够的重视，也远未得到应有的揭示。因此，动词隐喻语义相关问题的研究显得很有必要。"隐喻是一种重要的认知模式，是新的语言意义产生的根源"（赵艳芳，2001：99），动词隐喻本身是一种认知现象和认知手段，但其语言归宿、语言价值在于语义，或者说动词隐喻背后的实质是语义，而更为重要的是，动词隐喻的操作也会涉及相关的语义内容和语义表现，各种语义构成、组合方式和动态化的意义信息成为动词隐喻产生和存在的基本前提，在此基础上建立起自己独特的语义衍生方法、语义机制。

动词隐喻基于动作本体和喻体之间的相似性，而其具体隐喻过程所伴随的语义操作会产生各种语义变异，正是词义结构的内部成分变异使认知相似性所延展出来的语义功能得以落实。隐喻形成动词能指与所指的不对称，继而改换动词隐喻所指行为对象，形成动词语义迁移、语义转化即"语义运动"（Уилрайт，1990：82），具体实现动词的隐喻意义即"隐喻性转义"（Апресян，2006：503；Лайонз，2003：76）。而这一转义运作过程涉及的动词隐喻语义变异机制主要包括动词语义剥离、语义增生、语义成分的各种变化以及各语义变化的协同作用等。以下有关俄语动词隐喻语义变异问题的分析和讨论将主要围绕这几方面展开。

而非常重要并且需要说明的是，作为语义意志在动词基义中的体现及人的语义感向动作现实关系的积极渗透方式，动词隐喻语义变异以一种隐现形式发挥作用，这些义子特征的作用、表现蕴含并融入动词隐喻的语义过程，但它不以专门、单一的显在方式呈现，这构成其参与动词喻义衍生机制的独特面貌，也是其语义认知行为的基本特点。因此，语义变异作为动词隐喻中的客观存在应该被深入认识、洞察并高度重视。本章将对它进行整体性的分析、讨论，对其类型、特点、表现加以揭示，同时展现其在动词隐喻中分散性的对应分析方式、内容，而限于篇幅，有关动词隐喻语义变异的内容在后文具体操作机制的相关研究中将不再作植入性的一一展开。

第一节　动词隐喻中的语义变异

从语义作用关系层面看，动词隐喻意义是动词基义的各种语义成素以及相关附加意义、蕴含、认知联想意义成分积极运作的结果，而这一运作过程一定程度上就是这些意义要素围绕语义基核进行各种变异的语义过程，而且某种意义上正是这一过程促成动词词汇语义关系由消极分类向积极生成的转化。"共时多义现象是历时词义扩展的结果"（参见李雪 2012：61；武瑷华 2001：25—26），动词隐喻性多义的语义变化首先要在其语义结构成素变化即"多义词词义结构的义素模块"（Зализняк Анна，2006：530）的表现中反映出来，而此时的动词义子、义征表现为关系结构中非常敏感而活跃的意义单位。动词具有丰富的内部结构，动词隐喻不同义项所表达的概念之间一定存在某种认知经验的关联性，这为词汇引申中的语义变异提供了先决条件。从认知语义看，动词隐喻很多时候是动作描述角度或透视域的一种选择，隐喻不是简单的分类，"隐喻与普通归类的不同在于隐喻里的不一致性"（杨信彰，1998：4），动词隐喻既需要在相似动作中找出概念结构的关联性，同时也需要在共性内容之外发现区分点、不一致性，要对动词语义成分进行多方面的认知操作和取舍，这一认知筛选、滤取的过程就是认知角度的定位过程。

俄语动词隐喻认知的语义衍生是一个词义成分动态作用、变化的过程，这一积极语义过程蕴含的是其不同层面、不同性质的语义变异机制。俄语中表示常见的人类社会行为"结交""绝交"可分别隐喻为：завязать/свести знакомство（和……结识，结交）和 порвать/прервать знакомство（与……绝交，断交）。这里动作的转换就是概念相似性和经验相关性的一种语义反映，也是动作方式、手段、动作对象、动作构件、性质等发生语义变异的认知表现和结果。"如果一个词经常用于隐喻，则会形成隐喻意义。"（Апресян，2009：512）俄语动词隐喻意义与其始源义之间是词汇语义、认知语义变化的关系过程，动词本义义子（сема）是静态分析单位，而隐喻中产生的义子属于动态语义分析的操作单位。动词隐喻本身是对动词基本语义的一种改建和重组，其间，"对动词义素静态分析得出的义子，一些被激活，一些被消除，位于中心与边缘位置的义子可能互换"（华劭，2003：66），"将本体概念化为喻体，是对常规认知关系的变异，即对概念网络与解释域之间的对应关系的改变"（贾志高、程杰，2002：72），这一具体的认知操作过程自然伴随有语义成素的各种变异。"语义描写不仅要描写组合成分，还应该描写组合途径（compositional path）"（文旭，1999：37），而认知语义的方法更是如此。

俄语动词在相似性基础上进行隐喻时，会引发动词语义性能的连锁反应，各种语义内容、语义特征以不同方式参与动词新义的构建与表达，以弥合动作本体与喻体之间的某种差异，在这一语义重组的变异过程，语义区分性特征、语义特征的各种表现扮演特殊而重要的角色，"隐喻过程中，个别的区分性意义特征比类属特征发挥更为重要的作用：意义容易跨越范畴类的障碍"（Арутюнова，1998：346），"隐喻在突出某一特征的同时，要淡化和掩盖其他特征"（Lakoff & Johnson，1980：163），"所以，隐喻的标准之一是只利用某些特征的部分结构"（任绍曾，2006：97）。国内俄语学界也有学者认识到，"动词语义的认知域的转移同该动词的词义特性有关。因为动词词义包含多种属性，除了词汇义子中心的、典型的概念外，还存在一些外延要素和隐性的语义预设，这些因素在一定条件下被联想、激活，使得原有某些语义成分淡化，隐性的部分得到加强、凸显从而形成新的意义"（颜志科，2011：9）。动词语义、动作事件变化的认知参照点、取像面随着动作本体、喻体关系的不同会相应不同，而动词语义特征是多方面的，其对应的动作行为意象也有多个侧面，因此俄语动词隐喻时，语义变异的内容十分丰富，这些语义变异因素构成动词隐喻意义的理据，使原有动词演化为表达特定认知意义或"现实词义"（Баранов，2010：3）的"新"动词，按照 А. Н. Баранов 的观点，这些语义变异方式可归结为动词喻义特殊的"内部形式"（Баранов，2010：3），从而构成动词语义衍生机制的重要一环。以下主要对其中的语义剥离或抹杀、语义增生、语义要素的各种变化及语义成分变化的协同性等问题展开分析和讨论。

第二节 俄语动词隐喻中的语义剥离

所谓语义剥离即指动词隐喻时，会经历一个语义特征的删略过程。动词隐喻的认知角度一旦定位，会对某些特征的部分结构进行取舍，喻体意义中不适合本体意义的部分要被剔除掉，动词本义的特定语义成素在动词喻义结构中消失、隐现或退居到次要语义位置上。而这种语义成素的剥离意味着取消字面意义上违反动词语义规定的某些特征。该语义步骤在俄语动词隐喻的语义机制中极为重要，表现十分积极。俄语动词隐喻的语义成分剥离与隐喻中的"语义否定"存在一定关联，但不尽相同，后者指本体与喻体中的某些方面不相似、不具备喻体中的某些动作特征，如果说语义剥离属于纯语义层面的内容，那么语义否定属于动词隐喻内涵的概念性内容。俄语动词隐喻时，具体需要剥离掉什么样的语义成素，保留哪些语义成素，这随动词隐喻义的不同而相应变化。

一 行为意志活动性的剥离

这种动词隐喻语义的剥离是指动词动作喻体中"行为意志活动性"这一成素在隐喻时消失，本体动作中主体意志性、意志的强弱等内容不复存在。由于原本表示人的积极意志活动的动词在语言中本身较为丰富，它们表示的内容与人类生活、与人的认知活动密切相关，引申表示其他相似动作、活动的客观需要也较强，因而"行为意志活动性的剥离"这一变异方式在俄语动词隐喻语义机制中的表现非常活跃。例如：Охотник заваливает вход в пещеру—Камень заваливает вход в пещеру. 左侧句子中的动词 заваливает（把……堵上）描写的是目的动作的实施，包含主体行为的意志活动成分，而右侧句子中的这一动词在隐喻后表示的则是静止的事物状态，主体的这一积极意志行为成分被剥离掉。这使得动词主体的"施事"语义角色变化为"行事"，而且进一步使该动词表示的命题事件由积极的意志活动、行为变为关系事件语义，即"大石和洞口之间的空间关系"，如此一来，主体题元 камень 实际上已转变为关系事件中的

"系事"情景角色。动词 разогнать 的本义和"认知原型"为"赶散、驱散"（разогнать толпу людей, разогнать птиц），但隐喻时，通过语义成分"行为意志活动性"的剥离，获得"（风）吹散、刮走"这一新的语义内容：Ветер разогнал облака/листья дерева.

再如，俄语动词 бить（打，击打）的固有意义表示积极的意志活动行为，隐喻时它原本包含的"意志活动"语义成分也同样抹去，转表其他非意志行为或非生命体的动作甚至某种因果关系。例如：До тошноты било в нос свежей краской（新上的油漆气味冲鼻，令人作呕）；Холодный ветер бил ей в лицо（寒风扑打在她的脸上）；Солнце било в окно сквозь занавеску（阳光透过窗户照射进来）；Запах гнили и земли бил из пещеры мне в лицо（一股霉烂味和泥土味从地洞里迎面扑来）；Водка бьёт в голову（伏特加的酒劲冲上来）；Её бьёт жестокая лихорадка（痢疾让她直打哆嗦）/Юношу мучительно бил кашель（青年人咳嗽起来直打哆嗦）；Критика бьёт по его больному месту（批评正打中他的要害）；Инфляция бьёт по всем странам мира（经济危机损害了全世界的利益）。而类似的"行为意志"成分剥离在动词 напоминать（提醒，提示）的"与……相似，很相像"这一关系意义隐喻中也不难发现：Этот плод вкусом напоминает грушу（果子味道像梨）；Он лицом напоминает его отца（他长得像他父亲）；Здание института напоминает средневековый замок（学院的楼房像中世纪城堡）。

同样，俄语动词 убить 的初始义为"打死""杀死"，隐喻过程中，其"主体的主观意志活动性""行为目的性"这一语义要素的抹杀，连同其客体事物"具体性""现实性"语义特点的剥离，可以引申出"消磨、耗费、消耗"这一新的非意志活动行为或消极行为意义：Они убили дорогое время вином/картами; Она убила скуку в музыке; Джон убил много сил на работу（他们以饮酒/打牌消磨宝贵的时光；她在音乐中消解愁闷；约翰在工作上消耗了大量精力）。动词 царить（统治）隐喻时借助消除"人的意志行为性"这一语义成分，获得"充满（现象、某种情绪、精神等）"这一新的意义：На улицах царит веселье（大街上一派欢乐景象）；В лесу царит тишина（林子里一片寂静）；В дореволюционной деревне царила нищета（革命前农村里到处都是贫苦）。

此外，俄语动词 печь（烤、烙、烘）（печь хлеб/картофель）隐喻

时，在剥离"意志活动性"这一语义成素的前提下，可表示自然现象，引申出"晒得厉害、酷热难当"的意义（Солнце печёт голову；С утра нещадно пекло солнце）。运动动词 набежать（跑着撞上，碰到）（набежать на прохожего）在隐喻表现"接近，靠近，延伸到……"这一抽象关系意义时，其主体参项的"行为意志活动"成分也须分离出来：Ржаное поле набежало вплоть к опушке（黑麦地一直延伸到林边）。言语活动动词 говорить 通过意志活动语义成素的剥离，也表现出"说明，表明"这一抽象的关系事件意义：Появление трещины на металле говорит о его непрочности（金属上出现裂纹表明它并不坚固）。

二 行为活动方式、工具的剥离

俄语动词 сжать（压紧、握紧）基于"行为结构特点"的相似，可以隐喻表示"精神、智力活动"行为。此时，原本意义中的"行为方式、工具"语义成分会剥离掉，并且"行为方式所必有的外部形式特征"（张帘秀，2012：26）同时分离出来，代之以抽象的（社会）行为方式：сжать срок строительства（缩短工期）；сжать изложение（使叙述紧凑）。与此类似的还有动词 плести，它的喻体动作是物理作用方式的"编织、结"，而本体动作是社会活动、人际行为"编造、捏造、罗织"：плести интригу（搞阴谋），плести козни（施诡计）。不难看出，这里喻体动作中的物理作用方式及其外部形式特征、工具意义非常明显，而本体动作中这样的特征、意义却完全消失，凸显出来的是行为意图和行为的社会属性。俄语动词 развернуть 既定义表示的是具体行为"打开、铺开、张开、拆开"（развернуть книгу/парус/салфетку），而隐喻时通过剥离"行为活动方式、行为工具"这一语义成素及动作外部形式特征，表示抽象且带有集合性质的行为"详尽描述、揭示"（развернуть наш план/свои дипломный проект, развернуть смысл жизни）。动词 оставить 本来表示动作"留下、存留、存放"（оставить вещи в камере хранения, оставить адрес/записку/книгу），通过剥离语义要素"行为方式、工具"及"行为的方向性"，引申出"离开、不在原来所在的地方"这一喻义（Силы оставили его；Сознание оставило больного）（他［累得或病得］没了力气；病人失去了知觉）。动词 хромать 原义为"瘸、跛行"（хромать на левую ногу），隐喻时剥离具体活动中的"（移动）动作方式"语义及其外部形式特征,获得新的语义"(在某方面)表现不如意、有缺陷、情况不够好"(Поэма хромала относительно формы; Дело хромает; По математике хромаю; У него грамматика хромает)。而物为实体行为动词 резать 由"切割"意义隐喻表示自然力作用、过程意义时,必须抽离出原有的行为方式、工具语义成分:Белизна режет глаза; Холодный ветер/Мороз режет лицо; Её резкий голос режет слух(白雪刺眼;寒风/严寒刺得脸直发疼;她尖细的嗓音刺耳)。

第三节 俄语动词隐喻中的语义增生

与动词隐喻的语义剥离相对立,动词隐喻过程中,也可能需要获取一些新的语义特征,即增添进新的语义成分,通过语义增生,实现动词隐喻的转义,衍生出新的词汇认知语义。

俄语动词 налететь 原表示"(飞着)撞上、碰上"(Машина налетела на столб; Самолёт налетел на скалу),通过隐喻可以表示"突然冲某人呵斥、打骂"(Олег налетел на неё с упреками; Иван налетел на него с кулаками),而此时它在相似性的基础上,必须增生语义要素"行为目的""行为工具",而且同时还需突出"较强的意志活动性"这一语义成分。动词 обуздать 的既定义是"(给马)戴上嚼子、使马驯服"(обуздать лошадь/коня),而它借助动作方式、结构的相似性进行隐喻时,通过增生语义成素"强烈、鲜明的行为目的性、意志性"[①]及"(特定)行为手段",获得新的语义"抑制、制止、控制、束缚"(обуздать потребность в пище, обуздать поджигателей войны, обуздать себя)(抑制饮食的需求,制止战争挑拨者,控制自己)。动词 привязать 原本表示物理作用动作"把……系(拴、绑)在……上"(привязать лошадь к дереву, привязать верёвку к ножке стола),在相似基础上进行隐喻时,借助增生语义要素"使用特殊方法、手段",衍生出"使依恋、使眷恋"这一意义(привязать к себе ребенка, привязать мужа к семье)。原义为"赶散、驱散"的动词 разогнать 在结构相似性的隐喻基础上,通过增生新的语义要素"用特定的方法、手段",可表示转义"消除、排遣"

[①] 需要看到,喻体动作中包含的是"一般的动作意志",与专门的行为目的不尽相同。

(разогнать печаль［消愁、解忧］, разогнать сомнения［消除疑虑］)。俄语动词 укрыть 既定义表示的是"盖好、捂严实、遮蔽"(укрыть ребенка одеялом), 在相似性隐喻的基础上, 通过增生语义成分"目的"(为了特定的目的)、"手段"(想方设法地), 可分别表示"掩藏、掩蔽"(укрыть клад/скот)、"掩护"(укрыть подпольщика от шпионов)、"窝藏、隐瞒"(укрыть краденые вещи, укрыть проступок) 的引申意义。而动词 оборвать 原本表示"采下、摘下、揪下、扯下、拉断"(оборвать сиреневые кусты, оборвать яблоки, оборвать проволоку), 隐喻时通过增生语义成素"出人意料"、"事前无准备性"及"突然、一下子"的行为方式, 转而表示"猝然中止、中断"之义 (оборвать свою речь/интервью/чтение)。

此外, 动词隐喻的语义增生还包括主观评价语义成分向喻义的渗透。隐喻活动交织着人的主观感知和认知创意, 因为"人不仅表现世界, 而且还描写世界"(Кубликова, 2004: 11), 当借助原发动作来描写相似的新动作时, 可能通过增添新的主观感受、评价成分来更好地表现意义, 所以, "隐喻很可能有形象性、表现力和评价意义"① (参见华劭 2007a: 3; Арутюнова 1998: 348; Падучева 1996: 98—99), 这在不少俄语动词的隐喻意义中都有反映。比如, 俄语动词 греметь 原本表示"声响"动作即"轰隆、轰鸣"(Гремят выстрелы; Гремит гром), 隐喻时增生人对动作的"感受""评价"成分, 可表示"声名远扬""名震四方"之义 (Имя учёного гремит на весь мир; Гремит слава их героических подвигов), 认知主体对动作的形象化感知、动觉感知成分得以凸显。而且这一"感知"语义成分在该动词隐喻表示"冲动地讲话""怒气冲冲地说话"时, 表现也很明显, 它把情绪失控时高声吼叫、呵斥的动作面貌刻画得栩栩如生：Прораб гремит на рабочих; На собрании директор прогремел. 俄语动词 гореть (燃烧、着火) 隐喻时, 也同样通过增生语义成素"人对动作画面的形象化感知"以及"对动作状态的评价", 获得"由于……情绪

---

① Е. В. Падучева 甚至在俄语动词不同体的形态方式中发现了这样的隐喻主观、形象性：Отмель врезается/ врезалась в море (浅滩延伸入海); Поляна врезается/врезалась в лес (一片草地延伸到林中) (Падучева, 1996: 99)。较新的隐喻观认为, "隐喻的动因可能并不仅仅是为了表达抽象概念, 也可能出自增加审美情趣或加强情感效应"(参见赵秀凤 2011: 2)。

十分冲动"的新义（Она горит от гнева/стыда）。前文谈及的动词 оборвать（本义"采下、摘下、扯断"）通过增生"（说话人）对行为的形象化表现"这一主观感知语义要素，获得新的意义"打断别人的谈话、使……住口"（оборвать собеседника/спорщика）。

第四节　俄语动词隐喻语义成素的各种变异

　　动词语义成素的重新布局、建构可以促成动词语义性能的变化，动词隐喻新义会在动词诸语义成素的变化中反映出来。此时，动词原有语义特征发生各种变异，被新的语义成分、语义关系所取代，而且与此同时，本体动作中往往伴有动词事件情景参与者角色的改变，这进一步促成动词新的语义结构衍生，转而表现新的动作事件。应当看到，动词隐喻的这一语义方法是一种较为具体、活跃的语义变异方式，在词义引申机制中同样发挥着积极的作用。

一　对客体作用方式的变化

　　这指通过动作客体受力方式这一语义成分的改变产生动词隐喻意义。动词隐喻过程中，动作主体（包括人和事物）对客体的作用方式会有各种变异，具体包括动作对事物施加作用力的方式、途径（包括动作的工具、手段）会发生变化，对客体的作用特点（直接作用、间接作用等）、对客体作用的效果、性质等方面也可能有所改变。俄语动词 потрясти 原本表示"摇、摇晃、晃动"（потрясти мешок/яблоню/руку），而在相似隐喻过程中，通过"对客体作用方式""对客体作用力强度"的改变，可以产生"从根本上动摇、震撼"之义（потрясти авторитет/здоровье/основы режима）（动摇威信、伤元气、撼动制度的基础），即"从客体事物的根本上产生作用"，"动摇其根基"，而且隐喻前后动作作用的效果也截然不同。动词 пригвоздить 原本表示动作"钉上、钉住"（пригвоздить булавкой записку к стене，пригвоздить ручку гвоздями к двери），隐喻时动词语义成分的变异表现为：动作对客体事物的作用方式由原来的"直接施加作用、直接接触"变异为"间接施加作用"，即动作的主、客体间不发生物理方式的作用关系，主体更多是通过精神、意志、情绪的作用使对方受到影响并左右其行为、状态，加之动作作用的功能、性质也产生变异，从而产生新的意义"盯住……使不敢动、把……吓住"：Папа пригвоздил его гневным взглядом（爸爸怒目盯着他使他不敢动）；Девушка бросилась было к нему на помощь, но он пригвоздил её к месту окриком: —Назад!（姑娘本来跑上去帮他，但他吆喝了一声："回去"！她就愣住不动了。）有时动词隐喻表现不同动作意义时，这些不同喻义彼此间在动作作用方式上还会显示出进一步的语义差异来：动词 заглушить（压倒，淹没声音，使声音减弱）（Вой ветра заглушил его крик.）（狂风呼叫声淹没了他的喊叫声）隐喻"减轻，消除疼痛感"（заглушить боль）（去痛，镇痛），进而在此基础上隐喻"缓解，释放某种情感、情绪"：заглушить тревогу, заглушить душевную скорбь（消除不安，减轻内心的悲痛）。这里如果说"减轻疼痛"与物理作用方式还存在联系的话，则后一喻义"缓解情感、情绪"同物质作用、物质过程已经没有必然联系。

二 动作客体事物特点的变化

动词客体属性十分丰富，动作客体在行为事件表征中异常活跃，"动词语义构造中动作行为性质受制于客体特征"（Алиева，1989），"客体决定着行为"（Арутюнова，2005：125），它对动作性质、动作表现具有相当强的影响力，在描写动词区别特征、揭示动词语义性质方面发挥重要作用，而客体的这一特征在俄语动词隐喻多义衍生中有着非常突出的反映，可以通过审视客体语义属性的变化来识察、分析动词语义事件的更动。动词隐喻时，本体动作中客体事物的特点会发生各种变异，这些变异内容通过客体事物在"具体—抽象性"、"可移动—不可移动性"以及"可让渡—不可让渡性"等方面的不同表现以及客体在"受事性""结果性"等方面可能产生的一定变化体现出来。Е. И. Якушкина 在谈论"理解、明白"义动词（глаголы понимания）的认知词汇类型学时就注意到，разобрать, взять, взять, схватить 等"拿、抓取"类动词在隐喻表示"理解、明白"的意义时，一个显著的语义变化特点就是动作客体的事物特征有了转移（Якушкина，2010：21—22）。而由于篇幅的关系，以下主要谈动词隐喻中客体"具体—抽象"属性的变异。

俄语动词 тушить 原本表示"扑灭、熄灭、关（灯）"（тушить лампу, тушить пожар, тушить электричество），隐喻过程中，动作客体事

物的特点相应发生变化，由原来的实体事物变为抽象事物，如情感、情绪、思想等，从而表示新的语义"忍住、抑制、消除"（тушить гнев/волнение/радости/разногласия）。

俄语动词 разгрузить（划定界限、标定边界），разграничить（卸下货载、负荷）分别隐喻表现"区分开""减轻负担"之义时，其动作客体事物的语义特性都发生了明显变化，即由物理实体事物变异为抽象的概念性事物。试对比：разграничить земли—разграничить области знания/обязанности（划出地界—区分开各知识部门/分清责任）；разгрузить грузовик—разгрузить учебные программы/учреждение（卸空卡车—减轻教学大纲任务/减轻机关工作任务）。

俄语动词 погрузиться（浸入、沉入、没入）（погрузиться в воду/песок）通过隐喻表示"陷入（某种精神状态）""专心做某事"时，动作客体事物的特点会有相应改变，动作本体中的客体由喻体中的具体事物变成了抽象事物、活动或命题事件：погрузиться в воспоминания, погрузиться в размышления, погрузиться в работу/в чтение романа.

同样，动词 поглотить 本来表示的动作是"吞食、吞没、吸收"（поглотить воду/корабль/лучи），而隐喻后表示"消耗、耗费（时间、精力等）"意义时，其客体事物的特点也由喻体中的具体事物变为抽象事物：Работа поглотила много времени и энергии；Поездка поглотила страшные суммы денег. 动词 украсить 原有意义为"装饰、点缀、使美化"，表示具体的物理动作（украсить дом, украсить комнату картинами, Улыбка украсила её лицо），隐喻时通过客体事物特点的变化——由实体事物变为抽象事物，转而表示"使丰富多彩、使更有意义、给……增添光彩"（украсить свою жизнь, украсить дело, украсить песню/сказку）的语义，显然，这代表的是一个不同质行为的集合，而且包含一定的认知评价成分。

三　动作构件的变化

动词隐喻时，动作构件的变化在俄语运动动词中有非常突出的表现，运动动作事件组成要素的变异会产生大量新的语义关系。此时，喻体对应的运动事件中可能发生变异的构件包括动作主体、动作始源、动作终位、运动方向（动作出发点、终到地点、移动方向或目的性）等，这些事件要素的改变导致本体动作的语义内容相应会有很大变化。俄语运动动词 входить, выходить, приходить, уходить, подходить, отходить, отправляться 等隐喻时, 空间运动的认知概念向非空间位移的概念域映射①, 动作主体、动作目标、方向等参与者、事件要素都会发生变化。例如: 动词 подходить/подойти 本义表示"走近、走到跟前""开近""驶近"（подойти к городу/берегу/станции）, 而隐喻可以分别表示"着手、开始、转入正题"（подойти к работе/изучению/главной цели）、"对待、看待"（подойти к вопросу/делу）, 甚至"合适、相宜"（Такой воротничок к платью подойдёт）、"毗连、紧靠着"（Лес подходит к самой реке）等意义。在前两个义项中, 喻体动作中的具体空间活动目标（"目的地""方向"）这一构件变异为抽象的对象事物。而后两个喻义（"合适、相宜""毗连、紧靠着"）中, 该动作构件则变异为事件关系项或空间关联物（空间关系中的一个事物）, 并且原动作主体也须要由"人"（生命体）变异为"事物"（非生命体）, 因而在这类本体事件中, 整体构架已发生变化。运动动词 отправляться（出发、前往……去）隐喻表示"以……为根据、出发点"时, 动作事件中的"出发地"、位移"源点"变异为事实、理论、数据等抽象的事物（отправляться от проверенных данных, отправляться от марксизма）。而动词 стронуться（离开某地, 开动, 起动）隐喻过程中, 其对应的运动动作主体和运动起始点等动作构件同时异动, 可传达出同人的主观认定、判断和认识意念有关的新的认知意蕴和动作概念体, 从而获得"（事情、工作）有进展, 有起色"这一"评判"性动词喻义: Дело стронулось с мёртвой точки（事情已打破僵局向前推动了）。而其他语义类动词隐喻中, 动作构件成素的变化也十分常见。例如, 动词 выкрутиться 基于"扭脱, 松脱, 脱落"这一核心意义, 可隐喻表示"摆脱困境, 走出为难状态"这一动作意义, 此时行为认知的变化即通过动作情景主体、动作始源（动作运行过程始位）构件语义特征的改变反映出来, 试对比: *Ручка* выкрутилась *из двери.* — *Они* выкрутились *из затруднительного положения*（把手从门上拧了下来——他们摆脱了困境）。而本原意义为"咬, 啄"的俄语动词 кусать（Собака кусает прохожего; Эта птица кусала другую птицу.）分别隐喻

---

① 认知域的概念结构跨域映射是动词隐喻的内在结构（参见余红卫 2007: 13—14）。

表现（1）身体上的"扎伤，（寒风等）刺痛"和（2）心理—情感上的"刺伤，刺痛"意义时，其行为主体构件都会有相应更动。例子分别为：（1）*Крапива* кусала босые ноги；*Мороз* кусал щёки（荨麻刺痛了赤脚；严寒刺痛了双颊）（此时的动作主体构件已然变化为非生命事物）；（2）Сердце её кусали *обиды* истекшего дня（过去一天所遭受的委屈深深刺伤了她的心）（此时的行为主体 обиды 变异为抽象事物）。

四　动作作用性质的变化

该类语义变异较为特别，带有一定的事件整体概括性，它指动词在隐喻的时候，本体动作与喻体动作在性质内容方面产生变化，如由物理性质变异为社会性质、精神意志性质或心智性质范畴。应该说，该项语义变异在动词隐喻语义衍生中有独特的作用，具有较强的语义概括性和分析价值，它直接对应的是动作情景—事件的性质和范畴特性。此外，该隐喻语义方法的适用面相当广泛。

俄语动词 очертить 原本表示的是物理作用性质行为"画轮廓、描画外形、画线"（очертить рисунок/круг），而隐喻过程中，立足本体和喻体动作结构特点的相似性基础，借助动作事件性质的变化，可衍生出"扼要描述、叙述"这一新的意义：Участники очертили ход события；Она очертила в кратких словах всю жизнь своего друга. 此时，行为在性质上由实体作用变异为抽象的智力动作、心智—言语动作，动作事件语义范畴也相应发生变化。

动词 порвать（撕破、撕开、拉断），隐喻时也是通过动作事件性质、范畴的改变，表现新的语义即"破坏、切断（交通线路等）"（порвать связь противника с тылом；порвать коммуникации）、"中断、断绝（关系、往来等）"（порвать дипломатические отношения；порвать связь с ними）。不难发现，该动词隐喻前后所表示的行为、情景已由具体的物理作用事件变异为抽象的非匀质行为集合的事件。

动词 подняться（登上、走上）（подняться на гору, подняться на лифте на пятый этаж）隐喻可以表示"（声望）提高"（Он поднялся в общественном мнении［他的声望提高了］）、"（精神、情绪）振奋、高昂"（Настроение поднялось［情绪高昂了］）、"振兴、复兴、发展"（Хозяйство поднялось.［经济发展了］）等意义，此时，动作所指的语

义性质发生明显变化，均由具体行为变为抽象动作事件。

动词 исковеркать（毁坏，把……弄得不成样子）（исковеркать машину, исковеркать игрушки）隐喻表现"摧残，毁坏、损伤（精神、道德）"之义：исковеркать жизнь, исковеркать культуру, Они исковеркали характер ребёнка дурным воспитанием（他们以恶劣的教育毁坏了孩子的性格）。还可以隐喻表示"曲解，歪曲；以不正确语言方式说话"意义：Она исковеркала чужую мысль（她曲解了别人的意思）；Стихи его исковерканы（他写的诗受到歪曲）。此时客体事物承受的动作作用内容发生了质的改变，两个喻义分别传达的是精神意志作用和心智、命题态度行为，同喻体动作之间形成极大反差。

再如，动词 захватить（抓住，抓起）隐喻表现"吸引，控制、占据（人的内心世界）"（Работа слишком глубоко захватила меня, чтобы я мог серьезно думать о своих отношениях к жене.［工作让我陷得太深，以至于没能认真考虑自己同妻子的关系］）以及"碰上，碰到"（Нас на дороге захватила гроза.［我们在路上碰上了大雷雨］）意义时，对应的动作事件作用性质发生了显著改变，分别由物理动作变异为抽象的情志—心智动作和事物关系动作。动词 входить 的隐喻借助特殊的动作相似性，可以表示容器的容积或事物的结构组成关系：В бассейн входит 3000 кубометров; В комиссию входит 12 ученых. 动词 повернуть 的实体动作"扭转，拧转，调过，调转"（повернуть кран/голову）此时动词表示的动作作用在语义性质上发生了明显变化。

五 情态—语用功能变异

客观而言，认知语义的伸延与重构都有表义和表情的双重功能，而动词喻义的生成、转移既有认知的观念化因素[①]，也有语用性的主观印记成分，"语言不但传递知识、表达命题，而且表达'自我'，传递人的情感、态度和评说"（赵秀凤，2010：25），而"隐喻更是人类情感的释放窗口"

---

① "隐喻是反映主体观念化世界的镜子"（Калашникова，2007［OL］），这在动词隐喻中有深刻反映。根据蔡晖（2011：47）的分析，动词等语义结构所对应的本身就是"经过观念化的情景，该情景是已被认知者解读了的世界片段"。本质上讲，这也是语言隐喻认知意向的积极体现，"隐喻的语言形式是主体特定意向性的一种表征"（吴建清，2014：44）。

（Ullmann，1962：213），形成隐喻中的"语用潜能（прагматический потенциал）"（Будаев，2006：67）。这样，动词隐喻中的语义变异内容可表现为对动作的主观评价和态度发生改变，体现出动词隐喻的情态功能及话语行为特性。这一语义变异方式在俄语动词隐喻语义机制中有较为积极的表现。比如，俄语动词 сжечь（燃烧、焚烧）在喻体动作中体现出来的是中立态度，而本体动作所表现出的却是赞成和肯定的情态—语用性评价内容[①]：Старый революционер сжёг всю свою жизнь（老革命家耗尽了自己毕生的精力）。俄语动词 выжать 基本义为"榨出、挤出、拧出"（выжать сок из винограда/масло из семени），对这一物理行为的评价是中立的，而隐喻表示"（从某人身上）榨取""（从……中）索取"这一社会活动行为时，包含了人对这一行为的强烈排斥、反对态度和否定意态，动作的评价关系发生了明显偏移。动词 толкать 原本表示"推、碰"这一一般的物理作用力动作（толкать дверь/соседа），此时，动作的情感评价是中立的，而隐喻时，转化为"说话人对行为的肯定态度或负面评价"，从而形成新的词义"推动、促动、督促"（толкать работу/дело/их жениться，Учитель всегда толкал ребят вперёд）、"怂恿、唆使"（толкать их на преступление，толкать друга на глупости）。俄语动词 резать 原本表示中立的动作"切、割、剪、砍"（резать хлеб/кожу/сукно/бревно），隐喻可表示"使……痛苦"（Его слово/поведение режет наше сердце）、"使陷入窘境、使下不来台、整（人）"（У нас всё в порядке, погода только режет нас；Евгений режет старшего грубым манером），此时，本体动作由原来的中立评价转变为负面、贬义的情态性评价。另外，原本只是客观、中立地表示人"弄坏、损害、伤害"动作的俄语动词 портить（портить машину/инструмент/здоровье/зрение）通过认知隐喻可引申出"破坏、使恶化"（портить настроение/отношения/чужой праздник/себе аппетит）、"妨害、影响美观"（Лицо портят глаза；Измятое платье портило её；Пристройки портят общий вид здания）、"使变坏、使堕落"（портить молодых людей/характер/портить ребёнка

[①] Апресян（2009，2010 и др.）将动词不同义位（义项）中有关说话人对客观现实、报道内容及受话人等所持态度的信息纳入情态—语用框架中。杜桂枝曾注意到，词位派生的研究除了要分析其主要的语义成分之外，还包括伴随意义、语用信息等情态内容（杜桂枝，2010：6）。

неумелым воспитанием）等动作意义，显然，这些动作都与人的主观评判、态度、立场有关，而且反映的都是给人和事物带来的消极、负面影响，因而这些喻义都包含鲜明的情态—语用成分，形成动词语义变异。

此外，动词隐喻中，物理实在上的自然感官、感觉向心理感知迁移之时，往往伴随施喻者主观感受和评价方面的更动，此时会出现评价、态度上的某种主观倾向性，情态—语用上中立的动作意义转化为或消极—否定或积极—肯定的评价性意义，进而物理性实指动作中可能蕴含的附加意义色彩变异，上升为心理性射指动作对象中的主要语义成分，从而产生动词新的动作喻义。例如，动词 стушеваться 本原意义表示"颜色（涂阴影）逐渐涂淡、色彩由浓转淡"，而当这一物理感知演化为心理临摹、感知，中立的客观表现被代之以主观上的情态—语用评价性的行为表现，获得"显得逊色，退居下风"之义：Их хор совершенно стушевался перед настоящими артистами（他们的合唱队在真正的演员面前显得太逊色了）。俄语中大量借助表示物理动作、感官动作、运动动作以及各种声响动作的动词来隐喻表示言语动作行为，而这些新的隐喻变义往往会纳入否定的情态意味和语用评价色彩，新的概念化内容使原有的中立评价意义转化为负载特定情感、态度倾向性的评价义。颜志科的分析发现，"绝大部分这样的（言语）动词带有否定的感情色彩，多表示贬义、不赞"（颜志科，2011：10）。

第五节　俄语动词隐喻语义变异的协同性

一个动词隐喻语义的形成可能包含了几种语义变异方式的积极运作，有多种不同的语义方法协同作用，这样的语义变异协同是俄语动词隐喻语义性能、语义机制的重要特点。

俄语动词 вырваться（挣脱、冲出）（вырваться из плена/тюрьмы）隐喻表示"不由自主流露出（情感）"（Вырвался /-лось/-лась смех/признание/радость）、"脱口说出……"（Крик/Стон вырвался；Вырвалось неосторожное слово）之时，在"行为结构、方式"相似基础上的隐喻包含了语义成分的剥离（抹去"主体行为的自主性"或"强烈意志性"以及"动作的源点/出发地"）和对动作作用评价内容的变化（由积极、肯定的评价变为中立态度），体现了两种语义变异方式的协同。

同样，动词убить（杀死、杀害）的语义衍生也不是单一语义变异作用的结果，它隐喻表示"使精神上受到极度折磨、使痛不欲生"（Эти происшествия так меня убили и потрясли, что я решительно ничем не мог заняться во весь день; Печальное известие может убить её）时，语义变异不仅表现在"对客体作用的方式"发生变化——包括动作作用力方式、途径、手段乃至工具不同，而且还表现在主体作用力的方式由喻体中的直接作用变为本体动作中的间接作用，致使在动作的作用性质上，喻体的物理作用变异为本体中的抽象心智、情感作用、影响，这从其构词派生的形容词убитый所表示的语义"沮丧、抑郁、忧郁的"中也不难看出。俄语动词острить 的隐喻中，本体动作"磨快、磨尖、使锋利"（острить меч/нож）与喻体动作"使变得敏锐、灵敏"（острить память/слух/ум）在行为结构特点上有一定相似，其语义变异也有几方面的协同表现：行为对客体的作用方式（包括动作方式、工具、手段）发生了明显变化，并且动作性质也有变异，由原来的纯物理作用行为变为精神意志和智力活动行为。俄语动词 дёргать（[用断续、急促的动作] 扯，拉）（дергать кого за рукав, дергать ручку двери）可以隐喻抽象动作"搅扰，打搅"：дергать подчиненных（以琐事打搅下属人员），дергать кого постоянными требованиями（要这要那不断打搅），Жизнь дергала его со всех сторон, не давая ему сосредоточиться на думах（生活在各方面打搅着他，让他无法集中精力思考）。此时，最为典型的语义变异是其情态—语用功能的变化——中立的情感色彩被代之以鲜明的情态—评价倾向，反映出人对行为的消极立场和负面态度，而除此之外，它还伴有"动作作用方式""作用性质"等语义变化以及"动作目的性"语义成分的剥离。前文谈到的动词оставить 在隐喻表示"离开、不在原来所在位置"这一意义（Силы оставили его; Сознание оставило больного）时，不仅有"语义成分剥离"这一语义变异方式，同时伴有"动作语义性质的改变"这一语义变化内容，即由具体的物理动作变异为表示抽象的关系事件。前文提及的动词отправляться（出发、前往……去）隐喻表"以……为根据"，此时事件中的"出发地"这一语义成分发生变异的同时，还伴随"目的地""方向"这一语义成分的剥离。再如，前文分析到的动词плести本义为"编织、结"这一物理动作行为，而隐喻表示"编造、捏造、罗织"这一抽象的本体动作时，除了抹杀喻体动作中的"方式""工具"语义成分之外，还包含对动作评价成分由中立到否定的语用—情态变异，言语者的话语态度、情感意愿色彩十分明显。同样，动词портить隐喻表示"妨害、影响美观"意义时，包含了动作事件中主、客体动作构件，主观评价成分以及整体事件性质的改变等几方面语义变异因素的协同参与。

还须要指出的是，动词隐喻时，许多语义变异方式都包含了动作作用、动作事件性质的改变，与后者形成较为稳定的语义变异协同关系。正因为俄语动词隐喻的语义方法是一个交叉并用的有机整体，所以在系统分析俄语动词隐喻的语义衍生机制时，上述各种语义变异方式往往须结合在一起加以讨论，不能孤立地看待，而这更符合俄语动词隐喻的语言认知面貌。

本章小结

作为认知发展的高级阶段，隐喻已成为一种重要的认知模式，也是语义衍生的基本方法，动词隐喻是对这一认知方式和语义方式的重要表释，语言的认知功能和语义功能在它身上都有着集中、深刻的反映。以上对俄语动词隐喻相关语义剥离、语义增生、语义成分变化等语义变异现象及其协同性进行的分析和研究表明，动词隐喻中的认知内容和语义内容是有机结合、相辅相成的，没有认知，动词隐喻将没了根基，脱离语义，动词隐喻将失去其语言价值。俄语动词隐喻意义背后有一套有效的语义作用机制和方法、手段，通过俄语动词隐喻语义变异、语义方法的分析，可以增强我们的语义解构意识，深化我们对俄语语言语义实质的认识。不难看出，从意义产出、组构的方式上看，俄语动词隐喻是一个关乎语义（成素）配比、语义分配的问题，只有通过动态化、多方面的义子分解和语义变异分析才能真正理解和掌握俄语动词隐喻语义。从这一方面看，俄语动词隐喻是在帮助实现语义的系统性，或者说，动词隐喻的语义变异本身就是动词语义系统性的反映。另外，穿插于动词隐喻的语义变异增强了语言的认知语义体验性，凸显了人在语言中的存在感和特殊"意义（实体）存在性"。

以上研究是通过不同动词的隐喻语义分析来集中论证其语义变异，即借助个体动词的语义演化说明其隐喻特性，带有一定描写性质，而我们完全可以从同一甚至同一语义次类动词出发，细致考察和系统分析它所包含的隐喻语义衍生机制和语义方法。进而言之，相关研究不会停留在个别动词隐喻语义变异的零散描写上，而是要对俄语动词的类化性多义表现出来的隐喻语义变异、语义衍生问题进行跟踪式分析和论证，挖掘出俄语动词隐喻语义变化的内在特性，建立起俄语动词隐喻的语义机制。

最后需要指出的是，对俄语动词隐喻语义变异的分析还需刻画并弄清它所涉及的语义要素本身可能具有的不同特性，因为不同性质语义要素的变异衍生出来的动词语义显然不同。该问题将有待后续研究，此处展开从略。

第三章 俄语动词隐喻映射

从认知的角度看，动词隐喻义是人的认识从事物、事件的物理特性、功能特性上升到事物、事件的事理特性、类比特性的必然结果。俄语动词隐喻衍生出不同的语义，形成动词不同的义项，这些义项之间存在内在联系，这种联系来自同一个深层的意象图式、图式变体以及图式从基本认知域到其他认知域的隐喻映射，它是动词隐喻认知概念域连通、互动的重要表现形式，反映出语言和思维之间的基本对应关系，是认知主体主观能动性在思维和语言中的直接体现，同时为动词隐喻提供了灵活、快捷的认知操作途径，为阐释动词多义关系的内在机制提供了新的认知视角。以下有关于动词隐喻时认知域的映射机制中，我们将立足实证式分析，一方面深挖俄语动词空间域向时间域、状态域映射的模式，另一方面深入研究动作具体域之间的转移，以探讨动词"图式变体"机制。我们具体划分出三种隐喻映射类型：具体域（或物理域）映射到抽象域；一个具体域映射到另一具体域；具体域映射到"准具体域"或者具体域向"抽象性质具体域"的映射。本质而言，它们都是将认识一动作事件的主观心理取向投射到另一动作概念上，而从动词隐喻映射的客观认知结果上讲，通过联动式的双向激活，动作记忆点被有效抓取出来，建立起动作认知转移的心理联觉方式和机制，本体动作的语义意识和认知结构得以彰显，从而喻体动作概念内涵也在本体动作中得到相应延展和深化。正如王军指出，"隐喻映射并不意味着把仅存在于源域中的意象图式结构'映射'到目标域之上，使后者获得全新的意象图式结构，而是源域和目标域中原本就有相互对应的意象图式结构，隐喻过程只是利用源域中凸显的结构使目标域中相对应的不突显的结构变得凸显起来"，而且"这一思想似乎更具合理性"（王军，2011：50）。

第一节　动词隐喻中的认知映射

　　语义描写是开放性的，语义本身只是符号和现实之间的对应关系，而现实情状、"事况（положение дел）"（Кацнельсон，2001：459—460）内容多种多样、不断变化又彼此联系，但表达它们的语词符号毕竟有限，因此词汇转义、多义在所难免。词汇往往一开始是本义的或字面概念意义上的，然后产生派生义、各种转义，其中很大部分就是词汇的隐喻意义[①]，"是主体对客体的认知产物"（赵艳芳，2001：67）。而这一词义引申机制在动词中表现尤为活跃，"语言中使用认知性隐喻的第一个后果就是造成动词的多义化"（华劭，2007a：4）。隐喻的重要特征是通过一事物、事件理解他事物、事件，是构建概念内容、语义结构的重要途径和手段，因而从认知角度来看，动词隐喻意义是一种感知—经验意义、类比性质的意义，这种认知系统作用下的语义关系也是意象图式的变化关系。

　　隐喻不单是一种语言修辞现象，更是用喻体来思考、表达本体事物及其概念意识，进而认识、理解语义关系的重要认知方式，所以"隐喻是一种认知现象，同时又是一种特殊的语义现象"（束定芳，2000c：256）。隐喻一般被视为语言学分析的一个终端，因此往往忽视了隐喻时借以同原范畴、前认知范畴（喻体）相关联的语义理据，致使隐喻同目标范畴、后认知范畴（本体）语义理据脱钩，而这二者之间存在一个重要的语言、语义环节，也是词义转化的独特认知环节（когнитивное звено），我们在此要谈的动词隐喻意义问题即是该认知环节上的意象图式、意象认知域映射的问题。认知映射以特有方式和机制实现动作概念的起承转合与意识交集、应和，是俄语动词隐喻的核心内容，同时也构成俄语动词隐喻重要特性，而俄语语言学界对此展开的针对性较强的研究并不多见，而且很不充分[②]。我们的基本观点是，隐喻性映射是俄语动词多义派生的重要机制、

　　[①]　系统功能语法理论就曾注意到，"隐喻一般被描述为词汇使用、词汇意义的变异"（Halliday，1995：320）。
　　[②]　而且语言研究中，甚至"很多主张形式化的语法学家、语义学家都回避隐喻"（华劭，2007a：7）。

概念方式和系统化手段，正如时间和空间可以相互转换，"时间从本质上可解释为对空间的特殊想象"（Кронгауз，2005：89），人的语言认知和思维活动中，同时空因素密切相关的认知隐喻映射既是必要的，也是可能的、现实的。

而非常重要的是，动词隐喻映射同第一章谈到的意象图式和认知域、概念结构都存在密切联系，这里有必要首先对此作一关联性描述。

如前所述，意象图式是动词隐喻的重要基础，作为隐喻认知基础的意象图式是人类经验和理解中的一种抽象关系和具体意象，"是人们与外界互相感知、互相作用的过程中，不断反复出现的、赋予我们经验一致性结构的动态性模式"（Johnson，1987：23；Lakoff，1987：267），"是人或社团对典型物体、事件、状态、所具有的知识总和或属性包"（Goldstein，Roberts，1980：42），一般有语义方面的自主性，是认知理解、操作的基础（结构）。按照认知原型理论，意象图式与人的感知、思维和行为等都有关联，是在对事物间基本关系进行梳理的基础上形成的认知结构，是人类经验和理解中一种联系抽象关系和具体意象的组织单元。因此意象图式是联系不同经验、认知域的纽带，本身具有可以直接理解的概念结构[①]，又通过隐喻构造其他复杂概念（特别是抽象概念）的结构，"意象图式的一大特点是可以被扩展、运用于其他认知活动"（Lakoff，1987：269），也是有关语言意义的一种认知模式，为周围世界和经验的理解赋予了一致性、结构性。

认知意象图式是心智的想象性结构和经验基础，它对事件、概念、知识等进行记载、界定，往往是完形的，形成一个整体感知的结构[②]，因为在理解、建构认知概念时，我们利用的不是单一语义特征及其集合，而是整个形象即认知意象，意象图式就成为我们接触现实、环境最直接的认知方法，也是处理、储存信息和交换思想最为实用的认知层次。因此意象图式可以看成体验性的原型结构（prototype structure），立足事件的典型特点，原型结构既可以用来表现具体的动作事件，也可以反映抽象动作事

[①] 概念结构是共存于语言信息和心理信息（动觉体验、心理感应等）的一个信息层次。认知语义中一般认为语义结构是概念结构的一部分。

[②] 通过整体感知，人们更便于找到有规律的、相似的事物、事件结构体。

件。另外，应该看到的是，意象图式作为认知扩展的基本经验结构①形式存储于人的大脑中，成为认知推展、认知映射的先位概念，在人的经验组织过程中独立于任何概念。

认知域即语义结构的概念领域、心智中的事件域，可以指动觉概念、身体经验、知识系统、事件属性等基本认识内容。认知域也可以看成一种图式化，通过图式化可将一个意象图式转用于不同的事物、事件，并体验、感知新的事物、事件或定位上存在某种困难的事件，赋予认知结构、知识结构以一定的条理性、连贯性。而通过对事件对象的要素、属性及其相互关系的认识，认知域中的各种信息构成知识网络，根据本体特点的不同，会作出适当的转移，这就是意象图式从一个认知域映射、转移到另一认知域②，进而形成不同的隐喻意义——以意象图式的经验为基础，认知域的转移、变换赋予了动词新的隐喻意义。这样，隐喻过程一般包含源认知域（source domain）和目标认知域（target domain），前者构成动词隐喻的基础。而且从指称关系上看，意象图式的所指是实现认知域转移的能指，它们处于不同的符号阶层。认知域的映射、转移包含了动词意义范畴的跨越③，同时也是认知范畴的跨越，与此同时必然伴随认知心理空间的交织（blends），人们对源域的理解会自动地投射到不同动作目标域的概念上去④。可以认为，认知域转移实际是利用意象图式对新的事件进行概念化操作的过程，是在一定认知条件下，意象图式所在的源域对目标域的能动作用。因此，动词隐喻映射对应的意象图式转移代表的是语义认知和人的自身认识的深化、扩展，动词词语的隐喻演变从语义上或语义概念构

---

① 应该指出的是，认知语义中的经验有丰富的意义内涵，包括人类基本的动觉、空间方位感、心理、情感等，不是偶然的、个体化的感知、体验，而是共识化的体悟、认识，里面显然有理性化的思维内容。

② "隐喻就是使意象图式由一个概念域转移到另一概念域的一种基本认知操作"（Маслова，2006：57），"隐喻是在不同认知域之间建立观念映射"（Bowdle & Gentner，1999：90），"隐喻作为连接概念化与语言的普遍认知过程，主要依赖于源域与目标域这两个输入空间的跨空间映射"（王斌、王颖，2002：27）。

③ 正因动词隐喻时的这一语义特点，可以说动词的隐喻意义体现方式是语义复合体（参见金娜娜、陈自力 2004：28）。

④ 这里值得一提的是，向不同动作目标域的映合正是同一动词多义的重要源泉，"源域与目标域成分在复杂程度上并不受限制。如果成分本身就复杂，则隐喻映射就不会是单义的"（Баранов，2003：77）。

成上讲往往就意味着意象图式的映射和认知域的迁移、转变。

以下将主要以俄语动词 уйти 为对象物对相关理论和实践问题展开专门分析。

动词 уйти 的本义即认知原型情景（抽象图式）、源认知域是"人离开、走开、到……地方去、做……（事情）去"：уйти из дому（离开家）；уйти на работу（去上班）；уйти на рыбную ловлю（去捕鱼）；уйти на фронт（上前线去）；уйти за малиной（采草莓去）。它含有"行进（运动）""空间位移、方位变化""独立地""不用交通工具""在硬质界面上（运动介质）""源点""终点"，甚至"动作目的"等语义成分。由于没有了具体的动作阶段、过程（这一过程预设在另一动词 идти 中——作者注），该认知域中被凸显出来的侧面（profile）实际只是空间运动终点所在的竖侧面。动词隐喻机制中，本源意义是其中的原发部分，它构成隐喻想象及其结构的中心点和基础性内容，因而动词原型义的特性和结构语义实际上至关重要。俄语动词 уйти 与运动动词 выйти，войти 的空间线性语义关系有所不同：выйти 表示由封闭空间到开阔空间，войти 表示的是由开阔空间进入封闭的空间，而它则不受运动起点、终点空间形状特征的制约，因而受到的限制相对要小，具有更大的隐喻映射潜力。

动词隐喻把基本意象图式映射到不同的认知域，但其本原的动作组织、动作内在结构和逻辑关系不会发生改变，所以"动词有隐喻时的理据可循"（彭玉海，2003：89）。在动词 уйти 隐喻意义构造中，我们提出在三种认知域转移的隐喻映射（metaphor mapping）类型，首先最为典型的是由具体域（或物理域）到抽象域的转移——用具体的表示抽象的是最原初的隐喻动机，其次是由一个具体域到另一具体域的转移，再次是一种（较少）由具体域到"准具体域"或由具体域到"抽象性质具体域"的转移。需要指出的是，Lakoff（1987），Shephard，Metzler（1971）等提到的或者关注的主要是第一种转移方式①，但我们发现后面两种认知转移模式在词义隐喻中实际也很有价值，而且作为一种客观存在，也同样不容忽视，因为从认知心理、认知多面性讲，"本体未必局限于深奥的、陌生

---

① G. Lakoff, R. Shephard, J. Metzler 等学者重点分析的是具体的空间意象图式向抽象的认知结构投射的隐喻认知内容。

的"（倪保元，1983：62），隐喻中的本体即目标域动作事件也完全可能是具体、物理性质的，而实质上讲，这由"从熟悉中发现陌生的真实"这一认知的目的和认知共性所决定。如果我们把动词隐喻仅限于由具体向抽象认知域的投射，那么许多动词的具体域转义义项就将无从得到认知语义的解释，因为俄语中有大量动词的具体性质引申意义来自具体动作行为的隐喻映射①。下面分别对此加以论述。

第二节 具体域（或物理域）向抽象域的映射

"将一个事物的属性赋予另一事物是任何一个隐喻必须的、不可分离的特征和语义实质"（Скляревская，1993：29；Левин，1965：293），而这在由具体域（或物理域）向抽象域的动词隐喻映射中体现得尤为突出。日常生活中，人们往往参照熟知的、有形的、具体的概念来认识、思维、经历、对待无形的、难以定义的概念，形成不同概念之间相互关联的认知方式②。而自然语言中，"使用具体意义动词来表示更抽象行为——这在语言中如此普遍，以至于研究者们多次提及将其定位为'语言隐喻'"（Шмелев，2007：231）。动词述体常常用来隐喻塑造"非可见世界"——人的心灵世界，物理动作词汇常用来表示人的心理活动、心理状况、关系事件状况，"因为挑选具体（物理和机械的）特征和行为来描写各种非事物实体和观察到的现象可以表现出它们的特点并找到理解它们的关键"（Арутюнова，1998：363）。由此形成的系统的认知域转移方式就是动词隐喻中由具体动作域或物理域向抽象域的映射形式。例如，动词

---

① 甚至还可能来自抽象的动作行为，而以"抽象"隐喻"具体"与人对本体和喻体动作的认知熟觉和感悟度都有密切关系。例如：动词 разорить（破坏经济，使破产，使沦为赤贫）（Империалистическая война разорила трудящихся）隐喻对事物的"完全破坏，毁灭；拆毁，弄坏"：Неприятель разорил город（敌人破坏了城市）；Дети разорили птье гнездо（孩子们把一个鸟巢弄坏了）。而动词 возмутить（使气愤，愤怒）（Его возмутила беспечность сына）（儿子满不在乎的态度让他很气愤）可以转而表示"搅动，搅混"意义，即由抽象的"使人失去内心平静"隐喻具体的"使事物不平静"：возмутить воду（搅动水，搅浑水）。再如，表示抽象情感活动的动词 успокоиться 隐喻具体的物为动作：Море/Вьюга успокоилось/-лась；Кипяток в стакане поболтался и успокоился（杯中水晃荡一会儿后平静了下来）。

② 这进而还可能形成相应的"隐喻概念体系"，"隐喻概念在一定文化中成为一个系统的、一致的整体，即隐喻概念体系"（参见赵艳芳 1995：67）。

перекликаться 原本表示物理性质的"彼此呼应、呼唤"（Всё было тихо, лишь перекликались ночные часовые ［万籁俱寂，只有夜间的岗哨彼此呼应］），它可以很形象地隐喻抽象的动作事件"相似、相近、共鸣"：Некоторые образы поэм Лермонтова перекликаются с байроновскими（莱蒙托夫诗篇中的某些形象与拜伦创造的形象颇为相似）。此时，可感知的具体动作意象和概念框架内容同抽象事件的关系实质之间实现了认知意念上的连通、映合或心理类化。

由具体认知域向抽象域的映射符合语言认知"以实喻虚"的主旨，属于高层级的隐喻（метафора высшего порядка）[1]。"意象图式投射到抽象域是一个典型的隐喻行为，存在着将意象图式转化为抽象域的隐喻概念。"（Lakoff，1987：72）"人们在对抽象概念进行认知操作时，往往把它和具体概念进行类比和等同。"（Рахилина，1998：295）该层级的认知域投射正是由具体的物理空间到概念空间的隐喻映射，空间运动的意象图式通过隐喻投射使抽象动作有了实体结构特征，本无空间内容的抽象行为事件、概念被赋予了一种具体、直观的概念结构。该类意象域的转换透射出的隐喻意义具有较强的转义性。

而值得注意的是，在该类意象图式的认知域转移中，实际还有一个观念化的环节，即包含了人的知识、认识中的"观念化"（концептуализация）过程，人们首先需要将想要表达的较为抽象的事件进行归类，然后把这些认知观念同目标域联系、对应起来，正如"人的情感可以观念化为身体感受、心理状态可以类比于生理状态"——"情感、心理活动有了身体上的类比物（телесные аналоги）"（Апресян；1993：28，1995：460）。

就俄语动词 уйти 而言，它在隐喻并产生相应词义变化时，具体意象域[2]对应的动作事件是隐喻中作为喻体的一方，它的物理作用、空间运动构成抽象动作、事件本体的理据（мотивировка）。相关空间活动的经验把相似的经验组织成具体意象，该意象被提取、投射于其他较为抽象的认

---

[1] 按西方学者 G. Lakoff，M. Johnson 的观点，词语的隐喻化具有层级性的特征（metaphor hierarchy）（Lakoff，Johnson，1980：59-60）。

[2] 需要指出的是，具体意象并不代表具体的形象，它是人思考、认识等能动作用的结晶，也属于一种抽象的认知结构。

知活动，后者便有了类似于运动的经验结构和前者提供的动态画面感，动词借助这样的投射相应获得隐喻意义。具体意象域或物理域向抽象意象域的投射、转移可以提取的动作属性即"认知视点"① 是多方面的，包括线性动作结果、动作方位变化、动作程序、动作源点、动作过程、动作方式、动作游离性、动作步骤、动作方向性、动作相适性、动作边界（有界）性以及动作结构、动作动态趋势、动作的设定、动作意志性，甚至动作的评价（动作变形、偏离）等。另外，动词 уйти 在实现这一意象域由具体到抽象层面的转化时，一般伴有词义结构中核心义素"人的身体运动、身体空间位置变化"的更动或消失，正如 Ю. Д. Апресян 所说，"隐喻化往往要抹杀原词义中的部分语义成分，而这些语义成分多为陈说部分（ассертивные части）"（Апресян，1995а：492）。当然，除此之外，被抹去的也可能包括其他性质的语义成分（相关分析可参见下文）。

以下由具体域向抽象意象域映射的各种情况包含一个共性原则、规律，即可见与非可见层次之间的比照过程构成意象的投射、认知域的转化过程，而进一步讲，这一共性实际是认知图式化的特征，图式化引领人的意识进行意象图式、概念结构的转换，也使我们通过图式间的相似性理解和获得意义，并赋予人的经验以概念实体性、经验—思维的一致性。

下面是动词该类隐喻映射转义义项的实际分析。

一 "花掉、花光、花在……上、用在……上"

动词的这一隐喻义项较为典型地反映了图式由物理域到抽象认知域转移的特征。动词这一隐喻过程中，空间的喻体动作将某一部分特性映射到"花消"这一本体动作上，而"本体在接受映射时，必然要对喻体的属性作出选择和限制"（王寅，2005：3），该动词隐喻映射提取的是源域的"线性（空间运动）动作结果""事物运动程序、轨迹""动作潜在目标性"等动作属性，被抹杀的源域语义成分是"运动源点""空间位移"。值得注意的是，该隐喻意义包含了事物、现象（句中的主体）"不再存在"（перестало существовать）的成分，而这一语义成分多少赋予动词义项物理作用、物理表现的性质。但事物、现象的这一状态变化反映在人的

---

① "'视点（perspective point）'是心理上观察某一事物采用的不同位置、距离和方式"（刘宇红，2011：35），在此指动词隐喻操作中不同概念特征、属性的映射点。

头脑中却是抽象的图式方式、结构，或者说这一动词在概括该状态特性时，是把具体的空间转移投射为抽象的意识结构，由具体的运动域变为抽象的"去动域"（зона дедвижения），实际上此时事件要素的罗列和分布方式是不一样的，一个是实体点的依序铺排，另一个则是意象点的移动、消失，并且它们在人的意识中是作为一个整体瞬时消失或趋向事件终位，前者（即具体域动作方式）是表象的、显性的，后者是深层的、无形、隐性的。例如：Все деньги ушли на уплату долгов（所有的钱都用去还债了）；На перевязку ушли оба пакета—леонтьевский и свой（包扎伤口用了两包绷带——列昂季耶夫的和我自己的）；На костюм уйдёт три метра（做一套衣服要用去三米衣料）；На изготовление лодок ушло четверо суток（做小船用了四个昼夜）；На любовь ушли мои лучшие года（我把大好时光浪费在爱情上了）；Все дрова ушли（柴火都烧光了）。而该次类具体—抽象认知域转移中，目标域的特点是，动作、行为的对象事物（句子中的主体）要转移、附着于其他事物上，耗费于其用途—事件上，被消磨掉，而且主体事物在认知结构中是动作的受事或消磨的对象，因而事件整体的认知框架含有一定的被动意义。

二 "消逝、失去、不存在"

该动词义项通过具体的空间移动隐喻事物、状况、现象的消失，该动词隐喻映射提取的是源域的"（一去不复的）单向运动方向"框架属性，抹杀的源域语义成分是"动作方位变化""动作源点""动作目标性"。例如：Ночь уйдет и даст место светлому дню（黑夜即将过去，白昼即将来临）；Вместе с Оксей ушло и его счастье（阿克霞走了，他也跟着失去了幸福）；Он ушёл от нас в расцвете сил（他在年富力强时离开了我们）；Такая монета ушла из обращения（这种硬币不再流通了）；Суеверие ушло из жизни（迷信已经从生活中消失）。该次类具体—抽象认知域转移中，目标域的特点是，主体事物、现象作为线性物体彻底消失，而不是转移。

三 "回避、逃避、摆脱"

该意义中，通过具体的空间运动意象图式表示人躲避某一行为或者心理影响，从某种心理状态、影响中走出来，该动词隐喻映射提取的是源域的"动作的向背即脱离源点的运动目的"框架属性,增生并突出了语义成分"主体行为的主观意志性",而抹杀的源域语义成分是"方位变化""运动动作过程性""动作的组或结构方式"。例如:Противник ушёл от прямого ответа(对方回避正面答复);Они сильно хотят уйти от воздействия среды(他们很想摆脱环境的影响);Ей удалось уйти от стыда(她摆脱了羞愧的心理);Девушка уже ушла от неприятного чувства(姑娘已经摆脱了不愉快的情感)。该次类具体—抽象认知域转移中,目标域的特点是,突出或居主导地位的不是动作的目标终位,而是本该要做的事情或人原本所处的身心状态。

四 "脱离、退出、放弃、(被)开除<俗>"

该意义中,通过具体的空间运动意象图式喻指人从工作岗位、职务上离开,即脱离了原来的社会身份面貌,它代表的是人所处状态的变化,该动词隐喻映射提取的是源域的"运动终位、结果""方位变化"框架属性,抹杀的源域语义成分也是"运动动作过程性"。例如:уйти со службы(退职);уйти на пенсию(退休);уйти от политики(退出政坛);уйти от дел(不再管事);Не сам ушёл, а его ушли(不是他不干了,是被开除了)。这一隐喻意义特征在俄语其他运动动词中也不难发现,例如:выйти в солдаты, пойти в лётчики, идти в ученики, выйти/идти замуж 等(参见 Апресян 1995а:490)。该次类具体—抽象认知域转移中,目标域的特点是,突出或居主要地位的不是空间运动目的地,而是人原本有的一种社会身份、社会属性。

五 "专心致志地做……、埋头干……、沉浸于"

该意义中,通过具体的空间运动意象图式喻指人全身心地投入一种工作状态或进入某种精神—意志状态、事态,而且这里本体的线性图式还表现了新状态"程度的深指数"(程度之深)。该动词隐喻映射提取源域的"动作的线性行进方式"框架属性,增生并突出了语义成分"动作的彻底、果断""动作强度",而抹杀的源域语义成分是"动作的(起始、结束)对称性""动作主体方位变化""空间位置移动"。另外,该隐喻义项在意象域转移的同时,动词会增添新的评价意义成分"行为的专注性",即对动作投入程度的评价,"隐喻过程中词语会加入评价、预设等其他细微意义成分"（Апресян，1995а：492）。例如：уйти в книги（专心读书）；уйти в науку（专心致志地搞科学）；уйти в работу（埋头工作）；уйти в мысли（陷入深思）；Она целиком ушла в хозяйтсво（她完全埋头于家务中去了）；Она так ушла в танцы, что ни разу не взглянула на своего мужа（她专心跳舞，全然没看丈夫一眼）。该次类具体—抽象认知域转移中，目标域的特点是，突出或居主要地位的不是空间运动目的地，而是人在活动、事件中的心智活动状态。

六 "超过、赶过"

该意义中，通过具体的空间运动意象图式喻指人或事物与一般状态的距离，对常规状态的超越。它隐喻映射提取的是源域的"运动源点和终点间的空间距离（差距）"框架属性，抹杀的源域语义成分主要是"运动动作过程性""主体方位变化"。例如：Ученик ушёл от своих сверстников（这个学生超过了同龄的孩子们）；Этот конь от всех ушёл（这匹马超过［强于］所有的马）；Жизнь за это время так далеко ушла вперед, что трудно всё осмыслить（这段时间里，生活前进得太快了，对一切事物还难以理解透彻）。该次类具体—抽象认知域转移中，目标域的特点是，突出或居主要地位的不是空间模式的起始点，而是人对事件中对象事物所作的理性评价、判断，并由此得出的一种结论。

七 "偏离、脱离"

该意义中，通过具体的空间运动意象图式喻指事物与它本该围绕的核心点产生了偏离，话题、主题事物与现实之间存在一定偏差。动词隐喻映射提取的是源域的"空间运动对源点的游离"框架属性，抹杀的源域语义成分是"动作的目的、意向性"①或"动作的设定"、"空间方位变化"。例如：Их разговор ушёл в сторону（他们的谈话偏离正题了）；Роман ушёл далеко от истины（小说离现实生活太远）。该次类具体—抽象认知域转移中，目标域的特点是，突出或居主要地位的不是空间移动的源点和终点，而是事件、活动（结果）与其主旨不在一个点上。

---

① "意向性是人的意识的一项核心内容，是一次具体意识活动的发端，并贯穿这一活动的整个过程。"（徐盛桓，2013b：174）

第三节　一具体域向另一具体域的映射

"投射性隐喻（即隐喻映射——引者注）可以说是隐喻的灵魂"（林书武，1995a：71），其核心是将始源域的理解映现于目标域的概念化、范畴化，具体认知域之间的隐喻映射意味着一个具体概念域投射到另一具体范畴框架中，通过前者解释、分析后者并得出新的意义关系，它很好地体现了隐喻"人本中心论（антропоцентризм）"① 的特点（Болдырев，2000：18），即"人类认知都是从自身出发，向外界其他物体和事物引申和投射"（司建国，2011：21），在经历动作事实的认知体验中，人成为世界的价值尺度。从心智上讲，具体动作和动觉意识离人最近，其物质过程最易于把握，它代表的是人类身体所具有的基本经验结构即动觉经验，因而人们习惯于用具体动作来理解抽象动作，因此以具体动作映射抽象动作也就成了最原初的隐喻动机。但除此之外，具体动作之间也存在差别，一些是人们较熟悉、先认识和掌握的，而另一些不是很熟悉、后认识、掌握的，或者涉及要少一些，离人的日常生活要远一些，因而存在着一定的认知距离、落差，这使得动觉范畴事件（而不仅限于抽象动作）也可以是目标域动作事件、隐喻中的本体，正所谓"本体未必局限于深奥的、陌生的"（倪保元，1983：62），"隐喻还包括具体事物与具体事物的相似"（赵艳芳，2001：101），自然就存在着前一种具体动作映射后一种具体动作的客观需要和条件。再者，从认知节约原则出发，通过图式化组织的方式和心智想象力构建和传达新的具体动作意义，显然既经济又省力。由此也可以看出，具体认知域间的隐喻映射既是对经验的一种组织方式，也是对意义的一种概念结构方式，同样反映出"隐喻是一种认知现象，同时又是一种特殊的语义现象"（束定芳，2000c：256）。这样，隐喻不仅是对抽象事物、事件进行范畴化、概念化的认知方式，也是对具体性质事件进行概念化的工具。同样，动觉图式不但可以用来隐喻抽象认知域的

---

① 根据 Н. Н. Болдырев 的理解，认知语义学关注的重点就在于"人本中心论"因素，人既是观察者又是概念化和范畴化主体，人不只是获取现成的语词意义，而是主动积极地参与进词汇单位意义的建构过程（Болдырев；2000：18），而西方 Ch. Fillmore 与此不谋而合的一个认识是"人本中心语义观即是认知语义观"（Филлмор，1983：74）。

事件，也可以映射到具体事件域①，对类似的其他具体动作事件进行概念化、理解和推理，从而产生新的动词隐喻义项。例如，俄语动词 врезаться 的具体动作形象"钻入，插入，刺入，扎入"（Лодка врезалась в береговой песок; Колёса врезались в грязь. ［小船扎入了岸边的沙滩；轮子陷进了泥泞里］）所蕴含的基本动觉图式可以映现到相关物理动作范畴框架和认知域，隐喻表现"伸展到……"（Поляна врезалась в лес. ［一片草地伸入林中］）、"冲入，突入，闯入"（Они врезались в толпу; Конница врезалась в неприятельские ряды. ［他们冲入人群；骑兵突入敌方阵地］）等具体空间动作意义。

具体认知域之间的隐喻映射在认知上的共性是情景、事件观念化和认知心理换算，通过范畴化、概念化等操作，对喻体动作属性进行筛选、提取，抓出喻体事件的基本逻辑及其与本体事件的相似性、切合点，以源域动作属性的认知模式来认识、构建目标域动作属性的认知模式，实现认知模式整体结构、内部关系的映现和认知框架的转移②。例如，动词 гасить（熄灭）（гасить свечу/электричество）可隐喻表现另一具体动作"注销，使作废"（гасить почтовую марку）（加盖邮戳，注销邮票）及"减弱，遏止，清除"（гасить скорость/звук）（减速，消音），本体和喻体动作认知域之间即存在这样的具体动作属性和内部关系迁移。这里非常重要的是，隐喻映射时提取的源域动作可以是整体动觉情景，也可以是情景事件的某一典型属性或若干属性③，但它们在认知上都具备完形感知和观念化的特点。例如：Человек/Звук растаял в ночи; Медленно растаяли в ближних переулках людские толпы（人/声音渐渐消失；人群慢慢消逝在附近的几个小胡同里了）。例中源域动作"融化，化开"的典型属性和整体感知概念形象分别映现到了"人或事物消失、慢慢散开"这一具体动作

---

① 而根据"认知约定原理（principle of cognitive stipulation）"，用已有的动作认知信息来预测、设定和建构新的动作事件实际就是对已有的世界进行约定。在这一框架下，受现实表达需求的驱动，动作间的认知思维转换本身并不会对抽象与具体概念域进行专门限制，抽象、具体动作域的本体目标都可以进入它的认知约定范围。

② Е. В. Падучева 的词义动态模式理论也正是把隐喻意义中的相似性理解为范畴的跨越或转换（Падучева, 2004: 89—92 и др.）。

③ 赵彦春（2000: 152）甚至有这样的看法，"就词汇而言，隐喻投射映现的仅是一些原型特征，甚至可能是一些非本质的特征"。该问题有待细致讨论。

目标域。Дома тонут в зелени（房屋隐没在绿荫中）句中源域动作的"沉落，下沉，沉入"这一典型特性通过身体—心智经验的完型感知映射到了另一空间动作关系事件域"被……包围、环绕"之中。具体认知域隐喻映射的主要经验基础可以是"源头—路径—目标图式""容器图式""联系图式""力图式"等（Johnson，1987：23；Lakoff，1987：267），这些图式的源域动作、完形经验可以极大地增进对目标认知域的理解。另外，具体认知域是认知意象中的客观运动，而隐喻映射时伴随的是认知主体的主观运动（意象中包含客观运动与主观运动）（参见沈家煊1994：12—20），因而，仅从认知实质上讲，具体认知域之间的隐喻映射与"具体—抽象"模式的映射别无二致，主观动因都是创造动作相似性，而且具体认知域隐喻映射往往向本体动作域转移的是生动、形象的图式意象内容[①]。例如，动词шибать（用力、撞击、击）（шибать кого ладонью по бутылке с вином/шибать камнями）隐喻"味道呛人、扑鼻、刺鼻"之义：Квас приятно шибает меня по носу（香味扑鼻）；Тут шибает водочным перегаром（这儿酒气熏人）；Шибает керосином в нос（煤油味刺鼻）。具体域的动作特质在动词喻义中得到逼真、形象的认知再现。同样，动词забросить 以具体动作（用力抛掷、抛、扔：забросить мяч в сетку，за шкафу，на крышу，забросить удочку）可用于隐喻另一类具体动作"（把身体某部位或随身物朝某方向）伸出、甩出"：забросить одну ногу на другую（把一条腿搭到另一条腿上），забросить руку за спинку стула（把手放在椅子背后），забросить голову назад（把头往后一仰），забросить ружьё за плечо（把枪往肩上一扛、挂）。此时，借助喻体动作具体意象的映射，本体动作的认知表现很有历历在目的画面感。

具体认知域隐喻映射中的意象图式与认知域是范畴语义延伸的结构单位。"不同认知域对应的词义之间存在着复杂的隐喻性的关系"（参见林正军、杨忠2011：11—12），由一个具体认知域到另一具体概念域的映射是这一隐喻关系的重要体现。这里的认知域代表一种认知框架，意象图式构成认知框架的具体内容，认知源域、目标域各有自己的认知布局，即内在的意象图式结构。作为隐喻的认知基础，意象图式具有可以直接理解的

[①] Васильев（1981：44—45）就曾注意到，可以基于对动作感知的相似性，用物理作用动词来隐喻表现身体上具体的病痛。而这即是具体动作域之间的隐喻和认知映射。

概念结构，是一种抽象的认知符号和语言符号独特的意义代码。而认知域是分析认知语义的基本概念和组织单元，是词语语义结构所关涉的概念领域，其实质是语义信息中的概念现实或属性的范畴性概括，与认知图式的完形经验、完形结构相类似。例如，动词 отъесть，отъехать，отходить 包含的具体意象结构内容都通过认知域范畴语义的扩张，将概念结构映现到新的实体动作事件结构之中，实现概念意象和动作心理完形的转移：Раствор стиральной соды отъел всю грязь/ Ржавчиной отъело ручку у кастрюли（碱水泡掉了污垢/锅提手给锈掉了）；Дверь отъехала сантиметра на три（门脱开了三公分）；Обои отошли от стены/Ласковые морщинки отходили от ясных，умных глаз（糊墙纸从墙上脱落了/眼角长出皱纹）。动词 сползти 的具体动作义"爬下"隐喻表示其他具体动作意义 如"（烟、雾）慢慢散开、（泪水等）慢慢淌下，流下"（Сполз туман；Слезинка сползла по лицу）（雾气渐散；眼泪慢慢从面颊上流下）、"慢慢地滑落，出溜下来"（Шуба сползла с плеча；Одеяло сползло）（皮袄慢慢从肩上滑落下来；被子往下滑落）、"剥落，脱落"（С некоторых пальцев сползла кожа；Сползла штукатурка и обнажила кирпичи）（几个手指上的皮脱落了；灰泥剥落，露出砖头），甚至"某种表情消失"（Улыбка сползла с лица）（笑容消失了）之时，其具身认知的动作概念意象、概念现实的语义延伸都十分突出。这样，由一个具体认知域到另一具体概念域的映射过程中，认知主体运用对两类具体感知的交融来分析、判断动作事件关系，并由此产生彼此互动，形成相似性的联想，赋予（目标域）概念结构以新的、"类化"性的认知内容。从认知隐喻的能产性和衍生强弱性看，该类认知域的转化、映射属于中层级的隐喻（метафора среднего порядка）。

对于俄语动词 уйти 来讲，这种意象域的迁移方式指特定的体力动作（空间位移、变化空间位置）转表其他相似动作。该类隐喻映射的类比性明显包含事件要素、情景参与者的变化，包括由具体的角色变为抽象意义角色（参见彭玉海 2009a：41），因此有转喻（metonymy）或换喻特征在里面。与动词原初意义相比，这些动作、事件中"人"这一角色的参与是隐性的或间接的[①]，多描写非意志活动事件（也可能是意志活动，但整

---

① 该情景角色在动词（构成的）句子语义中没有直接体现出来。

体事件的呈现、描写角度是非意志活动面貌）甚至自发的事件，它是根据本原动作的外在特性实现词义的转移、变化。这种外在特点包括空间运动的向度（变化）、方式、结构、结果等。如前所述，动词 уйти 在语义上不受运动起点、终点空间形状特征的制约，所受限制相对较小，其隐喻映射潜力大，衍生的"具体动作事件"隐喻意义也较为丰富。

以下是具体的实例分析。

一 "移去、消失"

该意义中，通过具体的空间运动意象图式喻指另一具体情景事件域中事物、现象涉及的空间位置转变，该动词隐喻映射提取源域的"空间位移及其步骤性、方向性"框架属性：事物、事件由一个地方转移、推进到另一个地方，抹杀的源域语义成分是"运动动作过程性""身体的空间方位变化"。例如：Бой ушёл на запад—оттуда доносились пулемётные очереди（战事转到西边去了，从那里传来了机关枪的点射声）；Почта ушла утром（邮件早晨发走了）；Бумаги ушли на подпись к начальнику（文件送去首长那里签字了）；Роман ушёл в печать едва ли не с первой корректуры（小说差不多只校一遍就付印了）；Весь товар уже ушёл из склада（仓库里的存货都光了）。此外，该次类具体—另一具体认知域转移中，目标域的特点是，事件结构潜含被动意义关系，即事物、事件的空间转向、迁移是在人的积极推动下完成的，而不像源认知域一样，主体（人）是空间运动的发出者、事件的独立执行者。

二 "陷入、沉入、（脑袋等）埋进、藏进"

该意义中，通过具体的空间运动意象图式喻指另一具体情景事件域中事物的空间状况、空间包容关系，该动词隐喻映射提取的是源域的"空间位移结果性""事物的方位变化"框架属性，抹杀的源域语义成分是"运动动作目的性""动作自主性"。例如：Ноги ушли в грязь（脚陷进泥浆里）；Голова его тяжело ушла в подушку（他的头沉甸甸地埋在枕头里）；Часовой ушёл с головой в тулуп（哨兵把头也缩进羊皮袄里去了）；Свая ушла в землю на метр（桩子进入地里一米深了）。该次类具体—另一具体认知域转移中，目标域的特点是动作的非（积极）意志活动性，动作的行为性因素基本消失，重点表现的是事物的静态空间方位关系。

三 "装得下、装进去"

该意义中，通过具体的空间运动意象图式喻指另一具体情景事件域中事物的容积、度量、大小等比例关系变化。在这一具体动作的隐喻中，有"排除阻力"的行为意义成分，动词隐喻映射提取的是源域的"动作的相适度""方位变化"框架属性，抹杀的源域语义成分是"运动动作过程"。例如：Бельё ушло в один чемодан（衣服用一只皮箱就全装下了）；Ноги не ушли в сапоги（脚穿不进靴子里）。所以该转义意义接近于动词входить-войти，而当不注重这一"阻力"语义特征时，动词可能转化为抽象的关系意义动词，表示容器的容积、整体—局部（事物的组成）关系。试对比：Книги входят в чемодан；В комитет вошли 8 учёных. 该次类具体—另一具体认知域转移中，目标域的特点是，动作事件一方面有被动的意味，另一方面事件的静态关系意义突出。

四 "溢出、冒出、（锅等）漫出"

该意义中，通过具体的空间运动意象图式喻指另一具体情景事件域中事物超出正常范围、超越极限度，该动词隐喻映射提取的是源域的"运动动作边界性或有界性""方位变化"框架属性，抹杀的源域语义成分是"位移动作的过程性"。例如：Самовар ушёл（茶炊的水溢出来了）；Молоко ушло（牛奶溢出了）；Шампанское ушло（香槟溢出来了）；Тесто ушло из дежи（发面从面盆里冒出来了）。该次类具体—另一具体认知域转移中，目标域的突出特点是，表现并强调事物的自发性、超常性，是一个"突破边界"的"极限行为"认知图式结构。

五 "延伸、伸向"

该意义中，通过具体的空间运动意象图式喻指另一具体情景事件域中事物自然延伸的状态性质，动词隐喻映射提取的是源域的"运动动作的空间延续性、单向性"框架特点，另外，提取的"方位变化"表现为"方位的延伸"。而抹杀的源域语义成分是"位移动作的硬质界面方式"和"运动过程"。例如：Тропинка уходила в сосновый борок, откуда слышалась музыка（小路通向传来音乐声的松树林）；Вершины тополей ушли в лазурное небо（杨树梢伸向蔚蓝的天空）。该次类具体—另一具体认知域转移中，目标域的特点是，其空间、方位是一个自然向度的问题，空间的终位、终端性已经大大淡化。

六 "（人体或植物某部分）长得特别大、光长……"

该意义中，通过具体的空间运动意象图式喻指另一具体情景事件域中事物体积、形状的偏移性（diversion），只朝着某一方面作生长运动，该动词隐喻映射提取的是源域的"空间运动结构的终位、（潜在的）规格设定"框架属性，此外，提取的"方位变化"具体化为"空间范围、面积增大"。而抹杀的源域语义成分是"运动方式""动作条件"。例如：Картофель ушёл в ботву（土豆光长茎叶了）；Лук ушёл в стрелки（洋葱生芽子了）；Это был губастый парень, казалось, всё лицо ушло в губы（这是一个厚嘴唇的小伙子，好像整个脸只有嘴唇显得突出）。该次类具体—另一具体认知域转移中，目标域的特点是，突出事物在事件结构中的不协调、不匀称性，因此目标域包含了人一定的认知评价特征，有明显的主观判断因素在里头。

归纳起来，该类认知域映射由于操作的是物理域之间的关系，所以"空间方位变化"图式参数几乎都被提取了出来，都有一个"离开物质上的空间源点"的认知代码化意义成分，也就是说，基本上可以把这一类认知域转移归纳为"概括平面—特指"的隐喻引申。这样，动词 уйти 的这些转义可视为其基本、一般的、泛化性质意义的具体、特殊表现（方式），所涉及的是认知描写详细度（lever of specificity）的不同。

第四节 具体域向"抽象性质具体域"的映射

认知域具有层次化特点，有大小、复杂度之分，"抽象性质具体域"就是这一特点的具体表现。而且"有的语义描写只需要一个基本的认知域，但大多数要参照复杂的认知域或多个认知域"（赵艳芳，2001；杨明天，2004：43），即使是具体认知域之间的隐喻映射也如此，只是因为在分析、识解中存在粗细度和提取面相的不同，受关注更多的往往是基本域。从认知隐喻的能产性和衍生强弱性看，这属于低层级的隐喻（метафора низшего порядка）。隐喻的重要内容是在相似性的基础上通过经验来感知、理解新的事物和现象。而这种相似性的联想和运用可能牵涉具体和抽象两个不同的层面，因而也可称之为"混合型隐喻映射"。换言之，从不同的事件中发现相同、相似性兼含有抽象与具体的特征，目标域总体是抽象的认知结构框架，但它直接移植了源域的具体意象图式，即抽象图式中还保留了原范畴的空间运动概念，它们共同构成事件相似性的完形感知。因此，该类认知域转移形成的隐喻可看成是基于不同行为之间的"合成性相似"。

具体说来，动词隐喻过程中，该类意象域的认知转移包含的具体和抽象两个层次的含义①表现为，从具体层次上讲，动词转义对应的事件的确有物理行为、物理作用、身体空间运动的成分，而从抽象层次看，它又包含了意志行为，即是人在抽象的精神活动、理智行为上采取了某措施，作出了某种判断和选择，而且该抽象意义成分应该是主导的，先有了这一精神意志活动，人才会进一步作出物理意义上的空间变化活动。由这一点看，该类意象域的转移可理解为意象图式的一种变体形式。当然，也可以把该类意象域变化看成抽象和具体映射方式的融合，是具体与抽象认知语义的融合，既有物理属性的身体空间上的离开，也有精神、意志上的游移、离去，因此一方面有具体域到具体域的变化特点，另一方面又有由具体域到抽象意象域转化的特性，带有"复杂认知域"的性质。而进一步讲，该类认知域转移的认知域叠加形成一个新的认知区域，该区域中的聚焦部分即为动词引申出来的隐喻意义。

总体上讲，该类意象域转移形成的隐喻意义的转义性能较弱，具体类型也不多，而其中的完形感知、动觉模式认知特点也同样明显。在动词 уйти 的隐喻映射中，我们暂时只找出一个次类。

"抛弃、丢下"：

该意义中，通过具体的空间运动意象图式喻指另一具体情景事件域中

---

① 其实就人的认知思维来讲，具体和抽象是一对相对性的概念，有时相对具体的"抽象"也会成为认知权衡下的一种"具体"，这与人的心理体验认同度、熟悉度（就近度）有直接关系。例如，бороться（斗争）无疑是一个抽象的动作概念，但从认知熟觉上讲，它离人的概念思维习得要近于其他相关动作，继而扮演着相对具体的、"抽象性质"具体动作的角色，用以表现其他陌生的、更为抽象的行为事件：Конечно, страсти дело невольно, да на то у нас душа, чтобы с ними бороться（Марлинский）。又如动词 насочинить（编出，编写出）隐喻表示"胡说，胡编，瞎诌（许多……）"这一认知语义时（Виктор что-то насочинил им.［维克多对他们胡说了些什么］），也因为喻体动作"编写"相对于本体动作"胡诌"来讲，离人的现实生活和认知熟觉更近，从而形成一种特殊的"具体"。

人在精神、意志活动支配下采取的分离性空间运动（具体动作又包含明显的精神、意志支配成分），该动词隐喻映射提取源域的"空间运动动态趋势、动作方向和动作意志""主体方位变化"等框架属性，抹杀的源域语义成分是"位移动作的具体过程性"及"动作方式、手段"。例如：уйти от мужа（抛弃丈夫）；уйти от семьи（离家出走）；уйти от родителей（离开父母[出走]）。该认知域转移中目标域的特点是，一定有理智上的分析、取舍在前，空间运动只是实现其心智目标的一个手段、步骤和外在表现方式，即空间隔离代表的是思想、意志层面的一种脱离。这也反映了该认知域抽象与具体属性相结合的实质。动词 уйти 隐喻映射产生的该义项也能很好地反映出认知隐喻意义与事件特性，以及人的心理体现之间的密切关系，体现出认知与现实事物的互动性。

而与动词 уйти 相似，可以通过该类隐喻映射方式进行认知域转移并衍生新义的运动动词还有 идти，пойти，выйти 等，例如：

Народ бросает землю, идет в отхожие промыслы（人们放弃田地，都打短工去了）；

Вася не идет на службу, а все сидит у ног（больной）жены（瓦夏没有去就职，而是一切都依靠生病的妻子）；

Альбом с фотографиями пошел по рукам（影集开始传阅起来了）；

Молодой человек слишком далеко пошел от нашего общества（这个年轻人的做法离我们这个社会[认知]太远了）；

Константин вышел из-под опеку（康斯坦丁脱离监护，获得独立）。

这些动词的隐喻目标域动作都既含抽象的概念认识概括成分，又有具体的物为动作意义成素，形成由具体的空间运动域向"抽象性质具体域"的认知映射。

本章小结

隐喻不但是一种分析、描写手段，更是一种常见的语义方式、意义类型，而隐喻映射是动词不同义项[①]之间的重要联系手段、联系环节，有着

---

① 同一动词的诸义项可以形成独特的词义范畴、词义体系，它们共处于一个"语义信息链"（张殿玉，2005：330）。

自己特定的语言学地位和语言学价值。难怪 Ю. Д. Апресян 认为,"有些类别的词语表达式非得通过隐喻才能描写,应当把隐喻引入词典描写"(Апресян,1995a:462)。研究表明,动词隐喻意义中图式的变化、意象域的转移是以本体和喻体动作、动作域之间的联系为基础的,而它们之间的联系又进一步构成制约动词多义义项语义联系的重要原则。通过以上由具体域到抽象域的映射、一具体域到另一具体域的映射、具体域到抽象化具体域的映射等内容的分析看出,意象图式、概念结构内容的认知映射很大程度上是动词隐喻的实质内容条件。文中分析也表明,动词隐喻意义是人的经验方式和认知特点在词义结构中的一般反映。意象图式从一个认知域映现到另一认知域的相应结构引申出不同的隐喻意义,而这种类型化的意义实际代表的是一种隐喻模式,它不仅可以表达具体的动作语义关系,也可以揭示抽象的事件结构,因而它又是实现语言概念化、语言理解和意义范畴化的有效方法。由此我们也可以得出一个结论,那就是在认知语义的理解中,一个词的意义是在认知模式的基础上以不同的相关认知域为背景建构起来的认知结构,从这个角度讲,动词隐喻机制研究的重点并不是描写不断衍生出来的义项本身,而是要充分描写和揭示隐喻意义演化的内在机制。此外,如果进行语义计量分析的话,可以发现,实际上在隐喻映射过程中,认知概念结构意象内容在源域与目标域之间保持了有机的平衡关系,形成"认知守衡"。

还需要指出的是,词义变化中的认知经验、基本图式及其特性是当前认知语义学研究的一个重要课题,包括动词在内的词汇隐喻意义问题应该得到更多新的揭示。

第四章 俄语动词隐喻模式

　　动词隐喻是借用既有动作意象来认识、表现新的动作事件的积极认知方式。"认知科学是在运用理论—信息模式的基础上研究意识和高级思维过程的综合科学"（Меркулов，2001：264），动词认知隐喻式思维有助于人类拓展其认知概念系统，充实和丰富动作概念义的表达，而这在很大程度上依靠的是动词隐喻模式。动词隐喻模式是对动作进行认知创意的一套思路、规则，动词隐喻模式化连同跨范畴的语义映射实现动作事件特征、结构等的认知转移，使动作概念域从已知转移到新知，从具体延伸到抽象，达成动词词汇系统的词义扩展和语义衍生，成为认知范畴化的积极手段。而动词隐喻模式的精髓在于它反映并提炼人们对动作行为认知的规律和范式，通过其相似性、原型范畴效应等实现对动作事件的认知归类及词汇认知语义的系统化，是认知构造性和客观描述性的有机统一体。

　　而另一方面，动词隐喻的模式化是语言学界尤其是俄语语言学界谈论较少并且很不充分的一个理论问题，俄语动词隐喻模式的多方面问题亟待厘清、探索。已有的相关研究谈及这一问题时往往流于疏略，局限于问题表面，很少展开并深入问题的本质。我们将在西方概念隐喻或根隐喻理论和动词事件框架基础之上，从内涵特质和次范畴化两大方面切入该理论问题的实质化分析，同时对俄语动词多义性和认知语义衍生问题进行讨论。我们将突破已有研究的束缚，立足自己的观点、见解来展开分析，力图为动词隐喻机制、隐喻理论的研究提供新的揭示，探寻动词"常规多义性"（Зализняк Анна，2004：20、32；Апресян，2003：XLIV；Падучева，1998：3—4；1999：488—489）及语义演变的来龙去脉。

第一节 认知隐喻的模式化

认知隐喻模式化本质上是一种意义衍推和意义生成的基本思维法则和推导方式，具有很强的客观实在性，正如 G. Lakoff 指出，"理性思维很大程度上依赖于隐喻模式。对理性的任何相应研究方法都需要运用想象，而想象与隐喻推理不可分割"（Лакофф，1996：182）。认知隐喻以模型化的方式存在于语言中，是一种积极、有效的语言方法和模式，作为一种"解释行为"（Демьянков，1994：30），语言认知的归宿就在于从"熟悉"中发现和表现陌生的"真实"，因而认知概念系统的隐喻机制中，"具身性"心理意识的能动参与及概念思维的模式化成为重要一环，"意识并非只通过符号手段复制被反映的现实，而要在现实中区分出对主体有意义的特征、属性，并将其组构成现实的理想概括模型"（Петренко，1988：12），人的行为往往是具有一定模式的，同样，隐喻作为完成思想表达（思想外化）的语言行为、认知行为及心智行为，是高度模式化的。"隐喻模式化问题作为对各种非实体事物、过程（思想、感情）进行观念化的方式，它在认知语言学中获得了广泛共鸣。"（Кустова，2000：104）

如同隐喻模式的认知功能实现、运作过程中，"认知主体与隐喻构建两者之间具有密不可分的关系"（王文斌，2007b：5），隐喻模式表现为施喻主体自洽性的积极认知参与、作用过程，有其概念结构和认知预存、认知经验、感受和认知创意作为自己的分类基础，隐喻模式实质上是基于认知操作过程的一种隐喻分类模式。而分类本身是一种范畴化思维，它是认知操作的手段，也是概念化、范畴化的基本方式和内容，因此隐喻模式有其多层面性和复杂性，"隐喻的分类和分类原则一直是隐喻学研究的核心问题，同时也是有待进一步深化和科学化的课题"（杨秀杰，2005：42）。

首先，我们认为，实际上可以从认知域、意象图式的概念实质出发进行隐喻的次分类模式化，但这在很大程度上是从其所包含的内容或内涵属性的次范畴出发，静态性强，无法将隐喻的动态操作、动态变化特性反映并突出出来——而隐喻本身是"由此及彼的运动"，其语义认识和语义分析必然包含动态特性。可能也因如此，认知隐喻的相关研究中很少有人谈及并采用这一策略①。亚里士多德从自己(基于"类比"概念)的隐喻定义出发,根据相似性类推方式的复杂度,曾把隐喻分为"简单隐喻"与"复杂隐喻"(《诗学》(Poetics)第 21 节)。束定芳从认知隐喻的表现形式、功能和效果、认知特点等角度,把隐喻分为显性隐喻(明喻)和隐性隐喻、根隐喻(radical metaphor)和派生隐喻(derivative metaphor)、以相似性为基础的隐喻和创造相似性的隐喻等几种不同类别(束定芳,2000c:51)。俄罗斯学者 Г. Н. Скляревская 把隐喻划分为三种语义类型②:理据型(мотивированная метафора)、综合型(синкретическая метафора)、联想型(ассоциативная метафора)(Скляревская,1993:48—64)。不过这些分类是一种静态化的描写性分类,很大程度上并没有实质性地触及建立隐喻模式的内在机制,真正从动态、生成性角度涉及隐喻模式的是 G. Lakoff, M. Johnson,他们一方面把隐喻作为隐喻概念来理解(Лакофф,Джонсон,2004:27),另一方面从认知域的概念本质入手,把常规隐喻划分为三大类——空间方位性隐喻(orientational metaphor/ориентационная метафора)、本体隐喻(ontological metaphor/онтологическая метафора)和结构隐喻(structural metaphor/структурная

---

① 张辉、蔡辉(2005:17)提及过对隐喻进行分类可以从所包括的认知域的概念本质入手。

② 顺便指出,俄罗斯学者对隐喻模式的研究并不多见,A. Н. Баранов 的隐喻认知理论对认知语义学中的隐喻模式组合使用、组合类型等问题展开过一定研究(Баранов,2003:74)。但他主要谈的是名词的隐喻、名词隐喻的认知功能。与此相关,其他研究者如 Е. Т. Черкасова, Ю. Л. Лясова,М. Б. Александровна,В. К. Харченко,В. И. Корольков 等在谈及相关问题时,也基本没有实质性涉及隐喻模式化问题,主要是在语言学方法、语法视野中将隐喻划分为名词型隐喻、动词型隐喻、形容词型隐喻、副词型隐喻及成语型隐喻,或者从功能类型上审视隐喻分类(Александровна,2005:42;Харченко,1992;Корольков,1968;Жоль,1984),或是从语言的结构、使用特点及相互作用关系着眼,将隐喻分为形式—语法隐喻、功能—语法隐喻、结构—成素隐喻以及上下文隐喻等(Феофилактова,2008)。此外,Н. Д. Арутюнова 根据隐喻的语言功能划分出称名隐喻、形象隐喻、认知隐喻、泛化隐喻(Арутюнова,1978b:340,1979:147—173)。Г. Н. Скляревская 还曾依照隐喻形象性程度的不同及其在语言实际中的使用频率将隐喻划分为始源隐喻、语言隐喻及个性化隐喻(Скляревская,1993:29-43),并且根据功能特点将隐喻区分为语言隐喻和艺术隐喻(Скляревская,1987:58,65)。В. П. Москвин 根据隐喻中主要事物、次要事物的不同特征区分出不同的隐喻类型,并从其语言(认知)特性上划分出语义型、结构型、功能型隐喻(Москвин,1997;Москвин,2006:112—165)。Ю. И. Левин 则根据实现比较方式的差异划分出比较隐喻、疑难隐喻以及将一事物特征赋予另一事物的隐喻(Левин,1998)。В. Г. Гак 还从总体上把隐喻称名分为"完全隐喻转义"和"部分隐喻转义"模式(Гак,1972:149—152)。

метафора)①。确切地说，他们的方位隐喻、本体隐喻和结构隐喻不是对隐喻概念的分类，而实际是其概念隐喻理论对隐喻模式的分类，纳入了隐喻的认知操作这一过程性因素。这些模式的共同点是都以认知相似性、认知映射、意象图式为基础、手段和基本内容，实现语言认知语义的转移、延伸。不过，Lakoff，Johnson（1980）认为，方位隐喻是基于空间意象图式、路径意象图式，本体隐喻从容器图式、部分—整体图式引出，而结构隐喻源于认知域的映射，是具体概念域向抽象概念域的转移。但在我们看来，意象图式、认知映射在三种不同隐喻模式中都存在，只是表现的方式和具体内容有别②，而且它们是隐喻模式的组构要件和方式、内容，并不构成隐喻模式的分类标准或原则，明确这一点非常重要。因此，动词隐喻模式是对意象图式结构对接、映射或对动作本体和喻体语义呼应关系的一种概括和分类，是在认知统觉基础上建构起来的两个动作域的特殊"概念场"。

第二节 俄语动词隐喻模式的内涵特质

人类认知思维特点和命题事件的描写策略决定了动词在语言认知机制中发挥着重要作用，动词与隐喻的结合成为新的动作事件、概念的重要语言载体，由此也衍生出动词新的语义即隐喻意义。而这些认知语义的传达、转移所依托的就是动词隐喻的不同认知模式。"隐喻模式是将一个领域的命题或意象图式模型表象到另一领域的相应结构中……这样的认知模式可以从整体上确定出范畴结构，指出它的核心要素并在内部关联中描写这些联系。"（Лакофф，2004：158）我们将借鉴 G. Lakoff，M. Johnson 的

---

① 他们还提出过语篇性强的"组块隐喻"（block-building metaphor/метафора конструирования），即由细小义得出大型言语作品意义的隐喻模式（Кубрякова，Демьянков и др，1996：56）。此外，德国学者 Э. Кассирер 只注重所谓的"核心隐喻"（ключевые/базисные метафоры），认为它规定着不同概念系统之间的类比、联想，并且衍生出其他具体的隐喻方式（Кассирер，1990：37）。西方学者还从狭义上划分出已进入日常语言的规约隐喻、以相似性为基础的隐喻和制造相似性的隐喻，再有就是从隐喻度上区分出活隐喻、休眠隐喻和死隐喻（参见蓝纯 2010：122）。

② 因为显然这些分类模式都同样有心理、经验和语义的因素在里面，"隐喻的认知分类中，植根于我们经验的心理观念发挥重要作用。认知框架下的隐喻分类以心理范畴为基础，本质上是语义性质的"（Архенова，2010：12）。

结构隐喻、方位隐喻和本体隐喻三分法隐喻模式，同时对其作出新的审视，赋予它们以新的理解、内涵。非常重要的是，G. Lakoff，M. Johnson 的隐喻模式实际很大程度上是针对介词、副词或名词的语义引申问题来谈的，而且往往局限在概念隐喻的框架下进行，热衷于根隐喻所衍生的"隐喻场（集合）"分析，因而与我们眼里的动词隐喻模式有很大不同，不能等量齐观。我们认为，就俄语动词而言，隐喻模式的基本内涵特质表现在结构性、二性隐喻性（内嵌着动词题元名词的隐性隐喻）、复合性（不同模式的交叉并用）及认知域的映射性等方面。下面对此展开具体讨论。

一 结构隐喻在动词隐喻模式中的基本性

俄语动词隐喻模式中，结构隐喻是基本、核心的，其他隐喻模式本质上或多或少都与结构隐喻有关，因为（动作）事件本身就蕴含着结构关系特质，结构性、框架性的内容是认知想象重要而基本的来源，它在动词隐喻中往往起认知导入、引领的作用，某种程度上讲，结构隐喻方式是对动作本体客观面貌的一种认知还原，通过结构隐喻可以"获得用喻体对本体作出还原性阐释的认知效果"（徐盛桓，2009：2）。有理由认为，本体隐喻和方位隐喻是在显性或隐性的结构隐喻基础上派生出的不同隐喻认知模式。

首先，本体隐喻的运作往往以结构性隐喻概念的参与为前提，没有结构隐喻的介入，就无法将方位空间意象图式运用到抽象的概念上形成本体隐喻。例如，Не успеешь оглянуться, как опять втянешься в эту жизнь（一不小心又卷入了这样的生活）。这里动词 втянешься 与 жизнь 的组合构成本体隐喻的基础就是施喻者对"（被）卷入……之中"这一动作结构的认知及其对这种生活的消极态度（"卷入、陷入"这样的生活是不幸的）——"陷落于糟糕的生活"同"落入'陷阱'"的动作结构关系、主观感受的意象相似。这样，立足于结构隐喻的概念叠加、转移，实现了本体隐喻。再如，用描写"金钱"的方式来描写"时间"，形成本体隐喻 тратить время（花时间），терять время（失去时间），экономить время（节约时间），也同样依赖于认知结构隐喻：处置金钱与处置时间在动作形象上形成认知上的一种结构相似。俄语中的本体隐喻 войти в историю（载入史册），прийти в норму（变得正常），впасть в искушение（受到诱惑），впасть в забытьё（陷入昏迷）等都以动词相应潜在的结构隐喻为经验基础和认知切入点。而动词通过本体模式подорвать（爆破，炸毁）隐喻表示"危害，损害，毁灭""使动摇"意义时，必然以结构隐喻方式为前设：подорвать здоровье/счастье（危害健康/毁掉幸福），подорвать авторитет/доверие к кому（动摇威望/对……的信任）。

其次，方位隐喻往往离不开结构隐喻的参与，方位隐喻的空间运动等总包含运动主体与运动目标点（方位参照点）、目的地之间特定的空间位置结构关系，或者事物的活动涉及的空间方位关系往往蕴含着一定的结构概念关系，例如：подойти к изучение/работе（着手研究/工作），подойти к теме/главной цели（转入正题/主要目标）。正是这种空间方位因素和结构关系通过隐喻投射到不同事件域之上，才形成了动词认知语义的迁移。同样，动词запасть（下陷，塌进去）（Клавиши запали；Щёки запали.）（键钮陷下去了）隐喻"印入心里、记忆中，铭记"这一意义时，其方位隐喻模式中交织着鲜明的结构隐喻的影子：Образ героя глубоко запал мне в голову；Слова отца глубоко запали мне в голову.（主人公的形象深深印入我脑海；父亲的话深深铭记在我心里）

基于结构性因素在隐喻模式中的核心地位，可以把结构隐喻看作基本隐喻模式，把方位隐喻和本体隐喻看成派生隐喻方式。而立足隐喻概念的范畴化过程，将原型理论（prototype theory）引入动词隐喻模式，可以看出，结构隐喻是动词隐喻模式原型，而方位隐喻、本体隐喻是其表现方式和变体，进而结构隐喻、方位隐喻和本体隐喻处于不同的认知平面。这样，隐喻的基本范畴是结构隐喻，属于上位范畴，而方位隐喻、本体隐喻则属于下位范畴，方位隐喻、本体隐喻都包含一定结构隐喻的因素，与结构隐喻存在着某种关系。陈嘉映就曾注意到，界定隐喻模式的主要因素是结构性，而且他只承认结构性隐喻是隐喻，进而对方位因素和本体因素的隐喻提出了质疑（陈嘉映，2003：371）。不过，在这一问题上，G. Lakoff, M. Johnson 对这三种隐喻模式是平行看待的，很大程度上混淆了彼此间的层级、类属关系，值得商榷。

二 动词隐喻模式中的二性隐喻

俄语动词隐喻模式广泛存在题元名词的二性隐喻现象，这里的二性隐喻（вторичная метафора）是从动词隐喻结构关系上讲的，指隐现在动词语义结构内部结构成分中的一种隐喻,即逻辑层次上的二阶隐喻、次要隐喻,它不直接反映在动词这一实体单位身上,而是通过动词关涉的体词成分或事件参项的次隐喻体现出来,属于动词主隐喻之下的另一层次隐喻关系,对应于"更低层次的概念隐喻"(参见吴世雄、周运会 2012:255)。也可以说,动词隐喻往往会引发包含在其语义结构之下的题元名词的隐喻,形成一个由此及彼的"隐喻链"(metaphorical chain/метафорическое сплетение)。这种二性隐喻链主要包括动词隐喻过程中隐藏的容器隐喻、本体隐喻、拟人隐喻等。

(一)本体隐喻中的容器隐喻

人体本身就是一个独立存在体,有范围、有能量,所以我们可以假设人自身就是一个容器,这个容器可以和人体动作域结合,引导人们更好地表现和理解客观世界。在认知语言学中,有界的事物一般可以纳入"容器"范围(Ungerer, Schimi, 2001:1—59)。容器有典型性和非典型性的特征,其基本点是具有可界定的范围——这一点在认知语言学对容器的定义中是最为根本的一条。由于人们对容器的认知经验、感知较为具体、实在,容器隐喻(container metaphor)的使用极为普遍。

本体隐喻可以使抽象的事物具体化,这依赖的就是"人类身体及其与外部世界的互动"(林正军、杨忠,2011:10)。在人类隐喻思维模式中,本体隐喻把行为、情绪、思维和事件等当作身体的一部分。试看例句中动词 втянуть 的本体隐喻是如何通过容器向人体动作域投射,以更好地表达抽象域的:Они старались *втянуть* её в беду/грязное дело(他们竭力把她卷入不幸中/拉她干龌龊勾当)。句中动词 втянуть 的认知隐喻操作把"不幸""龌龊勾当"视为实体性的、可以进出的容器,将该容器与人体动作域形象化地结合起来,恰到好处地表达出对"拉人卷入不幸、干不好的事情"的看法和态度,使动词事件的表达带有鲜明的认知色彩,借助于人体动作隐喻表现出更丰富的意象。这样,动词 втянуть 的本体隐喻包含客体题元名词的容器隐喻[①]。需要说明的是,这里的动词主隐喻是本体隐喻,而题元名词的容器隐喻是次生隐喻,西方学者有关容器隐喻的理论往往不分主次或者不加区分,忽视、混淆了这里不同层级的隐喻

[①] 本体隐喻中的容器隐喻主要有以下情形:事件或动作被隐喻为容器、观念活动被隐喻为容器、时间被隐喻为容器、状态被隐喻为容器、视野被隐喻为容器及社会集团被隐喻为容器等。

关系。

动词本体隐喻中客体题元的隐性容器隐喻将本体（tenor）——视野、事件、行动、活动、状态、心境等非容器事物视为容器，使其有边界、可量化、能进、可出。在容器隐喻里，人是独立于周围世界以外的实体，人们将这一概念投射于人体以外的其他物体，由此可以将一些无形的、抽象的事件、行为活动、状态也看作一个有边界的容器，但与此同时，它们需要进行"名物化"（номинализация）（彭玉海，2001a）才能进入该动词的隐喻结构。

（二）方位隐喻中的容器隐喻

俄语运动动词的方位隐喻也包含二性的容器隐喻。运动动词方位隐喻往往伴随本体动作所相关的"状态"被二性隐喻为一种特殊的"容器"。Lakoff, Johnson（1980：30）即认为，"人们往往用容器隐喻空间状态"。动词方位隐喻的容器二性隐喻中，核心内容是把事件、状态背后的"时间"看成有边界的容器，事件或行为被看作物体，物体穿过有界的空间同它穿过容器所用的时间形成"空间—时间"上的内在联系[①]，处于时间范围内就在容器里，处于时间范围之外则在容器外。俄语动词方位隐喻中，客体中空间和时间的转换形成的"容器图式"二性隐喻如：Мы вышли из положения；Они вошли в дружбу/доверие/подробности；Они пришли в ужас/недоумение；Автор приблизился к выводу. 这里把抽象的"麻烦事、不利状况""友谊，信任，细节""恐惧，疑惑""结论"（时间—事件）看成了一个实体（空间—事物），分别把人们"摆脱困境""建立友情，博得信任，深入细节""感到恐怖、欣喜""疑惑不解"类范畴化的动作状态比作人从一个类似于容器的物体中走出来——"人类身体是隐喻范畴化的良好土壤"（参见 Телия 1988：173-204；Ульман 1970：250—299），同时赋予动作形象以生动、真实的"具身感"（embodiment）。Yu（1998：148—149）认为，"境地"等词都和困境或者不利状况相连，这是因为人们把困境、困难当作难以摆脱的容器，一旦陷进去则很难走出来，因而"境况是容器"。Yu（1998），张建理（2005）等认为容器隐喻可以概括人类各种感情，并将其分为两类——"人类身体是承载情感的容器"和"情感自身是容器"。Lakoff, Johnson（1980），蓝纯

---

① 时空关系是语言、认知中的基本概念结构。

（2003）等认为，社会关系、社会地位等也是容器。

进而言之，作为二性隐喻的容器隐喻包含了容器图式这一重要的认知结构。通过容器图式和容器隐喻，可以把抽象的、看似杂乱的语言现象联系起来，找出其间的规律性。容器图式把具体容器概念映射到思想、活动、状态等抽象的容器概念上，该隐喻映射与认知经验密切相关，是双向、互动性的，同时也是部分性质的。由于方位隐喻中的容器隐喻基于人类最基本的身体空间、方位概念，所以认知主体易于通过自身的认知能力构建起运动动词的隐喻，表现新的动作事件意义。

（三）本体隐喻和结构隐喻中的二性本体隐喻

动词本体隐喻和结构隐喻的一个很大特点是，它们往往隐含主体或（和）客体题元的二次隐喻，动词所组合的题元名词同时也包含一个概念隐喻，这些题元名词表示的一事物被隐喻为另一事物，包括抽象事物、概念被隐喻为一个物质实体，也可能是题元中包含的动作行为、过程、状态、现象等具体化为认知经验中的特殊实体事物。这类二性隐喻在俄语动词隐喻中大量存在，形成俄语动词隐喻中特有的"显性动词本体隐喻+隐性题元名词本体隐喻"（例如 Солдаты питают *уверенность* в победе; Люди разные бывают, они там опять подстроили *пакость* и *каверзу*（暗中使坏、搞鬼）; *Прибавочная стоимость* отжимается в хорошо проветриваемых помещениях.［К. Маркс］; Наша армия решительно резрезала фронт вражеских войск. 以及 рушить *обычаи*, уничтожить *неграмотность*, подрывать *брак*, пробить *экономическую блокаду*, крепить *дружбу* народов 等）、"显性动词结构隐喻+隐性题元名词本体隐喻"（例如 Их взгляды/Они встретили *всеобщую поддержку*; Мы начисто вырвали/выкорчевали с корнем *их заговор/бюрократизм*; *Репортаж* опирается *на достверные факты и сведения.*）之类链式认知模式。В. В. Глебкин 指出，此时题元名词的隐喻是更为复杂的隐喻构造的基础，在 Я подал тебе эту идею 中，"想法"构成动词 подать 的二性隐喻，"想法（思想）成为具有体积和重量的事物"（Глебкин，2012：89），即被二性隐喻化为实体事物。

（四）本体隐喻中的拟人隐喻

语言认知中，将非生命事物视为有生事物是一种典型的本体化拟人隐喻，"拟人化将周围物理世界的属性类比于人的属性，它是许多隐喻转义的特点"（Касаткин Л. Л., Крысин Л. П., Лекант П. А. и др; 2001: 153）。动词本体隐喻往往内嵌着题元名词的拟人隐喻（personification metaphor）这一"二性隐喻"方式，"本体隐喻中的物理事物（非生命事物——引者注）借助人的属性而被具体化，即拟人化"（Бурмистрова，2005：15），"拟人隐喻把事物进一步细化为人，使其具有人的特征，可以通过人的动机、特点、活动等来理解广泛的经验"（Lakoff，Johnson，1980：33）。具体说来，动词本体隐喻往往包含着主体题元的二性拟人隐喻，表示认知思维中的"事物即人"这一概念隐喻，借助这种隐喻模式的嵌套，可以反映各种新的动作事件语义关系。例如：*Буря* гонит корабли（暴风雨驱赶着船只）；*Растение* пьёт много воды（植物吸收许多水分）；*Всякое сравнение* хромает（任何比喻都是跛脚的）；*Глаза* обманули их（他们看错了）；Семью охватила *безграничная радость*（全家人充满了无比喜悦）；Моё размышление прервал его *приход*（他的到来打断了我的思维）；*Факты* говорят, что он прав（事实表明，他是正确的）。俄语动词本体隐喻从表示人类的一种活动行为延伸到表示非生命事物活动范畴，丰富和扩展了人的思想表现内容，因此，拟人隐喻最实质的认知操作表现方式是附着于本体隐喻模式，构成本体隐喻模式的一个典型特征。而单从语义（构成）参与性上看，这种二性拟人隐喻同"隐性语义错置"现象存在密切关系，它是范畴错置语义条件在动词喻义认知运作中的模式化表现。由此也可以看出动词隐喻机制中不同方面内容的协同作用关系。而在 Его гложет тоска；Тоска заела；Тоска напала 类情感隐喻中，тоска 被拟人化为某种凶猛的野兽（Зализняк Анна，2013：51）。

此外，动词结构隐喻也可能包含拟人隐喻、容器隐喻的二性隐喻。例如，动词 прихватить 本义为"随身携带，捎上"（Анна прихватила зонт на случай дождя；Он вздумал проехать в город, так и меня прихватил.）（安娜带上伞以防下雨；他忽然想进城，就把我也带去了），它先是衍生出"抓紧、握住"这一动作意义，进而隐喻"赶上，遇上，碰上（指坏天气等）"之义，此时它包含结构隐喻模式的运作，并且内嵌着主体参项的二性拟人隐喻：Нас прихватил *тайфун*；Среди моря нас прихватила *мёртвая зыбь*（我们遇上了台风；我们在海上遇上了海涌）。而结构隐喻内部可能涵纳的容器隐喻如：Спирька окончательно погружается *в бездну отчаяния*. Если бросить взгляд *в недалекое прошлое*—эпоху структурализма, то одной из особенностей структуралистического подхода следует признать 《автономизацию》 языка （Кустова Г. И.）; Дедушка погрузился *в думы*. 而且方位隐喻中也同样会包含拟人方式的二性隐喻: В дом вошла *радость*/В потенциальное значение граммемы СОВ входит *идея мнения*; Улицы, созданные пешеходами, перешли во власть автомобилистов. （И. Ильф и Е. Петров）

三 动词隐喻模式的复合性

事实上，除了三种隐喻方式，还可以发现其他动词隐喻模式情况。"人脑中的认知构架不是孤立存在的，它们相互联系、交叉渗透"（参见杜桂枝2003: 4），三种基本隐喻模式会彼此影响、相互渗透，它们交叉并现，套合使用，从而形成大量复合性质的动词隐喻模式。正如 А. Н. Баранов 指出，"大部分隐喻的体现都不是单一的，而是协同性的，即一个隐喻表达式中不只是一个隐喻模式，而是有多个隐喻模式"①（Баранов, 2003: 73），"在具体语言运用中经常会出现几种隐喻合用"（杨秀杰，2005: 44）。动词复合隐喻模式中，结构隐喻往往发挥认知引导、传递的作用，从认知策略上讲，动词隐喻意义的具体落实有时可能主要依靠其他隐喻模式，此时，结构隐喻唤起的一般是框架性的认知意识，而其他隐喻方式激发或关注的则是包含在动词事件中的个性（化）认知意识。不仅如此，不同隐喻模式的复合模式会形成一种认知合力，更为准确、细致、全面地呈现出本体动作事实内容，这种整合同时也拉伸并凸显出动词隐喻的认知张力。

客观而言，三种隐喻模式一方面都有各自的独立性、独特内容；另一方面又会相互交叉，构成网状结构，形成相对完整的隐喻操作体系即"复合隐喻模式"。从方位隐喻与本体隐喻之间的交叉重合来看，方位隐喻的空间图式本身就可看成一种实体化的手段和方式，其空间物质、方位状态的具体内容投射向抽象域时，很可能包含本体隐喻的因素。另外，方位隐喻本身潜含结构关系的内容，所以多少与结构隐喻会有交叉的地方，这在 Всемирная история неуклонно идет к диктатуре пролетариата. 之中

---

① 有必要指出，"尽管言语交际中几个隐喻模式同时使用的情况极为常见，但是隐喻模式的组合问题在隐喻文献中并没有得到应有的研究"（Баранов, 2003: 73）。

动词 идти 的隐喻中即不难看出。而结构隐喻与本体隐喻一定程度上均包含"用具体喻指抽象"这一认知概念因素，一方面，从结构隐喻中可以看出本体动作实体化的特性，另一方面，从本体隐喻中也不难察看出本体动作（tenor action）与喻体动作（vehicle action）之间的相似结构关系，有时甚至很难对它们作绝对二分，这为结构隐喻和本体隐喻的二元"复合模式"提供了便利条件。比如，动词 разрезать（切开，剪开，切断）（разрезать ножницами сукно, разрезать бумагу на 8 листов, разрезать хлеб на куски）（用剪子把呢料剪开，把纸裁成八张，把面包切成块）隐喻表现抽象的空间关系意义"把……分成几部分，（河流、道路等）穿过，横贯"（Тропинки резрезали землю на участки; Разрезав город пополам, река течёт к югу.）（小道把地分成若干地段；河流将城市分成两半，穿城向南流去）之时，就包含了结构隐喻和本体隐喻的共同参与，形成二者的复合认知模式。动词 сковать（锻接）隐喻表示"使（关系）密切，使亲切"这一动作关系意义时，也同样包含了结构隐喻和本体隐喻认知模式的复合参与（Единые мысли крепко сковали людей.）（一致的思想使人们紧密团结起来）。进一步讲，方位隐喻、本体隐喻及结构隐喻极有可能相互交织，共同形成一个动词的"多元复合"隐喻认知模式。例如，空间物理动词 отклонить（使偏移，使偏转）（отклонить стрелку вправо, отклонить голову, отклонить ветви）（使指针拨向右边，偏过头去，拨开枝叶）隐喻"引开话头、话题"（отклонить разговор）（引开话头）和"劝阻，促使放弃"（отклонить его от принятого решения, отклонить их от необдуманного поступка）（劝他放弃原来的决定，劝他们不要轻举妄动）这一意义时，即是方位隐喻、结构隐喻与本体隐喻共同参与的复合模式。同样，动词 сползти（爬下）（сползти с дерева）可隐喻"渐渐堕落为，陷入"这一意义：сползти к рутине（逐步变得墨守成规），сползти к идеализму（陷入唯心主义）。这里有结构隐喻、方位隐喻和本体隐喻模式的共同参与，是典型的复合认知模式。动词 отнести（把……拿到，送到，带到某处）隐喻表示"列入，归入，认为是……，认为属于""改期至……"之义时，形成三种隐喻模式的多元复合。运动动词 выйти, зайти 与相关成分的组合可以隐喻表现抽象的社会行为（状态）意义：Предприниматель вышел из доверия/долгов; Их отношения зашли в тупик（这个企业家失去信任/还清了债务；他们的关系陷入僵局），这也包含了上述三类隐喻模式的复合参与。正是这些隐喻模式的结合、调配，不断地建构出新的隐喻概念体系，也为动作、活动、事件的语言表现提供了新的认知布局和表现方式。

由此也可以看出，隐喻模式的区分不是绝对的，在具体的语言认知条件下，三种隐喻模式具有一定内在统一性，不仅有较强系统性，还有一定交叉重合性。而我们认为，隐喻模式的交叉并用可视为俄语动词隐喻的一种独特模式。该复合性的隐喻模式在动词认知语义衍生中有着非常活跃的表现。而需要指出的是，动词多义义项、同一转义义项交叉并用多种隐喻方式是动词隐喻模式的客观性、可操作性的具体表现，也是俄语动词隐喻机制的一项重要特征和内容。

四　动词隐喻模式中的隐喻映射

动词隐喻模式中的隐喻映射问题很大程度上代表着二者之间的关系问题。隐喻的一大特点是"概念的整个系统是相对于另一些概念组织起来的"（Лакофф，Джонсон；2004：35），即通过一个认知域的概念来认识、传达另一认知域的概念①，所以隐喻映射或认知域映射在隐喻模式的建构中至关重要。А. Н. Баранов 曾认为，"从形式角度看，隐喻映射是以源域反映目标域"（Баранов，2003：77），但我们认为，其实很大程度上讲，概念域的映射不是认知形式上的问题，而是动词隐喻的重要语义表现和认知实质内容。俄语动词隐喻模式与隐喻映射之间的直接关联表现为，隐喻映射是动词隐喻模式的手段、方式，隐喻模式的具体操作是靠隐喻映射来进行的，或者说，隐喻模式借助隐喻映射得以实现，前者通过后者形成，后者构成前者的实质内容，隐喻模式包含具体的映射形式内容。从这一角度看，隐喻映射比隐喻模式要具体，不同隐喻模式就是以不同的方式（结构、方位、实体）把源域的概念结构、动作意象映射到目标域，"概念域映射、意象图式理论是阐述隐喻语言的常规模式，是解释人类长期记忆中的固定知识结构"（齐振海，2003：27）。比如，结构隐喻中的映射

---

① 王德春认为，"以一种概念或事物来构造另一种事物或概念的看法，显然是夸大了隐喻的作用"（王德春，2009：26—29），而在我们看来，这里的概念间移植、借用是由人的认知思维方式、认知特点所决定的，既是必要的，也是可行的，实质上是人的认知能力的积极表现形式。

方式或者说结构隐喻模式主要由"具体域—抽象域""具体域—具体域"甚至"抽象域—具体域"等形式来实现的，该隐喻模式的映射方式相应较为丰富。往下相应涉及这些映射方式内部的认知域转移方式、内容，包括行为域到智力域、行为域到心理域、行为域到异质活动域、行为域到事物关系域、行为域到各种状态域等。而方位隐喻主要包含"具体域—具体域""具体域—抽象域"等隐喻映射，本体隐喻则包含"具体域—抽象域""具体域—具体域"甚至"抽象域—具体域"（参见第三章第一节）等隐喻映射内容。与此相关，一方面，可以说概念结构、概念域的映射是动词隐喻的基本条件[①]，是动词隐喻模式具体运作的核心内容。而另一方面，隐喻模式是隐喻映射的逻辑范畴归类方式或思维路径，是对隐喻映射内容的认知梳理，构成隐喻映射的认知思维支撑要件。因而，动词隐喻模式同包含其中的隐喻映射方式形成一种特殊的操作关系，二者之间实质上处于相辅相成的关联之中。

值得注意的是，动词隐喻模式，尤其是本体隐喻操作过程中的认知域映射往往伴有对本体和喻体动作的共时对比联想，即认知的"同步体验性"（experiential cooccurrence），换言之，"动词隐喻有并行的体验基础和认知过程，源域与目标域之间具有体验的共时特征"（参见李福印、张炜炜 2007：394）。

总之，动词隐喻模式的语义生成性有两个途径，一是对动作喻体的意义联想，由喻体事件的含义向多方面引申、链接，二是对动作本体特征的认知分析和认识。二者的协同参与建构起俄语动词隐喻的认知语义衍生模式。下面我们对俄语动词隐喻模式的次范畴类型及相关理论问题展开具体的分析和讨论。

第三节 俄语动词结构隐喻模式

动词结构隐喻是指以一个动作的结构关系来构造另一动作概念，将谈论一动作概念的各方面特征的词语用于谈论另一动作概念，表现出本体和喻体动作之间在结构内容上的拓扑性特征（topological feature）。这种结构对应性意味着一个动作概念结构可用于另一动作事件框架的构建，形成两

[①] 即第一章所谈到的"概念内容"条件。

个（类）动作概念的叠加，其核心点是"结构""框架"因素，即本体与喻体之间相似性的确立、动作概念的借用是通过动作"结构"关系的投射来实现的。例如：Они совлекли рабочее движение со стихийного стремления（他们使工人运动摆脱自发状态）；Это решение вытекает из фактических обстоятельств（这一决定是根据实际情况来作出的）；Она увиливала от ответсвенности/прямого ответа（她逃避责任/支吾躲闪回答）；Делегация продвинула сроки（代表团把日期提前了）。句中动词совлечь（揭去、拉出、迁移），вытекать（流出、漏出），увиливать（躲开、闪开），продвинуть（推向、挪到）的喻体动作和本体动作"使……摆脱""根据……得来""逃避，支吾搪塞""改动日期"在结构表现、结构方式这一图式意象上是一致的，喻体动作潜含的结构概念运用到了本体动作的结构关系上，从而也确立起了"两个（动作）概念直接的通达关系"（程琪龙，2010：2）。再如：Дети подняли беготню（孩子们乱跑起来）；Мужики опять подняли ссору（男人们又争吵起来）。这里，动词поднять 的隐喻就是把源域动作"举起"的认知结构用于谈论目标域动作"着手做……、挑起……"，二者之间在动作结构表现、结构方式上一致，通过对源域动作的感知和认知经验，目标域动作获得了相应的心智表象。而值得一提的是，在动词结构隐喻模式下，动作结构关系的认知表现、操作也可能是隐性的，其中可能表现为动作（变化）过程、动作时间结构特性上的一致性。比如，Кипяток на столе охладел（桌上的开水变凉了）—Страсть у парня охладела（小伙子原来炽烈的热情冷却下去了）。这里，喻体动作"开水变凉"与本体动作"热情冷却"都经历了类同的时间维度变化、发展这一过程演进和矢量延伸关系，不难发现，它们在动作事件的事理根据和认知结构表现上是相似的。

  动作结构特点体现在动作要素及其关系中，动作结构概念上的相似有多方面的表现，如动作方式、速率上的相似。试比较：Мальчик сосёт лимонад через соломинку（孩子在用麦管吸柠檬汁）—Тайное горе сосёт моё сердце（内心的忧伤使我心灵痛苦）。动词сосать 表示的"一点点吮吸"这一喻体动作转用于抽象动作"慢慢折磨、啃噬"的描写，显示出它们在动作方式、速率这一结构特点上是一致的。有时还可能是动作结果这一结构概念、动作积极度或频率特征上的概念移用，前者注重动作的结果关系特征，比如：потравить мышей（毒死许多老鼠）—потравить ни в чём не повинного человека（陷害无辜的人）；портить машину/лёгкие（弄坏机器/损害肺部）—портить молодых людей/характер（使年轻人堕落/使性格变坏）。而后者强调的是动作的不间断性或高频性，并且由此引申出本体动作的无序性或非均质性的结构关系。例如：забросать ров землёй（把沟填满泥土）—забросать учителя вопросами（一下子向老师提许多问题）；домотать клубок шерсти（绕完一团线）—домотать наследство（挥霍尽遗产）。

很大程度上讲，俄语动词结构隐喻中的本体和喻体动作分属于不同概念体系，具有质的差别，与此同时还具有某种相似性的关联。而这一关联主要表现为通过具体动作中的结构框架来说明抽象动作的结构关系，通过较为具体的动作结构来理解较抽象动作的组织构造，此外，也可能是借助于一个相对简单、熟悉的具体动作结构关系来表现较复杂、陌生的具体动作事件的结构关系，因为"隐喻思维过程必须是在概念与其语言关联物都作为已知给定量的基础上"（徐先玉，2010：82）。而这后一种通过具体的动作结构关系来描写另一具体（本体）动作的情况十分独特（Лук выбросил зелёные стрелки［洋葱长出嫩芽］；Ржавчина ест жесть［锈腐蚀掉了洋铁］），往往被学者们忽略，值得特别注意。

进而言之，动词结构隐喻不仅以具体事物的认知模式来认识和构造对其他事物的认知模式，而且通过结构映射①，将整个认知模式的结构和内部关系进行能动的转移。动词结构隐喻中，喻体动作一般具有结构清晰、界定分明的概念，而被构建的本体动作结构上相对模糊、界定含混或缺乏稳定的内部结构，此时，喻体动作的概念在人的头脑中激活结构性的认知联想和动作要素的结构关系模式，这些联想和关系模式与目标域概念产生语义重合，从而使动词能以一个认知语义域映射另一认知域，以认识喻体动作的结构方式来认识本体动作，以描写喻体动作的方式来描写本体动作。

动词结构隐喻中，两种语义域的概念在人们共有的认识结果基础上相互映射，涉及多个不同的概念关系。动词结构隐喻具有较为丰富的概念系统，源域与目标域之间所映射的事物之间是平行的、多种结构因素相呼应

---

① 杨秀杰曾指出，"结构隐喻在言语中会通过语境调节语义的延伸和变化"（杨秀杰，2005：43—44），而这实际是动词隐喻映射过程的一种外在表现。

的关系，本体和喻体之间在认知上要进行多次协调、嫁接，属于多次对应隐喻。当概念系统提供的认知语境与动词词围、语境不相适应，产生特殊的"语义冲突"（semantic incongruity）时（张建理、朱俊伟，2011：1），往往需要调动、激活相关的（动作）结构关系转换才能进行隐喻映射，进而得出新的动作概念义。结构隐喻因抽象程度、结构详尽和复杂程度不同而各有差异，其中有意象图式映合（意象与概念的映合）、意象映合（没有概念的映合）、隐喻簇（clusters of metaphors）（参见刘振前 1999：62）。这些差异在不同种类的俄语动词隐喻中有具体表现和反映。

　　动词结构隐喻有不同的认知域映射方式，其中有一个非常重要的次类——"连接结构隐喻"（metaphor of linking structure），表示物为作用的动词（physical act verb）①通过结构隐喻转而表示动作事件参与者之间的抽象连接关系，它往往表现因果、空间连接等在内的各种关系事件。动词连接结构隐喻在俄语中极为常见，成为一种重要而十分活跃的隐喻模式。比如 принести, довести, дать, обнимать, заваливать, окружать, обеспечить, показать, влить（влить в комиссию новых членов）（Кронгауз, 2005：188）等俄语物为作用动词通过隐喻，表示不同关系意义时都要借助这一认知模式。试对比一个英文例子：The document supplies us with entertainment（这部纪录片给我们带来快乐）。这里的"纪录片"与"快乐、娱乐"之间本无联系，动词 supply（提供、供应）的连接结构隐喻把动作中包含的主、客体的结构关系和对它们的因果连接关系投射到了本体动作身上，从而使"纪录片"与"娱乐"之间建构起了认知意义上的联系。

　　由于语言中用于表达具体行为动作的动词大量用于表达抽象动作概念或其他具体的物为作用，俄语动词隐喻中结构隐喻模式占有相当大的比例。这与人类认知的发展和隐喻性思维的演变规律相适应，显示出结构隐喻方式较强的认知张力。正如所言，"事实上，我们所有的抽象观念和判断都借助隐喻而得以结构化"（Фернандес-Дюк，Джонсон；1999：84）。

　　值得注意的是，动词的结构隐喻往往与非结构隐喻混合在一起，有时还可能难以辨别，形成复合隐喻模式。这有两种情况，一是动词隐喻时，认知主体头脑中预设了一个结构隐喻，并带着这一结构隐喻进行新的隐喻

---

① 即具体体力动作动词，它表示"发生于外在物理空间的行为"（张雁，2012：4）。

创意。二是动词隐喻引申新义的过程中，出现了"语义错置"（semantic violation），比如动词与其题元之间产生表面上的语义失调，促使认知主体带着本原动作的结构关系去理解新的动作关系，并由此探寻结构隐喻之外的其他隐喻即非结构隐喻模式，这时同样有结构隐喻因素的介入。前一种情况下的结构隐喻是施喻者的主动选择，是分析和吸纳非结构隐喻的基础，而后一种情形下的结构隐喻则是某种程度的被动选择，是发现和进入非结构隐喻模式的认知调节和过渡。

第四节　俄语动词方位隐喻模式

动词方位隐喻是指通过原本具有方位关系或涉及空间、方位成分的喻体动作概念来描写和表现本体动作，是用包含表空间动作的概念来组织非空间方位动作概念，此时不同的动作经验、文化经验被赋予特殊的方位概念，基本空间动作体验被投射于其他的动作认知域，空间动作的具体意象图式往往延伸到抽象领域。这里的源域动作带有特定的方位体验认知语义[①]，而该概念域和意义关系移置到目标动作域时，往往表现为动作进展的方式、结果、阶段状况或者事物间的关系等。例如：Тяжёлая работа довела шахтёров до изнурения（繁重的劳动使矿工们疲惫不堪）；Костюм скоро сойдёт с рук（这批服装很快就能脱手）。显然，句中动词довести，сойти是对新的动作事件的一种认识上的概括，着重于事件性质的认知梳理和理性概念内容，是对源域动作方位体验的心智表征、"隐喻表征"（Будаев，Чудинов，2007b：100）。空间方位运动动词[②] добраться（艰难、勉强地走到），вырваться（挣脱、很快跑开），падать（跌落下），дойти（到达）包含的空间方位移动概念会转移到非空间的本体动作——"与位移没有（实体——引者注）联系的行为"（Зализняк Анна，

---

① 动作所包含的方位意义指行为过程中涉及的动态或静态的空间方位要素，它代表动作的一种动态潜势、趋向（предстояние），总有"力"的线性关系表现成分，与事物所处的静止空间方位不是一回事。

② 这里涉及的运动动词不仅指含移动、运动要素的动词，还包括涉及事物方位变化的动态化动作动词，甚至含有"物理力施加和接触"意义的动词也可以纳入其中，因为"几乎所有物理状态变化都需要运动条件"（Падучева，2004：386），因而这是指广义上的运动动词，与传统、狭义上的运动动词不是一个概念。

2000: 32)之上，使后者获得特殊的方位意义表现成分，从而得以具体化、形象化，分别表示"（好不容易）弄明白、理解""（情感）不由自主地流露出来""（事情）落在……身上""到达……地步"：Наконец добрались до сути дела（好不容易弄清了事情的本质）/Читаю том, другой, третий, —наконец добралась до шестого, —скучно, мочи нет（Пушкин）；Любовь/Ненависть вырвалась（不由自主地流露出爱意/仇恨）；Все заботы по хозяйству падают на маму（操心的家务事都落在了妈妈一个人身上）；Мастерство художника дошло до совершенства（艺术家的创作已经到了完美的地步）。而蕴含事物方位变化动作的动词 вытеснить（挤出、挤走），затереть（擦拭去、涂掉），вытряхнуть（抖掉、抖出来）可以把客体隐含的方位变化意义概念投射到本体动作上，分别表现"排挤掉、取代""排挤、抹去""（从思想上）赶走某种念头"的隐喻意义：Он вытеснил сотрудника со службы.（他把同事从职位上排挤掉）/Он старался отогнать эту мысль и вытеснить её другими, здоровыми мыслями（他极力要抛开这个念头，想用别的、更健全的想法来取代它）—Они затерли молодого специалиста（他们排挤走了这位年轻专家）/Иван затёр такую идею（伊万打消了这样的观念）—Продавщица вытряхнула из головы тяжёлые мысли（售货员赶走了脑海中很不愉快的念头）。

在词汇语义演变过程中，包含空间因素的动作动词常用于比喻本无方位要素的抽象动作，这好比"用于空间关系的词语用于喻指时间、状态、过程、关系等抽象概念"（赵艳芳，1998），同样都是语言认知的结果。"方位隐喻涉及空间方位概念，和人们对物理世界和文化世界的经验密切相关"（项成东，2009：15），动词方位隐喻参照空间方位意象图式组建，在此"空间定位"意识显得十分重要（Архенова，2010：12），而空间方位感来源于人与大自然的相互作用，是人自身活动对空间状况、环境体验的积极认知反应[①]。基于喻体动作涉及的空间变化、方位关系的不同表现，俄语动词方位隐喻分两种情况，一是主体自身发生空间位移、朝着客体方向运动或者是主体与客体同时发生空间方位移动，二是主体不发生位

[①] 人类认知蕴于身体，概念隐喻由人身体经验和物理经验所决定，它根植于生活经验，是我们赖以生存的重要认知方式，在我们的认知活动中不可或缺。

移，只是客体有方位状态上的变化、运动或移动①。前者是运动主体处于核心的"自动"型动态空间运动（如 идти, двигаться, отправляться, ползти, подойти, уйти, катиться, приблизаться, подвести, нести 等），动作指向或动作目的地不是受力对象；后者是位移或运动客体由边缘位上升到核心位的"他动"型的相对静止的方位活动（如 кидать, повысить, подвинуть, выдвинуть, отдалить, взять, заливать 等），动作指向同时是受力对象。而两种不同的空间状态、方位模式隐喻得出的本体事件意象是大不相同的。试对比：①Их изучение отправляется из проверенных данных（他们的研究立足于可靠的文献资料）；Счастливое детство ушло（幸福的孩提时代就这样过去了）；День катится за днём（时光一天天过去）。②Рабочий повысил свою квалификацию（工人提高了自己的专业技能）；Они подвинули свою работу/Эти лекции его сильно выдвинули（他们推进了自己的工作/这些讲座对他很有帮助）；Долгая разлука отдалила их друг от друга（长时间分离让他们彼此疏远）。这里，①中的动词方位隐喻表现出的本体动作基本上属于客观事件描写，而②所表现出来的则多少带有对动作事件的主观评价性内容。这是因为动态事件以表达动作为其典型，客观呈现是核心要素；静态事件多含评价性描述的成分，主观观察性因素更强。

　　进而言之，俄语动词方位隐喻中的空间、方位不是一般意义上"事物"所在的方位，也不是"动作"所处的方位，而是动作所针对的方位或动作发生时涉及的方位，这一方位概念在认知转移过程中有"心理相似性"的介入，尤其是"他动"型相对静止方位活动的隐喻有"创造相似性"因素的积极参与，"这种相似性是说话人和受话人通过联想，将两个本无联系的事物并置后创造出来的，是一种创造性的相似"（王志坚，2003：20—21）。动词方位隐喻对动作认知概念的对比、描写并不是一对一的直接映现，而是透过内在世界的一种折射，有认知模拟创建的结果。因而，作为一种认知活动模式，动词方位隐喻包含较强的主观成分。比如，人们将一些抽象、模糊、不易描述的心理感受、存在的状态和结果视为一个容器或空间动作的目的地（Солдат пришёл в сознание.）（士兵恢

---

① "几乎任何物理状态的变化都需要运动条件，如接触类动词（закрыть/关、наполнить/填满）需要运动来产生接触。"（蔡晖，2011：43）

复知觉/苏醒过来），并以此来认识、描述和评价，表达他们对客观实在的真实感受（Тошнота подкатила к горлу.）（突然感到恶心），这里的心理认同就是主观创建的结果。汉语中的"陷入困境、迈入小康"等也如此。从这一主观形象的认知关系上讲，方位隐喻是在重新组织知觉或创造一种方位知觉的转移，以能动参与的方式建构客体，产生一种新的心理构想，为观察世界提供了一种新的认知范式。

  而另一方面，如上所述，动词方位隐喻以生活经验、物质和文化经验为基础，所以它又具有突出的非任意性特点，非任意性是方位隐喻本质特征之一。尽管方位隐喻有主观的心理相似性作用因素，但不能随意用一个空间方位来描绘特定动作本体，因为方位隐喻有相应的认知理据（cognitive motivation），正因有了这一认知理据的制约，含主观因素的方位隐喻仍保留着空间方位图式的架构及其基本的内在逻辑。例如，路径图式的方位隐喻包含了这样的认知经验：当主体自身运动、移动时，产生"起点—路径—方向—终点"这一动态连线路径图式，它映射出抽象动作的过程和目标，并形成相应的隐喻模式。而当主体自身不动、客体事物移动时，形成的是"高低、前后、左右"评价、参照性图式，映射出事物所处的一种静止空间状态，而这种状态向抽象域的隐喻延伸，表现出的则往往是各种动作性状、动作结果等特征。这样看来，俄语动词方位隐喻的认知运作包含了典型的映射交织，即主观、客观心理空间的交织和映射。

  动词方位隐喻具有内在、外在系统性。首先，方位隐喻一般具有微观层面上的内在系统性。例如 прийти в ярость（勃然大怒），выбиться из нужды（摆脱贫穷），вляпаться в историю（遇到不愉快的事情）。动词 прийти, выбиться, вляпаться 隐喻时，各自都限定了一个连贯、一致的系统，而不是一些孤立的、不一致的任意例子的聚合。因为"愤怒"有一个情绪酝酿、堆积的过程，这一过程相似于身体运动、接近某一目标事物的过程，而"愤怒"本身又是一种消极、不良的情绪表现，类似于一个封闭的事物把人囚禁起来，人发怒就如同进入了这一封闭、黑暗的空间。所以喻体动作与本体动作间的方位隐喻是内在关联、对应的。同样，"摆脱贫穷"也有动作事件的积极准备，这一创造条件的过程相当于一个运动的过程，其起始点是不利、消极的，终点是积极、期望的目标，要从起点到终点就相当于是从封闭的空间中走出来，到一片开阔的地方。"遇到不愉快的事情"的特殊空间（运动）想象关系也具有其类化（概念化）

的行为发展空间逻辑和一致性的事理关系感受与心智反应。所以这三个动作之间也存在方位和结构性质上的系统关联性。其次，不同动词的方位隐喻之间存在宏观上的外在系统性，这种外在系统性体现在（不同）方位隐喻之间的一致性。比如，以上所举的几个例子，它们在动作方位关系的总体表现上以及本体、喻体的动作关系结构上都呈现出相似的特征和一定的对应性，在动作方位体验上具有相类的动作（关系）肖像感，通过外在物化的空间认知联系反映出彼此间动作物象的肖像作用关系类同性。

在人的认知概念方式和联想机制中，抽象意义上的空间和物理空间存在较为常规化的对应关系，因此这一动词隐喻模式在词汇认知语义系统中的表现相当活跃，具有很强的动作概念生成性。俄语中有许多包含空间意义因素的动词与前置词组建起形式化的图示，表达丰富的动作隐喻意义。据我们粗略统计，俄语中有1万多个动词借助方位关系进行词义引申，获得新的隐喻意义[①]。

第五节 俄语动词本体隐喻模式

"绝不是所有事物都有清晰形象，都有分明的轮廓，都同等地进入思维。人的思维倾向于依靠简单、易懂的来表现较难的和不可捉摸的事物"（Дубин，1991［OL］），因此语言认知往往需要"将抽象语义域表示的概念表达理解为实体语义域的实际物体"（李恒，2013：30）。人类的生存方式首先是物质化的，人类对物体的经验为我们表达、理解抽象概念提供了物质基础，由此形成本体隐喻。动词本体隐喻是指借用具体动作（物为作用、体力动作）概念来表现非物为作用的抽象动作概念，或者用较为熟悉的体力动作来表示陌生或难于描绘的另一物为作用、动作[②]，即把较抽象的动作实体化或者把较复杂、不熟悉的具体动作进一步简单化、物质化，使其与人的认知背景、认知习惯相适应，因而很大程度上讲，动

---

① 语言事实证明，人类的多数隐喻概念是参照方位概念而组建的。这决非偶然的巧合，而是以人类特有的物质的、社会的和文化的经验为基础的，它同时也说明了人类的思维及语言的进化过程。（参见李诗平 2003：17）

② 此时的本体动作可以理解为一种相对抽象的动作或人的感知意识、认知意念下的特殊抽象动作。

词本体隐喻是人的认知意识界面的交换、对接，或者说是一种认知状态的转换。例如：Опыт с кадрами у него уже созрел（他的人事工作经验已经成熟）。句中动词 созреть 通过"（果实）成熟"这一具体动作认知图式的迁移，表现出"经验丰富"这一抽象的精神意志活动和社会行为特点，通过认知模拟，拉近了人与这一特殊动作之间的认知距离。而句子 Едкий запах лука бросился мне в нос（一股刺鼻的葱味直冲我鼻子）中，动词 броситься 的隐喻则是把具体、直观的"冲向、扑向……"这一身体动作意象和画面植入难以描述的另一动作的认知，形象化地建构起"味觉"的动作意蕴，即使没有实物刺激的输入，人也能借助该源域动作的认知联想，在心智中获取该动作的印象，而这正是人的认知投入、认知能力的积极表现。又如：Писателя придавили горе и несчастье（痛苦和不幸使作家抑郁寡欢）；Оборвалась связь между двумя странами（这两个国家之间的外交关系中断了）/Разговор их оборвался（他们的谈话突然中断）；Такое пальто вышло из моды（那一款式的服装已不再时尚）。句中动词的隐喻都是用具体动作来表现抽象的动作事件，使其实体化。而句子 Эти книги не вошли в чемодан（这些书装不进箱子）；Грибы в лесу полезли из земли（森林里的蘑菇破土而出）之中动词的隐喻则是通过具体、熟悉的动作来描绘不便于描述的、较复杂的物理动作。当然，动词本体隐喻最典型的是以具体转喻抽象①，因为语言的认知表达中，抽象概念往往无法直接感知，而具体概念能够直接获得，抽象概念一般借助具体概念进行组织。而从人的认知特点、认知能力上讲，人类也具备这一由具体到抽象的概念转移潜质，因为"随着人类对客观世界和自我认知的深入，人们学会从不同角度去看待一个实体，把它看作具有不同特征的实体。实体可以是物质的，也可以是心理的"（刘润清、胡壮麟，2001：173），这种由物质实体到心理实体的认知跨越，就是"具体"对"抽象"的一种隐喻重构。许多实体语义域的动作不仅可知、可感，同时还会引起人的心理感受和反应，可以获得抽象的心理语义域属性，由此转而表现抽象的动作事件。与结构隐喻相比，动词本体隐喻都含有"以具体转指抽象"这一特性，但它注重的是动作本体的物质性、实体性、认知便捷性（简化性），

---

① 以下主要分析这种情形，而对于以较熟悉、简单的具体动作隐喻陌生、复杂的具体动作的情形，只在必要的地方有适当分析，不作专门展开。

而结构隐喻所侧重的是本体与喻体行为之间的结构框架类比性、动作内部结构关系的可复制性、可移就性。

就动词本体隐喻来讲，动作的实体化过程将具体动作的经验的词语用于谈论抽象、模糊的动作事件、心理活动等概念，这些抽象概念借助实体动作而变得有形，即"把事件、活动、心绪、思想等当作实体事物来理解和把握"（Лакофф, Джонсон, 2004：49），"用实体动作来理解事件、行为、活动和状态，事件和行为被隐喻概念化为物体，活动被概念化为物质"（Lakoff, Johnson；1980：30—32）。另一方面，反映在人的认知中的动作行为尤其是抽象、复杂的行为一般以连续量或集合的方式呈现，人对这些动作的感知、把握是一个非离散性的连续统，"在人们认识事物的过程中，几种感觉、知觉同时起作用，物质世界是作为一个整体被感知的（完形感知——引者注）"（徐先玉，2010：82—83），因此要表现出这些动作，需要将它们还原为一个离散量，赋予它们以离散性的本体面貌——"离散是绝对的，而集合却是相对的"（钱冠连，2001：28），实体性的本体隐喻由此成为一种必然，"这使得我们能把一部分经历作为一种同类的、可分离的物质来看待"（束定芳，2000c：135）。例如：Друг бросил курение（朋友戒了烟）；Её мысль путается（她思想混乱了）；Студент показал нам своё умение（这个学生展示出自己的聪明才智）。句中表现的抽象行为连续量被概念化为一个个实体动作，动词隐喻意义的生成都包含着离散性动作概念的认知映射这一物化过程。

进一步讲，动词本体隐喻中，"本体"的实质在于，借助抽象动作的具体、有形化，可以对它进行物质化的认知描述、量化，识别其特征及原因，抽象、模糊的、不易释义的动作概念通过具体、可感、明显的动作实体得以理解、体验，相当于把远距离的动作事件变焦、拉近为近距离的动作形象，使其清晰化，因而，М. А. Бурмистрова 认为本体隐喻就是"通过划定抽象实质的空间轮廓来对其进行范畴化"（Бурмистрова，2005：15）。语言的运作是一个充满了主体间性的能动过程，人们能够把抽象的事物实体化，也能把抽象的动作行为"具象化"，使其向熟悉、更为物化的动作形象靠拢。例如，借助动词 затеряться 的"（被）丢失"的具体动作形象来描述较抽象而难以描述的动作"消失、隐没"和"（成为）不受注意的、被人遗忘"：Лодка затерялась в волнах（小船隐没在波涛中）；Среди степей затерялась деревенька（草原中坐落着一个孤零零的小村庄）；В старых журналах затерялось намало талантливых произведений（不少有才华的作品湮没在旧杂志中无人过问）。也正因如此，动词本体隐喻往往连带动作客体的"二性"本体隐喻，将抽象事物、现象转喻为具体事物，协同完成本体动作的整体物化迁移。例如：затронуть интересы/вопрос/тему, сохранить любовь, утратить уверенность, смотреть на будущее, схватить основную мысль, питать ненависть 等。通过动词本体隐喻还可以把大量复杂、抽象甚至异质的动作行为表现为具体、实在而相对单一、可感的动作。例如：строить гипотезы/проект/новую жизнь（作出假设/作计划/建设新生活），открыть новую эру（开启新纪元），держать торговлю строевым лесом（经营建筑木材），встать на борьбу（投身于斗争中），等等。显然，这里所隐喻的本体动作都不是单一、同质的。

非常重要的是，喻体动作本身含有多方面的实体特征，建构动词本体隐喻的"源域"即喻体动作的特征并不是唯一的，而"人们对外在世界的认知过程，是一种选择性的信息加工过程"（施春宏，2012：119），动词本体隐喻识别动作的物化功能所选择、强调的一般是喻体动作的本质特征或最显著的特征，并把这些特征赋予目标域、本体之上[①]，运用最为实质的物化动作经验或概念结构来认识、理解抽象的动作，使其带上某种实体的特征，动作本体相应得到具体化识别。例如，"调动事宜就这样被他们踢来踢去"。句中动词"踢"的本体隐喻中，"踢球"这一源域动作最本质的特征是"动作的不断来回"，运用该具体动作的"踢来踢去"这一典型意象来表现抽象动作"推脱……"，同时把抽象概念"调动事宜"联想为一个实体物质"球"。同样，"我们不吃这一套"中，用动作"吃"中最实质化的"接受、吸纳"这一喻体特征来识别抽象的"理会、相信、理睬""上当"这一动作，使后者的动作概念具体化、形象化。

"人类概念系统很大程度上建立在本体隐喻基础上。"（束定芳，2001：29）俄语语言事实的大量语料显示，表示人类精神活动、心智活动、言语活动等的动词许多都来源于描写物质活动、物为作用的动词，这是因为人们习惯于运用已知、熟悉的动作、活动来理解和表现未知、陌生

[①] 动词隐喻时会抑制喻体的一些特征，或者说动作目标域对源域映射有一定的制约作用，"目标域的隐喻范围决定着源域映射内容的范围与角度"（刘正光，2003：13）。

的行为，或者通过已经了解的动作来重新揭示和理解已知的动作行为，也可能是通过浅显、熟知的具体动作来认识和表现陌生或难于把握的另一类具体动作，这些都属于积极的语言认知模式。

这样，借助认知经验、联想及认知相似性、认知映射，可以对俄语感官动词 видеть, нюхать/обонять, слышать, слушать 的本体隐喻运作情形加以察看和分析。

俄语动词 видеть（看）本义是"用眼睛观察"，隐喻意义为"理解、晓得"（Арутюнова, 1989：2）：Я это видел（我明白了这一点）。在感官动作上，眼睛看见了，就知道是什么，就会对所见到的作出辨别、判断，由此形成相应的观点、想法，有了想法就明白如何行动，形成心智感知动作。这样，建立起了由物质的感官动作域到抽象的心智动作域的迁移，完成动词的本体隐喻。动词 нюхать/обонять 本义为"（用鼻子）嗅"，隐喻义为"觉察出"。借助实体的"鼻子闻"这一感官身体经验——用鼻子闻就能闻出不同气味，根据气味的不同，可辨别出是什么事物发出的气味、气味可能来自哪里等，如果食品清新、无异味，就可以食用，如果是陈腐、有臭味的，则无法食用。通过这一物质感官经验映现抽象的智力活动过程，动词 нюхать 由此形成本体隐喻，产生由"闻、嗅"转化而来的"觉察出、猜出"隐喻意义：Журналист нюхал интересные известия/слухи（记者觉察出有趣的新闻/传闻）。与此类似，动词 слышать（听到）也可以通过这样的本体隐喻引申出"感受到（听出）、觉察出"这一意义：Она слышала гнев в словах учителя（她觉察出了老师话语中的愤怒）；Слышит душа многое, а пересказать, или написать ничего не умею（内心感受良多，但一点也说不出来，写不出来）。同理，动词 слушать（听）的本体隐喻也如此：耳朵听见了，就可以做出分析、理解，听到的、理解出来的有道理、正确，就会照着去做，所以感官动作上的"听"就衍生出"服从、听从"这一抽象、异质的精神、意志活动意义[①]：Он слушает родителей（他听从父母）；Не слушайте глупцов（别听糊涂虫的话）。从这些动词本体隐喻及相关的词义变化、产出过程的分析，不难看出俄语动词语义衍生的认知路径。

[①] 这潜含着一层换喻的"相关性、邻接性"因素，即隐喻可能包含换喻，与换喻有关。

本章小结

综上所述，动词隐喻模式是词汇隐喻机制的重要环节，它构成语言认知运作和词义演变规律的一项基本程序。认知语义研究借助动词隐喻模式可以把抽象的、看似杂乱无章的动词意义变化、一词多义现象统合、关联起来，找到它们彼此之间可能存在的内在联系，从而为语言语义系统化的认知研究提供新的分析和描写手段。而从动词隐喻认知中的动作意识联系上讲，隐喻模式是对动作本体和喻体语义对接、呼应关系的一种概括和分类，是基于认知动觉心智形成的动作物象概念系统照应模型或动作认知域之间的概念场。以上研究得出的结论是：结构隐喻是俄语动词隐喻模式中最为根本、实质的运作方式，结构隐喻之所以重要，是因为它构成并代表着动作客观事象的主体性内容，动词隐喻框架性的概念语义（特征）往往蕴含于它，这是客观事物的事理—概念内容在语言认知中的记载和反映；俄语动词隐喻模式以认知域的语义映射作为其实质内容的操作方式和手段；俄语动词隐喻模式往往蕴含题元名词的各种隐性的次生隐喻、二性隐喻，这是动词隐喻结构逻辑层次上的二阶隐喻，它兼具操作性、解读性认知功能，包括容器隐喻、（二性化）本体隐喻、拟人隐喻等；俄语动词隐喻模式极可能交叉并用，以复合方式呈现，形成多义衍生运作的多元复合隐喻模式。此时，表现最为突出的是方位隐喻与结构隐喻的复合模式——运动本身以空间方位、空间概念方式为基点，而其他物理作为动词的隐喻基于具体隐喻抽象，往往表现为本体隐喻与结构隐喻模式的结合，甚至可能是本体隐喻、结构隐喻与方位隐喻模式同时并用，复合性、多元性更强。最后想指出的是，俄语动词隐喻模式中的抽象与具体动作概念之分是相对的，所谓"抽象"与"具体"某种意义上取决于人对动作的感知、领会和认知度或者人的特定动作习惯性及动作接受度，与认知储备、认知能力等因素密切相关，一定程度上超越了一般概念意义上的理解与界定，是语言认知平衡的一种表现。这些都会促动和启发我们进一步深入思考语言与认知之间的关系，同时也有助于加深我们对动词隐喻机制的认知模式本身的认识。

第五章　俄语动词隐喻意义的运作机制

　　俄语动词认知隐喻理论的核心点是借助理论原则和方法衍生出新的语义，为思想表现、信息交流提供更为丰富、准确的词汇语义资源和手段，更好地描写和刻画人的思想现实以及客观现实事况，提高语言的表现力。动词隐喻意义机制在动作心理、感知及认知信息、认知处理同语义衍化、语义沟通之间建立起了有机的联系。动词认知隐喻中，"周围世界信息透过语言单位的意义表现出来"（Болдырев，2000：14），人通过动词词汇单位的意义方式将自己对现实世界的感受、认知记录并呈现出来。这样，俄语动词隐喻意义是人的思想认识对词汇语言意义的包装，包裹了一层主观过滤和观念意识、思想表现的内容。动词喻义的核心点往往不在概念意义下的真值即动词（潜在句义）内容与现实片段的对应性质，而在施喻者借助认知心理运算、演绎得出的主观认定意义部分，因为很多时候，"认知与内部的解释相关，与确定真值无关"[①]（Демьянков，1994：24），真正关联的是认知意识下的"心理性射指"（Арутюнова，1988：39），涵纳个性化和想象化的知识内容或者概念化了的知识状态、表征成分。这样，由动词隐喻范式衍生新义同语言认知图景有关，反映在语义实质的认识上，动作概念、意义往往是心智构造物，是人的认知心理空间和意念上的一种价值规定，进而存在着意义"实"与"虚"的问题：动词隐喻时，由客观表象上看，意义是由实变虚，而实际上所体现的是认知者的一种主观心理实在，这是动词"实义"的另一种表现方式即认知意识表现形式。

　　[①] 须作区分和说明的是，这里"与确定真值无关"实际是隐喻意义侧重点即意义认知操作的问题，并不意味动词隐喻义与真值义本身没有联系，而事实上，"隐喻意义同真值条件的联系一点不比字面意义同真值条件之间的联系弱"（Лайонз，2003：298）。正如 Н. Д. Арутюнова 从隐喻指称关系上所言，"隐喻的指称一般通过确定它同事物直接称名之间的照应联系来实现"（Арутюнова，2002：296）。

而由此识察,语言认知的动词隐喻意义范畴又会带有客观—主观连续统的属性。

俄语动词隐喻意义是词汇语义内涵同认知布局同步积极运作的结果,它涉及面广,衍生性强,背后有一整套认知机制在协同作用,并以特殊的语义(义素)分割、转移方式实现认知信息的输传和流转,形成独特的动词意义"认知聚合体"(когнитивистская парадигма)(Шилков, 2013:64)。俄语不同语义类动词各有自己不同的喻义表现,需有针对性的分析和研究[①],本章将运用前几章讨论并建立起来的动词隐喻理论方法、机制,选取五类动词对动词隐喻意义机制展开跟踪式实证分析和研究。而这里有必要重申的是,实际上我们提出的相似性、语义错置、意象图式与概念结构、语义变异、隐喻映射及隐喻模式在俄语动词隐喻中发挥双重功能,作为构成动词隐喻的基本条件,它们一方面发挥着构建动词隐喻的结构性功能,另一方面直接参与动词隐喻认知操作,其中认知相似性、语义错置、意象图式与概念结构在隐喻建构和运作上双重功能最为突出,但以建构性认知功能为主,而语义变异、隐喻映射及隐喻模式则以认知操作功能见著。这些要素共同构成俄语动词隐喻意义运作机制。

以下将具体对俄语物为作用动词、感知动词、言语动词、思维活动动词及情感活动动词的隐喻意义机制展开分析和描写,同时也是验证该理论构架和描写模式的适用性和可靠性。如果说"认知语言学要求解释语言作为信息、作为世界的概念化图景是如何反映在人脑中以及人是如何利用这些信息进行话语思维活动的"(杜桂枝,2013:7),那么俄语动词隐喻意义机制的研究则正是要揭示语言是如何通过人的认知机制进行新的语义生成和运作的。值得注意的是,与语言认知语义的特点本身有关,俄语动词隐喻的运作机制主要是通过物为作用动词的隐喻表现反映出来,以下各节中,除了第一节专门以"物为"动词为对象展开分析、讨论之外,其后各节尤其是第三至第五节实质上也是物为作用动词隐喻的(变体)表现内容,这里出自章节分布系统性和层次性的考虑,而分别命名为俄语言语活动动词、思维活动动词及情感活动动词的隐喻意义机制,它们将要描述和讨论的实际可视为物为作用动词隐喻表现言语活动、思维活动及情感

---

① 俄罗斯学者在这方面的专门研究并不是很多,А. М. Плотникова 曾对俄语社会关系意义动词进行过语义认知方面的研究(Плотникова, 2008),但对隐喻认知方面的涉及有限。

活动意义的认知意义问题,因此,本章后三节可分别对应解读为"言语活动意义的动词隐喻机制""思维活动意义的动词隐喻机制""情感活动意义的动词隐喻机制"或者"隐喻性言语动词的认知运作机制""隐喻性思维动词的认知运作机制""隐喻性情感动词的认知运作机制"。

第一节　俄语物为动词隐喻意义机制

语言思维具有开放性、一致性、有序性的特点,而作为概念思维方式的隐喻恰如其是地反映了这一特点。隐喻具有概念性的本质,认知概念化、范畴化将人对一事物的意识概念转用于其他事物身上,实现语言符号意义的转移、衍生和事件范畴的转化。俄语动词多义的多数意义来自隐喻,而其中隐喻意义与空间方式的认知体验或物理作用方式的体验密不可分,"语言能力是人类一般认知能力的一部分,人类对客观世界的体验在很大程度上影响和制约着语言意义"(张志军、孙敏庆,2010:31)。从动词隐喻的符号程序上看,构成认知行为基础的是"世界片段的符号观念化"(Крейдлин,2003:82—83),施喻者往往将认识客观情景的主观心理、意志(表现)取向投射到外在物理空间的行为域,形成外在于身而内在于人的意识性内容,即认知主体观念中的概念化意义。空间结构关系、空间概念是人类最为熟悉,也是最为基本的一种概念,动词认知语义中,通过将具体的空间动作概念映射到各种抽象动作认知域上,或者是把具体的身体物为动作概念映射到非身体物为动作概念域,概念的转移达成了动作事件的心理移觉和类同化认识,帮助实现动词引申的隐喻意义。"动作型动词是描述人类基本行为动作的核心动词,动作型动词的隐喻意义具有广泛性。"(葛建民、赵芳芳,2010:43)物理作用、物为动作可隐喻识解其他各种认知域的行为,包括抽象的、(其他)具体的和带有某种抽象性质的具体行为,本节将选取两类物为动词对相关问题展开研究,一是以俄语空间运动物为动词[①] идти、пройти、сойти、бежать、войти-выйти、прийти-уйти 为对象物,二是以其他实体物为动词 брать、поднять、покрыть 为典型,对其多义义项的认知隐喻特性、类型及其认知语义性能问题展开研究,以分析运动空间维度及其他物理实体维度在抽象动

[①] 文中所说的"物为动词"指描写具体行为、活动的动作型动词即物理作为动词。

作以及其他具体物为动作中的贯彻、体现，阐释俄语物为动词喻义运作机制。

一 俄语空间物为动词的隐喻意义机制

"基本空间概念的隐喻使用是认知语言学热议问题之一。"（Кустова，2005：55）某种程度上讲，动词认知语义或者说本体动作的意义内容是人在想象中主观设计出来的，而这种意象设计在俄语空间运动动词的隐喻意义机制中有突出表现，因为"时间从本质上可解释为对空间的特殊想象。事件在其中行走、流动、飞行，简言之，在里面运转。这也是事件及其时间特点的一种客观化"（Кронгауз，2005：89）。俄语空间运动动词可以隐喻表示各种新的意义，这是在动作本体与喻体之间"取象比类"的相似性基础之上所产生的，"人类天生就有一种基于直觉的相似感，物理上的相似感与心理上的连通感，即联觉交互作用，……借以勾勒出反映事物本质的印象，捕捉感官无法企及的抽象观念"（华劭，2007a：7），正如Ш. Балли所言，"我们用可感知的事物的相似性来比喻抽象的概念，因为这是我们可以认识它们的唯一手段"（Bally，1964：17），许多时候，"直觉上的相似感知在决定着人行为举止的实际思维中扮演重要角色，它不能不反映在人的日常言语中。这是生活中隐喻的取之不尽的源泉"（Арутюнова，1990b：8）。Анна А. Зализняк也曾指出："观察人的内部世界的基本观念机制就是隐喻，而表示隐喻转义的核心词汇是本义表示运动或空间位置的动词。"（Зализняк Анна，1999：312）通过运动的形象、动觉经验来描述对应的动作本体范畴，也可以更为细致地表现和区分目标动作，形成空间具体动作行为现实在抽象心理现实中的认知延伸。

基于相似共性的动词隐喻有不同的认知映射方式，而不同的语义映射会产出不同的隐喻意义，以下将具体提出有关俄语空间运动动词的九种认知隐喻语义模式，并在此基础上分析和讨论这些隐喻方式下的各种意义。这些动词意义的引申同认知体验、思考方式、思维取向直接相关，而空间运动的隐喻映射在其他多种抽象动作的概念表现和图式化中扮演重要角色。动词隐喻的本体动作、事件中总有这样、那样或多或少的抽象事件因素、抽象特征，即使喻义表示的可能也属于物为动作或者包含一定物为动作因素，但其中却必定包含了认知主体对所转喻动作的某种抽象概括、提炼和"所作出的某种实用性评价"（参见 Арутюнова1998：359，369），凝炼出来的动作特征也同样是认知主体对经验的体悟和解读，并最终抽象出新的本体动作概念。因此，这同样也是"运动"经验概念化、意念化和认知隐喻的结果。

动词隐喻中的"抽象"首先面对的是一般日常生活的概念化，实际属于认知机制上的抽象，而不是严格逻辑意义上的"抽象"，这样的"抽象"指人在概念性隐喻中所作的动作概念转换，是对动作相似性的归纳、总结，需要进行认知联想、过滤、聚焦，隐喻时，即使客观属性上带有具体范畴特性的目标动作也可纳入抽象范畴或"准抽象域"，因而所喻指的这类动作原则上也归属于抽象概念，俄语空间物为动词的认知隐喻也就可以统辖于"由现实空间向抽象空间"的语义映射。

非常重要的是："隐喻是由意识向潜意识的迁移"（Sarup, 1992：105），隐喻的心理移位（psych movement）对概念的认知取象、认知组织是有选择的、部分的，而不是全盘照搬。动词隐喻产生新义即隐喻概念化、语义映现的过程中，需要对动作事件的原型特征或伴随特征进行高度概括和浓缩，提取经验内容的同时也要舍弃冗余的细节性内容，这就是隐喻中的"语义节省"分配原则，因为认知的本质就是勾画事件框架，而其细微特征和内容须由意识联想的认知跟进来落实，"认知结构就像现实世界中的地图，在概括的过程中，许多细节都被省略了"（朱跃，2004：60）。

另外，动词隐喻意义与经验域动作的意义和结构特征直接相关。动词隐喻意义包含的认知（意象）映现是将动作源域的本体特征、框架转移到目标域的动作框架和内在特性上。俄语运动动词隐喻中，源域的认知本体是各种运动图式、概念结构，"在语义映射过程中，它会以某种方式与目标域动作的内在结构保持基本的一致"（Lakoff，1993：215），而本体动作被概念化为特有的一种"空间运动"。我们还进一步看到，运动动词的概念域映射实际是把"明喻"关系中所感受到的概念属性迁移到本体动作上，即在动词的隐喻背后包含了一层明喻的内容[①]。

[①] 这一点非常重要，一些学者误把属于隐喻的动作概念当成明喻就是因为在二者间的概念层次处理上产生了偏差。它们之间不单有概念上的类属关系，还牵涉到隐喻的语义错置、组合条件和话语特征等。限于篇幅，这里不作展开。

再有，动词隐喻的认知取象（包括喻体和本体动作）都带有多层次性、多面性特点，在动词的一种隐喻关系之下，可能衍生出多个引申意义，因为在某种语义映射方式中，如果动作喻体相同，但目标动作或本体动作不同，那么形成的隐喻意义也相应有别，"用同一个隐喻的喻体与不同的本体相结合可以产生不同的意义"（束定芳，1998：18），而这也是动词多义的隐喻核心所在，从隐喻意义的认知方式上分析，该现象应该属于"用相同动作喻体来隐喻不同的动作本体"。

需要指出的是，在以下隐喻意义的具体认知分析中，同一空间位移动作喻体与不同动作本体之间在具有某种相似性的同时，彼此间可能也会有不同的相似点，这在动词隐喻语义机制中是一种可以接受的客观现实。

（一）空间物为动作隐喻间接感知行为①（身体物为动作喻指非身体物为动作）

空间运动动词隐喻的语义映射中，认知主体首先对身体感知的运动资料集进行解码，然后围绕锁定的动作目标重新组合，建构起不同意义的结构体即引申义项，而这些动作目标中也并不排斥身体之外的其他具体物为动作。空间物为动作隐喻间接感知行为，即身体感知的物为动作喻指非身体可感的物为动作（或身体外动作），这一认知语义现象在语言实际中有相当大的覆盖面，它在作为本节研究对象的俄语运动动词 итди、пройти、сойти、бежать、войти-выйти、прийти-уйти 中都有体现。这些动词的本义中，动作主体是动作的当事者、发出者、参与者，即空间移动时，主体随之移动。而隐喻时，原动作主体变成了"观察者"，他不直接参与动作事件，因此不是直接感知动作，只是间接感知、传达和描述动作。也就是说，这是人们把发生在自己身上、更为熟悉的空间运动意象图式映现到其他物体的空间动作上，从而通过了解或者更为熟知的位移概念来思考、表现自身之外的空间属性和动作概念，使其他物为作用的空间概念理解起来更加具体、方便，正如束定芳所言，"隐喻巧妙地利用对喻体的熟悉程度，来说明和强调本体的特征和意义"（束定芳，1998：14）。

有学者认为，"动词隐喻中，由人类具体行为活动域到自然现象或

---

① "行为"在此是动作的一种广义理解，包括动作、行为、活动、状态、过程乃至举止、表现等。

客观事物的活动域的映射很少"（参见葛建民、赵芳芳 2010：45），但应该指出，运动物为动词隐喻"身体外间接感知动作"的现象在语言实际中大量存在，尤其在俄语运动动词中表现较为活跃，这是语言学界不少研究往往忽视了的一个认知语义事实。在此，身体物为喻指非身体物为的动作表现为"空间概念隐喻特殊的抽象概念"，非身体物为动作被看成抽象概念隐喻的一种特殊表现形式——它同样成为认知体验喻指的一个对象。

值得注意的是，各种空间运动对应的喻体动作概念在进入本体动作域时，要经过一定的处理、变通和认知协调，才能顺利地实现动词隐喻功能，这正如杜桂枝指出，"事件的认知模式能折射某种认知构架，并能（在动作的目标范畴中——引者）改造这种构架"（参见杜桂枝 2003：1）。后文将要分析的俄语运动动词的各隐喻义项之间一般呈辐射状关系，它们与动词的原型语义特征或各种伴随意义相关联，有时不便于确定这些喻义之间的主次关系或者说要确定出这种关系并不容易，这是动词原型词义分裂（prototype splits）的结果。下面就基于这样的隐喻关系，对俄语运动动词隐喻义及其运作机制展开具体分析。

动词 идти 的喻义：

俄语动词 идти 本义为"（人或动物）走/移动"。由于认知成像是在知觉、记忆的基础上通过联想，以最便捷、省力的心理方式来实现的，该运动经验的概念化对于认知来讲，是最贴近于人的，因而也是最实际、方便的，这一空间运动动作概念可以隐喻其他各种事物在空间位置、方位上的变化。动词 идти 的以下隐喻意义[①]是基于本体和喻体动作"运动、移动"特征的相似性，将人、动物的"空间运动"认知图式和原型特征映射到非生命事物的动作概念域上而形成的。

交通工具的行驶，航行：Пароход идёт против течения.

（水、云、烟等）移动：С запада шла огромная туча.

（雨、雪等）降落：Осенний дождь всё идёт и идёт.

[①] 有关动词本义与喻义之间的关系，前者实际充当后者的一种独特心理程式和依据。Г. И. Кустова 提出过一个理论假设：作为对语言外现实情景进行观念化的方式，动词本原义是说话人心目中理解其他相关情景（派生新义——引者）的独特心智模式（语义模式）（参见 Кустова 2000：104）。

散发出：От него идёт запах табака.

传出（声音），流传：Со степи идёт гул моторов；Слух идёт，что…

递送、运送：Письма шли с большим опозданием；Чай идёт с Кавказа；Груз идёт морем/поездом；Наркотики идут из Афганита.

动词 идти "间接感知" 意义的隐喻运作机制具体描述为：

（1）认知相似性：动作本体同喻体之间在动作行为结构特点、行为实现、行为过程方式上相类同。

（2）语义错置：

显性错置。该动词各"间接感知"隐喻义中表层组合关系上的语义冲突分别表现为动作主体参项 пароход，туча，дождь，запах，гул/слух，письма/чай/груз/наркотики 同动词之间的语义矛盾。

隐性错置：该动词隐喻的"X IS Y"层逻辑错置：Идти$_2$ есть идти$_1$，题元名词之间的语义冲突体现在"Sub. IS A"层错置：Пароход/туча/дождь/запах/гул/письма есть человек/животное.

（3）意象图式：该动词"间接感知"喻义主要运用的是重力—方向图式、路径—方向图式、方位—连接图式。这些意象图式的运作使动作本体和喻体在行为的外力作用、行为进展路径及行为感知方面建立起突出的心理联想关系，从而促进动作的认知意象转化。

（4）隐喻映射：该动词"间接感知"喻义的认知域转移使用的是一具体动作域向另一具体动作域的映射方式，这也彰显出动词喻义的感知特点。

（5）隐喻模式：该动词喻义项的认知操作运用了结构隐喻和方位隐喻，形成一种复合隐喻的认知模式。其中结构隐喻模式表现出喻体动作概念结构对本体动作的认知组构和塑造，方位隐喻反映出本体动作对喻体动作的行为路线和终位特点的复现，二者的心理意识整合完整而形象地体现了动词 идти "间接感知" 喻义的认知性能。

动词 войти-выйти 的喻义：

动词 войти-выйти 本义中，运动态势（предстояние движение）分别对应于"进入封闭空间"和"来到开阔空间"的动作意义。而就 выйти 来讲，基于认知体验基础和相似性，该动作特点可映射于事物由封闭状态进入开放、开阔的空间，另外，这在认知上还可以对应于由隐藏、潜在状态进入"社会""群体"等现实环境状态，或表现事件显现出来。

所以它可以形成以下隐喻意义。

长出：Вышли маленькие листики；Уже вышла зеленая травка.

出版、发行：Книга выйдет на будущей неделе；Вышел новый заём；На экраны вышел новый фильм.

产生、出现：Вышел скандал；Вышла неприятность.

显然，这几个意义都包含了人的抽象认知概念，属于概念化隐喻意义。

此外，动词 выйти 本义中的"到达一个开阔地"相似于"到达一个终点、结局"，基于这一概念性隐喻，产生"用尽、耗光、完结/终了"这一引申意义：Весь табак вышел；Деньги все вышли；Вышел срок.

动词 идти "间接感知"意义的隐喻运作机制具体描述为：

（1）认知相似性：动作本体同喻体之间在动作行为结构特点、行为实现、行为过程方式上相类同。

（2）语义错置：

显性错置：该动词各"间接感知"隐喻义中表层组合关系上的语义冲突分别表现为动作主体参项 пароход，туча，дождь，запах，гул/слух，письма/чай/груз/наркотики 同动词之间的语义矛盾。

隐性错置：该动词隐喻的"X IS Y"层逻辑错置：Идти$_2$ есть идти$_1$，题元名词之间的语义冲突体现在"Sub. IS A"层错置：Пароход/туча/дождь/запах/гул/письма есть человек/животное.

（3）意象图式：该动词"间接感知"喻义主要运用的是重力—方向图式、路径—方向图式、方位—连接图式。这些意象图式的运作使动作本体和喻体在行为的外力作用、行为进展路径及行为感知方面建立起突出的心理联想关系，从而促进动作的认知意象转化。

（4）隐喻映射：该动词"间接感知"喻义的认知域转移使用的是具体动作域向另一具体动作域的映射方式，这也彰显出动词喻义的感知特点。

（5）隐喻模式：该动词喻义项的认知操作运用了结构隐喻和方位隐喻，形成一种复合隐喻的认知模式。其中结构隐喻模式表现出喻体动作概念结构对本体动作的认知组构和塑造，方位隐喻反映出本体动作对喻体动作的行为路线和终位特点的复现，二者的心理意识整合完整而形象地体现了动词 идти "间接感知"喻义的认知性能。

动词 прийти-уйти 的喻义①：

动词 прийти-уйти 本表示人的空间运动"到来""离去"这一意义，基于认知相似性，可以表示抽象事物或其他非生命事物的出现、到来、消失等，具体形成以下隐喻意义。

出现、产生、养成：Можно жениться без любви, любовь сама придёт со временем; Откуда ему пришла эта наблюдательность?

来到：Посылка пришла; Пришло известие.

离去、流失、消失：Почта ушла утром; У мельника прорвало плотину, и вода вся ушла; Грозовые тучи ушли, гром умолк.

溢出、冒出：Самовар ушёл; Молоко ушло; Тесто ушло из дежи.

动词 прийти-уйти "间接感知"意义的隐喻运作机制具体表现为：

（1）认知相似性：动作本体同喻体之间在动作行为结果评价特点、行为感知特点上具有相类之处。

（2）语义错置：

显性错置：动词 прийти-уйти 各"间接感知"隐喻义中表层组合关系上的语义冲突分别表现为动作主体参项 любовь, наблюдательность, посылка, известие, почта, самовар, тесто 同动词之间的范畴错置。

隐性错置：该动词隐喻的"X IS Y"层逻辑错置：Прийти-уйти$_2$ есть прийти-уйти$_1$，题元名词之间的语义冲突体现在"Sub. IS A"层错置：Любовь/наблюдательность/посылка/ известие/почта/самовар/тесто есть человек/животное.

（3）意象图式：动词 прийти-уйти "间接感知"喻义主要运用的是路径，而动词 уйти 的喻义操作中还有分裂图式的参与，表现主体事物同原有依附、寄载物之间的分离关系。

（4）隐喻映射：动词 прийти-уйти "间接感知"喻义的认知域转移使用的主要也是由一具体动作域向另一具体动作域的映射方式，只是在"出现、产生、养成"喻义衍生中运用了由具体动作域向抽象动作域的映射。

（5）隐喻模式：动词 прийти-уйти 诸喻义的认知操作运用的基本上

---

① 这里由于两个动词具有语义对应性或者运动方向上的对称关系，所以把它们作为喻义词偶放在一起，以便于统一分析，后文其他运动动词也存在类似情况，在此一并指出。

是结构隐喻，而"出现、产生、养成"喻义项除了结构隐喻之外还使用了本体隐喻模式，从而形成复合认知模式。

动词 пройти 的喻义：

动词 пройти 原义表示"人走过、走到、通过……"的空间运动行为，隐喻时可以表示其他事物经过了某一距离、过程，而其认知共性是行为的结果性——动作达到目标对象、终点，动作经历完相应的（整体性）过程。

消息、声音传开：Прошла радостная весть о победе；По залу прошёл шопот.

闪过、掠过：По его губам прошла улыбка；Ужас прошёл по сердцу；Перед ним прошёл весь сегодняшний день.

（雨、雪等）落、卜、降：Ранним утром прошёл дождь.

透过、漏过、渗透：Вода прошла через потолок；Пуля прошла через лёгкое；Чернила прошли сквозь бумагу.

（对物体表面进行）加工：Трактор прошёл уже половину поля；Мастер прошёл доску рубанком/рамочку лаком/потолок мелом.

停止、消失、完结、不再疼痛：Сон прошёл；Дождь быстро прошёл；Нервное напряжение уже прошло；Обида прошла；Боль в горле/Горло уже совсем прошла.

动词 пройти "间接感知"意义的隐喻运作机制表现为：

（1）认知相似性：动作本体同喻体之间在动作行为结构特点、行为过程方式上相类同。

（2）语义错置：

显性错置：该动词各"间接感知"隐喻义中表层组合关系上的语义冲突分别表现为动作主体参项 весть，улыбка，дождь，вода，трактор，сон 同动词之间的语义矛盾。

隐性错置：该动词隐喻的"X IS Y"层逻辑错置：Пройти$_2$ есть пройти$_1$，题元名词之间的语义冲突分别体现在"Sub. IS A"层错置：Весть/улыбка/дождь/вода/трактор/сон есть человек/животное.

（3）意象图式：该动词"间接感知"喻义主要运用的是路径图式及存在—过程图式。这两个意象图式的认知运作分别展现出本体动作的结果特征和以存现方式体现出来的特殊过程意蕴。

（4）隐喻映射：该动词"间接感知"喻义的认知域转移包括由一具体动作域向另一具体动作域的映射方式（运用于"［雨、雪等］落、下、降""加工""透过、漏过、渗透"喻义操作）和由具体动作域向抽象动作域的映射（用于"消息传开""闪过、掠过""停止、消失、完结、不再疼痛"）。

（5）隐喻模式：该动词喻义项的认知操作中都使用了结构隐喻方式，而在"消息传开""闪过、掠过""停止、消失、完结、不再疼痛"喻义产出的运作中还运用了本体隐喻模式，形成复合型认知模式。

动词 сойти 的喻义：

动词 сойти 的本义为"人或动物从……上下来、下去、下到"，它包含"事物脱离原来位置、原有状态"的认知特征，正是根据这一概念意义，它可以隐喻非生命事物相似的动作行为，并由此形成以下隐喻意义。

消融、褪色、剥落：Снег сошёл с полей; Краска от времени сошла со стены; Сыпь сошла; Кожа сошла с пальца.

（神色、心情、情绪）消失、消褪：Улыбка сошла с его лица; Его столбняк сошёл.

制造出、出产：Первый трактор сошёл с конвейера завода.

动词 сойти "间接感知"意义的隐喻运作机制可具体描述为：

（1）认知相似性：动作本体同喻体之间在动作行为结构特点、行为实现方式、行为过程特点上具有相似性。

（2）语义错置：

显性错置：该动词各"间接感知"隐喻义中表层组合关系上的语义冲突分别表现为动作主体参项 снег，улыбка，трактор 同动词之间的语义逻辑矛盾。

隐性错置：该动词隐喻的"X IS Y"层逻辑错置：Сойти$_2$ есть сойти$_1$，题元名词之间的语义冲突体现在"Sub. IS A"层错置：Снег/улыбка/трактор есть человек/животное.

（3）意象图式：该动词"间接感知"喻义主要运用的是重力—方向图式、路径—方向图式以及分裂图式。这些意象图式的运作使动作本体的认知表现获得了较为直观的心理感知，使动词行为从动作外力特点和动作路线、动作结果表现上有了语义特征支撑。

（4）隐喻映射：该动词"消融、褪色、剥落"这一间接感知喻义的认知操作使用的是由一个具体动作域向另一具体动作域的隐喻映射，而"（神色、心情、情绪）消失、消褪""制造出、出产"喻义的认知转移表现为由具体动作域向抽象动作域的映射。

（5）隐喻模式：该动词喻义项的认知操作在整体上表现为复合隐喻模式，其中"消融、褪色、剥落"喻义运用的是方位隐喻与结构隐喻模式的复合，而后两个喻义的建构中则还有本体隐喻模式的参与，形成三种方式的复合隐喻模式，这使两个喻义项的认知意义呈现显得丰满而细致。

动词 бежать 的喻义：

动词 бежать 本表示"人或动物快速移动"，在概念隐喻上它可以表示其他事物以一定的运动方式、速度发生空间位移，本体和喻体在"运动方式、速度""空间位移具有的某种特点"方面的类比成为积极认知取像点，形成了"流、淌、溢出"这一隐喻意义：Вода бежит ручьями；Невольные слёзы так и бегут, так и льются из глаз；Молоко/Самовар бежит.

动词 бежать "间接感知"意义的隐喻运作机制具体为：

（1）认知相似性：动作本体同喻体之间在行为结构方式、行为实现及行为过程方式上具有心理认同上的共性特征。

（2）语义错置：

显性错置：该动词各"间接感知"隐喻义中表层组合关系上的语义冲突表现为动作主体参项 вода, слёзы, молоко/самовар 同动词之间的语义矛盾。

隐性错置：该动词隐喻的"X IS Y"层逻辑错置：Бежать$_2$ есть бежать$_1$，题元名词之间的语义冲突体现在"Sub. IS A"层错置：Вода/слёзы/молоко/самовар есть человек/животное.

（3）意象图式：该动词"间接感知"喻义主要运用的是动作状态图式，并在一定程度上使用了动作性质图式或重力—性质图式，后者反映人对动作方式的判断，认知表现的主观成分较强。

（4）隐喻映射：该动词"间接感知"喻义的认知域转移使用的是一具体动作域向另一具体动作域的映射方式，这是把人或动物空间运动的典型概念特征投射到了非生命事物的动作性能表现域。

（5）隐喻模式：该动词喻义项的认知操作运用了结构隐喻模式，该模式使本体动作表现有一种明快的语义线条，动作呈现一目了然。

由此可见，以一个具体的运动动作喻指间接感知的另一具体动作，把看似没有内在联系的这两个动作进行并置、联想，使二者共有的特征，尤其是本体动作的特征得到了有力的强化和心理抽象，新的动作意象往往得以简化、明晰，同时获得生动、形象的认知延展和刻画。

（二）空间物为动作隐喻抽象评价行为

"词义的引申与人的认知思维方式有密切关系，空间隐喻在许多抽象概念的建构中发挥重要作用。"（张志军、孙敏庆，2010：31）根据隐喻相似性，对事物、事件的抽象评价内容可通过具体感知的物为动作表现出来。此时，空间运动动作可以喻指抽象评价行为，后者一方面是人对本体动作的认知评价，另一方面也包含人对动作事件、事理的客观判断和评价。在这一隐喻关系和概念意义之下，俄语运动动词在认知隐喻意义方面有自己具体而特别的表现。

动词 идти 的喻义：

在认知上，"事物所处的不同方位或不同运行状况"是人主观认识的结果，相应就会带来不同的评价，借用动词 идти 包含的运动状况语义特征，可以形成以下隐喻意义：

名列（位次）：Анна идёт на тройках. 运动有阶段、过程性，所以可以隐喻抽象的位置、名次等评价。

受引诱，落网：Окунь идёт на червяка. 这是人对事物客观动作的主观评价。

行销：Товар хорошо идёт. 这同样属于人对事物客观动作的主观评价。

事情进展情况，事物运行、生长情况：Дело（Работа，Машина）идёт благополучно；Подготовка идёт полным ходом；Автобус мало идёт；Кукуруза плохо идёт. 这也是人对事物动作、客观状态的一种主观评价。

动词 идти "抽象评价行为"意义的隐喻运作机制可具体描述为：

（1）认知相似性：动作本体同喻体之间在动作行为感受—评价特点及行为过程方式上相类同。

（2）语义错置：

显性错置：该动词"抽象评价"喻义中表层组合关系上的语义冲突分别表现为动作主体参项 товар，окунь，дело，подготовка，автобус， кукуруза 同动词之间的语义矛盾，而其"名列（位次）"隐喻义中不包含这一显性语义错置关系。

隐性错置：该动词隐喻的"X IS Y"层逻辑错置：Идти$_2$ есть идти$_1$，题元名词之间的语义冲突体现在"Sub. IS A"层错置：Товар/окунь/дело/подготовка/автобус/кукуруза есть человек。

（3）意象图式：该动词"间接感知"喻义主要运用的是重力—性质图式和状态图式，显示出认知者对动作事件的主观认识和评价特性。

（4）隐喻映射：该动词"抽象评价行为"喻义的认知运作使用的是由具体动作域向抽象动作域的映射方式，是通过熟悉、具体的动作来表现陌生、难以描述的另一动作。

（5）隐喻模式：该动词喻义项的认知操作只用了本体隐喻模式，由于本体动作是抽象的心理感知和思想判断的一种意识化呈现，所以并没有结构隐喻方式的参与。

动词 войти-выйти 的喻义：

动词 войти-выйти 本义中的"进入、走进封闭状态""出来、进入开阔空间"的运动态势分别可以隐喻事物进入某一状态或出现某种状况、动作有了某种结果，通过这一认知解构产生以下评价意义。

变成为、得到：Такой фасон вошёл в моду, войти в привычку, войти в обиход, войти в милость（得到赏识、博得欢心、得宠）。

失去（某种状态），不再，不能再（起作用）：Старая валюта уже вышла из обихода, выйти из моды, выйти из употребления。

获得某种结果：Дело благополучно вышло; Последняя сцена совершенно не вышла; Ребята хорошо вышли на фотографии; Из куска материи вышло два платья.

动词 войти-выйти "抽象评价行为"意义的隐喻运作机制具体描述为：

（1）认知相似性：动作本体同喻体之间在动作行为结构特点、行为实现、行为过程方式方面既有主观联想，又有客观上的类同。

（2）语义错置：

显性错置：该动词各"抽象评价行为"隐喻义中表层组合关系上的语义冲突分别表现为动作主体参项 фасон, валюта, дело, платье 等同动词之间的语义矛盾，而值得一提的是，"获得某种结果"喻义项例句中的

表人主体题元 ребята 实际上指的是照片上的"形象"（结果），这里的 ребята 实际是"形象"一种换喻方式，该题元名词事实上与动词语义也不相协调。

隐性错置：该动词隐喻的"X IS Y"层逻辑错置：Войти－выйти$_2$ есть войти-выйти$_1$，题元名词之间的语义冲突体现在"Sub. IS A"层错置：Фасон/валюта/дело/платье есть человек/животное。

（3）意象图式：该动词"抽象评价行为"喻义主要运用的是重力—性质图式，另外，动词 войти 的喻义操作还使用了连接图式，而 выйти 的喻义运作则启用了分裂图式，二者分别协同参与了新的认知意象转化过程。

（4）隐喻映射：该动词喻义的认知域转移使用的是由具体动作域向抽象动作域的映射方式，空间位移方式的概念结构特征用于表现抽象的动作概念内容。

（5）隐喻模式：该动词喻义项的认知操作运用了方位隐喻和本体隐喻的复合认知模式，该本体动作的构建中，方位隐喻主要运作动作的主观感知意义框架，而本体隐喻主要担负动作的心理抽象和评价意念功能。另外，该动词喻义机制中，客体体词参项还运用了容器隐喻这一二性隐喻模式。

动词 прийти-уйти 的喻义：

动词 уйти 本义中的"（人）离开……"这一空间运动为表示其他事物脱离开自己应有的轨迹、位置提供了认知基础，从而获得"偏离、脱离"这一评价性质的隐喻意义：Роман далеко ушёл из истины；Их разговор ушёл в сторону。

动词 уйти"抽象评价行为"意义的隐喻运作机制可具体描述为：

（1）认知相似性：动作本体同喻体之间在动作行为结构特点、行为感受—评价方面相似。

（2）语义错置：

显性错置：动词 уйти 这一隐喻义中表层组合关系上的语义冲突表现为动作主体参项 роман, разговор 同动词之间的语义矛盾。

隐性错置：动词 уйти 隐喻的"X IS Y"层逻辑错置：Уйти$_2$ есть уйти$_1$，题元名词之间的语义冲突体现在"Sub. IS A"层错置：Роман/разговор есть человек/животное。

（3）意象图式：动词 уйти "抽象评价行为"喻义主要运用的是路径—方向图式、分裂图式和重力—性质图式。

（4）隐喻映射：动词 уйти "抽象评价行为"喻义的认知域转移使用的是由具体动作域向抽象动作域的映射方式。

（5）隐喻模式：动词 уйти 该喻义的认知操作中运用了方位隐喻、结构隐喻和本体隐喻综合而成的复合模式，认知功能的表现十分突出。该动词喻义运作也出现了客体参项的容器隐喻这一二性隐喻模式。

动词 пройти 的喻义：

动词 пройти 的原有意义"人经过一段路程到达某一地方"，根据这一基本动作义的引申，它可以表示对动作过程完结后的某种结果以及人或事物经历的动作过程进行归纳、总结和评价，因此该动词可以形成以下隐喻意义。

对行为结果的评价：入选、当选、被接受：Евгений прошёл в председатели；Проект ещё не прошёл；Ваша кандидатура прошла；Предложение прошло большинством голосов.

经历、经受、通过、经过：Молодой человек прошёл тяжёлые испытания；Солдат прошёл через смерть；Проект прошёл комиссию；Пьеса прошла цензуру.

动词 пройти "抽象评价行为"意义的隐喻运作机制具体描述为：

（1）认知相似性：动作本体同喻体之间在动作行为结构特点、行为实现、行为过程方式上相类同。

（2）语义错置：

显性错置：该动词各"抽象评价行为"隐喻义中表层组合关系上的语义冲突有两种情况，一是"人"充当动作主体时，会出现"零位显性错置"，二是表现为动作主体参项 проект, пьеса 同动词之间的语义错置。

隐性错置：该动词隐喻的"X IS Y"层逻辑错置：Пройти$_2$ есть пройти$_1$，题元名词之间的语义冲突表现为"零位隐性错置"和"Sub. IS A"层错置：Проект/пьеса есть человек/животное.

（3）意象图式：该动词"抽象评价行为"喻义主要运用的是重力—性质图式和路径—方向图式。

（4）隐喻映射：该动词"抽象评价行为"喻义的概念域转移使用的是由具体动作域向抽象动作域的认知映射。

（5）隐喻模式：该动词"抽象评价行为"喻义的认知运作运用了由结构隐喻和本体隐喻方式交织而成的复合隐喻认知模式。

动词 сойти 的喻义：

动词 сойти 本义表示的"从一处下去走到另一处"这一动作可以同"事物从一个人手里转到另一人手里"建立起概念关联，根据这一认知隐喻特征，它引申出"卖掉、卖出、脱手"这一隐义：Товары скоро сойдут с рук；Их машины легко сойдут с рук.

动词 сойти "抽象评价行为"意义的隐喻运作机制可具体描述为：

（1）认知相似性：动作本体同喻体之间在动作行为结构特点、行为实现和过程方式上十分类同。

（2）语义错置：

显性错置：动词 сойти "抽象评价行为"隐喻义中表层组合关系上的语义冲突表现为动作主体参项 товары，машины 同动词之间的语义矛盾。

隐性错置：该动词隐喻的"X IS Y"层逻辑错置：Сойти$_2$ есть сойти$_1$，题元名词之间的语义冲突体现于"Sub. IS A"层错置：Товары/машины есть человек/животное.

（3）意象图式：动词 сойти "抽象评价行为"喻义主要运用的是重力—方向图式及重力—性质图式。通过这两个意象图式，本体动作的语义内涵得到了较为贴切的认知意象转化。

（4）隐喻映射：动词 сойти "抽象评价行为"喻义的认知域转移使用的是由具体动作域向抽象动作域的映射方式。

（5）隐喻模式：动词 сойти "抽象评价行为"喻义的认知操作中，方位隐喻、结构隐喻和本体隐喻都参与将来，形成复合型的隐喻认知模式。

（三）空间物为动作隐喻智力或心智活动

人的心智、思维活动属于内在活动，往往没有外部表现，其运转机制是一个连续性的复杂过程，也有起点和终点，因此，与空间运动有可比性和相似之处。Апресян（2006：560）指出："语言中常借用可观察的物理意义上的概念来表达复杂的智力活动范畴的观念。"空间运动动词隐喻表示人的心智活动时，是借助认知心理感受相似性喻指抽象的动作概念，通过运动动作的方式和方向性过程来概括、表现智力动作的内容，这一隐喻意义现象虽然不是很普遍，但具有代表性，正如 Ю. Д. Апресян 所强调，

"思考就是运动，这是一个隐喻模式"（Апресян，2006：562），而且他还进一步分析道，"'思考、理解'等智力活动类似于去接近于目的地，而思考的人看起来像是迷路的人"（出处同上）。该类隐喻映射的具体意义如下。

动词 идти 的喻义：

在认知上，动词 идти 表示的"人走动"这一空间位移动作与人的智力活动、智慧行为有心理感知意识上的关联：人经过思考、判断、分析而做出一件事情就像一个运动过程，"知识来自于记忆和预见，而典型运动的方向性和动作态势可以反映出思维、智力活动的方式和性质"（参见 Топорова 1985：18）。所以它可以形成以下隐喻意义。

同意，准备做……（接受条件）：Обе стороны идут на мировую，这一动作是智力活动的结果，代表的是一种典型的智慧行为。

出牌，走棋子：Николай идёт козырем（с коня）. 关于这里的具体动作与智力动作之间的关系本身，我们想要指出的是，"走（棋）"这一动作是抽象的内部智力活动的外化方式，就"下棋"而言，智力活动的结果通过"走"体现出来，即外在的"走"是内在活动的物为符号、物质手段形式。

动词 идти "智力活动"意义的隐喻运作机制可具体描述为：

（1）认知相似性：动作本体同喻体之间在动作行为结构特点、行为感知特点上相类同。

（2）语义错置：

显性错置：该动词各"智力活动"隐喻义中表层组合关系上的语义冲突表现为"零位错置"，这里本体动作都与表人的主体参项有关，所以没有产生同动词之间的语义矛盾。

隐性错置：该动词隐喻的"X IS Y"层逻辑错置为 Идти$_2$ есть идти$_1$，而主体题元名词之间"Sub. IS A"层错置相应也表现为"零位错置"。

（3）意象图式：动词 идти "智力活动"喻义主要运用的是路径—方向图式，该图式的主观联想内容促成空间位移上的"走"对"智力活动"动作的认知意象化操作。

（4）隐喻映射：该动词"智力活动"喻义的认知域转移中，运用了由具体动作域向抽象动作域的隐喻映射方式。

（5）隐喻模式：该动词喻义项的认知操作运用了结构隐喻和本体隐

喻相交织的复合隐喻认知模式。其中结构隐喻模式运作本体动作的基本组构内容，而本体隐喻负责对本体动作的抽象概念内容进行具象化的认知布局。此外，该动词隐喻"同意，准备做……"这一智力活动意义时，往往还伴随客体参项的容器隐喻。

动词 войти-выйти 的喻义：

在认知上，动词 войти 本义上表示的"进入一个封闭空间"相类于动作集中到一个目标点上，而智力活动的特点就是要集中精力思考和解决问题，所以它可以引申出"掌握、了解、熟悉、深知"这一隐喻意义：Они вошли в суть дела；Учёный вошёл в подробности。

动词 войти "智力活动"意义的隐喻运作机制具体描述为：

（1）认知相似性：动作本体同喻体之间在行为结构特点、行为实现及行为过程方式上相类同。

（2）语义错置：

显性错置：动词 войти "智力活动"隐喻义中表层组合关系上的语义冲突表现为"零性错置"。

隐性错置：动词 войти 隐喻的"X IS Y"层逻辑错置：Войти$_2$ есть войти$_1$，题元名词之间的语义冲突"Sub. IS A"也缺位，形成零性错置。

（3）意象图式：动词 войти "智力活动"喻义衍生主要运用的是路径—方向图式、方位—连接图式，借助这两个图式的心理成像，具有复杂行为集合特点的本体动作得以简化。

（4）隐喻映射：动词 войти "智力活动"喻义的认知域转移使用的是由具体动作域向抽象动作域的映射方式。

（5）隐喻模式：动词 войти "智力活动"喻义的认知操作综合运用了结构隐喻、方位隐喻和本体隐喻三种方式，在这一复合认知模式下，本体动作因为喻体动作的空间具象感而得以形象化把握。此外，该动词的喻义运作中，客体题元参项还使用了容器隐喻这一二性隐喻模式。

动词 прийти-уйти 的喻义：

动词 уйти 表示的"离开……"这一空间运动动作概念映射到抽象的智力活动概念上，表示的是"抛下（离开）某些事情"，而另一方面该动词语义有"到某一地方（目的地）"的含义，这相似于"全身心地从事某一事情"，即行为具有"专注"的特性，由此它获得了"专心致志于……，一心扑在……上"这一隐喻意义：уйти в науку, уйти в работу, уйти в книги（в содержание/чтение книг），уйти в мысли.

动词 уйти "智力活动"意义的隐喻运作机制具体描述为：

（1）认知相似性：动作本体同喻体之间在动作行为结构特点、行为实现与过程方式、行为感知特点上建立起了心理类比性。

（2）语义错置：

显性错置：动词 уйти "智力活动"隐喻义中表层组合关系上的语义冲突分别表现为动作客体参项 науку，работу，книги，мысли 同动词之间的语义矛盾。

隐性错置：该动词隐喻的 "X IS Y" 层逻辑错置：Уйти$_2$ есть уйти$_1$，题元名词之间的语义冲突体现在 "Ob. IS B" 层错置：Наука/работа/книги/мысли есть пространственное вещество. 而主体层的 "Sub. IS A" 错置缺位，形成局部错置。

（3）意象图式：动词 уйти "智力活动"喻义主要运用的是路径—方向图式和方位—连接图式，本体动作的意象化表现显得形象、逼真。

（4）隐喻映射：动词 уйти "智力活动"喻义的认知域转移使用的同样是由具体动作域向抽象动作域的映射方式。

（5）隐喻模式：动词 уйти "智力活动"喻义的认知操作整合了方位隐喻、结构隐喻和本体隐喻的功能，形成复合型认知模式。此外，动词 уйти "智力活动"喻义运作非常突出地使用了客体参项的容器隐喻这一二性隐喻模式。

动词 пройти 的喻义：

基于认知相似性，动词 пройти 具有的"通过、走过、走完"这一动作可以映现到人的智力活动、心智活动范畴上，表示"完成了某一智力活动过程"，而其"走完"义隐含"来到一个新地方、出现一个新状态"这一智力活动—状态意义，这在认知上类似于"想起了……"，所以该动词形成以下隐喻意义：

学习、学完：Ребята прошли арифметику/по алгебре квадратные управления；По истории мы прошли до страницы 125；Ученики до зимы прошли все тексты.

脑海中再现、回忆：Николай прошёл в мыслях（мысленно, мыслью）историю события.

动词 пройти "智力活动"行为意义的隐喻运作机制具体描述为：

(1) 认知相似性：动作本体同喻体之间在动作行为结构特点、行为实现及行为过程方式上具有相类性。

(2) 语义错置：

显性错置：动词 пройти "智力活动" 隐喻义中表层组合关系在主体层上表现为 "零位错置"，而动作客体参项 упражнения, страницу, тексты 同动词之间形成语义矛盾，因而这是局部显性错置。

隐性错置：该动词隐喻的 "X IS Y" 层逻辑错置：Пройти$_2$ есть пройти$_1$，题元名词之间的语义冲突反映在 "Ob. IS B" 层错置：Упражнения/страницу/тексты есть пространственное вещество. 而 "Sub. IS A" 层错置缺项，构成局部隐性错置。

(3) 意象图式：动词 пройти "智力活动" 喻义主要运用的是重力—方向图式、路径—方向图式。

(4) 隐喻映射：动词 пройти "智力活动" 喻义的认知域转移使用的是由具体动作域向抽象动作域的映射方式。

(5) 隐喻模式：动词 пройти "智力活动" 喻义项的认知操作运用了结构隐喻和本体隐喻方式，同样形成一种复合隐喻的认知模式。此外，该动词的喻义操作中，客体题元参项也运用了容器隐喻这一二性隐喻模式。

可以看出，俄语物为动词隐喻表现智力或心智活动这一意义时，主要表现出行为结构和行为实现、行为过程特点上的相似，存在主体层的显性隐喻错置缺项情形，导致 "零位显性错置"，而隐性错置中相应也会出现缺位，形成 "局部错置"，意象图式上主要运用了重力—方向图式、路径—方向图式、方位—连接图式，隐喻映射上基本表现为由具体动作域向抽象动作域的映射方式，另外，在隐喻模式操作上往往使用的是复合隐喻模式，而且客体参项极有可能运用了容器隐喻这一二性隐喻模式。总体上讲，该类动词喻义诸义项的认知运作表现出较大的类同性，反映了喻义相同、相近则隐喻运作机制相应类同、接近的特征。

(四) 单一空间物为动作隐喻异质集合行为

该类概念隐喻是用具体、单一的运动动作来表示非同质动作行为的集合，即本体动作由若干性质各异的行为组成，所谓 "性质各异" 一方面指动作属于不同的种类，另一方面是这些不同类别动作中既包括抽象行为，也可能包含具体行为。这一隐喻方式下的俄语运动动词主要有以下引申语义次类。

动词 идти 的喻义：

动词 идти 具有"朝着某一目标运动、行进"的原型动作语义特征，根据该空间动作的行进路线、方式可以隐喻具有一定抽象意义的异质集合行为，此时本体动作和喻体动作之间的相似性为"动作方式、路径"及"动作的方向、针对性"、"突出的动作目标"，所产生的隐喻意义为：

出兵攻打：США идёт на Афганистан.

前进，发展：Мы идём к намеченной цели/по пути технического прогресса/по пути социализма. 该喻义动作是通过空间运动的物理属性来表现抽象的社会属性，即空间运动的"前行"喻示社会地位、社会化特性、社会各方面综合指标、状况的变化、进展、提升。"这里的抽象客体（行为目标——引者注）强调的是交际关系中对于具体情景重要的那一活动要素。"（Долгова，2007：60）

动词 идти"异质集合行为"意义的隐喻运作机制可具体描述为：

（1）认知相似性：动作本体同喻体之间在动作行为结构特点、行为感知特点上相类同。

（2）语义错置：

显性错置：动词 идти"异质集合行为"喻义中表层组合关系上的语义冲突表现为主体同动词的"零位错置"（其中 США 为 американцы 的换喻）和客体参项 Афганистан，цель 同动词之间的语义矛盾。

隐性错置：该动词隐喻的"X IS Y"层逻辑错置：Идти$_2$ есть идти$_1$，题元名词之间的语义冲突在"Sub. IS A"层中体现为零性错置，而在"Ob. IS B"错置层中体现为：Афганистан/цель есть пространственное вещество. 整体上形成局部隐性错置。

（3）意象图式：动词 идти"异质集合行为"喻义主要运用的是重力—方向图式、路径 方向图式。二者的运作从动作作用、动作对象关系上传达出本体动作的认知意象内容。

（4）隐喻映射：动词 идти"异质集合行为"喻义的认知域转移使用的是由一具体动作域向抽象动作域或带有抽象性质的具体动作域的投射，其中抽象的具体动作域也反映了本体行为的"复杂动作集"这一特征。

（5）隐喻模式：动词 идти"异质集合行为"喻义项的认知操作统合了结构隐喻、方位隐喻和本体隐喻方式，形成典型的复合隐喻认知模式。此外，该动词的喻义运作中，客体题元参项原则上也使用了容器隐喻这一二性隐喻模式。

动词 войти-выйти 的喻义：

动词 выйти 表示的"从封闭空间走出"这一动作意义可用于表示"从不利的情势中走出"这一抽象的复杂动作（集合），其认知相似性为"人从一个空间进入他想要去的另一空间"，该动词由此形成"摆脱"这一隐义：Они вышли из затруднения/положения/окружения.

动词 выйти "异质集合行为"意义的隐喻运作机制具体描述为：

（1）认知相似性：动作本体同喻体之间在动作行为结构特点、行为实现、行为过程方式上相类同。

（2）语义错置：

显性错置：动词 выйти "异质集合行为"喻义中表层组合关系上的语义冲突也有不同形式，分别表现为主体同动词间的零位错置以及间接客体 затруднение, положение, окружение 同动词之间的语义矛盾。

隐性错置：该动词隐喻的"X IS Y"层逻辑错置：Выйти$_2$ есть выйти$_1$，题元名词之间的语义冲突体现为"Sub. IS A"层的零性错置和"Ob. IS B"层错置：Затруднение/положение/ окружение есть пространственное вещество. 同样构成局部的隐性错置。

（3）意象图式：动词 выйти "异质集合行为"喻义主要运用的是重力—方向图式、路径—方向图式、重力—性质图式及分裂图式，这些意象图式呈现出动作认知意象转化的丰富内容。

（4）隐喻映射：动词 выйти "异质集合行为"喻义的认知域转移使用的是由具体动作域向抽象动作域的映射方式。

（5）隐喻模式：该动词喻义项的认知操作中，结构隐喻、方位隐喻和本体隐喻都参与了进来，这一复合隐喻模式从不同方面构建出本体动作的语义特性。此外，该动词喻义运作还使用了客体参项的容器隐喻这一二性隐喻模式。

动词 прийти-уйти 的喻义：

动词 прийти, уйти 分别表示"来到"和"离开"这两个相反的运动动作，通过隐喻，它们可以映现到抽象的动作层面上，分别表示在某个复杂动作集合构成的事件中"取得某种结果"、"从社会环境、组织中脱离出来"和"离开某种生活（状态）"，形成以下隐喻意义。

达到、达成、得出：прийти к цели, прийти к согласованю, прийти

к правильному решению，прийти к результату。

脱离……：уйти от политики，уйти от парторганизации。

离开、抛弃：уйти от родителей，уйти от семьи，уйти от жены

动词 прийти-уйти "异质集合行为"意义的隐喻运作机制可具体描述为：

（1）认知相似性：动作本体同喻体之间在动作行为结构特点、行为过程机制上相类同。

（2）语义错置：

显性错置：动词 прийти-уйти "异质集合行为"喻义中的前两个义项中，表层组合关系上的语义冲突分别表现为动作主体参项同动词之间的"零位错置"和客体参项 цель/согласование，политика/парторганизция 同动词的语义矛盾，而在第三个义项中，主、客体题元同动词之间均为零性语义错置，而这一特殊现象反而凸显了该意义的认知跨越度。

隐性错置：动词 прийти-уйти 隐喻的"X IS Y"层逻辑错置：Прийти-уйти$_2$ есть прийти-уйти$_1$，题元名词之间的语义冲突体现在前两个义项中的"Ob. IS B"错置层：Цель/согласование/политика/парторганизция есть пространственное вещество，而其"Sub. IS A"层表现为零位错置。而第三个义项中的题元层次隐性错置整体上也为零性错置。

（3）意象图式：动词 прийти-уйти "异质集合行为"喻义主要运用的是重力—方向图式、重力—性质图式、方位—连接图式和分裂图式。

（4）隐喻映射：动词 прийти-уйти "异质集合行为"喻义的认知域转移使用的是由具体动作域向抽象性质动作域的映射方式。

（5）隐喻模式：动词 прийти-уйти "异质集合行为"喻义的认知操作运用了由结构隐喻、方位隐喻和本体隐喻交织而成的复合隐喻认知模式，其中本体隐喻方式表现最为突出。另外，它们的隐喻操作总体上也使用了客体参项的容器隐喻这一二性隐喻模式。

动词 пройти 的喻义：

动词 пройти 的"走过、通过"这一基本动作意义可以隐喻"人在一系列动作事件之后完成了某一复杂的事情"，二者之间的认知联想关系是"行为经过一定的过程后最终完结"，得出的隐喻意义为：

"承担职责、义务"：Их брат прошёл военную службу.

"完成学业、疗程等"：Эдуард прошёл учебные занятия；Она

прошла два курса лечения.

动词 пройти "异质集合行为"意义的隐喻运作机制具体表现为：

（1）认知相似性：动作本体同喻体之间在动作行为结构特点、行为过程方式上相类同。

（2）语义错置：

显性错置：动词 пройти "异质集合行为"喻义中表层组合关系上的语义冲突分别表现为动作客体参项 служба, занятия, курс 同动词之间的语义矛盾。

隐性错置：该动词隐喻的"X IS Y"层逻辑错置：Пройти$_2$ есть пройти$_1$，题元名词之间的语义冲突体现在"Ob. IS B"错置层：Служба/занятия/курс есть пространственное вещество，而"Sub. IS A"主体层则为零位错置。

（3）意象图式：动词 пройти "异质集合行为"喻义主要运用的是路径—方向图式和状态图式，其中状态图式反映动作结果的认知意象转化。

（4）隐喻映射：动词 пройти "异质集合行为"喻义的认知域转移使用的是具体动作域向抽象动作域的映射方式。

（5）隐喻模式：动词 пройти "异质集合行为"喻义的认知操作运用了结构隐喻和本体隐喻所构成的复合认知模式。此外，该动词的喻义运作中，客体题元参项使用了容器隐喻这一二性隐喻模式。

动词 бежать 的喻义：

动词 бежать 的"奔跑、跑开"这一一般的空间运动可隐喻抽象的"人从他所不喜欢的地方走掉、逃离"这样的复杂动作集合，后者显然包含了抽象的动作概括意义，而它与喻体动作之间的联想关系主要基于"动作的方向性、目的性"，动词的具体喻义为：

逃离、逃窜、逃跑：бежать из тюрьмы, бежать из дому, бежать с фронта。

躲避、回避：Анна бежала от встречи/воспоминания/соблазна; Я не бегу от трудностей; Он бежал от вина и карт.

动词 бежать "异质集合行为"意义的隐喻运作机制具体描述为：

（1）认知相似性：动作本体同喻体之间在动作行为结构特点以及行为感受—评价特点上相类似。

（2）语义错置：

显性错置：动词 бежать"异质集合行为"喻义的第一义项中，表层组合关系上的语义冲突表现为零位错置，而第二义项中，动作客体参项 встреча，трудности，вино/карты 同动词之间构成语义矛盾。

隐性错置：该动词隐喻的"X IS Y"事件层逻辑错置为 Бежать$_2$ есть бежать$_1$，第一义项题元名词之间的语义冲突也表现为零位错置，而第二义项中的题元参项语义错置体现在"Ob. IS B"的客体错置层：Встреча/трудности/вино/карты есть пространственное вещество，其"Sub. IS A"主体层同样是零位错置。

（3）意象图式：动词 бежать"异质集合行为"喻义主要使用了重力—方向图式、重力—性质图式和分裂图式。

（4）隐喻映射：动词 бежать"异质集合行为"喻义的认知域转移分两种情况：第一义项中运用的是由具体动作域向抽象性质具体动作域的映射方式，而第二义项中使用了由具体动作域向抽象动作域的映射。

（5）隐喻模式：动词 бежать"异质集合行为"喻义的认知操作中，综合运用了结构隐喻、方位隐喻和本体隐喻的复合认知模式。其中结构隐喻承担本体动作框架的搭建，方位隐喻传递本体动作参与者对本原位置、状态的偏离这一特性（行为方式），而本体隐喻则着重将抽象的异质行为集进行具象化、实在化。此外，该动词的喻义运作中，客体题元参项原则上也运用了容器隐喻这一二性隐喻模式。

（五）空间物为动作隐喻时间的运转

时间的运行具有空间运动包含的"速度""方向"等概念、特点，"人类对时间的观念产生于穿越空间的身体运动"（Рахилина，1996：289），所以，"用具体的空间来喻说抽象的时间"（王寅，2011b：130），通过空间上的现实性、可感性来消解时间概念的非实体特性对于认知隐喻来说相当普遍，"空间意义的语词易于反映出时间等抽象概念"（参见 Арутюнова 1998：361）。俄语运动动词包含的空间概念意义所喻指的时间运转动作具体表现如下。

动词 идти 的喻义：

在认知上，动词 идти"（人）行走"的"空间移动"动作意义与时光流逝包含相似的"向前运动"特征，所以它可以表示与时间运动相关的隐喻意义：

时光流逝：Пятая неделя к концу идёт.

正在进行、上演：Идёт подготовка к севу；Собрание/Урок идёт. 这是通过主体事件来表现时间的运行，或者说该隐喻义项中，主体的时间因素包含在事件、过程中。

动词 идти "时间运转"意义的隐喻运作机制具体描述为：

（1）认知相似性：动作本体同喻体之间在动作行为结构特点、行为过程机制以及行为感知特点上表现出相类性。

（2）语义错置：

显性错置：该动词各"时间运转"隐喻义中表层组合关系上的语义错置分别表现为动作主体参项 неделя，подготовка，собрание/урок 同动词之间的语义矛盾。

隐性错置：该动词隐喻的"X IS Y"层逻辑错置：Идти$_2$ есть идти$_1$，题元名词之间的语义冲突体现于"Sub. IS A"层错置：Неделя/подготовка/собрание/урок есть человек/животное.

（3）意象图式：该动词"时间运转"喻义操作主要采用了路径图式、路径—方向图式以及存在—过程图式。前两个图式主要反映本体动作在行为表现上的线性特征和向度特征，而后一图式则呈现出动作的意识体验存在感和意识整体把握特性，在此空间运动方式被读解并定格为一个抽象过程的"存在性"认知意象。

（4）隐喻映射：该动词"时间运转"喻义的认知域转移使用的是由具体动作域向抽象动作域的映射方式。

（5）隐喻模式：该动词喻义项的认知操作运用了结构隐喻、方位隐喻和本体隐喻共同参与而成的复合隐喻认知模式。

动词 прийти-уйти 的喻义：

动词 прийти，уйти 的"到达……地方""从……离开"这一空间动作可以隐喻时间的运动"来到""消逝、逝去"，抽象的本体动作与喻体的相似点是"有参照点（终点）或有起点的运动"，所以可以表示相关隐喻意义。

时节来到：Весна пришла；Придёт конец войне；Пришла пора сеять.

时光消逝：Ночь уйдёт и даст место светлому дню；Молодость ушла；Вместе с Оксей ушло и счастливое время.

动词 прийти，уйти "时间运转"意义的隐喻运作机制可具体描述为：

（1）认知相似性：动作本体同喻体之间在动作行为结构特点、行为过程方式及行为感知特点上建立起了心理类同。

（2）语义错置：

显性错置：прийти, уйти "时间运转"隐喻义中表层组合关系上的语义冲突分别表现为动作主体参项 весна, конец, пора, ночь, молодость, время 同动词之间的语义矛盾。

隐性错置：该动词隐喻的"X IS Y"层逻辑错置：Прийти/уйти₂ есть прийти/уйти₁, 题元名词之间的语义冲突体现在"Sub. IS A"层错置：Весна/конец/пора/ночь/молодость/время есть человек/животное.

（3）意象图式：прийти, уйти "时间运转"喻义主要运用的是路径图式、路径—方向图式，另外，动词 прийти 和 уйти 的认知操作还分别使用了方位—连接图式和分裂图式。

（4）隐喻映射：прийти, уйти "时间运转"喻义的认知域转移使用的是从具体动作域向抽象动作域的映射方式。

（5）隐喻模式：прийти, уйти "时间运转"喻义项的认知操作同样运用了结构隐喻、方位隐喻和本体隐喻的复合认知模式。

动词 пройти 的喻义：

动词 пройти 具有"走过、通过一段空间距离"的动作意义，该动作概念可以映射到抽象的时间概念域上，表示"（时间、事件等）过去、消失、逝去"这一隐喻意义：Незаметно прошло лето；Прошёл целый час；День прошёл в хлопотах；Заседание прошло очень оживлённо；Концерт прошёл со значительным успехом.

动词 пройти "时间运转"意义的隐喻运作机制可以具体描述为：

（1）认知相似性：动作本体同喻体之间在动作行为结构特点、行为实现、行为过程方式及行为感知特点方面相类同。

（2）语义错置：

显性错置：动词 пройти "时间运转"喻义中表层组合关系上的语义冲突表现为动作主体参项 лето, час, день, заседание, концерт 同动词之间的语义逻辑错置。

隐性错置：该动词隐喻的"X IS Y"层逻辑错置：Пройти₂ есть пройти₁, 题元名词之间的语义冲突体现在"Sub. IS A"层错置：Лето/час/день/заседание/концерт есть человек/животное.

(3) 意象图式：动词 пройти "时间运转"喻义主要运用的是路径图式、路径—方向图式以及分裂图式。

(4) 隐喻映射：动词 пройти "时间运转"喻义的认知域转移运用的是由具体动作域向抽象动作域的映射方式。

(5) 隐喻模式：动词 пройти "时间运转"喻义项的认知操作采用的也是结构隐喻、方位隐喻同本体隐喻的复合认知模式。此外，该动词的喻义运作中，主体题元参项使用了拟人隐喻这一二性隐喻模式。

动词 сойти 的喻义：

动词 сойти 具有的"人或动物下来、下到……"的空间转移、空间运动动作可以隐喻时间、时节的"变化、转变"这一动作事件，其认知相似性是"事物变迁、变化的节奏（周期、规律）"，形成的相关隐喻意义为"时间、季节过去、逝去"：Вот и день сошёл；Грибы сошли（采蘑菇的时节已经过去）。

动词 сойти "时间运转"意义的隐喻运作机制可具体描述为：

(1) 认知相似性：动作本体同喻体之间在动作行为结构特点、行为过程方式及行为感知特点上具有相类性。

(2) 语义错置：

显性错置：动词 сойти "时间运转"喻义中表层组合关系上的语义冲突分别表现为动作主体参项 день, грибы 同动词之间的语义矛盾。而需要说明的是，这里的具体名词 грибы 应当作抽象化解读，即为 время на грибы 或者 время для сбора грибов（采摘蘑菇的时节）。

隐性错置：该动词隐喻的"X IS Y"层逻辑错置：Сойти$_2$ есть сойти$_1$，题元名词之间的语义冲突体现在"Sub. IS A"层错置：День/время на грибы есть человек/животное.

(3) 意象图式：动词 сойти "时间运转"喻义主要运用的也是路径图式、路径—方向图式以及分裂图式。

(4) 隐喻映射：动词 сойти "时间运转"喻义的认知域转移使用的是由具体动作域向抽象动作域的映射方式。

(5) 隐喻模式：该动词喻义项的认知操作也同样运用了有结构隐喻、方位隐喻和本体隐喻共同参与的复合认知模式。

动词 бежать 的喻义：

动词 бежать 具有的"跑动、跑开"这一运动动作可以隐喻"时光

(快速）流转"这一抽象的动作概念，本体与喻体的相似性在于"事物的快速移动"，所产生的隐喻意义为"（时间）很快过去、流逝"：Время бежит；Годы бегут.

动词 бежать "时间运转"意义的隐喻运作机制具体描述为：

（1）认知相似性：动作本体同喻体之间在动作行为结构特点、行为实现、行为过程方式和感知特点上相类同。

（2）语义错置：

显性错置：该动词"时间运转"隐喻义中表层组合关系上的语义冲突表现为动作主体参项 Время，годы 同动词之间的语义矛盾。

隐性错置：该动词隐喻的"X IS Y"层逻辑错置：Бежать$_2$ есть бежать$_1$，题元名词之间的语义冲突体现在"Sub. IS A"层错置：Время/годы есть человек/животное.

（3）意象图式：动词 бежать "时间运转"喻义主要运用的是路径图式、路径—方向图式及状态图式。值得一提的是，这里的"状态图式"表现并突出了本体动作中明显的主观认知意念因素，这是认知主体心理意识中的时间判断或时间定位格局，本体动作事件的总揽性较强，而针对个体的时间分离性被淡化，而这也在一定程度上形成了同上面两个动词喻义项之间的差别。

（4）隐喻映射：该动词"时间运转"喻义的认知域转移使用的是由具体动作域向抽象动作域的映射方式。

（5）隐喻模式：该动词喻义项的认知操作主要运用的是结构隐喻和本体隐喻构成的复合隐喻认知模式。

（六）空间物为动作隐喻关系事件

"内在世界通过外在物质世界的模式得以建构。"（Арутюнова，1998：387）关系事件是难以从外部进行观察的，利用空间动作来隐指关系事件，这是典型的通过可感的外在空间特征描述抽象的内在性质的概念特征。物理意义上的空间运动必然连带运动的起始点和运动终点，那么这两点之间的空间关系意义隐喻其他事物之间的关系，这些关系可能是抽象的，也可能是具体的，但如果是具体的，也同样包含认知主体对动作主、客体之间关系的概括，也可以从这具体关系中看出抽象意义的因素。具体的关系喻义主要有以下几种。

动词 идти 的喻义：

动词 идти 表示的空间运动动作"人朝着某一地点行进"包含空间位置上的"起始点"和"终点"两个参数，而它们之间的位置关系概念可以映射到其他事物之间的各种关系上，基于这样的相似性，可以形成该动词以下相关隐喻意义：

用途：Кокс идёт на плавку стали.

某物进入……里：Нитка не идёт в иголку; Пробка (не) идёт в горлышко.

耗用到……上：На стол идёт 800 юаней в месяц.

适合，相称：Ирине идёт улыбка.

来自，起源于：Шорох идёт из кустов.

动词 идти"（事物）关系"意义的隐喻运作机制可具体描述为：

（1）认知相似性：动作本体同喻体之间在行为结构特点、行为感受—评价特点方面相类同。

（2）语义错置：

显性错置：该动词各"（事物）关系"隐喻义中表层组合关系上的语义冲突分别表现为动作主体参项 кокс，нитка，800 юаней，улыбка，шорох 同动词之间的语义矛盾，另外客体参项 плавка，иголка，горлышко，стол，Ирина 在此也同动词基义存在范畴语义错置。

隐性错置：该动词隐喻的"X IS Y"层逻辑错置：Идти$_2$ есть идти$_1$，题元名词之间的语义冲突体现分别在"Sub. IS A"层错置：Кокс/нитка/800 юаней/улыбка/шорох есть человек/животное，以及"Ob. IS B"层错置：Плавка/иголка/горлышко/стол/Ирина есть пространственное вещество. 需要指出的是，这里的 иголка，горлышко 虽然也有"空间"成分，但它是空间容器，而不是人的空间运动目标这一意义上的空间事物，因而同样存在隐现的客体题元错置。

（3）意象图式：该动词"（事物）关系"喻义主要运用的是路径—方向图式、方位—连接图式和重力—性质图式。其中路径—方向图式反映本体动作隐含的（抽象）事件路线、方向性，方位—连接图式必须体现出本体动作中事物间的联系、关系特性，而重力—性质图式体现的是认知者对动作事件性质的主观认定和判断。由此可以看出该喻义操作所渗透的"主观语义"成分、特征。

（4）隐喻映射：该动词"（事物）关系"喻义的认知域转移使用的

是由具体动作域向抽象动作域的映射方式。

（5）隐喻模式：该动词喻义项的认知操作中，结构隐喻、方位隐喻和本体隐喻都有表现，形成一种复合隐喻的认知模式。

动词 войти-выйти 的喻义：

动词 войти 表示的运动动作"进到……里面"也涉及事物的起点和终点及其空间位置关系，而它表现的"从开阔空间到狭小空间"动作概念可同"事物的结构"和"力量分布、作用"关系产生特殊的认识性关联，这是一种状态关系的认知心理概括，动词相应获得这样一些隐喻意义：

加入、进入……的组成：Событие вошло в историю； Двадцать учёных вошли в комиссию； Рассказы вошли в собрание сочинений.

容纳、装、盛：В шкаф вошло много книг； В бутыль вошло 2 литра молока.

钻进、打进：Лопата вошла в землю（铁锹铲进了土里）；Пуля вошла в плечо（子弹打进了肩膀）。

而动词 выйти 本来表示"从狭小空间进入开阔空间"，认知上包含一种由内而外、由此及彼的"空间扩张"概念意义，根据这一点可以在"事物的出现、产生""事物的分派、应用"等其他较为抽象的动作上找到认知联系，相应可有以下关系意义。

出生、来源于：Его учение вышло из учения Фейербаха； Они вышли из рабочей и крестьянской среды； Она вышла из семьи трудовой.

用到……上：В прошедшем месяце на один стол вышло 1000 юаней.

动词 войти-выйти "关系"意义的隐喻运作机制可具体描述为：

（1）认知相似性：动作本体同喻体之间在动作行为结构特点、行为实现方式、行为过程机制上相类同。

（2）语义错置：

显性错置：动词 войти-выйти "关系"隐喻义中表层组合关系上的语义冲突分别表现为动作主体参项 событие, рассказы, книги, молоко, учение 等同动词之间的语义矛盾以及客体参项 история, комиссия, земля 同动词的范畴语义错置。

隐性错置：动词 войти-выйти 隐喻的"X IS Y"层逻辑错置：Войти-выйти₂ есть войти-выйти₁，题元名词之间的语义冲突体现在"Sub. IS A"层错置：Событие/рассказы/книги/молоко/учение есть человек/животное，以及"Ob. IS B"层错置：История/комиссия/земля есть пространственное вещество.

（3）意象图式：动词 войти-выйти "关系"喻义主要运用的是路径—方向图式，此外，动词 войти 和 выйти 的喻义运作中各自还使用了方位—连接图式和分裂图式。

（4）隐喻映射：动词 войти-выйти "关系"意义喻义的认知域转移主要使用的是由具体动作域向抽象动作域的映射方式，另外，在动词 войти 的"容纳""钻进"喻义衍生中还使用了由一具体动作域向另一具体动作域的映射。

（5）隐喻模式：动词 войти-выйти "关系"喻义项的认知操作运用的主要是结构隐喻、方位隐喻和本体隐喻共同形成的复合认知模式，而在动词 войти 的"容纳""钻进"喻义中则只是结构隐喻、方位隐喻的复合。另外，在表示"加入、进入……的组成"这一喻义时，客体题元较为典型地使用了容器隐喻这一二性隐喻模式。

动词 прийти-уйти 的喻义：

动词 уйти 表示"离开一点到另一点"，人的运动方式和结果包含的这一空间认知关系可关联于事物之间的抽象关系，原本的动态空间关系运用于事物的静态关系、状态关系之上，形成"动作向状态的范畴转移"（蔡晖，2010：64），在这样的认知心理关系基础上，该动词可有以下隐喻意义：

花销、耗费到……上：Его зарплата ушла на стол；На костюм уйдёт 3 метра；На любовь ушли мои лучшие года.

装得下、进得去……：Бельё ушло в один чемодан.

动词 уйти "关系"意义的隐喻运作机制可以具体描述为：

（1）认知相似性：动作本体同喻体之间在动作行为结构特点、行为实现方式、过程方式上相类同。

（2）语义错置：

显性错置：动词 уйти "关系"隐喻义中表层组合关系上的语义冲突分别表现为动作主体参项 зарплата，бельё 等与动词之间的语义矛盾及客

体参项 стол，чемодан 等同动词的范畴语义错置。

隐性错置：动词 уйти "关系" 意义隐喻中的 "X IS Y" 层逻辑错置：Уйти₂ есть уйти₁，而题元名词之间的语义冲突体现在 "Sub. IS A" 层错置：Зарплата/бельё есть человек/животное，以及 "Ob. IS B" 层错置：Стол/чемодан есть пространственное вещество.

（3）意象图式：动词 уйти "关系" 喻义主要运用的是路径—方向图式和状态图式，而其中 "装得下、进得去……" 这一喻义项中还使用了方位—连接图式。

（4）隐喻映射：动词 уйти "关系" 喻义的认知域转移分别使用了由具体动作域向抽象动作域的映射（"花费到……上" 意义）和由一具体动作域向另一具体动作域的映射方式（"装得下" 意义）。

（5）隐喻模式：动词 уйти "关系" 喻义项的认知操作使用了结构隐喻、方位隐喻的复合（"装得下" 意义）以及结构隐喻、方位隐喻同本体隐喻的复合模式（"花费到……上" 意义）。此外，在 "花销、耗费到……上" 的隐喻运作中，还使用了客体参项的容器隐喻这一二性隐喻模式。

（七）空间物为动作喻指社会性质行为

空间运动的认知体验与人对社会行为、社会关系的心理感知存在相似性，"与人们在社会关系中的心理感受极其相似"（张志军、孙敏庆，2010：33）。具体的空间运动行为隐喻社会行为需要把运动的概念属性变换为社会化的动作属性，同时赋予动作主体以社会化身份。该类喻义在俄语运动动词中的表现如下。

动词 идти 的喻义：

动词 идти 的 "人去向某一目标点" 这一概念意义与 "人去向、前往或投靠自己心仪的某一对象（包括抽象对象）" 有认知心理关联，通过位移动作概念的语义联想，它可以表现人与该对象有关的某种社会行为，表现人同客体对象结成的某种社会关系，空间运动特征喻指人的社会行为性状，由此可产出以下隐喻意义。

参加，加入某组织：Брат шёл на военную службу.

去当……，成为：Приятель шёл в солдаты (шахтёры, лётчики).

出嫁：Их старшая дочь вышла замуж за Геннадия/Она не хочет ни за кого замуж идти.

动词 идти "社会行为" 意义的隐喻运作机制具体描述为：

（1）认知相似性：动作本体同喻体之间在动作行为结构特点、行为过程机制上具有心理方面的类同。

（2）语义错置：

显性错置：该动词各 "社会行为" 隐喻义中表层组合关系上的语义冲突表现为动作客体参项 на военную службу, в солдаты, за Геннадия 同动词之间的语义矛盾。

隐性错置：该动词隐喻的 "X IS Y" 层逻辑错置：Идти$_2$ есть идти$_1$，题元名词之间的语义冲突只体现在 "Ob. IS B" 层错置：Служба/солдаты/Геннадий есть пространственное вещество. "Sub. IS A" 主体层缺位，形成局部隐性错置。

（3）意象图式：动词 идти "社会行为" 喻义操作运用了路径—方向图式、重力—性质图式及方位—连接图式。这里本体动作既有方向性的因素，也有认知主体的主观判断成分，同时体现还有一定的行为主体和客体之间的关系内容，可见该动词喻义同上述 "关系事件" 意义有一定联系，可理解为一种特殊的 "社会关系行为"。

（4）隐喻映射：动词 идти "社会行为" 喻义的认知投射使用的是从具体动作域向抽象动作域的认知映射。

（5）隐喻模式：动词 идти "社会行为" 喻义项的认知操作运用了结构隐喻、方位隐喻和本体隐喻的复合模式。此外，该动词喻义中原则上也使用了客体位的容器隐喻方式。

动词 войти-выйти 的喻义：

动词 выйти 的 "人由一个封闭空间到开阔空间" 这一运动概念可以映射到人的社会活动域中，表现人出落到他所想要的一种境地、位置或状态，其认知关联点是 "动作的目标性、主观意愿性"，因而它形成了 "成为（某种人）" 这一隐喻意义：Из Антона вышел замечательный разведчик; Саша вышел победителем в соревнованиях.

动词 выйти "社会行为" 意义的隐喻运作机制可具体描述为：

（1）认知相似性：动作本体同喻体之间在动作行为结构特点、行为过程机制及行为感受—评价特点上具有相类同性。

（2）语义错置：

显性错置：该动词 "社会行为" 隐喻义中表层组合关系上的语义冲

突同样表现为客体参项 из Антона，победителем 同动词之间的语义矛盾。

隐性错置：该动词隐喻的"X IS Y"层逻辑错置：Выйти₂ есть выйти₁，题元名词之间的语义冲突体现为只体现在"Ob. IS B"层，属于局部隐性错置：Антон/победитель есть пространственное вещество.

(3) 意象图式：动词 выйти "社会行为"喻义运作使用的是路径—方向图式、重力—性质图式及方位—连接图式。

(4) 隐喻映射：动词 выйти "社会行为"喻义的认知域转移使用的是由具体动作域向抽象动作域的映射方式。

(5) 隐喻模式：动词 выйти "社会行为"喻义的认知操作运用了结构隐喻、方位隐喻和本体隐喻综合而成的复合认知模式。

动词 прийти-уйти 的喻义：

动词 уйти 本来表示"人离开某一空间"这一运动行为，根据动作方向的认知相似性，它可以映射到人的社会行为域中，表现人有意想避开某一事情或某种现象、状况，进而可以形成"回避、逃避、摆脱"这一表示各种社会活动的隐喻意义：уйти от прямого ответа, уйти от ответственности, уйти от воздействия среды, уйти от погони, уйти от суда, уйти от судьбы。

动词 уйти "社会行为"意义的隐喻运作机制具体描述为：

(1) 认知相似性：动作本体同喻体之间在动作行为结构特点、行为实现、行为过程方式上相类同。

(2) 语义错置：

显性错置：该动词"社会行为"喻义中表层组合关系上的语义冲突表现为动作客体参项 ответ, ответственность, воздействие, погоня, суд, субьба 同动词之间的语义矛盾。顺便指出的是，这里的客体是行为规避对象，而不是行为意指对象。

隐性错置：该动词隐喻的"X IS Y"层逻辑错置：Уйти₂ есть уйти₁，题元名词之间的语义冲突也只体现在"Sub. IS A"层错置：ответ/ответственность/воздействие/погоня/суд/субьба есть человек/животное.

(3) 意象图式：动词 уйти "社会行为"喻义主要运用的是路径—方向图式、重力性质图式和分裂图式。其中分裂图式反映出"逃避……"这一本体动作行为的认知意象特点。

(4) 隐喻映射：动词 уйти "社会行为"喻义的认知域转移使用的是

由具体动作域向抽象动作域的映射方式。

（5）隐喻模式：动词 уйти "社会行为"喻义项的认知操作所使用的也是结构隐喻、方位隐喻及本体隐喻的复合方式。此外，该喻义运作中，客体题元参项也使用了容器隐喻这一认知模式。

（八）空间物为动作喻指事物个体化特征、状态

该类隐喻把空间维度的动态特征映射到个体事物的动作属性、特征上，个体事物在动作、状态的某一方面反映出运动的方向性等特性，而其动作属性如果仍有一定具体物为属性时，则同样也包含认知主体对它的一种抽象概括和主观设计，这显示出喻义与运动动词原初意义之间的差别。

动词 идти 的喻义：

动词 идти 表示的"事物个体化特征"行为与事件的推进、事物内容的展开存在认知心理上的联系，可以把人空间运动的概念属性映现到特定事物、事件的行进、展开乃至事物的空间伸延这一概念，这使事物的个体化特征得以形象化的表现，从而形成该动词的隐喻意义。

谈论：О свадьбе идёт разговор.（言语活动的进展状态）

（正在）上演：Идёт фильм Война и мир. 这里的"主体空间运动"理解为"主体内容正在展开、向前推进"，因此，主体的特征是较为个性化的。

（道路、山脉等）延伸（绵延、走向、朝向）：Горная гряда идёт с юга на север；Дорога шла сначала вниз по реке, а потом, перерезав ее и поднявшись в гору. 在此，静态空间事物状态得以动态化的隐喻表现，透过认知者的运动轨迹视角，"我们看到了移动线路延伸图景"（Рахилина, 2000：307）。

动词 идти "事物个体化特征"意义的隐喻运作机制具体描述为：

（1）认知相似性：动作本体同喻体之间在动作行为结构特点、行为感受—评价特点上相类同。

（2）语义错置：

显性错置：该动词"事物个体化特征"隐喻义中表层组合关系上的语义冲突分别表现为动作主体参项 разговор, фильм, горная гряда 同动词之间的语义矛盾。

隐性错置：该动词隐喻的"X IS Y"层逻辑错置：Идти$_2$ есть идти$_1$，题元名词之间的语义冲突体现在"Sub. IS A"层错置：Разговор/фильм/

горная гряда есть человек/животное.

（3）意象图式：动词 идти "事物个体化特征"喻义主要运用了路径—方向图式和存在—过程图式。

（4）隐喻映射：动词 идти "事物个体化特征"喻义的认知域转移分两种情况，一是由具体动作域向抽象动作域的映射方式（该动词的前两个喻义），二是由一具体动作域向另一具体动作域的映射（后一喻义）。

（5）隐喻模式：动词 идти "事物个体化特征"喻义项的认知操作主要使用了结构隐喻、方位隐喻的认知复合（该动词的后一喻义）和结构隐喻、方位隐喻同本体隐喻的复合模式（动词前两个喻义）。

动词 прийти-уйти 的喻义：

动词 прийти 原本表示"（人）来到、到达某一地方"，具有确定的方向性、目标性，该动作架构通过隐喻的相似性映射到事物"空间走向"这一概念图式上，所以可以表示"延伸、通达"这一喻义，而这也是事物独特的空间布局特征：Дорога шла полем, лугами и оврагами и пришла к лесу；Вёрсты полторы за часовней придёт овражек（小教堂后面约一俄里半的地方有一条小山沟穿过）。

动词 прийти "事物个体化特征"意义的隐喻运作机制具体描述为：

（1）认知相似性：动作本体同喻体之间在动作行为结构特点、行为感知特点上相类同。

（2）语义错置：

显性错置：该动词"事物个体化特征"隐喻义中表层组合关系上的语义冲突表现为动作主体参项 дорога, овражек 同动词之间的语义矛盾。

隐性错置：该动词隐喻的"X IS Y"层逻辑错置：Прийти$_2$ есть прийти$_1$，题元名词之间的语义冲突体现在"Sub. IS A"层错置：Дорога/овражек есть человек/животное.

（3）意象图式：动词 прийти "事物个体化特征"喻义主要运用的是路径—方向图式、状态特征图式。

（4）隐喻映射：该动词"事物个体化特征"喻义的认知域转移使用的是由一具体动作域向另一具体动作域的映射方式，这也彰显出动词喻义的感知特点。

（5）隐喻模式：动词 прийти "事物个体化特征"喻义项的认知操作运用了结构隐喻、方位隐喻复合而成的认知模式。

动词 пройти 的喻义：

动词 пройти 本义中包含的运动概念图式"（人）走过、穿过"可以映射到特定事物的空间走势概念之上，前者与后者间的相似性是"穿越、通过某一空间（位置）"，事物的个体化特征也由此显现出来，形成该动词"（道路等）延伸、通过、穿过、贯穿"这一隐喻意义：Туннель прошёл через главный хребет; Нефтепровод прошёл под водой; Здесь пройдёт железная дорога.

动词 пройти "事物个体化特征"意义的隐喻运作机制可具体描述为：

（1）认知相似性：动作本体同喻体之间在动作行为结构特点、行为实现、行为过程方式上相类同。

（2）语义错置：

显性错置：该动词"事物个体化特征"隐喻义中表层组合关系上的语义冲突表现为动作主体参项 туннель, нефтепровод, железная дорога 同动词之间的语义矛盾。

隐性错置：该动词隐喻的"X IS Y"层逻辑错置：Пройти$_2$ есть пройти$_1$，题元名词之间的语义冲突体现在"Sub. IS A"层错置：Туннель/нефтепровод/железная дорога есть человек/животное.

（3）意象图式：动词 пройти "事物个体化特征"喻义主要运用的是路径—方向图式、状态图式及存在—过程图式。

（4）隐喻映射：动词 пройти "事物个体化特征"喻义的认知域转移使用的是由一具体动作域向另一具体动作域的映射方式。

（5）隐喻模式：该动词喻义项的认知操作运用了结构隐喻、方位隐喻形成的复合隐喻认知模式。

动词 бежать 的喻义：

动词 бежать 表示的"（朝着……）奔跑、跑去"这一动作形象与道路等事物的空间走向状态上有一种心理联系上的关联，通过认知迁移，它可以表现空间事物独有的动作—状态特征，而且使静态的空间方位面貌获得了动态画面的特质，具有独特的形象感，表示"（道路）延伸、伸展"这一隐喻意义：Тропинка бежит в гору; Дорога змеёй бежала по скату.

动词 бежать "事物个体化特征"意义的隐喻运作机制具体描述为：

（1）认知相似性：动作本体同喻体之间在动作行为结构特点、行为感知特点上相类同。

（2）语义错置：

显性错置：动词 бежать "事物个体化特征"隐喻义中表层组合关系上的语义冲突表现为动作主体参项 тропинка，дорога 同动词之间的语义矛盾。

隐性错置：该动词隐喻的"X IS Y"层逻辑错置：Бежать$_2$ есть бежать$_1$，题元名词之间的语义冲突体现在"Sub. IS A"层错置：Тропинка/дорога есть человек/животное.

（3）意象图式：动词 бежать "事物个体化特征"喻义主要运用的是路径—方向图式和状态图式，而且往往还有连接图式的参与。

（4）隐喻映射：该动词"事物个体化特征"喻义的认知域转移使用的是由一具体动作域向另一具体动作域的映射方式。

（5）隐喻模式：动词 бежать "事物个体化特征"喻义项的认知操作运用了结构隐喻和方位隐喻，形成一种复合隐喻的认知模式。

（九）小结

本节通过"运动"这一物为动作的隐喻体验性对俄语动词隐喻及多义现象进行了认知阐释，反映了隐喻这一基本认知方法在动词语义机制中的作用及隐喻意义的产出、映现模式，增进了我们对语言意义的发展、变化以及词汇意义之间相互关系的了解。研究表明，空间物为的隐喻意义极为丰富，方式也多样化，空间隐喻不仅是对抽象事物、事件进行范畴化、概念化的认知方式，也可以是对特定具体动作事件进行认知再审视和概念化的工具，这意味着空间运动不仅可以隐喻抽象意义的动作，而且可以映射（主体）间接感知的另一种物为动作，这是认知隐喻的客观语义实在。正是从这一意义上，空间隐喻可视为空间物质概念的一种积极、有力的心智延伸。另外，也不难看出，一些相似的本体动作可对应于不同运动动词的相关隐喻方式，这一方面使语言表现更为丰富，而更主要的是，这些同义表达手段包含细微的认知意义差别，使相关动作行为的刻画更加细致、到位，也更为充分地显示了俄语运动动词词汇模块和语义组织方式的认知价值。

此外，归结起来，俄语运动类物为动词的隐喻意义运作中，动作本体和喻体在行为结构特点、行为实现、行为过程方式及行为感受—评价特点上的相似展现最为充分，与"方位""路径"有关的意象图式表现十分积极。当隐喻的是抽象性质的本体动作时，会有显性或隐性的语义错置缺位，形成局部错置，往往采用由具体动作域向抽象动作域的认知映射方式，并且运用结构隐喻、方位隐喻和本体隐喻的复合认知模式，而当隐喻表现另一（类）具体动作意义时，则少有零位语义错置尤其是主体位上的零性隐喻错置，运用的是由一具体动作域向另一具体动作域的映射方式，而在认知模式上主要使用的是方位隐喻模式或者结构隐喻和方位隐喻的复合模式，大量使用了客体参项位上的容器隐喻这一二性隐喻模式。而这些方面的内容一方面从运动动词的角度反映出动词隐喻机制的总体特点，另一方面也从特定角度显示出俄语运动动词隐喻意义及其认知操作的个体特征，构成俄语运动类物为动词的特有隐喻意义机制。

二　其他典型物为动词的隐喻意义机制

（一）物为动词 брать 的隐喻意义机制

动词 брать 本义为"拿，取，拿过来，拿住，握住"（брать перо в руку, брать ребёнка на руки, брать вазу со стола），通过隐喻，它可以衍生 11 种不同动作事件的认知语义内容，相关动词喻义项的隐喻运作机制具体表现如下。

选材，选题：Писатель брал сюжет для романа; Учёный брал тему для исследования.

该喻义项的隐喻运作机制可具体描述为：

（1）认知相似性：主要表现在动作本体同喻体之间在动作行为结构特点、行为过程机制方面相类同。

（2）语义错置：

显性错置：该动词隐喻义中表层组合关系上的语义冲突表现为动作客体参项 сюжет, тему 同动词之间的语义矛盾。主体参项同动词之间的语义错置缺位，属于部分显性错置，这一点同动词 брать 喻义表示的动作事件特征有关，而基于相同原因，这部分显性语义错置的缺位在该动词其他隐喻意义中也有反映。

隐性错置：该动词隐喻的"X IS Y"层逻辑错置：Брать$_2$ есть брать$_1$，题元名词之间的语义冲突只体现在"Ob. IS B"层错置：Сюжет/ тема есть конкретный предмет. 而主体题元的"Sub. IS A"层错置缺位，形成局部错置。

（3）意象图式：该动词喻义操作主要运用的是重力—方向图式和连

接图式。其中重力—方向图式反映出本体动作的物性作用内容和特点，而连接图式则体现出本体动作中直接客体和间接客体（роман，исследование）之间的物理距离或其距离倾向性的特点，它们共同促进了本体动作的认知意象转换。

（4）隐喻映射：该动词喻义项中认知域转移使用的是从具体动作域向抽象动作域的映射方式。

（5）隐喻模式：该动词喻义项的认知操作运用了结构隐喻和本体隐喻，形成一种复合隐喻的认知模式。

承担，承办：Он взял на себя обязательство/долги；Они взяли эту конференцию.

该喻义项的隐喻运作机制可具体描述为：

（1）认知相似性：动作本体同喻体之间在动作行为结构特点、行为实现与行为过程方式（二者比行为过程机制显得要具体一些）上相类同。

（2）语义错置：

显性错置：该动词隐喻义中表层组合关系上的语义冲突表现为动作客体参项 обязательство/долги，конференцию 同动词之间的语义矛盾。

隐性错置：该动词隐喻的"X IS Y"层逻辑错置：Брать$_2$ есть брать$_1$，题元名词之间的语义冲突只反映于"Ob. IS B"层错置：Обязательство/долги/конференция есть конкретный предмет. 也属于局部错置。

（3）意象图式：该动词"间接感知"喻义主要运用的也是重力—方向图式和连接图式，但这里的连接图式所反映的是本体动作主体同客体之间的联系。

（4）隐喻映射：该动词喻义的认知域转移使用的也是由具体动作域向抽象动作域的映射方式，该抽象动作域具有异质行为集合的特点。

（5）隐喻模式：该动词喻义项的认知操作运用的是结构隐喻和本体隐喻构成的复合隐喻认知模式。

录用，接受：Они решили взять парня на службу/её в секретари；Она взяла их поручение.

该喻义项的隐喻运作机制可具体描述为：

（1）认知相似性：动作本体同喻体之间在动作行为结构特点、行为感知特点上相类同。

（2）语义错置：

显性错置：该动词隐喻义中表层组合关系上的语义冲突表现为动作客体参项 парень，поручение 同动词之间的语义矛盾。

隐性错置：该动词隐喻的"X IS Y"层逻辑错置：Брать$_2$ есть брать$_1$，题元名词之间的语义冲突体现在"Ob. IS B"层错置：Парень/поручение есть конкретный предмет.

（3）意象图式：该动词喻义主要运用的是重力—方向图式、方位—连接图式、状态图式。其中方位—连接图式表现为本体动作中主体和客体的向量连接关系，状态图式反映本体动作的结果特征和意象内容。

（4）隐喻映射：该动词喻义的认知域转移使用的是由具体动作域向抽象动作域的映射方式。

（5）隐喻模式：该动词喻义项的认知操作运用了结构隐喻、方位隐喻和本体隐喻构成的复合隐喻认知模式。

租赁，租借，雇用：Она брала на прокат мебель；Мы взяли такси；Родители взяли новую прислугу.

该喻义项的隐喻运作机制可具体描述为：

（1）认知相似性：动作本体同喻体之间在动作行为结构特点、行为感知特点有类同性。

（2）语义错置：

显性错置：该动词隐喻义操作中，表层组合关系上的客体参项同动词之间存在特殊的语义错置：这里的客体事物是大宗具体事物即"不可运作事物"（дисманипулированный предмет），而不是动词本义所对应的可以用手拿起的一般性事物——可徒手拿起、拿动的物体，即"可运作事物"（манипулированный предмет），这形成所谓的"次逻辑"范畴语义错置。另外，"雇用人"时，客体是"人"，该生命体同本义中的"非生命事物"客体也不一样，同样会形成同动词之间的显性语义冲突。

隐性错置：该动词隐喻的"X IS Y"层逻辑错置：Брать$_2$ есть брать$_1$，题元名词之间的语义冲突体现在"Ob. IS B"层错置：Мебель/такси есть манипулированный предмет，或者 Прислуга есть предмет.（隐喻"雇用"意义时）。

（3）意象图式：该动词喻义主要运用的是重力—方向图式和方位—连接图式。

（4）隐喻映射：该动词喻义的认知域转移使用的是由一具体动作域向另一具体动作域的映射方式。

（5）隐喻模式：该动词喻义项的认知操作运用了结构隐喻和方位隐喻形成的一种复合认知模式。

引用，吸取：Он взял цитату из Л. Толстого/всё существенное из книги/всё полезное от жизни.

该喻义项的隐喻运作机制可具体描述为：

（1）认知相似性：动作本体同喻体之间在动作行为结构特点、行为实现、行为过程方式上相类同。

（2）语义错置：

显性错置：该动词喻义运作中表层组合关系上的语义冲突分别为动作客体参项 цитату，всё существенное，всё полезное 同动词之间的语义矛盾。

隐性错置：该动词隐喻的"X IS Y"层逻辑错置：Брать$_2$ есть брать$_1$，题元名词之间的语义冲突体现在"Ob. IS B"层错置：Цитата/всё существенное/всё полезное есть конкретный предмет.

（3）意象图式：该动词喻义主要运用的是重力—方向图式、方位—连接图式。其中连接图式表现的是本体动作客体同主体之间结成的某种联系。

（4）隐喻映射：该动词喻义的认知域转移使用的是由具体动作域向抽象动作域的语义映射方式。

（5）隐喻模式：该动词喻义项的认知操作运用了结构隐喻、方位隐喻和本体隐喻共同参与形成的复合认知模式。

占领，夺取：Мы взяли город/крепость штурмом/приступом.（而 смелость города берёт. 表示的实际是关系意义，没有积极意志活动语义成分）

抓捕，俘获：Солдаты взяли 9 пленных；Охотник взял диких гусей.

以上两个喻义项具有一定语义类同性，其隐喻运作机制可具体描述为：

（1）认知相似性：动作本体同喻体之间在动作行为结构特点、行为实现、行为过程方式以及行为感知特点方面相类同。

（2）语义错置：

显性错置：该动词这两个喻义项中表层组合关系上的语义冲突分别表现为动作客体参项 город/крепость 和 пленных，гусей 同动词之间的语义矛盾。

隐性错置：该动词隐喻的"X IS Y"层逻辑错置：Брать₂ есть брать₁，题元名词之间的语义冲突体现在"Ob. IS B"层错置。其中"占领，夺取"喻义操作的这一错置关系表现为本体动作的不可运作的"大宗"客体事物 город/крепость 同喻体动作对应的一般性物体之间的次逻辑语义冲突：Город/крепость манипулированный предмет. 而"抓捕，俘获"喻义操作的这层错置关系表现为：Пленные/дикие гуси есть неодушелённое.

（3）意象图式：该动词喻义项主要运用的是重力或外力作用图式、重力—方向图式。

（4）隐喻映射：该动词"间接感知"喻义的认知域转移使用的是由具体动作域向带有一定抽象性质的具体动作域的语义映射。

（5）隐喻模式：该动词喻义项的认知操作主要运用的是单一的结构隐喻模式。

（情绪、情感）控制，感染（某人）：Досада/зависть/ужас/страх/скука/отчаяние девушку берёт.

该喻义项的隐喻运作机制可具体描述为：

（1）认知相似性：动作本体同喻体之间在动作行为结构特点、行为感受—评价特点上相类同。

（2）语义错置：

显性错置：该动词隐喻义中表层组合关系上的语义冲突分别表现为动作主体参项 досада/зависть/ужас/страх/скука/отчаяние 以及客体参项 девушку 同动词之间的语义矛盾。

隐性错置：该动词隐喻的"X IS Y"层逻辑错置：Брать₂ есть брать₁，题元名词之间的语义冲突体现在"Sub. IS A"层错置：Досада/зависть/ужас/страх/скука/отчаяние есть человек，以及"Ob. IS B"层错置：Девушка есть неодушелённое。

（3）意象图式：该动词喻义主要运用的是重力或外力作用图式、重力—性质图式，其中重力—性质图式表现出认知者对这一本体动作作用关系性质的主观感受、认识和判断。

（4）隐喻映射：该动词"间接感知"喻义的认知域转移使用的是由一具体动作域向抽象动作域的映射方式。

（5）隐喻模式：该动词喻义项的认知操作运用了结构隐喻和本体隐喻所构成的复合隐喻的认知模式。

以……取胜，达到目的：Они взяли хитростью/внезапностью；Мы взяли не числом, а уменьем.

该喻义项的隐喻运作机制可具体描述为：

（1）认知相似性：动作本体同喻体之间主要在行为感受—评价特点上具有类同性。

（2）语义错置：

显性错置：该动词隐喻义中表层组合关系上没有表现出语义冲突性，因此形成零性显性错置。

隐性错置：该动词隐喻的"X IS Y"层逻辑错置：Брать$_2$ есть брать$_1$，题元名词之间的语义冲突体现没有反映，形成隐性的零位错置。

（3）意象图式：该动词喻义主要运用的是重力—性质图式和状态图式，这体现出本体动作包含的主观认定性和结果性特征。

（4）隐喻映射：该动词喻义的认知域转移使用的是由具体动作域向抽象动作域的语义映射方式。

（5）隐喻模式：该动词喻义项的认知操作运用了单一的本体隐喻模式。

耗费，占用：Это дело много средств/сил/внимания；Работа берёт много труда；Чтение газет берёт у него ежедневно час.

该喻义项的隐喻运作机制可具体描述为：

（1）认知相似性：动作本体同喻体之间在动作行为结构特点、行为感知特点上相类同。

（2）语义错置：

显性错置：该动词隐喻义中表层组合关系上的语义冲突分别表现为动作主体参项 дело, работа, чтение 和客体参项 средства/силы/внимание, труд, час/время 同动词之间形成的语义矛盾。

隐性错置：该动词隐喻的"X IS Y"层逻辑错置：Брать$_2$ есть брать$_1$，题元名词之间的语义冲突分别体现在"Sub. IS A"层错置：Дело/работа/чтение есть человек, 以及"Ob. IS B"层错置：Средства/

силы/внимание/труд/час/время есть конкретный предмет.

（3）意象图式：该动词喻义主要运用的是重力—性质图式和状态图式，借此建立起动作间的心理联想关系，促进动作的认知意象转化。

（4）隐喻映射：该动词喻义的认知域转移使用的是由具体动作域向抽象动作域的语义映射方式。

（5）隐喻模式：该动词喻义项的认知操作运用了结构隐喻和本体隐喻形成的复合隐喻认知模式。

可以看出，物理动词 брать 隐喻意义认知运作中，不同喻义义项一般或多或少具有不同的隐喻操作特点，这在相似性、语义错置、意象图式、隐喻映射及隐喻模式等五方面都有反映，而喻义相近的义项如"占领，夺取""抓捕，俘获"在这几方面的认知机制上表现出较为接近的运作特点。

（二）物为动词 поднять 的隐喻意义机制

动词 поднять 的基本意义为"拾起，拣起，抱起，抬起"（поднять журнал с полу，поднять мальчика на кровать），它主要有13项喻义，其隐喻操作机制可分别描述为：

担负，胜任：Он поднимет эту работу/дело.

该喻义项的隐喻运作机制可具体描述为：

（1）认知相似性：动作本体同喻体之间在动作行为结构特点、行为感知特点上相类同。

（2）语义错置：

显性错置：该动词隐喻义中表层组合关系上的语义冲突表现为动作客体参项 работу/дело 同动词之间的语义矛盾。

隐性错置：该动词隐喻的"X IS Y"层逻辑错置：Поднять$_2$ есть поднять$_1$，题元名词之间的语义冲突体现在"Ob. IS B"层错置：Работа/дело есть предмет или человек.

（3）意象图式：该动词喻义主要运用的是重力—方向图式和重力—性质图式，其中重力—方向图式代表了本体动作中抽象"力"的作用方式和作用方向，而重力—性质图式表现出本体动作中认知主体对事件性质（能力、可能性）的认识和判断。

（4）隐喻映射：该动词喻义的认知域转移使用的是由具体动作域向抽象动作域的意象映射方式。

第五章　俄语动词隐喻意义的运作机制　　239

（5）隐喻模式：该动词喻义项的认知操作运用了结构隐喻、方位隐喻和本体隐喻共同参与形成的复合认知模式。

治好病人，把……抚养成人：Врач поднял тяжелораненую；Мать подняла всех троих детей.

该喻义项的隐喻运作机制可具体描述为：

（1）认知相似性：动作本体同喻体之间在动作行为结构特点、行为实现、行为过程方式上相类同。

（2）语义错置：

显性错置：该动词隐喻义中表层组合关系上的语义冲突表现为动作主体和客体参项同动词之间都不存在直接的语义矛盾，因而形成其零位显性错置。

隐性错置：该动词隐喻的"X IS Y"层逻辑错置：Поднять$_2$ есть поднять$_1$，而题元名词之间的语义冲突在"Sub. IS A"和"Ob. IS B"层错置均缺位，相应形成题元层次的零位隐性错置。

（3）意象图式：该动词喻义分别运用了重力或外力作用图式、重力—方向图式和重力—性质图式。

（4）隐喻映射：该动词喻义的认知域转移使用的是从具体动作域向抽象动作域的语义映射方式。

（5）隐喻模式：该动词喻义项的认知操作运用了结构隐喻和本体隐喻，同样是一种复合隐喻的认知模式。

唤醒，叫起：Мама каждый день поднимает меня в 7 часов.

该喻义项的隐喻运作机制可具体描述为：

（1）认知相似性：动作本体同喻体之间在动作行为结构特点、行为作用方式及行为过程机制方面具有相类性。

（2）语义错置：

显性错置：该动词隐喻义表层组合关系上的语义冲突也表现为动作主体、客体参项同动词之间的零位显性错置。

隐性错置：该动词隐喻的"X IS Y"层逻辑错置：Поднять$_2$ есть поднять$_1$，相应题元名词之间的语义冲突在"Sub. IS A"和"Ob. IS B"层也都为零位隐性错置。

（3）意象图式：该动词喻义主要运用的是重力或外力作用图式、重力—方向图式。

（4）隐喻映射：该动词喻义的认知域转移使用的是由一具体动作域向另一具体动作域的意象映射方式。

（5）隐喻模式：该动词喻义项的认知操作运用了结构隐喻和方位隐喻的复合认知模式。其中方位隐喻反映的是动作客体的空间变化态度或空间变化潜势。

引起，唤起（回忆等）：Эти слова подняли его прекрасные воспоминания о прошлом.

该喻义项的隐喻运作机制可具体描述为：

（1）认知相似性：动作本体同喻体之间在动作行为结构特点、行为感受—评价特点方面相类同。

（2）语义错置：

显性错置：该动词隐喻义中表层组合关系上的语义冲突表现为动作客体参项 воспоминания 同动词之间的语义矛盾。

隐性错置：该动词隐喻的"X IS Y"层逻辑错置：Поднять$_2$ есть поднять$_1$，题元名词之间的语义冲突体现在"Ob. IS B"层错置：Воспоминания есть предмет или человек.

（3）意象图式：该动词喻义主要运用的是重力或外力作用图式和连接图式，其中连接图式表现出本体动作中主体和客体之间所结成的联系性质。

（4）隐喻映射：该动词喻义的认知域转移使用的是由具体动作域向抽象动作域的语义映射方式。

（5）隐喻模式：该动词喻义项的认知操作运用了结构隐喻和本体隐喻这一复合隐喻的认知模式。

鼓动，发动，激起：Они подняли народ на борьбу.

该喻义项的隐喻运作机制可具体描述为：

（1）认知相似性：动作本体同喻体之间在动作行为结构特点、行为感知特点及行为意向性方面表现出类同性。

（2）语义错置：

显性错置：该动词隐喻义表层组合关系上没有形成语义冲突，表现为动作主体、客体参项同动词之间的零位显性错置。

隐性错置：该动词隐喻的"X IS Y"层逻辑错置：Поднять$_2$ есть

поднять₁，题元名词之间的语义冲突在"Sub. IS A"和"Ob. IS B"层均缺位，形成零位隐性错置。

（3）意象图式：该动词喻义主要运用的是重力或外力作用图式、重力—方向图式。

（4）隐喻映射：该动词喻义的认知域转移使用的是由具体动作域向抽象动作域的语义映射方式。

（5）隐喻模式：该动词喻义项的认知操作运用了结构隐喻、方位隐喻和本体隐喻参与形成的复合认知模式。

惊动，使不安：Известие подняло весь дом.

该喻义项的隐喻运作机制可具体描述为：

（1）认知相似性：动作本体同喻体之间在动作行为结构特点、行为过程机制上相类同。

（2）语义错置：

显性错置：该动词隐喻义中表层组合关系上的语义冲突表现为动作主体参项 известие 同动词之间的语义矛盾。

隐性错置：该动词隐喻的"X IS Y"层逻辑错置：Поднять₂ есть поднять₁，题元名词之间的语义冲突体现在"Sub. IS A"层错置：Известие есть предмет/человек.

（3）意象图式：该动词喻义主要运用的是重力或外力作用图式、重力—方向图式。

（4）隐喻映射：该动词喻义的认知域转移使用的是从具体动作域向抽象动作域的意向映射方式。

（5）隐喻模式：该动词喻义项的认知操作运用了结构隐喻和本体隐喻所形成的复合隐喻认知模式。

进行，掀起，举行，引起、搞起、干起：Рабочие подняли восстание；Они подняли возню/споры.

该喻义项的隐喻运作机制可具体描述为：

（1）认知相似性：动作本体同喻体之间在动作行为结构特点、行为实现方式及行为过程机制上相类同。

（2）语义错置：

显性错置：该动词隐喻义中表层组合关系上的语义冲突表现为动作客体参项 восстание，возню/споры 同动词之间的语义矛盾。

隐性错置：该动词隐喻的"X IS Y"层逻辑错置：Поднять₂ есть поднять₁，题元名词之间的语义冲突体现在"Ob. IS B"层错置：Восстание/возня/споры есть предмет/человек.

（3）意象图式：该动词喻义主要运用的也是重力或外力作用图式、重力—方向图式和重力—性质图式，其中重力—性质图式的运作使认知者对本体动作事件的主观认识得以表现。

（4）隐喻映射：该动词喻义的认知域转移使用的是由具体动作域向抽象性质具体动作域的映射方式。

（5）隐喻模式：该动词喻义项的认知操作运用了结构隐喻和本体隐喻构成的复合隐喻认知模式。

提高……的地位、声望，提升：Это событие/изобретение подняло её в общественном мнении; Его поднимут в чинах.

该喻义项的隐喻运作机制可具体描述为：

（1）认知相似性：动作本体同喻体之间在动作行为结构特点、行为感受—评价特点上相类同。

（2）语义错置：

显性错置：该动词隐喻义中表层组合关系上的语义冲突表现为动作主体参项событие, изобретение同动词之间的语义矛盾。

隐性错置：该动词隐喻的"X IS Y"层逻辑错置：Поднять₂ есть поднять₁，题元名词之间的语义冲突体现在"Sub. IS A"层错置：Событие/изобретение есть человек.

（3）意象图式：该动词项喻义主要运用的是重力或外力作用图式、重力—方向图式、重力—性质图式。

（4）隐喻映射：该动词喻义的认知域转移使用的是由具体动作域向抽象动作域的语义映射方式。

（5）隐喻模式：该动词喻义项的认知操作运用了结构隐喻、方位隐喻和本体隐喻形成的复合隐喻认知模式。

提高，加强：Они подняли урожай/успеваемость/производительность труда.

该喻义项的隐喻运作机制可具体描述为：

（1）认知相似性：动作本体同喻体之间在动作行为结构特点、行为感受—评价特点上相类同。

（2）语义错置：

显性错置：该动词隐喻义中表层组合关系上的语义冲突表现为动作客体参项 урожай，успеваемость，производительность 同动词之间的语义矛盾。

隐性错置：该动词隐喻的"X IS Y"层逻辑错置：Поднять$_2$ есть поднять$_1$，题元名词之间的语义冲突体现在"Ob. IS B"层错置：Урожай/успеваемость/производительность есть предмет/человек.

（3）意象图式：该动词喻义主要运用的是重力或外力作用图式、重力—方向图式及重力—性质图式。

（4）隐喻映射：该动词喻义的认知域转移使用的是由具体动作域向抽象动作域的语义映射方式。

（5）隐喻模式：该动词喻义项的认知操作运用了结构隐喻、方位隐喻和本体隐喻综合而成的一种复合模式。

使振奋、振作：Успех поднял дух/настроение в частях（这一成就振奋了精神/振作了士气）。

该喻义项的隐喻运作机制可具体描述为：

（1）认知相似性：动作本体同喻体之间在动作行为结构特点、行为实现、行为过程方式上相类同。

（2）语义错置：

显性错置：该动词隐喻义中表层组合关系上的语义冲突表现为动作主体、客体参项 успех 和 дух/настроение 分别同动词之间的语义矛盾。

隐性错置：该动词隐喻的"X IS Y"层逻辑错置：Поднять$_2$ есть поднять$_1$，题元名词之间的语义冲突体现在"Sub. IS A"层错置：Успех есть человек，以及"Ob. IS B"层错置：Дух/настроение есть предмет/человек.

（3）意象图式：该动词喻义主要运用了重力或外力作用图式、重力—方向图式、重力—性质图式。

（4）隐喻映射：该动词喻义的认知域转移使用的是由具体动作域向抽象动作域的意象映射方式。

（5）隐喻模式：该动词喻义项的认知操作运用了结构隐喻、方位隐喻和本体隐喻构成的复合认知模式。

把……推向前进，使发展：Мы стремимся поднять хозяйство；Хозяйство/торговлю они подняли в этом году.

该喻义项的隐喻运作机制可具体描述为：

（1）认知相似性：动作本体同喻体之间在动作行为结构特点、行为实现、行为过程方式及行为感受—评价特点方面相类同。

（2）语义错置：

显性错置：该动词隐喻义中表层组合关系上的语义冲突表现为动作客体参项 хозяйство，торговлю 同动词之间的语义矛盾。

隐性错置：该动词隐喻的"X IS Y"层逻辑错置：Поднять$_2$ есть поднять$_1$，题元名词之间的语义冲突体现在"Ob. IS B"层错置：Хозяйство/торговлю есть предмет/человек.

（3）意象图式：该动词喻义主要运用的也是重力或外力作用图式、重力—方向图式及重力—性质图式。

（4）隐喻映射：该动词喻义的认知域转移使用的是由具体动作域向抽象动作域的语义映射方式。

（5）隐喻模式：该动词喻义项的认知操作运用了结构隐喻、方位隐喻和本体隐喻复合而成的认知模式。

重提（旧事），翻找、查阅（资料等）：Брат опять поднял эту неприятность；Они подняли дела/архив/материал.

该喻义项的隐喻运作机制可具体描述为：

（1）认知相似性：动作本体同喻体之间在动作行为结构特点、行为实现、行为过程方式上相类同。

（2）语义错置：

显性错置：该动词隐喻义中表层组合关系上的语义冲突表现为动作客体参项 неприятность，дела/архив/материал 同动词之间的语义矛盾。

隐性错置：该动词隐喻的"X IS Y"层逻辑错置：Поднять$_2$ есть поднять$_1$，题元名词之间的语义冲突体现在"Ob. IS B"层错置：Неприятность/дела/архив/материал есть предмет/человек.

（3）意象图式：该动词喻义主要运用的是单一的重力或外力作用图式。

（4）隐喻映射：该动词喻义的认知域转移使用的是由具体动作域向抽象性具体动作域的映射方式。

（5）隐喻模式：该动词喻义项的认知操作运用了结构隐喻和本体隐

喻形成的复合隐喻认知模式。

开垦，开荒：Солдаты и поднимали целину；Осенью они подняли пар（战士们也在开荒；秋天时候他们翻耕了休闲地）。

该喻义项的隐喻运作机制可具体描述为：

（1）认知相似性：动作本体同喻体之间在动作行为结构特点、行为过程机制及行为感知特点方面表现出相类性。

（2）语义错置：

显性错置：该动词隐喻义中表层组合关系上的语义冲突较为特殊，这是"不可运作事物"客体 целину，пар 同动词之间的"次逻辑"性质的范畴语义错置。

隐性错置：该动词隐喻的"X IS Y"层逻辑错置；Поднять$_2$ есть поднять$_1$，题元名词之间的语义冲突体现在"Ob. IS B"层错置，即Целина/паресть манипулированный предмет.

（3）意象图式：该动词喻义主要运用的是重力或外力作用图式，一定程度上还使用了重力—性质图式，显示施喻者对本体动作的主观认知意象内容。

（4）隐喻映射：该动词喻义的认知域转移使用的是由一具体动作域向另一具体动作域的映射方式，显然后者包含了异质集合行为的特点，而不是单一的同质行为。

（5）隐喻模式：该动词喻义项的认知操作运用的是较为单一化的结构隐喻形式。

分析发现，较之于物为动词 брать，动词 поднять 的隐喻意义操作机制中，零位显性和隐性语义错置表现较为突出，这是该动词较多转表抽象动作的一种表现。另外，在隐喻映射中，由具体动作域向抽象性质具体动作域的映射方式也有相对突出的反映，这也体现出该动词隐喻意义的一个认知特点。此外，这里喻义相近的义项"提高……的地位、声望，提升""提高，加强""使振奋、振作""把……推向前进，使发展"在隐喻机制上相应表现出较为接近的运作特点，这在相似性、语义错置、隐喻映射及隐喻模式方面体现尤为明显。

（三）物为动词 покрыть 的隐喻意义机制

动词 покрыть 的基本意义是"用某种东西把某物盖上或蒙上"（покрыть стол скатертью，покрыть дом железной крышей，покрыть младенца одеялом）。其隐喻意义机制具体表现在：

布满、笼罩：Зеленая плесень уже покрыла веткое дерево；Снег покрыл поля.

该喻义项的隐喻运作机制可具体描述为：

（1）认知相似性：动作本体同喻体之间在动作行为结构特点、行为感知特点及行为作用方式上相类同。

（2）语义错置：

显性错置：该动词隐喻义中表层组合关系上的语义冲突表现为动作主体参项 плесень，снег 同动词之间的语义矛盾。

隐性错置：该动词隐喻的"X IS Y"层逻辑错置：Покрыть$_2$ есть покрыть$_1$，题元名词之间的语义冲突体现在"Sub. IS A"层错置：Плесень/снег есть человек.

（3）意象图式：该动词喻义主要运用的是重力或外力作用图式、连接图式，其中连接图式表现的是本体动作中主体同客体之间所结成的空间联系内容。

（4）隐喻映射：该动词喻义的认知域转移使用的是由一具体动作域向另一具体动作域的映射方式。

（5）隐喻模式：该动词喻义项的认知操作主要使用了结构隐喻这一认知模式。

抵消、清偿：Он покрыл убытки；Отец покрыл задолжность（他抵偿了亏损；父亲清偿了债务）。值得一提的是，Доходы не покрывают расходов（入不敷出）表示的实际是"关系"隐喻意义，而不是积极的"清偿"行为意义。

该喻义项的隐喻运作机制可具体描述为：

（1）认知相似性：动作本体同喻体之间在动作行为结构特点、行为实现、行为过程方式上相类同。

（2）语义错置：

显性错置：该动词隐喻义中表层组合关系上的语义冲突表现为动作客体参项 убытки，задолженность 同动词之间的语义矛盾。

隐性错置：该动词隐喻的"X IS Y"层逻辑错置：Покрыть$_2$ есть покрыть$_1$，题元名词之间的语义冲突体现在"Ob. IS B"层错置：Убытки/задолженность есть предмет/человек.

（3）意象图式：该动词喻义主要运用的是重力或外力作用图式和重力—性质图式，其中重力—性质图式反映出施喻者对本体动作事件特性的认知判断。

（4）隐喻映射：该动词喻义的认知域转移使用的是由具体动作域向抽象动作域的语义映射方式。

（5）隐喻模式：该动词喻义项的认知操作运用了结构隐喻和本体隐喻所形成的复合隐喻认知模式。

抵补，抵偿：Они постарались покрыть грехи/проступки（他们尽力抵补开支/抵罪/补过）。

该喻义项与上一义项有所不同，这表现在如果说前者（"抵补，抵偿"）主要说的是抽象的精神、社会层面上的"抵折"行为，那么后者则主要表现的是一种债权、收支方面的"抵折、清偿"行为。这里"抵补，抵偿"义项的隐喻运作机制可具体描述为：

（1）认知相似性：动作本体同喻体之间在动作行为结构特点、行为过程机制上相类同。

（2）语义错置：

显性错置：该动词隐喻义中表层组合上的语义冲突表现为动作客体情景参与者 грехи, проступки 同动词之间的语义矛盾。

隐性错置：该动词隐喻的"X IS Y"层逻辑错置：Покрыть$_2$ есть покрыть$_1$，题元名词之间的语义冲突也体现于"Ob. IS B"层错置：Грехи/проступки есть предмет/человек.

（3）意象图式：该动词喻义主要运用的是重力或外力作用图式和重力—性质图式，在此重力—性质图式所反映的是人对本体动作性质的主观分析、判断和认定。

（4）隐喻映射：该动词喻义的认知域转移使用的是由具体动作域向抽象动作域的语义映射方式。

（5）隐喻模式：该动词喻义项的认知操作使用的是结构隐喻与本体隐喻一起构成的复合认知模式。

保障供应，满足需要：Крестьяне покрыли нужды семьи земледелием（农民靠种地满足全家生活需用）。

该喻义项的隐喻运作机制可具体描述如下。

（1）认知相似性：动作本体同喻体之间在动作行为结构特点、行为感受—评价特点及行为结果表现上相类同。

（2）语义错置：

显性错置：该动词喻义中表层组合关系上的语义冲突分别表现为动作客体参项 нужды 同动词之间的语义矛盾。

隐性错置：该动词隐喻的"X IS Y"层逻辑错置：Покрыть$_2$ есть покрыть$_1$，题元名词之间的语义冲突体现在"Ob. IS B"层错置：Нужды есть предмет/человек.

（3）意象图式：该动词喻义主要运用的是重力或外力作用图式、重力—性质图式及状态图式，其中重力—性质图式表现本体动作包含的主观认知心理属性，而状态图式则将这一主观判定和感受当成一种事件认知状态保留下来。

（4）隐喻映射：该动词喻义的认知域迁移过程中，使用的是由具体动作域向抽象动作域的语义映射方式。

（5）隐喻模式：该动词喻义项的认知操作运用了结构隐喻和本体隐喻形成的复合隐喻认知模式。

隐瞒，包庇，掩饰：Они покрыли вину/преступление ложью；Он пытался покрыть свих сообщников。

该喻义项的隐喻运作机制可具体描述为：

（1）认知相似性：动作本体同喻体之间在动作行为结构特点、行为感受—评价特点及行为目的、意象上具有类同性。

（2）语义错置：

显性错置：该动词隐喻义中表层组合关系上的语义冲突分别表现为动作客体参项 вину, преступление 及 сообщников 同动词之间的语义矛盾，而这里的 сообщников 实际上是 вину 类 дурное（дело）的换喻，因此表面上的具体表人名词同动词之间仍存在实质上的语义错置。

隐性错置：该动词隐喻的"X IS Y"层逻辑错置：Покрыть$_2$ есть покрыть$_1$，题元名词之间的语义冲突体现在"Ob. IS B"层错置：Вина/преступление/дурное дело есть предмет/человек.

（3）意象图式：该动词喻义主要运用的是重力或外力作用图式、重力—性质图式。

（4）隐喻映射：该动词喻义的认知域迁移表现为由具体动作域向抽象动作域的映射方式，显然，这里的本体动作域对应的是一个异质行为

第五章　俄语动词隐喻意义的运作机制　　249

集合。

（5）隐喻模式：该动词喻义项的认知操作运用了结构隐喻和本体隐喻构成的复合隐喻认知模式。

走过若干长的路程：Лыжник/Тележка покрыл/-ла двухкилометровую дистанцию в 10 минут。

该喻义项的隐喻运作机制可具体描述为：

（1）认知相似性：动作本体同喻体之间在动作行为结构特点、行为实现、行为过程方式、行为结果表现和行为感知特点上相类同。

（2）语义错置：

显性错置：该动词隐喻义中表层组合关系上的语义冲突表现为动作客体参项 дистанцию 同动词之间的语义矛盾。

隐性错置：该动词隐喻的"X IS Y"层逻辑错置：Покрыть$_2$ есть покрыть$_1$，题元名词之间的语义冲突体现在"Ob. IS B"层错置：дистанция есть предмет/человек。

（3）意象图式：该动词喻义主要运用的是重力或外力作用图式、重力—性质图式和状态图式。

（4）隐喻映射：该动词喻义的认知域转移使用的是由具体动作域向抽象动作域的意象映射方式。

（5）隐喻模式：该动词喻义项的认知操作运用了结构隐喻和本体隐喻复合而成的隐喻认知模式。

（情感、声音）盖过、压过：Её любовь к другу покрыла ненависть к нему；Оркестр покрыл шум толпы на площадке.

该喻义项表现的是一种关系事件意义，其隐喻运作机制可具体描述为：

（1）认知相似性：动作本体同喻体之间在动作行为结构特点、行为感受—评价特点方面相类同。

（2）语义错置：

显性错置：该动词隐喻义中表层组合关系上的语义冲突表现为动作主体参项 любовь，оркестр 及客体参项 ненависть，шум 分别同动词之间的语义矛盾。

隐性错置：该动词隐喻的"X IS Y"层逻辑错置：Покрыть$_2$ есть покрыть₁，题元名词之间的语义冲突体现在"Sub. IS A"层错置：Любовь/оркестр есть человек，以及"Ob. IS B"层错置：Ненависть/шум есть предмет/человек.

（3）意象图式：该动词喻义主要运用的是重力或外力作用图式、重力—性质图式及连接图式，其中重力—性质图式表现施喻者对本体动作事件关系的认识和判断，而连接图式则将本体动作的情景参与要素置于一定的联系、比照之中，从而促成动作意象的认知转化。

（4）隐喻映射：该动词喻义的认知域转移使用的是由具体动作域向抽象动作域的语义映射方式。

（5）隐喻模式：该动词喻义项的认知操作运用了结构隐喻与本体隐喻共同形成的复合型认知模式。

不难看出，物为动词 покрыть 隐喻意义运作也具有自己的一定特点，其中相似性上表现较为丰富而有个性，出现了行为结果表现、行为目的、意象等较为特殊的认知相似特征，意象图式上有较为独特的连接图式和状态图式的认知表现，隐喻映射上存在由一具体动作域向另一具体动作域的认知迁移方式，而在隐喻模式上则表现较为统一，基本上采用的是结构隐喻与本体隐喻所构成的复合认知模式。该动词不同喻义义项如"保障供应，满足需要""隐瞒，包庇，掩饰""走过若干长的路程""（情感、声音）盖过、压过"之间在认知相似性、意象图式的隐喻操作中表现出一定差别，而喻义相近的义项如"抵消，清偿""抵补，抵偿"在这各隐喻运作环节中都有较为类同的认知表现。

（四）小结

以上分析表明，动词不同喻义义项相应具有不同隐喻机制，而喻义相近的义项则会有相应类同的认知操作方式。总体上讲，上述俄语物为动词的各隐喻意义运作中，认知相似性方面表现活跃的是动作本体和喻体在行为实现方式、行为结构特点、行为感受—评价特点方面的相似，以及行为感知特点及动作作用方式的相似。语义错置方面，动作本体和喻体在在显性和隐性错置层上都可能缺位，出现零性隐喻错置的情形，特别是表示抽象活动时，在隐喻错置上有一个共性，易于产生零错置，形成局部错置。意象图式方面，隐喻操作中用得较多的是重力或外力作用图式、重力—方向图式、重力—性质图式、路径—方向图式、状态图式、存在—过程图式，并且一个喻义的引申中可能存在多个意象图式共现的情形。隐喻映射方面，主要使用的是由具体动作域向抽象动作域的认知投射，这符合语言认知和人的思维活动特点，另外，也有使用由一个具体动作域向另一具体动作域的映射方式，个别时候还有由具体动作域向抽象性质的具体动作域的映射，这都体现出动词隐喻意义认知运作的客观面貌。隐喻模式方面，表现较为积极的是结构隐模式、实体隐模式，尤其是结构隐喻模式运用非常广泛，另外，这些物为动词隐喻操作中往往以复合隐喻的认知模式出现，这很好地反映出动词语义衍生的隐喻思维机制、特征。

第二节 俄语感知动词隐喻意义机制

现代语义学把复杂的语义现象作为一个整体来把握，这一特点在感知动词的隐喻意义运作机制中有着深刻的反映。"人们对世界的经验源于其感官与外部世界的交互作用，感官经验是最基本的人类身体经验"（参见邓奇、杨忠 2014：47），"感知"范畴在人的认识、思维和行为表现中占有特殊而重要的地位，"人通过感知能区分出来的事物属性远比其概念系统中所记载的要多"（Арутюнова，1988：85），"感知系统在人的行为活动中是最基本的系统，它将人同其他所有生存本质联系起来"（Апресян，1995a：458）。作为人类物质存在同其心理现实的特殊连接方式和交集点，感知活动同语言个体的认知、思维、心理、情感及言语活动等密切相关，"人的感知过程是认识现实的过程，……感知活动是人的重要认知活动形式"（Сафонова，2008：62），进而感知形式的经验内容介由认知处理和动觉输传的方式参与语言语义建构，借助感知动作域的认知隐喻可以表现人的其他领域行为、动作，衍生出丰富多样的认知语义内容。感知动词隐喻所表现的是由感官感受向心智感受的能动化延伸，是人对自身感知活动和相关心理感受的积极认知开掘，也是其感知外部世界结果的一种语言认知转化与记载。本节研究正是要对俄语感知动词的隐喻意义范畴及相关的认知操作机制进行探讨。具体研究中，我们首先将对俄语感知动词的隐喻意义次范畴语义进行归纳、梳理，区分出其五个次语义类型，进而对不同语义次类感知动词的认知隐喻机制展开分析，以识察感知动词隐喻意义的来龙去脉和认知运作内容、方法，这主要包括认知相似性、语义错置、意象图式、隐喻映射、隐喻模式等方面的操作，在此基础上创建起有关俄语感知动词的认知隐喻机制，深入揭示动词的语言认知功能及意义体系，尝试从一个新的视角探寻出一条逐步走近语言语义实质的认知方法和理论路径。

一 俄语感知动词隐喻意义次范畴化

语言认知的语义转化一定程度上是感性认知上的理性抉择，而这在感知动词的喻义衍生中有最为深刻的反映。"人通过语言赋予了外部世界以意义，即人通过语言表达了自己对外部世界的理解，建构一个有组织、有系统的立体的人化意义世界"（刘玉梅，2013：60），这一"人化意义"在感知动词的语义隐喻构造中有积极的体现。语言同心智密切关联，语言现实中，借由认知心智的连通，人的身体经验上的感受、体验会沉淀并逐步演化为心理、情感上的相应感受和体会，从而兑现为语言词汇层面上的语义信息，表现出人通过自身对世界的观察和他对内在状态、活动的审视，实现"身体义"向"非身体义"的认知延扩。С. А. Моисеева 指出，"感知动词的多义性朝两个方向发展，一是空间—具体意义，二是时间—概念意义"（Моисеева，2009 [OL]），这里的"空间—具体"意义对应的实际就是由感知动作所隐喻转化的另一具体动作意义，相关于物理感知行为对象；而"时间—概念"意义则对应于所产出的抽象动作隐喻意义，相关于心理感知的"性质、品质、观念等非物理对象事物"（李洪儒，2003：70）。本质而言，感知本身不是一个孤立的知觉、体感行为，而是达成人与外在彼此互通的重要管道，"感知体验是基于人体与外部世界的互动"（林正军，2011：11），感知活动是多方面行为内容的综合体，它包含具体、实在的现实对象及人的感知系统交互作用，内在、外在的现实事物都可能以某种形式作用于它。正如 Ю. Д. Апресян 认为，"事实上，感知是不均衡的。只有视觉感知时人或其他动物没有受到被感受客体的作用。至于听觉、味觉、嗅觉和触觉感知在任何情况下都会对人的相应感知系统产生影响"[①]（Апресян，2005：6）。另一方面，人的感知活动同精神意志、心智表现、心理—情感乃至特定物理行为、空间活动等密切相关，是语言"认识意向（познавательная　установка）"（Кравченко，

[①] Ю. Д. Апресян 还进一步指出，"如果说'胜利进行曲响彻云霄'（Гремят победные марши.）的话，那这就是它的声音对听者耳膜产生作用的结果。而这并不影响动词 греметь 成为感知动词"（Апресян，2005：6）。

2013：6）借助感官同主、客观世界的联系方式，它会直接触发人的认知联想、认知联觉（когнитивная синестезия），表现出许多相关的（广义上的）心智操作语义内容，正是在这一立足点上，感知动词可以隐喻衍生不同类别的多种认知意义。

俄语感知动词（русский перцептивный глагол/русский глагол восприятия）是"以感知意义成分为语义结构核心的动词"（Авдевнина，2012：10），"其类型化语义是借助某一外部感觉器官并通过某种方式（视觉、听觉、嗅觉）感受某一事物"（Бабенко，Волчкова и др.，2009：243），而"感受行为方式、特点"在其语义表现中发挥至关重要的作用。具有隐喻潜势的俄语感知动词可区分为视觉、听觉、味觉、嗅觉、触觉等五个类别，这些类别的动词都会立足于"情景判断的认知过程"（杜桂枝，2012：9）及动作感知的身体经验、身体隐喻产生认知语义的变化，各自衍生出自己新的词汇语义，形成具体动作行为现实向认知心理现实的意识性语义延展模式，而由于人类占支配地位的是视觉和听觉[①]，所以视觉和听觉动词的隐喻能力最强。根据我们的观察，俄语感知动词的隐喻能够引申表达言语行为意义、心智行为意义、智力活动意义、情感活动意义、（事件关系）判断意义乃至细微的物理作用行为意义[②]等。以下将对俄语感知动词各类别进行语义次范畴划分，分别在这些次类中察看其语义变化，进而对这些不同喻义次范畴的认知操作机制展开分析和讨论。

（一）视觉感知动词喻义范畴

视觉感知动词（зрительный перцептивный глагол）是最为典型、积极的感知动词类，这是因为"视觉感知是'主体—客体（世界、现实）'之间产生相互认知作用的最重要的管道"（Верхотурова，2013：110），"视觉器官是认知的手段和源泉"（Балашова，1999：81），并且"视觉感知不仅区分细致，而且概念化程度高"（Арутюнова，1988：85）。这一特点在视觉动词隐喻意义的迁移中得到了相应承袭、延续，"隐喻与人视

[①] 这直接影响着感知动词语义子系统中最为重要而基本的是视觉和听觉类动词。（Моисеева，2005：107；Апресян，1995а：363）

[②] 这里的"物理作用行为意义"所针对的是感知活动也可能会引申出来的具体动作意义，从这一点上说，俄语感知动词不仅可以从物理感知到心理感知，也可以从感官感知向行为感知延伸。

觉上的形象经验和知觉上的认知提示密切相关"（Арутюнова，1998：358—359）认知主体往往将具体、实在的视觉感受内容体悟并类比、联想为心理、精神感受、智力活动内容或某一细化的物理活动内容，这近乎融入人的自觉语言意识，上升为一种普遍的语言认知行为、语言机能。基于这一涉身经验的认知自察和认知熟觉（cognitive conscientiousness）①，俄语视觉感知动词获得丰富的隐喻衍生语义，通过对俄语视觉感知动词隐喻意义内容的提炼和梳理，我们主要区分出以下九个喻义次范畴。

1. 隐喻衍生命题态度意义

通过视觉感知活动来表现心智域的命题态度意义，这是典型的"以身喻心"（mind-as-body）（Sweetser，1990）性质的动词隐喻。此时，介由"观物取象"的概念结构思维，实现外在物理空间的感知行为同心智活动之间的认知对话。而该认知多义性俄语动词 видеть 表现最为突出。

видеть（看见）（Они видели город вдали; В свежем номере журнала《Крокодил》Нина увидела карикатуру на своего начальника.）（他们看见了远处的城市；在最新一期《鳄鱼》杂志上尼娜看见了丑化自己上司的漫画）隐喻意义是"认为，认定，把……看成"：Я вижу, что ты ему не поможешь; Вижу, что они не смогут вовремя выполнить строительные работы; Он видит себя всего лишь маленькой и неотделимой частицей большого коллектива; Судья видит корень зла в невежестве; Родители привыкли видеть его ребёнком（我认为，你是不会帮助他的；我认为，他们无法按时完成这项建筑工程；他仅仅把自己看成大集体中不可分割的一小部分；法官认为无知是罪恶的根源；父母习惯于把他当孩子看）。此时，"'看见'变为'认知性的意见'"（李洪儒，2003：71），动词 видеть 的喻义获得了"与证同、分类、阐释等心智操作密切联系"（李洪儒，2003：69）的语义成分，演化为表现特定认知模态的主位命题态度谓词②，"表示命题态度主体（认知主体或持有特定认识、信念的主体——引者注）对命题事件的广义主观态度"（参见张家骅、彭玉海

---

① 所谓"认知熟觉"是指由"内在经验、外在经验"（彭宣维，2013：6）等身体经验积淀、升华而来的认知记忆和心理经验内容。

② 这种表示主观信念的命题态度动词是具有主位倾向的命题态度动词，对立于"知晓"类具有述位倾向的命题态度动词（参见张家骅 2013：6）。

видеть（看见）(Они видели город вдали; В свежем номере журнала《Крокодил》Нина увидела карикатуру на своего начальника.)（他们看见了远处的城市；在最新一期《鳄鱼》杂志上尼娜看见了丑化自己上司的漫画）隐喻"明白，知道，理解，意识到"[1]：Видим, что жаловаться нам тут не на что; Я вижу, что она чем-то недовольна; Я вижу, что ты имеешь в виду; Ученик видел свою ошибку; Мы видели смысл жизни; Ничего плохого я в этом не вижу（我们知道/明白，在这件事上我们没什么可抱怨的；我意识到/明白，她对某件事情不满；我明白/知道你指的是什么；学生认识到了自己的错误；我们明白生活的意义；我看这里面没有任何不好的）。

2. 隐喻衍生智力活动意义

这里本体动作的"智力活动"喻义表现为人的分析、思考、判断行为以及一种有人的精神、意志积极参与的思维活动，并且借助这一思维活动力图得到有关客体对象的事理——逻辑性的关系、结论。

высмотреть（仔细察看）(Он высмотрел всю выставку.)（他仔细观看了整个展览）隐喻"观察出，看出，观察清楚"：Разведчики высмотрели все подробности неприятельского расположения（侦察员将敌方部署的一切详情都观察清楚了）。

присмотреться（细瞧，细看，端详）(Капитан присмотрелся и увидел, что на пароходе был английский флаг; Я присматривался, но ничего не мог различить в темноте.)（舰长仔细瞧了瞧，看见轮船上挂着一面英国旗；我仔细端详，但黑暗中什么也没能辨别出）隐喻"看明白事物的内容、情况等，了解；认清；弄清"：Директор фабрики всесторонне присмотрелся к их работе; Мы хорошо присмотрелись к текущим обстоятельствам; Он присмотрелся к новому сотруднику（厂长全面了解了他们的工作情况；我们弄清了当前的局势；他认清了新来的同事）。

рассмотреть（看清楚，看明白，观察）(Она с трудом рассмотрела в толпе его лицо; Я рассмотрел этот фотоснимок; Он рассмотрел пред-

---

[1] "总体上讲，词汇语义变体基义决定着其转义系统，'看'意味着'从事心智活动，试图明白、理解'。"（Балашова, 1999：82）

мет в микроскоп.) (她在人群中好不容易才看清了他的脸；我看清楚了这张照片；他用显微镜察看物体) 隐喻 "分析，研究，审核"：Специалисты тщательно рассмотрел все факты; Министерство рассмотрело и утвердило их проект (专家们详细地分析了所有事实；部里审核并批准了他们的计划)。这一本体动作所对应的抽象活动实际是一系列复杂智力行为的集合，多环节、多主体性构成该智力活动意义的鲜明特征。

заметить（看到，发觉）(Они наконец заметили дымок на горизонте, заметить волнение на её лице, Я заметил в толпе высокого человека.) (他们终于看见了地平线上的一缕烟；我在人群中看见一个高个子) 隐喻 "觉察出，理会到"：заметить недостатки в работе, заметить опасность, Он заметил то, чего другие не заметили (觉察工作中的缺点，觉察出危险，他觉察到了别人没有觉察到的东西)。

созерцать（观察，谛视）(созерцать природу, созерцать животного, Поэт внимательно созерцал звёзды над лесом) (观察自然界，观察动物，诗人谛视森林上空的星星) 隐喻 "洞察，洞悉"：созерцать истинную сущность явлений, Журналисту необходимо сначала научиться просто созерцать людей, а потом уже вникать в их взаимоотношения и поступки (洞悉现象的真正本质；记者应该首先学会洞察各种各样的人，然后深入了解他们的相互关系和行为)。

выглядеть/выглядывать（看到，看出，[仔细观察] 找到）(В толпе он выглядел своего знакомого; Она выглядела куст, какой погуще, и спряталась.) (他在人群中看到一个熟人；她看到一个比较茂密的树丛就躲了进去) 隐喻 "看清楚，看明白，察看出来"：Ему удалось выглядеть многое; Специалисты хорошо выглядел все проблемы в этих работах (他已察看出许多情形；专家们把这些工程的问题看得一清二楚)。

разглядеть（看出，认出）(Она разглядел в темноте двух человек; Дайте мне вас разглядеть хорошенько.) (她看出在黑暗里有两个人；让我好好地看看你) 隐喻 "看透，看明白，认识到"：Я успел отлично разглядеть, что это за птица; Не разглядели вы их (我已经看得很清楚这是一个什么样的人；您还没有把他们看透)。

заглянуть/заглядывать（张望，打量，看一眼）(заглянуть в окно

чужой квартиры, заглянуть ему в лицо, заглянуть под стол)（往别人住所窗户里张望，打量一下他的脸，朝桌子底下看一看）隐喻"翻阅，浏览"之义：Каждую свободную минуту он использовал для того, чтобы заглянуть в книгу（每一分钟空闲时间他都用来看书）。

проследить/прослеживать（注视，盯着）(проследить за полётом вороны, Собака прослеживала, как стадо напрвляется к реке, затем догоняла его; Он проследил глазами Быкова, пока тот не скрылся.)（注视乌鸦怎么飞，狗注视着牲畜走向河边，然后追上它们；他一直盯着贝科夫，直到看不见为止）隐喻"仔细研究，透彻考察"：проследить развитие языкознания, проследить ход его мыслей（研究语言学的发展，注意观察他的思路）。

наблюдать（观看，注视）(наблюдать восход солнца, наблюдать за демонстрацией)（看日出，观看游行）隐喻"观察，研究"：наблюдать жизнь животных, наблюдать развитие событий, наблюдать экологический баланс（观察动物的生活习性，观察事态的发展，研究生态平衡）。

обозреть（观察，察看）(Командир обозрел местность; Путник печально обозревал берега реки.)（指挥员察看了地形；行路人忧郁地观察着河岸）隐喻"概述，简评"：обозреть факты, обозреть доклад（概述事实，概述报告内容）。

3. 隐喻衍生心智活动意义

这一心智活动意义主要指认知者的一种心理"审度"行为，包括对事况的心理归纳或心智运算等行为。

глядеть（看，瞧，望，观看）(Мальчик поглядел на собаку, но не испугался, побежал дальше; Они весело глядели на оживлённую улицу.)（小孩看了看狗，但没有害怕，继续往前跑；他们兴奋地看着热闹非凡的街道）隐喻"回顾，展望"：смело глядеть на будущее, глядеть в прошлое（大胆地展望未来；回顾过去）。

пробегать/пробежать（扫一眼，浏览）(Он пробежал по публике колким взглядом; Ассистент быстро пробежал ведомость.)（他用讽刺的目光扫了众人一眼；助手快速浏览了这份报表）隐喻"回顾，回忆"：пробежать весь проведённый день, пробежать всю жизнь（回顾过去的一天，回忆平生）。

4. 隐喻衍生抽象评价行为意义

该本体动作表现的是主体根据自己的理性认识对人和事物加以评定，包含价值性、认知性、社会性成分及由社会标准支撑的价值性逻辑意义，反映主体对周围事物、现象的价值判断和认识关系。

смотреть（看，望）（Пассажир исподлобья смотрит на часы; Он смотрел в окно раскрытыми глазами.）（乘客皱着眉头看表；他睁大眼睛望窗里看）隐喻"看待，对待，持某种看法；把……看作、视为；对……作某种评价"①：Старый учёный смотрит на происходящие события глазами историка; На людей и на жизнь мы с ней смотрим совершенно различно; Этот сирота смотрит на неё, как на родную мать; Они смотрят на эту теорию как на руководство к действию（老学者以历史家的眼光来看待眼下发生的事件；对于人和生活，我和她抱有截然不同的看法；这个孤儿把她当母亲看待；他们把这一理论视为行动指南）（смотреть на что как на что）。

глядеть（看，瞧，望，观看）（Мальчик поглядел на собаку, но не испугался, побежал дальше; Они весело глядели на оживлённую улицу.）（小孩看了看狗，但没有害怕，继续往前跑；他们兴奋地看着热闹非凡的街道）隐喻"看待，对待"之义：Ученики глядят на своего мастера с уважением; Я гляжу его как на учителя（徒弟们都很尊敬地看待自己的师傅；我把他看作老师）。

встретить（遇见，碰到）（Они встретили знакомого на улице; Иногда встречал Нину в цехе, но встреча не приносил ни радости, ни боли; В пути мы не встречали ни деревень, ни дорог.）（他们在街上遇到了熟人；有时在车间遇到尼娜，但这既没带来快乐，也没带来苦痛；一路上我们既没遇到一棵树，也没有看见有路）隐喻"对待"：встретить такое дело насмешками, смело встретить опасность, Зрители артистов встретили аплодисментами（以嘲笑对待这种事情；大胆地应对危险；观众对演员报以掌声）。

коситься（斜视，瞟）（Преподаватель так и косился взглядом на

---

① 该动词隐喻表示"认为"意义一般限于疑问用法中：Как ты смотришь?（你是怎样认为的?）很大程度上已成为一种习用的口语句式，以下对此不作展开。

него.)（老师下意识地瞟了他一眼）隐喻"不赞成地看待，怀疑地对待"：Все подозрительно косятся на неё（大家用怀疑的眼光看他）。

5. 隐喻衍生各种关系（事件）意义

（1）"事物—事物"空间关系。

显然，本体动作表现的是事物之间的空间位置、方位关系。

смотреть（看，望）（Пассажир исподлобья смотрит на часы; Он смотрел в окно раскрытыми глазами.）（乘客皱着眉头看表；他睁大眼睛望窗里看）隐喻"朝，向，对着……"等"空间关系"意义：Этот дом смотрит на юг/к югу; Окна смотрят во двор（这幢楼朝南；窗户朝着院子）。

заглянуть/заглядывать（张望，打量，看一眼）（заглянуть в окно чужой квартиры, заглянуть ему в лицо, заглянуть под стол）（往别人住所窗户里张望，打量一下他的脸，朝桌子底下看一看）隐喻"（光线）映照到，照射，射入"：Серое утро скучно заглянуло в комнату; Свет луны заглянул во тьму оврага（灰暗的晨光无精打采地照进房间；月光射进了黑暗的峡谷）。

（2）"人—现象"事件关系。

这里本体动作是对人同某一事件、现象的交集关系的确定，它转而表现主观价值意识、判断层面的动作、行为，背后往往有一种抽象关系理念的分析性内容。

встретить（遇见，碰到）（Они встретили знакомого на улице; Иногда встречал Нину в цехе, но встреча не приносил ни радости, ни боли; В пути мы не встречали ни деревень, ни дорог.）（他们在街上遇到了熟人；有时在车间遇到尼娜，但这既没带来快乐，也没带来苦痛；一路上我们既没遇到一棵树，也没有看见有路）隐喻"受到，遭到，得到"之义，反映人与事件之间的关系：встретить поддержку, встретить помощь товарищей, встретить уважение, Враг встретил упорное сопротивление（受到支持，得到同志们的帮助，受到尊敬，敌人遭到顽强的抵抗）。

видать（看见）隐喻"体验，感到，经历"：Он видал и голод и холод; Сколько прожито, сколько видано!（他受过饥寒；经历过多少事情，见过多少世面!）

следить（注视，目送）（Лодка стала быстро удаляться, мы долго следили за ней глазами; Охотник следит полёт коршунов над лесом.）（小船很快地驶离而去，我们长时间地目送着它；猎人注视着森林上空几只老鹰的飞翔）隐喻"关注，关心，注意"之义：следить за своим здоровьем, следить за своей внешностью（注意自己的身体，注意衣冠整洁）。

6. 隐喻衍生物理作用行为意义

следить（注视，目送）（Лодка стала быстро удаляться, мы долго следили за ней глазами; Охотник следит полёт коршунов над лесом.）（小船很快地驶离而去，我们长时间地目送着它；猎人注视着森林上空几只老鹰的飞翔）隐喻"看护，照料"：следить за детьми, чтобы не упали; следить за больным（看护孩子以免他们摔倒，照料病人）。而值得注意的是，动词 следить 的这一喻义所包含的具体动作意义蕴含潜在的抽象集合特性，即它不是一个单一性质的动作行为，而是由若干不同质的物理动作构成，是对不同类、非匀质具体行为的一种概括。

另外，该动词还可以隐喻"跟踪，追踪"这一同样带有一定异质行为集合性质的动作或者包含某种抽象集合特质的具体动作意义：Вскоре я нашёл кабанов и начал их следы следить; Миниционеры следят обстоятельства дела.（很快我发现了野猪，于是开始追踪它的踪迹；警察追踪案情）

7. 隐喻衍生情感意义

"感知在许多情感的产生中都有作用"（Арутюнова, 1988: 136），感知动作自然可用于情感行为、状态的隐喻表现。该类隐喻中，本体动作表现出来的是人的情绪意向、人对客观事物所产生的态度体验，也是人的情感倾向的一种较为复杂的生理评价和感受，包含着主体的情绪价值感、情绪体验。

светлеть（明亮起来）（Комната светлеет; Зал ожидания светлел.）（房间亮堂起来；候车大厅明亮起来）隐喻"愉快起来，开朗起来，变得和蔼可亲起来"：Взгляд светлеет; В душе/На душе светлеет（目光变得快活起来；心里亮堂起来）。

светить（发光，照耀）（Солнце светит; Солнышко светило в окна.）（太阳发光；太阳照进了窗户）隐喻"容光焕发，显露出喜悦"：

Его лицо светит улыбкой（他笑容满面）。

светиться（发光，发亮，照耀）（Тускло светится луна в сумраке тумана.）（薄雾中月色朦胧）隐喻"显露出，流露"：Глаза светились нежностью（眼睛里流露出温柔）。

краснеть（变成红色，发红，呈红色）（Небо краснеет от заката；Ягоды краснеют）（天空因夕照而呈红色；浆果红起来了）由于人在羞愧时经常会"脸红"，借助这一颜色的相似性，形成新的隐喻意义"羞愧，惭愧"：Девица крснела от своё поведение；Они краснеют за свою ошибку（少女因自己的行为而感到惭愧；他们为自己的错误感到羞愧）。

8. 隐喻衍生间接感知意义（人或事物特征显现意义）

这里的本体动作表现的是施喻者对人和事物某种状态、特性的体会、描述，一定程度上包含了施喻者的主观反应和认知过滤、分析成分，体现出行为的间接感知性。

сиять（发光，明亮）（Весело сияло месяц над селом；Сияла ночь, луной был полон сад.）（星星闪耀；当晚很明亮，花园洒满月光）隐喻"闪烁着……的光芒，充分表现出来"：Лицо его сияло умом；Выступление этого студента сияет идеалами（他的脸上闪烁着智慧的光芒；这位大学生的发言闪耀着理想的光辉）。

сверкать（闪耀，闪烁）（Сверкает молния；Зал сверкает тысячею огней；Слёзы сверкают на глазах.）（打闪，闪电；大厅被无数盏灯照得灯火通明；眼睛里闪着泪花）隐喻"强烈地显示出，表露出"：В его заметках сверкал юмор（他的随笔特别富有幽默感）。还可以隐喻"显眼，夺目，突出"之义：сверкать талантом, сверкать голосом（才华过人，嗓音出色）。

блестеть（闪光，闪烁）（Огни блестят；Звёзды блещут.）（火光闪耀；星光闪烁）隐喻"表现出才干、卓越才能"：Он блещет знаниями/талантом/остроумием（他表现出很有知识/很有才干/很机智）。

блёкнуть（变暗淡，褪色；凋萎，枯萎）（Звёзды уже блёкли перед рассветом；Цветы блёкнут.；Трава блёкла.）（黎明的星光已暗淡下来；花儿在凋谢；草枯萎了）隐喻"记忆、印象等变得模糊不清"之义：Впечатления/Воспоминания блёкли；Образ его блёкнул（印象/记忆淡薄了；他的形象渐渐淡漠了）。

меркнуть（暗淡起来，渐渐昏暗，渐渐失去光亮、光泽，暗淡失色）（Звёзды меркнут；День меркнет）（星光渐渐暗淡；天色昏暗）隐喻"［名誉、声望等］日下，下降，低落；［才华、能力等］逊色，黯然失色"：Меркнет слава；Перед Пушкиным меркнут имена прежних русских поэтов（声誉日下；普希金使俄国诗坛的前辈黯然失色）。

бледнеть（面色苍白；变得黯淡，失去光泽）（бледнеть от страха, Закат бледеет.）（吓得脸色苍白，晚霞暗淡下去）隐喻"［文学、艺术创作等］显得平淡无奇，逊色"：Это стихотворение бледнеет в переводе；Их успехи бледнеют перед нашими（这首诗的译文比原文逊色；他们的成就比不上我们的）。

9. 隐喻衍生事物外在表现（方式）意义

该本体动作主要表现通过一定表征反映出来的人的某种身心（精神）状况，如样貌、神色等，这是事物特定状态的一种外现行为或者外化方式。

блёкнуть（变暗淡，褪色；凋萎，枯萎）（Звёзды уже блёкли перед рассветом；Цветы блёкнут.；Трава блёкла.）（黎明的星光已暗淡下来；花儿在凋谢；草枯萎了）隐喻"［人］憔悴、［目光］无神"：Блёкнет взор（目光无神）。

светлеть（明亮起来）（Комната светлеет；Зал ожидания светлел.）（房间亮堂起来；候车大厅明亮起来）隐喻"头脑、思绪变得清晰起来"之义：Ум светлеет（头脑清醒起来）。

мелькать（闪烁，闪现）（Вдали мелькает молния.）（远处在打闪）隐喻"偶然露出，有时出现（有时提到）"：В прессе мелькали заметки о новом изобретении（报纸上有时出现一些关于新发明的简讯）。

мелькать（闪烁，闪现）（Вдали мелькает молния.）（远处在打闪）隐喻"事物一个一个闪过，时间一闪而过，飞逝"：Поезд шёл мимо большого села：мелькали крепкие избы；Мелькали ясные дни（火车经过一个大村庄，一间间坚固的木房一闪而过；晴朗的日子飞逝而去）。

（二）听觉感知动词喻义范畴

听觉感知动词（слуховой перцептивный глагол/звуковый перцептивный глагол）同事件词汇的联系极为密切，因为声音是在时间上进行，而不是在世界的空间事物平面上运转。声音在一定意义上是"物化"的时间，是"世界的精神实体"（духовное тело мира）（Арутюнова，2005：129）。该类感知动词的隐喻意义主要有五个次类。

1. 隐喻衍生智力活动意义

прислушаться（细听，留心听）（прислушаться к разговору, происходящему в соседней комнате, Он прислушался—погони нет.）（留心听隔壁房间的谈话；他仔细听了听，并没有人追赶）隐喻"听取，倾听（意见）"：прислушаться к голосу масс, прислушаться к советам друга（倾听群众的呼声，听取朋友的劝告）。该听觉感知动词原本表示用"耳朵"听，而隐喻得来的是用"心"去听，这是由物质力向"心力"的转化，传递出来的是"心灵的领悟、体会"这一抽象性质的行为意义。

2. 隐喻衍生言语活动（方式）意义

греметь（轰隆，发出响声）（Гремит гром, приближается гроза; Гремят выстрелы.）（雷声隆隆，大雷雨就要来了；炮声隆隆）隐喻"情绪激昂地说，怒气冲冲地说"：Прочь с дороги! —гремит он. （他气冲冲地高声吼道："让开！"）

3. 隐喻衍生心理（心智）活动意义

слышать（听见，听清）（Они слышал выстрел; Я каждую ночь слышу за стеной, как она плачет; Я вас не слышу.）（他们听见了枪声；我每天夜里都在隔壁听见她在哭；我听不清你的话）隐喻"感觉到，觉得"：Слышит душа многое, а пересказать, или написать ничего не умею; При возражении других он слышал гнев（内心有许多感受，但一点也说不出来，写不出来；遭到别人反对，他感到愤怒）。

4. 隐喻衍生事物功能（表现）意义

слушать（听）（Дедушка слушает радио; Врач слушает больного.）（爷爷在听收音机；医生为病人听诊）隐喻"（机器等）（不）听使唤，（不）好用"：Шхуна не слушает руля; Машина не слушает контроля（纵帆船的舵操纵不灵了；机器失灵，没法用了）。

5. 隐喻衍生间接感知意义（事物特征显现意义）

звучать（发出声音，传来，听到）（Колокольчик звучит; Струны звучат глухо; Вдали звучат голоса.）（钟响了；弦声低沉；远处传来说话声）隐喻"表现出，流露出"：В её словах звучит уныние/волнение; В его вопросе звучит колебание; В голосе Бориса звучит сила（她的话里流

露出沮丧/激动；他的问话里表露出犹豫不决；鲍里斯声音表现出一股力量）。

греметь（轰隆，发出响声）（Гремит гром, приближается гроза; Гремят выстрелы.）（雷声隆隆，大雷雨就要来了；炮声隆隆）隐喻"名声远扬，名震四方"之义：Имя учёного гремит на весь мир; Гремит слава их героических подвигов（学者的名声轰动全球；他们的英雄功绩名震四方）。

（三）味觉感知动词喻义范畴

味觉感知动词（вкусовой перцептивный глагол）相对较少，而这与"人的味觉难以描述"（Арутюнова, 1988）有直接关系，味觉感受复杂、细致而富于个性，"对味道、气味和声音的感知是综合化、个体化的"（Арутюнова, 1988：85）。通过味觉体验向其他认知概念域的延伸也能隐喻表现新的动作意义，但数量相对有限。

1. 隐喻衍生智力活动意义

смаковать（尝试味道，津津有味地品尝）（Девочка смакует шоколад; Старик смаковал каждый глоток вина.）（小女孩细嚼慢咽地品味巧克力；老人细细地品尝每一口酒）隐喻"津津有味地讲、读，兴致勃勃地品赏、玩味"：Он смакует каждое слово в письме от сына; Художник смакует эту живопись（他品味着儿子来信中的每一个字；画家兴致勃勃地品赏这幅写生画）。

2. 隐喻衍生言语活动意义

сластить（有些甜，发甜）（Чересчур свежая рыба всегда немного сластит, и соли поэтому сыпали в варево много; Во рту его неприятно сластило.）（特别新鲜的鱼总带点甜味，因此汤里多加了点盐；他感到口中有一种讨厌的甜味）隐喻"对……说甜言蜜语，向……献媚"：Ульяна сластила Алексея улыбочками（乌里扬娜向阿列克赛媚笑）。

3. 隐喻衍生情感活动意义

горчить（发苦，有苦味）（Лекарство горчит; Во рту горчит.）（药发苦；嘴里发苦）隐喻"心里不好受，痛苦"：В сердце горчит（心里难受）。

（四）嗅觉感知动词喻义范畴

嗅觉感知动词（обонятельный перцептивный глагол）既可以隐喻抽

象的动作意义，也能隐喻表现另一具体动作意义，主要分五个次类。

1. 隐喻衍生判断—评价或理性评价意义

обонять（闻，嗅）（обонять цветок，обонять запах сена）（闻花香，闻干草香味）隐喻"嗅到……的气味，气息"：обонять войну, обонять любовь（嗅到战争的火药味，嗅到爱的气息）。

чуять（嗅到）（Обыкновенно пёс чуял жданных гостей, когда обоз ещё был версты за две.）（平常当大车还离店二里多远时，这狗就能闻到盼望已久的客人的味儿）隐喻"预感到，意料到"：Мать начала плакать. – Нехорошее я чую...（母亲哭了起来："我预感到会有不祥的事……"）

пахнуть（发出气味，有……气味）（Жасмин приятно пахнет; В комнате неприятно пахнет; Газета пахнет типографской краской）（茉莉花很香；屋子里气味难闻；报纸还散发着油墨味）隐喻"有……迹象，有……征候，预感到……"：пахнуть ссорой, пахнуть войной（要吵架了；要打仗）。

2. 隐喻衍生智力活动意义

чуять（嗅到）（Обыкновенно пёс чуял жданных гостей, когда обоз ещё был версты за две.）（平常当大车还离店二里多远时，这狗就能闻到盼望已久的客人的味儿）隐喻"知道，明白"：Чует кошка, чьё мясо съела（小猫知道它偷吃了谁家的肉）。

нюхать（闻，嗅）（нюхать сирень, нюхать нашатырный спирт）（闻丁香花，闻氯化氨水）隐喻"打听，探听"：Они нюхали, когда приедет делегация（他们打听代表团什么时候到来）。该喻义的智力活动意义包含一定的异质集合行为意义特征。

пронюхать（嗅知）（Кот сторожит пронюханную мышь.）（猫警觉地守侯着已被嗅出的耗子）隐喻"暗中探听到；详细打听到；摸透"：Полицейские пронюхали про его возвращение; Они пронюхали её домашнюю жизнь; Молодого скорее пронюхаешь（警察暗中探听到他已回来；他们详细打听出她的家庭生活；年轻人能很快被摸透）。显然，该动词喻义也含不同方式、手段意义要素，具有异质行为集合的特点。

3. 隐喻衍生事物个体特征、状态意义

пахнуть（发出气味，有……气味）（Жасмин приятно пахнет; В комнате неприятно пахнет；Газета пахнет типографской краской）（茉莉花很香；屋子里气味难闻；报纸还散发着油墨味）隐喻"散发……气息"：Письмо твоё пахнет унынием（你的信流露出颓丧的情绪）；Эта книга пахнет стариной（这本书散发着古籍的味道）。

попахивать（稍微有点［不好闻的］气味）（Попахивает дымом；Рыба попахивает.）（稍微有点烟味道；鱼有点［臭］味了）隐喻"散发着某种气息"：Его рассказ в манере попахивает старинкой（他的短篇小说手法上有点旧了）。

4. 隐喻衍生触觉感知意义

чуять（嗅到）（Обыкновенно пёс чуял жданных гостей, когда обоз ещё был версты за две.）（平常当大车还离店二里多远时，这狗就能闻到盼望已久的客人的味儿）隐喻"触觉"感知动作意义"［经过触摸］感觉到，触到"：Как ударил он рукой-то об камень, чует: мокро! Верный конь, узды не чуя, шагом выступал（他的手往石头上一打，感觉到湿漉漉的；忠实的马没有觉察出主人拉缰绳，一步步地向前走去）。

5. 隐喻衍生听觉感知意义

чуять（嗅到）（Обыкновенно пёс чуял жданных гостей, когда обоз ещё был версты за две.）（平常当大车还离店二里多远时，这狗就能闻到盼望已久的客人的味儿）隐喻"听觉"感知动作意义"听见，听到"：Чуете ли вы? Опять заиграло（你们听见没有？又弹起来了）。

（五）触觉感知动词喻义范畴

触觉感知动词（тактильный перцептивный глагол）也同样具有隐喻表现抽象动作和具体活动意义的认知语义功能，其次语义类型较丰富，我们区分出了以下十种。

1. 隐喻衍生情感活动意义

трогать（摸，触）（Мальчик трусливо трогал экспонат.）（小孩胆怯地摸着展品）隐喻抽象的情感意义"使感动"：Его речь глубоко трогала нас（他的肺腑之言深深打动了我们）。

резать（刺［眼、耳等］）（Его голос режет слух；Режет в животе；Яркие краски режут глаз；Ледяной ветер режет лицо.）（他的声音刺耳；肚子里像刀割一样痛；鲜艳的颜色刺眼；寒风刺脸）隐喻"使痛苦，使伤心，刺伤，刺痛"：Поведение ученика режет сердце；Такое явление очень режет глаз（学生的举止让人寒心；这种现象令人看着扎眼［让人看着不舒服］）。而该隐喻意义不是直接源于动词本义"切（开），割，剪，砍，锯"，而来自其另一个转义义项，属于两个义项间的隐喻关系。

каменеть（变成像石头一样硬，化为石状，硬化）（Хлеб окаменел.）（面包变硬了）隐喻"变冷酷，变得无生气"：От несчастий его сердце каменеет（屡遭不幸使他心肠变得冷酷无情）。

теплеть（暖和起来，变得暖和）（Воздух теплел；Комната быстро теплеет.）（空气变得暖和；房间很快暖和起来）隐喻"（心里）感到温暖"：У него на душе теплело；Сердце моё потеплсо（他心里感到温暖；我心里变得温暖起来）。

разгорячиться（变热，发热）（Бульон разгорячился；Кофе разгорячилось.）（肉汤变热了；咖啡热了）隐喻"急躁，心急"：При таких замечаниях оппонента диссертант разгорячился；Ольга разгорячилась от его ответной речи（在评委提出这样的意见时答辩人心急了；奥尔加听了他的答词急躁起来）。

2. 隐喻衍生智力活动或心智行为意义

该喻义主要体现在动词 чувствовать（感到），ощущать（觉得）中，由于"它们包含的语义普遍存在于心理过程的表现中"（Авдевнина，2012：10），因此与人的心智活动的认知表达有十分自然的联系。

чувствовать（感觉，感到，觉得）（чувствовать голод，чувствовать тепло，чувствовать холод）（感到饥饿，感到暖和，觉得冷）隐喻"认识到，意识到"：Он чувствовал свои недостатки；Ты чувствуешь, как ему тяжело?（他认识到了自己的不足；你能意识到，他有多么难吗?）

ощущать（感觉出来，觉得）（ощущать запах табака，ощущать холод，ощушать боль в руках）（觉察出烟草味，觉得冷，感觉手疼痛）的身体感知意义可以隐喻衍生"意识到，认识到，心里感觉到"：Они ощутили свою ответственность；Он ощушал недостаток в научной литературе；Друг ощущал ошибку в этом деле；С тех пор очей не осуша；Он ощушал недостаток в научной литературе；Друг ощущал ошибку в этом деле（他们意识到了自己的责任；他意识到了科学文献中的不足；朋友认识到了在这件事上的错误）。

прикасаться（轻轻触及，碰一下；摸到）（Она прикоснулась к моей руке; Он прикоснулся своими усами до щёк сына; Печка так накалена, что нельзя прикоснуться.）（她碰了一下我的手；他的胡子触及儿子的面颊；炉子热得摸不得了）隐喻抽象的动作意义"领略，接触，使用"：Все мы впервые прикоснулись к этой теории（我们大家都是初次接触这一理论）。

3. 隐喻衍生判断—评价意义或心智判断意义

осязать（触觉到，摸出来）（осязать тело мальчика пальцами）（用手指触摸到小孩的身体）隐喻"觉察，发现"：Мы не только предчувствуем победу, мы и начинаем её осязать; Месть лишь тогда сладка, когда имеешь возможность видеть и осязать её плоды; Я сердцем осязаю его присутствие во мне（我们不仅预感到了胜利，而且开始觉察到了它；复仇只当你有机会看到并触摸到它的果实时，它才会是甜蜜的；我用心感受到他存在于我心中）。

4. 隐喻衍生价值评价意义

жечься（灼人，烫人）（Утюг жжётся.）（熨斗烫人）隐喻"东西贵得惊人，让人不敢问津"：Я не купил: очень жжётся（我没买，东西贵得烫手）。

трогать（摸，触）（Мальчик трусливо трогал экспонат.）（小孩胆怯地摸着展品）隐喻"着手干"：Книжку читал, а уроки ещё не трогал.（书看过了，但功课还没有动呢）。该意义是对动作的一种价值评价。

5. 隐喻衍生间接感知意义（事物特征显现意义）

чувствовать（感觉，感到，觉得）（чувствовать голод, чувствовать тепло, чувствовать холод）（感到饥饿，感到暖和，觉得冷）隐喻"有某种艺术审美感"：чувствовать прекрасное, чувствовать музыку（有审美感，有音乐感）。

мертветь（失去生气，[肢体等]失去知觉，麻木）（Глаза больного мертвели; Лицо мертвеет; Ноги мертвеют; Пальцы мертвеют от холода.）（病人的眼睛失去生气；脸色僵硬；双腿失去知觉；手指冻得麻木）隐喻另一具体动作"（地方）变得无生气，变得荒芜"：Дача мертвеет после их переселения; Старый склад мертвел; Половинка села мертвела в одну ночь（他们搬家后别墅就没了生气；旧仓库已经变得荒芜

了；一夜之间半个村庄都荒芜了）。

теплеть（暖和起来，变得暖和）（Воздух теплел; Комната быстро теплеет.）（空气变得暖和；房间很快暖和起来）隐喻"（表情、眼神）变得温和"：Мимика Виктора постепенно теплеет; Глаза Симона теплели（维克多的表情渐渐温和起来；西蒙的眼神温和起来）。

6. 隐喻衍生言语活动（言语评价）意义

колоть（感觉刺痛）（Мне грудь колет; В боку колет.）（我胸中觉得刺痛；身体一侧感觉刺痛）隐喻"挖苦、嘲笑"：Они колют противника язвительными словами（他们用尖刻的话语挖苦对方）。此时，该动词"由具体身体的伤害转义为抽象的人身的伤害"（颜志科，2011：9）。

7. 隐喻衍生视觉动作意义

ощупать（［用手四处］摸索，探索）（Дедушка медленно ощупал карман; Хирург ощупал опухоль.）（爷爷慢慢摸索着衣兜；外科医生摸了摸肿处）隐喻"注视，打量"：Она ощупает девочку ласковыми глазами（她用温柔的目光仔细打量小女孩）。这是由触觉动作意义向视觉动作意义的隐喻转化。

8. 隐喻衍生味觉动作意义

прикасаться（轻轻触及，碰一下；摸到）（Она прикоснулась к моей руке; Он прикоснулся своими усами до щёк сына; Печка так накалена, что нельзя прикоснуться.）（她碰了一下我的手；他的胡子触及儿子的面颊；炉子热得摸不得了）隐喻另一具体动作"（没有）尝一尝，（没有）尝过"：Он не прикоснулся ни к малыку, ни к свежей икре（他既没有尝过咸鱼脊肉，也没有尝过新鲜鱼子）。

9. 隐喻衍生致使行为意义

трогать（摸，触）（Мальчик трусливо трогал экспонат.）（小孩胆怯地摸着展品）隐喻"打扰，招惹，触犯"：Не трогай его, он расстроен; Если корма достаточно, тигр не трогает домашний скот（别招惹他，他心情不好；如果食物充足，老虎是不伤家畜的）。

трогать（摸，触）（Мальчик трусливо трогал экспонат.）（小孩胆怯地摸着展品）隐喻另一具体动作"使微微一动，使微微现出，使变样"：Слабая улыбка трогает её губы; Волга была совсем гладкая, чуть трогала её местами рябь（她嘴角微微一动，掠过一丝笑容；伏尔加河波

平如镜，只是偶尔泛起涟漪）。

10. 隐喻衍生异质集合行为意义

трогать（摸，触）（Мальчик трусливо трогал экспонат.）（小孩胆怯地摸着展品）隐喻"动用，使用，碰"：Не трогай мои книги；Отпускные деньги целы, я их не трогал；Потом Никитин долго не трогал своего денвника（不要动我的书；休假的工资如数都在，我没有动过；尼基金过后很久都没有再碰自己的日记）。

可以看出，不少俄语感知动词可能隐喻衍生出不同认知语义义项，归纳起来大致如下：动词 видеть（看见）可以分别隐喻"明白，知道，理解，意识到""翻阅，浏览"之义，动词 глядеть（看，瞧，望，观看）可以隐喻"看待，对待""回顾，展望"之义，动词 заглянуть 可以隐喻"翻阅，浏览""（光线）映照到，照射，射入"之义，动词 смотреть（看，望）可以隐喻"朝，向，对着……""看待，对待，持某种看法；把……看作、视为；对……作某种评价"之义，动词 встретить（遇见，碰到）可以隐喻"对待""受到，遭到，得到"之义，动词 следить（注视，目送）可以隐喻"看护，照料""跟踪，追踪""关注，关心，注意"之义，动词 светлеть（明亮起来）可以隐喻"愉快起来，开朗起来，变得和蔼可亲起来""头脑、思绪变得清晰起来"之义，动词 блёкнуть（变暗淡，褪色；凋萎，枯萎）可以隐喻"记忆、印象等变得模糊不清""（人）憔悴、（目光）无神"之义，动词 мелькать（闪烁，闪现）可以隐喻"事物一个一个闪过，时间一闪而过，飞逝""偶然露出，有时出现（有时提到）"之义，动词 пахнуть（发出气味，有……气味）可以隐喻"有……迹象，有……征候，预感到……"之义，动词 чуять（嗅到）可以隐喻"知道，明白""预感到，意料到""触碰到""听到"之义，动词 трогать（摸，触）可以隐喻抽象的情感意义"使感动""着手干""打扰，招惹，触犯""使微微一动，使微微现出，使变样""动用，使用，碰"之义，动词 теплеть（暖和起来，变得暖和）可以隐喻"（心里）感到温暖""（表情、眼神）变得温和"之义，动词 чувствовать（感觉，感到，觉得）隐喻"有某种艺术审美感""认识到，意识到"之义，动词 прикасаться（轻轻触及，碰一下；摸到）可以隐喻"（没有）尝一尝，（没有）尝过""领略，接触，使用"之义。它们所衍生的不同喻义构成以下有关感知动词隐喻操作机制的重要分析、考察对象。

再有，以上不同类感知动词通过隐喻认知可能形成相同或相近的衍生意义，比如，视觉感知、嗅觉感知及触觉感知意义动词均可以衍化出"知道，明白"一类命题态度意义；嗅觉感知、触觉感知及听觉感知意义动词均可引申"感到，觉得"这一心智活动意义；听觉感知、嗅觉感知及触觉感知意义动词都能派生"言语"活动意义。不仅如此，不同感官感知域的隐喻意义还可能相互勾连串接，如嗅觉感知动词（чуять）能衍生触觉、听觉感知活动意义。而这都属于动词隐喻中的认知联觉或者动作通感。

二 俄语感知动词隐喻意义的认知机制

进一步讲，感知动词隐喻意义是认知运作的结果，以下从认知相似性、语义错置、意象图式、隐喻映射以及隐喻模式等方面分别对俄语视觉感知动词各次类的喻义衍生认知机制展开讨论。感知活动不同于包括物理作用在内的其他行为、活动，视觉感知动词的语义特点也相应有别于其他动词类，它的隐喻衍生意义类型、特点与其他类别动词都有很大不同，进而其认知隐喻机制就相应有别，这在认知相似性、语义错置等各个方面都有反映。而我们将具体在感知动词下属的视觉、听觉、味觉、嗅觉、触觉五个次语义类的隐喻对比分析中来考察、审视这一点。具体分析中，由于篇幅所限，我们只能从五类感知动词内部各小类隐喻意义中各选一例进行集中分析和讨论，各个小类的隐喻操作内容将统合为俄语感知动词隐喻认知运行的有机整体，呈现出感知动词喻义运作特征和性能。需要指出的是，为了通过特定动词作五方面认知运作内容的跟踪式分析，以下五部分的动词选例将保持一致，同时也可以使相关分析的针对性、系统性更强。

（一）视觉感知动词的隐喻机制

1. 认知相似性

"动词隐喻过程中动作之间的概念化相似是认知主体最为关心的部分"（彭玉海、于鑫，2013：15），同时也是其认知意念中首先捕捉到的那一部分。视觉感知动词隐喻的相似性指喻体中的身体具体活动与本体动作存在认知事实上的一种心理相似。"语言所投射的是人对世界的日常知识"（Кубрякова，2004：16），视觉感知形成的知识性相似内容是基于人的感知记忆和经验知识进行类比加工而得出的动作相似关系，是动作事件语义"人本加工"（王寅，2012：5）的认识结晶，它背后的涉身体验或

"心智体验性"（王寅，2004：145）代表着一种复杂、能动的认知换算机制。俄语视觉动词隐喻相似性有极为丰富的表现形式，主要包括动作感知相似，动作过程—结构及动作目的、意图上的相似，动作（作用）方式或行为实现方式相似，动作结果或动作影响上相似，动作行为感受—评价特点相似，动作功能相似，动作性质相似，动作过程—结构、动作方向性或者动作线性上存在认知相似，动作投入、动作专注度的相似，动作目标（终位）方面的相似，动作本体与喻体在动作强度（显现程度）乃至心理判断方面的认知相似性等内容，这些相似归结起来都是在动作本体和喻体的差别化中进行"同质重合选择"或者"异质同化选择"①（桂永霞，2013：44—45，51）。具体到不同的感知语义次类，它们在相似性特征上的表现各有不同。以下是具体分析，不同的喻义次范畴以序号区分，其中隐喻衍生各种关系、事件意义的第（5）类包含进了 заглянуть／заглядывать，встретить，следить 等三个动词。

（1）видеть（看见）（Они видели город вдали；В свежем номере журнала《Крокодил》Нина увидела карикатуру на своего начальника.）（他们看见了远处的城市；在最新一期《鳄鱼》杂志上尼娜看见了丑化自己上司的漫画）隐喻意义是"认为，认定，把……看成"②：Я вижу, что ты ему не поможешь；Вижу, что они не смогут вовремя выполнить строительные работы；Он видит себя всего лишь маленькой и неотделимой частицей большого коллектива；Судья видит корень зла в невежестве；Родители привыкли видеть его ребёнком（我认为，你是不会帮助他的；我认为，他们无法按时完成这项建筑工程；他仅仅把自己看成大集体中不可分割的一小部分；法官认为无知是罪恶的根源；父母习惯于把他当孩子看）。这里首先包含了本体与喻体动作间在动作结果、动作结构特点乃至动作性质上的相似，即在认知表象上"看见抽象事物实体好比看见物质实体"。进而这种由"心知"到"感知"的类比、转化为表现主体的

---

① 而实质上看，二者都是在认知意识处理中化解或者中和动作本体与喻体间的不同，建立起认知趋同体即喻底。
② 须作专门说明的是，为使隐喻机制例析直观、明了、便于理解，并有针对性、参照性，显示出理论分析的跟踪性、连续观察性，以下各节（本章第二节至第五节）五个方面的分析将使用相关隐喻动词的相同例句。

认识、看法作好了认知铺垫,形成该动词的"命题态度"隐喻意义。

(2) рассмотреть(看清楚,看明白,观察)(Она с трудом рассмотрела в толпе его лицо; Я рассмотрел этот фотоснимок; Он рассмотрел предмет в микроскоп.)(她在人群中好不容易才看清了他的脸;我看清楚了这张照片;他用显微镜察看物体)隐喻"分析,研究,审核":Специалисты тщательно рассмотрел все факты; Министерство рассмотрело и утвердило их проект(专家们详细地分析了所有事实;部里审核并批准了他们的计划)。该动词隐喻操作主要使用的是本体和喻体在动作方式、动作过程—结构以及动作目的、意图上的相似性。

(3) глядеть(看,瞧,望,观看)(Мальчик поглядел на собаку, но не испугался, побежал дальше; Они весело глядели на оживлённую улицу.)(小孩看了看狗,但没有害怕,继续往前跑;他们兴奋地看着热闹非凡的街道)隐喻"回顾,展望":смело глядеть на будущее, глядеть в прошлое(大胆地展望未来;回顾过去)。这里的认知相似性表现为隐喻本体与喻体在动作心理感受方面的相似,即在心理层面上把看过去或将来所发生的事情、经历联想为看某种实在的事物,从而在认知意识中建立起抽象心智动作与具体感知动作之间的类比性。此时,动作本体和喻体在动作结构、行为实现方式上是一致的。

(4) смотреть(看,望)(Пассажир исподлобья смотрит на часы; Он смотрел в окно раскрытыми глазами.)(乘客皱着眉头看表;他睁大眼睛望窗里看)隐喻"看待,对待,持某种看法;把……看作、视为;对……作某种评价":Старый учёный смотрит на происходящие события глазами историка; На людей и на жизнь мы с ней смотрим совершенно различно; Этот сирота смотрит на неё, как на родную мать; Они смотрят на эту теорию как на руководство к действию(老学者以历史家的眼光来看待眼下发生的事件;对于人和生活,我和她抱有截然不同的看法;这个孤儿把她当母亲看待;他们把这一理论视为行动指南)。该抽象评价动作同喻体动作之间的相似性表现为二者在动作过程—结构、动作(作用)方式以及动作功能方面的相似。本体动作的整个"看待"过程方式被联想为类同于视觉上的"看",前者的整体线性过程"用心去看"同后者的"用眼睛去看"之间的相似性十分突出,而从二者动作的功能表现上看,由于都会引起主体的相应心理反应,这帮助建立起它们之间的认知感受连通性。

（5-1）заглянуть/заглядывать（张望，打量，看一眼）（заглянуть в окно чужой квартиры，заглянуть ему в лицо，заглянуть под стол）（往别人住所窗户里张望，打量一下他的脸，朝桌子底下看一看）隐喻"映照到，照射，射入"：Серое утро скучно заглянуло в комнату；Свет луны заглянул во тьму оврага（灰暗的晨光无精打采地照进房间；月光射进了黑暗的峡谷）。这是具体感知动作隐喻另一具体动作。此时，本体和喻体在动作结构、动作方向性或者动作线性上存在认知相似性。

（5-2）встретить（遇见，碰到）（Они встретили знакомого на улице；Иногда встречал Нину в цехе，но встреча не приносил ни радости，ни боли；В пути мы не встречали ни деревень，ни дорог.）（他们在街上遇到了熟人；有时在车间遇到尼娜，但这既没带来快乐，也没带来苦痛；一路上我们既没遇到一棵树，也没有看见有路）隐喻"受到，遭到，得到"之义，表现的是人与事件之间的关系：встретить поддержку，встретить помощь товарищей，встретить уважение，Враг встретил упорное сопротивление（受到支持，得到同志们的帮助，受到尊敬，敌人遭到顽强的抵抗）。该动词隐喻中，动作本体与喻体在动作（要素）关系、动作结构以及动作行为感受—评价特点上表现出认知心理的相似性。

（5-3）следить（注视，目送）（Лодка стала быстро удаляться，мы долго следили за ней глазами；Охотник следит полёт коршунов над лесом.）（小船很快地驶离而去，我们长时间地目送着它；猎人注视着森林上空几只老鹰的飞翔）隐喻"关注，关心，注意"之义：следить за своим здоровьем，следить за своей внешностью（注意自己的身体，注意衣冠整洁）。该动词隐喻中，本体与喻体在动作过程—结构、行为实现方式、行为感受—评价特点乃至动作表现度上具有认知相似性。

（6）следить（注视，目送）（Лодка стала быстро удаляться，мы долго следили за ней глазами；Охотник следит полёт коршунов над лесом.）（小船很快地驶离而去，我们长时间地目送着它；猎人注视着森林上空几只老鹰的飞翔）隐喻具体动作"看护，照料"：следить за детьми，чтобы не упали；следить за больным（看护孩子以免他们摔倒，照料病人）。动词该喻义的实现借助了本体与喻体在动作结构、动作投入、动作专注度、动作功能方面的相似性。另外，动词следить（注视，目送）还可以隐喻另一具体动作行为"跟踪，追踪"：Вскоре я нашёл кабанов и начал их следы следить（很快我发现了野猪，于是开始追踪它的踪迹）此时体现出来的认知相似性主要是本体与喻体在动作方向性或动作线性、动作目标（终位）及动作过程—结构上的相似。不难看出，动词喻义虽然同属具体动作意义，但具体语义的差异在相似性上还是有所反映。

（7）светлеть（明亮起来）（Комната светлеет；Зал ожидания светлел.）（房间亮堂起来；候车大厅明亮起来）隐喻"愉快起来，开朗起来，变得和蔼可亲起来"：Взгляд светлеет；В душе/На душе светлеет（目光变得快活起来；心里亮堂起来）。该动词隐喻是在自然的物理实在与心理感受实在之间建立起了认知相似，具体表现为动作本体与喻体在动作感受—评价特点、动作心理感知上存在相似性。

（8）сверкать（闪耀，闪烁）（Сверкает молния；Зал сверкает тысячею огней；Слёзы сверкают на глазах.）（打闪，闪电；大厅被无数盏灯照得灯火通明；眼睛里闪着泪花）隐喻"强烈地显示出，表露出"：В его заметках сверкал юмор（他的随笔特别富有幽默感）。这里的动作本体与喻体在动作强度（显现程度）、动作心理感知上存在突出的认知相似性。另外，该动词还可以隐喻"显眼，夺目，突出"之义：сверкать талантом，сверкать голосом（才华过人，嗓音出色）。此时体现出来的动作本体与喻体之间在动作感受—评价特点上的相似性很明显。

（9）блёкнуть（变暗淡，暗淡无光，褪色；凋萎，枯萎）（Звёзды уже блёкли перед рассветом；Цветы блёкнут.；Трава блёкла.）（黎明的星光已暗淡下来；花儿在凋谢；草枯萎了）隐喻"［人］憔悴、［目光］无神"：Блёкнет взор（目光无神）。该动词隐喻操作借助了动作本体与喻体在动作感受—评价特点、动作性质方面的认知相似性。而这 认知感受内容中，认知者的心理体验、心理判断性十分突出。

可以看出，不同次范畴喻义的认知相似性在动作过程—结构、动作感知、动作方式等方面存在一定共性，有较突出的同质选择性，但更多表现出来的是彼此间在相似性上的某种差异，其中隐喻表示命题态度意义、关系（时间）意义、情感意义、间接感知意义和物理动作意义时，相互之间的认知相似差别更为明显。而值得注意的是，动作过程—结构、动作方式相似性的积极表现反映出视觉感知动作的基本过程、结构方式在认知喻义迁转中的特殊、重要的地位和作用，凸显出视觉动作特有的"认知具身性"（cognitive embodiment）在动作、活动语义机制中的积极建构功能和强大的理据张力（motivational tension）。

2. 语义错置

俄语视觉感知动词隐喻语义错置分两个不同层次的语义矛盾，一是表层关系上无直接体现的隐性错置或"（认知）后台错置"，它又包括本体动作同喻体动作的语义矛盾和本体动作事件、喻体动作事件参项（题元名词）之间的彼此矛盾，即"本体动作主体是喻体动作主体""本体动作客体是喻体动作客体"。其中"本体—喻体"语义矛盾指事件逻辑范畴的语义错置，记为"X IS Y"，而题元参项语义矛盾指本体—喻体动作事件参项之间比照性的语义交叉错置，其主、客体题元的错置分别记为"Sub. IS A"和"Ob. IS B"，另外，在这一题元名词隐性错置层中可能存在错置缺项的情形，形成"局部错置"。二是从动词句子结构的语义表象上可以识别出来的"显性错置"（彭玉海，2012a：39），这是在动词隐喻句子语义关系上直接体现出来的动词源义①同其事件参项之间的语义冲突，反映动词语义分布关系上的特殊范畴关系或超常组配关系，该层级错置也会有"局部错置"现象存在，即可能不是完全错置，而只是主体、客体题元中的某一项同动词形成显性语义冲突。以下是具体分析。

（1）видеть

显性错置：видеть（看见）(Они видели город вдали; В свежем номере журнала 《Крокодил》 Нина увидела карикатуру на своего начальника.)（他们看见了远处的城市；在最新一期《鳄鱼》杂志上尼娜看见了丑化自己上司的漫画）隐喻意义是"认为，认定，把……看成"：Я вижу, что ты ему не поможешь; Вижу, что они не смогут вовремя выполнить строительные работы; Судья видит корень зла в невежестве; Родители привыкли видеть его ребёнком; Он видит себя всего лишь маленькой и неотделимой частицей большого коллектива（我认为，你是不会帮助他的；我认为，他们无法按时完成这项建筑工程；法官认为无知是罪恶的根源；父母习惯于把他当孩子看；他仅仅把自己看成大集体

---

① "源义"也可称为"基原义"，即直接衍生出特定目标动作喻义的"始源意义"（source meaning），而不一定是动词的本义。

中不可分割的一小部分)。该动词喻义的显性错置只表现为客体题元 что..., корень зла 以及特殊的 "N_4N_5"①表人名词结构 (его ребёнком, себя частицей) 同动词之间的语义组合矛盾, 而主体题元 я, судья, родители, он 在语义上与动词语义并不冲突, 因而构成显性"局部错置"关系。

隐性错置: 动词 видеть 隐喻的 "X IS Y" 层逻辑错置: Видеть$_2$ есть видеть$_1$, 题元名词之间的语义冲突相应只体现于客体层 "Ob. IS B" 的交叉错置: Что.... есть город; Корень зла/Он – ребёнок/Себя – частица есть город/карикатура. 而主体层 "Sub. IS A" 的语义错置缺位。

(2) рассмотреть

显性错置: рассмотреть (看清楚, 看明白, 观察) (Она с трудом рассмотрела в толпе его лицо; Я рассмотрел этот фотоснимок; Он рассмотрел предмет в микроскоп.) (她在人群中好不容易才看清了他的脸; 我看清楚了这张照片; 他用显微镜察看物体) 隐喻 "分析, 研究, 审核": Специалисты тщательно рассмотрел все факты; Министерство рассмотрело и утвердило их проект (专家们详细地分析了所有事实; 部里审核并批准了他们的计划)。表现为客体题元 факты, вопрос 分别同动词之间的表层语义关系冲突, 也属于局部显性错置。

隐性错置: 动词 рассмотреть 隐喻的 "X IS Y" 层逻辑错置: Рассмотреть$_2$ есть рассмотреть$_1$, 题元名词之间的语义冲突也只反映在 "Ob. IS B" 的客体层错置, 形成局部错置: Факты есть лицо; Проект есть предмет.

(3) глядеть

显性错置: глядеть (看, 瞧, 望, 观看) (Мальчик поглядел на собаку, но не испугался, побежал дальше; Они весело глядели на оживлённую улицу.) (小孩看了看狗, 但没有害怕, 继续往前跑; 他们兴奋地看着热闹非凡的街道) 隐喻 "回顾, 展望": смело глядеть на будущее, глядеть в прошлое (大胆地展望未来; 回顾过去)。表现为客体题元 на будущее, в прошлое 分别同动词之间的表层语义冲突, 也是不

---

① N 表示名词, 其右下标表示所用的是第几格。N 左面的 на 为俄语前置词 (介词)。下同。

涉及主体的局部显性错置，同样是局部错置。

隐性错置：动词 глядеть 隐喻的"X IS Y"层逻辑错置：Глядеть$_2$ есть глядеть$_1$，题元名词之间的语义冲突也存在缺位，仅出现在"Ob. IS B"的客体层错置：Будущее/Прошлое есть собака/улица.

（4）смотреть。

显性错置：смотреть（看，望）（Пассажир исподлобья смотрит на часы; Он смотрел в окно раскрытыми глазами.）（乘客皱着眉头看表；他睁大眼睛望窗里看）隐喻"看待，对待，持某种看法；把……看作、视为；对……作某种评价"：Старый учёный смотрит на происходящие события глазами историка; На людей и на жизнь мы с ней смотрим совершенно различно; Они смотрят на эту теорию как на руководство к действию（老学者以历史家的眼光来看待眼下发生的事件；对于人和生活，我和她抱有截然不同的看法；他们把这一理论视为行动指南）。表现为客体题元 события, жизнь, теория 分别同动词之间的表层语义关系冲突，属于局部显性错置。

隐性错置：动词 смотреть 隐喻的"X IS Y"层逻辑错置：Смотреть$_2$ есть смотреть$_1$，题元名词之间的语义冲突也只反映在"Ob. IS B"的客体层错置：События/Жизнь/Теория есть часы/окно.

（5-1）заглянуть/заглядывать

显性错置：заглянуть/заглядывать（张望，打量，看一眼）（заглянуть в окно чужой квартиры, заглянуть ему в лицо, заглянуть под стол）（往别人住所窗户里张望，打量一下他的脸，朝桌子底下看一看）隐喻"映照到，照射，射入"：Серое утро скучно заглянуло в комнату; Свет луны заглянул во тьму оврага（灰暗的晨光无精打采地照进房间；月光射进了黑暗的峡谷）。表现为主体题元 серое утро, свет 分别同动词之间的表层语义关系冲突，同样是局部显性错置。

隐性错置：动词 заглянуть 隐喻的"X IS Y"层逻辑错置：Заглянуть$_2$ есть заглянуть$_1$，题元名词之间的语义冲突只体现在"Sub. IS A"层错置：Серое утро/Свет есть человек.

（5-2）встретить

显性错置：встретить（遇见，碰到）（Они встретили знакомого на улице; Иногда встречал Нину в цехе, но встреча не приносил ни радости，ни боли；В пути мы не встречали ни деревень，ни дорог.）（他们在街上遇到了熟人；有时在车间遇到尼娜，但这既没带来快乐，也没带来苦痛；一路上我们既没遇到一棵树，也没有看见有路）隐喻"受到，遭到，得到"之义，表现的是人与事件之间的关系：встретить поддержку，встретить помощь товарищей，встретить уважение，Враг встретил упорное сопротивление（受到支持，得到同志们的帮助，受到尊敬，敌人遭到顽强的抵抗）。表现为客体题元 поддержка，помощь，уважение，сопротивление 分别同动词之间的表层语义关系冲突，属于局部显性错置。

隐性错置：动词 встретить 隐喻的"X IS Y"层逻辑错置：Встретить$_2$ есть встретить$_1$，题元名词之间的语义交叉冲突也只反映在"Ob. IS B"的客体层错置：Поддержка／Помощь／Уважение／Сопротивление есть знакомый／Нина／деревня.

（5-3）следить

显性错置：следить（注视，目送）（Лодка стала быстро удаляться，мы долго следили за ней глазами；Охотник следит（полёт）коршунов над лесом.）（小船很快地驶离而去，我们长时间地目送着它；猎人注视着森林上空几只老鹰的飞翔）隐喻"关注，关心，注意"：следить за своим здоровьем，следить за своей внешностью（注意自己的身体，注意衣冠整洁）。表现为客体题元 здоровье，внешность 分别同动词之间的表层语义关系冲突，也属于局部显性错置。

隐性错置：动词 следить 隐喻的"X IS Y"层逻辑错置：Следить$_2$ есть следить$_1$，题元名词之间的语义冲突也只反映在"Ob. IS B"的客体层错置：Здоровье／Внешность есть лодка／коршун.

（6）следить

显性错置：следить（注视，目送）（Лодка стала быстро удаляться，мы долго следили за ней глазами；Охотник следит полёт коршунов над лесом.）（小船很快地驶离而去，我们长时间地目送着它；猎人注视着森林上空几只老鹰的飞翔）隐喻"跟踪，追踪"这一具体动作意义：Вскоре я нашёл кабанов и начал их следы следить；Миниционеры следят обстоятельства дела（很快我发现了野猪，于是开始追踪它的踪迹；警察追踪案情）。此时，隐喻错置表现为客体题元 следы，обстоятельства 分别同动词间的表层语义关系冲突，同样属于局部显性错置。

隐性错置：动词 следить 隐喻的"X IS Y"层逻辑错置为 Следить$_2$ есть следить$_1$，题元名词之间的语义冲突只体现在"Ob. IS B"的客体层错置：Следы/Обстоятельства есть лодка/коршун.

（7）светлеть

显性错置：светлеть（明亮起来）（Комната светлеет；Зал ожидания светлел.）（房间亮堂起来；候车大厅明亮起来）隐喻"愉快起来，开朗起来，变得和蔼可亲起来"：Взгляд светлеет；В душе/На душе светлеет（目光变得快活起来；心里亮堂起来）。表现为主体题元 взгляд，душа 分别同动词之间的表层语义关系冲突，构成局部显性错置。

隐性错置：动词 светлеть 隐喻的"X IS Y"层逻辑错置：Светлеть$_2$ есть светлеть$_1$，题元名词之间的语义冲突只表现在"Sub. IS A"的主体层错置：Взгляд/Душа есть комната/зал.

（8）сверкать

显性错置：сверкать（闪耀，闪烁）（Зал сверкает тысячею огней；Слёзы сверкают на глазах.）（打闪，闪电；大厅被无数盏灯照得灯火通明；眼睛里闪着泪花）隐喻"强烈地显示出，表露出"：В его заметках сверкал юмор（他的随笔特别富有幽默感）。该动词还可以隐喻与其相近的"显眼，夺目，突出"之义：Он сверкает талантом；Он сверкает голосом（他才华过人；他嗓音出色）。表现为主体题元 заметки，он 及客体题元 юмор①，талант，голос 分别同动词之间形成的表层语义关系冲突。

隐性错置：动词 сверкать 隐喻的"X IS Y"层逻辑错置：Сверкать$_2$ есть сверкать$_1$，题元名词之间的语义冲突相应表现在"Sub. IS A"的主体层错置及"Ob. IS B"的客体层错置：заметки/он есть зал/глаза②；Юмор/Талант/Голос есть огни/слёзы.

（9）блёкнуть

显性错置：блёкнуть（变暗淡，褪色；凋萎，枯萎）（Звёзды уже блёкли перед рассветом；Цветы блёкнут.；Трава блёкла.）（黎明的星光

---

① 值得注意的是，这里 юмор 为形式上的主体（主语），但语义结构上却是客体。
② 同样需要表明的是，严格说起来，句子 Слёзы сверкают на глазах. 中的语法主语 слёзы 实际是语义客体，而真正的语义主体体现在 на глазах 中。

已暗淡下来；花儿在凋谢；草枯萎了）隐喻"［人］憔悴、［目光］无神"：Блёкнет взор（目光无神）。表现为主体题元 взор 同动词之间的表层语义关系冲突，属局部显性错置。

隐性错置：动词 блёкнуть 隐喻的"X IS Y"层逻辑错置：Блёкнуть$_2$ есть блёкнуть$_1$，题元名词之间的语义冲突也只反映在"Sub. IS A"的主体层错置：Взор есть звезда/цвет/трава.

分析显示，视觉动词不同喻义在语义错置上存在一定共性特征，总体上显性错置都体现在客体题元同动词语义之间的冲突中，相应都有可能存在显性错置层的主体零位错置（主体错置层缺位），而这由视觉动词隐喻表现的主要是与人的行为活动有关这一语义特点所决定。另外，隐性错置的"X IS Y"层逻辑错置在此均为必备条件，隐性错置中题元名词之间的语义冲突极有可能存在缺位现象，形成局部错置。但与此同时也存在一定差异，不同喻义在隐性错置的题元语义交叉错置层上会有不同表现，多数表现为"Ob. IS B"的客体层错置，少数表现为"Sub. IS A"的主体层错置，个别则完整体现出"Sub. IS A"的主体层错置及"Ob. IS B"的客体层错置冲突关系。我们还注意到，在这一隐喻操作关系上是共性总体大于异性，这也从一个侧面表明语义错置在动词隐喻中的认知表现特点及其特殊的"语义条件"必要性。

3. 隐喻意象图式

视觉感知动词隐喻的意象图式指动作的认知联想过程中，施喻者头脑、意识里所呈现出来的本体和喻体的联觉动作画面、动作形象，这是将视觉动作特有的感知画面带入本体动作构建而形成的心理成像，它在包含类同性质的动作之间抽象出认知意念上的趋同性动作样貌，使其产生认知动觉上的适当交叉、叠合或者心理上的"动作共鸣"，所代表的是一种积极的认知处理程序。视觉动词隐喻意象图式具有多方面表现内容，主要包括重力图式及其各种变体如重力—结果、重力—性质、重力—方向、重力—方式等图式，形象—感知图式，存在—过程图式，连接图式，方位图式，状态图式，等等（参见彭玉海，2012b：71—72）。

（1）видеть（看见）（Они видели город вдали; В свежем номере журнала《Крокодил》Нина увидела карикатуру на своего начальника.）（他们看见了远处的城市；在最新一期《鳄鱼》杂志上尼娜看见了丑化自己上司的漫画）隐喻意义是"认为，认定，把……看成"：Я вижу, что ты ему не поможешь；Вижу, что они не смогут вовремя выполнить строительные работы；Он видит себя всего лишь маленькой и неотделимой частицей большого коллектива；Судья видит корень зла в невежестве；Родители привыкли видеть его ребёнком（我认为，你是不会帮助他的；我认为，他们无法按时完成这项建筑工程；他仅仅把自己看成大集体中不可分割的一小部分；法官认为无知是罪恶的根源；父母习惯于把他当孩子看）。该动词隐喻主要运用的是形象—感知图式和连接图式。一方面，抽象的本体动作被形象化地联想为具体的视觉动作；另一方面，本体动作中动作与抽象命题内容间的联系基于喻体事件的视觉连接关系，形成一种心智状态的移觉感应，并图式化为意象内容。

（2）рассмотреть（看清楚，看明白，观察）（Она с трудом рассмотрела в толпе его лицо；Я рассмотрел этот фотоснимок；Он рассмотрел предмет в микроскоп.）（她在人群中好不容易才看清了他的脸；我看清楚了这张照片；他用显微镜察看物体）隐喻"分析，研究，审核"：Специалисты тщательно рассмотрел все факты；Министерство рассмотрело и утвердило их проект（专家们详细地分析了所有事实；部里审核并批准了他们的计划）。该动词隐喻使用的是形象—感知图式和"重力—方式""重力—结果"图式，前者体现出本体动作中的形象取意内容，而"重力—方式""重力—结果"图式表现出本体动作的细致度、专注度以及动作的预期和收效、认知自我调动的积极性。

（3）глядеть（看，瞧，望，观看）（Мальчик поглядел на собаку, но не испугался, побежал дальше；Они весело глядели на оживлённую улицу.）（小孩看了看狗，但没有害怕，继续往前跑；他们兴奋地看着热闹非凡的街道）隐喻"回顾，展望"：смело глядеть на будущее, глядеть в прошлое（大胆地展望未来；回顾过去）。该动词隐喻运用了形象—感知图式以及重力—方向图式，本体动作的"方向性"借助喻体动作的具体客体目标得以形象化展现。

（4）смотреть（看，望）（Пассажир исподлобья смотрит на часы；Он смотрел в окно раскрытыми глазами.）（乘客皱着眉头看表；他睁大眼睛望窗里看）隐喻"看待，对待，持某种看法；把……看作、视为；对……作某种评价"：Старый учёный смотрит на происходящие события глазами историка；На людей и на жизнь мы с ней смотрим совершенно различно；Этот сирота смотрит на неё, как на родную мать；Они смотрят на эту теорию как на руководство к действию（老学者以历史家的眼光来看待眼下发生的事件；对于人和生活，我和她抱有截然不同的看法；这个孤儿把她当母亲看待；他们把这一理论视为行动指南）。该动词隐喻主要使用的是形象—感知图式和"重力—方式"图式。此时，抽象的心智行为被具象化为实在的视力感知动作，本体动作的行为方式借助这一感知动作内容得以形象表现。

（5-1）заглянуть/заглядывать（张望，打量，看一眼）（заглянуть в окно чужой квартиры, заглянуть ему в лицо, заглянуть под стол）（往别人住所窗户里张望，打量一下他的脸，朝桌子底下看一看）隐喻"映照到，照射，射入"：Серое утро скучно заглянуло в комнату；Свет луны заглянул во тьму оврага（灰暗的晨光无精打采地照进房间；月光射进了黑暗的峡谷）。该动词隐喻主要使用的是形象—感知图式及"重力—连接"图式，通过视觉感知意象生动地反映出本体动作中事物之间的空间方式、空间关系。

（5-2）встретить（遇见，碰到）（Они встретили знакомого на улице；Иногда встречал Нину в цехе, но встреча не приносил ни радости, ни боли；В пути мы не встречали ни деревень, ни дорог.）（他们在街上遇到了熟人；有时在车间遇到尼娜，但这既没带来快乐，也没带来苦痛；一路上我们既没遇到一棵树，也没有看见有路）隐喻"受到，遭到，得到"之义，表现的是人与事件之间的关系：встретить поддержку, встретить помошь товарищей, встретить уважение, Враг встретил упорное сопротивление（受到支持，得到同志们的帮助，受到尊敬，敌人遭到顽强的抵抗）。该动词隐喻操作所反映出来的也是形象—感知图式和"重力—连接"图式，感知事件中的事物动作关系意象表现出本体动作中的主、客体之间的相互关联性。

（5-3）следить（注视，目送）（Лодка стала быстро удаляться, мы долго следили за ней глазами；Охотник следит полёт коршунов над лесом.）（小船很快地驶离而去，我们长时间地目送着它；猎人注视着森林上空几只老鹰的飞翔）隐喻"关注，关心，注意"之义：следить за своим здоровьем, следить за своей внешностью（注意自己的身体，注意衣冠整洁）。该动词隐喻的运作除了使用形象—感知图式、"重力—连

接"图式，还运用了重力—性质图式、重力—目的图式及形象—感知图式。这里的本体动作表现有认知者的意念判断性质、成分，而这具体表现为他将感知动作的"视觉具象"图式化为一种抽象的认识理念。

（6）следить（注视，目送）（Лодка стала быстро удаляться, мы долго следили за ней глазами; Охотник следит полёт коршунов над лесом.）（小船很快地驶离而去，我们长时间地目送着它；猎人注视着森林上空几只老鹰的飞翔）隐喻"看护，照料"：следить за детьми, чтобы не упали; следить за больным（看护孩子以免他们摔倒，照料病人）。该动词隐喻使用的是"重力—目的"和"重力—方式"图式，明确地体现出本体事件的动作目的性和行为方式内容。而当该动词隐喻"跟踪，追踪"意义（Вскоре я нашёл кабанов и начал их следы следить; Миниционеры следят обстоятельства дела. 很快我发现了野猪，于是开始追踪它的踪迹；警察追踪案情）的时候，除了"重力—目的"和"重力—方式"图式，还使用了"形象—感知"这一意象图式。

（7）светлеть（明亮起来）（Комната светлеет; Зал ожидания светлел.）（房间亮堂起来；候车大厅明亮起来）隐喻"愉快起来，开朗起来，变得和蔼可亲起来"：Взгляд светлеет; В душе/На душе светлеет（目光变得快活起来；心里亮堂起来）。该动词隐喻使用的主要是"形象—感知"图式及状态图式，一方面形象化地建立起视觉感知与心理感知的联觉意象关系，另一方面通过这种形象勾联生动地表现出本体情感活动的状态特征。

（8）сверкать（闪耀，闪烁）（Сверкает молния; Зал сверкает тысячею огней; Слёзы сверкают на глазах.）（打闪，闪电；大厅被无数盏灯照得灯火通明；眼睛里闪着泪花）隐喻"强烈地显示出，表露出"：В его заметках сверкал юмор（他的随笔特别富有幽默感）；还可以隐喻"显眼，夺目，突出"之义：сверкать талантом, сверкать голосом（才华过人，嗓音出色）。该动词隐喻使用的主要是"形象—感知"图式和"重力—性质"图式，其中形象化的视觉感知直观化地呈现出了本体动作特征强度性质的动作意象。

（9）блёкнуть（变暗淡，褪色；凋萎，枯萎）（Звёзды уже блёкли перед рассветом; Цветы блёкнут.; Трава блёкла.）（黎明的星光已暗淡下来；花儿在凋谢；草枯萎了）隐喻"［人］憔悴、［目光］无神"：Блёкнет взор（目光无神）。该动词隐喻使用的是"形象—感知"图式及状态图式，通过喻体的视觉状态意象，生动形象地表现出本体动作的特征和事物所处的特殊状态。

归纳起来，视觉感知动词隐喻意义意象图式操作中，表现较为突出的是"形象—感知"图式和重力图式的各种变体形式，而具体到各次类内部，喻义不同，则使用的意象图式也相应有别，并且这种区分十分细致，即使同样表示抽象动作、活动意义类的"命题态度""智力活动""心智活动""评价活动"，彼此间的意象运作内容也存在明显差异，而隐喻表示抽象"关系事件"意义的意象图式也有自己的不同特点。此外，隐喻表现物理作用（活动）意义、情感活动意义及间接感知意义、事物外在表现（方式）意义之时，各自运作的意象图式也相互区别。这凸显出动词隐喻中意象图式的积极认知功能和细微的认知表现、认知刻画性能。

4. 隐喻映射

隐喻很大程度上是两个不同概念域之间的转化、跨越关系，而这一认知转移是靠隐喻映射来实现的，即将喻体动作意象的关联性内容投射到本体动作的认知受力点、联结点上，形成两个不同动作域的心理照应和认知概念映合，产生由此及彼的动作心理认同，帮助形成新的动作概念结构，为新的语义关系的建立提供必要条件，成为动词喻义操作的重要一环。俄语视觉感知动词隐喻映射总体上有三种方式，包括由具体动作域向抽象动作域的映射、一具体动作域向另一具体动作域的映射、具体动作域向带有抽象性质的具体动作域或"准抽象域"的映射。下面对此展开具体分析。

（1）видеть（看见）（Они видели город вдали; В свежем номере журнала 《Крокодил》 Нина увидела карикатуру на своего начальника.）（他们看见了远处的城市；在最新一期《鳄鱼》杂志上尼娜看见了丑化自己上司的漫画）隐喻意义是"认为，认定，把……看成"：Я вижу, что ты ему не поможешь; Вижу, что они не смогут вовремя выполнить строительные работы; Он видит себя всего лишь маленькой и неотделимой частицей большого коллектива; Судья видит корень зла в невежестве; Родители привыкли видеть его ребёнком（我认为，你是不会帮助他的；我认为，他们无法按时完成这项建筑工程；他仅仅把自己看成大集体中不可分割的一小部分；法官认为无知是罪恶的根源；父母习惯于把他当孩子看）。该动词隐喻使用的是由具体感知动作域向抽象活动域的映射，

抽象的命题态度行为通过人的切身经历和体验、感官活动概念框架得以呈现。

（2）рассмотреть（看清楚，看明白，观察）（Она с трудом рассмотрела в толпе его лицо；Я рассмотрел этот фотоснимок；Он рассмотрел предмет в микроскоп.）（她在人群中好不容易才看清了他的脸；我看清楚了这张照片；他用显微镜察看物体）隐喻"分析，研究，审核"：Специалисты тщательно рассмотрел все факты；Министерство рассмотрело и утвердило их проект（专家们详细地分析了所有事实；部里审核并批准了他们的计划）。该动词隐喻使用的是由具体动作域向抽象动作域的映射，非可见层次的智力活动借助视觉感知动作变得具体可感。

（3）глядеть（看，瞧，望，观看）（Мальчик поглядел на собаку, но не испугался, побежал дальше；Они весело глядели на оживлённую улицу.）（小孩看了看狗，但没有害怕，继续往前跑；他们兴奋地看着热闹非凡的街道）隐喻"回顾，展望"：смело глядеть на будущее，глядеть в прошлое（大胆地展望未来；回顾过去）。该动词隐喻操作中体现出来的是由具体动作域向抽象的心智活动域的映射，复杂、抽象的精神—意志层面活动内容在单一、可感的视觉动作中形象化地表现出来。

（4）смотреть（看，望）（Пассажир исподлобья смотрит на часы；Он смотрел в окно раскрытыми глазами.）（乘客皱着眉头看表；他睁大眼睛望窗里看）隐喻"看待，对待，持某种看法；把……看作、视为；对……作某种评价"：Старый учёный смотрит на происходящие события глазами историка；На людей и на жизнь мы с ней смотрим совершенно различно；Этот сирота смотрит на неё, как на родную мать；Они смотрят на эту теорию как на руководство к действию（老学者以历史家的眼光来看待眼下发生的事件；对于人和生活，我和她抱有截然不同的看法；这个孤儿把她当母亲看待；他们把这一理论视为行动指南）。该动词隐喻运用了由具体动作域向抽象动作域的认知映射，使人的抽象认识活动和价值判断有了物化的认知表现形式。

（5-1）заглянуть/заглядывать（张望，打量，看一眼）（заглянуть в окно чужой квартиры，заглянуть ему в лицо，заглянуть под стол）（往别人住所窗户里张望，打量一下他的脸，朝桌子底下看一看）隐喻"映照到，照射，射入"：Серое утро скучно заглянуло в комнату；Свет луны заглянул во тьму оврага（灰暗的晨光无精打采地照进房间；月光射进了黑暗的峡谷）。该动词隐喻运作使用的是由具体动作域向另一具体动作域的映射，对于人来讲，该类具体本体动作带有一种认知距离感，我们可以很具体地感知、认识它，但其不可捉摸性使我们需要用更为具体可感的方式来认识、表现它，而喻体动作包含的身体经验内涵准确地传达出了这一认知意涵。

（5-2）встретить（遇见，碰到）（Они встретили знакомого на улице; Иногда встречал Нину в цехе, но встреча не приносил ни радости, ни боли; В пути мы не встречали ни деревень, ни дорог.）（他们在街上遇到了熟人；有时在车间遇到尼娜，但这既没带来快乐，也没带来苦痛；一路上我们既没遇到一棵树，也没有看见有路）隐喻"受到，遭到，得到"之义，表现的是人与事件之间的关系：встретить поддержку, встретить помощь товарищей, встретить уважение, Враг встретил упорное сопротивление（受到支持，得到同志们的帮助，受到尊敬，敌人遭到顽强的抵抗）。该动词隐喻使用的是由具体感知动作域向抽象活动域的映射，抽象的本体关系事件借助可知可感的"目光交集"动作得以实体化地表现。

（5-3）следить（注视，目送）（Лодка стала быстро удаляться, мы долго следили за ней глазами; Охотник следит полёт коршунов над лесом.）（小船很快地驶离而去，我们长时间地目送着它；猎人注视着森林上空几只老鹰的飞翔）隐喻"关注，关心，注意"之义：следить за своим здоровьем, следить за своей внешностью（注意自己的身体，注意衣冠整洁）。该动词隐喻使用的是由具体动作域向抽象动作域的映射，这里本体动作的精神意志活动和集合行为特点通过喻体视觉行为的具体动作意象得以展现。

（6）следить（注视，目送）（Лодка стала быстро удаляться, мы долго следили за ней глазами; Охотник следит полёт коршунов над лесом.）（小船很快地驶离而去，我们长时间地目送着它；猎人注视着森林上空几只老鹰的飞翔）隐喻"看护，照料"：следить за детьми, чтобы не упали; следить за больным（看好孩子别让他们摔了，照料病人）。另外，该动词还可以隐喻"跟踪，追踪"这一动作意义：Вскоре я нашёл кабанов и начал их следы следить; Миниционеры следят обстоятельства дела（很快我发现了野猪，于是开始追踪它的踪迹；警察追踪案情）。该动词隐喻运作使用的均是由一具体动作域向带有抽象性质的具体动作域（准抽象域）的映射，这里包含复杂、异质、多元动作要素的本体动作即"异质行为抽象集合"在单一、具象的视觉动作中得到了积极、有效的呈现。

（7）светлеть（明亮起来）(Комната светлеет; Зал ожидания светлел.)（房间亮堂起来；候车大厅明亮起来）隐喻"愉快起来，开朗起来，变得和蔼可亲起来"：Взгляд светлеет; В душе/На душе светлеет（目光变得快活起来；心里亮堂起来）。该动词隐喻操作所使用的是由具体动作域向抽象情感活动域的映射，非可见层次的人的内心情感状态通过视觉上的光亮感知表现出来。

（8）сверкать（闪耀，闪烁）(Сверкает молния; Зал сверкает тысячею огней; Слёзы сверкают на глазах.)（打闪，闪电；大厅被无数盏灯照得灯火通明；眼睛里闪着泪花）隐喻"强烈地显示出，表露出"：В его заметках сверкал юмор（他的随笔特别富有幽默感）。还可以隐喻"显眼，夺目，突出"之义：сверкать талантом, сверкать голосом（才华过人，嗓音出色）。该动词隐喻使用的是由具体动作域向抽象概念域的映射，抽象的特征显现程度、方式意义在具体的感知活动中得以反映。

（9）блёкнуть（变暗淡，褪色；凋萎，枯萎）(Звёзды уже блёкли перед рассветом; Цветы блёкнут.; Трава блёкла.)（黎明的星光已暗淡下来；花儿在凋谢；草枯萎了）隐喻"［人］憔悴、［目光］无神"：Блёкнет взор（目光无神）。该动词隐喻使用的是由一具体动作域向另一具体动作域的认知投射，借由视觉感知意象，人的面部表情活动获得了更为具体直观、生动可感的形象化呈现。

由此可见，俄语感知动词隐喻的跨认知域映射主要是由具体动作域向抽象动作域的投射，其次是由一具体动作域向另一具体活动域的映射，个别情况下表现为由具体动作域向准抽象动作域的映射。这表明感知动词喻义运作主要反映的是抽象范畴的人类动作、活动，借助具体可感的身体经验活动内容，非可见层次难以捕捉的精神、意志、智力活动及关系事件获得了实在的认知心理表释。

5. 隐喻模式

隐喻模式是动词隐喻的一种套路、程式，它包含隐喻时动作本体和喻体之间深层次的认知语义实质关系,即从认知逻辑上讲,动词隐喻操作时,动作本体在深层认识思维上倚赖或仿照的是动作喻体的某一方面本质内容而得以确立,它显示出来的是本体动作对喻体动作的认知关切点或者认知框架"借位点",因而实际上这是隐喻认知思维所抓取的动作对象的着力点,它整合了上述相似性、意象图式、隐喻映射的认知运作内容①,在动词隐喻操作中发挥着实质性的作用,同时也是动词喻义产出中实质性的认知运行环节。我们确立出俄语视觉感知动词的隐喻操作的三种基本认知模式,即结构隐喻、方位隐喻、本体隐喻,其中结构隐喻和本体隐喻表现更为积极,而且结构隐喻模式的认知参与渗透力最强,它在其他两种模式中都会有所表现,形成感知动词隐喻中的复合型认知处理模式——"复合隐喻模式"。以下是具体分析。

（1）видеть（看见）（Они видели город вдали；В свежем номере журнала 《Крокодил》 Нина увидела карикатуру на своего начальника.）（他们看见了远处的城市；在最新一期《鳄鱼》杂志上尼娜看见了丑化自己上司的漫画）隐喻意义是"认为,认定,把……看成"：Я вижу, что ты ему не поможешь；Вижу, что они не смогут вовремя выполнить строительные работы；Он видит себя всего лишь маленькой и неотделимой частицей большого коллектива；Судья видит корень зла в невежестве；Родители привыкли видеть его ребёнком（我认为,你是不会帮助他的；我认为,他们无法按时完成这项建筑工程；他仅仅把自己看成大集体中不可分割的一小部分；法官认为无知是罪恶的根源；父母习惯于把他当孩子看）。该动词隐喻操作所使用的是由结构隐喻和本体隐喻方式共同参与形成的复合认知模式。一方面,"看见"这一感知动作与人的"认识"这一心智行为活动存在认知结构上的类同关系,通过认知转移把喻体感知动作结构投射到本体命题态度活动结构中,衍生心理概念上的语义认同。另一方面,借助认知转移,具体的感知动作把抽象的意念活动具象化,使人能够通过实体感知的动作结构、方式来认识、领会和表现抽象的心智动作,并将这一认知结果记载为动词特定的心理感知意义录痕即语义义项。

---

① 动词隐喻机制中,前面讨论到的"语义错置"侧重于语义范畴性（逻辑）的认识,在动词句子的表层语义表现、语义运作中体现更为积极,而与隐喻模式不在同一认知操作层面,所以这里没有把它包括进来。但它与隐喻模式本身却是并行不悖的。

（2）рассмотреть（看清楚，看明白，观察）（Она с трудом рассмотрела в толпе его лицо；Я рассмотрел этот фотоснимок；Он рассмотрел предмет в микроскоп.）（她在人群中好不容易才看清了他的脸；我看清楚了这张照片；他用显微镜察看物体）隐喻"分析，研究，审核"：Специалисты тщательно рассмотрел все факты；Министерство рассмотрело и утвердило их проект（专家们详细地分析了所有事实；部里审核并批准了他们的计划）。该动词隐喻操作使用的也是结构隐喻与本体隐喻并合而成的复合认知模式。其中，结构隐喻负责本体动作事件结构内容的构建，而本体隐喻模式侧重将抽象行为方式具象化为实在可感的物质方式内容，增强了本体动作的认知辨识度。

（3）глядеть（看，瞧，望，观看）（Мальчик поглядел на собаку, но не испугался, побежал дальше；Они весело глядели на оживлённую улицу.）（小孩看了看狗，但没有害怕，继续往前跑；他们兴奋地看着热闹非凡的街道）隐喻"回顾，展望"：смело глядеть на будущее, глядеть в прошлое（大胆地展望未来；回顾过去）。该动词隐喻运作使用的是由结构隐喻、方位隐喻和本体隐喻交织而成的复合认知模式。这里的方位隐喻突出了该喻体感知动作中的"目力投视方向"特性，借此表现本体动作涉及的方向成分内容，从而清晰地呈现出动词新的喻义。

（4）смотреть（看，望）（Пассажир исподлобья смотрит на часы；Он смотрел в окно раскрытыми глазами.）（乘客皱着眉头看表；他睁大眼睛望窗里看）隐喻"看待，对待，持某种看法；把……看作、视为；对……作某种评价"：Старый учёный смотрит на происходящие события глазами историка；На людей и на жизнь мы с ней смотрим совершенно различно；Этот сирота смотрит на неё, как на родную мать；Они смотрят на эту теорию как на руководство к действию（老学者以历史家的眼光来看待眼下发生的事件；对于人和生活，我和她抱有截然不同的看法；这个孤儿把她当母亲看待；他们把这一理论视为行动指南）。该动词隐喻运用的是结构隐喻和本体隐喻共同形成的复合模式，它使喻体动作结构内容投射到本体动作的框架，抽象的认识评价活动在具体感知动作中得以直观、简化地表现。

（5-1）заглянуть/заглядывать（张望，打量，看一眼）（заглянуть в окно чужой квартиры, заглянуть ему в лицо, заглянуть под стол）（往

别人住所窗户里张望，打量一下他的脸，朝桌子底下看一看）隐喻"映照到，照射，射入"：Серое утро скучно заглянуло в комнату；Свет луны заглянул во тьму оврага（灰暗的晨光无精打采地照进房间；月光射进了黑暗的峡谷）。该动词隐喻操作使用的是结构隐喻和方位隐喻的复合认知模式。此时，喻体动作的概念框架被易置到本体动作的结构关系中，另外，本体动作的呈现中突出了承接于喻体感知动作包含的"动作方向"成分，而且主体"目力、视线"所及"方向—事物"映衬出本体动作客体事物的静态关系、性质内容。

（5-2）встретить（遇见，碰到）（Они встретили знакомого на улице；Иногда встречал Нину в цехе, но встреча не приносил ни радости, ни боли；В пути мы не встречали ни деревень, ни дорог.）（他们在街上遇到了熟人；有时在车间遇到尼娜，但这既没带来快乐，也没带来苦痛；一路上我们既没遇到一棵树，也没有看见有路）隐喻"受到，遭到，得到"之义，表现的是人与事件之间的关系：встретить поддержку, встретить помошь товарищей, встретить уважение, Враг встретил упорное сопротивление（受到支持，得到同志们的帮助，受到尊敬，敌人遭到顽强的抵抗）。该动词隐喻运作所使用的结构隐喻和本体隐喻的复合认知模式，该复合模式把人同其际遇之间的关系通过"目力同其所及"的感知动作体现得十分清晰、自然，很符合人的认知习惯。

（5-3）следить（注视，目送）（Лодка стала быстро удаляться, мы долго следили за ней глазами；Охотник следит полёт коршунов над лесом.）（小船很快地驶离而去，我们长时间地目送着它；猎人注视着森林上空几只老鹰的飞翔）隐喻"关注，关心，注意"：следить за своим здоровьем, следить за своей внешностью（注意自己的身体，注意衣冠整洁）。该动词隐喻使用的是结构隐喻与本体隐喻的复合模式，结构隐喻表现本体动作中源自喻体动作的要素结构关系，本体隐喻使抽象的异质集合行为特征在具象化的视觉动作中得以浓缩、简化。

（6）следить（注视，目送）（Лодка стала быстро удаляться, мы долго следили за ней глазами；Охотник следит полёт коршунов над лесом.）（小船很快地驶离而去，我们长时间地目送着它；猎人注视着森林上空几只老鹰的飞翔）隐喻"看护，照料"：следить за детьми, чтобы не упали；следить за больным（看好孩子别让他们摔了，照料病

人）这一意义时，主要运用的是结构隐喻同本体隐喻的复合模式，反映出本体动作的结构方式特征，同时赋予带有一定抽象概括性的本体动作以物理动作（集合）的具象化内容。另外，该动词还可以隐喻"跟踪，追踪"这一动作意义：Вскоре я нашёл кабанов и начал их следы следить；Миниционеры следят обстоятельства дела（很快我发现了野猪，于是开始追踪它的踪迹；警察追踪案情）。此时使用了结构隐喻与方位隐喻构成的复合认知模式：一方面喻体感知动作的结构、方式内容架构投射到本体动作中，使本体行为事件的组织、进展、过程方式等内容得到形象、简洁而明了的体现，另一方面通过方位隐喻较为直观、生动地表现出本体动作特有的行为目标性、方向性这一内涵意义成分。

（7）светлеть（明亮起来）（Комната светлеет；Зал ожидания светлел.）（房间亮堂起来；候车大厅明亮起来）隐喻"愉快起来，开朗起来，变得和蔼可亲起来"：Взгляд светлеет；В душе/На душе светлеет（目光变得快活起来；心里亮堂起来）。该动词隐喻使用的是本体隐喻模式，情感状态本身是心理内在的感受，借助视觉动作的具体可感性得以以实象化的物质方式呈现，而且这一视象化的情感塑造具有鲜明、生动的认知特性。

（8）сверкать（闪耀，闪烁）（Сверкает молния；Зал сверкает тысячею огней；Слёзы сверкают на глазах.）（打闪，闪电；大厅被无数盏灯照得灯火通明；眼睛里闪着泪花）隐喻"强烈地显示出，表露出"：В его заметках сверкал юмор（他的随笔特别富有幽默感）。还可以隐喻"显眼、夺目、突出"之义：сверкать талантом，сверкать голосом（才华过人，嗓音出色）。该动词隐喻运作使用的是本体隐喻模式，在这一认知迁移中，抽象的本体动作"特征强烈显现"通过喻体动作的"视觉刺激"意象得以反映，达到了以简驭繁的认知功效，并且十分形象、逼真。

（9）блёкнуть（变暗淡，褪色；凋萎，枯萎）（Звёзды уже блёкли перед рассветом；Цветы блёкнут.；Трава блёкла.）（黎明的星光已暗淡下来；花儿在凋谢；草枯萎了）隐喻"[人]憔悴、[目光]无神"：Блёкнет взор（目光无神）。该动词隐喻运用的是本体隐喻模式。实质而论，这里的本体动作仍属具体范畴，但较之于喻体动作它显然要抽象、复杂一些，如果说喻体动作传达出的是人的一种自然反应、感受，那么本体动作所表现的则有人的一定分析、判断成分，通过喻体更为单一、具体的感知动作意象，本体动作框架得到了更为积极、简略而形象、生动的认知呈现方式。

我们看到，视觉感知动词喻义操作的认知模式有一个突出的特点，那就是大量使用各种复合隐喻模式，而表现最为积极的是结构隐喻与本体隐喻的复合模式，这表明视觉动词的隐喻中本体动作在认知实体化、具象化表现的同时，施喻者在认知心理上往往复现了喻体视觉行为的动作结构构造方式，以具体的喻体动作结构来构建本体动作的行为意识特点，从而使抽象的心智活动和精神意志活动得以实象化表现。而另一方面，方位隐喻模式在这里的运用相对较少，这形成同其他语义类动词隐喻之间的一个明显不同，同时也从整体上反映出俄语感知类动词喻义运作的独特行为模式。

（二）听觉感知动词的隐喻机制

1. 隐喻相似性

听觉感知动词的隐喻是由听觉感知行为生发出相似的抽象性质动作行为，而这种认知相似性主要体现在本体对象与喻体动作存在的一般类似关系上，包括动作结构或动作过程—结构、动作方式、动作结果、动作感知、动作（作用）方式、动作感受—评价特点、动作功能特征、动作心理感知等方面的相似。以下是具体分析。

прислушаться（细听，留心听）（прислушаться к разговору, происходящему в соседней комнате, Он прислушался—погони нет.）（留心听隔壁房间的谈话；他仔细听了听，并没有人追赶）隐喻"听取，倾听（意见）"：прислушаться к голосу масс, прислушаться к советам друга（倾听群众的呼声，听取朋友的劝告）。该听觉感知动词原本表示用"耳朵"听，而隐喻得来的是用"心"去听，这是由物质力向"心力"的转化，传递出来的是一种"心灵的领悟、体会"这一抽象性质的行为意义。该动词隐喻体现出来的是动作本体与喻体在动作内在结构、动作方式及动作结果方面的相似性。

греметь（轰隆，发出响声）（Гремит гром, приближается гроза; Гремят выстрелы.）（雷声隆隆，大雷雨就要来了；炮声隆隆）隐喻"情绪激昂地说，怒气冲冲地说"：Прочь с дороги! —гремит он.（他气冲冲地高声吼道："让开！"）该动词隐喻操作借助了动作本体与喻体在动作感知、动作（作用）方式、动作感受—评价特点上表现出认知心理相似。

слышать（听见，听清）（Они слышал выстрел; Я каждую ночь слышу за стеной, как она плачет; Я вас не слышу.）（他们听见了枪声；我每天夜里都在隔壁听见她在哭；我听不清你的话）隐喻"感觉到，觉得"：Слышит душа многое, а пересказать, или написать ничего не умею; При возражении других он слышал гнев（内心有许多感受，但一点也说不出来，写不出来；遭到别人反对，他感到愤怒）。该动词隐喻在动作感知、动作结果及动作感受—评价特点方面表现出认知相似性。

слушать（听）（Дедушка слушает радио; Врач слушает больного.）（爷爷在听收音机；医生为病人听诊）隐喻"（机器等）（不）听使唤，（不）好用"：Шхуна не слушает руля; Машина не слушает контроля（纵帆船的舵操纵不灵了；机器失灵，没法用了）。该动词隐喻在动作结果及动作功能特征上表现出心理相似性。

звучать（发出声音，传来，听到）（Колокольчик звучит; Струны звучат глухо; Вдали звучат голоса.）（钟响了；弦声低沉；远处传来说话声）隐喻"表现出，流露出"：В её словах звучит уныние/волнение; В его вопросе звучит колебание; В голосе Бориса звучит сила（她的话里流露出沮丧/激动；他的问话里表露出犹豫不决；鲍里斯声音表现出一股力量）。该动词隐喻在动作心理感知、动作过程—结构方面表现出认知相似性。

греметь（轰隆，发出响声）（Гремит гром, приближается гроза; Гремят выстрелы.）（雷声隆隆，大雷雨就要来了；炮声隆隆）隐喻"名声远扬，名震四方"之义：Имя учёного гремит на весь мир; Гремит слава их героических подвигов（学者的名声轰动全球；他们的英雄功绩名震四方）。此时动作本体与喻体在动作结果、动作感受—评价特点及动作功能方面表现出认知相似性。

可以看出，听觉感知动词的隐喻相似操作表现出较强的心理延伸性和认知可塑性，把本属于功能表现、心智表现、认识表现范畴的活动内容类化为听觉上的认知判断和动觉行为提示，而得出的是有关现实认识内容的体悟能力的提升，动词新的认知语义也建立起了实在的经验感悟基础。

2. 隐喻语义错置

听觉动词的隐喻语义错置有多元化表现，存在特殊的错置缺位现象——"局部错置""零显性错置"，并且在隐性错置层中也会有相应的题元名词错置缺项和"零（位）错置"，这些独特的语义冲突背后所蕴含的是动词隐喻的特殊语义调适机制。以下是具体分析。

显性错置：прислушаться（细听，留心听）（прислушаться к разговору, происходящему в соседней комнате, Он прислушался—погони нет.）（留心听隔壁房间的谈话；他仔细听了听，并没有人追赶）隐喻"听取，倾听（意见）"：прислушаться к голосу масс, прислушаться к советам друга（倾听群众的呼声，听取朋友的劝告）。该动词喻义的显性错置表现十分特别，隐喻时主体、客体题元都不会同动词构成语义冲突，形成一种特有的"零显性错置"。

隐性错置：动词 прислушаться 隐喻的"X IS Y"层逻辑错置：Прислушаться$_2$ есть прислушаться$_1$，而与显性错置相关，动词题元名词之间的交叉语义冲突也相应消解，形成这一部分的错置缺位。

显性错置：греметь（轰隆，发出响声）（Гремит гром, приближается гроза; Гремят выстрелы.）（雷声隆隆，大雷雨就要来了；炮声隆隆）隐喻"情绪激昂地说，怒气冲冲地说"：Прочь с дороги! —гремит мужик.（男子气冲冲地高声吼道："让开!"）该动词喻义的显性错置表现为主体题元 он 同动词之间的语义矛盾。

隐性错置：动词 греметь 隐喻的"X IS Y"层逻辑错置：Греметь$_2$ есть греметь$_1$，题元名词之间的语义冲突只反映在"Sub. IS A"的主体层错置：Мужик есть гром/выстрел.

显性错置：слышать（听见，听清）（Они слышал выстрел; Я каждую ночь слышу за стеной, как она плачет; Я вас не слышу.）（他们听见了枪声；我每天夜里都在隔壁听见她在哭；我听不清你的话）隐喻"感觉到，觉得"：Слышит душа многое, а пересказать, или написать ничего не умею; При возражении других он слышал гнев（内心有许多感受，但一点也说不出来，写不出来；遭到别人反对，他感到愤怒）。该动词喻义的显性错置也同样表现为特殊的"零显性错置"。

隐性错置：动词 слышать 隐喻的"X IS Y"层逻辑错置：Слышать$_2$ есть слышать$_1$，而题元名项之间的语义冲突也相应消解，同样形成错置缺位。

显性错置：слушать（听）（Дедушка слушает радио; Врач слушает больного.）（爷爷在听收音机；医生为病人听诊）隐喻"（机器等）

(不) 听使唤, (不) 好用": Шхуна не слушает руля; Машина не слушает контроля (纵帆船的舵操纵不灵了; 机器失灵, 没法用了)。该动词喻义的显性错置表现为主体题元 шхуна, машина 和客体题元 руль, контроль 分别同动词之间的语义冲突。

隐性错置: 动词 слушать 隐喻的 "X IS Y" 层逻辑错置: Слушать$_2$ есть слушать$_1$, 题元名词之间的交叉语义冲突体现在 "Sub. IS A" 和 "Ob. IS B" 层错置, 前一层次为 Шхуна/Машина есть дедушка/врач. 后一层次为 Руль/Конторль есть радио/больной.

显性错置: звучать (发出声音, 传来, 听到) (Колокольчик звучит; Струны звучат глухо; Вдали звучат голоса.) (钟响了; 弦声低沉; 远处传来说话声) 隐喻 "表现出, 流露出": В её словах звучит уныние/волнение; В его вопросе звучит колебание; В голосе Бориса звучит сила (她的话里流露出沮丧/激动; 他的问话里表露出犹豫不决; 鲍里斯声音表现出一股力量)。该动词喻义的显性错置表现为主体题元 уныние/волнение, колебание, сила 同动词语义之间的逻辑冲突。

隐性错置: 动词 звучать 隐喻的 "X IS Y" 层逻辑错置: Звучать$_2$ есть звучать$_1$, 题元名词之间的语义冲突反映在 "Sub. IS A" 的主体层错置: Уныние/Волнение/Колебание/Сила есть колокольчик/струны/голоса.

显性错置: греметь (轰隆, 发出响声) (Гремит гром, приближается гроза; Гремят выстрелы.) (雷声隆隆, 大雷雨就要来了; 炮声隆隆) 隐喻 "名声远扬, 名震四方" 之义: Имя учёного гремит на весь мир; Гремит слава их героических подвигов (学者的名声轰动全球; 他们的英雄功绩名震四方)。该动词喻义的显性错置表现为主体题元 имя, слава 同动词之间的语义冲突。

隐性错置: 动词 греметь 隐喻的 "X IS Y" 层逻辑错置: Греметь$_2$ есть греметь$_1$, 题元名词之间的语义冲突体现在 "Sub. IS A" 的主体层错置: Имя/Слава есть гром/выстрелы.

3. 隐喻意象图式

听觉动词隐喻的意象图式是动作事件、情景的心理再现, 是根据人的听觉经验形象加工而成的合乎心理—认知逻辑的一种抽象意念性质的动作图像, 同时, 它同人的视觉神经活动及心智构想力有着直接而紧密的关联，为听觉行为概念形象向动作认知语义的延伸输入了核心的事理联系内容。

прислушаться（细听，留心听）(прислушаться к разговору, происходящему в соседней комнате, Он прислушался—погони нет.)（留心听隔壁房间的谈话；他仔细听了听，并没有人追赶）隐喻"听取，倾听（意见）"：прислушаться к голосу масс, прислушаться к советам друга（倾听群众的呼声，听取朋友的劝告）。该听觉感知动词原本表示用"耳朵"听，而隐喻得来的是用"心"去听，这是由物质力向"心力"的转化，传递出来的是一种"心灵的领悟、体会"这一抽象性质的行为意义。该动词隐喻运作主要使用的是重力—目的图式、重力—性质图式及连接图式。其中重力—目的图式反映出本体动作的意向性内容，重力—性质图式表现出本体动作的理性归纳、认知判断，而连接图式则表明本体动作中事件要素间的认知联系，后者通过主、客体的事件关联性体现出本体动作意识的专注度。

греметь（轰隆，发出响声）(Гремит гром, приближается гроза; Гремят выстрелы.)（雷声隆隆，大雷雨就要来了；炮声隆隆）隐喻"情绪激昂地说，怒气冲冲地说"：Прочь с дороги! —гремит он（他气冲冲地高声吼道，"让开！"）。该动词隐喻操作运用了形象—感知图式和重力—方式图式，通过喻体动作的物理作用方式生动地表现出本体言语动作的特征、动作强烈度，形象化的"听觉"意象赋予了言语动作以特殊情感表现力。

слышать（听见，听清）(Они слышал выстрел; Я каждую ночь слышу за стеной, как она плачет; Я вас не слышу.)（他们听见了枪声；我每天夜里都在隔壁听见她在哭；我听不清你的话）隐喻"感觉到，觉得"：Слышит душа многое, а пересказать, или написать ничего не умею; При возражении других он слышал гнев（内心有许多感受，但一点也说不出来，写不出来；遭到别人反对，他感到愤怒）。该动词隐喻构造主要使用了形象—感知图式和存在—过程图式。借助喻体动作，这里的形象—感知图式反映出本体动作的用心、投入和真实可感性，使动作表现形象逼真，而存在—过程图式是借由喻体动作的结果意象特征表现本体行为的心理承受状态或心理感受的清晰性。它们共同描述出动作由"耳"到"心"的信息传递形象。

слушать（听）（Дедушка слушает радио；Врач слушает больного.）（爷爷在听收音机；医生为病人听诊）隐喻"（机器等）（不）听使唤，（不）好用"：Шхуна не слушает руля；Машина не слушает контроля（纵帆船的舵操纵不灵了；机器失灵，没法用了）。该动词隐喻使用了形象—感知图式、连接图式和状态图式。借助人的目的性动作形象地体现出本体动作中事件要素的关系及事物的功能状态。

звучать（发出声音，传来，听到）（Колокольчик звучит；Струны звучат глухо；Вдали звучат голоса.）（钟响了；弦声低沉；远处传来说话声）隐喻"表现出，流露出"：В её словах звучит уныние/волнение；В его вопросе звучит колебание；В голосе Бориса звучит сила（她的话里流露出沮丧/激动；他的问话里表露出犹豫不决；鲍里斯声音表现出一股力量）。该动词隐喻运用了形象—感知图式、存在—过程图式及状态图式。在听觉意象中形象性地表现出本体动作的过程特征和事物的状态特征。

греметь（轰隆，发出响声）（Гремит гром, приближается гроза；Гремят выстрелы.）（雷声隆隆，大雷雨就要来了；炮声隆隆）隐喻"名声远扬，名震四方"之义：Имя учёного гремит на весь мир；Гремит слава их героических подвигов（学者的名声轰动全球；他们的英雄功绩名震四方）。该动词隐喻操作所反映出来的是形象—感知图式、重力—性质图式及存在—过程图式。这里本体动作的过程特点包含了施喻者借助喻体动作建立起来的认知判断和认知分析内容，借助"发出轰隆声"的听觉意象，本体动作过程所对应的抽象事物状态得以具象化呈现。

分析显示，听觉动词隐喻操作中的意象图式有一个特点，那就是心理形象塑造性及认知评价—判断的描述性表现十分突出，因而其间形象—感知图式、重力—性质图式、存在—过程图式及状态图式相应有较为积极的表现。

4. 隐喻映射

听觉动词的隐喻映射带有很强的认知形象性，而且动作的画面感也很强，一方面如果是隐喻衍生非实体动作，则听觉行为的声音动态域向抽象的静态域行为转移；而另一方面如果是隐喻衍生实体动作即其他具体动作行为，那么是由具有声音动态画面感的行为向其他物理作用行为的认识延伸。

прислушаться（细听，留心听）（прислушаться к разговору, происходящему в соседней комнате，Он прислушался—погони нет.）（留心听隔壁房间的谈话；他仔细听了听，并没有人追赶）隐喻"听取，倾听（意见）"：прислушаться к голосу масс，прислушаться к советам друга（倾听群众的呼声，听取朋友的劝告）。该动词隐喻运作使用的是由具体动作域向抽象动作概念域的映射，通过感知动作的认知映射，本体动作事件的抽象心智活动特性得到了具体的表现。

греметь（轰隆，发出响声）（Гремит гром，приближается гроза；Гремят выстрелы.）（雷声隆隆，大雷雨就要来了；炮声隆隆）隐喻"情绪激昂地说，怒气冲冲地说"：Прочь с дороги！—гремит он.（他气冲冲地高声吼道："让开！"）该动词隐喻使用的是由具体感知活动域向抽象言语活动域的映射，喻体动作的特点向本体动作的认知转移很好地展现出"言说"动作的强烈性和情绪化特征。

слышать（听见，听清）（Они слышал выстрел；Я каждую ночь слышу за стеной，как она плачет；Я вас не слышу.）（他们听见了枪声；我每天夜里都在隔壁听见她在哭；我听不清你的话）隐喻"感觉到，觉得"：Слышит душа многое，а пересказать，или написать ничего не умею；При возражении других он слышал гнев（内心有许多感受，但一点也说不出来，写不出来；遭到别人反对，他感到愤怒）。该动词隐喻运作中使用的是由具体动作域向抽象动作域的映射，通过听觉的心理联想，把喻体动作的感知特征映射到心智活动概念域，本体动作由此有了具体的认知表现内容。

слушать（听）（Дедушка слушает радио；Врач слушает больного.）（爷爷在听收音机；医生为病人听诊）隐喻"（机器等）（不）听使唤，（不）好用"：Шхуна не слушает руля；Машина не слушает контроля（纵帆船的舵操纵不灵了；机器失灵，没法用了）。该动词隐喻使用的是由具体动作域向抽象动作域的映射，本体动作由此获得认知上的意识定位，动作关系、性能认知语义有了听觉化的形象表征。

звучать（发出声音，传来，听到）（Колокольчик звучит；Струны звучат глухо；Вдали звучат голоса.）（钟响了；弦声低沉；远处传来说话声）隐喻"表现出，流露出"：В её словах звучит уныние/волнение；В его вопросе звучит колебание；В голосе Бориса звучит сила（她的话里流露出沮丧/激动；他的问话里表露出犹豫不决；鲍里斯声音表现出一股力

量）。该动词隐喻使用的也是由具体动作域向抽象动作域的映射，赋予本体动作以"听觉化"的认知表象，从而使抽象的心理内容得以具体呈现。

греметь（轰隆，发出响声）（Гремит гром, приближается гроза; Гремят выстрелы.）（雷声隆隆，大雷雨就要来了；炮声隆隆）隐喻"名声远扬，名震四方"之义：Имя учёного гремит на весь мир; Гремит слава их героических подвигов（学者的名声轰动全球；他们的英雄功绩名震四方）。该动词隐喻运用的是由具体动作域向抽象动作域的映射，这里喻体动作的"程度（强烈度）"特征在本体动作中得到了充分的体现，正是这一突出的"听觉"概念特征转移，赋予了本体事件的抽象概念内容以生动而形象的意象，可以认为，该动词喻义表现中，喻体感知特性获得了认知价值的最大化。

5. 隐喻模式

听觉动词的隐喻模式总体上较为规整，该隐喻模式清晰地呈现出这类动词认知语义的操作特点和机制。下面是具体分析。

прислушаться（细听，留心听）（прислушаться к разговору, происходящему в соседней комнате, Он прислушался—погони нет.）（留心听隔壁房间的谈话；他仔细听了听，并没有人追赶）隐喻"听取，倾听（意见）"：прислушаться к голосу масс, прислушаться к советам друга（倾听群众的呼声，听取朋友的劝告）。该动词隐喻运作所使用的是由结构隐喻、方位隐喻和本体隐喻方式共同参与形成的复合认知模式。这里事件的结构要素关系类同，喻体动作结构的概念框架转移到本体动作的认知意识中，喻体动作的客体目标方向性映托出本体智力活动的目的针对性，而喻体的听觉感知形象使本体动作的抽象概念框架有了实体性的认知表释内容。

греметь（轰隆，发出响声）（Гремит гром, приближается гроза; Гремят выстрелы.）（雷声隆隆，大雷雨就要来了；炮声隆隆）隐喻"情绪激昂地说，怒气冲冲地说"：Прочь с дороги! —гремит он.（他气冲冲地高声吼道："让开！"）该动词隐喻操作所使用的是本体隐喻模式，喻体动作的声响、听觉特征框架内容迁移到本体动作的认知架构中，创建出一个形象而直观的"言说"语义认知表象。

слышать（听见，听清）（Они слышал выстрел; Я каждую ночь слышу за стеной, как она плачет; Я вас не слышу.）（他们听见了枪声；

我每天夜里都在隔壁听见她在哭；我听不清你的话）隐喻"感觉到，觉得"：Слышит душа многое, а пересказать, или написать ничего не умею; При возражении других он слышал гнев（内心有许多感受，但一点也说不出来，写不出来；遭到别人反对，他感到愤怒）。该动词隐喻操作所使用的是结构隐喻和本体隐喻共同参与形成的复合认知模式，通过喻体动作的听觉概念结构转移，具象化地呈现出本体动作的内在心理意象和认知框架。

слушать（听）(Дедушка слушает радио; Врач слушает больного.)（爷爷在听收音机；医生为病人听诊）隐喻"（机器等）（不）听使唤，（不）好用"：Шхуна не слушает руля; Машина не слушает контроля（纵帆船的舵操纵不灵了；机器失灵，没法用了）。该动词隐喻操作运用了本体隐喻模式，通过喻体动作的概念域认知转移，直观、形象地反映出本体事件中事物的功能特性。

звучать（发出声音，传来，听到）(Колокольчик звучит; Струны звучат глухо; Вдали звучат голоса.)（钟响了；弦声低沉；远处传来说话声）隐喻"表现出，流露出"：В её словах звучит уныние/волнение; В его вопросе звучит колебание; В голосе Бориса звучит сила（她的话里流露出沮丧/激动；他的问话里表露出犹豫不决；鲍里斯声音表现出一股力量）。该动词隐喻使用的也是本体隐喻模式，喻体语义中的声音感知动作框架用以构建抽象的"特征呈现"语义，使其获得认知意念的形象辨识特征。

греметь（轰隆，发出响声）(Гремит гром, приближается гроза; Гремят выстрелы.)（雷声隆隆，大雷雨就要来了；炮声隆隆）隐喻"名声远扬，名震四方"之义：Имя учёного гремит на весь мир; Гремит слава их героических подвигов（学者的名声轰动全球；他们的英雄功绩名震四方）。该动词隐喻操作运用的同样是本体隐喻模式，这一认知转移代表着听觉概念向认识评价概念的心理渗透，通过声响动作概念的具体概念内容创建起抽象的认识判断动作意象，其形象化认知功能的表现十分突出。

归纳起来，听觉感知动词隐喻运作中，表现最为活跃的是本体隐喻模式，而这与它突出的抽象表现语义功能是联系在一起的。另外，本体隐喻同结构、方位隐喻相组构而成的复合隐喻模式在此也有一定的表现，反映出更为复杂、细致的动作喻义特征、事件语义内容，比如"听取，倾听（意见）"这一认知喻义就包含了"异质行为集合"的语义特征。

（三）味觉感知动词的隐喻机制

1. 认知相似性

味觉动词的隐喻相似性是认知者的味觉经验意识中所建立起来的有关动作本体与喻体在内在相似或结构属性上的相似特性，其感知体验性在本体动作的认知塑造中有较为突出的表现。

смаковать（尝试味道，津津有味地品尝）（Девочка смакует шоколад；Старик смаковал каждый глоток вина.）（小女孩细嚼慢咽地品味巧克力；老人细细地品尝每一口酒）隐喻"津津有味地讲、读，兴致勃勃地品赏、玩味"：Он смакует каждое слово в письме от сына；Художник смакует эту живопись（他品味着儿子来信中的每一个字；画家兴致勃勃地玩味这幅写生画）。该动词隐喻中，体现出动作本体和喻体在动作过程—结构（特点）、动作作用方式及动作行为感受—评价特点方面的相似性。一方面，本体和喻体动作的行为实现方式和进展的过程特点在人的认知意识中有心理认同上的类比性，另一方面，本体和喻体动作在施喻者的心理判断、价值意识上有一定的相似认可度。

сластить（有些甜，发甜）（Чересчур свежая рыба всегда немного сластит, и соли поэтому сыпали в варево много；Во рту его неприятно сластило.）（特别新鲜的鱼总带点甜味，因此汤里多加了点盐；他感到口中有一种讨厌的甜味）隐喻"对……说甜言蜜语，向……献媚"：Ульяна сластила Алексея улыбочками（乌里扬娜向阿列克赛媚笑）。该动词隐喻操作首先是在"话语行为"或"谈吐举止"同味觉体验之间建立起心理方面的类比联想，此时认知移觉发挥了重要的作用，而这具体表现为本体和喻体在动作感知上的相似、动作行为感受—评价特点上的相似及在心理判断方面的认知相似。

горчить（发苦，有苦味）（Лекарство горчит；Во рту горчит.）（药发苦；嘴里发苦）隐喻"心里不好受，痛苦"：В сердце горчит（心里难受）。该动词隐喻过程中，主要表现出来的是动作本体和喻体在动作心理感知及动作行为感受—评价特点方面的认知相似性。

不难发现，味觉动词隐喻的认知相似性操作主要表现为本体和喻体在动作行为感受—评价特点、动作心理感知乃至动作过程特点方面的相似，这些方面的相似性能很好地反映出味觉感知行为同主观评判感受行为结果之间的类比联系，即施喻者从认识、体会上把后者想象成了某种味觉上的感觉。

2. 隐喻语义错置

味觉感知动词的隐喻语义错置所包含的味觉回忆传输通过动作事件范畴语义及其构成要素的语义冲突呈现出来，这种特殊的逻辑矛盾意味强化了动词隐喻操作中的语言认知功能特性。

显性错置：смаковать（尝试味道，津津有味地品尝）（Девочка смакует шоколад; Старик смаковал каждый глоток вина.）（小女孩细嚼慢咽地品味巧克力；老人细细地品尝每一口酒）隐喻"津津有味地讲、读，兴致勃勃地品尝、玩味"：Он смакует каждое слово в письме от сына; Художник смакует эту живопись（他品味着儿子来信中的每一个字；画家兴致勃勃地品赏这幅写生画）。该动词喻义的显性错置属于"局部错置"，表现为客体题元 слово, живопись 同动词语义之间的冲突，而主体题元仍保持了同动词之间的语义协调。

隐性错置：动词 смаковать 隐喻的"X IS Y"层逻辑错置：Смаковать$_2$ есть смаковать$_1$，题元名词之间的语义冲突相应只体现在"Ob. IS B"的客体交叉错置层：Слово есть шоколад; Живопись есть глоток вина. 而"Sub. IS A"主体层错置缺位。

显性错置：сластить（有些甜，发甜）（Чересчур свежая рыба всегда немного сластит, и соли поэтому сыпали в вареве много; Во рту его неприятно сластило.）（特别新鲜的鱼总带点甜味，因此汤里多加了点盐；他感到口中有一种讨厌的甜味）隐喻"对……说甜言蜜语，向……献媚"：Ульяна сластила Алексея улыбочками（乌里扬娜向阿列克赛媚笑）。该动词喻义的显性错置表现为主体题元 Ульяна 同动词之间的语义冲突，属于"局部错置"。需要指出的是，动词 сластить 本义时并不能与客体题元和"手段"语义成素相组合，而这里是受共时因素的影响获得了这一新的语义组配关系，因此在该隐喻关系下，"客体" Алексея 和"手段" улыбочками 同动词语义之间并不存在逻辑错置问题。

隐性错置：动词 сластить 隐喻的"X IS Y"层逻辑错置：Сластить$_2$ есть сластить$_1$，题元名词之间的语义冲突也只反映在"Sub. IS A"主体体层错置：Ульяна есть рыба/рот.

显性错置：горчить（发苦，有苦味）（Лекарство горчит；Во рту горчит.）（药发苦；嘴里发苦）隐喻"心里不好受，痛苦"：В сердце горчит（心里难受）。该动词喻义的显性错置表现为主体题元（в）сердце 同动词语义之间的语义冲突。

隐性错置：动词 горчить 隐喻的"X IS Y"层逻辑错置：Горчить$_2$ есть горчить$_1$，题元名词之间的交叉语义冲突体现在"Sub. IS A"的主体层错置：Сердце есть лекарство/рот.

3. 隐喻意象图式

动词隐喻意象图式是通过语义方式进行动作认知跟进、认知管理的独特心智管道，包含着动词多义衍生的心智机制、认知方式及语义表征方式。味觉动词隐喻意象图式操作中，感知动作喻体或动作原型包含的实例关系内容是其认知的基础和前提。味觉动作意象图式对动作关系、动作事件内容进行编码、换码，对动作结构信息进行整合、提取，形成相关动作事件关系的立体画面、图景。此时味觉感知意象图式成为理解其他不同类别动作概念的基础，意象图式之间有一种认知磨合关系，在此基础上，借由感知处理信息实现本体同喻体动作之间的语义互动和语义张延。

смаковать（尝试味道，津津有味地品尝）（Девочка смакует шоколад；Старик смаковал каждый глоток вина.）（小女孩细嚼慢咽地品味巧克力；老人细细地品尝每一口酒）隐喻"津津有味地讲、读，兴致勃勃地品赏、玩味"：Он смакует каждое слово в письме от сына；Художник смакует эту живопись（他品味着儿子来信中的每一个字；画家兴致勃勃地玩味这幅写生画）。该动词隐喻运用的是形象—感知图式及重力—方式、重力—目的图式，其中形象—感知图式传达出本体动作的形象性，重力—方式、重力—目的图式表现出本体动作的行为方式和行为意图。

сластить（有些甜，发甜）（Чересчур свежая рыба всегда немного сластит, и соли поэтому сыпали в варево много；Во рту его неприятно сластило.）（特别新鲜的鱼总带点甜味，因此汤里多加了点盐；他感到口中有一种讨厌的甜味）隐喻"对……说甜言蜜语，向……献媚"：Ульяна сластила Алексея улыбочками（乌里扬娜向阿列克赛媚笑）。该动词隐喻操作使用的是形象—感知图式及重力—性质图式，这里的形象—感知图式凸显了认知者的心理感受成分和主观认定性，也强化了该动词隐喻的形象化语义功能，重力—性质图式从认知心理和价值判断上显示出本体动作的认知表现逻辑性质。

горчить（发苦，有苦味）（Лекарство горчит；Во рту горчит.）（药发苦；嘴里发苦）隐喻"心里不好受，痛苦"：В сердце горчит（心里难受）。该动词隐喻运用的是形象—感知图式、存在—过程图式和状态图式，形象感知图式表现出本体动作中难以言状的心理滋味和情感体验，而存在—过程图式和状态图式则体现出本体动作的静态性和状态特性。

这里的意象图式主要表现为形象—感知图式及重力图式的不同变体形式，这反映出人的主观形象感受和体验感知所发挥的重要认知功能，而重力意象图式则体现出味觉动词隐喻中"重力"相关因素所发挥的动作形象功能。

4. 隐喻映射

味觉动词隐喻映射是在动觉感知和意识能动基础上对动作形象、动作概念域的一种认知平移，味觉动作的意义特性也决定了隐喻映射的联觉认知概念属性。

смаковать（尝试味道，津津有味地品尝）（Девочка смакует шоколад；Старик смаковал каждый глоток вина.）（小女孩细嚼慢咽地品味巧克力；老人细细品尝每一口酒）隐喻"津津有味地讲、读，兴致勃勃地品赏、玩味"：Он смакует каждое слово в письме от сына；Художник смакует эту живопись（他品味着儿子来信中的每一个字；画家兴致勃勃地品赏这幅写生画）。该动词隐喻操作使用的是由具体动作域向抽象动作域的映射，通过认知映射，本体动作得以感知化体现。

сластить（有些甜，发甜）（Чересчур свежая рыба всегда немного сластит，и соли поэтому сыпали в варево много；Во рту его неприятно сластило.）（特别新鲜的鱼总带点甜味，因此汤里多加了点盐；他感到口中有一种讨厌的甜味）隐喻"对……说甜言蜜语，向……献媚"：Ульяна сластила Алексея улыбочками（乌里扬娜向阿列克赛媚笑）。该动词隐喻运用的是由具体动作域向抽象动作域的映射，借助这一认知转移，喻体动作域的味觉形象很好地展现出人的行为、举止特性。

горчить（发苦，有苦味）（Лекарство горчит；Во рту горчит.）（药发苦；嘴里发苦）隐喻"心里不好受，痛苦"：В сердце горчит（心里难受）。该动词隐喻操作使用的也同样是由具体动作域向抽象动作域的映射，"发苦"的感知滋味意象向本体动作的转移、映现十分贴切地勾画出本体情感活动状态的心理画面。

可以看出，味觉动词隐喻操作中，认知映射表现为具体动作概念域向抽象动作域的概念框架转移，较为统一地体现出这里本体动作的抽象属性。

5. 隐喻模式

如果说句子语法结构代表思维的逻辑关系或者句子构式的逻辑规则，那么隐喻模式可比作动词认知语义衍生的具体运作法则和认知套式，这一点在味觉动词隐喻模式中有具体而深刻的反映。

смаковать（尝试味道，津津有味地品尝）（Девочка смакует шоколад；Старик смаковал каждый глоток вина.）（小女孩细嚼慢咽地品味巧克力；老人细细地品尝每一口酒）隐喻"津津有味地讲、读，兴致勃勃地品赏、玩味"：Он смакует каждое слово в письме от сына；Художник смакует эту живопись（他品味着儿子来信中的每一个字；画家兴致勃勃地玩味这幅写生画）。该动词隐喻运用了结构隐喻和本体隐喻构成的复合认知模式，其中结构模式直观化地表现出本体动作的结构过程内容，本体隐喻方式则细致而准确地反映出本体事件的动作特性，二者的认知合力使一个抽象的动作意象得到了立体化的呈现。

сластить（有些甜，发甜）（Чересчур свежая рыба всегда немного сластит, и соли поэтому сыпали в варево много；Во рту его неприятно сластило.）（特别新鲜的鱼总带点甜味，因此汤里多加了点盐；他感到口中有一种讨厌的甜味）隐喻"对……说甜言蜜语，向……献媚"：Ульяна сластила Алексея улыбочками（乌里扬娜向阿列克赛媚笑）。该动词隐喻使用的是本体隐喻模式，是以具体的味觉感知活动框架来构造抽象的本体动作的概念结构，本体动作的主观感受性和认知特点同时也得到了鲜明的体现。

горчить（发苦，有苦味）（Лекарство горчит；Во рту горчит.）（药发苦；嘴里发苦）隐喻"心里不好受，痛苦"：В сердце горчит（心里难受）。该动词隐喻运用了实体认知模式与结构隐喻的复合模式。此时，认知者的主观认定和参与性成分较为突出，借助喻体动作的具体感知和结构特征概念成分，本体情感动作的抽象概念内涵获得了生动、形象的具象化表现。

不难发现，味觉感知动词隐喻运作主要使用的是本体隐喻模式和结构隐喻模式，这同其本体动作的事件语义及概念—事理特征相呼应。这里表现最突出的本体隐喻模式很好地反映出本体动作的认知心理过滤结果，而结构隐喻则表现出认知主体赋予本体动作的特定抽象结构属性。

（四）嗅觉感知动词的隐喻机制

1. 认知相似性

嗅觉动词隐喻的认知相似性是在认知者的嗅觉感知现实中建立起来的行为相似，其本体动作的心理渗透性和认知判断性表现尤为突出。

обонять（闻，嗅）（обонять цветок, обонять запах сена）（闻花香，闻干草香味）隐喻"嗅到……的气味，气息"：обонять войну, обонять любовь（嗅到战争的火药味，嗅到爱的气息）。该动词隐喻操作的认知相似性主要表现为本体与喻体在动作感知、动作行为感受—评价特点以及心理判断方面的相似。

нюхать（闻，嗅）（нюхать сирень, нюхать нашатырный спирт）（闻丁香花，闻氯化氨水）隐喻"打听，探听"：Они нюхали, когда приедет делегация（他们打听代表团什么时候到来）。以及пронюхать（嗅知）（Кот сторожит пронюханную мышь.）（猫警觉地守候着已被嗅出的耗子）隐喻"暗中探听到；详细打听到；摸透"：Полицейские пронюхали про его возвращение；Они пронюхали её домашнюю жизнь；Молодого скорее пронюхаешь（警察暗中探听到他已回来；他们详细地打听出她的家庭生活；年轻人能很快被摸透）。这两个动词隐喻主要使用的是本体与喻体在动作结果、动作功能及动作感受—评价特点上的认知相似性。

пахнуть（发出气味，有……气味）（Жасмин приятно пахнет；В комнате неприятно пахнет；Газета пахнет типографской краской）（茉莉花很香；屋子里气味难闻；报纸还散发着油墨味）隐喻"散发……气息"：Письмо твоё пахнет унынием（你的信流露出颓丧的情绪）；Эта книга пахнет стариной（这本书散发着古籍的味道）。该动词隐喻相似性主要表现为本体与喻体在动作感知、动作行为感受—评价特点及心理判断方面的认知相似。

чуять（嗅到）（Обыкновенно пёс чуял жданных гостей, когда обоз ещё был версты за две.）（平常当大车还离店二里多远时，这狗就能闻到

盼望已久的客人的味儿）隐喻"触觉"感知动作意义"［经过触摸］感觉到，触到"：Как ударил он рукой-то об камень, чует: мокро! Верный кон, узды не чуя, шагом выступал（他的手往石头上一打，感觉到湿漉漉的；忠实的马没有觉察出主人拉缰绳，一步步地向前走去）。该动词隐喻相似性表现为本体与喻体的动作感知相似、动作结构（特点）相似、动作结果相似。

чуять（嗅到）（Обыкновенно пёс чуял жданных гостей, когда обоз ещё был версты за две.）（平常当大车还离店二里多远时，这狗就能闻到盼望已久的客人的味儿）隐喻"听觉"感知动作意义"听见，听到"：Чуете ли вы? Опять заиграло（你们听见没有？又弹起来了）。该动词隐喻意义与"触碰到……"的喻义相近，所以在动作本体与喻体的感知相似性、结构（特点）相似性和结果相似性上都大致相同，但除此之外，该喻义操作中还表现出了心理判断方面的认知相似性，这突出反映了隐喻的联觉过程中主体的"认知移位"能动性。

概括起来，嗅觉动词隐喻的认知相似性表现较为丰富，主要集中在本体与喻体之间的动作感知相似、动作行为感受—评价特点相似、动作结构（特点）相似、动作结果相似及心理判断方面的相似，这也显示出嗅觉感知动词隐喻的多方面向外延伸性。

2. 隐喻语义错置

嗅觉动词的隐喻语义错置也呈现出多元化特性，有特殊的错置缺位现象即"零显性错置"出现。下面是具体分析。

显性错置：обонять（闻，嗅）（обонять цветок, обонять запах сена）（闻花香，闻干草香味）隐喻"嗅到……的气味，气息"：обонять войну, обонять любовь（嗅到战争的火药味，嗅到爱的气息）。该动词喻义的显性错置只在客体同动词的语义关系中表现出来，即客体题元войну, любовь 分别同动词之间的语义冲突。这属于"局部错置"。

隐性错置：动词 обонять 隐喻的"X IS Y"层逻辑错置：обонять$_2$ есть обонять$_1$，题元名词之间的语义交叉冲突也只体现在"Ob. IS B"的客体层错置：Война/Любовь есть цветок/запах сена.

显性错置：нюхать（闻，嗅）（нюхать сирень, нюхать нашатырный спирт）（闻丁香花，闻氯化氨水）隐喻"打听，探听"：Они нюхали, когда приедет делегация（他们打听代表团什么时候到来）。该动词喻义的

第五章　俄语动词隐喻意义的运作机制　　309

显性错置表现为命题客体题元 P$_{когда}$①同动词语义之间的范畴冲突。这同样是"局部错置"。

隐性错置：动词 нюхать 隐喻的"X IS Y"层逻辑错置：Нюхать$_2$ есть нюхать$_1$，题元名词之间的语义冲突也只反映在"Ob. IS B"的客体层错置：P$_{когда}$ есть сирень/нашатырный спирт.

显性错置：пахнуть（发出气味，有……气味）（Жасмин приятно пахнет；В комнате неприятно пахнет；Газета пахнет типографской краской）（茉莉花很香；屋子里气味难闻；报纸还散发着油墨味）隐喻"散发……气息"：Письмо твоё пахнет унынием（你的信流露出颓丧的情绪）；Эта книга пахнет стариной（这本书散发着古籍的味道）。该动词喻义的显性错置表现为主体题元 письмо，книга 及客体题元 унынием，стариной 分别同动词之间的语义冲突。需要表明的是，这里主体题元 письмо，книга 在具体事物名词形式下隐藏的是抽象事物内容，实际表达的是 содержание письма，содержание книги，并由此形成同动词语义的范畴错置。

隐性错置：动词 пахнуть 隐喻的"X IS Y"层逻辑错置：Пахнуть$_2$ есть пахнуть$_1$，题元名词之间的语义交叉冲突表现为"Sub. IS A"及"Ob. IS B"的主、客体层错置：Письмо/Книга（Содержание письма/книги）есть жасмин/комната/газета；Уныние/Старина есть предмет. 而由于该动词对应的喻体意义中客体题元可以外现为副词评价语，此时不能再有单独的 N5（客体）题元，而从语义分析上看，副词题元实际发挥的是客体结构功能：пахнет（не-）приятным запахом。

显性错置：чуять（嗅到）（Обыкновенно пёс чуял жданных гостей, когда обоз ещё был версты за две.）（平常当大车还离店二里多远时，这狗就能闻到盼望已久的客人的味儿）隐喻"触觉"感知动作意义"[经过触摸]感觉到，触到"：Как ударил он рукой-то об камень, чует：мокро! Верный кон, узды не чуя, шагом выступал（他的手往石头上一打，感觉到湿漉漉的；忠实的马没有觉察出主人拉缰绳，一步步地向前走去）。该动词喻义的显性错置表现为"零错置"，此时主体、客体题元与动词之间保持了范畴上的语义协调关系。

---

① P 代表命题题元，其右下标表示具体引导命题从句的关联词或连接词。

隐性错置：动词 чуять 隐喻的"X IS Y"层逻辑错置：Чуять₂ есть чуять₁，与零位显性错置相关，动词题元名词之间的语义交叉冲突也不复存在，同样形成这一层次的隐性错置空缺。

显性错置：чуять（嗅到）（Обыкновенно пёс чуял жданных гостей, когда обоз ещё был версты за две.）（平常当大车还离店二里多远时，这狗就能闻到盼望已久的客人的味儿）隐喻"听觉"感知动作意义"听见，听到"：Чуете ли вы? Опять заиграло（你们听见没有？又弹起来了）。该动词喻义的显性错置也表现为"零位错置"。

隐性错置：动词 чуять 隐喻的"X IS Y"层逻辑错置：Чуять₂ есть чуять₁，题元名词之间的语义交叉冲突也同样不存在，表现为隐性错置层的部分缺位。

3. 隐喻意象图式

嗅觉上的感知经验借由人的心智加工、处理形成动作事件的意象。嗅觉动词隐喻的意象图式包含一定的抽象、静态作用属性，这由"嗅觉"感知行为的事理特点所规定，而对应的本体动作的意象则较为明显地承袭着该行为方法和意识内容的特点，其中自主—目的性和非自主—目的性的动作意涵、动作心理表象都有体现。

обонять（闻，嗅）（обонять цветок, обонять запах сена）（闻花香，闻干草香味）隐喻"嗅到……的气味，气息"：обонять войну, обонять любовь（嗅到战争的火药味，嗅到爱的气息）。该动词隐喻操作中体现出来的是形象—感知图式、重力—方式图式及重力—性质图式。本体动作的行为方式借助喻体获得形象化的具体表现，而本体行为的认知判断则通过重力—性质图式得以呈现。

нюхать（闻，嗅）（нюхать сирень, нюхать нашатырный спирт）（闻丁香花，闻氯化氨水）隐喻"打听，探听"：Они нюхали, когда приедет делегация（他们打听代表团什么时候到来）。该动词隐喻运用了形象—感知图式、重力—目的图式、重力—方式图式及重力—性质图式。这里的重力—目的图式显示出本体动作的意志活动性和行为意图。

пахнуть（发出气味，有……气味）（Жасмин приятно пахнет; В комнате неприятно пахнет; Газета пахнет типографской краской）（茉莉花很香；屋子里气味难闻；报纸还散发着油墨味）隐喻"散发……气息"：Письмо твоё пахнет унынием（你的信流露出颓丧的情绪）；Эта книга пахнет стариной（这本书散发着古籍的味道）。该动词隐喻主要使用的是形象—感知图式、状态图式。通过喻体动作的味觉感知意象的实在性、形象性简略而生动地映衬出本体动作的抽象语义内涵。

чуять（嗅到）（Обыкновенно пёс чуял жданных гостей, когда обоз ещё был версты за две.）（平常当大车还离店二里多远时，这狗就能闻到盼望已久的客人的味儿）隐喻"触觉"感知动作意义"［经过触摸］感觉到，触到"：Как ударил он рукой-то об камень, чует: мокро! Верный кон, узды не чуя, шагом выступал（他的手往石头上一打，感觉到湿漉漉的；忠实的马没有觉察出主人拉缰绳，一步步地向前走去）。该动词隐喻主要使用的是形象—感知图式、重力—方式图式及重力—结果图式。这是典型的由嗅觉感知向触觉感知的认知联觉，使本体动作中"力"的作用方式有了生动、形象的认知表现。

чуять（嗅到）（Обыкновенно пёс чуял жданных гостей, когда обоз ещё был версты за две.）（平常当大车还离店二里多远时，这狗就能闻到盼望已久的客人的味儿）隐喻"听觉"感知动作意义"听见，听到"：Чуете ли вы? Опять заиграло（你们听见没有？又弹起来了）。该动词隐喻主要使用的是形象—感知图式、重力—结果图式。这里本体动作的"非自主—结果"性因素强，"方式"成分不明显，这也形成它同该动词的"触觉"喻义之间的不同（见上一义项的意象图式分析）。

我们发现，嗅觉动词隐喻的意象图式机制中表现最为活跃的是形象—感知图式、重力—方式图式和重力—性质图式。这表明嗅觉动词的认知操作中，施喻者的心理能动感受能力及意象刻画能力的积极参与度，也表明"力"的作用方式和性质判断在嗅觉行为的心智加工和语义表象中所扮演的重要角色。

4. 隐喻映射

嗅觉动词的隐喻映射非常鲜活地将身体感知的行为特征域转移到各种不同的本体动作域，其经验形象性在本体动作概念框架中得到了独特的认知延续。

обонять（闻，嗅）（обонять цветок, обонять запах сена）（闻花香，闻干草香味）隐喻"嗅到……的气味，气息"：обонять войну, обонять любовь（嗅到战争的火药味，嗅到爱的气息）。该动词隐喻运用的是由具体动作域向抽象动作域的映射。

нюхать（闻，嗅）（нюхать сирень, нюхать нашатырный спирт）（闻丁香花，闻氯化氨水）隐喻"打听，探听"：Они нюхали, когда приедет делегация（他们打听代表团什么时候到来）。该动词隐喻操作使用的也是由具体动作域向抽象动作域的映射。

пахнуть（发出气味，有……气味）（Жасмин приятно пахнет; В комнате неприятно пахнет; Газета пахнет типографской краской）（茉莉花很香；屋子里气味难闻；报纸还散发着油墨味）隐喻"散发……气息"：Письмо твоё пахнет унынием（你的信流露出颓丧的情绪）；Эта книга пахнет стариной（这本书散发着古籍的味道）。该动词隐喻使用的同样是由具体动作域向抽象动作域的映射。

чуять（嗅到）（Обыкновенно пёс чуял жданных гостей, когда обоз ещё был версты за две.）（平常当大车还离店二里多远时，这狗就能闻到盼望已久的客人的味儿）隐喻"触觉"感知动作意义"［经过触摸］感觉到，触到"：Как ударил он рукой-то об камень, чует: мокро! Верный кон, узды не чуя, шагом выступал（他的手往石头上一打，感觉到湿漉漉的；忠实的马没有觉察出主人拉缰绳，一步步地向前走去）。该动词隐喻运用的认知模式较为独特，表现为由一具体动作域向另一具体动作域的映射，而更为重要的是，比较而言，喻体动作比本体动作要复杂或者说有一种相对"抽象性"，之所以会有这样的"逆向"隐喻，认知者追求的是其生动、形象的语义功能和表现力。

чуять（嗅到）（Обыкновенно пёс чуял жданных гостей, когда обоз ещё был версты за две.）（平常当大车还离店二里多远时，这狗就能闻到盼望已久的客人的味儿）隐喻"听觉"感知动作意义"听见，听到"：Чуете ли вы? Опять заиграло（你们听见没有？又弹起来了）。该动词喻义操作使用的同样是这种"逆向"性的具体动作域之间的隐喻映射。

分析显示，嗅觉动词隐喻的认知映射主要表现为由具体动作概念域向抽象动作域的转移，此外还有独特的"逆向"性的具体动作域间的隐喻映射。这表明嗅觉感知行为不仅可以表现抽象的动作概念结构，也可以表现特定的具体动作事件，展示出其认知隐喻潜能和语义表现的多方面性。

5. 隐喻模式

嗅觉动词隐喻的心智连通性在其认知运作模式中得到了抽象而又直接的规则化再现。同时，作为人的认知行动力的能量传递方式，嗅觉动词隐喻模式也具有自己鲜明的特征。

обонять（闻，嗅）（обонять цветок，обонять запах сена）（闻花香，闻干草香味）隐喻"嗅到……的气味，气息"：обонять войну, обонять любовь（嗅到战争的火药味，嗅到爱的气息）。该动词隐喻运作所使用的是由结构隐喻和本体隐喻方式组构而成的复合认知模式。

нюхать（闻，嗅）（нюхать сирень，нюхать нашатырный спирт）（闻丁香花，闻氯化氨水）隐喻"打听，探听"：Они нюхали, когда приедет делегация（他们打听代表团什么时候到来）。该动词隐喻运用的也是由结构隐喻和本体隐喻组成的复合认知模式。

пахнуть（发出气味，有……气味）（Жасмин приятно пахнет；В комнате неприятно пахнет；Газета пахнет типографской краской）（茉莉花很香；屋子里气味难闻；报纸还散发着油墨味）隐喻"散发……气息"：Письмо твоё пахнет унынием（你的信流露出颓丧的情绪）；Эта книга пахнет стариной（这本书散发着古籍的味道）。该动词隐喻使用的是本体隐喻认知模式，通过喻体动作的具体概念结构来构造本体动作的抽象状态特征。

чуять（嗅到）（Обыкновенно пёс чуял жданных гостей, когда обоз ещё был версты за две.）（平常当大车还离店二里多远时，这狗就能闻到盼望已久的客人的味儿）隐喻"触觉"感知动作意义"[经过触摸] 感觉到，触到"：Как ударил он рукой-то об камень, чует: мокро！Верный кон, узды не чуя, шагом выступал（他的手往石头上一打，感觉到湿漉漉的；忠实的马没有觉察出主人拉缰绳，一步步地向前走去）。该动词隐喻所使用的是结构隐喻认知模式，是借助喻体动作的结构方式来组构本体动作结构及其概念构造方式。

чуять（嗅到）（Обыкновенно пёс чуял жданных гостей, когда обоз ещё был версты за две.）（平常当大车还离店二里多远时，这狗就能闻到盼望已久的客人的味儿）隐喻"听觉"感知动作意义"听见，听到"：Чуете ли вы? Опять заиграло（你们听见没有？又弹起来了）。该动词隐喻运作使用的同样是结构隐喻认知模式，是运用嗅觉动作的感知结构来建构听觉动作的概念结构。

可以看出，嗅觉动词隐喻操作中，结构隐喻模式发挥着积极作用，该模式还可能同本体隐喻模式相结合形成复合认知模式。这表明事件结构框架因素在嗅觉动词的隐喻过程中扮演了重要的角色，同时嗅觉的具象化感知功能在非可见层次行为的认知表现中起到了十分重要的概念语义建构作用。

（五）触觉感知动词的隐喻机制

1. 认知相似性

触觉动词隐喻的相似性是心理意识和触觉经验意识共同作用的结果，这种肢体器官的"触碰"同其他动作、意识之间的概念属性类比联系反映出认知主体对客观外在世界同心理现实的密切联系。

резать（刺［眼、耳等］）(Его голос режет слух; Режет в животе; Яркие краски режут глаз; Ледяной ветер режет лицо.)（他的声音刺耳；肚子里像刀割一样痛；鲜艳的颜色刺眼；寒风刺脸）隐喻"使痛苦，使伤心，刺伤，刺痛"：Поведение ученика режет сердце; Такое явление очень режет глаз（学生的举止让人寒心；这种现象令人看着扎眼［让人看着不舒服］）。该动词隐喻中，动作本体和喻体在动作感知、动作结果、动作行为感受—评价特点等方面表现出认知相似性。

ощущать（感觉出来，觉得）(ощущать запах табака, ощущать холод, ощущать боль в руках)（觉察出烟草味，觉得冷，感觉手疼痛）的身体感知意义可以隐喻衍生"意识到，认识到，心里感觉到"：Они ощутили свою ответственность; Он ощущал недостаток в научной литературе; Друг ощущал ошибку в этом деле; С тех пор очей не осуша; Он ощущал недостаток в научной литературе; Друг ощущал ошибку в этом деле（他们意识到了自己的责任；他意识到了科学文献中的不足；朋友认识到了在这件事上的错误）。该动词隐喻主要使用的是本体和喻体在动作结构特点、动作结果及动作心理判断方面的认知相似性。

осязать（触觉到，摸出来）(осязать тело мальчика пальцами)（用手指触摸到小孩的身体）隐喻"觉察，发现"：Мы не только предчувствуем победу, мы и начинаем её осязать; Месть лишь тогда сладка, когда имеешь возможность видеть и осязать её плоды; Я сердцем осязаю его присутствие во мне（我们不仅预感到了胜利，而且开始觉察到了它；复仇只当你有机会看到并触摸到它的果实时，它才会是甜蜜的；我用心感受到他存在于我心中）。该动词隐喻操作中主要运用的是本体和喻体的动作结构（特点）相似、动作结果相似及动作功能相似。

жечься（灼人，烫人）（Утюг жжётся.）（熨斗烫人）隐喻 "东西贵得惊人，让人不敢问津"：Я не купил: очень жжётся（我没买，东西贵得烫手）。该动词隐喻使用的是本体和喻体在动作感知、动作行为感受—评价特点及动作心理判断方面的认知相似性。

мертветь（失去生气，［肢体等］失去知觉，麻木）（Глаза больного мертвели; Лицо мертвеет; Ноги мертвеют; Пальцы мертвеют от холода.）（病人的眼睛失去生气；脸色僵硬；双腿失去知觉；手指冻得麻木）隐喻另一具体动作 "（地方）变得无生气，变得荒芜"：Дача мертвеет после их переселения; Старый склад мертвел; Половинка села мертвела в одну ночь（他们搬家后别墅就没了生气；旧仓库已经变得荒芜了；一夜之间半个村庄都荒芜了）。该动词隐喻运用了本体和喻体在动作感知、动作结构（特点）、动作结果、动作行为感受—评价特点方面的认知相似性。

теплеть（暖和起来，变得暖和）（Воздух теплел; Комната быстро теплеет.）（空气变得暖和；房间很快暖和起来）隐喻 "（表情、眼神）变得温和"：Мимика Виктора постепенно теплеет; Глаза Симона теплели（维克多的表情渐渐温和起来；西蒙的眼神温和起来）。该动词隐喻主要使用的是本体与喻体在动作感知、动作行为感受—评价特点及动作功能方面的认知相似性。

колоть（感觉刺痛）（Мне грудь колет; В боку колет.）（我胸中觉得刺痛；身体一侧感觉刺痛）隐喻 "挖苦、嘲笑"：Они колют противника язвительными словами（他们用尖刻的话语挖苦对方）。该动词隐喻运用的是本体和喻体动作感知相似、动作结果相似、动作行为感受—评价特点相似及动作功能相似。

ощупать（［用手四处］摸索，探索）（Дедушка медленно ощупал карман; Хирург ощупал опухоль.）（爷爷慢慢摸索着衣兜；外科医生摸了摸肿处）隐喻 "注视，打量"：Она ощупает девочку ласковыми глазами（她用温柔的目光仔细打量小女孩）。该动词隐喻运作中的认知相似性表现为本体和喻体在动作感知、动作结构特点、动作（作用）方式或行为实现方式及动作目标（终位）方面的相似。

прикасаться（轻轻触及，碰一下；摸到）（Она прикоснулась к моей руке; Он прикоснулся своими усами до щёк сына; Печка так накалена, что нельзя прикоснуться.）（她碰了一下我的手；他的胡子触及儿子的面颊；炉子热得摸不得了）隐喻另一具体动作"（没有）尝一尝，（没有）尝过"：Он не прикоснулся ни к малыку, ни к свежей икре（他既没有尝过咸鱼脊肉，也没有尝过新鲜鱼子）。该动词隐喻使用了本体和喻体之间的动作结构（特点）相似性、动作（作用）方式或行为实现方式相似性及动作功能相似性认知特征。

трогать（摸, 触）（Мальчик трусливо трогал экспонат.）（小孩胆怯地摸着展品）隐喻另一具体动作"使微微一动, 使微微现出, 使变样"：Слабая улыбка трогает её губы; Волга была совсем гладкая, чуть трогала её местами рябь（她嘴角微微一动，掠过一丝笑容；伏尔加河波平如镜，只是偶尔泛起涟漪）。该动词隐喻运作表现出本体和喻体在动作感知、动作结构（特点）、动作结果及动作功能方面的认知相似性。

трогать（摸, 触）（Мальчик трусливо трогал экспонат.）（小孩胆怯地摸着展品）隐喻"动用, 使用, 碰"这一具体动作意义：Не трогай мои книги; Отпускные деньги целы, я их не трогал; Потом Никитин долго не трогал своего денвника（不要动我的书；休假的工资如数都在，我没有动过；尼基金过后很久都没有再碰自己的日记）。该动词隐喻主要使用的是本体和喻体在动作行为感受—评价特点、动作结构（特点）、动作结果及动作心理判断方面的认知相似性。

触觉动词隐喻的相似性集中体现在动作感知、动作结果、动作行为感受—评价特点及动作功能等方面的认知心理类同上。而这一方面反映出触觉动作的直接感知性能、感知结果在人的认知联想中发挥了积极的作用；另一方面也表明触觉动作的认知识记在人的主观意识及价值评价系统中扮演了重要的角色，使本体动作表现获得了身体经验上的有力支撑。

需要指出的是，如前所述，不同大类感知意义动词可以隐喻衍生相同或相近的意义，而之所以如此，是因为不同感知活动的概念域之间也同样存在着认知相似性，这是"基于概念系统中感官域之间动作特征相似性的心理联想"（参见杨波、张辉 2007），即"跨域"相似的认知操作结果。

2. 隐喻语义错置

触觉动词的隐喻语义错置也有多种不同的表现形式，存在特殊的错置空缺现象即"零显性错置"。以下是具体分析。

显性错置：резать（刺［眼、耳等］）（Его голос режет слух；Режет в животе；Яркие краски режут глаз；Ледяной ветер режет лицо.）（他的声音刺耳；肚子里像刀割一样痛；鲜艳的颜色刺眼；寒风刺脸）隐喻"使痛苦，使伤心，刺伤，刺痛"：Поведение ученика режет сердце；Такое явление очень режет глаз（学生的举止让人寒心；这种现象令人看着扎眼［让人看着不舒服］）。该动词喻义的显性错置表现为主体题元 поведение ученика，такое явление 分别同动词之间的语义冲突。属于"局部错置"。

隐性错置：动词 резать 隐喻的"X IS Y"层逻辑错置：Резать₂ есть резать₁，题元名词之间的语义交叉冲突只反映在"Sub. IS A"的主体层错置：Поведение ученика/Такое явление есть голос/краски，"Ob. IS B"的客体层交义错置也同样空缺。

显性错置：ощущать（感觉出来，觉得）（ощущать запах табака, ощущать холод, ощущать боль в руках）（觉察出烟草味，觉得冷，感觉手疼痛）的身体感知意义可以隐喻衍生"意识到，认识到，心里感觉到"：Они ощутили свою ответственность；Он ощущал недостаток в научной литературе；Друг ощущал ошибку в этом деле；С тех пор очей не осуша；Он ощущал недостаток в научной литературе；Друг ощущал ошибку в этом деле（他们意识到了自己的责任；他意识到了科学文献中的不足；朋友认识到了在这件事上的错误）。该动词喻义的显性错置表现为客体题元 свою ответственность，недостаток，ошибку 分别同动词之间的语义冲突。这也属于"局部错置"。

隐性错置：动词 ощущать 隐喻的"X IS Y"层逻辑错置：Ощущать₂ есть ощущать₁，题元名词之间的语义冲突反映在"Ob. IS B"的客体层错置：Ответственность/Недостаток/Ошибка есть запах/холод/боль/очи. 这里"Sub. IS A"的主体层交叉错置也缺位。

显性错置：осязать（触觉到，摸出来）（осязать тело мальчика пальцами）（用手指触摸到小孩的身体）隐喻"觉察，发现"：Мы не только предчувствуем победу, мы и начинаем её осязать；Месть лишь тогда сладка, когда имеешь возможность видеть и осязать её плоды；Я сердцем осязаю его присутствие во мне（我们不仅预感到了胜利，而且开始觉察到了它；复仇只当你有机会看到并触摸到它的果实时，它才会是

甜蜜的；我用心感受到他存在于我心中)。该动词喻义的显性错置表现为плоды мести, его присутствие 同动词语义之间的范畴冲突。属于"局部错置"。

隐性错置：动词 осязать 隐喻的"X IS Y"层逻辑错置：Осязать$_2$ есть осязать$_1$，题元名词之间的语义冲突反映在"Ob. IS B"的客体交叉层错置：Победа/Плоды мести/Его присутствие есть тело мальчика/предмет. 这里"Sub. IS A"的主体层交叉错置也空缺。

显性错置：жечься（灼人，烫人）（Утюг жжётся.）（熨斗烫人）隐喻"东西贵得惊人，让人不敢问津"：Я не купил:（товар）очень жжётся（我没买，东西贵得烫手）。该动词喻义的显性错置表现为主体题元 товар 同动词之间的语义冲突。

隐性错置：动词 жечься 隐喻的"X IS Y"层逻辑错置：Жечься$_2$ есть жечься$_1$，题元名词之间的语义冲突表现在"Sub. IS A"的主体层错置：Товар есть утюг.①

显性错置：мертветь（失去生气，[肢体等]失去知觉，麻木）(Глаза больного мертвели; Лицо мертвеет; Ноги мертвеют; Пальцы мертвеют от холода.)（病人的眼睛失去生气；脸色僵硬；双腿失去知觉；手指冻得麻木）隐喻另一具体动作"（地方）变得无生气，变得荒芜"：Дача мертвеет после их переселения; Старый склад мертвел; Половинка села мертвела в одну ночь（他们搬家后别墅就没了生气；旧仓库已经变得荒芜了；一夜之间半个村庄都荒芜了）。该动词喻义的显性错置表现为主体题元 дача, старый склад, половинка села 分别同动词之间的语义冲突。

隐性错置：动词 мертветь 隐喻的"X IS Y"层逻辑错置：Мертветь$_2$ есть мертветь$_1$，题元名词之间的语义冲突反映在"Sub. IS A"的主体层错置：Дача/Старый склад/Половинка села есть глаза/лицо/ноги/пальцы.

显性错置：теплеть（暖和起来，变得暖和）(Воздух теплел; Комната быстро теплеет.)（空气变得暖和；房间很快暖和起来）隐喻

---

① 这里的 товар 实际是一种抽象的概念实体，而不是具有一般实体性的具体事物，所以仍有语义交叉错置关系。

"（表情、眼神）变得温和"：Мимика Виктора постепенно теплеет；Глаза Симона теплели（维克多的表情渐渐温和起来；西蒙的眼神温和起来）。该动词喻义的显性错置表现为主体题元 мимика, глаза 同动词之间的语义冲突。

隐性错置：动词 теплеть 隐喻的"X IS Y"层逻辑错置：Теплеть$_2$ есть теплеть$_1$，题元名词之间的语义冲突体现在"Sub. IS A"的主体层错置：Мимика/Глаза есть воздух/комната.

显性错置：колоть（感觉刺痛）（Мне грудь колет；В боку колет.）（我胸中觉得刺痛；身体一侧感觉刺痛）隐喻"挖苦、嘲笑"：Они колют противника язвитыльными словами（他们用尖刻的话语挖苦对方）。该动词喻义的显性错表现为客体题元 противник 同动词之间的语义冲突。

隐性错置：动词 колоть 隐喻的"X IS Y"层逻辑错置：Колоть$_2$ есть колоть$_1$，题元名词之间的语义冲突反映在"Ob. IS B"的客体层错置：Противник есть грудь/бок.

显性错置：ощупать（[用手四处]摸索，探索）（Дедушка медленно ощупал карман；Хирург ощупал опухоль.）（爷爷慢慢摸索着衣兜；外科医生摸了摸肿处）隐喻"注视，打量"：Она ощупает девочку ласковыми глазами.（她用温柔的目光仔细打量小女孩）。该动词喻义的显性错置表现为客体题元 девочка 同动词之间的语义冲突。而值得注意的是，该显性语义错置具体实现为题元次语义范畴的冲突：原来非生命的具体事物在此变为生命体"人"或动物。属于"局部错置"。

隐性错置：动词 ощупать 隐喻的"X IS Y"层逻辑错置：Ощупать$_2$ есть ощупать$_1$，题元名词之间的语义交叉冲突反映在"Ob. IS B"的客体层错置：Девочка（Человек）есть карман/опухоль（предмет）. 这里"Sub. IS A"的主体层交叉错置缺位。

显性错置：прикасаться（轻轻触及，碰一下；摸到）（Она прикоснулась к моей руке；Он прикоснулся своими усами до щёк сына；Печка так накалена, что нельзя прикоснуться.）（她碰了一下我的手；他的胡子触及儿子的面颊；炉子热得摸不得了）隐喻另一具体动作"（没有）尝一尝，（没有）尝过"：Он не прикоснулся ни к малыку, ни к свежей икре（他既没有尝过咸鱼脊肉，也没有尝过新鲜鱼子）。该动词喻义的显

性错置表现为客体题元 малык，искра 同动词之间的语义冲突。只是这一语义错置具体实现为题元次语义范畴的冲突：原来一般性的具体事物在此变为特定的事物——食物（съедобное）。属于"局部错置"。

隐性错置：动词 прикасаться 隐喻的"X IS Y"层逻辑错置：Прикасаться$_2$ есть прикасаться$_1$，题元名词之间的语义冲突也只反映在"Ob. IS B"的客体层错置：Малык/Искра（съедобное）есть рука/усы/печка（общий предмет）。"Sub. IS A"的主体层交叉错置也同样出现空缺。

显性错置：трогать（摸，触）（Мальчик трусливо трогал экспонат.）（小孩胆怯地摸着展品）隐喻另一具体动作"使微微一动，使微微现出，使变样"：Слабая улыбка трогает её губы；Волга была совсем гладкая, чуть трогала её местами рябь（她嘴角微微一动，掠过一丝笑容；伏尔加河波平如镜，只是偶尔泛起涟漪）。该动词喻义的显性错置表现为主体题元 слабая улыбка，рябь 同动词之间的语义冲突。

隐性错置：动词 трогать 隐喻的"X IS Y"层逻辑错置：Трогать$_2$ есть трогать$_1$，题元名词之间的语义冲突只反映在"Sub. IS A"的主体层错置：Слабая улыбка/Рябь есть мальчик。

显性错置：трогать（摸，触）（Мальчик трусливо трогал экспонат.）（小孩胆怯地摸着展品）隐喻"动用，使用，碰"这一具体动作意义：Не трогай мои книги；Отпускные деньги целы, я их не трогал；Потом Никитин долго не трогал своего денвника（不要动我的书；休假的工资如数都在，我没有动过；尼基金过后很久都没有再碰自己的日记）。该动词喻义的显性错置表现为特殊的"零错置"关系，此时主、客体题元同动词之间在范畴语义上并不矛盾。

隐性错置：动词 тротать$_2$ 隐喻的"X IS Y"层逻辑错置：Трогать$_2$ есть трогать$_1$，与零位显性错置相关，动词题元名词之间的语义交叉冲突也同样不存在，形成这一层次的隐性错置缺位。

3. 隐喻意象图式

触觉动词隐喻的意象图式所含的动作认知内容同人的身体感受及其相关的主观意识和体会相关，图式中的联想性成分较直接体现出身体具象意识的概念化内涵。

резать（刺［眼、耳等］）（Его голос режет слух；Режет в животе；Яркие краски режут глаз；Ледяной ветер режет лицо.）（他的声音刺耳；

肚子里像刀割一样痛；鲜艳的颜色刺眼；寒风刺脸）隐喻"使痛苦，使伤心，刺伤，刺痛"：Поведение ученика режет сердце；Такое явление очень режет глаз（学生的举止让人寒心；这种现象令人看着扎眼［让人看着不舒服］）。该动词隐喻主要使用了形象—感知图式、重力—性质图式及重力—方式图式。

ощущать（感觉出来，觉得）(ощущать запах табака, ощущать холод, ощущать боль в руках）（觉察出烟草味，觉得冷，感觉手疼痛）的身体感知意义可以隐喻衍生"意识到，认识到，心里感觉到"：Они ощутили свою ответственность；Он ощушал недостаток в научной литературе；Друг ощущал ошибку в этом деле；С тех пор очей не осуша；Он ощушал недостаток в научной литературе；Друг ощущал ошибку в этом деле（他们意识到了自己的责任；他意识到了科学文献中的不足；朋友认识到了在这件事上的错误）。该动词隐喻运作体现出来的主要是重力—方式图式、重力—性质图式。

осязать（触觉到，摸出来）（осязать тело мальчика пальцами）（用手指触摸到小孩的身体）隐喻"觉察，发现"：Мы не только предчувствуем победу, мы и начинаем её осязать；Месть лишь тогда сладка, когда имеешь возможность видеть и осязать её плоды；Я сердцем осязаю его присутствие во мне（我们不仅预感到了胜利，而且开始觉察到了它；复仇只当你有机会看到并触摸到它的果实时，它才会是甜蜜的；我用心感受到他存在于我心中）。该动词隐喻主要运用了形象—感知图式、重力—方式图式、重力—结果图式。

жечься（灼人，烫人）（Утюг жжётся.）（熨斗烫人）隐喻"东西贵得惊人，让人不敢问津"：Я не купил: очень жжётся（我没买，东西贵得烫手）。该动词隐喻使用了形象—感知图式、重力—性质图式及状态图式，充分地表现出施喻者的认知心理诉求。

мертветь（失去生气，［肢体等］失去知觉，麻木）（Глаза больного мертвели；Лицо мертвеет；Ноги мертвеют；Пальцы мертвеют от холода.）（病人的眼睛失去生气；脸色僵硬；双腿失去知觉；手指冻得麻木）隐喻另一具体动作"（地方）变得无生气，变得荒芜"：Дача мертвеет после их переселения；Старый склад мертвел；Половинка села мертвела в одну ночь（他们搬家后别墅就没了生气；旧仓库已经变得荒芜

了；一夜之间半个村庄都荒芜了）。该动词隐喻主要使用了形象—感知图式、重力—结果图式及状态图式。

теплеть（暖和起来，变得暖和）（Воздух теплел；Комната быстро теплеет.）（空气变得暖和；房间很快暖和起来）隐喻"（表情、眼神）变得温和"：Мимика Виктора постепенно теплеет；Глаза Симона теплели（维克多的表情渐渐温和起来；西蒙的眼神温和起来）。该动词隐喻使用的主要是形象—感知图式、存在—过程图式及状态图式。这是由生理触觉感知到心理感知的意象性联觉，通过喻体具体动作的形象化认知联想，把类同的本体动作的情感存在状态和心理感受过程生动、直观地呈现出来。

колоть（感觉刺痛）（Мне грудь колет；В боку колет.）（我胸中觉得刺痛；身体一侧感觉刺痛）隐喻"挖苦、嘲笑"：Они колют противника язвительными словами（他们用尖刻的话语挖苦对方）。该动词隐喻运作表现出来的主要是形象—感知图式、重力—方式图式、重力—性质图式。这里施喻者的认知判断成分较为突出。

ощупать（[用手四处]摸索，探索）（Дедушка медленно ощупал карман；Хирург ощупал опухоль.）（爷爷慢慢摸索着衣兜；外科医生摸了摸肿处）隐喻"注视，打量"：Она ощупает девочку ласковыми глазами（她用温柔的目光仔细打量小女孩）。该动词隐喻操作主要使用了形象—感知图式、重力—方式图式。

прикасаться（轻轻触及，碰一下；摸到）（Она прикоснулась к моей руке；Он прикоснулся своими усами до щёк сына；Печка так накалена, что нельзя прикоснуться.）（她碰了一下我的手；他的胡子触及儿子的面颊；炉子热得摸不得了）隐喻另一具体动作"（没有）尝一尝，（没有）尝过"：Он не прикоснулся ни к малыку, ни к свежей икре（他既没有尝过咸鱼脊肉，也没有尝过新鲜鱼子）。该动词隐喻主要采用的是形象—感知图式、重力—方式图式及连接图式。其中重力—方式图式和连接图式共同凸显出本体动作中主体同客体事物之间的作用关系和交集方式特征。

трогать（摸，触）（Мальчик трусливо трогал экспонат.）（小孩胆怯地摸着展品）隐喻另一具体动作"使微微一动，使微微现出，使变样"：Слабая улыбка трогает её губы；Волга была совсем гладкая, чуть трогала её местами рябь（她嘴角微微一动，掠过一丝笑容；伏尔加河波平如镜，只是偶尔泛起涟漪）。该动词隐喻主要运用的是形象—感知图式、重力—方式图式及重力—结果图式。

трогать（摸，触）（Мальчик трусливо трогал экспонат.）（小孩胆怯地摸着展品）隐喻"动用，使用，碰"这一具体动作意义：Не трогай мои книги；Отпускные деньги целы, я их не трогал；Потом Никитин долго не трогал своего денвника（不要动我的书；休假的工资如数都在，我没有动过；尼基金过后很久都没有再碰自己的日记）。该动词隐喻操作主要使用了形象—感知图式、重力—方式图式及重力—性质图式。

我们发现，触觉动词隐喻的意象图式主要表现为动作的形象—感知图式、重力—性质图式及重力—方式图式。这表明触觉动作的形象描述功能、力的作用性质及力的作用方式在动作事件的认知语义表现中起到了十分重要的作用。

4. 隐喻映射

相比于其他次语义类感知动词，触觉动词对应的行为概念语义更为具体、可感一些。与此相关，触觉动词隐喻的认知映射是把感知性较实在的行为概念域投射到抽象的动作域或者（较少）另一具体性质的行为域，因而喻体动作域的认知转移表现更为具体、丰富。

резать（刺［眼、耳等］）（Его голос режет слух；Режет в животе；Яркие краски режут глаз；Ледяной ветер режет лицо.）（他的声音刺耳；肚子里像刀割一样痛；鲜艳的颜色刺眼；寒风刺脸）隐喻"使痛苦，使伤心，刺伤，刺痛"：Поведение ученика режет сердце；Такое явление очень режет глаз（学生的举止让人寒心；这种现象令人看着扎眼［让人看着不舒服］）。该动词隐喻使用的是由具体感知动作域向抽象心理活动域的映射。

ощущать（感觉出来，觉得）（ощущать запах табака, ощущать холод, ощущать боль в руках；С тех пор очеи не осушала, И в сердце ад я ощущала, Оставшись в горестной стране….）（觉察出烟草味，觉得冷，感觉手疼痛；从那时起我眼泪就没有干过，感到内心成了地狱，生活在痛苦的世界里……）隐喻"意识到，认识到"：Они ощутили свою ответственность；Он ощущал недостаток в научной литературе；Друг ощущал ошибку в этом деле（他们意识到了自己的责任；他意识到了科学文献中的不足；朋友认识到了在这件事上的错误）。该动词隐喻运作使用的是由具体（生理）感知动作域向抽象智力活动域的映射。

осязать（触觉到，摸出来）（осязать тело мальчика пальцами）（用手指触摸到小孩的身体）隐喻"觉察，发现"：Мы не только предчувствуем победу, мы и начинаем её осязать; Месть лишь тогда сладка, когда имеешь возможность видеть и осязать её плоды; Я сердцем осязаю его присутствие во мне（我们不仅预感到了胜利，而且开始觉察到了它；复仇只当你有机会看到并触摸到它的果实时，它才会是甜蜜的；我用心感受到他存在于我心中）。该动词隐喻表现出来的是由具体感知动作域向抽象心智活动域的映射。

жечься（灼人，烫人）（Утюг жжётся.）（熨斗烫人）隐喻"东西贵得惊人，让人不敢问津"：Я не купил: очень жжётся（我没买，东西贵得烫手）。该动词隐喻使用的是由具体感知动作域向抽象评价活动域的映射。

мертветь（失去生气，[肢体等] 失去知觉，麻木）（Глаза больного мертвели; Лицо мертвеет; Ноги мертвеют; Пальцы мертвеют от холода.）（病人的眼睛失去生气；脸色僵硬；双腿失去知觉；手指冻得麻木）隐喻另一具体动作"（地方）变得无生气，变得荒芜"：Дача мертвеет после их переселения; Старый склад мертвел; Половинка села мертвела в одну ночь（他们搬家后别墅就没了生气；旧仓库已经变得荒芜了；一夜之间半个村庄都荒芜了）。该动词隐喻使用的是由一个具体动作域向另一具体动作域的映射、由直接感知动作域向间接感知动作域的映射。

теплеть（暖和起来，变得暖和）（Воздух теплел; Комната быстро теплеет.）（空气变得暖和；房间很快暖和起来）隐喻"（表情、眼神）变得温和"：Мимика Виктора постепенно теплеет; Глаза Симона теплели（维克多的表情渐渐温和起来；西蒙的眼神温和起来）。该动词隐喻使用的也同样是具体动作域之间的映射、由直接感知动作域向间接感知动作域的映射。

колоть（感觉刺痛）（Мне грудь колет; В боку колет.）（我胸中觉得刺痛；身体一侧感觉刺痛）隐喻"挖苦、嘲笑"：Они колют противника язвительными словами（他们用尖刻的话语挖苦对方）。该动词隐喻使用的是由感知动作域向抽象言语活动域的映射。

ощупать（[用手四处] 摸索，探索）（Дедушка медленно ощупал

карман; Хирург ощупал опухоль.)（爷爷慢慢摸索着衣兜；外科医生摸了摸肿处）隐喻"注视，打量"：Она ощупает девочку ласковыми глазами（她用温柔的目光仔细打量小女孩）。该动词隐喻使用的是具体动作域之间的映射、由触觉动作域向视力动作域的映射。

прикасаться（轻轻触及，碰一下；摸到）(Она прикоснулась к моей руке; Он прикоснулся своими усами до щёк сына; Печка так накалена, что нельзя прикоснуться.)（她碰了一下我的手；他的胡子触及儿子的面颊；炉子热得摸不得了）隐喻另一具体动作"（没有）尝一尝，（没有）尝过"：Он не прикоснулся ни к малыку, ни к свежей икре（他既没有尝过咸鱼脊肉，也没有尝过新鲜鱼子）。该动词隐喻使用的也是由一具体动作域向另一具体动作域的映射。

трогать（摸，触）(Мальчик трусливо трогал экспонат.)（小孩胆怯地摸着展品）隐喻另一具体动作"使微微一动，使微微现出，使变样"：Слабая улыбка трогает её губы; Волга была совсем гладкая, чуть трогала её местами рябь（她嘴角微微一动，掠过一丝笑容；伏尔加河波平如镜，只是偶尔泛起涟漪）。该动词隐喻使用的同样是由具体动作域向另一具体动作域的映射。通过触觉动作形象化地表现出事物关系状态。

трогать（摸，触）(Мальчик трусливо трогал экспонат.)（小孩胆怯地摸着展品）隐喻"动用，使用，碰"这一具体动作意义：Не трогай мои книги; Отпускные деньги целы, я их не трогал; Потом Никитин долго не трогал своего денвника（不要动我的书；休假的工资如数都在，我没有动过；尼基金过后很久都没有再碰自己的日记）。该动词隐喻使用的同样是由具体动作域向抽象性质的具体动作域、准抽象域的映射，使包含一定抽象概括性的异质集合行为得以简化、单一地体现。

观察发现，触觉动词隐喻的认知映射无论是由具体动作域向抽象动作域的投射还是向另一具体动作概念域的转移，都充分调动了日常生活中常见的动觉行为体验，并借助这一身体经验形成的认知熟觉来构建心理现实中新的动作概念结构、概念域。

5. 隐喻模式

触觉动词隐喻的特有联觉内容和方式形成了自己独特的认知操作套路，它主要通过实体化和结构化的认知规则和运作模型建构起动词新的认知语义。

резать（刺［眼、耳等］）（Его голос режет слух; Режет в животе; Яркие краски режут глаз; Ледяной ветер режет лицо.）（他的声音刺耳; 肚子里像刀割一样痛; 鲜艳的颜色刺眼; 寒风刺脸）隐喻"使痛苦, 使伤心, 刺伤, 刺痛": Поведение ученика режет сердце; Такое явление очень режет глаз（学生的举止让人寒心; 这种现象令人看着扎眼［让人看着不舒服］）。该动词隐喻操作使用的是本体隐喻模式, 在抽象情绪感受实体化的同时, 认知迁移逻辑性也得以彰显。

ощущать（感觉出来, 觉得）（ощущать запах табака, ощущать холод, ощушать боль в руках）（觉察出烟草味, 觉得冷, 感觉手疼痛）的身体感知意义可以隐喻衍生"意识到, 认识到, 心里感觉到": Они ощутили свою ответственность; Он ощущал недостаток в научной литературе; Друг ощущал ошибку в этом деле; С тех пор очей не осуша; Он ощушал недостаток в научной литературе; Друг ощущал ошибку в этом деле（他们意识到了自己的责任; 他意识到了科学文献中的不足; 朋友认识到了在这件事上的错误）。该动词隐喻运用的也是本体隐喻认知模式。

осязать（触觉到, 摸出来）（осязать тело мальчика пальцами）（用手指触摸到小孩的身体）隐喻"觉察, 发现": Мы не только предчувствуем победу, мы и начинаем её осязать; Месть лишь тогда сладка, когда имеешь возможность видеть и осязать её плоды; Я сердцем осязаю его присутствие во мне（我们不仅预感到了胜利, 而且开始觉察到了它; 复仇只当你有机会看到并触摸到它的果实时, 它才会是甜蜜的; 我用心感受到他存在于我心中）。该动词隐喻操作同样使用了本体隐喻模式。

жечься（灼人, 烫人）（Утюг жжётся.）（熨斗烫人）隐喻"东西贵得惊人, 让人不敢问津": Я не купил: очень жжётся（我没买, 东西贵得烫手）。该动词隐喻操作也使用了本体隐喻认知模式, 使抽象的评价活动得以具象化体现。

мертветь（失去生气, ［肢体等］失去知觉, 麻木）（Глаза больного мертвели; Лицо мертвеет; Ноги мертвеют; Пальцы мертвеют от холода.）（病人的眼睛失去生气; 脸色僵硬; 双腿失去知觉; 手指冻得麻木）隐喻另一具体动作"（地方）变得无生气, 变得荒芜": Дача мертвеет после их переселения; Старый склад мертвел; Половинка села мертвела в одну ночь（他们搬家后别墅就没了生气；旧仓库已经变得荒芜了；一夜之间半个村庄都荒芜了）。该动词隐喻主要使用的是结构隐喻模式，而由于这里本体动作中的间接感知具有一定抽象概括性，所以操作过程中也掺杂了一定本体隐喻的认知成分。

теплеть（暖和起来，变得暖和）（Воздух теплел；Комната быстро теплеет.）（空气变得暖和；房间很快暖和起来）隐喻"（表情、眼神）变得温和"：Мимика Виктора постепенно теплеет；Глаза Симона теплели（维克多的表情渐渐温和起来；西蒙的眼神温和起来）。这里的本体动作包含一定的理性判断因素，该动词隐喻操作使用的也是结构隐喻兼以本体隐喻的复合认知模式。

колоть（感觉刺痛）（Мне грудь колет；В боку колет.）（我胸中觉得刺痛；身体一侧感觉刺痛）隐喻"挖苦、嘲笑"：Они колют противника язвительными словами（他们用尖刻的话语挖苦对方）。该动词隐喻操作使用的是本体隐喻模式，抽象的言语评价活动得以具体呈现。

ощупать（[用手四处] 摸索，探索）（Дедушка медленно ощупал карман；Хирург ощупал опухоль.）（爷爷慢慢摸索着衣兜；外科医生摸了摸肿处）隐喻"注视，打量"：Она ощупает девочку ласковыми глазами（她用温柔的目光仔细打量小女孩）。该动词隐喻操作运用的是结构隐喻认知模式，通过具体触觉动作的结构关系来建构视觉动作的概念结构内容。

прикасаться（轻轻触及，碰一下；摸到）（Она прикоснулась к моей руке；Он прикоснулся своими усами до щёк сына；Печка так накалена, что нельзя прикоснуться.）（她碰了一下我的手；他的胡子触及儿子的面颊；炉子热得摸不得了）隐喻另一具体动作"（没有）尝一尝，（没有）尝过"：Он не прикоснулся ни к малыку, ни к свежей икре（他既没有尝过咸鱼脊肉，也没有尝过新鲜鱼子）。该动词隐喻使用的是结构隐喻模式，通过触觉动作结构来组织味觉动作的概念结构。

трогать（摸，触）（Мальчик трусливо трогал экспонат.）（小孩胆怯地摸着展品）隐喻另一具体动作"使微微一动，使微微现出，使变样"：Слабая улыбка трогает её губы；Волга была совсем гладкая, чуть трогала её местами рябь（她嘴角微微一动，掠过一丝笑容；伏尔加河波平如镜，只是偶尔泛起涟漪）。该动词隐喻操作同样运用了结构隐喻认知模式，触觉动作的概念结构反映出行为致使关系和状态呈现的动作架构。

　　трогать（摸，触）（Мальчик трусливо трогал экспонат.）（小孩胆怯地摸着展品）隐喻"动用，使用，碰"这一具体动作意义：Не трогай мои книги；Отпускные деньги целы, я их не трогал；Потом Никитин долго не трогал своего денвника（不要动我的书；休假的工资如数都在，我没有动过；尼基金过后很久都没有再碰自己的日记）。该动词隐喻操作使用的是结构隐喻兼以本体隐喻的复合模式，喻体触觉感知动作结构较为直观、形象地呈现出本体动作所包含的"复杂行为集合"概念结构。

　　触觉动词隐喻的认知模式有较为直观的动作框架和心理参照点，其具体操作主要使用的是本体隐喻和结构隐喻模式，通过本体隐喻使抽象本体动作获得触觉动作的具体行为的认知功能和特性，而借由结构隐喻赋予本体动作以一种触觉身体经验上的认知结构、过程特点、行为方式等方面的心理空间，使另一具体动作域的行为有了更为实在而又形象的认知表现。

三　小结

　　认知语义很大程度上是一种身体活动、身体经验的语言意识再现、延续和深化，这一认知关联性在俄语感知动词的隐喻意义衍生过程中得到了强有力的证明。以上分析表明，俄语感知动词蕴藏着强大的认知隐喻潜能和张力，有着极为丰富的隐喻意义类型，而这些不同的喻义类型背后有一套独特的认知操作方法、手段和机制支撑着它，这一机制包含相似性、语义错置、意象图式、隐喻映射及隐喻模式等认知运作内容，它们（尤其是相似性和语义错置）既是俄语感知动词隐喻建构的语义条件，又直接参与动词隐喻操作过程，发挥着语义基础和语义产出的双重效应和功能，这构成动词隐喻机制的一个重要特点，也显示出"动作—事件"认知环节的（衔接）贯连性和功能交织性。另外，认知相似性在感知动词隐喻运作中发挥着基础性的作用，这在不同感官感知动作域的认知联觉（跨感知域的喻义衍生）之中便可见一斑，而语义错置的重要性表现为它塑造出感知动词隐喻的特殊逻辑范畴语义关系，这种思维认识逻辑性是其隐喻产生的基本要件和运作前提，也因如此，不同次类感知动词的语义错置表现出较强的共性特征。研究还表明，同一大类中的感知动词喻义次类在隐喻机制上存在（一定）共性特征，不同大类感知动词的隐喻运作则存在明显不同，比如，视觉感知动词隐喻有自己的显著特点，它在本体与喻体的动作方向性或者动作线性上的认知相似性以及在动作投入、动作专注度方面表现出来的相似性都是其他类感知动词隐喻所没有的。进而言之，这从感知动词这一特定对象和角度反映出动词喻义不同，则其隐喻特点、隐喻操作性能也或多或少相应不同的语义机制，这是语言认知语义特点具体而重要的体现。

还想指出的是，通过感知动词隐喻意义的研究可以看出，俄语动词的隐喻意义是一个多方面认知因素协同参与、共同作用的结果，该意义系统的能产性、能动性从一个独特视角清晰地反映出动词隐喻的重要认知功能和积极认知效应。

第三节　俄语言语动词隐喻意义机制

"言语系统是一个最为复杂的系统，它把人同其他所有生命体相区别"（Апресян В.，Апресян Ю.，1993：31），言语动词是自然语言中最为常用的动词之一，而在基元型的言语意义动词之外，还有很大一部分是通过认知隐喻转化而来，这部分隐喻性言语动词在原初意义上往往表现生活中常见而熟悉的体力动作或物理作用行为，人们对这些动作具有相当高的认知度，并且它们同人的言语动作行为之间存在某种认知底蕴上的相似性，易于被人们用来隐喻言语动作，通过动作意义的引申、迁移表现各种类型的言语动作意义，而且基于身体经验的常识思考和认知联想，熟知度高的物理动词其言语活动喻义的派生几率往往也相应较大，"一个实义语词的使用频率越高，它被隐喻化的可能性也越高"（蔡龙权，2004：115）。隐喻性言语动词能够表现出一些为基本言语动词未能或者难以准确表达出来的相关动作意义内容，从认知角度丰富着俄语言语动词语义系统。本节有关这类动词言语活动隐喻意义机制的研究将主要解决两方面的问题，一是对其言语动作隐喻意义类型加以分析和梳理；二是进一步着重对其言语活动认知意义的隐喻运作模式（机制）展开讨论和研究，这包括认知相似性、语义错置、意象图式、隐喻映射及认知隐喻模式等方面的内容。通过研究，我们试图为俄语动词隐喻问题的探讨建立起一种意义产出机制及分析策略，同时为俄语动词认知语义和多义性的研究提供新的揭示。

一　物理作用动词的言语活动隐喻意义

（一）物理作用动词的"言语"意义隐喻问题

言语动词有自己特有的语义内涵，"言语活动动词是不带有行为目的的表言语的动词，以及表示发音方法而非言语目的的动词"（帕杜切娃，2011：338—340），"言语活动动词除了表示言语动作的说话方式、发音特点之外，还指出其同时表现出来的某种内在情感状态"（Бабенко и др.，1999：349）。而言语活动动词与日常生活中的具体物理作用、体力动作、状态之间存在十分自然的联系，后者身体感知性强、记忆点突出，便于向前者渗透、生发，因而物理作用动词极可能通过认知隐喻衍化出言语动作意义，使身体经验上的行为认知上升为言语概念—事理的知识性内容，并通过言语活动意义传达出这一心智—意志活动的成果，进而形成大量隐喻性言语动词。正如沈家煊指出，"人类概念系统中存在三个不同的概念域，即行域、知域、言域。反过来，这三个概念域之间的区别和联系在语言的许多方面都有反映"（沈家煊，2003：195）。这三个方面的相互关联在隐喻性言语动词的认知语义机制中有一种直观而积极的表现，可描述为：通过"知域"的认知活动把"行域"的具体动作实质内容投射到"言域"的思想表达活动中，具体的物理活动动词由此进入认知隐喻架构下的言语动词意义系统。非常重要的是，俄语动词通过认知隐喻表现言语活动具有较强的能产性，它可以成为一种意义产出的机制、管道，而从隐喻实质上看，动词这一言语语义的转变本身就是一种特殊的隐喻操作，"反复出现的这种词义演变是导管隐喻（即'管道隐喻'——引者注）"（张雁，2012：3）。

须要注意的是，俄语中不少情感意义动词也会引申出言语活动意义，"多数情感动词都能用以导出直接引语，且言说成分在该上下文中往往成为关注焦点"（Падучева，2004：85），但由此得来的表言语意义的动词一方面可能是共时因素影响的结果，另一方面不少时候是借助换喻方式而产生的，而却并非都是隐喻的结果。事实上与此相关，国内俄语界在有关言语动词的隐喻问题上，还存在一些认识上的误区和偏差，许多本原意义即言语义或换喻而来的言语义以及由构词派生得来的言语义往往被误读为隐喻意义。例如，俄语动词 заладить（重复、反复说 [заладить одно и то же]）、бормотать（小声嘟囔着说 [бормотать что-то вполголоса］）、верещать（［蟋蟀等］唧唧叫）、болтать（闲谈，讲空话）、лопотать（嘟囔［Он что-то лопотал по-немецки］）、мямлить（懒洋洋地说话，说得慢而不清楚）、заливать（说谎）、лепетать（含糊不清地说，闲聊）、молоть（说废话，闲扯，胡说）（这是由词组молоть чепуху/вздор 的语义缩合而来）、подначивать（挑逗，唆使）、острить（说俏皮话，挖苦）、придраться（无端责备，数说）、обломать（说服，劝服"）、отколоть（冒失地说）、отмочить（胡说，说蠢话［отмочить глупость］）、ляпнуть（胡说，突然冒出不恰当的话［ляпнуть ерунду］）、пикнуть（犟嘴，说［一句］反对的话）、твердить（反复讲，强调地说）、сболтнуть（瞎说，说走了嘴：сболтнуть лишнее, сболтнуть глупость）、замечать（说出［自己见解］，说道；指责，警告）、крыть（骂，斥责）、закрутить（俏皮地说，巧妙地说）、завернуть（忽然说出一句［俏皮话或难听的话］）、городить（городить чепуху［胡扯，胡说八道］）、греть（责备，责骂）、ныть（老是诉苦，埋怨，发牢骚）、сорвать（发泄，撒气）（сорвать гнев/злобу/зло на ком, 把气/仇恨撒在某人身上）、придраться（找茬儿，无故数落，责备）、толковать（闲谈，议论，说明［表"讲解，说明"时与换喻有关］）、поддакивать（随声附和）之类没有明显"言语活动"意义认知隐喻理据的动词被误认作隐喻性言语动词。而动词калякать 表示的"谈话，聊天"之义，клепать 表示的"诽谤，污蔑，造谣中伤"义，тараторить 的"炒爆豆子般说话，嘟哝"意义，заладить 的"重复、反复说"（заладить одно и то же）意义都纯属于其基本义，也被一些研究视为隐喻意义。另外，一些动词固定表达式或熟语如 нести вздор/чепуху 的"胡说八道"意义，перемыть косточки кому 表示的"造谣，说人坏话，搬弄是非"意义，точить сказки/язык 表示的"闲扯瞎话，磨嘴皮子"意义，чесать язык 的"瞎扯，说废话；胡言"意义，распустить язык 的"滔滔不绝地说，乱说，多嘴"意义，отнять язык（отнялся язык）的"（使）一时说不出话来"意义，придержать/удержать язык 的"忍住不说；住嘴"意义，проглотить язык 的"默不作声，不吭声"意义，прикусить язык 的"突然住口，把话咽回去"意义，не сходить с языка у кого 的"总是挂在……嘴边"意义实际也与动词隐喻无关。还有 выбалтывать（无意中泄露……）、разввонить（四处散布闲话、风闻）、растрезвонить（四处散布，到处去说）等表示的"散布"这一引申意义更多与动词前缀的构词意义有关，而不是来自认知隐喻。这一问题值得关注。

（二）物理作用动词的言语活动隐喻意义次范畴化

进一步讲，物理作用动词的"言语"喻义次范畴、特征同隐喻时具体掺入的言语方式、言语过程特点等涉身经验（具身体验运作）认知语义因子密切相关，"语义特征原本脱胎于人类认知，是认知结果的一种积淀与转化"（彭玉海，2005：69）。特定认知隐喻条件下，俄语物理作用动词可以产出丰富的言语认知语义。我们主要梳理出其言语方式、言语评价、言语态度、言语影响—作用、言语发音特点、言语过程特点等六种隐喻意义次范畴类型。但这些次语义类之间可能有交叉或者是不同次类交织于一体，正如 Н. О. Кириллова 指出，"言语活动内容的不同方面经常在一起出现而并非总是泾渭分明，尤其是言语评价和言语态度往往含有言语相互影响因素"（Кириллова，2006：142）。下面分别对相关动词的隐喻性言语活动意义次类展开讨论。

1. 言语方式隐喻意义言语动词

言语方式指言语动作进行的行为方式，即言语进展表现出来的特征、状态性能，包括说话腔调（音调）、语气、节奏或韵律、决断性、连续性、突发性、清晰度及话语伴随的精神、意志（活动）状态等。在隐喻过程中，这同喻体动作的物理作用特点、方式、手段等有直接的因承关系。表示该次类言语意义的主要有以下隐喻性动词。

отрезать（切割下，截断）（отрезать бревно）（锯断原木）隐喻"断然回绝，斩钉截铁地说"这一意义：Не позволю! —отрезал отец（父亲断然回绝："我不准！"）。

продребезжать（发出一阵连续的颤动声音）（Дверь пробрежала стёклами.）（门上的玻璃颤动发出一阵响声）隐喻"说话时就像玻璃打碎、金属颤动发出的声音一样断续地说话"：В этот серьезный момент и ответственный момент бракосочетания Ирины и Алексея что-то продребезжал своим гаденьким тенорком Карлушин（在伊琳娜与阿列克赛结婚的庄严而重要的时刻，卡尔鲁申用他那可恶而低沉的男高音说了什么）。

прошелестеть（簌簌响，沙沙响）（Ветер шелестит травой［风吹草动簌簌响］；Под ногами шелестели жёлтые, сухие литься［枯黄的树叶在脚下簌簌作响］）隐喻"低声絮语"之义：《Оставь меня в покое》, —вяло прошелестел её голос ("别打扰我", —她无力地低声絮语道)。

шуршать (沙沙作声, 簌簌作响) (Шуршат камыши [芦苇在沙沙响]; Она прошла мимо меня, шурша шёлковой юбкой. [她从身边走过, 绸裙沙沙作响]) 隐喻"叨叨咕咕地发怨言", 但它表示的这一动作没有排斥感, 并带着一定的好感和爱意, 而这由动作喻体的"轻柔、一拂而过"的形象感而来: Старик любит, когда жена шуршит перед ним (老头子喜欢有妻子在旁边絮叨)。即使 Не шурши! 表示的"别抱怨了吧!""别发牢骚了!"在语气上也相对缓和。

стонать (呻吟, 哼哼, 发出呜咽声) (Ветер стонет) (风声呜咽) 隐喻"哼哼着说, 哀怨, 哀叹": Ох, табак! — стонал Василий (哎哟, 这个烟啊! 瓦西里呻吟着说)。

пролиться (流出, 洒出, 溢出) 隐喻"温和地说出": Из скупых уст мастера пролился поток снисходительных ласковых слов (从师傅惜字如金的嘴里吐出了一席宽厚、柔和的话语)。

отпустить (放走, 放开, 放出去) (отпустить птичку из клетки) (把小鸟从笼子里放出) 隐喻"说出意外、不恰当的话": отпустить комплимент, отпустить шутку (开[不恰当]玩笑), 借助"一不小心把……放出去"的喻体行为特点表现出说话时很释然的动作方式。

пропустить (使通过, 错过, 放过) (Прораб пропустила воду через фильтр; Он пропустил почтовый ящик, и чтобы опустить письма, он вернулся назад) (工长用过滤器过滤水; 他没留神走过了邮筒, 于是折身回去投信) 隐喻"漫不经心地说, 半张着嘴说": пропустить несколько слов губы, пропустить слова сквозь зубы (漫不经心地吐出几句话, 从牙缝里挤出几个词)。

разнести (分别送达) (разнести газеты по квартирам) (把报纸分送到各住宅) 隐喻"传播, 散布": разнести новость по городу (把消息传遍城市)。

вклинить/вклинять (楔入, 打入, 挤入) (Плотник вклинил доску в щель) (木匠把扳子楔入隙缝里) 隐喻"(在别人谈话时) 插话": Инженер взволнованно вклинил фразу (工程师兴奋地插进了一句话)。

рычать (动物发威吼叫) (Собака рычит на прохожего.) (狗对路

过的人发威吼叫）隐喻"吼叫着说"之义：Он рычит на неё от ревности（他嫉恨地对她吼叫）。

рявкать（野兽吼叫）（Тигр рявкает［虎啸］）隐喻"扯开嗓门喊，大声呵斥"：Не рявкай на мальчика（你别大声呵斥孩子）。

залаять（吠叫起来）（Залаяла чуткая собака.）（机灵的小狗狂叫起来）隐喻"破口大骂"之义：Она залаяла при всех（她当着大伙面破口大骂）。

галдеть（鸟鸣叽叽喳喳）（Целые тучи воробьёв галдели у кладовой.）（成群的麻雀在仓库旁边叽叽喳喳地叫）隐喻"喧闹，嚷嚷"：Замолчите! Не галдите!（安静些！别嚷嚷！）

щебетать（唧喳叫，作唧啾声）（Птичка щебечет.）（小鸟啾啾叫）隐喻"小孩、妇女等叽叽喳喳地说话"。

воркавать（［鸽子］作咕咕声）（Ворковали голуби.）隐喻"低声絮语，柔声絮语地谈话"。

стрекотать（噼啪响个不停）隐喻"连珠炮似地说个不停"：Старуха сыну стрекочет языком（老太太对儿子喋喋不休）。该喻义同时附带有一定评价意义。

строчить（连针脚缝）（строчить рукава）隐喻"连珠炮似地说"：Что там строчишь?（你在那里不停地说什么?）

сыпать（倒出，撒落）（сыпать муку в мешок［把面粉倒入口袋里］，сыпать соль в суп［往汤里放盐］）隐喻"滔滔不绝地说出，炒爆豆般地说出"之义①（Марья Кирилловна сыпала про близких свои вопросы, он молчал［玛丽娅·基里洛夫娜一连串提了很多与亲人有关的问题，而他却默不作声］；Она сыпала остротами［她一个劲地说俏皮话］；Молодая врач так и сыпала учеными терминами на родственников больной, пытаясь загладить допущенную его оплошность［年轻医生向病人亲属一下子说出了一大堆医学用语，想以此减轻自己的过失］）。

шпарить（［用开水］浇，烫）（шпарить тараканов）（烫蟑螂）隐喻"赶忙着说"：Никто не слушает, а он всё шпарит（谁也不听，可他

---

① 该喻义会在其有构词派生关系的动词中保留效率。"前缀型动词往往保持属于无前缀动词的隐喻转义：пересыпать речь остротами。"（Кронгауз, 2005：188）

还是滔滔不绝地说着）。

цокотать（动物叽叽地叫）（Цокочет белка）（松鼠叽叽叫）隐喻"像炒爆豆似地说，没完没了地说"：Она цокочет как сорока（她说起话来没完没了）。

цедить（用嘴慢慢啜，抿）（цедить водку сквозь зубы）（慢慢饮啜酒）隐喻"慢而含糊地说，从牙缝里挤出话来"：цедить слова сквозь зубы（从牙缝里挤出几句话来）。

сорваться（脱落，跌落，滑落）（Пуговка сорвалась［一颗纽扣掉了］; Он сорвался с пихты［他从一株冷杉树上滑落下来］）隐喻"突然说出，脱口而出"：Сорвалось слово（迸出了一句话）。

разливаться（洒出，泼出）隐喻"兴致勃勃地说，滔滔不绝地说"：Мальчик весело разливался（男孩愉快而兴致勃勃地说道）。

молотить（打谷，脱粒）隐喻"快速地讲"：Костя молотил нам, это было не так（科斯佳快速地对我们说，事情不是那样的）。

чеканить（冲制，模压）（чеканить надпись на медалях）（在奖章上模压出题字）隐喻"清晰地说出每个音或词"（чеканить слово）。

мычать（牛哞哞叫）隐喻"含混不清地讲"：Он мычал что-то невнятное（他说了些含混不清的话语）；Мария как-то странно мычала, точно у неё отнялся язык（玛利亚有些奇怪地说了一些含混的话，好像舌头被割了似的）。该喻义含有一定评价意义。

проглотить（吞下，咽下）（проглотить кусок хлеба）（咽下一块面包）隐喻"口齿不清地说"：От волнения он проглотил конец фразы（由于激动他把句尾说得口齿不清）。

слететь（飞下，飞落）（Птичка беззвучно слетела на ветку.）（小鸟悄然飞落在树枝上）隐喻"突然说出，脱口而出"：Это слово у него нечаянно слетело с языка（这句话他是无意中脱口说出来的）。

барабанить（敲鼓、打鼓）隐喻性转换的语义表示"说话很快、用力、生硬、大声"：Монотонно барабанит страницу за страницей（他单调乏味地一页页大声读着）。隐喻性的表达中糅和了初原语义所包含的动作方式和声音特点，动作方式是其隐喻衍生的认知理据。

выстрелить（放一枪，射击）本义包含的动作具有"突然性"的语义特点，这一特点作为转义的联想基础，在隐喻表示言语行为时，意义是

"突然说出，贸然说出，脱口而出""一连串地说出，连珠炮似地说出"。例如：Он выстрелил цитатами（他突然举出一连串引文）；—Где они? —прямо с порога выстрелил вошедший（—他们在哪儿？—来者还没迈进门槛就脱口问道）。

выпалить/выпаливать（开枪，放炮）（выпалить из ружья/вверх/в дерево）隐喻"突然说出，不假思索地说出"：Парень выпалить ругательство（小伙子突然迸出一句粗话）；Он выпалил всё это единым духом（这些话从他嘴里一口气蹦了出来）；Все неприятные известия мать, приходя домой, выпаливала семье и быстро забывала о них）（母亲回到家把所有不愉快的事一口气说给家里人听，又很快把它们忘掉）。

2. 言语评价隐喻意义言语动词

评价往往是价值性的思想认识反映，而"价值性表现主体与周围事物、现象的不同关系"（Барану，1987：14）。言语评价是指"言语主体在说话人那里得到的行为评价"（Апресян，2005：26），即施喻者对言语肇始者及言语动作事件的一种价值评价和理性判断，含价值性、社会性、实用性等认知成分，甚至包含了对言说行为、言说者的某种情绪反应。隐喻性的"评价"语义类言语动词所掺入的"评价"意义表现为认知主体对动作事件、对象的"认识标准和价值意识"（Арутюнова，1988：12），其主观认识性成分突出，往往强调动作性质的消极性、负面性，其中一些是借助动物形象、来自表动物的名词。而且表负面评价的言语动词隐喻可能夹杂某种情感色彩。表示该次类言语意义的主要有以下隐喻性动词。

пропороть（弄破、扎破）（Он упал на острый сук и пропорол себе плечо.）（他摔倒在一根尖树枝上，戳破了肩膀）隐喻"瞎说、胡乱说"：Целый вечер пропорол глупости（说了一晚上胡话）。

трепать（揉搓、扯拽；抚摸，拍打）（трепать старые канаты на паклю）（把旧缆绳搓撕成麻屑）（трепать рукой по шее скакуна）（用手抚摸跑马的脖子）隐喻"胡扯、饶舌"之义：Он, знаешь, какой! Чуть что, сейчас язык распустит и пойдёт трепать（他就是这样一个人！一有点事就顺嘴胡扯）。

потрепать（轻轻打几下）（маленько потрепать сына по плечу）（轻轻拍打几下儿子肩膀）隐喻"责骂，指责一顿"：На собрании все потрепали её（会上她受到大家指责）。

есть/съесть（吃，吃掉）隐喻"责备，责骂，责骂、挑剔得使吃不消"：Ели его целый день в семье；Тёща совсем съела его（家里责备了他一整天；丈母娘责怪得使他吃不消）。

грызть（啃，咬）（грызть кость，грызть цепь）（啃骨头，[马等] 咬环）隐喻"吹毛求疵地责骂"：Чего ты грызёшь его с утра до вечера? （你为什么一天到晚总是吹毛求疵地责怪他？）

продрать（撕破，磨破；撕裂，撕伤）（продрать рукава на локтях, продрать мясо до самых позвонков）（把两袖的肘部磨破，撕伤肌肉深至脊椎）隐喻"狠狠训斥，狠狠批评"之义：Продерите их покрепче, чтобы почувстовали（狠狠训斥他们一顿，要让他们知道厉害）。

брехать（吠）（Собака брешет.）（犬吠）隐喻"撒谎，诽谤"之义：Неправда, брешут они（不对，他们扯谎）；Они брещут на друга （他们诽谤朋友）。собачиться（破口大骂，对骂），лаяться（骂人，骂架，骂街），лаять（责骂，骂詈）的隐喻意义有一个共性，那就是都同对"狗"这一动物的认识评价（不赞）有关。

каркать（乌鸦及其他某些鸟哑哑叫）隐喻"说丧气话，说不吉利的话"：Будет тебе каркать, поживём, увидим（你别再说丧气话了，咱们走着瞧吧）。

реветь（怒吼，狂号）（Буря ревёт.）（暴风雨怒号）隐喻"狂喊，叫嚣"：Там ревела толпа фашистов（一群法西斯分子在那里叫嚣）。

разнести（分别送到）（разнести всем по чашке чаю）（给每人送上一杯茶）隐喻"大骂一顿"：разнести нерадивого работника（把懒散的工作人员大骂一顿）。

Наскочить（猛然扑向……）（Он наскочил на меня）（他朝我猛扑过来）隐喻"冲人责怪，非难，挑刺"：Что ты на меня наскочил? Я тут ни при чём（你怎么冲我来了？这与我无关）。

подкалывать（刺伤，扎伤）隐喻"挖苦，揶揄，刺激"之义，шпилить（别上发簪）隐喻"挖苦，讽刺"。

трубить（吹[号、喇叭等]）（Трубы трубят；Солдаты трубят марш）（军号在吹；战士们吹进行曲）一方面隐喻"用粗嗓门说、喊"：Мужики там на улице трубят（男子们在街上高声喊叫）。另一方面，进而可以隐喻"大肆声张，大吹大擂，吹嘘，鼓吹"的意义：Они трубили о своих успехах（他们大肆吹嘘自己的成绩）。

раздуть（吹旺，鼓风使燃烧旺盛）（Он раздул печь［他把炉火扇旺］；Ветер раздул пожар［风把火势吹得更旺］）隐喻"吹嘘，夸大，夸张"之义：Докладчик, видимо, раздул свой успех（看来，报告人吹嘘了自己的成绩）；Соперник односторонне раздувал нашу ошибку（对方片面夸大了我们的过错）。

заехат（到太远的地方，越过某范围）隐喻表示"说得太过"之义：Это он заехал слишком далеко, я ему не верю（他把话说得太过了，我不相信他）。

чернить（染黑，涂黑）（чернить волосы）隐喻"诋毁，中伤，向人抹黑"：чернить старых друзей（诋毁老朋友）。

язвить（刺伤，使受伤）隐喻"辱骂，诋毁"：В отместку язвил он его при всяком случае（为了报复他一有机会就辱骂他）。此外，该动词还有"挖苦，说刻薄话，嘲弄"的隐喻意义：Это он язвит на их счёт（他这是在挖苦他们）。

колоть（刺痛，扎痛）（колоть булавкой）（用别针刺）隐喻"刺激，挖苦"之义：колоть кого замечаниями（用话语刺激，用话挖苦）。

скулить（哀怨地尖声吠叫）隐喻"讨厌地诉苦，老是发牢骚"之义。

врезать（刺入，扎入）（врезать лопаты в грунт）（把锹插入土中）隐喻"训斥，责骂"：Бригадир ему сейчас врежет насчёт всего（对这一切，队长马上就会训他一顿的）。

разить（用力打，击打）（Каменщик разил кирпич молотком）（瓦匠用锤子击打砖头）隐喻"无情抨击，无情批评"：Они разили соперника（他们无情抨击对方）。

городить（围上垣墙，围上栅栏）（городить огород）（给菜园子围上篱笆）隐喻"胡说，胡扯"：Что за чепуху ты городишь?（你胡说八道些什么？）

насочинить（编出，编写出）隐喻"胡说，胡编，瞎诌［许多］"的意义：Виктор что-то насочинил им（维克多对他们胡说了些什么）。

лепить（营造［巢］，塑造，筑［蜂房］）（Ласточки лепят гнёзда）（燕子筑巢）隐喻"闲谈，胡扯"之义：Вот смотри, он там лепит（瞧，

他正在那儿胡扯着呢)。

петлять（弯曲地走）(Дети петляют по улице) 隐喻表示"语无伦次地讲，离题很远地胡诌"之义：На собрании он часто петляет без толку（他经常在会上没有厘头地胡诌)。

плести（编制、编织)（плести корзину）(编篮子) 隐喻"捏造，编造，瞎说"这一意义：плести оправдания（编造辩解的话)。

трепаться（摆动，飘扬；抖动，挣扎）的隐喻意义"瞎扯"（Ни одному моему слову не верят. Думают, я треплюсь.）(我说的话他们一句都不相信，以为我在胡扯)，这来源于其"飘摆不定"的动作意象联想。

припаять（焊接上）(припаять ручку к чайнику)（给茶壶焊上柄）隐喻"把罪名、恶名强加于……，硬说某人不是、短处、坏话"：Припаяли инвалидность, а я ещё работать могу（硬说我残废，可我还能工作)。

3. 言语态度隐喻意义言语动词

所谓言语态度是施喻者对言语情景—事件或（和）言语者所持的情感、态度和心理认同感，是认知主体对言语事件的一种情感反应和情绪体验[1]，直观反映和主观感受性成分强，主要包括反感、讨厌、厌恶等排斥性情绪，有时也可能表现正面的某种好感、积极情绪。它与上一类隐喻意义动词即言语评价动词的主要差别反映在施喻者的主观体验性和理性表达性上面，虽然有不少学者把评价和态度混同或等同起来[2]，但事实上二者的概念内涵有明显差异。表示该次类言语意义的主要有以下隐喻性动词。

трепать（揉搓、扯拽；抚摸，拍打）(трепать старые канаты на паклю)（把旧缆绳搓撕成麻屑）(трепать рукой по шее скакуна)（用手抚摸跑马的脖子) 隐喻"数落、常常指责"：Треплют вас за статью? - сочувственно спросил он（"您因为写文章的事常常挨说吧?"——他同情

---

[1] 这体现出言语态度动词一定的"表情性"，在此它将认知中的言语主观性成分表现为主体的一种心理状态。"表情性是语言言语单位的一系列特征，说话人通过这些特征表达自己对言语内容或受话人所持的主观态度。"（参见 Сковородников, Копина 2004：287—302)

[2] 如 Л. Г. Бабенко, И. М. Волчкова 等通过"态度"性的内容来解释、描写"评价"性的特征（Бабенко, Волчкова и др., 1999：593)。

地问道)。

налететь (本义为"飞扑,从空中袭击") (Ястреб налетел на кур [鹞鹰向鸡猛扑过去]; Наша авиация налетела на вражеский штаб [我空军袭击了敌军司令部]) 隐喻"呵斥、呵责(非难、威胁、辱骂)<口语>": Он налетел на меня с упрёками (他突然严厉地责备了我); Он налетел на шалуна (他严厉申斥不务正业的人)。该隐喻意义隐含有一种"意外、让人难以接受"的语义成分。

распустить (松开,放开,打开) (распустить вожжи, распустить косы, распустить веер) (松开缰绳,放开发辫,打开折扇) 隐喻: "散布,传播(谣言等)": распустить сплетню (散布谣言)。该言语隐喻意义含一定方式意义成分)。需要指出的是,该动词与разнести 的隐喻意义有所不同,后者转指的是"中立"的言语动作方式意义。

перебивать (击断,打断) (перебивать провод) (击断电线) 隐喻"打断他人话头": Он перебил собеседника (打断对方的话); Подружка пыталась объяснить Татьяне всё случившееся, но та резко перебила её (女友试图向塔吉扬娜解释所发生的一切,但她却断然打断了她的话)。

жужжать (嗡嗡叫,飕飕响) (Жужжат комары; Пули жужжат над головой.) (苍蝇嗡嗡叫;子弹在头上方飕飕响) 隐喻"老是讨厌地叨叨(一件事)": Что ты жужжишь над ухом? (你老在耳根子边叨叨什么呀?)

зудеть (发单调的嗡嗡声) (Пчёлы одна за другой зудели в воздухе.) (蜜蜂一个接着一个地在空中嗡嗡作响) 隐喻"絮叨,唠叨,纠缠不休": Мне маменька давно зудит:《женись, женись》(妈妈早就絮絮叨叨地对我说:"结婚吧,结婚吧!") Да перестань ты зудеть! Дай хоть минуту покой (你别唠叨了!哪怕让人安静一分钟也好)。

скрипеть (吱吱作响) (Сапоги скрипят [皮靴吱吱响]; Больной скрипит зубами [病人切齿作声]) 隐喻"吱吱地讨厌地讲": Он скрипит по целым дням в кабинете (他在办公室成天吱吱哑哑,让人讨厌)。

тарахтеть (轧轧响,嗒嗒响) (Тарахтят телеги по пыльной дороге) (大车在尘土飞扬的路上走得轧轧响) 隐喻"不停地说,唠唠叨叨,喋喋不休": Дуся там тарахтит всякие пустяки (杜霞在那里对一些琐碎小事唠叨个不停）。

ворчать（狗等发怒时呜呜叫）(Собака ворчит на прохожиз)（狗向过路人低沉地呜呜叫着）隐喻"嘟哝，唠叨，说埋怨话"：Старик на всех ворчит（老人对所有人总是说埋怨话）。

дудеть（吹笛子，吹口哨）(Он, особенным образом отдувая щёку, дудел морской марш.)（他样子特别，鼓着一边面颊吹着海军进行曲）隐喻"唠叨"：С утра до ночи в уши дудят: то не так, другое не так（从早到晚一个劲儿唠叨：这也不对，那也不对）。

вякать（哼哼唧唧地叫唤）隐喻"说废话"。

пилить（锯）隐喻"不停唠叨埋怨，老是挑刺"：Жена пилила детей за мелочи（妻子为些琐事不停数落埋怨孩子们）。

бухать（咕咚倒下，扑通跌下）(бухать об пол 咕咚倒在地上, бухать кому в ноги 扑通跪在……面前）隐喻"脱口说出不该说的话"：Она бухал что-нибудь бестактное（他脱口说出些没分寸的话）；Нельзя так бухать при посторонних（当着外人不应该随便讲话）。

загнуть（扭弯，折弯）(загнуть конец проволоки)（把铁丝头扭弯）隐喻"说出，提出（荒诞无稽的话、问题、要求等）；骂人"：Она загнула дурное слово（她说出荒诞的话）；Ишь, куда загнул（瞧，这扯到哪儿去了！）。

точить（削，磨）(точить нож, точить карандаш)（磨刀，削笔）隐喻"不断地责骂，不停地数落"：Бригадир чуть что точит рабочих（工长动辄数落工人们）。

брякать（金属或玻璃等发出叮当的响声）(У калитки брякнуло кольцо.)（栅栏门上的吊环当啷一响）隐喻"不慎地说出，贸然说出[不赞]"：Зачем он брякнул это при стариках? Им кто-то уже брякнул о тайной женитьбе любимого сына（他为什么当着老人们贸然说出这些话？有人不小心将他爱子秘密结婚的事向他们讲出来了）。

резать（切，割，剪，锯）(резать руку, резать хлеб ломтями)（割伤手，把面包切成片）隐喻"不客气地说，很冲地说，直言不讳"：Так прямо ему и режь!（对他照直说!）

рубить (рубить дрова топором)（用斧子劈木材）隐喻"一字一顿地说；直截了当（生硬）地说，尖锐、不客气地说"：Надо растолковать ей это постепенно, а не рубить（这个事要慢慢地向她解释明白，而不要生硬地一讲就算了）。

шипеть（发出咝咝声，吱吱声）（Змея шипит）（蛇发出咝咝声）隐喻"低声埋怨，指责，低声嘟哝表示不满"：При этом она всё время шипела на меня, бранила меня, корила меня（同时她不断地埋怨我，责骂我）；Воспитательница детского дома часто бранила ребятишек, шипела на них за любую оплошность（幼儿园教员经常责怪孩子们，任何小错误都要埋怨他们）。

рыкать（［野兽］凶猛吼叫、咆哮）隐喻"粗暴断续地说话"：Ты на меня не рыкай!（你别跟我吼！）

трещать（干裂、迸裂而噼啪作响）（Дрова трещали в печи.）（干柴在炉子里不住地噼啪响）隐喻"喋喋不休地说，炒爆豆般地说；说些无聊的话，说废话"：В соседней комнате трещали весь вечер（隔壁房间喋喋不休地讲了一晚上）。

ронять（无意、不慎掉落，失落）（Дочка роняла конфету изо рта.）（女儿的糖果从口里掉出）隐喻"随随便便地说，不大客气地说"：Ученик ронял вопросы один за другим（学生随随便便地提出一个接一个的问题）。

долбить（捶击，敲打；凿，啄）(долбить себя по колену 捶打自己膝盖，долбить дверь 一个劲地敲门；долбить лёд 凿冰，долбить долотом стену 用凿子在墙上凿孔，Дятел усердно долбил деревья 啄木鸟在辛勤地啄树)隐喻"用言语刁难、折损人"（Она долбит сына за 《двойку》）（她因为儿子只得了两分而责难他）或"一再重复，唠叨"（Как его ни долби, он не сердится.）（不管别人怎么数落他，他都没生气）这一意义。

расписать（分别抄下、写下）（расписать слова на карточки）（把单词分别抄在卡片上）隐喻"绘声绘色、夸张地描述，渲染"：Мне его расписали как прекрасного работника（人们向我把他渲染成一个优秀的工作人员）。

нудить（使疲惫，累乏）（Не нудь себя работой.）（别让活计把你累着）隐喻"（不断地讲）把人说累、说疲乏"：Он нудил нас всех своим докладом（他的报告真把我们都给说累了）。

вертеться（旋转，在一个地方来回走动）隐喻言语活动"绕弯子、搪塞、兜圈子"。

соваться（硬往某处挤，钻，闯）(Не спросясь броду, не суйся в воду.)（没弄清渡口深浅，先别冒险涉水）隐喻"硬要过问"：Она совалась со своими советами；Нам-то в спор чего соваться? Наше дело сторона（她硬是要给人出主意；我们干吗硬要去参加争辩？而我们的事是袖手旁观）。

вилять（摇摆，摇晃）(Колесо виляет; Щенок виляет хвостом)（车轮左右摇晃；小狗摇尾巴）隐喻"支吾，搪塞，闪烁其词"：Не виляй, и говори правду（说实话，不要支支吾吾）。

увиливать/увильнуть（[机灵地]躲闪；溜开）(Рыбка увильнула от крючка.)（鱼儿机敏地溜开了钓钩）隐喻"支吾搪塞"：Он увильнул от прямого ответа（他对正面回答支吾搪塞）。

перебить（击断，打断）(перебить провод)（打断电线）隐喻"打断别人谈话，打断话头"：перебить собеседника/чью речь/слова/речь/рассказ（打断对方谈话，打断某人的话/发言/叙述）。

срезать（切开，打断，使风化剥蚀）(срезать корку сыра, срезать провода, срезать цветок)（削下奶酪皮，切开电线、打断电线，打下、剪下一朵花）隐喻"生硬地打短……的话，使下不来台，用不顾情面的话使难为情"：

4. 言语影响—作用隐喻意义言语动词

所谓"言语影响—作用"是指言语活动内容在客体对象身上起到某种作用，让对方以某种方式完成一个动作事件，或者通过言语内容间接对对方产生某种影响，使抽象的言语活动内容在言语客体身上转化为一种物质性的动作表现，因而该次语义类动词可能附含一定"动因"或"理据"意味。表示该次类言语意义的主要有以下隐喻性动词。

налегать/налечь（[为实施某一动作]用力压向）(Он налёг на вёсла и стал работать ими что есть силы.)（他把身子俯向船桨拼命地划起来）隐喻"突出、强调（音、词等）""催促<俗>"：Он налегает на своих помощников（他催促自己助手们加把劲）。

понукать（催赶[马等]）隐喻"催促……（快做某事）"：Он понукает ребят работать скорее（他催促大伙快点干活）。

бодрить 本表示"使振奋精神"（Весений воздух бодрит нас），可以表示特定的言语动作，获得"鼓励"的隐喻意义；Чего ты боишься, дурачок? —бодрил его брат（小傻瓜，你害怕什么？——哥哥鼓励他道）。

вкрутить（旋入、捻入、拧入、扭入）（вкрутить лампочку в патрон）（将灯泡拧入灯头）根据本原意义所含的"附加或不太平常的动作特性"可隐喻"使相信虚假的东西（粗，俗），向……灌输错误的东西"：Она вкрутил тебе ложь в голову（她向你灌输些虚假的东西）。

казнить（惩罚，处决）隐喻"（对恶行、缺点等）痛斥，抨击，谴责"这一意义。

клеймить（盖上印记，打上烙印）隐喻"痛斥，抨击"意义：клеймить изменников революции（痛斥革命叛徒）。

бичевать（鞭打）隐喻"严厉批评，严厉抨击"之义：Он бичует пороки на собрании（他在会议上严厉批评各种恶习）。

подбить（在……下面钉上）（подбить доску к ящику）（在箱子下面钉上一块板子）隐喻"怂恿，唆使"之义：подбить кого на воровство（唆使人去偷盗）。

склонять（使倾向于……，使站到[某一方]）隐喻"说服，劝服；唆使"这一意义：склонять на хорошее/дурное（劝做善事/唆使干坏事），Они склонили шведского принца выступить против Наполеона（他们说服瑞典王储出兵反抗拿破仑）。

5. 言语发音特点隐喻意义言语动词

言语发音特点主要表现为说话时在音高、音强、音长及音色等方面表现出来的发音物理属性，这也构成它与言语方式之间的区别。表示该次类言语意义的主要有以下隐喻性动词。

протянуть（拉，拉过[某段距离]）（Верёвку протянула через двор）（在院子里拉上一条绳子）隐喻"拉长声音说，慢声说"：Это такое дело—надо подумать, —протянул он（他拉长音慢慢地说："这样的事，得考虑考虑。"）。

извергать（[火]喷出，吐出）（Вулкан изверг лаву.）（火山喷出熔岩）隐喻"（高声）喊出，说出"：извергать проклятия/ругательство（大声咒骂/说出骂人的话）；В минуту раздражения декан извергал избыток своих чувств на тех, кто оказывался рядом（气愤之下主任对身边的

人说了些过分的话）。

громыхать/громыхнуть（轰隆响）（Поезд громыхает.）（火车声隆隆）隐喻"（用有力而响亮的嗓音）大声喊"：Парень громыхнул во всю мочь（小伙子铆足劲大喊一声）。

греметь（轰鸣）（Гремят выстрелы.）（炮声隆隆）隐喻"情绪激昂地说，怒气冲冲地说"：Прочь с дороги! —гремит он（他气冲冲地高声吼道，"让开路！"）。

кудахтать（母鸡等作咕哒声）隐喻"咕哝着说话"。

пищать（鸟或其他小动物尖声叫）（Птицы пищат）隐喻"尖声说，尖叫着说"：—Пустите меня! —пищит мальчик（"放开我！"男孩尖叫着说）。

гудеть（发出拖长的低沉声音）（Мотор гудит）（发电机轰鸣着）隐喻"用低沉的声音喊"：—Держись..., —гудит он в телефон（"坚持住……"他对着话筒用低沉的嗓音喊道）。

6. 言语过程特点隐喻意义言语动词

言语过程特点主要指言语动作在时间中的运动特点，一方面表现话语过程本身在时间持续性、起始状态等方面表现出来的某种进展方式、特点等，另一方面表现施喻者所感受到的话语过程发生、进展的某种（铺陈）特性，是认知主体对言语发生环境作出的心理反应及其对言语进展状况的一种评定。表示该次类言语意义的主要有以下隐喻性动词。

идти（走，去，往）隐喻"谈论"，表"言语活动的进展状态"：О свадьбе идёт разговор; Между философами давно идёт спор о смысле жизни（谈到了婚礼的事情；哲学家们早就在谈论生活的意义问题）。

зайти（绕到、走到……后面；越过［某界限、范围］）隐喻"谈到，提起"之义：Речь зашла о нём（谈起了他）。另外，还可以隐喻"说得太过、太久"这一意义：Спор зашёл слишком далеко（争吵得太过火了）；Беседа зашла за полночь（谈话持续到后半夜）。

базарить（在集市上买卖东西）隐喻"［交易时］喧闹，嘈杂的讨价声［说话声］"这一言语"过程"意义：—Тише! —с растяжкой скомандовал он. — Слушать будем или будем базарить?（他拉长声调命令道，"安静！我们是要听人讲话还是讨价还价、争论不休"）(В. Распутин) 这从其名词生产词的派生意义中也可见一斑：устроить базар 喧闹起来，Что это у вас базар？你们在那里大嚷大闹什么?)

крутить（转动，旋转）（крутить ручку арифмометра）（转动计数器的摇柄）隐喻"不直截了当回答，兜圈子，绕弯子"：Ты не крути, ты говори прямо（你别绕弯子了，开门见山地讲吧！）；Что вы крутите？Что вы жилы из меня тянете？（你为什么兜圈子？你干吗折磨我？）类同的还有动词 вертеться（旋转，转圈，来回转动）（Колесо вертится）隐喻"（说话）绕圈子、兜圈子"之义：Не вертись, говори правду（你别绕弯子说，讲真话吧！）这两个动词的隐喻意义同时兼含一定的（施喻者）"态度"意义成分。

二 物理作用动词言语喻义的认知隐喻机制

物理作用动词言语喻义的认知隐喻是多层次、立体化的一个互动机制，它涵括动作本体与喻体、动词子义与属义、动作认知的主观与客观、认知思维与认知对象等多对象、多层面、多方位的交互作用方式。我们提出，俄语物理作用动词的言语意义隐喻运作主要有以下几方面的参与：认知相似性、语义错置、意象图式、隐喻映射及隐喻模式。它们协同参与，构建起动词隐喻认知运作机制，该机制反映出动词隐喻的创造性语义实质，其中相似性和语义错置最为直接、集中地体现出这一特质，隐喻映射和隐喻模式为此搭建平台并积极地推进动词意义的输转过程，具体实现动词隐喻的创生性语义功能，而意象图式则为此提供材料、内容，成为动词语义转化、语义扩展的有力保障。下面对物理作用动词言语喻义的这一认知运作机制展开具体分析和研究。

（一）隐喻相似性

相似性好比动词隐喻意义的黏合剂，它是具体物理作用动词进行言语意义隐喻的认知操作基点，是认知启动的心理感应触发点，从动词隐喻的以此喻彼看，其认知源头首先就是在原本不同的动作事件之间发现并确立了这一相似性，形成喻体动作概念内涵属性向本体动作的认知延伸。这里重要的是"同质重复选择"（有较多不同点、语义域距离较远的）和"异质同化选择"（有许多相似点、语义域距离较近的）这一选择机制。动词词汇认知语言语义的综合与分析过程中，不论是施喻者还是解喻者，都会通过其知识积累和生活经验自觉地去发现和挖掘动作本体和喻体之间的类同性、相通性，认知者可能依靠的是其实际生活体验，也可能是其从动作对比中所获取的一种语义灵感及认知激活的心理联想，借助动作的类比和心理复制线索、再生功能，认知主体在本体动作和喻体动作之间建立起带有某种主观创意的相似关系，为动作认知焦点内容、动作性质的语义过渡，转移创造能动的意义延展机会，某种意义上讲，动作隐喻的实质性认知内容就在于相似性，同时也始于相似性。就具体动作的言语活动意义产出而言，这种认知隐喻相似性往往带有结构、方式特点和认知者对动作迁移的形象性感受特征。下面对此展开具体分析和讨论。

1. 言语方式动词的隐喻相似性

言语方式动词的隐喻意义在动作本体和喻体的行为结构特点、行为实现方式、行为感受—评价特点和行为结果方面都表现出认知相似性。例如，отрезать（切割下，截断）、（отрезать бревно）（锯断原木）隐喻"断然回绝，斩钉截铁地说"：Не позволю！—отрезал отец（父亲斩钉截铁地说道："我不允许！"）。该隐喻中的相似性从其扩充性的固定动词短语中看得更清楚：как ножом отрезать（一口回绝，断然拒绝）。отпустить（放走，放开，放出去：отпустить птичку из клетки 把小鸟从笼子里放出，隐喻"说出（意外、不恰当的话）"：отпустить комплимент，отпустить шутку 开［不恰当］玩笑），隐喻说话时很释然的动作方式，表现出"一不小心把……放出去"的行为特点。颜志科曾注意到，特定动作特点、方式的物理行为向言语行为的转换过程中突出了动作的结构和结果的相似（参见颜志科 2011：9）。

2. 言语评价动词的隐喻相似性

言语评价意义动词的隐喻相似性主要通过动作本体和喻体之间在行为感受—评价特点方面的相似体现出来，因而主观认知或心理认知的因素较强。例如：动词 раздуть（吹旺，鼓风使燃烧旺盛）（Он раздул печь［他把炉火扇旺］；Ветер раздул пожар［风把火势吹得更旺］）隐喻"吹嘘，夸大，夸张"之义，其认知评价上建立起来的心理感受特点十分相似：Докладчик раздул свой успех（报告人大肆吹嘘自己的成绩）；Соперник односторонне раздувал нашу ошибку（对方片面夸大我们的过错）。此时，经过心理相似的连接，抽象事物"成绩""过错"被感受、联想为"被竭力吹旺、吹大的实体事物"。再如，动词 пропороть（弄破、扎破）（Он упал на острый сук и пропорол себе плечо.）（他摔倒在一根尖树枝上，戳破了肩膀）隐喻"瞎说、胡乱说"：Целый вечер пропорол глупости（说了一晚上胡话)。动词 брехать（吠）(Собака брешет.)（犬吠）隐喻"扯谎，诽谤"之义：Неправда, брещут они（不对，他们扯谎）；Они брещут на друга（他们诽谤朋友），都表现出了类似的隐喻相似特征。

3. 言语态度动词的隐喻相似性

言语态度动词的隐喻意义衍生在动作本体和喻体间的行为感受—评价特点及行为结果、行为结构上表现出认知相似性。例如，трепать（揉搓、扯拽；抚摸，拍打）(трепать старые канаты на паклю)（把旧缆绳搓撕成麻屑）(трепать рукой по шее скакуна)（用手抚摸跑马的脖子）隐喻"数落、常常指责"：Треплют вас за статью? – сочувственно спросил он（"您因为写文章的事常常挨说吧？"——他同情地问道）。налететь（本义为"飞扑，从空中袭击"）(Ястреб налетел на кур [鹞鹰向鸡猛扑过去]；Наша авиация налетела на вражеский штаб [我空军袭击了敌军司令部])隐喻"呵斥、呵责（非难、威胁、辱骂）<口语>"：Он налетел на меня с упрёками（他突然严厉地责备了我）；Он налетел на шалуна（他严厉申斥不务正业的人）。该隐喻意义隐含有一种"意外、让人难以接受"的语义成分。动词 распустить（松开）(распустить пальцы)（松开手指）隐喻（传播谣言等）(распустить сплетню)时，其动作结构相似性十分突出。

4. 言语影响—作用动词的隐喻相似性

言语影响—作用动词隐喻意义的认知相似性主要反映在动作本体和喻体行为结构特点、行为结果方面的相似上。例如，动词 бодрить 本表示"使振奋精神"(Весений воздух бодрит нас)，可以表示特定的言语动作，获得"鼓励"的隐喻意义：Чего ты боишься, дурачок? —бодрил его брат（小傻瓜，你害怕什么？——哥哥鼓励他道）。而动词 клеймить（盖上印记，打上烙印）(隐喻"痛斥，抨击")以及 казнить（惩罚，处决）的隐喻意义"（对恶行、缺点等）痛斥，抨击，谴责"中，包含鲜明的情感—语用评价色彩：此时的隐喻相似性的确立很大程度上是由施喻者的认知情绪来推动完成的，即从心理上"痛斥"像"惩罚"，"抨击"像"打上印记，给人贴上一个标签"，只有这样，才能把人的主观情感认识表达出来。这也构成该动词隐喻在相似性方面的重要特点。

5. 言语发音特点动词的隐喻相似性

言语发音特点意义动词的隐喻相似性表现在动作本体和喻体行为实现

方式和行为结果方面，并在行为感受—评价特点上存在一定认知相似。例如：动词 протянуть（拉，拉过［某段距离］）（Верёвку протянула через двор）（在院子里拉上一条绳子）隐喻"拉长声音说，慢声说"：Это такое дело—надо подумать, —протянул он（他拉长音慢慢地说："这样的事，得考虑考虑。"）。动词 мычать（牛哞哞叫）隐喻"含混不清地讲"：Он мычал что-то невнятное（他说了些含混不清的话语）；Мария как-то странно мычала, точно у неё отнялся язык（玛利亚有些奇怪地说了一些含混的话，好像舌头被割了似的）。在行为实现方式、行为感受和体验上表现出突出的认知相似性，而且就本体动作来讲，和喻体具有十分突出的形象特征上的相似。

6. 言语过程特点动词的隐喻相似性

言语过程特点隐喻意义的认知相似性主要体现在动作本体和喻体的行为结构特点、行为实现方式方面。例如，动词 идти（走，去，往）隐喻"谈论"，表示"言语活动的进展状态"之义：О свадьбе идёт разговор（谈的是婚姻的事情）。动词 зайти（绕到、走到……后面；越过［某界限、范围］）隐喻"谈到，提起"之义：Речь зашла о нём（谈起了他）。另外，зайти 还可以隐喻"说得太过、太久"这一意义：Спор зашёл слишком далеко（争吵得太过火了）；Беседа зашла за полночь（谈话持续到了后半夜），也都运用了源域与目标域动作在这两方面的认知相似性。

总体上讲，隐喻性言语动词不同次类在认知相似性上各有自己的特点，与此同时它们在行为结构特征、行为感受—评价特征及行为结果相似性方面存在一定共性，反映出施喻者对喻体动作和言语本体动作进行认知把握、提取象似特征时，动作类比点和关联性的取舍和确立实际是人的主观现实切分的结果，带有明显的主观感知成分，这印证了动词隐喻相似性很大程度上属于动作认知意识中的"心理相似"。

(二) 隐喻语义错置

隐喻语义错置是处于组合段或认知并置关系上的词语由于彼此接纳了不相容的语义特征而产生范畴性矛盾、冲突，"隐喻过程中，动词字面意义与上下文、语境条件不相协调或相矛盾，形成语义上的冲突即动词隐喻的语义错置"（彭玉海，2012a：39）。语义错置在动词隐喻意义机制中是一个极为独特的构件，同时也是动词隐喻语义特征的一个导入体，而它往往以不同方式隐藏在动词事件的深层比照关系中，或者是隐藏在动词情景语义片段的对比关系中,与此同时,拆分和组建这些事件、片段所隐含的特殊逻辑范畴关系和组配关系也为认知语义新的扩张提供了一个极富张力的认知参数(出发点),并在某种程度上显示出动词认知隐喻的实质性内容。隐喻性言语动词的语义错置分两个层次的操作,一是显性错置,即动词隐喻中句子内部构建起来的主体题元和(或)客体题元分别同动词语义之间的冲突,反映动词组合意义关系上的语义冲突、矛盾或逻辑范畴上的错置。二是隐性错置,它一方面表现为相对直接、突出的"动作本体是动作喻体"错置关系,记为"X IS Y",另一方面表现为动作本体与动作喻体事件所对应的题元名词间的语义错置,该错置是间接、不太明显的:"本体动作主体是喻体动作主体";"本体动作客体是喻体动作客体",分别记为"Sub. IS A"和"Ob. IS B"。

1. 言语方式动词的隐喻错置

显性错置:动词 продребезжать(发出一阵连续的颤动声音:Дверь пробребежала стёклами [门上的玻璃颤动发出一阵响声])。隐喻"说话时就像玻璃打碎、金属颤动发出的声音一样断续地说话":В этот серьезный момент и ответственный момент бракосочетания Ирины и Алексея что-то продребезжал своим гаденьким тенорком Карлушин (在伊琳娜与阿列克赛结婚的庄严而重要的时刻,卡尔鲁申用他那可恶而低沉的男高音说了什么)。这里动词 продребезжать 的主体题元 Карлушин 在语义上相互冲突,同时客体题元 своим гаденьким тенорком 与其也相应构成表层上的语义矛盾。сыпать(倒出,撒落)(сыпать муку в мешок [把面粉倒入口袋里],сыпать соль в суп [往汤里放盐])隐喻"滔滔不绝地说出,炒爆豆般地说出"(Сынок сыпал им вопросами [儿子向他们一连串地提出很多问题];Она сыпала остротами [她一个劲地说俏皮话];Молодая врач так и сыпала учеными терминами на родственников больной, пытаясь загладить допущенную его оплошность [年轻医生向病人亲属一下子说出了一大堆医学用语,想以此减轻自己的过失])。该动词的显性语义错置则只表现为客体题元(вопросами, остротами, учеными терминами)的语义冲突,动词同主体题元的语义错置缺位,形成显性零位错置。

隐性错置:动词 продребезжать "X IS Y"层逻辑错置:Продребезжать₂ есть продребежжать₁,"Sub. IS A"和"Ob. IS B"层错置：Карлушин есть дверь；Гаденький тенорок есть стёкла. 动词 сыпать "X IS Y"层逻辑错置：Сыпать₂ есть сыпать₁，而其题元名词之间的隐性错置一般只体现在"Ob. IS B"中：Вопросы/термины есть мука/соль. 其"Sub. IS A"错置层缺位。

2. 言语评价动词的隐喻错置

显性错置：каркать（乌鸦及其他某些鸟哑哑叫）隐喻"说丧气话，说不吉利的话"：Будет тебе каркать，поживём，увидим（你别再说丧气话了，咱们走着瞧吧）。该动词隐喻中，主体题元 тебе 与其构成语义冲突；而动词 реветь（怒吼，狂号）（Буря ревёт.）（暴风雨怒号）隐喻"狂喊，叫嚣"：Там ревела толпа фашистов（一群法西斯分子在那里叫嚣）。此时，主体题元 толпа фашистов 与它产生语义矛盾。

隐性错置：动词 каркать "X IS Y"层逻辑错置：Каркать₂ есть каркать₁，"Sub. IS A"层错置：Ты есть ворона（动物）。动词 реветь "X IS Y"层逻辑错置：Реветь₂ есть реветь₁，而其"Sub. IS A"错置层：Толпа фашистов есть буря.

3. 言语态度动词的隐喻错置

显性错置：перебивать（击断，打断）（перебивать провод）（击断电线）隐喻"打断他人话头"：Он перебил собеседника（打断对方的话）；Подружка пыталась объяснить Татьяне всё случившееся，но та резко перебила её（女友试图向塔吉扬娜解释所发生的一切，但她却断然打断了她的话）。此时，动词隐喻的语义组合冲突表现它同客体题元 её 之间的矛盾，主体题元的语义错置缺位。而动词 скрипеть（吱吱作响）（Сапоги скрипят[皮靴吱吱响]；Больной скрипит зубами[病人切齿作声]）隐喻"吱吱地讨厌地讲"：Он скрипит по целым дням в кабинете（他在办公室成天吱吱哑哑，让人讨厌）。隐喻时，语义错置表现为主体题元 он 与它之间的组合意义冲突。

隐性错置：动词 перебивать "X IS Y"层逻辑错置：Перебивать₂ есть перебивать₁，"Ob. IS B"层错置：Собеседник есть провод；Она есть провод. 动词 скрипеть "X IS Y"层逻辑错置：Скрипеть₂ есть скрипеть₁，而其题元名词之间的隐性错置一般只体现在"Sub. IS A"中：Больной/он есть сапоги.

4. 言语影响—作用动词的隐喻错置

显性错置：вкрутить（旋入、捻入、拧入、扭入）（вкрутить лампочку в патрон）（将灯泡拧入灯头）根据本原意义所含的"附加或不太平常的动作特性"可隐喻"使相信虚假的东西（粗，俗），向……灌输错误的东西"：Она вкрутил тебе ложь в голову（她向你灌输些虚假的东西）。此时动词的语义错置表现为客体题元 ложь 与它的语义冲突。动词 понукать（催赶［马等］）隐喻"催促……（快做某事）"：Он понукает ребят работать скорее（他催促大伙快点干活）。此时，其显性错置为它同客体题元 ребят 之间的语义矛盾。与此同时，动词 вкрутить 和 понукать 隐喻过程中，它们分别同主体题元构成"零位显性错置"，形成显性关系上的局部隐喻错置。

隐性错置：动词 вкрутить "X IS Y" 层逻辑错置：Вкрутить$_2$ есть вкрутить$_1$，"Ob. IS B" 层错置：Ложь есть лампочку. 而动词 понукать 的 "X IS Y" 层逻辑错置为：Понукать$_2$ есть понукать$_1$，其 "Ob. IS B" 层隐性错置：Ребята есть лампочка. 另外，这两个动词的 "Sub. IS A" 题元名词层隐性错置均缺位，表现为零位错置。

5. 言语发音特点动词的隐喻错置

显性错置：动词 извергать（［火］喷出，吐出）（Вулкан изверг лаву.）（火山喷出熔岩）隐喻"（高声）喊出，说出"：извергать проклятия/ругательство（大声咒骂/说出骂人的话）；В минуту раздражения декан извергал избыток своих чувств на тех, кто оказывался рядом（气愤之下主任对身边的人说了些过分的话）。此时，主体题元 декан，客体题元 избыток своих чувств 分别形成与动词之间的语义冲突。而动词 громыхать/громыхнуть（轰隆响）（Поезд громыхает.）（火车声隆隆）隐喻"（用有力而响亮的嗓音）大声喊"：Парень громыхнул во всю мочь（小伙子铆足劲大喊一声）。隐喻时，主体题元 парень 同动词之间形成语义组合矛盾。

隐性错置：动词 извергать "X IS Y" 层逻辑错置：Извергать$_2$ есть извергать$_1$，"Sub. IS A" 和 "Ob. IS B" 层错置分别为：Декан есть вулкан；Избыток своих чувств есть лава. 动词 громыхать "X IS Y" 层逻辑错置：Громыхать$_2$ есть громыхать$_1$，而 "Sub. IS A" 的错置为：Парень есть поезд.

6. 言语过程特点动词的隐喻错置

显性错置：идти（人或动物走，去，往）隐喻"谈论"动作意义，表"言语活动的进展状态"（О свадьбе идёт разговор）（谈的是婚姻的事情）。此时，动词在表层组合关系上形成与主体题元 разговор 之间的语义冲突。

隐性错置：动词 идти 的"X IS Y"层逻辑错置：Идти$_2$ есть идти$_1$，"Sub. IS A"题元层错置：Разговор есть человек.

可以看出，语义错置以范畴冲突这一特殊方式进入动词隐喻过程，隐喻显性和隐性语义错置在此都发挥着积极的作用。动词隐喻运作中，显性和隐性语义错置往往同时存在，但显性语义冲突错置层及"Sub. IS A"隐性错置层分别都有可能缺位，形成局部错置，而"X IS Y"隐性错置层却不可或缺。这表明动词隐喻中，语义错置总会以某种方式存在，充分显示出其独特的认知意义功能，构成动词隐喻运作机制的重要一环。

（三）隐喻意象图式

动词隐喻意象图式是动作在认知者头脑中形成的一种行为、状态轮廓和形象性的心理画面，它与认知主体自身的领悟、接受能力以及对动作情景的解读能力密切相关（参见 Перцова 1990：99—102），同人对动作事件（元素）的记忆点、关注点也直接关联，所有这些动作认知元素相互联结，勾勒出心理意识中的整体动作样貌。动作意象图式构成动词隐喻语义迁移和投射的意义操作对象、材料，代表着动词认知语义背后的某种意义形象和事件缩影，它往往是身体经验和感知活动中多次打交道的认知结果，一个动作、一类动作经过认识活动的不断反复和意识强化性积淀，会在大脑中枢逐渐创建起有关于该动作类型的认知图像，而新知动作的当下画面会触发认知长时记忆或工作记忆中的特定动作意象，当前动作和记忆动作的交集、映合描绘出一幅认知画面[①]，后者即为一个动词在具体隐喻过程中建构出来的意象图式，这是人的积极认知行为带来的全新的认知图画——一个新创的动作结构组织。显然，这样的隐喻意象图式具有由认知输入所决定的本体、喻体间的互动功能特性。

[①] 人类既能对复杂的动作情景进行识别、分类，也能把情景储存到思想记忆中，还能根据现时动作情景来调动记忆。

1. 言语方式动词的意象图式

动词 шуршать（沙沙作声，簌簌作响）(Шуршат камыши [芦苇在沙沙响]；Она прошла мимо меня, шурша шёлковой юбкой [她从身边走过，绸裙沙沙作响]) 隐喻"叨叨咕咕地发怨言"，此时，动词隐喻运用的是"形象—感知图式"，认知主体通过本体、喻体动作的比较、类同，形象化地感知到二者之间在动作性质、心理感应上的相似性，从而建立起一种心理—感知性质的认知图式作用方式。而动词 пролиться（流出，洒出，溢出）隐喻言语方式意义时，体现出来的是"路径—方向图式"，在本体、喻体动作之间形成了行为过程路径和方向性特征，并通过动作结果特征反映出行为的实质性相似图式和动作特性：Из скупых уст мастера пролился поток снисходительных ласковых слов（从师傅惜字如金的嘴里吐出了一席宽厚、柔和的话语）。

2. 言语评价动词的意象图式

动词 трубить（吹 [号、喇叭等]）(Трубы трубят；Солдаты трубят марш)（军号在吹；战士们吹进行曲）一方面隐喻"用粗嗓门说、喊"：Мужики там на улице трубят（男子们在街上高声喊叫）；另一方面，进而可以隐喻"大肆声张，大吹大擂，吹嘘，鼓吹"的意义：Они трубили о своих успехах（他们大肆吹嘘自己的成绩）。此时，动作隐喻采取的是重力—方式图式，本体和喻体动作之间在动作行为的方式上相似，而动作结构上相似是其意象关联点，也是该意象图式发挥认知功能的意义节点。动词 чернить（染黑，涂黑）(чернить волосы) 隐喻"诋毁，中伤，向人抹黑"（чернить старых друзей [诋毁老朋友]）之义、动词 язвить（刺伤，使受伤）分别隐喻表示"辱骂，诋毁"(В отместку язвил он его при всяком случае [为了报复他一有机会就辱骂他]) 及"挖苦，说刻薄话，嘲弄"意义（Это он язвит на их счёт. [他这是在挖苦他们]）之时，使用的是重力—结果图式，即主体以特定方式对客体对象施加某种作用力（本体中表现的是一种抽象的作用力），直接或间接地使对方发生某种变化，产生一定行为结果。

3. 言语态度动词的意象图式

动词 зудеть（发单调的嗡嗡声）(Пчёлы одна за другой зудели в воздухе.)（蜜蜂一个接着一个地在空中嗡嗡作响）隐喻"絮叨，唠叨，纠缠不休"：Мне маменька давно зудит:《женись, женись》（妈妈早就絮

絮叨叨地对我说："结婚吧，结婚吧！"）Да перестань ты зудеть! Дай хоть минуту покой（你别唠叨了！哪怕让人安静一分钟也好）；动词 ворчать（狗等发怒时呜呜叫）（Собака ворчит на прохожиз）（狗向过路人低沉地呜呜叫着）隐喻"嘟哝，唠叨，说埋怨话"：Старик на всех ворчит（老人对所有人总是说埋怨话）；动词 пилить（锯）隐喻"不停唠叨埋怨，老是挑刺"之义（Жена пилила детей за мелочи）（妻子为些琐事不停数落埋怨孩子们），使用的是重力—性质图式，通过喻体动作特点反映出本体动作的结果、性质及人的主观感受，表现施喻者对外在动作的体会和和认知判断，有较强的认知评价成分。

4. 言语影响—作用动词的意象图式

动词 клеймить（盖上印记，打上烙印）隐喻"痛斥，抨击"之义：клеймить изменников революции（痛斥革命事业中的叛徒），此时它使用了"重力—目的"兼"重力—结果"图式，一方面本体和喻体动作都具有突出的目的性，另一方面它们都注重对客体对象形成一种"力"的行为结果，从而对对象产生某种影响和作用。而动词 бичевать（鞭打）隐喻"严厉批评，严厉抨击"意义（Он бичует пороки на собрании.[他在会议上严厉批评各种恶习]）时，除了这两种意象图式的参与，还兼有"形象—感知图式"的作用，情感印象上形成的力的影响因素表现十分明显。

5. 言语发音特点动词的意象图式

动词 кудахтать（母鸡等作咕哒声）隐喻"咕哝着说话"；пищать（鸟或其他小动物尖声叫）（Птицы пищат）隐喻"尖声说，尖叫着说"：—Пустите меня! —пищит мальчик（"放开我！"男孩尖叫着说）；гудеть（发出拖长的低沉声音）（Мотор гудит）（发电机轰鸣着）隐喻"用低沉的声音喊"：—Держись..., —гудит он в телефон（"坚持住……"他对着话筒用低沉的嗓音喊道）；стрекотать（噼啪响个不停）隐喻"连珠炮似地说个不停"这一意义：Старуха сыну стрекочет языком（老太太对儿子喋喋不休）。此时，动词运用的主要是"形象—感知"图式，动作本体同喻体对应的动作发力方式、完成方式及其引发的认知者感知、反映共同勾勒出一个完整的动作隐喻意象图式。

6. 言语过程特点动词的意象图式

动词 крутить（转动，旋转）（крутить ручку арифмометра）（转动

计数器的摇柄），隐喻"不直截了当回答，兜圈子，绕弯子"：Что вы крутите? Что вы жилы из меня тянете? （你为什么兜圈子？你为何折磨我？）它使用的是"重力—方向"图式，动作的重力基本图式附带"动作方向不定、回转"的意象元素，"力量"构成动作目的内容的基调，而"方向"则代表动作方式的变化不定，构成该言语活动特有的动作过程意象图式结构。而动词 базарить （在集市上买卖东西）隐喻"［交易时］喧闹，嘈杂的讨价声［说话声］"这一言语"过程"意义：—Тише! —с растяжкой скомандовал он. — Слушать будем или будем базарить? （В. Распутин）该动词隐喻使用的是"存在—过程"图式，动作喻体中的"事体存在""事体方式"意象成分在本体动作中通过"行为（推进）过程"的特有方式表现出来，该图式也较为形象地体现出以某种过程内容存在的动作事件。

　　由此可见，隐喻性言语动词不同语义次类的意象图式各有自己相应不同的表现内容，其中使用较多、表现较为活跃的是"形象—感知"图式、"重力—结果"图式等重力图式的各种变体形式，此外，较特殊的"存在—过程"图式、"路径—方向"图式在此也有一定表现，显示出隐喻性言语动词意义衍生中意象图式的多样性和独特性。

　　（四）认知隐喻映射

　　动词隐喻意义是根据相应的认知范式进行不同概念认知域之间的映射所得来的，这需要将潜藏于知识、记忆储备中的不在场的认知内容迁移到在场的动作事件框架之中。动词隐喻的认知操作中，施喻者会自觉甚至本能化地在动作本体和喻体间凝练出彼此的相似性，进而能动性地加以认知筛选、过滤，依据动作目标域的特点以及他对本体动作的心理预期和认知预判，摒弃源域中外围性的、非实质性的事件语义元素，建立起动作事件现实片段的认知趋近和心理趋同，实现由动作认知喻体向本体的跨越和情景语义内核的认知迁移、投射。因而这一隐喻操作过程包含认知主体对动作事件关系的主观心理认同感，传递出该主体对不同动作概念关系（动作本体和喻体概念域之间的关系）的一种认知确认，同时这也是动词隐喻的能动性认知功能的体现，它负责将储存于认知意识的和身体经验中的动作认知画面带到当前动作场景或将其融入当下的认知画面之中，具体落实意象图式结构之间的内容衔接及逻辑结构转移，将图式间的匹配事件因子进行相应的认知加工，并在本体动作语义表象中记录下新的动作概念—

事件意义关系。

1. 言语方式动词的隐喻映射

动词 барабанить 初始语义是"打鼓、击鼓",隐喻"说话很快、用力、生硬、大声"的意义：Она там барабанит слово в слово（她在那里逐字、生硬地高声嚷嚷）。此时,物理作用概念域的人的具体动作映射到带有显著抽象性质的言语方式动作域。而动词 рычать（动物发威吼叫）(Собака рычит на прохожего.)（狗对路过的人发威吼叫）隐喻"吼叫着说"：Он рычит на неё от ревности（他嫉恨地对她吼叫）,以及动词 рявкать（野兽吼叫）(Тигр рявкает [虎啸]）隐喻"扯开嗓门喊,大声呵斥"之义：Не рявкай на мальчика（你别大声呵斥孩子）,则是将动物的具体动作概念域映射到人的抽象言语活动认知域。

2. 言语评价动词的隐喻映射

动词 колоть（刺痛,扎痛）(колоть булавкой)（用别针刺）隐喻"刺激,挖苦"(колоть кого замечаниями)（用话刺激,用话挖苦）之义,动词 скулить（哀怨地尖声吠叫）隐喻"讨厌地诉苦,老是发牢骚",以及动词 припаять（焊接上）(припаять ручку к чайнику)（给茶壶焊上柄）隐喻"把（罪名、恶名）强加于,硬说（某人不是、短处、坏话）"之义（Припаяли инвалидность, а я ещё работать могу）（硬说我残废,可我还能工作）时,运用的是具体动作认知域向抽象性质概念域的隐喻映射方式。需要指出的是,该言语喻义下的本体动作域与主体的评价、认识有关,使言语动作具有抽象的性质。此外,较特别的是,也可能通过智力活动域向言语动作域的认知映射来表现言语评价隐喻意义①。例如,动词 насочинить（编出,编写出）隐喻"胡说,胡编,瞎诌 [许多]"：Виктор что-то насочинил им（维克多对他们胡说了些什么）。

3. 言语态度动词的隐喻映射

резать（切,割,剪,锯）(резать руку, резать хлеб ломтями)（割伤手,把面包切成片）隐喻"不客气地说,很冲地说,直言不讳"：Так прямо ему и режь!（对他照直说!）动词 точить（削,磨）(точить нож, точить карандаш)（磨刀,削笔）隐喻"不断地责骂,不停地数落"：Бригадир чуть что точит рабочих（工长动辄数落工人们）,以上所

---

① 需要说明的是,原则上这是"非物理作用动词"的言语活动隐喻意义,属于特殊现象。

使用的是由具体动作域向抽象性质动作域的映射方式，此时"言语活动"本体动作是施喻者的一种认知态度的表现，或者说该言语动作意义包含了人对言语动作所持的某种态度，因此有抽象的认知语义成分。同样，动词 бухать（咕咚倒下，扑通跌下）（бухать об пол [咕咚倒在地上]，бухать кому в ноги [扑通跪在……面前]）隐喻"脱口说出不该说的话"：Она бухал что-нибудь бестактное（他脱口说出些没分寸的话）；Нельзя так бухать при посторонних（当着外人不应该随便讲话），表现出来的也是具体动作域向抽象言语域的认知映射。

4. 言语影响—作用动词的隐喻映射

动词 налегать/налечь 原本表示"（为实施某一动作）用力压向"这一意义：Он налёг на вёсла и стал работать ими что есть силы（他把身子俯向船桨拼命地划起来），该动词可以隐喻"突出、强调（音、词等）""催促<俗>"之义：Он налегает на своих помощников（他催促自己的助手们加把劲）。此时使用的是具体动作域向抽象言语动作域的映射方式，本体动作形式外在上伴有的具体动作特性恰恰反映出其内在的动作目的抽象性。动词 клеймить（盖上印记，打上烙印）可衍生出"痛斥，抨击"隐喻意义（клеймить изменников революции）（痛斥革命叛徒），运用的同样是由具体动作域向抽象动作域的映射方式，物理动作的鲜明形象概念特性映现到"痛斥，抨击"这一言语动作域，很好地再现了该言语活动的"主观积极影响"内涵和理性认识特性。

5. 言语发音特点动词的隐喻映射

动词 громыхать/громыхнуть（轰隆作响）（Поезд громыхает.）（火车声隆隆）隐喻"[用有力而响亮的嗓音] 大声喊"：Парень громыхнул во всю мочь（小伙子铆足劲大喊一声），以及动词 греметь（轰鸣）（Гремят выстрелы.）（炮声隆隆）隐喻"情绪激昂地说，怒气冲冲地说"：Прочь с дороги! —гремит он.（他气冲冲地高声吼道："让开路！"）体现出来的是由具体物理作用动作域向抽象性质具体动作域或抽象化具体动作域的认知映射方式，即这里的言语本体动作看似具体，但实质上是被抽象化了的，具体动作成分统辖于抽象的言语动作性质。

6. 言语过程特点动词的隐喻映射

动词 вертеться（旋转，转圈，来回转动）（Колесо вертится）（轮子转动）隐喻"（说话）绕圈子、兜圈子"这一言语过程意义（Не вертись, говори правду.）（你别绕弯子，说实话吧！）时，表现出一定的（施喻者的）"态度"意义成分和理性判断成分，其隐喻映射表现为由具体动作域向抽象性质的具体动作域的映射。动词 базарить（在集市上买卖东西）隐喻"［交易时］喧闹，嘈杂的讨价声［说话声］"这一言语"过程"意义时，同样表现为具体动作概念域向抽象性质（抽象化）具体动作域的认知映射，本体动作的抽象动作语义成分受到一定削弱。

归纳起来，隐喻性言语动词的认知运作中，隐喻映射方式主要是由具体动作域映射到抽象动作域，其次是由具体动作域向抽象性具体动作域的映射方式，个别情况下还有表现较特别的由一个抽象概念域向另一抽象动作域的映射，这显示出喻体动作成分的复杂性及本体动作概念特征的多样性，而抽象概念域之间的认知映射也反映出言语行为隐喻过程中心智活动的深层关联特性。

（五）认知隐喻模式

动词隐喻模式是从认知经验中经过抽象、升华而提炼出来的关于动词隐喻的核心知识体系，它构成动词语义衍生的具体操作模型、操作规则，是动词隐喻映射所依据的一种方法、原则，指导、引领着动作认知域的隐喻映射，表示动词语义认知转移的套路和路径，呈现出认知隐喻运作的技术线路，因而是实现动词隐喻认知语义的中枢环节。动词隐喻映射的认知转移过程中，需要对本体和喻体动作进行归类、划分，提炼出彼此之间的认知语义切合点，后者蕴含着两个动作对象的内在属性和本质内容的相互作用、结合方式，即动作喻体进入动作本体域的概括范畴特征和事理性结构原则，它是在动作现象背后读取事件逻辑关联和概念—事理基础、探寻动作事件实质的一种认知方式、结构，是对动作现实片段、客观事理意义关系的深度挖掘。因此可以认为，隐喻模式是动词隐喻操作的认知逻辑式，如果说意象图式是动词隐喻进行认知转移的抽象语义内容或抽象的事件常体（意义关系），那么隐喻模式则是促成语义转移的认知驱动力，正是它连同认知域的隐喻映射实现了动词事件关系的顺利迁移，从而直接参与到动词隐喻的认知运作机制。俄语言语性动词隐喻的语义衍生在结构隐喻、方位隐喻和本体隐喻三方面都有表现。俄罗斯学者往往不是在认知思维整体高度上分析言语动词的隐喻模式问题，而是从言语活动意义的隐喻同动词本原语义结构特征之间的关系当中来认识其隐喻模式，例如 Н.О. Кириллова 在这一原则、方法下将该类隐喻划分为"事物运作型、相互物理作用型、施加物理影响型及液体活动型等核心认知模式"（Кириллова，2006：142）。下面对相关动词言语活动意义中的隐喻模式操作进行分析。

1. 言语方式动词的隐喻模式

动词 сорваться（脱落，跌落，滑落）(Пуговка сорвалась [一颗纽扣掉了]；Он сорвался с пихты [他从一株冷杉树上滑落下来]) 隐喻"突然说出，脱口而出"：Сорвалось слово（迸出了一句话）；动词 слететь（飞下，飞落）(Птичка беззвучно слетела на ветку.)（小鸟悄然飞落在树枝上）隐喻"突然说出，脱口而出"：Это слово у него нечаяно слетело с языка（这句话他是无意中脱口说出来的）；动词 разливаться（洒出，泼出）隐喻"兴致勃勃地说，滔滔不绝地说"，它们的言语方式认知意义衍生使用了结构隐喻模式。这里将喻体物理动作的结构方式、结构组成关系用于表现带有一定抽象性质的本体言语动作，二者在动作结构表现上具有类同性。

2. 言语评价动词的隐喻模式

动词 городить（围上垣墙，围上栅栏）(городить огород)（给菜园子围上篱笆）隐喻"胡说，胡扯"之义：Что за чепуху ты городишь?（你胡说八道些什么?）运用的是结构隐喻模式和本体隐喻模式的复合隐喻模式。结构隐喻模式上，喻体动作"围建"与"编造，罗织（胡话）"具有相似特点，从而把前者相对简单而较为熟悉的动作结构转用于谈论后者相对复杂、陌生的动作结构组织关系。本体隐喻上，具体的喻体动作概念框架用来表示抽象的思维—言语动作框架①。同样，动词 лепить（营造 [巢]，塑造，筑 [蜂房]）(Ласточки лепят гнёзда)（燕子筑巢）隐喻"闲谈，胡扯"之义：(Вот смотри, он там лепит)（瞧，他正在那儿胡扯着呢），动词 плести（编制、编织）(плести корзину)（编篮子）可以隐喻"捏造，编造，瞎说"这一意义（плести оправдания）（编造辩解的话），其认知语义操作所使用的也是该复合型的隐喻模式。

3. 言语态度动词的隐喻模式

该语义次类动词隐喻意义的认知操作主要使用的是结构隐喻和本体隐

---

① "思维活动就其整体而言也是一种内部言语行为。"（刘大为，2005：18）

喻模式，例如：动词 долбить（捶击，敲打；凿，啄）（долбить себя по колену [捶打自己膝盖]，долбить дверь [一个劲地敲门]，долбить лёд [凿冰]，долбить долотом стены [用凿子在墙上凿孔]；Дятел усердно долбил деревья [啄木鸟在辛勤地啄树]）隐喻 "用言语刁难、折损人"（Она долбит сына за《двойку》）（她因为儿子只得了两分而责难他）或 "一再重复，唠叨"（Сколько ей ни долби, не понимает.）（说多少遍，她也不懂）这一意义。动词 жужжать（嗡嗡叫，飕飕响）（Жужжат комары; Пули жужжат над головой.）（苍蝇嗡嗡叫；子弹在头上方飕飕响）隐喻 "老是讨厌地叨叨（一件事）"：Что ты жужжишь над ухом?（你老在耳根子边叨叨什么呀?）。动词 резать（切，割，剪，锯）（резать руку, резать хлеб ломтями）（割伤手，把面包切成片）隐喻 "不客气地说，很冲地说，直言不讳"：Так прямо ему и режь!（对他照直说!）在这些动词中，本体动作的表现运用了喻体动作的结构关系、结构要素，另一方面，以熟悉、具体的喻体动作转指相对陌生、抽象的言语活动动作。

而该言语次语义动词中的 увиливать/увильнуть（[机灵地] 躲闪；溜开）（Рыбка увильнула от крючка.）（鱼儿机敏地溜离钓钩）隐喻 "支吾搪塞"（Он увильнул от прямого ответа）（他对正面回答支吾搪塞）这一意义时，除了本体隐喻、结构隐喻模式的运作，还有方位隐喻模式的运用和参与，这里的喻体动作和本体动作具有方位性或方向性，动作的进行都有目的地避开某一方向，朝着需要的方向运动，以具体的方位动作方向来表现抽象的动作活动方向。因而该动词言语语义衍生包含了很强的认知隐喻模式复合性。

4. 言语影响—作用动词的隐喻模式

动词 подбить（在……下面钉上）（подбить доску к ящику）（在箱子下面钉上一块板子）隐喻 "怂恿，唆使" 之义：подбить кого на воровство（唆使人去偷盗）；动词 склонять（使倾向于……，使站到 [某一方]）隐喻 "说服，劝服；唆使" 这一意义：склонять на хорошее/дурное（劝做善事/唆使干坏事），Они склонили шведского принца выступить против Наполеона（他们说服瑞典王储出兵反抗拿破仑），此时参与认知操作的也是不同隐喻模式的复合方式：通过结构隐喻将喻体动作的结构关系投射到本体动作框架，通过方位隐喻凸显出动作表现的方向性、目的性，通过本体隐喻使抽象、复杂的本体动作得以具体化和简化，从而借助喻体动作的实质语义关系呈现出本体动作的言语动作方式和内容。

5. 言语发音特点动词的隐喻模式

动词 гудеть（发出拖长的低沉声音）（Мотор гудит.）（发电机轰鸣着）隐喻"用低沉的声音喊"这一意义（—Держись..., —гудит он в телефон）（"坚持住……"，他对着话筒用低沉的嗓音喊道）时，其认知运作主要有本体隐喻模式的参与，将具体的动作认知内容转用于描写和表现抽象的本体动作内在。而动词 протянуть（拉，拉过［某段距离］）隐喻"拉长声音说，慢声说"意义（Это такое дело—надо подумать, —протянул он［他拉长音慢慢地说："这样的事，得考虑考虑"］）之时，则除了有本体隐喻模式的操作，还有结构隐喻模式的参与，这里的喻体动作结构、方式被运用于表现本体动作的结构关系、动作框架。

6. 言语过程特点动词的隐喻模式

动词 зайти（绕到、走到……后面；越过［某界限、范围］）隐喻"谈到，提起"之义（Речь зашла о нём）（谈起了他）。另外，还可以隐喻"说得太过、太久"这一意义：Спор зашёл слишком далеко（争吵得太过火了）；Беседа зашла за полночь（谈话持续到后半夜）。此时，动词隐喻运作使用的是结构隐喻、方位隐喻和本体隐喻的复合模式。首先，用喻体动作的"运动"动作结构关系来说明本体言语动作方式的结构关系和特点。其次，用喻体动作的运动方位、方向特征表现本体动作的（朝某一方向、方面的）推进性质和（朝某一时间点的）延展方式、持续特性。最后，用喻体动作的具体、熟悉而相对简单的特点来说明本体动作的抽象、陌生而相对复杂的行为表现、行为方式特性。

分析发现，言语活动喻义衍生过程中，主要使用的是结构隐喻模式和本体隐喻模式的复合隐喻模式，充分地显示出动作基本结构关系及抽象言语动作的具象化思维（方式）的积极认知语义功能，与此同时，方位隐喻也有一定表现，并且方位隐喻在此也可能同结构隐喻和本体隐喻结为一体、共同参与认知运作，形成三成分方式的复合隐喻模式，这反映出言语活动喻义机制中认知操作和思维方式的灵活、多元性，同时也从一个侧面揭示出言语活动同物理作用（动作）之间的认知共进性、协调性。

三 小结

以上对俄语隐喻性言语动词的认知意义类型进行了分析和梳理，并着重对产出这一隐喻意义的认知方式、运作机制展开研究。研究表明，俄语隐喻性言语动词认知语义的衍生具有十分鲜明的特点，形成自己一套独特的认知隐喻机制。隐喻相似性方面，它既是动词隐喻的起点，也是其认知价值的核心点，主要表现为动作本体和喻体在行为结构特点、行为方式、行为感受—评价特点以及行为结果等方面的认知相似性。隐喻语义错置方面，除了动词隐喻（句子）表层上显示出来的主体题元和（或）客体题元分别同动词间的语义组合冲突，还有本体动作同喻体动作之间的事件逻辑范畴错置，即"X IS Y"的隐性错置以及动作本体与动作喻体事件分别对应的题元名词之间的语义隐性错置即"Sub. IS A"和（或）"Ob. IS B"，而这一隐性错置实际是动词隐喻所隐含的下层隐喻或二性概念隐喻。另外，可能只存在隐性错置，显性上并没有形成语义错置，进而隐性错置相应也可能只体现在"X IS Y"层逻辑错置，并不会下向延伸到"Sub. IS A"和（或）"Ob. IS B"的题元参项交叉错置层，分别形成显性错置层和"Sub. IS A"隐性错置层的缺位。隐喻意象图式方面，主要使用的是"形象—感知图式"及"重力"意象图式的各种变体形式（包括重力—结果、性质、方式、目的、方向等图式等）。隐喻映射方面，主要表现为由具体物理作用概念域向抽象动作域的映射、具体动作域向抽象性质的具体动作域的映射，个别情况下还可能出现特殊的由一个抽象概念动作域向另一抽象动作域的认知映射，这在实质上所彰显的是喻体动作成分的复杂性、本体动作特征的多样性及言语喻义认知操作中的心智关联特性。隐喻模式方面，结构隐喻模式表现相当突出，并且往往辅以本体隐喻，以复合隐喻模式的认知操作方式出现在隐喻性言语动词的动作意义衍生机制中，表明动作框架的结构化范式及以具体喻抽象的认知模型在语言认知中的重要性和基本性。进而言之，认知相似性、语义错置、意象图式、隐喻映射及隐喻模式在言语动词隐喻机制中实际扮演着双重角色，作为构成动词隐喻的基本条件，它们一方面发挥着构建动词隐喻的组织功能，另一方面也是直接参与到动词隐喻过程中的认知操作手段，其中认知相似性、语义错置在隐喻建构和隐喻操作中的双重功能效应尤为突出。正是这些隐喻功能、隐喻操作环节的共同参与和作用，构建出物理作用动词言语喻义产出的动态化机制，形成一套有关动词词汇多义性的认知操作体系，同时相应呈现出俄语隐喻性言语动词所特有的认知语义结构。

第四节　俄语思维活动动词及其隐喻意义机制

"隐喻是对事物、性质、情感、事件、现象的一种命名言语行为"（Телия，1995：30），动词隐喻所反映的是通过语言方式积极、能动地认识世界、表释世界的认知过程，作为一种认识结果，动词隐喻意义记载着人类文化方式、知识经验、价值意识的沉淀与更迭，构成重要而独特的词汇语义、认知语义现象。动词不同类别隐喻意义的产生有不同的认知表现，这在动词隐喻的诸多方面都有相应反映。而就思维活动来讲，它与隐喻之间更有一种不解之缘，因为"隐喻是作为人类一种以经验为基础的思维方式和认知现象，常被用作组织人类的行事和思维的方式"（朱建新、左广明，2012：61），动词通过隐喻来表现思维行为，派生新的语义，这在语言的认知语义机制中非常突出，很值得重视，"许多心智动词和内部状态动词的语义建立在动作隐喻的基础上"（Розина，1999：112），因为"思维对现实的反映是通过格式塔过程（процесс мыслительного гештального отражения действительности）（完形心理过程——引者注）来进行的"（Пенсина，2005：62），作为一种抽象的动作行为，思维活动往往需要借助于具象完形行为得以呈现，"思维可以通过各种形象化认知反映出来"（Никонова，2008：164）。目前，认知语言学中对这方面问题的研究显得很不系统、充分和全面，基于这一点，本节将选取转喻表示思维活动意义的俄语动词和动词组合、动词词组为对象，对其隐喻机制展开研究，具体分析这类动词喻义衍生时所涉及的认知相似性、语义错置、意象图式、概念结构、认知域映射、认知（隐喻）模式等认知隐喻理论问题，探究该类动词的隐喻意义在上述诸方面的表现，有什么样的规律、特征乃至共性和差异等，阐释其隐喻意义的衍生过程、机制，审视借助于隐喻表示思维活动的俄语动词的认知特性。

一　俄语思维活动动词及其隐喻问题

语言中的思维活动范畴是对人的现实世界活动的一种解释，因为"语义范畴和语义单位不仅反映现实，同时也解释现实"（Шатуновский，2009：27）。我们有必要先谈谈语言中的思维问题及俄语思维活动动词的意义，即思维动词语义内涵问题。

"思想（思维活动）如同愿望、情感一样，是人的内在状态不可分割的一个组成部分……任何事物都可以成为思维的对象"（Урысон，2003b：552；Шатуновский，2012a［R］），思想有广义、狭义的理解，有时可以指人的头脑中的一切（Шатуновский，2012a［R］）。但思维总是包含新的命题，思想产生的时候总是新的（Шатуновский，2012a［R］），即它能加深人们对事物的理解。而从人的精神活动本身具有的积极能动特性来看，思维又不是静止的状态，而是行为或过程（Кустова，2000：104），或者行为、过程的结果①。这使它区别于知识和意见（Шатуновский，2012a［R］）。思考行为可能并没有事先的准备，思想是自发形成的，当客观事况触发神经网络、神经元组织，有了思考的需要时，思想行为相应自然启动，这是大脑的一种能动机制，而思想则可看成该自发行为的结果②，好比是思维的认知约定和默认。此外，"主体头脑中产生的思想本身不是同质的"（Шатуновский，2012b［R］）。

　　思维活动动词（глагол мысли）是表示人的思想组织、思想表现以及思考方式、思维过程、得出思考结果的动词。"思维动词的典型语义是表示一种判断活动，表示人们反映现实所进行的推理活动"（参见 Бабенко，Волчкова и др. 1999：322），"思维动词是描写人的内在状态、智力及心智世界的动词"（Шатуновский，2012b［R］），它是人的认知活动、智力活动、心智活动等思想活动的语言载体，在人类行为、活动模式的表现中占据重要地位，因而构成一种重要而独特的词汇语义单位。思维动词最重要而基本的语义内涵是表示人的心理—智力行为、精神意志活动，主要包括下意识的思维方式、内容，体现出下意识思想活动的行为特性③，往往具有非意

---

① 我们所理解的思维活动具体包括思维过程、行为、思维状态、方式、思维结果。
② Fauconnier & Turner（2002：33）甚至认为，所有重要的思维是无意识的。
③ 而这种下意识性、非自主性应该从人的智能—精神属性上来看，即思维活动在人的智力范畴内是大脑机能的表现，属于一种本体性的能动行为，当人进行思维活动时，可能认识不到自己的这一活动，或者无法抽身出来审视它，"正在运作的心智是不能被意识到的"（参见 Taylor 2002：17），"俄语语言意识认为的 мысль 可以独立于人而存在，不受意识制约而来到大脑"（杨明天，2009：218）。这在动词句子 Думай не думай, ума не прибудет（Островский, МАС）（不管怎么想，都想不出来）的思维活动隐喻中就不难看出。"事实上，当我们说突然猜想到什么、思想灵光一现、恍然大悟的时候，那么这不是人的思维活动又是什么？"（Никонова，2008：164）而这些思维活动类型显然都反映出大脑工作机制的非自主特性。此外，Чернейко（1997：290—302），Гаврилова（2002：197），Перцова（1990：97）等的相关分析也在不同程度上表明了思维活动的这一特征。

志活动的语义特点，其思维结果的产生很可能独立于人的意志。而积极意识之下的自主意志活动特点不是很突出，或被极大地淡化，这种自主意识的思维活动主要体现在主体对思维对象的选择、思维内容的运作和思维推进等方面，总体上体现为这一思维进程的非匀质特性。从思维表现来看，俄语思维动词表达的思想总是动态的，它是一种行为、过程……思维动词引进的思想具有当下性，是发生在确体时间之内的（Шатуновский，2012b［R］），而思维的实现、进展往往是从与思维活动进展处于同一时段内的观察者角度来描写的（Шатуновский，2012b［R］）。此外，思维活动动词具有重复性意义，可以表示重复的思想（Шатуновский，2012b［R］）。在本书研究的理论视野中，表示人的智力—心智活动的动词（интеллектуально-ментальный глагол），表思考过程、思想行为及思维方式、思考结果意义的动词或动词组合构成俄语思维动词的主体。

  俄语思维活动动词无论是非意志活动类还是意志活动类（较少）很多都是隐喻化的，认知隐喻在思维活动意义的表达中发挥重要作用，它体现出该类动词语义衍生的特殊机制。这是因为思维活动属于非可见层次的精神活动，"很多表示人内在思想、……意志的观念，都是看不见、摸不着的"（华劭，2010：16），它可以有一定外在物理表征，但总体上却又很难有物质方式上的具体反映和呈现，因而往往需要借助其他较为具体化的动作方式、内容来体现，即"用表示具体事物可见特征的动词去描述抽象观念"（参见华劭 2007a：5），这为该类思维动作的认知隐喻表现提供了较大空间，正如 Г. И. Кустова 所言，"隐喻转义是一种语义变化的积极过程"（参见 Кустова 2000：88）。俄语中通过认知隐喻，表示这类思维活动的动词主要与描写人的空间运动①、身体活动或物为作用以及表现自然现象的动词有关。因而从隐喻角度来看，这主要是通过物为作用活动、空间运动、感知活动以及自然现象、过程来描写和表现人的智力—意志活动和精神—心理活动，通过可见层次的具体行为、物象活动来隐喻非可见层次的抽象思维活动。基于这些显在行为活动能够形象生动、准确恰

---

  ① "许多心智动词和内部状态动词的语义引申建立在运动动词隐喻的基础上"（Розина，1999：112），Н. Д. Арутюнова 也注意到，思维活动的隐喻与动态的空间运动方式有密切关系，她指出，"思维至少沿三条位于不同平面的路线运动：一条线路将人同思想联系起来，另一条指向思考的对象（客体），第三条指向思维活动的目标"（Арутюнова，1978b：337）。

当、具体细致地描写、刻画人的思维活动状态、过程和特征及主体进入思维状态的深度（程度）等抽象内容。

俄语中存在大量表示思维活动的隐喻性质动词，这既包括单个的动词，也包括习用性动词组合、固定动词词组（以下统称二者为动词词组——笔者）。我们发现，在这些动词和动词词组中，既包括由非意识活动原型动作隐喻来表示下意识思维活动的动词，也有用意志活动动作隐喻表示下意识型思维活动的动词，还有由意志活动原型动作隐喻表现自主思维活动的动词，这些动词参与的隐喻行为都把思维活动类比为一个身体认知体验的完形事件，"反映现实的思维格式塔过程"（Пенсина，2005：62）。在我们的不完全统计中，源于下意识原型行为的动词、动词词组有39个（单个动词35个，动词词组4个），约占39%，源于意志活动原型行为的动词、动词词组有60个（单个动词40个，动词词组20个），约占61%。但喻义分布的实际情况与动词数量分布并不对等，即使是来自意志活动的动词，隐喻之后主要表现下意识的思维活动、结果，真正表示自主思维活动、结果的仅占一小部分。这种语义生成的负相关（性）一方面反映出自主活动、意志活动类原型动作动词由于与人的积极活动相关，所以其隐喻衍生能力也强，人们较倾向于用它来转喻人的其他动作——因为人习惯于通过身体体验、感知动觉经验（sensorimotor experience）来表现抽象领域的动作。而另一方面更为重要的是，这充分表明隐喻表示下意识型思维活动的认知语义现象是主流，同时也从一个侧面反映出俄语思维动词的语义内涵。以下是具体分布情况。

1. 由非自主原型动作隐喻而来的下意识思维活动动词和动词词组

单个动词：

отвлечься（Его мысли отвлеклись далеко в сторону［他的思想远远地转（跑）到别处去了］）；мелькнуть/мелькать（Эта мысль часто мелькала в моей голове［这个想法经常在我脑海里闪现］；мелькнуло в голове［头脑中闪现］）；пролёскивать/проснуть（闪现、闪过、短暂出现）；блеснуть/блестеть（У меня блеснула мысль［我头脑里闪过一个念头］），проблеснуть（思想、想法一闪，微露）；сверкнуть（灯光、亮光一闪）（Вдали сверкнул огонёк；Мечи сверкнули в их руках.）隐喻"思想、念头闪现，闪过、掠过"：Сверкнула мысль；В голове сверкнула догадка（闪现出一个想法；脑子里掠过了一种猜想）；блеснуть/блестеть

(У меня блеснула мысль［我头脑里闪过一个念头］); исчезнуть (消散、消失); рассеяться (Теперь мрачные мысли мои порассеялись［我的一些不愉快念头现已消失了］); (по-/у-) гаснуть (Мысль погасла.［思想消散了］); испариться (想法烟消云散、悄悄溜走：Идея испарилась.［想法不知不觉消失了］); умереть (Мысль не умрет［思想不会消亡］); замереть (完全停止动作，一动不动地停下来) (Танкисты ровным строем замерли возле своих машин.) (坦克手们一动不动地整齐排列在自己的坦克旁) 隐喻"思想、想法消失"①: Все сомнения в нём замерли (他所有的疑虑都消失了); озарить (озарило) (突然想明白、突然产生一种想法); течь (思想接连不断地出现); роиться (交集、涌现、丛生) (Мысли роятся в голове［思绪万千、浮想联翩］; У инженера роились тысячи планов［脑海中涌现出一大堆计划］); пахнуть (［气味］吹来，袭来) (Им в лицо пахнул горячий воздух) (一股热气向他们迎面扑来) 隐喻"(某种思想、思潮) 涌上心头，充满心中": Счастливая затея пахнула на неё (一种愉快的想法涌上她心头); всплыть (思想、想法重新显现，重新显露、出现) (Воспоминания всплывают/всплыли в памяти (в сознании, из памяти)［回忆又在脑海里浮现，浮上心头，在心中消失］) (Гаврилова, 2002: 197); наплыть (思想袭来，涌来) (Всякий раз, как смыкались ресницы. —наплывал на неё рой мечтаний) (每次她双眉一皱，一个个幻想就联翩而至); рождаться (Мысль рождается［产生想法］); трепетать (颤抖, 颤动, 哆嗦) (Литья трепещут от слабого дуновения ветра.) (微风徐徐，树叶颤动) 隐喻"思想呈现，显现，萌动": И в тюрьме трепещет мысль, горит сердце, кипит кровь (即使在狱中思想也在萌动，心在燃烧，热血在沸腾); зреть (Мысль зреет［思想成熟］; Медленно зрела мысль［慢慢酝酿成熟一个想法/思想逐渐成熟］); увядать (Мысль увядает［思想颓废/思想凋零、衰败］); мчаться (Мысль мчится［思想飞驰、思绪联翩］); кипеть (思想沸腾，激昂: Кипят мысли［思绪翻腾，想法联翩］) 或 закипеть (思想强烈地涌上心头: Закипела идея.［思想强烈

---

① 此外，隐喻表现"思想消失、消散"的下意识动作动词还有 развеяться, пропасть, растаять, выветриться, кануть, сгинуть. 这里一并指出。

地涌来］）；витать（Мысли витали（на воздухе）［思想在空中飘忽］）；заблуждаться（想错、看错、误解）（Лена уверяла, что он забуждался относительно искренности ее чувства［莲娜相信，他误解了她真诚的感情］）；лопнуть（想法、念头破灭：Их затея лопнула.［他们的想法破灭了］）（Апресян, 1995а：457）；бурлить（思想、思绪迸发：Мысли и чувства бурлили；Бурлит воображение［各种思想、情感在脑海里沸腾；想象力在迸发］）；обрываться（思想［猝然］中断：Эта мысль обрывается в самом начале）；свестись（思想集中，转到……上：Все мои думы свелись к моей работе［我全部思想都集中到了我的工作上］）；теряться（沉浸在某种思想活动中：Она теряется в мыслях/в предположениях/в догадках［她心绪纷乱，陷于茫然/她揣摩不准，揣摩不透］）；перепутаться（思绪、思想混乱：Мысли его совсем перепутались［他思想完全乱了］；Всё в голове перепуталось［头脑里一切都混乱了］）；перемешаться（思想、印象混乱：Всё в голове перемешалось［头脑里一切都混乱了］）；распыляться（思绪模糊、恍惚：Мысли его расплылись［他思绪恍惚了］）；блёкнуть（变暗淡）（Звёзды уже блёкли перед рассветом.）（黎明的星光已暗淡下来）隐喻"思想、思路模糊"：Мысли у него блёкли（他思路不清了）。

思维活动有不同的形式，可表示下意识思维行为的单个动词还有пронестись/пронеслось（思想、回忆等闪过）（Пронеслась идея［一个念头闪现了一下］），шевельнуться/шевелиться（某种思想、感情产生、出现）（Шевельнулась мысль），осиять（某种思想、想法、念头突然闪现）（Вдруг *осияла* меня мысль［突然间我闪过一个想法］）等，它们表现的思想一般是没有把握或不太把握的推测（В нём шевелятся сомнения［他产生了一些疑问］），也可能是想到某种不好的、消极的事情。试对比：Шевельнулось подозрение. — *Шевельнулась надежда（Шатуновский, 2012а［R］）。

动词词组：

而俄语中表下意识思维活动的动词性词组较少，主要有：погрузиться в мысли（陷入深思），（всецело）погрузиться в раздумье（用心思索），углубляться в размышление（陷入深思），углубляться в себя（陷入沉思），хлынуть в голову（思想涌现，迸发：Какие-то странные мысли хлынули в голову заболевшему поэту（М. Булгаков）［这些奇怪的想法一下涌入受病痛折磨的诗人脑海中］；Оригинальные мысли хлынули ему в голову［一些新奇的想法在他脑海里迸发］）等。

2. 用意志活动动词隐喻表示下意识型思维活动的动词和动词词组

单个动词：

улететь（Мысль улетела［思想消失无踪］），уйти（Идея ушла［思想消散了］），убежать（Думы убежали［思绪消散了］），проходить/пройти（思想消失、成为过去），перейти（Её мысли уже перешли на другое［她的思绪已经转移到另一件事情上］），бежать（思想飞驰）（Мысли мои вслед за конём бегут.［М. Волошин］），лететь（思想飞奔）（Мысли его летели к любимой），наполнить（［思想］充满、占据）（Затея наполнила его сердце［这一想法占据了他的心］），устремиться（思想集中于……）（Его мысли устремились к будущему［他一门心思都在想未来］），захватить（［想法］控制住、抓住……）（Прекрасная затея захватила его целиком）（美好的想法全然占据了他的心），завладеть（［思想］控制、吸引住……），овладеть（控制、笼罩住）（Странное беспокойство овладело моими мыслями［奇怪不安的心情困扰我的思绪］），охватить（思想充满, 控制，支配……），тесниться（思想交集，充满，涌来：Теснятся мысли［思潮澎湃；思绪万千］；И теснится мечта за мечтой［幻想丛生］；Мысли одна за другой мрачнее стестились в душе его［越来越沉郁的思绪不断地涌上他的心头］），брать（思想控制、支配……）（Раздумье его берёт［他陷入了沉思］），осенить（覆盖、遮蔽、笼罩）（Садик осенён тенью деревьев［小花园被树荫遮蔽着］）（喻义：忽然出现、忽然想起：Его осенила блестящая идея［他忽然想出一个很好的主意］；Его осенило：это не правильно［他忽然想到：这是不对的］；Его осенила блестящая идея［他忽然产生了一个非常好的主意］；Его осенило вдруг：это не правильно［他突然想到，这是不对的］），выскочить（突然产生）（Мысль выскочила у меня из головы），бродить（思想、想法模糊地出现，掠过：Так вот какая мысль бродит у тебя в уме［你脑子里原来有这么个念头呀！］），затемнить（Они затемнили твою мысль/сознание［他们把你的思想/意识弄混乱，弄模糊了］），забродить（某种想法、念头

第五章　俄语动词隐喻意义的运作机制

出现：В голове забродили новые мысли［脑海里出现了新想法］），возвратиться/вернуться（Идея возвратилась［这一想法又回来了］；Он вернулся к прежней мысли［他回到了原来的想法］），перескакивать（Мысли перескакивали（с одного предмета на другой）［思想从一件事转换到另一事情上］），возмутить（возмутить мысли/думы［搅乱思想］），летать（Мысль летает［思绪萦绕］；Он летает мыслью［他思绪萦回］），（по-）хоронить（похоронить воспоминания［忘却往事］），сбежать（思想消散），толкаться（Мысли толкались［思想徜徉着、思想流连］），топтаться（Мысли топтались（на месте）［思想停滞不前］），метаться（Мысли метались（из стороны в сторону/с места на место）［思想来回辗转］），лелеять（思想、想法流连，游走）（Мечтанье злое грусть лелеет в душе неопытной моей.）（М.Лермонтов）（邪恶的幻想总在我未经世事的内心游走），парить（沉入遐思，在理想境界中翱翔；胡思乱想，空想：Он парит в облаках（в эмпиреях）［海阔天空地胡思乱想，想入非非］），напасть（突然想到，忽然产生某种想法：Ассистент напал на счастливую мысль.［助理一下子想出一个好主意］）等。

动词词组：

隐喻表示非自主思维活动的俄语动词词组中，表现尤为活跃的是 пришла в голову мысль/идея 和 пришло в голову，пришло в/на ум，пришло в/на мысль。其中 пришла в голову мысль（忽然想起、产生想法）侧重对思维行为的描写（Шатуновский, 2012а［R］；Кобозева, 1993：98），"它表现一种对新的事物的认识、对新的活动的知识、表现新产生的想法"（参见 Гак 1993：25）。пришло в голову（突然想起）表示的想法不是在某一时段内形成，而是在头脑中突然发生的（Шатуновский, 2012а［R］）。它们表示的思想是没有专门思考努力（мыслительное усиление）、没有就某一对象进行专门思考而得到的某种结果、想法。（Шатуновский, 2012b［R］）例子分别如：Мне пришла одна идея—мы можем добираться до города врозь（Урысон, 2003b：554）；Мне в голову пришла грандиозная идея（我突然产生一个宏伟的想法）（Урысон, 2003b：551）。—Эврика, Антон! Не знаю только, как мне это раньше в голову не пришло（有了，安东！可就是不明白，

怎么早先居然没能想到这一点呢）；Никому не приходило в голову требовать у него паспорт, и его знали просто под именем Давида（谁也没想到让他出示护照，只知道他名叫Давид）。

隐喻表示下意识思维活动的自主动作动词性组合还有：уйти в мысли（陷入深深的思索）、улететь мыслью в будущее（遐想未来）、прийти к мысли／на мысль（Она пришла к мысли／на мысль [她终于想出了好主意]）、лезть в голову（进入脑海、溜进脑子）、выйти из раздумья（从沉思的状态清醒过来／从沉思中回过神来）、предаться мечтаниям／размышлениям（耽溺于幻想／完全陷入沉思）等。

甚至也包括主体使客体产生下意识的思维活动，这是很明显的被动型思想活动。这样的动词词组如：навести кого на мысль／подозрение（使产生念头、怀疑）、натолкнуть кого на мысль о чём（使产生……想法）、мысль／смысл дошла／дошёл до кого（Смысл его слов дошёл до меня не сразу [他话里的意思让我一下子还没能明白过来]）等。

3. 由意志活动原型动作隐喻自主思维活动的动词和动词词组

单个动词：

与自觉意识活动原型有关的思维活动单个动词如：вытеснить（Он старался отогнать эту мысль и вытеснить её другими, здоровыми мыслями [他极力要抛开这个念头，想用别的、更健康的想法来取代它]；Мысли о семье на какое-то время вытеснили страх за свою жизнь [Шолохов]）；выгнать（Художник с трудом выгнал эту мысль [画家好不容易打消了这一念头]）；отогнать（抛开某种念头、想法）（отогнать иррельную мысль [打消不切实际的想法]）；затереть（Иван затёр такую идею [伊万打消了这样的观念]）；вытряхнуть（Продавщица вытряхнула из головы тяжёлые мысли [售货员赶走了脑海中很不愉快的念头]）；перебить（打断思路：перебить мысль）；городить（Он городит в голове план [他在脑子里筹划方案]）；раскинуть（Он раскинул мысли [他反复寻思／思索、琢磨、忖量]；раскинуть в мыслях／в уме [寻思，忖量]；раскинуть думы о чём [琢磨，思考]）；жевать（咀嚼）（жевать пущу, жевать резинку, Лошадь жжуёт сено.）（咀嚼食物，嚼口香糖，·马在吃嚼干草）隐喻"反复思考，翻来覆去考虑"：Они долго жевали этот вопрос（他们反复考虑这一问题）；сжать（使……感

到压抑、难受"：Мысль сжала ей сердце.［这一想法让他很难受］）。

动词词组：

与自主型考虑、思考活动有关的意志活动动词词组如：взвесить всё за и против（思前想后、反复掂量），принять все обстоятельства во внимание（考虑到所有情况，通盘考虑），оставить советы без внимания（对他人劝告不加考虑），покинуть чужое мнение без внимания（对他人的意见置之不理），обходить деталь без внимания（未考虑细节），взглянуть на свои отношения с массами（考虑自己与群众的关系），глядеть на что（带着某种情绪思考、看待事物）（Крестьяне на школу глядели равнодушно, она им была не нужна в их тяжелейшем положении［村民们冷淡地看待学校的事，在这艰难时期他们不需要学校］）（自 Бабенко, Волчкова и др., 1999：322），перейти во что（想法变成了……），проникнуть во что（проникнуть в суть дела［认清事情的本质］），проникнуть в чью мысль（想清楚他人的想法、弄清某人的想法）。

下面我们就针对俄语中通过语义衍生转而表示各种思维活动意义的动词、动词词组的认知隐喻问题展开具体分析和讨论。

二　思维活动意义动词的认知隐喻机制

正如 Шатуновский（2012a［R］）所强调的，"思维"具有"行为或过程性"这一重要特征。这一行为过程性为物理性质动词的思维活动隐喻提供了极为有利的条件。例如：Я мгновенно понял, что её больше нет в палатке. Эта мысль неожиданно меня наполнила беспокойством.（这一想法突然使我非常担心起来）Я вскочил — её не было［О. Д. - Форш. Одеты камнем（1924—1925）］；《Неужели будут стрелять? — мелькнуло у Болотова, но эта мысль показалась смешной.（博洛托夫脑海中闪过一个念头：难道他们真会动枪？但这一想法显得有些可笑）— Стрелять? Да у нас ведь свобода...》— с облегчением подумал он ［Б. В. Савинков（В. Ропшин）. То, чего не было（1912）］（Шатуновский, 2012a［R］）句中表示物理过程行为的动词 наполнить（装满、倒满、使充满），мелькнуть（闪烁一下）分别通过隐喻，转而表示思维活动，反映出相应思维行为的进展过程、特性，从动作自身的独特视角揭示出人在某一状况下的思维活动面貌。

思维活动动词意义在隐喻性能各方面都有自己相应独特的表现，而由于篇幅的原因，以下只能选取转喻表示思维活动的典型单个动词和动词词组来展开讨论。具体分析将在不同的思维活动语义次范畴中进行，而在同一语义次类内部，则分别从单个动词类和动词词组类两条线路展开。这里有关于俄语思维动词隐喻机制的讨论也将具体涉及其隐喻相似性、隐喻语义错置、隐喻意象图式、隐喻映射、隐喻模式等问题。

（一）隐喻相似性

首先，思维动词隐喻意义中动作本体和喻体之间存在认知相似性。相似性（或相似性）是思维动词隐喻创意的基础，"相似性是隐喻互动过程的依据"（束定芳，2002：103），动词隐喻首先包含了由动作之间的联想而形成的动作形象的相似性，隐喻相似性表现共性化的思维观念。所谓相似性指人们对不同认知客体产生的意象上的相似，包括动作、现象、事物等彼此间的相仿、类同、一致性。它是概念上的相似，心理上的相似，即心理概念、心理认同意义上的相似，而不是客体对象在物理属性或实体上的相似。施喻者通过认知联想，在长时记忆网络的动作结点中搜罗出符合动作本体的相似形象，建立起动作新知同有形动作范畴之间最近的心理距离，并且通过心理描述，发掘出认知客体彼此间的共性特征，使之成为动作或事物之间联系的纽带，有了它，不同范畴的现象能够并置在一起，实现范畴的跨越、映现，达成新的概念化内容和创造性的语义理解[①]。动作相似构成动词隐喻最直接的认知基础和认知表达内容。隐喻本体与喻体间泛泛的相似性可以落实为具体的相似点即喻底，它使隐喻的根据、基础更加明显，因而 Lakoff, Turner（1989）认为，隐喻首先就是要过滤出属于不同概念域的表象之间的相似性喻底。

思维活动意义的动词隐喻中，原本表示其他动作行为的俄语动词、动词词组转喻思维活动动作，这有一个非常重要的认知基础，那就是源域动作和目标域动作之间的相似性，它好比生发出动词隐喻的基本心智元件，有了这一认知基础，可以由动词的具体、可感知的行为意义中衍生出抽象的思维活动隐喻意义。而基于常识的想象和认知，用表示具体可见、可感的动作形象来描述抽象观念所依靠的就是喻体与本体间动作本质、属性的

[①] 而这里面还涵括了动作语义范畴之间以创造性的方式相互作用、受话者的创造性反应能力等语义要素。

相似或类同，前者构成后者的重要认知理据。下面就此展开具体讨论。

思想"控制住……"：俄语动词 захватить 表示的思维动作就好像来自他人的外部力量抓住了思维活动的主体，思想类似于不可控制的情感（也同样好像是从外部进入内心），也可以操控住自己的主体。例如：Ваша мысль захватила меня（您的思想牢牢抓住了我）（Урысон，2003b：551）；Мысль об убийстве завладела им полностью（凶杀念头完全占据了他心思）（Урысон，2003b：553）。显然，这里本体动作与喻体"力"的动作之间在行为作用结构特点上十分相似，另外，在行为的感受—评价特点上也存在认知相似性。思想不仅产生，而且发展、变化，下意识地一个替换一个，不依赖于主体的意志，而只服从于某些内在规律，这些内在规律可以被联想、类比为一种作用于人的特殊外在力量，人们由此倾向于认为思想来自外在某种因素的作用，即思想的产生，思想对人的干预、影响、牵制相似于外力对人的身体的作用、控制。

思想"接连出现、流淌"：思想往往连贯出现，而不是静止不动，而且彼此间不是完全分离，而是总以某种形式相关联，所以它可与运动着的事物，尤其是水流相类比。例如：Мысли текли под шелковой шапочкой, суровые, ясные, безрадостные（藏在丝帽下的想法一个个地涌现出来，它们严峻、清晰而惨淡）。此时，隐喻中的喻体动作"（水）流动"与本体动作"思想一个接一个出现"在行为结构特点、行为关系、行为表现上具有认知相似性。在该类动作的认知隐喻中，"思想可能没有主体的意识努力，它完全不依赖于主体意志"（Урысон，2003b：554），与水流动作的自然运行状态十分相似，此时的思绪好比行云流水，因而我们可以说：Думы текут совершенно независимо от воли субъекта（思绪的流淌完全不取决于主体的意志）。

思想"交织、丛生"：昆虫、鸟类的聚集、群飞这一喻体动作与思想的交集、涌现这一抽象的本体动作存在认知相似性。例如：Мысли роятся в голове（思绪万千、浮想联翩）；У инженера роились тысячи планов（工程师脑海中涌现出成千上万的规划）。该动词隐喻中的本体动作与喻体动作之间在动作方式、动作结构及动作状貌上有认知联想上的相似性，另外，主体对这两类不同动作现实片段的认知感受上也具有相似之处。

思想"冒出、钻进、潜入"：思想的产生、思想进入人的大脑和精神活动就像人钻入某个地方一样，这种动作的相似性非常明显，该思维活动的下意识动作意象借助该喻体动作得到充分展现，并且具有鲜明的形象性。例如：В голову лезут мысли одна страшней другой（一个比一个可怕的想法潜入脑海）。句中本体动作与喻体动作都有"不知不觉、不经意间发生"的特性，二间在动作结构方式、动作感知和意念关系上相似。

思想"消失、消散"：Эта мысль у него далеко улетела（他的这一想法消失到了远方）；Их идея давно уже умерла（他们原来的思想早已消散）。该思维活动形式的隐喻建立在动作本体与喻体之间在动作结构关系和动作方式（针对动词улететь）、动作结果和动作预期（针对动词умереть）的相似性上。从认知经验上讲，施喻者由对"飞行"和"死亡"的心理感知联想到了"思想的离去、消亡、不复存在"，二者之间形成心智表征上的相似，该经验的心理相似性联想成为了"思想消散"认知意义的桥梁。这正如张凤、高航（2001：34）所言，"认知经验是人类思维中意义产生的理据"。

思想"突然产生"：Ему в голову пришла одна мысль（他突然产生一个想法）；Ему пришло в голову, что завтра будет важная встреча（他突然想起明天有一个重要的约会）。该动词词组的认知隐喻与人类感知和运动能力的基本身体性质密切关联，其喻体动作表示的是"进入、来到某地方"，本体动作表示"思想、想法进入人的脑子"。思想的产生与人进入某处、到达目的地之间具有动作意象相似性，一方面有下意识、不以人的意志为转移的成分，在行为方式上都是不知不觉中来到某一地方，给人的感觉是"意外来到、突然产生"①，因而二者在动作方式、动作结构、动作感受上都是相似的。另一方面该本体动作往往被想象为"如约的行为"——好比人来到他想要来的某个地方，因此，在它与喻体动作中都体现出"动作目标的如约性"，都给人一种动作结果如期而至的相似感觉，隐喻相似性十分突出。再如：Мне в голову пришла замечательная идея—поедем купаться！（我一下子有了个好主意——洗澡去！）（Урысон，2003b：554）；Голова казалась легкой, опустевшей, как бы

---

① 相关问题上，Р. И. Розина 指出，以动词 прийти 构造隐喻的思维活动是"意外事件（происшествие）"行为：好像从外面移动进来，出现在人的头脑中。例如：Поправки пришли ему в голову неизвестно откуда.（Розина，2005：56） чужой на плечах коробкой, и мысли эти приходили как будто извне и в том порядке, как им самим было желательно（这些想法好像突然从外面进来，并且是以它们希望的那种方式）。（М. Булгаков, Театральный роман）（Урысон, 2003b：553）Р. И. Розина 就曾指出，"用动词 прийти 来隐喻表示'想法'这一思维行为，就好像从一个想法走到另一个想法，而后开始有了一种想法：Много лет спустя я пришел к убеждению, что эти трофейные фильмы ничего, кроме вкуса руководителей рейха, не выражали（Искандер）"（Розина, 2005：56）。

（二）隐喻语义错置

语义错置或语义冲突是动词隐喻所必备的语义条件，相关俄语动词产生思维活动喻义时，必然经历语义错置这一重要而独特的认知语义操作程序。动词、动词词组隐喻衍生思维活动动作意义过程中，语义错置的操作机制具体包括显性错置和隐性语义错置两种方式。下面对俄语动词隐喻衍生出思维活动动作语义次类的具体情况进行分析。

思想"回到……"：И вот мысли мои опять возвратились, к далеким, почти забытым осенним ночам, которые видел я когда-то в детстве, среди холмистой и скудной степи средней России（И. Бунин, Поздней осенью）（思想又回到了遥远的几乎已忘却的秋夜，那是我儿时在中俄罗斯贫瘠的山丘草原上看到的一个个夜晚）。句中动词 возвратиться 隐喻所表现出来的显性语义错置为"思想"与"回来"之间的表面语义矛盾和冲突，而潜藏于表层之下的隐性语义错置为"本体动作是喻体动作"（"X IS Y"）即"'思想的回来'是'人的回来'"，以及"思想是人"（"Sub. IS A"）这一二性概念隐喻。

思想"交织、丛生"：В голове у нее роились сотни смутных мыслей, но они уже облекались сонным туманом（她脑海里种种模糊的想法交织在一起，这些想法已笼罩在迷糊的梦中）。（И. Бунин）（Урысон, 2003b：555）该动词隐喻中的显性语义错置表现为"想法"这一抽象事物与"（虫、鸟）交集"这一物理动作之间的语义矛盾，隐性语义错置为"想法丛生是昆虫的纷飞"（"X IS Y"）以及"想法是昆虫"（"Sub. IS A"）这一"次生隐喻"。

思想"不断出现、涌现"：Мысли текут（思想不断涌现）；Мысли лениво текли в голове（一些念头在脑海里慢腾腾地接连涌现）。这里，

动词 течь 隐喻的显性语义错置是"思想"与"流动"动作之间的表面语义冲突，隐性语义错置则是"思想的一个个出现是水的流动"（"X IS Y"）及"思想是流水"（"Sub. IS A"）这一"二性"概念隐喻。

思想"消失、过去"：И много других подобных дум проходило в уме моем（许多相似的想法在我脑海里一幕幕走过）。句中动词 проходить 隐喻中的显性语义错置为"想法、思绪"与"走动、走过"之间的语义冲突，隐性语义错置为"思想的移动是人走过某地方"（"X IS Y"）以及"思想是人"（"Sub. IS A"）这一二性化隐喻。

思想"转化、变为"：Думала о барышне, о дедушке, о своем будущем, гадала, выйдет ли она замуж, а если выйдет, то когда, за кого... думы так незаметно перешли однажды в сон（思绪就这样不知不觉地转变为梦境），что совершенно явственно увидела она предвечерее время знойного, пыльного, тревожно-ветреного дня и то, что бежит она на пруд с ведрами（И. Бунин）.（Урысон, 2003b：556）这里，动词 перейти 的隐喻所经历的显性语义错置是"思绪"与"走过、通过"动作之间的语义冲突，隐性语义错置是"本体动作'转变为……'是喻体动作'走过'"（"X IS Y"）及"思绪是人"（"Sub. IS A"）的逻辑错置。

思想"钻进、潜入"：Мысль лезет в голову（思想悄悄潜进脑海）。句中动词 лезть 的隐喻所包含的显性语义错置为抽象的"思想"与动作"钻进……里"之间的语义矛盾，隐性语义错置是"本体动作（思想）潜入是喻体动作（人）钻进……"（"X IS Y"）及"思想是人"（"Sub. IS A"）这一二性概念隐喻。

思想"突然产生"：Ему пришла в голову замечательная идея: доехать поездом до Владивостока, а там наняться на любое судно...（他突然产生一个美好的想法：乘火车去符拉迪沃斯托克，再到船上随便找个活儿干）; Долго ничего не получалось, а потом пришла эта идея—грозовой разряд возникает там, где через атмосферу прошли космические лучи высокой энергии（Урысон, 2003b：553）（考虑半天也没结果，而后突然有了这一想法……）。此处动词 прийти 在隐喻时的显性语义错置操作是"思想、想法"同"来到……"动作之间的语义冲突（"X IS Y"），而隐性错置则是"思想的突然产生是人到达某处"的

逻辑错置及"思想是人"（"Sub. IS A"）这一二性化的概念隐喻。

（三）隐喻意象图式

意象图式是思维动词隐喻意义衍生过程中的重要认知运作过程和内容。意象图式是由人在空间中的身体运动、对物体的操纵及感知的相互作用之下产生的意念性结构，是对空间、时间基本体验的一种认知取象。意象图式作为意义的特殊符号，参与语言认知推理的心理过程。俄语动词隐喻中的意象图式是人在身体经验基础上自然形成的简化、直观化的认知结构①，是人们通过对具有相似、类比关系的动作事例反复感知进而概括形成的一种动作意念框架，是认知经验和现实环境对思维能动作用的结果。

思维动词隐喻意义衍生过程中，包含了动作意象图式及概念结构的运作。首先需要分析、确立动作本体和喻体的意象图式，在它们之间找到动作概念意象上的切合点，使喻体动作的意象图式和动作本体意象图式相映合，借助对喻体动作意象的认知来认识、塑造和表现本体动作的认知意象，由此传达本体动作的语义特性。俄语思维动词喻义衍生过程中，意象图式的认知表现内容十分丰富。以下是具体分析。

思想"抓住、控制……"：俄语动词 захватить 的隐喻中，根据喻体动作意象的联想，能够形成这样的思维本体动作意象——思维可以抓住自己的主体，主体被这一思想所左右。例如：Мысль совершить кругосветное путешествие захватила его целиком——он изучал конструкции яхт, разрабатывал маршруты（环游世界的想法完全占据了他的心思——他钻研着帆艇的构造，制订着旅游的线路）。（Урысон, 2003b: 553）这是在外力对人的重力作用这一具体动作概念域与抽象的思想动作域之间建立起认知联想，建构起相应的思维动作形象。这意味着动词 захватить 的思维动作隐喻所包含的是"作用力"意象图式，是借助喻体动作"力"的意象图式（——物体在外力强制性作用下朝着力的作用方向继续前进）来表示思想矢量在力的作用下顺着力的强制作用方向行进，或者冲破阻碍、沿着自己原来的方向继续前进，该动词对应的本体动作（图式）有力度、有范围，表现出思想对人的控制有深度和掌控性，让人产生"占据人整个身心空间"的"具象化"意象联想。与此类同的

---

① "隐喻认知理论的源域是人的实际生活经验的概括"（Баранов, 2003: 76），构成认知活动的基本经验基础。

还有动词词组 навести на мысль/подозрение，натолкнуть на мысль 的认知隐喻：Его слowва навели меня на мысль об уходе（他的一番话使我产生了离去的念头）；Это навело его на интересную мысль（这让他产生了一个有趣的想法）；Противник навёл нас подозрение（对方让我们产生了怀疑）；Выступление писателя натолкнуло Леона на мысль о творчестве（这位作家的演说使列昂产生了文学创作的想法）。这里人或事的外在因素就像一种力量使人做出某一举动，从而表现出该动词隐喻中"力"的意象图式特征。这两个动词词组隐喻的动作"力"图式表现也十分形象、贴切。总之，思想的产生与人、物或事件因素的激活有关，"思想很可能依赖于某种因素"（Урысон，2003b：555），正是这些外在或内在因素驱动认知主体有了一定想法、念头，所以作用力的意象图式在该类抽象思维活动的认知语义中有相当活跃的表现。

思想"闪现、闪过"：Мысль мелькнула（念头一下子闪过）；Мысль блеснула（一个想法闪现一下）；Мысль часто мелькала в моей голове（这一想法经常在我脑海里闪现）。该思维动作意义的动词隐喻表现出"重力—性质"的意象图式特性，"闪现、闪烁"这一物理作用形式表现出思维动作的方式、性质及伴随的某种状态，喻体动作特点"闪烁"凸显了"一闪而过"的本体动作形象、结果和性质，借助可知可感的重力（物理）作用及性质意象图式感受并勾勒出抽象的思维动作框架特性。此外，该意象图式的认知运作很好地反映出相关思维活动的一个特殊性，即"思想形成中的思维操作过程（процесс функционирования ума）可能并不依赖于主体意志（независимость мыслей от субъекта）"（Урысон，2003b：555），此时思维过程、思维结果的产生往往来去无踪，体现出思想的"下意识性"，即"认知主体没有直接觉察出心智中的所思所想"（Fauconnier & Turner，2002：32）。

思想"骚动、蠕动"：Мысль шевельнулась（思想骚动了一下）；В нём шевелятся недоразумение（疑惑不解的想法在他心里蠕动）。该思维活动意义的动词隐喻中，使用的是"存在—过程"这一意象图式（Croft, Cruse，2004：45），其喻体动作指"慢慢地、若隐若现地动弹"，描写的是以特殊方式存在的物理动作形象，而认知运作中，主体把该具体动作移植到抽象的思维活动表现中，勾勒出以"骚动"这一动作方式存在于人的心智活动中的本体动作形象，物象性的动作从而发挥了意象性抽象结构的认知语义功能。

思想"接连出现、流淌":思想以动态变化、推进的方式呈现:Мысли текли под шелковой шапочкой, суровые, ясные, безрадостные(藏在丝绸帽子下面的想法一个个涌现出来,严峻、清晰、惨淡)。该思维动作的认知表现中,"思想可能没有主体专门的意识努力,不依赖于主体意志"(Урысон, 2003b: 554),其隐喻意义的认知运作使用的是"路径—方向"意象图式,认知主体将喻体动作中的"水流"运动过程蕴含的动作域特点移植到本体"思维"动作的认知框架,它包含了"思维、想法的源点"、"快速运转的动作过程"(路径)以及"接连交替出现"所表现出来的方向性。该意象图式形象地体现出了该思维动作的无意识性特点和动作状貌。

思想"交织、丛生":思想的呈现类比于"昆虫、鸟类"的"集聚、群飞":Идеи роятся в его голове(他想法联翩);У художника роились тысячи мыслей(画家心里思绪万千)。该思维动作喻义的衍生所激活的是"状态"图式,这里借助于认知原型动作"(事物)交集、丛生"的纷乱复杂、无序的特点,反映和注重的是主体思想产生的特定方式和所处的思想意志状况,其中包含了认知者的对思绪表现的认识判断和主观认同、感受,这形成对动作经验的概念化认知内容。

思想"混乱、紊乱":Андрей путался в мыслях(安德烈思想混乱);Мысли путаются(思想混乱)。该思维活动意义的动词隐喻运用的是动作"状态"意象图式,它将认知主体对喻体动作的感知形象加工、转化为理性认知图式,通过"散乱、凌乱"这一动作状态映衬出本体思维状态的"紊乱、零乱"这一动作样貌。

思想"飘忽、飘飞":Мысли витают(思想飘忽不定);Однако мысли его витали за тридевять земель от предмета его занятий(Б. Пастернак)(然而他的思想已从他的研究题目飘飞到遥远的地方)。该独特的思维活动意义的动词隐喻使用的也是动作"状态"意象图式,喻体动作"(事物)来回飘荡、飘飞不定"形象地反映出"思想飘忽"这一动作意象。

思想"分散、散开、不集中":Мысли разбегаются/разбежались(思想分散);Мысли рассеиваются(思想不集中)。该思维动作认知语义的隐喻使用的是事体"分裂"意象图式。事物的分散、分开这一具体动作意象表现抽象的"思想分散""（人在思想上）跑神、溜神"这一精神意志活动特点，好比一个事物从整体中被分离出来或者从主干部分脱离开，因而某种程度上讲，该意象图式的运作也包含一定的"整体—部分"图式内容。这里，两个意象图式的并用和融合反映出该动词喻义认知操作的独特性。

思想"溜走、走神"：Её мысли уже перешли на другое（她的思想已经溜到另一件事情上）（Урысон，2003b：551）。该动词的思维意义隐喻包含了"路径"意象图式，"路径图式指运动动作特有的行进路线这一意象，它有较强的结构、线性特点"（彭玉海，2012：72），此时喻体动作中原有的"起点"和"位移轨迹"成分被淡化，但路径的内部基本逻辑保留下来。

思想"萦回于心、辗转、系怀、牵怀"：Мысль вертится в уме/в голове（思想萦回于心）；Множество мыслей вертелось у меня в голове（М. Булгаков）（许多想法在我脑海里打转）；Мысли тяжело ворочаются в голове（思想在脑子里翻来覆去）（Урысон，2003b：555）。该思维意义的动词隐喻有"方位"意象图式的参与，"方位图式是指有某种空间方位特性的动作意象结构"（彭玉海，2012：72），喻体动作"旋转、转动"中的具体空间、方位要素在"思维"本体动作中表现为抽象的思维主体的心智、头脑等，从而赋予动作事件以新的结构空间。

思想"照亮"：Его озарило（他恍然大悟）。动词 озарить 的隐喻中，它所表现的思想过程可描述为：思想的产生就像推开窗户、直射而来的阳光。人的念头、想法的产生是注意力高度集中、仔细思考的结果，但正如思想过程本身一样，这一思想的形成、出现却往往不受主体意志的控制，就像是阳光一下子从外面照射进来。这里"光照"的意象图式表现出人的"恍然大悟"这一思维行为、结果的独有特点。该思维动作意义动词的隐喻采用的是"作用力"意象图式，准确些是"力"图式中的"对抗—转换"图式，所谓"对抗"是指动作状态在作用力前后之间的对立、排斥性（"光亮"与"黑暗"），而"转换"是指受作用力影响的事物在状态性质上发生转化，只不过在本体动作中"对抗"意象成分一定程度上被削弱，而主要体现出来的是"转换"意象图式成分，即由"疑惑"变为"明了"、由"迷惑不解"到"豁然开朗"。

思绪"涌动、翻涌"：Думы, в отличие от мыслей, текут

медленно, тяжело（思绪与一般想法不相同，它缓慢、凝重地推进）。这里的思绪（думы）所表示的不是成熟的思考结论，而是代表某种尚未定型、存在一定变数、没有完结的思考活动内容。这里动词 течь 的隐喻认知包含对特定思想活动过程的描写，这一过程对思维主体来讲不轻松，有别于一般性的思维，显得复杂、凝重，认知主体通过"缓慢、沉重地流动"这一物象动作的认知框架来表现它，所运作的是具体动作的"状态"意象图式，反映出动作的反复性、消损性，衬托出该抽象思维动作同人的体验、人的状态间的关系，表现出人"精神上困惑、纠结、受折磨"的情状，而且这一意象和认知域在本体、喻体动作之间的转移和投射①往往需要借助动词扩展语（如句中 медленно, тяжело）来进一步体现，本体思维动作的概念结构内容、特点同时也得到了强化。

思想"潜入"：Да и лезли в голову кощунственные мысли（而亵渎神明的思想悄悄钻进了脑子里）：он все сравнивал себя с родителями светых, тоже долго не имевшими детей（И. Бунин）. 在这一思维意义的动词习语隐喻过程中，认知运作所依靠的是"路径"意象图式，本体思维动作的空间关系内涵、实质集中表现为"思想"的转移结果和终点，而具体空间运动的其他特性被削弱和淡化。

思想"突然产生"：Затея приходит в голову（脑海中突然产生一种想法）；Мне пришло в голову，《Эврика!》（我一下子想到一个主意，有了！）（Урысон，2003b：556）该思维意义动词词组的隐喻运用了"路径"意象图式，其认知线索中，起点及路径中的相邻点被忽略，而强化了动作的终点、方向，因而该本体动作以变体方式体现出路径图式的空间内在逻辑性。

（四）认知隐喻映射

原初表达具体行为动作的动词隐喻表达非可见层次的抽象思维活动意义，这种非常规的认知心理联系、不同属的经验联想体现了不同概念范畴之间的映射。隐喻映射的核心是将始源域的理解映现于目标域的概念化、范畴化之中，认知域之间的隐喻映射意味着通过认知意象转移，以一个概念域的事件范畴框架来解释、分析另一事件框架，从而认识、理解新的意

---

① "隐喻过程被理解为从一个认知域到另一个认知域的投射或转移过程。"（武瑷华，2001：25）

义关系。由人的语言思维机制、思维活动特点制约，俄语思维动词的隐喻映射有一个非常突出的特点，那就是基本上是由具体动作域向抽象动作域的映射，这是人类通过具体事物认识、表征抽象事物的特征在认知范畴域、范畴关系方面的表现，一方面由人类思维活动的抽象本质决定，另一方面也由思维活动意义的具象化表达这一语言认知诉求所决定。可以认为，思维活动意义的动词隐喻实质在其认知域映射上得到了集中体现。而由于该类动词隐喻映射方式较为统一，以下只例举一二，加以简略分析说明。

思想"交织、丛生"：思想的呈现类比于"昆虫、鸟类"的"集聚、群飞"：Идеи роятся в его голове（他想法联翩）；У художника роились тысячи мыслей（画家心里思绪万千）。这里以"交集""杂乱"的具体动作意象来反映思维动作交错涌现的动态性复杂状况和不由人意志控制的特点。又如，思想"钻进、潜入"：Мысль лезет в голову（思想悄悄潜进脑海）；В голову лезут мысли одна страшней другой（一个比一个可怕的想法潜入脑海）。再如，分别衍生出"想法消失"（Мысль ушла/Думы убежали［思想/思绪消散了］）、"想法、念头破灭"（Их затея лопнула［他们的想法破灭了］）以及"思想、思绪迸发"（Мысли и чувства бурлили［各种思想、情感在脑海里沸腾］）意义的俄语动词уйти/убежать，лопнуть，бурлить隐喻都是由物理性实指对象域向非物质实体行为域的认知转移，从隐喻映射上看，均表现为由实象化行为的具体动作域向抽象动作域的概念意象投影。

（五）认知隐喻模式

隐喻模式是思维动词隐喻意义的认知操作模式。动词隐喻模式包含了对动作喻体的意义联想以及对动作本体特征的认知分析和认识，表现为施喻主体一种自洽性的积极认知参与、作用过程，它以概念认知预存和经验感受、认知体悟等为分类要件，实质上是基于认知思维方式和意义逻辑的一种隐喻分类范式。俄语动词隐喻模式与隐喻映射之间有直接关联，隐喻映射是动词隐喻模式的手段、方式，隐喻模式的具体操作靠隐喻映射来进行，或者说，隐喻模式借助隐喻映射得以实现，前者通过后者形成，后者构成前者的实质内容，隐喻模式包含具体的映射形式内容，不同隐喻模式就是以不同方式把源域的动作意象图式、概念结构映射到目标域。动词隐喻包含目标域（область цели/назначения）对源域（область источника/

отправления）的选择性重复这一"常体性假说"（гипотеза инвариантности）（Баранов，2003：75），而这一常规性过程的认知运作所对应的是完形经验、动觉信息、语义知识单元的联系、转移，逐步形成动词隐喻的认知模式。这样，思维动作意义的形成还须要动词隐喻模式的实际操作才能最终形成。而这具体通过认知域的隐喻映射得以实现，在相应的隐喻模式中，喻体动作域映射到抽象的本体动作域之上，形成动词新的喻义即它所对应的思维活动动作意义。这里的思维活动可能既指思维过程，也指思维结果，还可能是包含着思维过程、结果的综合体（Урысон，2003b：552）。这些思维活动动作的表现是不同隐喻模式参与认知操作的结果。具体运作中，可能有两个或两个以上隐喻模式的共同参与和作用，因为"大部分隐喻的体现都不是单一的，而是协同性的，即一个隐喻表达式中不只是一个隐喻模式，而是有多个隐喻模式"（Баранов，2003：73）。下面对动词思维活动隐喻意义所涉及的认知模式加以分析。

  念头、想法"牢牢控制"：Эта идея захватила его целиком, он не спая ночами, пытаясь нащупать ее техническое воплощение（这一想法牢牢控制了他，他彻夜不眠，试图摸索出在技术上实现这一想法的办法）（Урысон，2003b：553）。"人被思想控制"是无法看见、接触到的精神、智力活动，因而需要实体化的表现。在此，想法、念头（идея）有别于思维（мысль），它控制主体、牢牢地抓住了主体的思维，使主体特别关注它，主体准备耗长时间来思考、完善、实现它，运用的是本体隐喻模式，即把具体实在的动作认知域映射到抽象的思维动作认知域。而另一方面，想法、念头较少依赖于人的内部积累，有别于与人的灵魂（душа）有联系的思维，它与人的理智（интеллект）、头脑（голова）有特别关系。此外，根据 Урысон（2003：553）的分析，相比于思维、思想，想法、念头（идея）可以在更大程度上脱离于主体，即主体自己的思想会成为别人的想法、转移到他人身上，与思维主体相分离，因而外力作用因素、外力作用关系更为突出，使得动词 захватить 实物化的本体隐喻模式特点体现得更为明显[①]。

  思想"徘徊、徜徉"：此时的思想就像失去主心骨的人或者不依赖于人

---

① 这可以反向表现为接受"思想"就像接受一个实体事物一样：Эту идею быстро *подхватила* пресса（报界很快接受了这一思想）（Урысон，2003b：553）。

的意志的某种事物一样。例如：В голове бродят ленивые мысли о жаре, о даче（他头脑中转来转去的都是暑热、别墅的事）；Так вот какая мысль бродит у тебя в уме（原来你脑子里有这么多念头呀!）；Мысли толкались в голове（一些想法在脑子里飘来荡去）。此时，动词бродить对应的抽象思维动作被具有一定方位性质的实体动作具象化，该类思维动作意义的衍生所涉及的认知模式是方位隐喻和本体隐喻的复合认知模式。

思想"产生、成熟"：Мысль рождается（思想产生）；Родилась блестящая идея（产生了一个非常好的主意）；Мысль зреет（思想成熟）。这是把"（事物）产生、生长"这一物理性质的具体动作形象映合到抽象的"思想形成、变化"这一认知概念域，并且在"思维活动"本体动作认知框架中保留了"生长、成熟"这一喻体动作结构关系。因而，该思维动作意义的衍生是在本体隐喻、结构隐喻的认知模式共同运作之下形成的。

思想"离去、走远"：Она пыталась думать о работе, но мысли улетали куда-то совсем далеко（她试图去想工作的事情，但思绪早已不知跑到哪儿去了）。该喻义包含了思维过程和思想结果因素，是二者的综合表现。动词喻义的操作所对应的隐喻模式主要为本体隐喻，同时兼以方位隐喻。此时，具体的空间运动动作认知域映射到抽象的"思想行进""思想状况"概念框架中，使非可见层次的思想行为得以具体表现。

思想"张开、打开（启动）"：Он долго раскидывал думы об этом（他细细思索这件事）；Старик раскинул мыслями/умом/в уме（老人仔细思量）。该思维活动的动作意义通过结构隐喻、本体隐喻模式得以实现。首先，动词раскидывать/раскинуть中的喻体动作"伸开""张开……"的结构关系映射到"打开思路、张开思想"这一本体动作的认知结构关系上，这是结构隐喻的操作内容。其次，动作源域的体力行为特点、认知意象映射到了抽象的"思忖"目标动作概念域，使思想活动获得了物质方式的具体表现，这对应的是本体隐喻的认知操作。

思想"忽然产生"、思想活动结果"突然到来"：Вдруг простая мысль пришла ему в голову——ее просто нет в Москве（他突然有了一个最基本的想法——她根本就不在莫斯科）；Мне пришла в голову замечательная мысль——эти операции можно выполнять одновременно（我突然产生一个好的想法——这些手续可以一起办理）。该动词词组的思维活动喻义衍生不仅有结构

隐喻、本体隐喻的认知内容，而且包含方位隐喻模式的操作。该动词词组的隐喻中，把"思想进入人的脑海"想象为"人进入某一地方"，即把空间运动的认知结构映射到了思想活动结构，这形成结构隐喻的操作模式。而通过具体的空间活动行为来认识、表现抽象的思维活动行为，反映出来的是本体隐喻认知模式。最后，这里的喻体动作是带有方位目标的一种空间移动，隐喻操作中，它把运动的方位变化关系映射到人的思维运动概念框架——思想进入人的头脑这一目标、终位并形成思维的结果，从而以认知意识和概念化的方式勾勒出思想产生的过程，反映出思想行为的运行轨迹，因此它又兼有方位隐喻模式的认知特性，并且进一步讲，该方位隐喻模式内嵌"容器隐喻"这一"二性隐喻"：Голова есть вместилище（大脑是容器），即"头脑"相似于可装进"思想"的一个容器。

三　小结

思维活动是人类的基本心智活动，反映在俄语语言认知关系中，表现它的思维活动动词是一种具有独特语义内涵的动词，由于其抽象性的动作行为特点，所以除了基本的思维动词词汇手段之外，该类动作往往通过外在、显性的动作动词来传达，形成大量表示思维活动的隐喻性俄语动词和动词词组。以上从认知相似性、语义错置、意象图式与概念结构、认知域映射与认知隐喻模式等几大方面，对这类俄语思维动词的喻义衍生所包含的隐喻机制进行了研究。概括起来，思维意义动词隐喻中，首先是根据相似性，在动作喻体和本体之间建立起隐喻的基本认知条件，主要涉及的是动作结构特点、关系、动作方式、认知感受等方面的相似。其次，思维动作意义的隐喻必须以语义错置为重要语义前提，这具体包括显性、隐性语义错置方式。继而该动作意义隐喻有意象图式的积极参与，它把本体和喻体动作的认知结构有机结合起来，并且赋予本体动作以特定认知新意，其间涉及较多的是"路径"图式、"重力（作用）"图式、"重力—性质"图式、"状态"意象图式，而"存在—过程"图式、"分裂"图式及"对抗—转换"图式等也有较为活跃的表现。再次，动词思维活动意义的认知衍生须要进行认知域的隐喻映射，这里主要运用的是由具体动作域向抽象动作域的映现方式，反映出由具体行为意义隐喻抽象的思维活动意义的认知迁移特质。最后，思维意义的动词隐喻会进入模式化的认知操作，依据相应的隐喻模式将相关喻体动作认知域映射到本体即思维动作认知域，这包括结构隐喻、方位隐喻和本体隐喻，而且具体操作过程中，这些隐喻模式很可能并合使用、协同作用，形成复合认知模式。研究表明，这些动词、动词组合的"思维"隐喻意义是认知能动操作及多种认知隐喻规则共同作用的结果，由于思维活动动词具有下意识精神活动的语义内涵，所以往往通过非意志活动动词的隐喻来表现思维行为，而且即使由意志活动动词隐喻而来，也主要表现下意识的思维活动，而这反映在语言认知中，相应形成了这些动词、动词词组在隐喻方面的独特之处。此外，单个动词表示的思维活动隐喻意义与动词词组表示的思维动作隐喻意义相比，它们的隐喻机制存在一定不同，这集中表现为动词词组思维意义的隐喻往往内嵌"容器隐喻"这一"二性隐喻"，这是相关动词词组隐喻过程中一个重要而独特的现象。

总之，人类思维活动有不同的动作、形态、模式、结果，这些都可以在动词隐喻机制中得以呈现。本节研究拓宽了动词隐喻探索的视野，使我们对认知隐喻在语言意义中的表现有了新的认识，其研究思路也为深入分析动词多义性及认知语义问题提供了新的理论线索。

第五节　俄语情感动词隐喻意义机制

人类行为方式、内容主要分可见和非可见层次两个层面，精神、意志、心理活动属于非可见层次的行为内容，人的情绪感受、情感活动是其中一种重要的由里而外的复杂心理活动内容和机制，"情感本身无法直接观察"（Апресян，1995a：453），"情感状态不同于思想，可以体验，但不能言传"（张家骅，2001：3），因而"情感的语言表达很大程度上是隐喻化的"（Lakoff, Johnson, 1980：57）。正如抽象的美并不能产生形象，实体感知的表现才能获得情感的认知，在一些基本的情感动词之外，人类心理感受往往需要借助具体的物理动作表达出来[1]，通过可见层次物质

---

[1] 这是情感认知对感性认知的一种"反诉"方式和机制。针对这一点，Ю. Д. Апресян还进一步注意到，"情感诉诸词汇极不容易。这一本体困难带来语言上的困难：表达情感的词几乎无法获得直接的词典解释"（Апресян，1995a：454）。П. Е. Клобуков因而有这样的认识，"把隐喻作为语言共时层次上构成情感表达的观念模式所展开的研究可以成为对情感词汇意义的历时变化进行准确分析的重要手段"（Клобуков，1997：46—47）。

方式的内容来观察、体现抽象的情感—心理方式内容，语言实际中相应形成大量隐喻性的情感动词，这代表物质动作向情感动作的语义转换和迁移，形成情感性动作事件目标的语义引申。进而言之，具体动作意义层面的俄语物理作用动词在情感过程、情感意义的隐喻表现中十分活跃，构成俄语词汇意义和认知意义体系中一种重要而独特的语义衍生子集。而借助具体动作的隐喻，人类情感表现得以形象、细化、深刻、灵动，构成其内在世界情感表达的"第二语言空间"。由此而来的喻义表达主要有三种次语义类型，包括情感状态意义、情感反应意义、情感态度或关系意义。本节一方面将对这三种隐喻情感语义进行一定分析和讨论，进而侧重对这三类引申意义的认知隐喻机制展开讨论，具体将主要从相似性、语义错置、意象图式、隐喻映射以及隐喻模式隐喻等方面来进行。这些方面的认知运作内容可以为语言认知隐喻的研究及词汇语义研究提供新的视野和分析思路，对于深入揭示俄语动词的多义派生及认知语义问题具有突出的理论分析参照性，同时有助于厘清隐喻的认知功能及其语言语义实质、内涵。

一　俄语隐喻性情感动词的语义次范畴

情感是人对客观事物、对象是否满足自己的需要而产生的一种心理、态度体验，人经由喜怒哀乐进入认知世界，因而情感构成人类心理认知的重要内容。作为"感"与"思"的高级精神活动产物，"情感是一个极为复杂的系统，……几乎所有情感体验都积极影响着人的其他系统"（Апресян В., Апресян Ю.；1993：31），它在人的精神、情致、情绪的心理现实世界中有着特殊的地位。人类情感现实世界是连续性的，观念是离散性的，以离散性的观念来反映连续统的情感心理现实存在本体性困难，这为认知隐喻在语言与情感表达之间的转换留下了巨大语义空间，同时也催生出情感性词汇多义衍生的一个特殊认知平台。"隐喻是词汇生成和意义建构不可或缺的手段"（赵彦春，2014：1），隐喻本身是一种意义机制，动词隐喻不单反映词义，而且创造词义，构成语义内容本身，由此形成众多隐喻性情感动词。我们将隐喻性情感动词的语义区分为三个类别：情感状态意义、情感反应意义、情感态度或关系意义①。需要说明的是，以下所分析的动词情感隐喻意义多数源自动词的基原意义即本初义，也有少部分来自基原意义所引申出的其他动作意义，就是说，该情感隐喻意义是通过词义衍生的"链式关系"拓扑结构形式得来。这里需要指出的是，动词通过换喻或转喻（метонимия）也可以引申出情感动作意义，如хмуриться（皱眉，愁眉苦脸）转表"郁闷"，借助的就是本体动作同喻体动作之间的连带关系或毗邻关系，即本体动作往往通过"愁眉苦脸"这一表象动作体现出来，плакать（哭泣）转表"伤心，为……而惋惜"（плакать над горькой судьбой, плакать о потерянной молодости）（为苦命而伤心，惋惜逝去的青春）。俄语界Ю. Д. Апресян, Л. Н. Иорданская, В. А. Успенский等对情感隐喻的研究侧重于西方的"概念隐喻"理论和通过"生理表征"（симптоматическое выражение）或者是抽象名词所表现的隐喻情感内容（Апресян В., Апресян Ю., 1993；Апресян Ю., 1995；Иорданская, 1972；Успенский, 1979），多局限于人的情感状态的"身体隐喻"（телесная метафора）分析，很大程度上并没有触及俄语动词情感隐喻的实质内容，分析对象、目标不明确，针对性不强，显得不够透彻、全面和系统②。另外，Ю. Д. Апресян等学者的研究还存在一个误区，把许多实在的认知隐喻现象简单地看成是"死喻"（омертве-

---

① 语言学界对表示情感意义的动词的区分极不严谨，往往界限模糊不清。最典型的是表示即时性的情感反应动词混同于以长期情感积淀为基础而产生的情感关系、态度，比如俄语动词нравиться（［即时］喜欢上）与любить（爱）被并置于同一语义分析断面（Бабенко, Волчкова и др, 1999：594—595），此外，情感状态、情感反应与情感关系动词的概念也相互交叉、混同［如Богданова, 1998：21—27；《Русская грамматика》（т. II）（1980）；Золотова, 1988］，表示情感反应的сердиться на кого-либо等动词和表示情感态度的обожать, любить, ненавидеть等动词，都被流于表面地认为是同表情感关系而不加区分（Арутюнова, 2005：126）。

② Ю. Д. Апресян, Л. Н. Иорданская等学者主要分析的是страх, отвращение, ужас, возмущение, волнение, жалоть, страсть等情感内容的身体隐喻所相关的生理表征问题。如похолодеть от страха/ужаса（由于恐惧/激动发冷，打寒战），покраснеть от смущения（羞愧得脸红），задохнуться от возмущения/от волнения（愤怒/激动得喘不过气来）等动词均被Иорданская（1972：11）视为情感的生理表征词（симптоматическая лексика）。Ю. Д. Апресян强调，"身体反应是观察人的内心的钥匙。这样的理据形象是人重要的语言意识，它应该以某种形式进入相关情感解释中"（Апресян, 1995a：461）。我们认为，这一观点的解释性和描写力会受到局限，至少在情感态度、关系动词中是这样。

вшая метафора）（Апресян Ю.，1995：457），使鲜活、动态的表现方式和内容被人为定式化，很大程度上抹杀了其活的语义产出功能特性，也同样值得商榷。

俄语中具有情感表现语义功能的隐喻性动词以"物性"来塑造即重构人的"心性"，形象、生动地再现人的情感面貌、情感世界①，但这些动词内部却存在语义功能上的一定差别。其中多数隐喻性情感动词反映出来的情感内容具有明确的语义指向，少数动词可能在情感的概念限定性上相对泛化，对情感意义的语言表现具有一种描述性质，侧重情感的表现功能，语义指向不强②。例如：俄语动词 обуздать/обуздывать（给马戴上嚼子，使马驯服）（Мальчик был лет пятнадцати и мог уже обуздать коня）（小孩才十五岁，但已经能驯马了）隐喻"抑制情感"（обуздывать страсти）（抑制强烈的情感），побеждать（战胜）隐喻"控制情感"（побеждать свои страсти）（克制自己的激情），тушить（熄灭，扑灭）（тушить лампу，тушить пожар）隐喻"忍住，抑制；消除"（тушить гнев）（克制愤怒），гасить（熄灭，吹灭）（гасить свет/огонь）隐喻"抑制，制止情感"（гасить раздражение/труроги души）（抑制愤怒/内心的惊恐），动词 проглотить（吞下，咽下）隐喻"隐忍某种情感"（проглотить обиду/волнение/бешенство）（忍气吞声/忍住激动心情/按捺住怒火），以及 приглушить（压低，放低［声音］）（приглушить голос）（压低说话声）隐喻表示"抑制，克制某种情感"之义（приглушить злобу/тоску）（克制愤恨/抑制忧郁），其语义核心点都在于情感的一般化描述。同样，动词 отогнать（赶走，驱逐开）（отогнать собаку от крыльца）（把狗从台阶上赶走）隐喻"丢开，撇开某种情感"（Он с трудом отогнал тоску о матери［他好不容易赶走了对母亲的思念］），动词 разогнать，развеять，рассеять 隐喻"排解某种情感"：

---

① 李锡胤曾以婴儿情感认知为例谈到动词语义衍生问题，他指出："器界（即物理世界——引者注）中和空间关系同等重要的是时间关系。虽然婴儿自觉地认知时间是较晚的事。然后从爸、妈、姐姐、哥哥等人物开始进入群象，从喜怒哀乐进入认知世界。这就是俄语一系列动词语义衍生的原因。"（李锡胤，2004：249）

② 须要指出的是，抛开这类动词（组合）的情感语义指向性，就其本身的认知语义功能而言，它的隐喻性还是十分突出的，不能视其为"弱隐喻"（слабая метафора）（Апресян，2005：28）。

разогнать тоску, развеять тоску, рассеять тоску（消除苦闷、寂寞、忧伤），它们的情感表现意义都没有明确的概念限定特征。而动词 пронизать（透入，刺入，穿入）（Луч прожектора пронизал темноту.）（探照灯的光线划破了黑暗）隐喻"某种情感深入……"：Радость пронизала его душу（快乐深入他心中），动词 осветить（照亮，照耀）（осветить дорогу фонарём）（用电筒照亮道路）隐喻表示"使容光焕发"：Невольная радостная улыбка осветила её лицо（不由自主的喜悦微笑使她容光焕发），都重在情感的总体刻画和表现，包含明显的情感内容外在观察成素即"观察者"或"观察框架"（рамка наблюдателя）因素（Падучева，1996：42，99—101；Падучева，2006：403—408；Апресян，Богуславская и др.，1997：ⅩⅩⅣ，ⅩⅩⅨ；Апресян，2003：ⅩⅬⅢ），体现出的是一种描写性的情感体验和感受。另一方面，客观地讲，有时很难将上述两类隐喻性动词作离散性的区分，因此，二者都将进入我们的研究视野，但在认知操作方面将着重分析具有明确语义指向的情感隐喻意义动词。

情感是人类心理意识、心理体验和情绪意识的信息综合和复杂编码，情感意义的准确划类和语言区分不是一件容易的事，"要说清楚情感的意义十分困难，更何况是与生俱来的情感"（Тэффи，1991：287），Н. Д. Арутюнова 曾通过"爱"这一典型情感加以说明，她指出："'爱'的种类差异很大，但语言却无法区别它们。"（Арутюнова，1998：731）另外，俄罗斯语言学界对情感动词的语义区分较为粗略，包括 Арутюнова（1998，1978b），Васильев（1981），Апресян（1995а），Богданова（1998）等都如此。比如，Н. Д. Арутюнова 对情感状态和情感态度就不加细分，这从她的以下描述便可见一斑："虽然情感（状态）也会激发人做出各种人际性和社会性的行为，但情感本身是自发的、无目的性的"（Арутюнова，1978b：338），在我们看来，"人际性和社会性的行为"属于情感态度，而"自发的、无目的"尤其是"自发性"只适用于情感状态，因而她这里说的既不是纯粹的情感状态，也不是纯粹的情感态度，而是二者的混合体，显然，两类情感被她等量齐观了。以下有关隐喻性情感动词的范畴化讨论将主要参考彭玉海（2001b）的相关分类内容。下面是情感状态、情感反应、情感态度或情感关系隐喻性动词语义次范畴的界定、分析和归类。

(一) 情感状态隐喻意义情感动词

所谓情感状态指人所处的一种精神意志和心理情绪"样态"——一定时间、一定境遇下的情感面貌，它重在人自身或面向自身的某种内心感受，表现为并且也局限于主体的心理调适和内在情绪释放、情绪状态。情感状态动词相应表示情感主体因某种确定、不确定的"理由"[1] 自发地或者被动性地产生的一种情感体验。该情感具有确定的时间定位，没有情感指向，往往存在于人的内心，可以通过主体外在的物理动作或生理（动作）表象自然流露出来[2]。情感状态往往没有直接、现实的触发因素，没有外象上的情绪刺激和反应，带有鲜明的"情绪（放释）自涌性"特点，所以可称之为"非反应性情感"（нереактивные эмоции）（Иорданская，Мельчук，1996：167）。情感状态动词的一个重要语义属性是没有积极过程意义。类属于其中的主要有：

подкатить（[波浪等] 滚滚而来，涌来）（Волны подалтили к торговому кораблю；Тошнота подкатила к горлу.）（巨浪向商船扑打过来；突然感到恶心）隐喻"（某种情感）涌上心头，袭来"：Сразу подкатили под сердце и настоящая радость, и прежнее горе（现在的欢乐与过去的悲伤同时涌上了心头）。

тупеть（钝，变钝）（Бритва тупеет.）（剃刀发钝）隐喻"情绪，……变得迟钝"之义：Любовь к детям / к музыке тупеет（对孩子/对音乐的爱变得迟钝）。

обрушиться（倒塌，坍塌）（Крыша обрушилась）（房顶坍塌了）隐喻"某种情感、情绪忽然落到，压在（……头上）"：Горе обрушилось на их семью（痛苦突然降临到他们家）。

бушевать（[风] 狂吹，怒号，[水] 汹涌，澎湃，[火] 猛烈燃烧）隐喻"（情感）猛烈发作，怒气冲冲"：Гнев бушует；Радость бушевала в нём；Он рассердился и долго бушевал（怒气冲天；他感到乐不可支；

---

[1] Апресян В.（1995：83）曾通过例子 Мне грустно, я не знаю, почему（我忧伤，但我并不知道为什么而忧伤）来说明"忧伤"这一情感状态的"理由"不确定性，表现出情感状态的下意识心理因素。

[2] "物理过程或状态—内部状态"这一转义模式在情感场的语言手段中十分常见，这可能同人类遗传基因中一些基本情感的生理表征有关。（Клобуков，1997：41—42）

他生气了，发了很长时间脾气）。

хлестать（［波涛等］汹涌，［水等］流出，流入）（Дождь так и хлещет；Кровь из раны хлещут）（大雨一个劲地下；血从伤口涌出）隐喻"［情感］涌出，迸发"：Вспоминается сразу вся их горькая жизнь, хлещут все обиды и отравляют даже пьяную радость（他们全部的痛苦生活霎时浮现在脑际，所受的屈辱都涌上心头，甚至扫去了酒兴）。

бурлить（沸腾，汹涌）（Море бурлит.）（海涛汹涌）隐喻"情感迸发"：Ненависть бурлила；Радость бурлит в сердце（怒火满胸；心里喜不自禁）。

сойти（［黑夜、烟雾等］降临，来到）（Ночь на землю сошла）（夜幕降临）隐喻"情感充满、产生"：Любовь сошла в его грудь（一种爱慕的情感在他心中油然而生）。

залиться（注入，灌入）（Вода залилась в луга.）（水注入了草地）隐喻"充满……"：Девушка залилась яркой краской смущения（姑娘羞涩不已，脸上泛起红晕）。

подступить（走近，走到跟前）（Они подступили к стенам крепости.）（他们逼近要塞的围墙）隐喻"情感、感觉涌上，涌向，情绪袭来"：Грусть подступила ему под сердце（悲伤涌上他心头）。

напасть（攻击，袭击）（напасть на прохожего）（袭击过路人）隐喻"某种情感、心绪突然袭来，忽然涌上心头，油然而生"：На него напала радость；На него напала грусть；На неё напал страх（他一下子高兴起来；他突然伤心起来；她突然感到恐惧）。

выболеть（牙等因病脱落，受痛苦）（У него зубы выболели.）（他的牙齿全坏掉了）隐喻"受痛苦后情感淡漠"，"情感上受极大痛苦，受折磨"：У меня душа выболела（我心里痛苦极了）。

наболеть（［因长久作痛而］疼痛加剧）（Рана наболела.）（伤口疼痛加剧）隐喻"郁积很多痛苦，痛苦已久，痛苦万分"：Душа у него наболела；На сердце наболело（他心里郁积很多痛苦；心里痛苦已久）。

гнести（压紧，重压；压榨）（Подсолнечное масло гнетут прессом）（用压榨机榨取葵花子油）隐喻"压抑，使苦恼"：Тоска гнетёт（十分忧愁）；Её гнетёт тоска（她十分忧伤）。

мрачиться（变昏暗，变得阴沉）隐喻"忧郁，苦闷"：У него настроение мрачилось（他情绪忧郁）。

пылать（烧得很旺，熊熊燃烧）（Костры пылают.）（篝火熊熊燃烧着）隐喻"充满激烈情感"：пылать гневом（怒气冲冲）。

щетиниться（动物斗架时竖起毛来）（Кошка щетинится）（猫竖起毛来了）隐喻"大发脾气，怒发冲冠"：Директор щетинился（经理很是生气）。

ерошиться（［毛发］蓬乱，翘起，竖立起）隐喻"发脾气，激动"：Все ерошились при таких словах（听到这些话，大家情绪都很激动）。

неистовствовать（发狂，狂暴，肆虐）（Ураган неистовствовал всю ночь；Море неистовствовало.）（飓风肆虐；大海在狂啸）隐喻"狂躁，狂怒"：Командир неистовствовал（指挥官狂怒）。

кипеть（烧开，沸腾）（Уха кипит.）（鱼汤开了）隐喻"情感沸腾，激昂；充满某种情感"：Гнев кипит в сердце（怒火在胸中燃烧）；В нём кипит злоба（他仇恨满腔）；Горькие чувства кипели в сердце（痛苦的情感在心中翻涌）；Они кипят досадой/гневом（他们满腔懊恼/义愤填膺）。

кипятиться（［水等］煮沸，烧开）隐喻"急躁，发怒"：Соломон кипятился из-за пустяков（所罗门因小事而发火）；Не кипятись, говори спокойно！（别生气，慢慢讲！）

беситься（［兽类］发疯）隐喻"发怒，狂怒"：Он бесится при всякой неудаче（他一碰钉子就气得发狂）。

вспыхнуть（突然旺起来，炽热起来）（Вспыхнул огонь；Вспыхнул пожар）（火光突然闪现了一下；突然起了大火）隐喻"突然发怒"：Инженер вспыхнул；Она вся вспыхнула от негодования；Он вспыхнул гневом（工程师突然发怒了；她怒不可遏；他勃然大怒）。

остыть（变冷，冷却）（Мотор остыл）（马达机冷却了）隐喻"热情冷却，情绪、情感冷淡起来"：Вижу, ты к ней уже остыл（我看，你对她的情感已经冷淡了）。

поостыть（渐渐冷却，稍许冷却）（Пусть мотор поостынет）（让马达凉一凉吧）隐喻"情感有些冷淡下来，情绪稍冷静下来"：Он заметно поостыл, успокоился после разговора（交谈之后，他明显冷静了下来）。

стынуть（冷却，变凉）（Утюг стынет；Ноги стынут.）（熨斗要凉

了；双脚变得冰凉）隐喻"失去激情，变得冷漠"：Любовь стынет（爱情冷却了下来）。

перегореть（烧坏，烧断）（Лампочка перегорела；Балка перегорела.）（灯泡烧坏了；大梁烧断了）隐喻"某种情感冷淡，消失了"：Её любовь к Васе перегорела（她对瓦夏的爱淡薄了）。

затеплиться（灯、烛等点燃起来，星、光等闪烁起来）（Затеплился огонёк；Настал вечер：затеплились звёзды.）（一盏小灯燃亮起来；天黑了，星光闪烁）隐喻"喜悦、忧伤等情感产生、出现"：У него на сердце затеплилась радость（他心里燃起了喜悦之情）。

проблеснуть（一闪，闪过）（Сквозь тучи проблеснула молния.）（乌云中闪电突然一亮）隐喻"某种情感闪现，微露"：Луч радости проблеснул в его глазах（他的眼里闪现出喜悦的光芒）。

расслабляться（松弛，无力）（Мускулы расслабились）（肌肉变得松弛了）隐喻"心情、情绪放松，心情宁静"：После трудной работы он обычно расслаблялся на теннисном корте（繁重的劳动之后哥哥一般在网球场上得到情绪放松）。

расстроиться（紊乱，陷于混乱状态）（Ряды противника расстроились）（敌人的队伍混乱了）隐喻"伤心，难过，心绪不佳，很不愉快"：Богдан и Даниил расстроились от неудачи（波格丹与丹尼尔因受挫折而难过）。

дрожать（哆嗦，颤抖）（Колени дрожат.）（双膝颤抖）隐喻"害怕，恐惧"：Дети дрожат перед их отцом（孩子们害怕他们的父亲）。

сверкать（闪烁，闪光）（Звёзды сверкают；В его руке сверкала сабля.）（群星闪烁；他手里的马刀闪闪发光）隐喻"某种情感表露出来"：У него в глазах сверкала радость；Её глаза сверкают гневом（他的眼睛里充满喜悦；她眼睛里闪着怒火）。

искриться（闪闪发光，迸发出亮光）（На солнце искрится роса）（露珠在阳光下闪闪发光）隐喻"某种情感闪现出来"：Глаза его искрились весельем；Радость искрится в нём（他眼里闪现出快乐的光芒；他散发着喜悦的气息）。

мрачнеть（发黑，变暗）（Погода мрачнеет）（天色变得阴暗了）隐喻"阴郁，忧郁起来"：Мрачнеет взор（目光阴郁）。

терзать（撕破，撕碎）（Волк терзает ягнёнка）（一只狼在撕扯羊羔）隐喻"折磨，使苦恼，使痛苦"：Эта идея терзает её душу（这一想法使她痛苦）。

истерзать（把弄坏，把弄得残缺不全，把……打得遍体鳞伤）（истерзать розан, истерзать платье, истерзать вора）（把玫瑰花撕碎，把衣服撕破，把小偷打得遍体鳞伤）隐喻"折磨，使痛苦不堪，苦恼已极"：Горе истерзало его（悲伤把他折磨得痛苦不堪）。

стесниться（挤在一起，十分拥挤）（Мы можем стесниться и уступить ему одну комнату.）（我们可以挤一挤，让给他一间屋）隐喻"感到痛苦，沉痛"：Стеснилась грудь тоской жестокой（心中十分郁闷）。

сохнуть（干涸，枯萎）（Болото постепенно сохнет; Хлеба сохли на корню.）（沼泽在渐渐干涸；未收割的庄稼枯萎了）隐喻"因爱慕而痛苦"：Он сохнул от любви; Он сохнет по любимой девушке（他因爱情而憔悴；他因思念心爱的姑娘而痛苦）。

испить（喝些，喝点）（Дайте водицы испить.）（给我点水喝）隐喻"尝尽，历尽"：испить горькую чашу страданий（尝尽患难之苦），испить до конца всю горечь（尝尽痛苦）。

хлебнуть（喝）（Он хлебнул чаю и побежал.）（他喝了一口茶就跑了）隐喻"经历，遭受，吃到苦头"：В то время он горя хлубнул немало（那个时候他经历了不少痛苦）。

покраснеть（脸红，面红耳赤）（краснеть от стыда）（羞红了脸）隐喻"羞愧，惭愧"：Мать покраснела за сына; Ученик покраснел за своё поведение（母亲为儿子羞愧；学生为自己的行为而感到惭愧）。

давить（压，压制）（Снег давит на крышу）（雪压房顶）隐喻"情感压在心头，使感到压抑，使感到沉重"：Тоска меня давит; Грусть давит душу（忧愁的思绪使我难受；忧思压在心头）。

придавить（压住，挤压，压伤）（Он придавил себе палец дверью.）（他手指给门挤疼了）隐喻"使抑郁不欢，使沮丧"：Евгению придавили горе и несчастье; Придавила их бедность грозная（痛苦和不幸让叶夫根尼亚抑郁不欢；极度贫困使他们压抑得透不过气）。

сжать（用力挤压、按压、压紧、压缩）（сжать пружину/губку）隐喻表示"使……感到压抑、痛苦"：Грусть ему сжала душу（悲伤让他很

痛苦）。

душить（使呼吸困难，使出不来气）（Меня душит узкий ворот; Мокрота душит.）（领子太紧，勒得我喘不过气来；痰堵得慌）隐喻"使苦恼，折磨"：Страх душит их; Душат горькие сомнения（他们害怕得气都出不来；痛苦的疑虑使人感到苦恼）。

овладеть（占领）（овладеть новой позицией）（占领新的阵地）隐喻"某种情感占据……"：Ими овладела зеленая тоска（他们感到难耐的苦闷）。

завладеть（控制）（завладеть крепостью противника）（占领敌方要塞）隐喻"情感支配着……"：Гнев окончательно завледел стариком（老人气坏了）。

обнять（拥抱）（обнять ребёнка за шею）（搂住孩子的脖子）隐喻"（某种情感）控制，充满"：Его обнял страх; Грусть обняла душу（сердце）.（他感到恐惧；内心充满忧伤）

клокотать（沸腾，翻腾）（Вода клокотала и билась в самоваре.）（水在茶炊里沸腾作响）隐喻"情感激昂，兴奋"：Бурная радость клокотала в нём; Всё в нём клокотало от гнева; Ярость клокочет в них（他欣喜若狂；他怒不可遏；他们愤怒不已）。

теряться（消失，迷失，丢失）（Прямое как стрела шоссе теряется вдали.）（笔直的公路在远方渐渐消失）隐喻"急促不安"：К тому, что не было основания робеть и теряться перед новым знакомым; Он теряется в обществе（没有理由在不太熟悉的人面前胆怯和急促不安；他在社交场合急促不安）。

переплеснуться（水等溅出）（Вода переплеснулась через край ведра.）（水溅出了水桶）隐喻"某种情感高涨"：Радость их переплёскивается через край（他们乐不可支）。

закипеть（沸腾起来）（Молоко закипело.）（牛奶开了）隐喻"某种情感澎湃起来，强烈情感涌上心头"：Закипел в толпе гнев; Закипела у него радость（人群激愤起来；他兴奋不已）。

разлиться（四处洒出）（Кипяток разлился по земле.）（开水洒了一地）隐喻"情感泛出，现出，浮出"：Радость разлилась по его лицу; Горе разлилось в ней（他满脸喜色；她满脸痛苦）。

опьянеть（喝醉）（опьянеть от одной бутылки）隐喻 "陶醉，兴奋": опьянеть от радости, опьянеть от счастья（因高兴而陶醉；陶醉于幸福）。

охватить（抱住）（охватить руками ствол дерева.）（双手抱住树干）隐喻 "某种情感充满": Нас охватила безграничная радость（我们内心充满无比喜悦）。

светиться（发光，发亮）(В окнах светились огоньки.)（窗户里亮着灯光）隐喻 "情感流露，容光焕发，喜形于色": В глазах светилась радость; Он весел, доволен, так весь и светится（目光里流露出快乐；他快活，心满意足，喜形于色）。

светлеть（明亮起来）(На улице светлеет.)（外面天亮起来）隐喻 "愉快起来": Взгляд светлеет; На душе светлеет（目光变得快活起来；心里亮堂起来）。

сиять（发亮光，发出光泽）(Сияют звёзды; Горные вершины сияют вечными снегами.)（星星闪耀；山顶上闪耀着长年不化的积雪）隐喻 "喜气洋洋": Они сияют радостью; Парень сияет от счастья/радости（他们高兴得容光焕发；小伙子喜气洋洋）。

пахнуть（[某种气味]吹来，袭来，拂来）(Пахнуло ароматом цветов; Ветер пахнул вечерней свежестью)（吹来一阵花香；风中吹来一股傍晚的清新空气）隐喻 "（某种情感）涌上心头，充满心中": Радостное чувство пахнуло на них; При виде своих товарищей у него пахнуло на душу теплом（高兴的感觉涌上他们心头；看到自己的同志时，他感到心里热乎乎的）。

хлынуть（涌出，倾泻）(Кровь хлынула из раны; Кровь хлынула из носа; Хлынул проливной дождь; Слёзы хлынули в три ручья.)（血从伤口涌出；鼻子流出血；大雨倾注；泪如泉涌）隐喻 "情感涌现，迸发": Чувство разочарования и обиды хлынуло в сердце; В лицо хлынул испуг（一股失望和委屈的情感涌上心头；脸上浮现出惊恐的表情）。

пронзиться（穿透，刺透）(Луч прожектора пронзился сквозь темноту)（探照灯的光线划破了黑暗）隐喻 "被某种负面情感刺痛": Их сердце пронзилось тоской（苦恼伤透了他的心）。

разгорячиться（发热，变烫）(Самовар разгорячился.)（茶炊变热

了）隐喻"急躁，激昂"：Она разгорячилась от спора（她因争论而激昂起来）。

разгореться（燃烧起来，燃炽）（Сырые дрова насилу разгорелись）（湿劈柴好容易燃烧起来）隐喻"某种情感激烈、强烈起来，情感变得炽烈"：Страсти у неё разгорелись（她的情感炽烈起来）

потрястись（震荡，震动）（Всё здание потряслось при взрыве газов.）（瓦斯爆炸时整个建筑物都震动了）隐喻"震惊，激动"：Вся душа моя потряслась；При таких известиях все потряслись（我的心情十分激动；听到这样的消息大家都感到震惊）。

сотрястись（震动，震撼）（Дерево в грозе сильно сотряслось.）（树木在大雷雨中强烈震动）也可以隐喻表示"十分激动，惊讶"之义：Зрители сотряслись развязкой рассказа（观众被故事的结局震惊）。

замереть（停止动作，一动不动地停下来）（Танкисты ровным строем замерли возле своих машин.）（坦克手们一动不动地整齐排列在自己的坦克旁）隐喻"感情消失，变得麻木"：Вся тревога замерла（一点也不担惊害怕了）。

(二) 情感反应隐喻意义情感动词

认知、情感与行为神经密切相关，而这在"情感反应"活动意义的动词认知隐喻及其相应心理迁移中体现最为深刻。所谓情感反应指人对外在事件"情感素"作出的心理情绪回应，是外在因素与人的心理好恶、心理承受的碰撞或相互作用，是对外界刺激的心理自然反应、动作流露，它重在在外在或（较少）内在情感条件、情绪环境下被激发出来的某种心理感受和体验，表现为情绪作用方向的由外而内。很大程度上，情感反应本身就是人的一种情志认知与释出方式，是人同周遭的交流、互动中表现出来的情绪和认知反应状态。隐喻性情感反应动词相应表示的是情感主体受自身或他人行为、举止及某一事件、现象等确定的外界"诱因"的直接刺激、诱发而不由自主（下意识、非积极）地产生的一种情感反应——"针对自身或他人行为所产生的情绪反应"（Богданова，1998：22—25）。这样的情感行为有确切时间定位和情感指向，并且往往通过主体外在的物理动作和生理表征自然显露出来。例如，俄语中звереть（变得像野兽一般，野性勃发，发怒，狂怒），петушиться（摆出公鸡斗架的架势［公鸡般地怒气冲冲］）类由动物名词（词干）派生而来的动词通过隐喻表现人的实时情绪体验、情感活动意义，其认知相似功能特性和意象表现力十分突出，多数所表示的即属"情感反应"类动作意义。俄语中表示情感反应义的其他隐喻性动词主要包括：

трогать（动，触动）（Мать разбудила меня, осторожно трогая за плечо; Он обнимал меня, всё руками трогал.）（母亲轻轻地触动了我的肩膀，叫醒了我；他拥抱我，不停地用手抚摸着）隐喻"使感动，使激动，引起同情，引起怜悯"：Его письмо трогает нас до слёз（他的来信让我们感动得落泪）。

прошибить（[严寒、冷风]袭透，深深侵入）（Суровый мороз прошиб его до костей）（彻骨的寒风把他全身冻透了），隐喻"打动，使深受感动"：Она совсем прошибла нас своим пением（她的歌唱使我们深受感动）。

заразить（传染）（Солдат был заражён тифом）（士兵传染上了伤寒病）隐喻"情感上、情绪上感染、打动……"：Ребятишки заразили нас своим весельем（孩子们的快乐情绪感染了我们）。

пронять（透入，侵入，渗透）（Пронял мороз.）（寒气透了进来）隐喻"使深受感动"：Сначала он слушал музыку равнодушно, но потом и его проняло; Его пронял страх（起初他无动于衷地听着音乐，但后来也被打动了；他非常害怕起来）。而且这一隐喻意义在构词派生中保留了下来：проняться基本意义就是"受感动；怀有某种思想感情"：Она и этим не пронялась（她对此事也无动于衷）。

зажечь（点燃，燃起）（зажечь свет/спичку）（点上灯/划着火柴）隐喻"使激动，激奋"：Он зажёг слушателей речью; Это зажгло наш гнев/любовь/ненависть（他的演讲使听众激动起来；这激起了我们的愤怒/热爱/仇恨）。该动词的情感隐喻意义会在其派生动词中得以延伸，动词зажечься（燃起来，着火）也可隐喻表示"情感、激情燃烧"：Зажглась страстная любовь/ненависть к врагу（燃起了炽热的爱/对敌人的仇恨）。

потрясти（摇撼，震动，使震荡）（Гром потряс здание; Взрыв потряс озеро.）（雷声震动了建筑物；爆炸声震荡了湖泊）隐喻"使大为震惊、激动"：Его речь потрясла слушателей; Смерть художника потрясла присутствующих（他的讲演使听众非常激动；艺术家去世使在座的人很

震惊）。

сотрясти（震动，使震荡）（Частые бомбовые разрывы сотрясли землю.）（炸弹频频爆炸使大地为之震动）隐喻"震撼，使激动"：Правда повести сотрясёт сердца всех живущих на земле（小说的真实必将震撼世人的心）。

жечь（烫痛，灼痛，刺痛）（Горячий чай жжёт горло；Солнце жжёт лицо；Мороз жёг лицо.）（热茶烫喉咙；阳光灼脸；严寒刺面）隐喻"使难过，痛苦，焦急，激动"：Их насмешка жжёт её сердце；Слова сына жгут сердце мамы（他们的嘲讽使她难受；儿子的话让妈妈心焦）。

язвить（刺伤，使受伤）隐喻"使伤心，使精神痛苦，刺痛心灵"：Насмешки язвят её；Жгучие упрёки совести язвили его（嘲笑使她伤心；良心的强烈谴责使他非常痛苦）。

пронзить/пронзать（刺，扎）（пронзить штыком）（用刺刀刺穿）隐喻"使受某种强烈情感刺激，刺痛……的心，令人痛心"：Эти слова пронзили его сердце/душу（这些话让他很痛心）。

точить（削，磨）（точить нож，точить карандаш）（磨刀，削笔）隐喻"某种情感、情绪使……极为痛苦"：Ненависть к другому точит его（对别人的憎恨折磨着他）。

резать（割，割伤，刺伤，勒痛）（Острые края ледяной корки режут лосям ноги；Режет в животе；Яркие краски режут глаз）（尖利的冰碴子能割伤驼鹿的腿；肚子里像刀割一样痛；鲜艳的颜色刺眼）隐喻"使痛苦，使难过、伤心，刺痛"：Поступок его сильно режет нам сердце；Эти слова режут его сердце（他的行为深深刺伤了我们的心；这番话使他心里痛苦/伤了他的心）。

сокрушить（击溃，击破，毁灭）（сокрушить врага）（把敌人击溃）隐喻"使悲痛，使非常伤心"：Это известие сокрушило его（这一消息使他非常伤心）。

стиснуть（夹住，压住，挤住）（Горло его было стиснуто спазмой.）（他的喉咙痉挛得喘不过气来）隐喻"（使心情）沉重，沉痛"：Ужас и злоба стиснули ему сердце；Сердце её было стиснуто жалостью, и слова не шли с языка（恐怖和愤恨使他心里极为难受；怜悯之情紧紧挤压着她的心，她一句话也说不出来）。

стеснить（挤紧，使变得狭窄；使窒息，使发闷）(На диван сел ещё один человек и стеснил всех.)（沙发上又坐了一个人，把大家都挤得不舒服）隐喻"使感到痛苦、沉重"这一意义：Ужасная грусть стеснила сердце; Тревога за сына стеснила его сердце（极度的忧伤使心痛欲裂；他为儿子担心，心情很沉重）。

глодать（啃）(Зайцы гложут древесную кору.)（兔子啃树皮）隐喻"某种情感折磨人，使难受"：Тоска гложет; Раскаяние гложет его（愁闷折磨人；后悔折磨着他）。

заесть（咬得难忍，咬［死］）(Волк заела овцу)（狼咬死了羊）隐喻"使……痛苦，极难受"：Тоска заела его（他非常忧闷）。

сосать（吮吸，吸取）(сосать грудь матери)（吃母亲的奶）隐喻"慢慢折磨，使痛苦"：Тайное горе сосёт её сердце; Червь тщеславия сосал его неустанно（内心的忧愁使她心灵痛苦；虚荣心不断地折磨着他）。

ранить（打伤，使负伤）(Если тебя ранят, передай командирование сержанту; Его ранили на войне.)（如果你被打伤，就把指挥工作交给上士；他在战争中被打伤了）隐喻"使痛心，使感到痛苦"：Его слова ранят душу（他的话伤人心）。

щемить（紧夹，紧压）(Гипсовая повязка щемит кожу.)（石膏绷带紧箍着皮肤）隐喻"引起愁闷，使压抑"：Напев щемит её сердце; У него щемило на душе; Жалость щемит ему душу（曲调引发她惆怅；他心中无比愁闷；怜悯之情使他很压抑）。

щипать（掐，拧，捏，揪［疼］）(щипать его за ухо)（揪痛他耳朵）隐喻"使心灵、情感受创伤"：Его слова щиплют душу девочки（他的言语刺痛了姑娘的心）。

отяготить（使负重担）隐喻"使情感、精神上承受负担"：Его слова отяготили её совесть（他的话让她良心有愧）。

издёргать（拉扯，扯坏，撕坏）(Дети издёргали всю бахрому у скатерти.)（孩子们把桌布边上的穗子都扯坏了）隐喻"使心绪烦躁，使精神受极大折磨"：Его пустые придирки издёргали секретаря（他无端挑刺使秘书心绪烦躁）。

навести（把……引入，引导）(навести отряд на деревню) 隐喻"使……产生情感"：наводить страх/ужас/тоску/грусть на кого（使……

产生恐惧心/愁闷/忧伤)。

трепетать（颤抖，哆嗦，震颤）（Лев трепещет мучительно）（列夫痛苦地颤抖）隐喻"非常害怕，战战兢兢"：Она трепещет перед начальством（她在领导面前十分胆怯）；Все трепетали его грозного взгляда（大家都害怕他严厉的目光）；Перед Наполеоном трепетала вся Европа（在拿破仑面前整个欧洲都胆战心惊）。

ошеломить（打昏，［因酒、煤气等作用］使昏迷，使神志不清）（Его ошеломили ударом.）（他被打昏了）隐喻"使非常吃惊，使惊愕"：Происшествие ошеломило всех；Она была ошеломлена этим（事件使所有的人大为震惊；这使她非常惊讶）。

разить（用力打，打击）（Солдат разил врага прикладом）（战士用枪托击打敌人）隐喻"使惊奇，惊叹"：Выступление балерины развило зрителей（巴蕾舞蹈家的表演让观众惊叹不已）。

расшибить（碰伤、打伤）隐喻"使发呆、使惊呆"之义：Ее словно расшибло известие об аресте мужа（丈夫被捕的消息几乎让她惊呆）。

пошевелить 原本表示"摇动、拨动、使动弹"（Ветер пошевелил листья/горячую золу），而隐喻时可引申出"惊动、使不安、让人不安宁"（пошевелить семью/сердце мамы）这一情感活动语义。

парализовать（使瘫痪，使麻痹）（Рука парализована.）（手麻痹了）隐喻"使吓呆"：Страх парализовал её（她吓呆了）。

раздуть（吹旺，鼓风使燃烧旺盛）（Он раздул печь［他把炉火扇旺］；Ветер раздул пожар［风把火焰吹得更猛］）除了可引申"言语"动作行为，还可以隐喻"激起情绪、情感"这一情感活动意义：Его слова раздул их огонь возмущения（他的言论激起了他们愤怒的火焰）。

раззадорить（激起某人的好斗心）（раззадорить спорщиков）（激起争辩者的好斗心）隐喻"激起某种情感"：Такая сплетня раззадорила её возмущение（这样的谣言激起她的愤怒）。

взорвать（使爆炸）（взорвать порох）（使火药爆炸）隐喻"使发怒，惹恼，触怒"：Кустову взорвало поведение сына（儿子的表现让库斯托娃恼怒）；Его слова взорвали всех（他的话触怒了大家）。

разжечь/разжигать（点燃，使燃得更旺）（разжечь печь, разжечь дрова）（点燃炉子，使柴火燃得更旺）隐喻"激起某种情感、情绪"（разжечь ненависть，разжигать страсти）（激起仇恨，使情感炽烈起来）。

разгорячить（使热，使温暖）（Студёный воздух разгорячил щёки）（寒冷的空气使脸颊灼热起来）隐喻"使激动，使急躁"：разгорячить спором собеседника（因争论而使对话人急躁起来）。

замаслить（给……加润滑油）比喻"使有好感，博取欢心"。此时，感情被看成这一具体事物，加润滑油就是博好感。

упоить（使喝醉）（Сотрудники упоили Сергея.）（同事们把谢尔盖灌醉了）隐喻"使陶醉，使欣喜若狂"：Он был упоён своим счастьем（他完全陶醉于自己的幸福中）。

зачаровать（用魔法把人迷住）（Ведьма зачаровала путника.）（巫婆用魔法迷住了行人）隐喻"使倾倒"：Пианист зачаровал всех своей замечательной игрой（钢琴家美妙的演奏让大家倾倒）。

есть/съесть（吃，吃掉）隐喻"某种情感折磨，使不得安宁"：Эта мысль ела старика день и ночь；Тоска съела его（这念头使老人日夜不安；忧伤使他很痛苦）。

грызть（啃噬，咬）（грызть сухари，грызть себе губы）（啃面包干，咬嘴唇）隐喻"某种情感折磨、吞噬，使不安"：Совесть грызёт его сердце；Любопытство грызёт меня（良心有愧使他内心备受折磨；好奇心使我不得安宁）。

（三）情感态度或关系隐喻意义情感动词

情感有质无形，而这在情感态度或关系动词语义中表现最为明显[①]。所谓情感态度、关系是一种基于个体和社会精神意志的（积极）态度、关系体验，它指某人基于对他人内涵、品性的认知而形成的情感立场、态度及情感指向关系或情感关联方式，反映事件双方之间的一种特殊心理契约和情感的内在互动性，它重在主体的情感心理认同、情感观念定位以及情感的主动积极性，表现为情感行为指向的由内而外。因此，情感态度是情绪认识和体验作为情感的一种内向感受，情感态度、关系是复杂的心理作用、心理过程的结果，它的心理个体现实性突出，往往只属于特定的人，而且情绪意识的评价判断成分表现积极，这形成它同"害怕""气

---

① 其实，情感本身与"态度"有不解之缘，"一般意义上讲，情感语义可以界定为通过语言表现出来的人的社会化情感观念对周围世界所持态度"（Шаховский，1994：20）。

愤""惊讶""愉快"类基本情感之间的显著差别。情感态度、关系动词相应表示的是主体根据长期积淀的情感经验而形成的有关客体对象的情感评价并主动经历的一种情感变化,其情感的心理体验实质上表现为自觉、由衷的积极意识作用过程,客体对象及其客观具有的特有属性同时也是主体情感赖以产生并存续下去的确定"原因"。反映在现实展延性上,情感态度、关系对应的事件片段和相应情感心理是相对稳定的,对于时间轴上的任何一点都是真实的,但又不直接对应于其中的任何一点,并且一般通过非匀质的、带有一定社会性的具体行为、活动的"复杂动作集"表现出来①,它具有固定的情感指向,但没有确切的时间定位,也不具备情感表现的"实时性"或"当下性",这使情感态度与情感状态、情感反应内容相区别,"对客体的稳定的情感可能不同于在具体场合下瞬时产生的感情"(普罗霍夫等,1986:1073)。在情感态度意义的隐喻性动词中,情感很大程度上可以是"态度"这一整体中的一部分,它与态度中的内向感受、意向具有协调一致性,是态度在心理上一种较为复杂而又稳定的心理评价和体验。隐喻性情感态度动词大体上可包括道德感和价值感两个方面的语义内容,具体表现为爱、喜欢、尊敬、仇恨、厌恶、对各种"美"的欣赏(美感)等,简而言之,就是对人或事物关切、喜爱的心情,代表着人的内在感受的价值判断反映。类属其中的隐喻性动词主要有:

питать(喂养,以……为生)(Меня питает литературный труд.)(我以文艺工作为生)隐喻"怀有某种情感"之义:Он питает безграничную любовь к семье(他对家人怀有无限的爱)。

пылать②(熊熊燃烧,烧得很旺)(Пламя в печке пылает.)(炉火燃烧很旺)隐喻"充满某种激烈、炽热的情感":пылать ненавистью к

---

① 关于以любить为代表的情感态度动词的"异质动作集合"意义特质的一个证据是:"爱一个人,包含很多动词,其中有个是'逗',所谓打情骂俏,然后,妙趣横生。"(《男人心里话》,2014年4月28日,新浪网)

② 动词пылать及下面的动词дрожать、овладеть、завладеть、пожирать、опьянеть除了隐喻表示前文提及的"情感状态"意义,还可以表示"情感态度、关系"意义,前文中提及的动词зачаровать不仅可以表示"因为即时条件"产生的"情感反应",也能表示"基于情感对象稳定属性"而形成的"情感态度"这一意义(见后文)。此外,动词трепетать除了可以表示"情感反应"意义,还可以表示不同的"情感态度"意义:"为……担心""珍惜"(见后文),这表明动词隐喻也会产出多义义项。

врагу, пылать любовью к родному краю, пылать непрерывным восхищением к писателю（充满对敌人的憎恨，充满对故土的热爱，对作家赞赏不已）。

воспылать（燃起熊熊烈火）隐喻"对……怀有某种强烈情感"：Он воспылал страстью к Елизавете；Все воспылали ненавистью к врагу（他对伊丽沙白怀有炽热的爱；人们对敌人怀有深深的仇恨）。

гореть/сгореть（燃烧，燃着）（Горят дрова.）（木柴燃烧着）隐喻"充满某种情感"：Он горит любовью к своему делу；Она горит завистью чужим успехам（他对自己的事业充满热爱；她非常羡慕他人的成就）。

болеть（生病）（Она уже болеет полгода；Девочка болеет туберкулёзом лёгких）（她已经病了半年；小姑娘患上了肺结核）隐喻"操心，为……担心，关心"：Мама болеет за здоровье сына/за успех сына；Джон болеет о семье（妈妈担心儿子的身体/为儿子事业的成败操心；约翰关心家人）。

дрожать（颤抖，战栗，打战）（Больной дрожит в лихорадочном ознобе.）（病人因患疟疾打寒战）隐喻"为……担心，担忧"：Родители дрожат за детей（父母为孩子们担忧）。

трястись（发抖，哆嗦）（Он трясётся всем телом от гнева；Деревья трясутся от ветра.）（他气得全身发抖；树木被风吹得来回摇晃）隐喻"替……担心，不安，焦急，上心"：Анна трясётся над ребёнком/за дочку（安娜心疼孩子/为女儿担心）。

трепетать（打哆嗦）（Больной трепещет всем телом）（病人全身打哆嗦）隐喻"很担心，操心"：Отец трепетал над сыном, что обезумел от страха, что он умрёт（父亲对儿子非常担心，因为怕他几乎不知所措）。

пленить（俘获，征服）（пленить крепость）（征服、攻克要塞）隐喻"迷人，使迷恋，使心醉"：Красота девушки пленила сердце Андрея；Рассказ пленил детей（姑娘的美貌使安德烈心醉；故事把孩子们迷住了）。

охватить（抱住，笼罩）（Он вдруг охватил мальчишку；Пламя охватило здание.）（他突然抱住顽皮的孩子；火焰笼罩了整个建筑物）隐

喻"情感充满，支配"：Нас охватила безграничная любовь к родине；С ранних лет я охвачен страстью к книге（我们内心充满对祖国无限的爱；我自幼就酷爱读书）。

овладеть（占领，占据）（овладеть стратегической позицией）（占据战略要地）隐喻"情感支配，控制，充满"：Ими овладела горячая любовь к искуссвтву（他们充满对艺术强烈的热爱）。

завладеть（占据，控制）（завладеть неприятельской крепостью）（占领敌方要塞）隐喻"情感控制住……"：Уважение к старому профессору окончательно завладел им（他内心满是对这位老教授的崇敬之情）。

упитаться（吃得很饱，吃胖）（Дети упитались.）（孩子们吃得很饱）隐喻"陶醉，沉醉于，从……中得到享受"：Александр упитывается ноктюрном Шопина（亚历山大沉醉于肖邦的夜曲）。

упиться（喝足，喝饱；喝醉）（упиться вином）（喝酒喝醉）隐喻"陶醉，沉醉于，充分享受，醉心，从……中得到享受；从……中得到极大快乐"：Мэри упивается балетом（梅丽陶醉于巴蕾舞蹈）；Слушатели（Публика，Аудитория）упились музыкой/радостью（听众沉醉于音乐/得到了极大快乐）。

пожирать（吞食，叮咬）隐喻"（情感）充满，控制"：Ненависть пожирала душу（仇恨满腔）；Мальчика пожирало любопытство（孩子充满好奇心）。

опьянить（灌醉，使喝醉）（Он опьян водкой）（他喝伏特加喝醉了）隐喻"使陶醉"：Музыка опьянила его；Успехи пьянят его（音乐让他陶醉；成就使他陶醉）。

опьянеть/пьянеть（喝醉）（опьянеть от одной рюмки）隐喻"陶醉"：опьянеть от романса，опьянеть от счастья（陶醉于浪漫诗；陶醉于幸福）。

зачаровать（用魔法把人迷住）（Ведьма зачаровала путника.）（巫婆用魔法迷住了行人）隐喻"使醉心于"：Классическая музыка зачаровала его（古典乐让他倾心/他醉心于古典音乐）。

покорить（征服，使屈服）（покорить племя，покорить врага）（征服部落，使敌人屈服）隐喻"使倾心，使倾倒"：Его стальная воля покорила девушку；Она покорила меня в первый день знакомства（他那钢

铁般的意志让姑娘倾心；相识的第一天她就使我倾倒了）。

просочиться（渗透，渗出）（Вода просочилась в подвал.）（水渗进地下室了）隐喻"透露出某种情感"：Просочилась у него любовь к Марии（他透露出对玛丽亚的爱意）。

обрушить（使倒塌，使塌下）（обрушить стену）（使墙坍塌）隐喻"把［全部情感］倾注到……"：Она обрушила любовь на мужа（她对丈夫倾注了所有的爱）。

прикипеть（粘在，紧贴在……上）（Тесто прикипело к хлебному корыту.）（和好的面团粘在面盆上）隐喻"依恋，留恋，依依不舍"：К детишкам я душой прикипела（我打心眼里爱上了孩子们）。而该隐喻意义不是直接来自动词本义"（煮时）煮焦，巴锅"（Молоко прикипело к кастрюле.）（牛奶煮巴锅了）。

трепетать（颤抖，颤动，震颤）（Крылья бабочки трепещут；Лампада тусклая трепещет.）（蝴蝶的翅膀在颤动；暗淡的灯光若隐若现）隐喻"极为珍惜，爱护备至"：Пишу, а сам трепещу над каждым словом, чтобы не испортить фигуры Иванова（我正在写作，可我珍惜每个字眼/对每个字都小心翼翼，生怕破坏了伊万诺夫的形象）。

概括起来讲，隐喻性情感动词次语义类同"原因"都有一定关系，但表现各有不同：广义上的"原因"在情感状态动词中具体化为"理由"，在情感反应动词中表现为"诱因"，情感态度、关系动词中才是狭义上真正的"原因"①，"情感的原因是人对某事况的理性评价。"（Апресян，1995а：458）。情感状态动词的"理由"可能是客观的，也可能是主观的、潜在性的，甚至是想当然、无中生有的——"往往找不出理由"（Апресян В., 1995：83），连情感主体自己也难以言状，所以这样的理由可能是不确定的。而情感态度、关系动词的原因是客体身上的某种品格、特性，只能是客观而确定不移的，这同情感状态动词的理由形成强烈反差。Н. Д. Арутюнова 说得好，"相同的一些理由可以成为不同评价的依据，而相同的一些原因却不能导致相异的结果。前者（指理由——引者注）由人控制，并可能掺入随意的成分，而后者则由宇宙间不可动摇

---

① 而且这一"原因"还进一步在相关情感动词的必有语义配价上反映出来（参见张红 2012：41）。

的普遍规则左右"（Арутюнова，1988：58）。这样，客观原因往往成为主观行为的理由、依据，反之，主观认定的理由却并不一定代表事件发生的客观原因。产生情感的理由可能是主观的，一样的月缺月圆却可能引起人们不同的情愫即源于此。所以，理由和所产生的情感之间并无必然因果联系，因人因时而异。当然，由于心理习惯的原因，二者之间可能建立起常规性关联，从而对认知主体来讲具有某种因果关系。此外，情感反应动词诱因是当下直接触发情感反应的某一动作事件、现象，对于特定情感感受和体验而言应是明确、客观的。因而它同情感态度、关系动词中的"原因"既相区别，又有一定联系（主要指其"客观性"）。

二 俄语情感动词隐喻意义的认知机制

俄语情感活动意义的动词隐喻包含认知主体情绪—心理意识的内向感受及其社会感、道德感和价值感内在体验的物化性外溢，从思想表现上形成由动作思维向情感思维的认知转化，客观显在的真实映现为情志意念（构造）和情绪认识上的真实。有关于俄语情感动词隐喻意义的认知机制分析也将主要从以下五个方面展开，即认知相似性、语义错置、意象图式、隐喻映射以及隐喻模式。

（一）隐喻相似性

俄语情感动词隐喻相似性中的认知选择、认知切分是在潜意识的主动作为状态下自觉完成的，这近乎形成施喻者的一种认知自觉。动作本体与喻体间的相似性既是情感认知隐喻的重要基础和手段，同时也是其积极表现方式，"实际上情感从来不直接表达出来，但它总相似于什么"（Апресян，1995а：455），基于人类的涉身经验和想象，认知主体易于由物象动作的记忆点勾连出情感印象上的相似。比如，Жалость их кольнула（пронзает, щемит）（他们压抑，愁闷，惆怅），在这一情感隐喻中，情感上的心理感受通过生理上的"刺，扎，夹"这一相似感知得以呈现，而且情绪感受同身体感受之间的相似性在语言中有直观的"身体疼痛"依据或对应表现方式：Боль кольнула, Боль пронзает, В груди щемило. Ю. Д. Апресян 注意到，情感和生理感觉的相似如此之大，以至жалость 经常可以理解为 боль，而词语 боль 则发展出 жалость 的意义（参见 Апресян 1995а：459）。情感动词隐喻的相似性指喻体中的具体物质动作与本体中的抽象内在动作存在认知事实上的一种心理相似，这种认知滤取是一种复杂的能动运算机制，它有多方面的表现形式，主要包括动作感知相似、动作结构相似、动作（作用）方式或行为实现方式相似、动作结果或动作影响上相似、动作行为感受—评价特点相似、动作功能相似乃至动作性质相似等内容。这些相似性内容本质上都反映了隐喻过程中本体动作对喻体动作"外延"进行的"内涵式传承"或两个动作认知域在外延内涵上的传承与转换关系（参见徐盛桓 2008：5—7；2010：25—26）。而具体到不同的情感语义次类，它们在相似性特征上各有不同表现。下面分别对各次语义类隐喻性情感动词的认知相似性进行分析。

1. 情感状态动词的隐喻相似性

подкатить（［波浪等］滚滚而来，涌来）(Волны подалтили к торговому кораблю；Тошнота подкатила к горлу.)（巨浪向商船扑打过来；突然感到恶心）隐喻"（某种情感、情绪）涌上心头，袭来"：Сразу подкатили под сердце и настоящая радость，и прежнее горе（现在的欢乐与过去的悲伤同时涌上了心头）。此时体现的是动作本体与喻体之间在动作方式、动作结构特点上的认知相似性。

хлестать（［波涛等］汹涌，［水等］流出，流入）(Дождь так и хлещет；Кровь из раны хлещут)（大雨一个劲地下；血从伤口涌出）隐喻"［情感］涌出，迸发"：Вспоминается сразу вся их горькая жизнь，хлещут все обиды и отравляют даже пьяную радость（他们全部的痛苦生活霎时浮现在脑际，所受的屈辱都涌上心头，甚至扫去了酒兴）。该动词喻义的产出运用的主要是动作本体与喻体之间在动作实现方式、动作结构特点及动作感知上的认知相似性。

кипеть（烧开，沸腾）(Уха кипит.)（鱼汤开了）隐喻"情感沸腾，激昂；充满某种情感"：Гнев кипит в сердце（怒火在胸中燃烧）；В нём кипит злоба（他仇恨满腔）；Горькие чувства кипели в сердце（痛苦的情感在心中翻涌）；Они кипят досадой/гневом（他们满腔懊恼/义愤填膺）。这里动词隐喻注重的是动作本体与喻体之间在动作方式、动作感知特点上的认知相似性。

выболеть（牙等因病脱落，受痛苦）(У него зубы выболели.)（他的牙齿全坏掉了）隐喻"受痛苦后情感淡漠，情感上受极大痛苦，受折磨"：У меня душа выболела（我心里痛苦极了）。该动词隐喻体现出来的是动作本体与喻体之间在动作方式、动作感知特点及动作感受—评价上的认知相似性。

мрачиться（变昏暗，变得阴沉）隐喻"忧郁，苦闷"：У него настроение мрачилось（他情绪忧郁）。此处体现的是动作本体与喻体在动作感知、动作感受—评价特点上的认知相似性。

остыть（变冷，冷却）（Мотор остыл）（马达机冷却了）隐喻"热情冷却，情绪、情感冷淡起来"：Вижу, ты к ней уже остыл（我看，你对她的情感已经冷淡了）。该动词隐喻使用的主要是动作结构特点、动作感知特点上的相似性。

расстроиться（紊乱，陷于混乱状态）（Ряды противника расстоились）（敌人的队伍混乱了）隐喻"伤心，难过，心绪不佳，很不愉快"：Богдан и Даниил расстроились от неудачи（波格丹与丹尼尔因受挫折而难过）。该动词隐喻体现出来的认知相似主要表现为动作结构、动作感知特点及动作感受—评价上的相似。

стесниться（挤在一起，十分拥挤）（Мы можем стесниться и уступить ему одну комнату.）（我们可以挤一挤，让给他一间屋）隐喻"感到痛苦，沉痛"：Стеснилась грудь тоской жестокой（心中十分郁闷）。该动词喻义的运作主要在动作感知特点及动作感受—评价方面表现出认知相似性。

искриться（闪闪发光，迸发出亮光）（На солнце искрится роса）（露珠在阳光下闪闪发光）隐喻"某种情感闪现出来"：Глаза его искрились весельем；Радость искрится в нём（他眼里闪现出快乐的光芒；他散发着喜悦的气息）。这里动词隐喻使用的是动作本体同喻体间在动作功能表现、动作感知及动作感受—评价特点方面的相似性。

затеплиться（灯、烛等点燃起来，星、光等闪烁起来）（Затеплился огонёк；Настал вечер：затеплились звёзды.）（一盏小灯燃亮起来；天黑了，星光闪烁）隐喻"喜悦、忧伤等情感产生、出现"：У него на сердце затеплилась радость（他心里燃起了喜悦之情）。该动词隐喻的相似性主要体现在动作本体与喻体在动作功能表现、动作感受—评价特征上。

пронзиться（穿透，刺透）（Луч прожектора пронзился сквозь темноту）（探照灯的光线划破了黑暗）隐喻"被某种负面情感刺痛"：Их сердце пронзилось тоской（苦恼伤透了他的心）。该动词隐喻的认知相似性主要体现为动作本体与动作喻体在动作作用方式、动作结构特点、动作感知方面的相似。

потрястись（震荡，震动）（Всё здание потряслось при взрыве газов.）（瓦斯爆炸时整个建筑物都震动了）隐喻"震惊，激动"：Вся душа моя потряслась；При таких известиях все потряслись（我的心情十分激动；听到这样的消息大家都感到震惊）。该动词隐喻的相似性十分清晰地反映在本体与喻体在动作结构、动作方式及动作感受—评价特征方面。

2. 情感反应动词的隐喻相似性

прошибить（［严寒、冷风］袭透，深深侵入）（Суровый мороз прошиб его до костей. 彻骨的寒风把他全身冻透了）隐喻"打动，使深受感动"：Она совсем прошибла нас своим пением（她的歌唱使我们深受感动）。该动词隐喻所表现出来的认知相似性主要是动作本体与喻体在动作结构、动作方式、动作结果或动作影响及动作感知方面的相似。

ошеломить（打昏，［因酒、煤气等作用］使昏迷，使神志不清）（Его ошеломили ударом.）（他被打昏了）隐喻"使非常吃惊，使惊愕"：Происшествие ошеломило всех；Она была ошеломлена этим（事件使所有的人大为震惊；这使她非常惊讶）。该动词隐喻操作中主要使用的是动作本体与喻体在动作结构、动作结果或动作影响及动作感知方面的相似性。

язвить（刺伤，使受伤）隐喻"使伤心，使精神痛苦，刺痛心灵"：Насмешки язвят её；Жгучие упрёки совести язвили его（嘲笑使她伤心；良心的强烈谴责使他非常痛苦）。该动词隐喻主要体现的是动作本体与喻体在动作结果或影响、动作感知、动作评价方面的相似性。

пронзить（刺，扎）（пронзить штыком）（用刺刀刺穿）隐喻"使受某种强烈情感刺激"：Эти слова пронзили его сердце（这些话让他很痛心）。该动词隐喻表现出来的认知相似性也主要是动作本体与喻体在动作结果、动作感知及动作感受—评价上的相似。

стиснуть（夹住，压住，挤住）（Горло его было стиснуто спазмой.）（他的喉咙痉挛得喘不过气来）隐喻"（使心情）沉重，沉痛"：Ужас и злоба стиснули ему сердце；Сердце её было стиснуто жалостью, и слова не шли с языка（恐怖和愤恨使他心里极为难受；怜悯之情紧紧挤压着她的心，她一句话也说不出来）。该动词隐喻运作使用的是动作本体与动作喻体在动作感知、动作结果或影响及动作方式方面的相似性。

резать（割，割伤，刺伤）（Острые края ледяной корки режут лосям ноги.）（尖利的冰碴子能割伤驼鹿的腿）隐喻"使痛苦，使难过、伤心，刺痛"：Поступок его сильно режет нам сердце（他的行为深深刺伤了我们的心）。该动词隐喻体现出动作本体与喻体在动作感知、动作结果及动作感受—评价特点上的认知相似性。

отяготить（使负重担）隐喻"使情感、精神上承受负担"：Его слова отяготили её совесть（他的话让她良心有愧）。该动词隐喻中，主要在动作本体与喻体之间建立起了动作结构、动作结果或影响及动作感受—评价方面的认知相似性。

трепетать（颤抖，哆嗦）（Лев трепещет мучительно）（列夫痛苦地颤抖）隐喻"非常害怕，战战兢兢"：Она трепещет перед начальством（她在领导面前十分胆怯）；Все трепетали его грозного взгляда（大家都害怕他严厉的目光）。该动词隐喻反映出动作本体与动作喻体在动作感知、动作结构、动作实现方式、动作感受—评价方面的相似性。

3. 情感态度、关系动词的隐喻相似性

питать（喂养，以……为生）（Меня питает литературный труд.）（我以文艺工作为生）隐喻"怀有某种情感"之义：Он питает безграничную любовь к семье（他对家人怀有无限的爱）。该动词隐喻运作主要使用的是动作本体与动作喻体在动作结构、动作功能方面所体现出来的认知相似性。

дрожать（颤抖，战栗，打颤）（Больной дрожит в лихорадочном ознобе.）（病人因患疟疾打寒颤）隐喻"为……担心，担忧"：Родители дрожат за детей（父母为孩子们担忧）。该动词隐喻表现出来的认知相似性主要是动作本体与喻体在动作结构、动作功能表现及动作感知方面的相似。

пленить（俘获，征服）（пленить крепость）（征服、攻克要塞）隐喻"迷人，使迷恋，使心醉"：Красота девушки пленила сердце Андрея；Рассказ пленил детей（姑娘的美貌使安德烈心醉；故事把孩子们迷住）。该动词隐喻的认知相似性主要体现在动作本体与动作喻体在动作结构、动作结果或动作影响、动作性质方面的相似上。

опьянить（灌醉，使喝醉）（Он опьян водкой）（他喝伏特加喝醉

了）隐喻"使陶醉"：Музыка опьянила его；Успехи пьянят его（音乐让他陶醉；成就使他陶醉）。该动词隐喻运作主要使用了动作本体与动作喻体在动作结构、动作结果或影响、动作功能表现及动作性质方面的相似。

просочиться（渗透，渗出）（Вода просочилась в подвал.）（水渗进地下室了）隐喻"透露出某种情感"：Просочилась у него любовь к Марии（他透露出对玛丽亚的爱意）。该动词隐喻操作体现出动作本体与动作喻体在动作结构、动作结果、动作感知方面的认知相似性。

трепетать（颤抖，颤动，震颤）（Крылья бабочки трепещут；Лампада тусклая трепещет.）（蝴蝶的翅膀在颤动；暗淡的灯光若隐若现）隐喻"极为珍惜，爱护备至"：Пишу, а сам трепещу над каждым словом, чтобы не испортить фигуры Иванова（我正在写作，可我珍惜每个字眼/对每个字都小心翼翼，生怕破坏了伊万诺夫的形象）该动词隐喻过程中，在动作本体与动作喻体之间建构起了动作结构、动作作用方式、动作性质及动作感受—评价方面的认知相似性。

概括起来，俄语隐喻性情感动词的认知操作机制中，动作本体与喻体在动作结构特点方面的相似性在情感反应和情感态度或关系动词中都有积极表现，这表明动作结构关系框架的类比思维、类比作用所具有的强大认知思维建构功能，符合人类的语言认知表现特点和认知现实，同时也在一定程度上反映出一种语言实质。此外，情感反应动词隐喻中表现最突出的是动作感知和动作结果或动作影响方面的相似性；而在情感态度或关系动词隐喻中表现突出的是动作功能表现、动作结果、动作性质方面的相似性。

（二）隐喻语义错置

错位、错置是隐喻形象性的重要语义来源，也是动词隐喻的基本而独特的操作方式、手段。动词隐喻中事件参与者或事件语义关系项的错位会激发施喻者对动作事件内容的能动思考，引领他在动词语义与事件参项之间作出各种语义平衡、顺应，去除表面上的矛盾，重构心理事实上的协调，在各层次矛盾的语义关系中确定认知上的突破点，找回动词句子内容与语言认知表现环境（包括交际语境、事况特点、交际中人的因素等）的对应关系。总体而言，不同层次语义错置均是由施喻者的认知语义意识及语言的认知功能交互作用下形成的。情感动词隐喻语义错置分两个不同层次的语义矛盾，一是表层关系上无直接体现的隐性错置或"（认知）后台错置"，它又包括本体动作同喻体动作的语义矛盾和本体动作事件、喻体动作事件参项之间的交叉对应矛盾，即"本体动作主体是喻体动作主体""本体动作客体是喻体动作客体"。二是从动词句子结构的语义表象上可以观察出来的显性错置，这是动词隐喻句子语义关系上直接体现出来的动词基原义同其事件参项即题元名词间的语义冲突，反映动词语义分布关系上的特殊逻辑范畴关系，这一隐喻错置可能存在"局部错置"，即"错置"并不全部体现，只反映在主体或客体题元同动词的单向语义冲突中，而且这在隐性错置层会引起连锁反应，即隐性错置中的题元交叉矛盾就自然消解，因为本体动作中某一事件参项（题元名词）同动词语义协调就意味着它同喻体动作事件的对应参项不会相抵触。而不难看出，这些表面上的语义冲突和操作同时也是动词隐喻建构的基本条件，它从"语义反常"（表层上的非常规语义表现）这一独特视角为动作的人本化主观表现贴上了鲜明的认知个性标签，"在心智活动上将两种本不等同的事物等同起来了，从而形成了语义上的'不相容到相容'"（雷卿，2010：32）。

1. 情感状态动词的隐喻错置分析

显性错置：тупеть（钝，变钝）(Бритва тупеет.)（剃刀发钝）隐喻"情绪，……变得迟钝"之义：Любовь к детям／к музыке тупеет（对孩子/对音乐的爱变得迟钝）。该动词情感喻义中表层组合关系上的语义冲突表现为主体题元 любовь 同动词的语义矛盾。

隐性错置：动词 тупеть 隐喻的"X IS Y"层逻辑错置：Тупеть$_2$ есть тупеть$_1$，题元名词之间的语义冲突体现在"Sub. IS A"层错置：Любовь есть бритва.

显性错置：обрушиться（倒塌，坍塌）(Крыша обрушилась)（房顶坍塌了）隐喻"某种情感、情绪忽然落到，压在（……头上）"：Горе обрушилось на их семью（痛苦突然降临到他们家）。其语义冲突表现为主体题元 горе 同动词之间的语义矛盾。

隐性错置：动词 обрушиться 隐喻的"X IS Y"层逻辑错置：Обрушиться$_2$ есть обрушиться$_1$，题元名词之间的语义冲突体现在"Sub. IS A"层错置：Горе есть крыша.

显性错置：пылать（烧得很旺，熊熊燃烧）(Костры пылают.)（篝

火熊熊燃烧着）隐喻"充满激烈情感"：Солдат пылает гневом（士兵怒气冲冲）。其显性语义冲突在于主体 солдат 同动词之间的语义矛盾。

隐性错置：动词 пылать 隐喻的"X IS Y"层逻辑错置：Пылать$_2$ есть пылать$_1$，题元名词之间的语义冲突体现在"Sub. IS A"层错置：Солдат есть костры.

显性错置：щетиниться（动物斗架时）竖起毛来（Кошка щетинится）（猫竖起毛来了）隐喻"大发脾气，怒发冲冠"：Директор щетинился（经理很是生气）。表现为主体题元 директор 同动词间的语义冲突。

隐性错置：动词 щетиниться 隐喻的"X IS Y"层逻辑错置：Щетиниться$_2$ есть щетиниться$_1$，题元名词之间的语义冲突体现在"Sub. IS A"层错置：Директор есть кошка.

显性错置：беситься（［兽类］发疯）隐喻"发怒，狂怒"：Андрей бесится при всякой неудаче（安德烈一碰钉子就气得发狂）。表现为主体 Андрей 同动词之间的语义冲突。

隐性错置：动词 беситься 隐喻的"X IS Y"层逻辑错置：Беситься$_2$ есть беситься$_1$，题元名词之间的语义冲突体现在"Sub. IS A"层错置：Андрей есть зверь.

显性错置：расслабляться（松弛，无力）（Мускулы расслабились）（肌肉变得松弛了）隐喻"心情、情绪放松，心情宁静"：После трудной работы брат обычно расслаблялся на теннисном корте（繁重的劳动之后哥哥一般在网球场上得到情绪放松）。表现为主体题元 брат 同动词之间的语义冲突。

隐性错置：动词 расслабляться 隐喻的"X IS Y"层逻辑错置：Расслабляться$_2$ есть расслабляться$_1$，题元名词之间的语义冲突体现在"Sub. IS A"层错置：Брат есть мускулы.

显性错置：дрожать（哆嗦，颤抖）（Колени дрожат.）（双膝颤抖）隐喻"害怕，恐惧"：Дети дрожат перед их отцом（孩子们害怕他们的父亲）。表现为主体题元 дети 同动词之间形成的语义冲突。

隐性错置：动词 дрожать 隐喻的"X IS Y"层逻辑错置：Дрожать$_2$ есть дрожать$_1$，题元名词之间的语义冲突体现在"Sub. IS A"层错置：Дети есть колени.

显性错置：сохнуть（干涸，枯萎）（Болото постепенно сохнет; Хлеба сохли на корню.）（沼泽在渐渐干涸；未收割的庄稼枯萎了）隐喻"因爱慕而痛苦"：Парень сохнул от любви; Парень сохнет по любимой девушке（小伙子因爱情而憔悴；小伙因思念心爱的姑娘而痛苦）。表现为主体题元 парень 同动词之间的语义冲突。

隐性错置：动词 сохнуть 隐喻的"X IS Y"层逻辑错置：Сохнуть$_2$ есть сохнуть$_1$，题元名词之间的语义冲突体现在"Sub. IS A"层错置：Парень есть болото/хлеба.

显性错置：покраснеть（脸红，面红耳赤）（краснеть от стыда）（羞红了脸）隐喻"羞愧，惭愧"：Мать покраснела за сына; Ученик покраснел за своё поведение（母亲为儿子羞愧；学生为自己的行为而感到惭愧）。表现为主体题元 мать，ученик 分别同动词之间的语义冲突。

隐性错置：动词 покраснеть 隐喻的"X IS Y"层逻辑错置：Покраснеть$_2$ есть покраснеть$_1$，主体题元名词之间的语义冲突体现在"Sub. IS A"层错置：Мать/Ученик（情感主体）есть человек（生理状态主体）。

显性错置：давить（压，压制）（Снег давит на крышу）（雪压房顶）隐喻"情感压在心头，使感到压抑，使感到沉重"：Тоска меня давит; Грусть давит душу（忧愁的思绪使我难受；忧思压在心头）。表现为主体题元 тоска，грусть 和客体题元 меня，душу 分别同动词之间的逻辑语义冲突。

隐性错置：动词 давить 隐喻的"X IS Y"层逻辑错置：Давить$_2$ есть давить$_1$，题元名词之间的语义冲突体现在"Sub. IS A"层错置和"Ob. IS B"层错置，前一层次为 Тоска/Грусть есть снег. 后一层次为 Я/Душа есть крыша.

显性错置：опьянеть/пьянеть（喝醉）（опьянеть от одной рюмки）隐喻"兴奋，陶醉"：Писатель опьянел от романса/от радости/от счастья（作家陶醉于浪漫诗/因高兴而陶醉/陶醉于幸福）表现为主体题元 писатель 同动词之间的语义冲突。

隐性错置：动词 опьянеть 隐喻的"X IS Y"层逻辑错置：Опьянеть$_2$ есть опьянеть$_1$，题元名词之间的语义冲突体现在"Sub. IS A"层错置：Писатель（情感主体）есть человек（生理状态主体）。

显性错置：разгорячиться（发热，变烫）（Самовар разгорячился.）

（茶炊变热了）隐喻"急躁，激昂"：Она разгорячилась от спора（她因争论而激昂起来）。表现为主体题元 секреталь 同动词之间的语义冲突。

隐性错置：动词 разгорячиться 隐喻的"X IS Y"层逻辑错置：Разгорячиться₂ есть разгорячиться₁，题元名词之间的语义冲突体现在"Sub. IS A"层错置：Секреталь есть чайник.

2. 情感反应动词的隐喻错置分析

显性错置：потрясти（摇撼，震动，使震荡）(Гром потряс здание; Взрыв потряс озеро.)（雷声震动了建筑物；爆炸声震荡了湖泊）隐喻"使大为震惊、激动"：Его речь потрясла слушателей; Смерть художника потрясла присутствующих（他的讲演使听众非常激动；艺术家去世使在座的人很震惊）。表现为主体题元 его речь, смерть художника 和客体题元 слушателей, присутствующих 分别同动词之间的表层语义关系冲突。

隐性错置：动词 потрясти 隐喻的"X IS Y"层逻辑错置：Потрясти₂ есть потрясти₁，题元名词之间的语义冲突体现在"Sub. IS A"和"Ob. IS B"层错置，前一层次为 Его речь/Смерть художника есть гром/взрыв. 后一层次为 Слушателей/Присутствующих есть здание/озеро.

显性错置：ранить（打伤，使负伤）(Если тебя ранят, передай командирование сержанту; Его ранили на войне.)（如果你被打伤，就把指挥工作交给上士）隐喻"使痛心，使感到痛苦"：Его слова ранят душу（他的话伤人心）。表现为主体题元 его слова 和客体题元 душу 分别同动词之间的语义组合关系冲突。

隐性错置：动词 ранить 隐喻的"X IS Y"层逻辑错置：Ранить₂ есть ранить₁，题元名词之间的语义冲突体现在"Sub. IS A"和"Ob. IS B"层错置，前一层次为 Его слова есть человек. 后一层次为 Душа есть человек/животное.

显性错置：точить（削，磨）(точить нож, точить карандаш)（磨刀，削笔）隐喻"某种情感使……极痛苦"：Ненависть к другому точит его（对别人的憎恨折磨着他）。表现为主体题元 ненависть 及客体题元 его 分别同动词语义间的逻辑矛盾。

隐性错置：动词 точить 隐喻的"X IS Y"层逻辑错置：Точить₂ есть

точить₁，题元名词之间的语义冲突体现在"Sub. IS A"和"Ob. IS B"层错置，前一层次为 Ненависть есть человек. 后一层次为 Он есть нож/карандаш.

显性错置：сосать（吮吸，吸取）（сосать грудь матери）（吃母亲的奶）隐喻"慢慢折磨，使痛苦"：Тайное горе сосёт её сердце; Червь тщеславия сосал его неустанно（内心的忧愁使她心灵痛苦；虚荣心不断地折磨着他）。表现为主体题元 тайное горе，червь тщеславия 和客体题元 её сердце，его 分别同动词之间的语义组合冲突。

隐性错置：动词 сосать 隐喻的"X IS Y"层逻辑错置：Сосать₂ есть сосать₁，题元名词之间的语义冲突体现在"Sub. IS A"和"Ob. IS B"层错置，前一层次为 Тайное горе/Червь тщеславия есть человек. 后一层次为 Она/Он（её сердце/его）есть предмет（грудь）.

显性错置：взорвать（使爆炸）（взорвать порох）（使火药爆炸）隐喻"使发怒，惹恼，触怒"：Кустову взорвало поведение сына（儿子的表现让库斯托娃恼怒）；Его слова взорвали всех（他的话触怒了大家）。表现为主体题元 поведение сына，его слова 和客体题元 Кустову，всех 分别同动词之间的表层语义矛盾。

隐性错置：动词 взорвать 隐喻的"X IS Y"层逻辑错置：Взорвать₂ есть взорвать₁，题元名词之间的语义冲突体现在"Sub. IS A"和"Ob. IS B"层错置，前一层次为 Поведение сына/Его слова есть человек. 后一层次为 Кустова/все（люди）есть порох.

显性错置：пошевелить 原本表示"摇动、拨动、使动弹"（Ветер пошевелил листья/горячую золу），而隐喻时可引申出"惊动、使不安、让人不安宁"这一情感活动语义：Сын пошевелил семью/сердце мамы（儿子让家人不安/使妈妈的心不安宁）。表现为主体题元 сын 及客体题元 семью，сердце 各自同动词之间形成的语义冲突。

隐性错置：动词 пошевелить 隐喻的"X IS Y"层逻辑错置：Пошевелить₂ есть пошевелить₁，题元名词之间的语义冲突体现在"Sub. IS A"和"Ob. IS B"层错置，前一层次为 Сын есть ветер. 后一层次为 Семья/Семейные члены есть листья.

显性错置：раззадорить（激起某人的好斗心）（Председатель раззадорил спорщиков）（主持人激起争辩者的好斗心）隐喻"激起某种情

感": Такая сплетня раззадорила её возмущение（这样的谣言激起她的愤怒）。表现为主体题元 сплетня 以及客体题元 возмущение 各自同动词之间形成的语义矛盾。

隐性错置：动词 раззадорить 隐喻的 "X IS Y" 层逻辑错置：Раззадорить$_2$ есть раззадорить$_1$，题元名词之间的语义冲突体现在 "Sub. IS A" 和 "Ob. IS B" 层错置，前一层次为 Сплетня есть председатель. 后一层次为 Возмущение есть спорщики.

显性错置：грызть（啃噬，咬）（грызть сухари, грызть себе губы）（啃面包干，咬嘴唇）隐喻 "某种情感折磨、吞噬，使不安"：Совесть грызёт его сердце；Любопытство грызёт меня（良心有愧使他内心备受折磨；好奇心使我不得安宁）。表现为主体题元 совесть, любопытство 和客体题元 его, меня 分别同动词之间的语义组合所产生的矛盾。

隐性错置：动词 грызть 隐喻的 "X IS Y" 层逻辑错置：Грызть$_2$ есть грызть$_1$，题元名词之间的语义冲突体现在 "Sub. IS A" 和 "Ob. IS B" 层错置，前一层次为 Совесть/Любопытство есть человек. 后一层次为 Он/Меня есть сухари/губы.

3. 情感态度、关系动词的隐喻错置分析

显性错置：пылать（熊熊燃烧，烧得很旺）（Печка пылает пламенем/Пламя в печке пылает.）（炉火燃烧很旺）隐喻 "充满某种激烈、炽热的情感"：Мы пылаем ненавистью к врагу/любовью к родному краю/непрерывным восхищением к писателю（我们充满对敌人的憎恨/充满对故土的热爱/对作家赞赏不已）。表现为主体题元 мы 和客体题元 ненавистью/любовью/восхищением 分别同动词之间的表层语义矛盾。

隐性错置：动词 пылать 隐喻的 "X IS Y" 层逻辑错置：Пылать$_2$ есть пылать$_1$，题元名词之间的语义冲突体现在 "Sub. IS A" 层错置和 "Ob. IS B" 层错置，前一层次为 Мы есть печка. 后一层次为 Ненависть/Любовь/Восхищение есть пламя.

显性错置：трястись（发抖，哆嗦）（Он трясётся всем телом от гнева; Деревья трясутся от ветра.）（他气得全身发抖；树木被风吹得来回摇晃）隐喻 "替……担心，不安，焦急，上心"：Анна трясётся над ребёнком/за дочку（安娜心疼孩子/为女儿担心）。主要表现为客体题元 над ребёнком, за дочку 分别同动词之间的语义组合冲突，这里的主体题

元 Анна 与动词语义并无抵牾，即该题元同动词的语义错置缺位，构成特殊的"局部错置"。

隐性错置：动词 трястись 隐喻的"X IS Y"层逻辑错置：Трястись$_2$ есть трястись$_1$，题元名词之间的语义冲突只体现于"Ob. IS B"层错置：Ребёнок/Дочка есть тело/ветер. 而"Sub. IS A"层隐性错置缺位，形成其零位错置。

显性错置：овладеть（占领，占据）（овладеть стратегической позицией）（占据战略要地）隐喻"情感支配，控制，充满"：Ими овладела зелёная тоска（他们感到难耐的苦闷）。表现为主体题元 зелёная тоска 和客体题元 ими 分别同动词之间的语义矛盾。

隐性错置：动词 овладеть 隐喻的"X IS Y"层逻辑错置：Овладеть$_2$ есть овладеть$_1$，题元名词之间的语义冲突体现在"Sub. IS A"和"Ob. IS B"层错置，前一层次为 Зелёная тоска есть человек. 后一层次为 Онн есть стратегическая позиця.

显性错置：пожирать（吞食，叮咬）隐喻"（情感）充满，控制"：Ненависть пожирала душу（仇恨满腔）；Мальчика пожирало любопытство（孩子充满好奇心）。表现为主体题元 любопытство 和客体题元 мальчика 分别同动词之间的语义组合冲突关系。

隐性错置：动词 пожирать 隐喻的"X IS Y"层逻辑错置：Пожирать$_2$ есть пожирать$_1$，题元名词之间的语义冲突体现在"Sub. IS A"和"Ob. IS B"层错置，前一层次为 Любопытство есть насекомое/животное. 后一层次为 Мальчик есть предмет/вещь.

显性错置：обрушить（使倒塌，使塌下）（обрушить стену）（使墙坍塌）隐喻"把［全部情感］倾注到……"：Она обрушила любовь на мужа（她对丈夫倾注了所有的爱）。只表现为客体题元 любовь 同动词之间的语义组合矛盾，主体题元 она 同动词之间的语义错置缺位，形成该动词隐喻的显性"局部错置"。

隐性错置：动词 обрушить 隐喻的"X IS Y"层逻辑错置：Обрушить$_2$ есть обрушить$_1$，题元名词之间的语义冲突相应只体现在"Ob. IS B"层错置：Любовь есть стена. 其"Sub. IS A"层隐性错置属于零位错置。

归纳起来，动词情感隐喻意义正是在不同层次语义错置关系中建立新的语义匹配的结果，隐喻错置成为构成动词不同认知意义的必要手段和语义基础。分析显示，情感意义的动词隐喻中，如果是以"人"本身发出的物性动作来隐喻人的情感体验和情感行为、活动，显性错置层会有"局部错置"（"错置缺位"）的情形，即可能只是客体题元同动词形成语义冲突，而主体题元同动词语义之间的显性错置缺位，形成零位错置。另一方面，隐性错置的"X IS Y"层逻辑范畴语义错置是一项不可或缺的内容，它在实质上所反映的是动词隐喻前后两个动作事件的不同范畴属性获得了概念性对置，"X IS Y"层隐性错置本质上体现着不同事件认知域的语义交织和错合关系。再有，受显性"局部错置"的影响，隐性错置中题元名词间的语义错置项"Sub. IS A"也可能相应缺位，而只体现为"Ob. IS B"层的错置，这由动词隐喻前后事件——情景参与者对应的语义性能所决定，表明此时主体题元并没有与动词形成语义上的实质冲突，与此同时该题元参项的语义错置缺位却并不会影响隐喻操作的正常进行，这一隐性零位错置关系恰恰是相关动词隐喻运作机制的客观反映，同时也是情感动词认知隐喻动态化特征的重要表现。

（三）隐喻意象图式

动词情感隐喻与其他动词类型的隐喻有所不同，其隐喻的过程实际也是施喻者情感体验、情感输出的情绪处理过程，施喻者心理努力度和认知参与度高，认知投入的心理调动、内在付出性强，而这在意象图式这一环节得到了集中而突出的表现。比如，"痛苦被概念化为重物、是沉重的液体，高兴被概念化为轻盈的液体"（Апресян В., Апресян Ю., 1993：32—33），这些都是认知主体对情感表现的"直接心理参与"特性的写照。正如抽象的美并不能产生形象，动词隐喻的抽象情感内容须寄托于具体动作的实象化内容[①]，而其间抽象与具体动作的转化都需要借助动作的意象结构内容，承载这一形象转换功能的即是隐喻意象图式。此时，人的抽象情感世界借由物化的实在动作意象得以传达，它使心智的符号程序有了动作图式及价值关系的体现，并且对这一价值方式和内容进行重新协调和平衡。因而，意象图式之间有一种认知磨合关系，这也是动作本体和喻体间语义互动性的体现和延伸。情感体验、情感感受和情感活动丰富多

[①] 与情感的抽象特性相关，"情感语义是一个模糊语义集（семантическое множество）"（Шаховский, 1987：24）。

样，情感动词隐喻的意象图式方式相应也具有多方面的内容，主要包括重力图式及其各种变体如重力—结果、重力—性质、重力—方向、重力—方式等图式，形象—感知图式，存在—过程图式，连接图式，方位图式，状态图式，等等。以下分别对三类俄语情感动词隐喻的意象图式表现及运作进行分析。

1. 情感状态动词的意象图式

бушевать（［风］狂吹，怒号，［水］汹涌，澎湃，［火］猛烈燃烧）隐喻"（情感）猛烈发作，怒气冲冲"：Гнев бушует；Радость бушевала в нём；Он рассердился и долго бушевал（怒气冲天；他感到乐不可支；他生气了，发了很长时间脾气）。该动词隐喻运用的是典型的"重力"意象图式，借助高强度的物理动作意象来表现抽象的情感状态意象，本体动作中"力"的作用特性被淡化，而突出情感释放的心理能量的方式、意象。

вспыхнуть（突然旺起来，炽热起来）（Вспыхнул огонь；Вспыхнул пожар）（火光突然闪现了一下；突然起了大火）隐喻"突然发怒"：Инженер вспыхнул；Она вся вспыхнула от негодования；Он вспыхнул гневом（工程师突然发怒了；她怒不可遏；他勃然大怒）。该动词隐喻语义类同于бушевать，使用的同样是"重力"意象图式。

гнести（压紧，重压；压榨）（Подсолнечное масло гнетут прессом）（用压榨机榨取葵花子油）隐喻"压抑，使苦恼"：Тоска гнетёт（十分忧愁）；Её гнетёт тоска（她十分忧伤）。该动词隐喻使用的是"重力—方向"图式，本体情感动作和喻体动作都有"受力的影响"因素，但本体动作中的"力"以借由感知联系实现，表现为一种物质化的抽象作用，而且侧重于重力作用对客体影响的方向性。

придавить（压住，挤压，压伤）（Он придавил себе палец дверью.）（他手指给门挤疼了）隐喻"使抑郁不欢，使沮丧"：Евгению придавили горе и несчастье（痛苦和不幸让叶夫根尼亚抑郁不欢）。该动词隐喻使用的是"重力—方向"图式，其情感作用的方向性借由喻体动作中的重力作用方向性体现得十分明显，包含"方向"成分的"重力"意象刻画出情感状态的"侵入性"和对人的心理承受、心理空间的一种"挤压性"，从而凸显出特定情感、情绪的消极、负面因素。

стынуть（冷却，变凉）（Утюг стынет；Ноги стынут.）（熨斗要凉

了；双脚变得冰凉）隐喻"失去激情，变得冷漠"：Любовь стынет（爱情冷却了下来）。该动词隐喻同时使用了"形象—感知"图式和"存在—过程"图式。一方面，情感本体动作状态的表现有心理感知的意象内容，该意象内容来自喻体动作的物理感知；另一方面，物理状态的存在—过程特性在心理—情感内容上也有一定表现，只是本体动作上的情感表现内容更注重情感的转化过程特征，以此突出情感状态的心理意象化属性。

наболеть（[因长久作痛而] 疼痛加剧）（Рана наболела.）（伤口疼痛加剧）隐喻"郁积很多痛苦，痛苦已久，痛苦万分"：Душа у него наболела；На сердце наболело（他心里郁积很多痛苦；心里痛苦已久）。该动词隐喻操作使用了重力—性质图式和形象—感知图式，前一图式透射出了"痛苦"这一情感状态的程度，后一图式则传达出施喻者对情感性质具体而生动的感知和体会，使人形象化地从生理上的"痛"联想到了心理上的创痛，认知比照性强，从而加深了对这一特定情感内容的理解。

мрачнеть（发黑，变暗）（Погода мрачнеет）（天色变得阴暗了）隐喻"阴郁，忧郁起来"：Мрачнеет взор（目光阴郁）。该动词隐喻使用的是"形象—感知"意象图式，喻体动作的物理形象在本体动作中获得心理感知的意象性体现，形象化特征成分非常突出。

разлиться（四处洒出、洒落）（Кипяток разлился по земле.）（开水洒了一地）隐喻"情感泛出，现出，浮出"：Радость разлилась по его лицу；Горе разлилось в ней（他满脸喜色；她满脸痛苦）。该动词隐喻使用的是"方位"图式兼以"形象—感知"图式，这里的情感状态的"散发、泛溢"表现借由喻体动作的"四处洒出"意象，其中有"方位"的"铺展"图式特征，同时包含施喻者意象联想的形象化心理描述和感受特征。

светиться（发光，发亮）（В окнах светились огоньки.）（窗户里亮着灯光）隐喻"情感流露，显露，容光焕发，喜形于色"：В глазах светилась радость；Глаза светились нежностью；Он весел, доволен, так весь и светится（目光里流露出快乐；眼睛里流露出温柔；他快活，心满意足，喜形于色）。该动词隐喻使用的是形象—感知图式、存在—过程图式及状态图式，通过喻体动作形象画面的认知连通，本体情感动作获得形象化的心理呈现，并以过程化方式进入认知情感意识，作为一种心理体验的状态存在、记录于施喻者的工作记忆中。

разгореться（燃烧起来，燃炽）（Сырые дрова насилу разгорелись）（湿劈柴好容易燃烧起来）隐喻"某种情感激烈、强烈起来，情感变得炽烈"：Страсти у неё разгорелись（她的情感炽烈起来）。该动词隐喻使用的是形象—感知图式及存在—过程图式，其形象化构思包含了情感心理感知的一定动态化特质，而这由本体、喻体动作的进展、表现方式决定，并且这一动态化形式的表现内容也反映出情感存在意象的过程性特征和高强度特征，因此具有较强的情感表现张力。

2. 情感反应动词的意象图式

пронять（透入，侵入，渗透）（Пронял мороз.）（寒气透了进来）隐喻"使深受感动，使受某种情感影响"：Сначала он слушал музыку равнодушно, но потом и его проняло；Его пронял страх（起初他无动于衷地听着音乐，但后来也被打动了；他非常害怕起来）。该动词隐喻使用的是"重力—方式"和"重力—结果"意象图式，喻体具体动作的"浸润、渗透"中"力"的作用方式被复制到本体动作的语义核心，并带来相应的精神—心理影响和情感、情绪结果。

резать（刺，刺痛，勒痛；割，切，剪，锯）（Яркие краски режут глаз；Режет в животе；Он резал бревно/сукно）（鲜艳的颜色刺眼；肚子里像刀割一样痛；他锯木头/剪呢绒）隐喻"使痛苦，使难过"：Эти слова режут его сердце（这番话使他心里痛苦/伤了他的心）。该动词隐喻使用的是"形象—感知"图式和"重力—方式""重力—结果"图式。在此，首先，认知主体的主观心理感受和评价意象成分十分突出，其次，"力"的作用方式和结果也有确定表现，它们协同作用，使具体的身体感知内容转化为抽象的心理感受内容，从而实现本体动作中的情感认知价值。

глодать（啃）（Зайцы гложут древесную кору.）（兔子啃树皮）隐喻"某种情感折磨人，使难受"：Тоска гложет；Раскаяние гложет его（愁闷折磨人；后悔折磨着他）。该动词隐喻使用的是"形象—感知"图式和"重力—方式"图式，喻体动作的具体行为很有自己的特点，本体情感动作意象及核心语义内容通过喻体动作的动作方式得以形象化呈现。

щемить（紧夹，紧压）（Гипсовая повязка щемит кожу.）（石膏绷带紧箍着皮肤）隐喻"引起愁闷，使压抑"：Напев щемит её сердце；У него щемило на душе（曲调引发她惆怅；他心中无比愁闷）。该动词隐喻

使用的是"形象—感知"图式和"重力—方式""存在—过程"图式。这里的形象感知性较为明显，喻体动作"力"的作用方式意象在本体情感内容中也得到抽象化复现，并贯穿于情感表现、情感感受过程。

издёргать（拉扯，扯坏，撕坏）（Дети издёргали всю бахрому у скатерти.）（孩子们把桌布边上的穗子都扯坏了）隐喻"使心绪烦躁，使精神受极大折磨"：Его пустые придирки издёргали секретаря（他无端挑剔使秘书心绪烦躁）。该动词隐喻使用的是"重力—结果"和"重力—性质"图式，喻体动作结果成为本体动作联想的核心内容，而"力"的作用所产生的负面效应延续到本体动作的情感内容中，同时穿插着施喻者对相关动作、情感体验的认知判断操作，表现出他对情感影响、情感反应的性质断言内容成分。

разжечь/разжигать（点燃，使燃得更旺）（разжечь печь, разжечь дрова）（点燃炉子，使柴火燃得更旺）隐喻"激起某种情感、情绪"之义：разжечь ненависть, разжигать страсти（激起仇恨，使情感炽烈起来）。该动词隐喻使用的是"重力—结果"和"形象—感知"图式，通过喻体动作特点一方面表现出"力"的作用结果——强烈的情感、情绪的瞬间产生，另一方面通过具体动作的感知，本体动作情感内容得以形象、生动地呈现。

есть/съесть（吃，吃掉）隐喻"某种情感折磨，使不得安宁"：Эта мысль ела старика день и ночь；Тоска съела его（这念头使老人日夜不安；忧伤使他很痛苦）。该动词隐喻使用的是"形象—感知"图式和"重力—方式""存在—过程"图式。在认知主体看来，喻体动作的重力作用方式渗透到本体动作意象，"一点点地销蚀"的行为特点形成"（好像）要把人掏空"似的形象化感知内容，这些都很好地再现了本体动作的情感方式和认知体验。另外，这一"力"的作用过程即本体动作主体情感感受存在的过程、情绪和心理体验的过程。

3. 情感态度、关系动词的意象图式

гореть/сгореть（燃烧，燃着）（Горят дрова.）（木柴燃烧着）隐喻"充满某种情感"：Он горит любовью к своему делу；Она горит завистью чужим успехам（他对自己的事业充满热爱；她非常羡慕别人的成就）。该动词隐喻使用的是"形象—感知"图式和"重力—性质"图式。一方面，喻体动作的"灼热"意象在本体情感动作中得以形象化表现，另一方面，本体动作情感的心理性质、特性借助喻体具体动作有了理性化的认知确认。

дрожать（颤抖，战栗，打战）（Больной дрожит в лихорадочном ознобе.）（病人因患疟疾打寒战）隐喻"为……担心，担忧"：Родители дрожат за детей（父母为孩子们担忧）。该动词隐喻使用的是"形象—感知"图式、"重力—连接"图式及"重力—性质"图式，这里既有认知主体对情感动作的形象感知意象内容以及认知判断，又有通过喻体动作事件要素因果联系反映出来的情感本体内容中"力"的作用连接关系，即情感主体同客体对象之间的情感联系、情感关系。

охватить（抱住，笼罩）（Они охватили руками ствол дерева；Пламя охватило здание.）（他们双手抱住树干；火焰笼罩了整个建筑物）隐喻"情感充满，支配"：Нас охватила безграничная любовь к родине；С ранних лет я охвачен страстью к книге（我们内心充满对祖国无限的爱；我自幼就酷爱读书）。该动词隐喻使用的是"形象—感知"图式、"重力—连接"图式，喻体动作的具体意象在本体动作中得到了很好的"抽象心理感知"的方法性体现，而其重力作用的主体、客体连接方式、内容也通过本体情感动作中主、客体情绪影响方式得以贯彻——一种认知心理方式的延续。

опьянить（灌醉，使喝醉）（Он опьян водкой）（他喝伏特加喝醉了）隐喻"使陶醉"：Музыка опьянила его；Успехи пьянят его（音乐让他陶醉；成就使他陶醉）。该动词隐喻使用的是"形象—感知"图式、"重力—连接"图式及"重力—性质"图式。该本体情感动作的形象感知意象表现十分突出，而事件关系中的主体、客体作用联系也不难看出，差别在于"力"的连接方式在本体动作中以抽象化的方式体现。此外，本体情感动作状态、情感程度包含的认知判断内容通过"力"的性质得以意象化表现。

просочиться（渗透，渗出）（Вода просочилась в подвал.）（水渗进地下室了）隐喻"透露出某种情感"：Просочилась у него любовь к Марии（他透露出对玛丽亚的爱意）。该动词隐喻使用的是"形象—感知"、"重力—方式"及"重力—连接"图式，这里除了施喻者的形象化感知和动作主体、客体之间的关系得到意象化的明确表现，还有"力"的作用方式这一图式内容，喻体动作的"一点点儿、不经意"的细微动作方式被图式化读取到本体情感动作的认知呈现当中，同时也进一步凸显出该情感关系事件隐喻的生动性。

покорить（征服，使屈服）(покорить племя, покорить врага)（征服部落，使敌人屈服）隐喻"使倾心，使倾倒"：Его стальная воля покорила девушку; Она покорила меня в первый день знакомства（他那钢铁般的意志让姑娘倾心；相识的第一天她就使我倾倒了）。该动词隐喻使用的是"重力—连接"、"重力—方式"、"形象—感知"和"重力—结果"图式。首先，这里动作的主、客体"力"的"对抗"连接方式十分鲜明；其次，以"强有力"动作作用方式表现出本体情感动作的强度，同时赋予其以一定的形象性；最后，通过喻体动作的结果反映出本体情感动作的情感关系的使然性和稳定性。不难发现，该动词情感动作的隐喻中，意象图式的认知整合作用扮演了极为重要的角色。

总体上讲，隐喻性情感动词的认知语义运作中，意象图式往往不以单一的方式呈现，而是几个不同图式同时参与这一喻义产出过程，形成"并置式意象组合"，该复合化的方式显示出情感隐喻联想的意象多元性及情志触发的多因性。这在情感反应动词和情感态度或关系动词次类中表现尤为突出。其中，情感状态动词隐喻的"形象—感知"图式表现十分活跃，这表明其形象性突出，情感认知的形象张力得以充分展现。情感反应动词的隐喻中，表现突出的是"形象—感知"图式、"重力—结果""重力—方式""存在—过程"图式。情感态度或关系动词的隐喻操作以"重力—关系""重力—性质"图式为主，而"形象—感知"图式同样也有较为活跃的表现，并且该类情感动词的意象图式操作较为整齐划一。可以看出，"形象—感知"图式在情感动词三个次语义范畴中都有积极反映，这从一个独特视角表明了隐喻性情感动词的"形象化"语义表现特征。

（四）认知隐喻映射

动词隐喻映射是认知概念域的转移、投射，隐喻中的动作喻体和动作本体分属两个不同的概念范畴，它们各自包含自己的概念—事理内容，依托于心理实体化的意象图式，施喻者将源域意象动作图式映射到目标域即本体动作的意象框架中，实现动作认知域的转移。俄语动词隐喻映射总体上有四种方式，即由具体动作域向抽象动作域的映射、由一具体动作域向另一具体动作域的映射、由具体动作域向带有抽象性质的具体动作域的映射以及由一个抽象动作域向另一抽象认知域的映射。而就俄语情感动词的隐喻来讲，往往是由实体的物质动作内容向抽象的心理活动和情感动作内容的投射，由身体活动和生理经验概念域向抽象的情感活动、经验域映射，个别情况下可能有由一抽象动作域向另一抽象域的映射。具体到三个情感动词语义次范畴，其隐喻映射的方式、结构、内容又各有不同。以下是相关问题的具体分析。

1. 情感状态动词的隐喻映射

情感状态动词的隐喻映射都是由具体动作域向抽象的情感动作概念域的认知投射。由于本体动作域的情感内容总体上均为具体情景下的抽象情绪状态和心理活动表现，以下我们只从喻体动作域的物理动作特点方面加以概括、分析。

第一，由液体事物的物理动作特征域向抽象情感动作域映射。

бурлить（沸腾，汹涌）（Море бурлит.）（海涛汹涌）隐喻"情感迸发"：Ненависть бурлила；Радость бурлит в сердце（怒火满胸；心里喜不自禁）。

кипятиться（［水等］煮沸，烧开）隐喻"急躁，发怒"：Соломон кипятился из-за пустяков（所罗门因小事而发火）；Не кипятись, говори спокойно!（别生气，慢慢讲!）

клокотать（沸腾，翻腾）（Вода клокотала и билась в самоваре.）（水在茶炊里沸腾作响）隐喻"情感激昂，兴奋"：Бурная радость клокотала в нём；Всё в нём клокотало от гнева；Ярость клокочет в них（他欣喜若狂；他怒不可遏；他们愤怒不已）。

закипеть（沸腾起来）（Молоко закипело.）（牛奶开了）隐喻"某种情感澎湃起来，强烈情感涌上心头"：Закипел в толпе гнев；Закипела у него радость（人群激愤起来；他兴奋不已）。

第二，由固体事物的物理动作特征域向抽象情感动作域映射。

поостыть（渐渐冷却，稍许冷却）（Пусть мотор поостынет）（让马达凉一凉吧）隐喻"情感有些冷淡下来，情绪稍冷静下来"：Он заметно поостыл, успокоился после разговора（交谈之后，他明显冷静了下来）。

сотрястись（震动，震撼）（Дерево в грозе сильно сотряслось.）（树木在大雷雨中强烈震动）也可以隐喻表示"十分激动，惊讶"之义：Зрители сотряслись развязкой рассказа（观众被故事的结局震惊）。

第三，由气体事物的物理动作特征域向抽象情感动作域映射。

пахнуть（［某种气味］吹来，袭来，拂来）（Пахнуло ароматом цветов; Ветер пахнул вечерней свежестью）（吹来一阵花香；风中吹来一股傍晚的清新空气）隐喻"（某种情感）涌上心头，充满心中"：Радостное чувство пахнуло на них（高兴的感觉涌上他们心头）。

第四，由光亮事物的物理动作特征域向抽象情感动作域映射。

светлеть（明亮起来）（На улице светлеет.）（外面渐渐天亮起来）隐喻"愉快起来"：Взгляд светлеет; На душе светлеет（目光变得快活起来；心里亮堂起来）。

сверкать（闪烁，闪光）（Звёзды сверкают; В его руке сверкала сабля.）（群星闪烁；他手里的马刀闪闪发光）隐喻"某种情感表露出来"：У него в глазах сверкала радость; Её глаза сверкают гневом（他的眼睛里充满喜悦；她眼睛里闪着怒火）。

第五，由人或动物的物理动作特征域向抽象情感动作域映射。

напасть（攻击，袭击）（напасть на прохожего）（袭击过路人）隐喻"某种情感、心绪突然袭来，忽然涌上心头，油然而生"：На него напала радость; На него напала грусть; На неё напал страх（他一下子高兴起来；他突然伤心起来；她突然感到恐惧）。

терзать（撕破，撕碎）（Волк терзает ягнёнка）（一只狼在撕扯羊羔）隐喻"折磨，使苦恼，使痛苦"：Эта идея терзает её душу（这一想法使她痛苦）。

зачаровать（用魔法把人迷住）（Ведьма зачаровала путника.）（巫婆用魔法迷住了行人）隐喻"使倾倒"：Пианист зачаровал всех своей замечательной игрой（钢琴家美妙的演奏让大家倾倒）。

замереть（完全停止动作，一动不动地停下来）（Танкисты ровным строем замерли возле своих машин.）（坦克手们一动不动地整齐排列在自己的坦克旁）隐喻"感情消失，变得麻木"：Вся тревога замерла（一点也不担惊害怕了）。

第六，由生理动作特征域向抽象情感动作域映射。

душить（使呼吸困难，使出不来气）（Меня душит узкий ворот; Мокрота душит.）（领子太紧，勒得我喘不过气来；痰堵得慌）隐喻"使苦恼，折磨"：Страх душит их; Душат горькие сомнения（他们害怕

得气都出不来；痛苦的疑虑使人感到苦恼）。

2. 情感反应动词的隐喻映射

情感反应动词的隐喻映射一般也是由具体动作域向抽象情感动作概念域的认知投射，少数情况下是由一个抽象动作域向另一抽象动作域的映射，如动词 раззадорить（激起某人的好斗心）(раззадорить спорщиков)（激起争辩者的好斗心）隐喻"激起某种情感"：Такая сплетня раззадорила её возмущение（这样的谣言激起她的愤怒）。其本体动作域的抽象情感内容总体上表现为由某一特定动作、事件、现象所引发的情绪反应及相应的情感体验，以下只根据喻体动作域的物理动作特点，对此加以概括和分析。

第一，人的非自主—非意志活动动作域向抽象情感动作域映射。

заразить（传染）(Солдат был заражён тифом)（士兵传染上了伤寒病）隐喻"情感上、情绪上感染、打动……"：Ребятишки заразили нас своим весельем（孩子们的快乐情绪感染了我们）。

парализовать（使瘫痪，使麻痹）(Рука парализована.)（手麻痹了）隐喻"使吓呆"：Страх парализовал её（她吓呆了）。

стеснить（挤紧，使变得狭窄；使窒息，使发闷）(На диван сел ещё один человек и стеснил всех.)（沙发上又坐了一个人，把大家都挤得不舒服）隐喻"使感到痛苦、沉重）"这一意义：Ужасная грусть стеснила сердце；Тревога за сына стеснила его сердце（极度的忧伤使心痛欲裂；他为儿子担心，心情很沉重）。

第二，人的自主—意志活动动作域向抽象情感动作域映射。

упоить（使喝醉）(Сотрудники упоили Сергея.)（同事们把谢尔盖灌醉了）隐喻"使陶醉，使欣喜若狂"：Он был упоён своим счастьем（他完全陶醉于自己的幸福中）。

раздуть（吹旺，鼓风使燃烧旺盛）(Он раздул печь [他把炉火扇旺]；Ветер раздул пожар [风把火焰吹得更猛]）除了可引申"言语"动作行为，还可以隐喻"激起情绪、情感"这一情感活动意义：Его слова раздул их огонь возмущения（他的言论激起了他们愤怒的火焰）。

ранить（打伤，使负伤）(Если тебя ранят, передай командирование сержанту；Его ранили на войне.)（如果你被打伤，就把指挥工作交给上士）隐喻"使痛心，使感到痛苦"：Его слова ранят душу（他的话伤人心）。

грызть（啃噬，咬）（грызть сухари, грызть себе губы）（啃面包干，咬嘴唇）隐喻"某种情感折磨、吞噬，使不安"：Совесть грызёт его сердце; Любопытство грызёт меня（良心有愧使他内心备受折磨；好奇心使我不得安宁）。

第三，非生命事物动作域向抽象情感动作域映射。

потрясти（摇撼，震动，使震荡）（Гром потряс здание; Взрыв потряс озеро.）（雷声震动了建筑物；爆炸声震荡了湖泊）隐喻"使大为震惊、激动"：Его речь потрясла слушателей; Смерть художника потрясла присутствующих（他的讲演使听众非常激动；艺术家去世使在座的人很震惊）。

сотрясти（震动，使震荡）（Частые бомбовые разрывы сотрясли землю.）（炸弹频频爆炸使大地为之震动）隐喻"震撼，使激动"：Правда повести сотрясёт сердца всех живущих на земле（小说的真实必将震撼世人的心）。

жечь（烫痛，灼痛，刺痛）（Горячий чай жжёт горло; Солнце жжёт лицо; Мороз жёг лицо.）（热茶烫喉咙；阳光灼脸；严寒刺面）隐喻"使难过，痛苦，焦急，激动"：Их насмешка жжёт её сердце; Слова сына жгут сердце мамы（他们的嘲讽使她难受；儿子的话让妈妈心焦）。

язвить（刺伤，使受伤）隐喻"使伤心，使精神痛苦，刺痛心灵"：Насмешки язвят её; Жгучие упрёки совести язвили его（嘲笑使她伤心；良心的强烈谴责使他非常痛苦）。

3. 情感态度、关系动词的隐喻映射

情感态度或关系动词的隐喻映射也是由具体动作域向抽象情感动作概念域的认知投射，其本体动作域的抽象情感内容总体上表现为人或事物所具有的某种稳定属性与人的相应情感态度之间的关系，以下从喻体动作域的物理作用特点出发加以概括、分析。

第一，人、动物或其他事物的具体动作域向抽象情感动作域映射。

трепетать（颤抖，颤动，震颤）（Крылья бабочки трепещут; Лампада тусклая трепещет.）（蝴蝶的翅膀在颤动；暗淡的灯光若隐若现）隐喻"极为珍惜，爱护备至"：Пишу, а сам трепещу над каждым словом, чтобы не испортить фигуры Иванова（我正在写作，可我珍惜每个字眼/对每个字都小心翼翼，生怕破坏了伊万诺夫的形象）。

пылать（熊熊燃烧，烧得很旺）（Пламя в печке пылает.）（炉火燃烧很旺）隐喻"充满某种激烈、炽热的情感"：пылать ненавистью к врагу, пылать любовью к родному краю, пылать непрерывным восхищением к писателю（充满对敌人的憎恨，充满对故土的热爱，对作家赞赏不已）。

зачаровать（用魔法把人迷住）（Ведьма зачаровала путника.）（巫婆用魔法迷住了行人）隐喻"使醉心于"：Классическая музыка зачаровала его（古典乐让他倾心/他醉心于古典音乐）。

упитаться（吃得很饱，吃胖）（Дети упитались.）（孩子们吃得很饱）隐喻"陶醉，沉醉于，从……中得到享受"：Александр упитывается ноктюрном Шопина（亚历山大沉醉于肖邦的夜曲）。

第二，人的目的性积极动作域向抽象情感动作域映射。

завладеть（占据，控制）（завладеть неприятельской крепостью）（占领敌方要塞）隐喻"情感控制住……"：Гнев окончательно завладел стариком（老人气坏了）。

покорить（征服，使屈服）（покорить племя, покорить врага）（征服部落，使敌人屈服）隐喻"使倾心，使倾倒"：Его стальная воля покорила девушку; Она покорила меня в первый день знакомства（他那钢铁般的意志让姑娘倾心；相识的第一天她就使我倾倒了）。

第三，人的生理动作域向抽象情感动作域映射。

болеть（生病）（Она уже болеет полгода; Девочка болеет туберкулёзом лёгких）（她已经病了半年；小姑娘患上了肺结核）隐喻"操心，为……担心，关心"：Мама болеет за здоровье сына/за успех сына; Джон болеет о семье（妈妈担心儿子的身体/为儿子事业的成败操心；约翰关心家人）。

трепетать（哆嗦）（Больной трепещет всем телом）（病人全身打哆嗦）隐喻"很担心，操心"：Отец трепетал над сыном, что обезумел от страха, что он умрёт（父亲对儿子非常担心，因为怕他几乎不知所措）。

归纳起来，情感动词隐喻映射也主要表现为由具体动作域向抽象情感动作概念域的认知投射，这种相对规整的映现关系由人类情感的深层底蕴及语言外现特点所决定。而具体到本体动作和喻体动作认知域内部，一方面三类情感动词隐喻的本体动作域各有自己由其语义结构规定着的意义特点。另一方面对应的喻体动作也各有自己的语义特性、类型，其中情感状态动词隐喻时其喻体动作语义类型最为丰富，其喻体物为动作对象的选取相应各有不同，而且撷取面广、针对性强，而情感反应动词隐喻时其喻体动作主要是人的意志活动或非意志使役性动作，情感态度或关系动词隐喻时其喻体动作主要是表现人或动物、具体事物属性的动作，人的生理动作（状态）及积极使役动作类型。从而通过喻体动作域的动作类型不同特点显示出三类情感动词各自的隐喻映射特征。

（五）认知隐喻模式

情感动词的认知隐喻模式是其语义操作的枢轴性环节。所谓隐喻模式就是动词隐喻运作所实际依循的工作套路和方法，它是认知主体从其反复的日常生活动作经验中抽象、提炼出来的关于动词隐喻的特殊知识体系，代表隐喻工作机制的方法原则、内容，具体动作体验和身体感受在此升华为情感表现的认知工具和材料，并被加工、浓缩为一种程式化的结构，引导认知隐喻的工作流程、路径，直接参与创建动词隐喻语义衍生的具体操作规则、操作模型。俄语情感动词的隐喻意义产出主要有三种工作模式，即结构隐喻、方位隐喻、本体隐喻，其中结构隐喻和本体隐喻表现更为积极，而且结构隐喻模式的认知渗透力最强，它在其他两种模式中都极可能有所体现，进而形成情感动词隐喻中的复合型认知处理模式。不仅如此，方位隐喻、本体隐喻也可能相互作用、渗透，同样构成动词隐喻模式的一种协同工作方式，交织成俄语情感动词隐喻认知运作的复杂关系网络。这显示出动词认知隐喻机制复杂而独特的个性。具体到情感动词隐喻的不同次语义范畴，它们在隐喻模式上各有不同的表现内容，同时也反映出它们各自的语义构成特点和语义差异。下面分别对三类情感动词的隐喻工作模式展开讨论，察看它们各自不同的隐喻特性、工作机制。

1. 情感状态动词的隐喻模式

情感状态动词的隐喻操作中除了本体隐喻模式的参与，还有结构隐喻同其他隐喻模式整合并用的各种复合隐喻模式。

неистовствовать（［自然现象、事物］发狂，狂暴，肆虐）（Ураган неистовствовал всю ночь；Море неистовствовало.）（飓风肆虐；大海在狂啸）隐喻"人狂躁，狂怒"：Командир неистовствовал（指挥官狂怒）。该动词隐喻操作使用的是本体隐喻模式。

истерзать（把弄坏，把弄得残缺不全，把……打得遍体鳞伤）（истерзать розан，истерзать платье，истерзать вора）（把玫瑰花撕碎，把衣服撕破，把小偷打得遍体鳞伤）隐喻"折磨，使痛苦不堪，苦恼已极"：Горе истерзало его（悲伤把他折磨得痛苦不堪）。该动词隐喻操作使用的也是本体隐喻模式。

жечь（烫痛，灼痛，刺痛）（Горячий чай жжёт горло；Солнце жжёт лицо；Мороз жёг лицо.）（热茶烫喉咙；阳光灼脸；严寒刺面）隐喻"使难过，痛苦，焦急，激动"：Их насмешка жжёт её сердце；Слова сына жгут сердце мамы（他们的嘲弄使她难受；儿子的话让妈妈心焦）。该动词隐喻操作使用的也是本体隐喻模式。

сиять（发亮光，发出光泽）（Сияют звёзды；Горные вершины сияют вечными снегами.）（星星闪耀；山顶上闪耀着长年不化的积雪）隐喻"喜气洋洋"：Они сияют радостью；Парень сияет от счастья/радости（他们高兴得容光焕发；小伙子喜气洋洋）。该动词隐喻所反映出来的同样是本体隐喻模式。

сойти（［黑夜，烟雾等］降临，来到）（Ночь на землю сошла）（夜幕降临）隐喻"情感充满、产生"：Любовь сошла в его грудь（一种爱慕之情在他心中油然而生）。该动词隐喻操作使用的是一种复合隐喻模式，包括结构隐喻、方位隐喻模式。

подступить（走近，走到跟前）（Они подступили к стенам крепости.）（他们逼近要塞的围墙）隐喻"情感、感觉涌上，涌向，情绪袭来"：Грусть подступила ему под сердце（悲伤涌上他心头）。该动词隐喻操作使用的是复合隐喻模式，包括结构隐喻、本体隐喻和方位隐喻模式。

переплеснуться（水等溅出）（Вода переплеснулась через край ведра.）（水溅出了水桶）隐喻"某种情感高涨"：Радость их переплёскивается через край（他们乐不可支）。该动词隐喻操作使用的也是包括结构隐喻、本体隐喻和方位隐喻在内的复合隐喻模式。

перегореть（烧坏，烧断）（Лампочка перегорела；Балка перегорела.）（灯泡烧坏了；房屋大梁烧断了）隐喻"某种情感冷淡，消失，褪尽"：Её любовь к Васе перегорела（她对瓦夏的爱淡薄了）。该动词隐喻操作使用的是结构隐喻和本体隐喻一起构成的复合隐喻模式。

испить（喝些，喝点）（Дайте водицы испить.）（给我点水喝）隐喻"尝尽，历尽"：испить горькую чашу страданий（尝尽患难之苦），

испить до конца всю горечь（尝尽痛苦）。该动词隐喻操作使用的也是复合隐喻模式，包括结构隐喻、本体隐喻模式。

хлебнуть（喝）(Он хлебнул чаю и побежал.)（他喝了一口茶就跑了）隐喻"经历，遭受，吃到苦头"：В то время он горя хлубнул немало（那个时候他经历了不少痛苦）。该动词隐喻操作使用的同样是结构隐喻和本体隐喻共用的复合隐喻模式。

2. 情感反应动词的隐喻模式

情感反应动词的隐喻主要使用的是本体隐喻模式及结构隐喻与本体隐喻形成的复合隐喻模式。

щипать（掐，拧，捏，揪［疼］）(щипать его за ухо)（揪痛他耳朵）隐喻"使心灵、情感受创伤"：Его слова щиплют душу девочки（他的言语刺痛了姑娘的心）。该动词隐喻操作使用的是本体隐喻模式。

разгорячить（使热，使温暖）(Студёный воздух разгорячил щеки)（寒冷的空气使脸颊灼热起来）隐喻"使激动，使急躁"：разгорячить спором собеседника（因争论而使对话人急躁起来）。该动词隐喻操作使用的也是本体隐喻模式。

разить（用力打，打击）(Солдат разил врага прикладом)（战士用枪托击打敌人）隐喻"使惊奇，惊叹"：Выступление балерины развило зрителей（舞蹈家的表演让观众惊叹不已）。该动词隐喻操作使用的同样是本体隐喻模式。

трогать（动，触动）(Мать разбудила меня, осторожно трогая за плечо; Он обнимал меня, всё руками трогал.)（母亲轻轻地触动了我的肩膀，叫醒了我；他拥抱我，不停地用手抚摸着）隐喻"使感动，使激动，引起同情，引起怜悯"：Его письмо трогает нас до слёз（他的来信让我们感动得落泪）。该动词隐喻操作使用的是一种复合隐喻模式，包括结构隐喻和本体隐喻。

сокрушить（击溃，击破，毁灭）(сокрушить врага)（把敌人击溃）隐喻"使悲痛，使非常伤心"：Это известие сокрушило его（这一消息使他非常伤心）。该动词隐喻操作使用的也是结构隐喻、本体隐喻的复合隐喻模式。

3. 情感态度、关系动词的隐喻模式

情感态度或关系动词的隐喻操作模式较为整齐划一，总体上使用的都是"结构隐喻+本体隐喻"的复合隐喻模式。

питать（喂养，以……为生）（Меня питает литературный труд.）（我以文艺工作为生）隐喻"怀有某种情感"之义：Он питает безграничную любовь к семье（他对家人怀有无限的爱）。该动词隐喻操作使用的是结构隐喻、本体隐喻的复合隐喻模式。

воспылать（燃起熊熊烈火）隐喻"对……怀有某种强烈情感"：Он воспылал страстью к Елизавете；Все воспылали ненавистью к врагу（他对伊丽沙白产生了炽热的爱；人们对敌人燃起仇恨的火焰）。该动词隐喻运作使用的主要是本体隐喻模式，但兼含一定结构隐喻模式操作成分。

трястись（发抖，哆嗦）（Он трясётся всем телом от гнева；Деревья трясутся от ветра.）（他气得全身发抖；树木被风吹得来回摇晃）隐喻"替……担心，不安，焦急，上心"：Анна трясётся над ребёнком/за дочку（安娜心疼孩子/为女儿担心）。该动词隐喻操作使用的也是结构隐喻、本体隐喻并用的复合隐喻模式。

покорить（征服，使屈服）（покорить племя, покорить врага）（征服部落，使敌人屈服）隐喻"使倾心，使倾倒"：Его стальная воля покорила девушку；Она покорила меня в первый день знакомства（他那钢铁般的意志让姑娘倾心；相识的第一天她就使我倾倒了）。该动词隐喻操作使用的同样是结构隐喻和本体隐喻组并而成的复合隐喻模式。

упиться（喝足，喝饱，喝醉）（упиться вином）（喝酒喝醉）隐喻"陶醉，沉醉于，从……中得到享受"：Мэри упивается балетом（梅丽陶醉于巴蕾舞蹈）。该动词隐喻运作使用的仍是结构隐喻和本体隐喻的复合隐喻模式。

охватить（抱住，笼罩）（Они охватили руками ствол дерева；Пламя охватило здание.）（他们双手抱住树干；火焰笼罩了整个建筑物）隐喻"情感充满，支配"：Нас охватила безграничная любовь к родине；С ранних лет я охвачен страстью к книге（我们内心充满对祖国无限的爱；我自幼就酷爱读书）。该动词隐喻操作使用的也同样是结构隐喻和本体隐喻的复合隐喻模式。

由此不难看出，首先情感动词隐喻模式操作中，表现最为突出的是本体隐喻模式，通过本体隐喻把抽象的情感内容具象化、实体化，这也从一个新的角度反映并印证了通过具体物理动作来隐喻抽象情感动作的语言认知动机、认知务实性。其次，结构隐喻模式也是情感动词隐喻的基本操作模式，表明事件结构性认知因素对于不同动作的转化、连通的重要建构性语义功能。此外，结构隐喻和本体隐喻往往作为一个整体并用于情感动词的认知语义操作，这在情感态度或关系动词中最为典型，形成该语义细类动词的重要隐喻特色，该次类情感动词内部各种喻体动作参与本体动作的喻义操作时，使用的基本是这一复合隐喻模式。另外，方位隐喻模式在情感状态动词次类中有较特殊的表现，通过物理意义上的"方向"性显示出情感状态的自发性、突发性，进一步揭示出情感状态的主观意志不可控性及不可名状性。

三 小结

人类情感世界是一个复杂的心理感受、体验和情绪认同的世界，反映到语言中，情感语义有着十分丰富的表现内容，形成自己独特的观念化系统，这一点在隐喻性的动词语义衍生中有积极的体现。以上对三类隐喻性情感意义动词进行了梳理并重点对其认知运作机制展开了分析和研究。分析、研究表明，同一具体动作动词隐喻可能产生不同情感次范畴的转义义项（如动词пылать, дрожать, овладеть, завладеть, пожирать, опьянеть 等），而且同一动词也可能隐喻衍生出属于同一情感次语义类的不同义位（如动词трепетать 等）。三类隐喻性情感意义动词在隐喻运作的相似性、意象图式及隐喻模式上各有自己不同的表现：相似性上，情感状态动词隐喻中表现最为突出的是动作方式和动作感知及动作感受—评价特点上的认知相似性；情感反应动词隐喻中表现最突出的则是动作感知和动作结果或动作影响方面的相似性；而在情感态度或关系动词隐喻中表现突出的是动作功能表现、动作结果、动作性质方面的相似性。语义错置上，由于三类动词题元参项数量不同或题元性质不同致使隐喻性情感态度动词的显性、隐性错置都有可能局部缺位，构成其零位错置，而情感状态、情感反应意义的动词隐喻运作却不存在这一现象。意象图式上，情感状态动词隐喻的"形象—感知"图式和"重力"意象图式表现最为突出，这表明其形象性和身体经验性（对"力"的身体感知性）显著，认知的形象表现功能得以充分展现。而情感反应动词隐喻中，表现突出的除了"形象—感知"图式，还有"重力—结果""重力—方式""存在—过程"等图式。情感态度或关系动词的隐喻操作则以"重力—关系""重力—性质"图式为主，该类情感动词的意象图式操作相对较为规整。隐喻模式上，情感状态动词隐喻复合模式最为丰富，涉及在其他两类动词中没有的方位隐喻模式，而情感反应和情感态度动词中，结构隐喻和本体隐喻往往协同参与，构成其较为整一的复合隐喻模式。另一方面，三类隐喻性情感意义动词的认知运作也表现出某些方面的共性，语义错置上，三类动词隐喻隐性错置的"X IS Y"层逻辑范畴语义错置都是一项不可或缺的内容，这在认知实质上反映出动词隐喻前后两个动作事件的不同范畴属性特征以及"X IS Y"层隐性错置体现的不同事件认知域关系为动词隐喻所必需。意象图式上，三类动词隐喻往往都以复合化的"并置式意象组合"方式呈现，显示出情感隐喻联想的意象多元性和情志激活的心智调动多维特性，这在情感反应动词和情感态度或关系动词次类中表现尤为突出。隐喻映射方面，三类动词隐喻一般表现为由具体动作域向抽象情感动作域的认知转移，这一规整的映现关系由人类情感的深层底蕴及语言认知外现的特点制约，同时也由情感语义特点与实体动作之间的特殊认知关系所决定。隐喻模式上，三类情感动词都使用了本体隐喻模式及各种复合隐喻模式，并在很大程度上也都运用了结构隐喻模式。进而言之，正是这些差异、共性和异中有同的动态表现客观印证着动词喻义衍生的认知隐喻机制，反映出情感隐喻同物理作用方式、实体动作理据之间的认知运作的多环节和复杂性。也正是这一复杂机制激发着语言的认知机能，一方面它不单反过来使情感动词本身的语义结构内核更为饱满、细致、深刻，从而促进并丰富人类情感表现、情感思维和情感认识，另一方面更为重要的是，它使语言语义系统更趋发达、健全和完善。由此观之，相关研究无疑可以为语言中情感动词的系统化认知语义研究提供一套积极可行的分析方案和操作模式。

本章小结

本质上讲，俄语动词喻义是在主观与客观之间创建起了动作意识上的一个认知接口，由具体的或相对具体的物理动作隐喻表现抽象动作和另一具体动作的认知转变都代表着将客观实在关系由"客观轴"调整至"主观轴"，反映出施喻者对动作事件主观化的"心理扫描"（mental scanning）特点以及对现实世界的心理表征和概念化能力。本章分别对俄语物为动词、感知动词、言语动词（言语活动意义动词）、思维活动动词

（思维活动意义动词）以及情感动词（情感活动意义动词）的隐喻意义机制展开了实证性质的分析和研究。研究表明，俄语动词隐喻意义十分丰富，它是动作认知语义的对象意识向自我意识升华、转变的一种结果和信息记载，这些意义的衍生、运作是通过由认知相似性、语义错置、意象图式和概念结构、认知映射及隐喻模式共同作用的一整套机制来完成的。其中，相似性是这些动词喻义衍生机制的认知基础，语义错置是动词喻义衍生的基本范畴语义条件，而意象图式及其相关的概念结构、认知域是动词喻义衍生的语义依据或语义操作实体内容，认知映射则通过三种不同方式将喻体动作域的意象图式和概念结构内容转移、投射到本体动作概念域，而隐喻模式是动词喻义衍生、操作的工作机制和认知模型，它为隐喻映射的认知语义内容传输提供模式化的方式、手段。因此，可以认为，在这一套认知处理程序中，相似性、语义错置、意象图式、概念域是俄语动词喻义衍生的认知前提和结构性的组配条件、概念内容，属于基本建构范畴，发挥着结构性的组织功能，而隐喻映射和隐喻模式则是动词喻义衍生机制的具体运作程序和操作方式、手段，它们协同参与，负责认知域概念内容、意象图式即动作事件框架属性的迁移、转化，最终产出俄语动词新的认知语义、形成动词喻义衍生。而这一套程序化、系统化的喻义工作模式构成俄语动词隐喻机制的核心内容。

第六章 俄语动词隐喻意义的
形式实现机制

　　语言结构往往直接映照人的概念结构,"所有词义都在不同程度上同实现它的各种条件相关"(Апресян,2012:30),反映在动词隐喻中,形成动词隐喻的相应形式结构表现内容。动词隐喻意义的形式实现问题是一个有关于动词喻义如何表征及哪些句法特征制约着动词喻义实现的问题,同时也是考察动词喻义特征向句子形式结构层面映射具有哪些规律、特征的问题。

　　"由于意义的变化,最终要通过形式变化体现出来,因此可以通过分析后者,来追踪把握前者"(华劭,2003:183),总体上讲,"词的语义和句法之间的联系如同人的内部状态与身体表现一样自然"(Апресян,1967:23)。从意义的语言实体来讲,俄语动词隐喻的一大特点是本体与喻体语词寓于一体(只出现喻体,不出现本体),因此要分辨出一个语词符号具体表现的是基原义还是隐喻义以及到底是哪一喻义,往往离不开形式表达这一语言条件即"形成隐喻的句法条件"(Скляревская,1993:9),"要找出语言单位句法结构异同或者找出其句法特征上的异同,才能对它语义上的同和异作出客观判断"(Апресян,1967:25)。这样,俄语动词的认知隐喻实现了语义功能的变化,形成动词多义现象,而隐喻产生转义、多义语义内容必然有其形式上的相应反映,动词隐喻语义变化必然投射到其形式机制上,Е.В.Падучева 的"词汇语义动态模式"(Падучева,2004:30—112 и др.)及动词的"规律性多义聚合体"(Падучева,1998:4,7—8;2004:147,401)理论通过词汇语义的参数化来分析、解决语义表征问题[①],一定程度上涉及了动词隐喻深层语义特征的变化同表层语法特征之间的关系。汉语界的词汇语义及其理论表征所

---

　　① 这些语义参数既是构成动词词义的要素,又是制约、体现动词语义变化的因素。

第六章　俄语动词隐喻意义的形式实现机制　　　　　　　　　　443

关注的很大程度上就是与此相关的句法—语义问题①。而从语言实质上讲，动词喻义的形式变化机理同句法—语义界面思想同"语义决定句法，通过句法描写语义"（参见彭玉海 2009b：76）的理论方法②并无两样。俄语动词隐喻不仅与语义内容联系起来，而且同形式句法内容相关，实现了认知功能与形式句法的关联，从而最终在语言体系中建立起一套有关于俄语动词隐喻的机制。这是重要的动词语义—形式机制，是形式—语义同构性在动词认知隐喻中的独特表现，也体现出动词认知隐喻与句法语义的关联，在语言认知层面上反映出动词词汇与句法方式语义过程的统一，展现出句法—语义界面的理论方法内容和价值。本章就是要对动词隐喻意义的相应形式变化内容、形式实现机制进行研究。

第一节　动词隐喻意义的形式句法机制

"隐喻理论不仅应该注重词汇语义内容，也应该关注其功能—句法特征。"（Арутюнова，1998：347）Будаев，Чудинов（2007b：100—102）就曾以 Дж. Лакофф，М. Джонсон 著名的"Metaphors We Live by"为例，对动词隐喻意义转换中可能涉及的句法特征变化问题进行分析和讨论。动词隐喻意义对应的形式内容机制主要指句法方面的特征，具体有句法分布和句法转换两大类形式特征，前者包括配价结构或题元形态—句法结构性能等四方面特征，它们是动词隐喻词汇性联系在句法性联系上重要而基本的体现，形成"动词隐喻上下文"、"动词隐喻的微型上下文"（микро-контекст）（Скляревская，1993：9；Клименова，2009：204）、"实现语言隐喻语义性能的上下文条件"（Бессарабова，1987：156—173；Телия，1981；Кураш，2001：8），后者主要包括句法同义转换和逆向转换，它们也同样从自身角度反映出动词隐喻所伴生的句法性联系内容以及语言特性。而应当指出的是，通过这样的形式特征来描写动词隐喻意义的变化，

---

① М. А. Кронгауз 的研究也注意到，"隐喻潜能还决定着相关动词的组合性能"（Кронгауз，2005：188）。

② 一方面"动词的句法实现是动词语义投射的结果"（沈园，2007：140），"动词形式表现、动词的使用取决于其语义根基"（参见 Апресян，2007：52）；另一方面动词语义也对应于特定形式句法表达方式、句法条件，因此可以通过句法形式特征来反观动词语义，对语义过程、语义变化内容进行分析和描写。

换个角度来观察，这实际是句法语义思想的实践和运用，而这一思想同"莫斯科语义学派"（The Moscow Semantic School，MSS）集成描写理论原则不谋而合，该理论原则的核心点是"对自然语言的描写要把语言单位的语义、句法乃至语用、修辞性能等结合起来进行全方位的统一考察，因为只有这样才能客观、深入、实质性地描写和分析语义现象"（Апресян，2005：4—7）。因此，某种程度上讲，有关动词隐喻意义的形式内容研究是在借鉴"莫斯科语义学派"集成描写理论来研究认知语义现象，是认知语义、句法语义与集成描写理论的一种结合，有助于全面、细致地分析、刻画动词语义的语言机理，也将为动词隐喻意义找到新的语言学依据和佐证。

有关动词隐喻义的形式句法机制，我们提出以下五方面的内容。第一，配价结构或题元形态—句法结构性能。第二，题元次语义属性或其语义次范畴特征。第三，题元语义功能或语义角色。第四，句法（副题元）兼容扩展。第五，形式句法转换特征（展开从略）。这几方面特征分别从组合和聚合性能上共同组成描写动词喻义实现的形式化机制，它可以刻画、反映出动词隐喻意义上的变化和差别相呼应的特定句法行为，即动词隐喻意义的派生所相应引发、派生出来的形式句法特征，这构成动词认知意义同语法机制的一种深层关联性，也是对动词认知隐喻的一种语法思考和语法处理，是认知语义与句法语义的对接和同构。

第二节　俄语动词隐喻意义形式实现

动词隐喻意义的形式实现中，各种形式特征的区分、描写具有层级性，若动词隐喻意义的形式差别在上一层级当中没有得到实现，则可以在下一个层次中或再下一层次中反映出来。而当义项之间的差别在上一层次的形式刻画中已经显示出来时，那么这一差异可以在接下来的其他形式特征中得到进一步区分，层级式地反映出动词意义差异在形式上的不同。比如，俄语动词 обнимать 常用的意义为"拥抱"：Бабушка обнимает внучка. 隐喻意义为"包围、环抱、环绕"，表示的是事物的空间方位意义、关系事件意义：Горы обнимают городок；Пламя обнимает/обняло весь дом. 它们在配价结构方面没能区分开来：均为双题元结构，且主、客体题元的形态—句法形式分别为一格形式主语、四格形式的补语，但它们在题元次语义范畴层次显示出了不同：本义时主、客体题元的次语义属性均为表人名词，而转义时一般为事物名词，而且主体还可以是抽象名词（Тишина обнимает/обняла нас；Ночь обнимает деревню.）。进一步在题元的语义功能角色方面又表现出不同特征：本义时主、客体题元的语义角色分别为"施事"（бабушка）和"受事"（внучек），而转义时变为"主位事"（горы）、"从位事"（городок），并且分别兼有"主系事""从系事"角色功能，形成"题元重合"。也可能只是"主系事""从系事"——这指主体为抽象名词时的情况。而更进一步在兼容扩展层次上也有区分：动词本义时可以兼容与人的行为意志活动有关的"工具""方式"语，动词发生喻义变化时却不能有这样的形式扩展成分——"扩展成分以不同方式参与动词语义的具体化"（Антонова，2003：242），换言之，"工具""方式"语成为动词隐喻义项的负面形式兼容成分。试对比：Бабушка обнимает внучка *руками*；Бабушка обнимает внучка *крепко*. — * Тишина обнимает/обняла нас *руками*； * Ночь обнимает деревню *крепко*. 此外，本义时动词还可以用表示"动作着力点"的成分进行扩展，而转义时却不能：Бабушка обнимает внучка *за шею*. — * Тишина обнимает/обняла нас *за шею*. 最后，该动词的隐喻意义与本义在形式方面的不同还可以深入句法转换层次之中：虽然两种意义条件下都没有同义转换形式，但本义时却可以进行带-ся动词形式的逆向转换，隐喻时却不能有这一转换方式，试比较：Бабушка обнимает внучка. —Внучек обнимается бабушкой. 但是：Тишина обнимает нас. — * Мы обнимаемся тишиной. 由此观之，动词意义的形式区分中，各个层级并不是孤立的，而是综合、协同性地作用，从而形成一个有机的形式系统和作用机制，而这就是动词隐喻义的独特形式装置（формальное устройство）。

由于篇幅的关系，以下只能列其大端地作一展示，集中以动词 уйти 为例，根据以上所述形式化描写机制对俄语动词隐喻意义的句法界面问题展开讨论，具体阐释俄语动词隐喻意义的形式实现、形式变化和表现内容，以考察俄语动词隐喻的形式句法机制。

一 动词 уйти 基本义的形式特征

俄语动词 уйти 本义表示的是"人离开、走开、到……地方去、做……（事情）去"：уйти к тётке（去姑姑家）；уйти на работу（去上班）；уйти на рыбную ловлю（去捕鱼）；уйти на фронт（上前线去）；уйти за малиной（采草莓去）。此时，它的形式条件在配价结构、题元次语义特征、语义功能、副题元兼容扩展以及句法转换方面的具体表现是：配价结构为 $N_1 Vf\ к... N_p$①，主体题元 N_1 为表人名词，在事件中的功能角色为准施事，可以扩展的副题元 $наN_4$ 表示"方向"、"处所"（从……）、"目的"语，它的次语义特征是事物名词或抽象名词——表示运动行为的方向时为事物名词，表动作目的时为抽象—事件名词。另外，动词任选的兼容扩展语主要有"时间"语、"品评"语。而负面形式的兼容扩展语较多，包括"方式""程度""原因""结果""条件""让步"语等。最后，动词纯句法性质的句子转换受到很大限制，基本上无法进行相应的同义转换和逆向转换，即为"零转换形式"。

二 动词 уйти 隐喻义的形式实现机制

俄语动词 уйти 通过隐喻操作，可衍生出丰富的认知语义内容，这些义位的相应形式变化机制分别描述如下。

（一）уйти₁ 喻义形式实现

该动作义为"花掉、花光、花在……上、用在……上"。例如：Все деньги ушли на уплату долгов（所有的钱都用去还债了）；На перевязку ушли оба пакета—леонтьевский и свой（包扎伤口用了两包绷带——列昂季耶夫的和我自己的）；На костюм уйдёт три метра（做一套衣服要用去三米衣料）；На изготовление лодок ушло четверо суток（做小船用了四个昼夜）；На любовь ушли мои лучшие года（我把大好时光浪费在爱情上了）；Все дрова ушли（柴火都烧光了）。该隐喻义项中，动词题元结构为 $N_1 Vf\ наN_4$，主体题元的次语义属性由本义中的表"人"名词变为事物名词，并且其语义角色功能由施事变为受事，再有就是，原义中的"目的"兼容扩展语在此变成必须有的题元或配价成分，并且该成分一定程度上又兼含了"用途"意义，形成"配价合并"或"题元重合"现象，它的次语义范畴特征由事物性变为抽象性或命题性的，即使是事物性的也要理解为事件命题性质的。进一步讲，可以兼容的扩展性语义成分方面，

---

① 模式 $N_1 Vf\ к... N_p$ 中的 Vf 代表动词，к 为前置词，к... 泛指表示方向、目的等意义的前置词，左下标 p 表示与特定前置词相匹配的名词某一间接格。下同。

原有的"方向""处所"（从……）兼容语乃至任选型的"时间"语、"品评"语在此已都不合适，变为所谓的负面兼容语，而原本意义中的负面形式兼容语"方式""原因""条件"语成为正面形式的扩展成分，其他如"程度""结果""让步"语仍不能进入该意义构式。句法转换特征方面，可以借助小句结构方式 Для того, чтобы... 实现同义转换：Все деньги ушли на уплату долгов—Для того, чтобы уплатить долги, все деньги ушли；На перевязку ушли оба пакета—леонтьевский и свой—Для того чтобы перевязать (раненых), ушли оба пакета—леонтьевский и свой；На костюм уйдёт три метра—Для того, чтобы сшить/готовить кстюму, уйдёт три метра（该例子需要一个"增补词"① сшить/готовить，以表明该事物名词背后隐藏的命题事件性质）。另外，由于该动词隐喻意义下，动词仍为不及物动词，一定程度上还保留了单题元的性质，所以也很难实现实质性的逆向型转换。

（二）уйти$_2$喻义形式实现

该动作义为"消逝、失去、不存在"。例如：Ночь уйдет и даст место светлому дню（黑夜即将过去，白昼即将来临）；Вместе с Оксей ушло и его счастье（阿克霞走了，他也跟着失去了幸福）；Он ушёл от нас в расцвете сил（他在年富力强时离开了我们）；Такая монета ушла из обращения（这种硬币不再流通了）；Суеверие ушло из жизни（迷信已经从生活中消失）。该隐喻义项中，动词题元结构为 N_1Vf，成为单题元句子，主体题元的次语义属性可以是"人"，但也可以是事物名词或抽象名词，并且其语义角色为"行事"（表"存现"的事物），原来本义中的"目的"兼容扩展语同样变为负面形式兼容语，原本意义中的负面形式兼容语"方式""结果"语变为可以兼容的语义成分。另外，本义中任选型的"时间"语、"品评"语在此上升为正面形式兼容语，原有的"方向""处所"兼容语不再适合，其他成分如"程度""让步"语对于该隐喻意义来讲，仍然不能接受。而句法转换特征方面，同样受动词组合条件和语义特征的限制，无法实现同义转换和逆向转换，为"零转换形式"。

---

① "增补词"是为使句子要素获得某种表现形式而增加的辅助性词汇（参见 Золотова 1973：229—230；华劭 1991：266）。

（三）уйти₃喻义形式实现

该动作义为"回避、逃避、摆脱"。例如：Противник ушёл от прямого ответа（朋友回避正面答复）；Они сильно хотят уйти от воздействия среды（他们很想摆脱环境的影响）；Ей удалось уйти от стыда（她摆脱了羞愧的心理）；Девушка уже ушла от неприятного чувства（姑娘已经摆脱了不愉快的情感）。该隐喻义项中，动词题元结构为 N₁Vf от N₂，增加了一个必有的间接客体题元，主体题元的次语义属性仍为表人名词，语义角色也为施事，但新增必有的客体题元，其次语义属性为事件—命题名词，语义角色为"弃事"或"避事"（即规避的对象）、"诱因"（каузатор）。兼容扩展方面，本义时的"方向""处所""目的"兼容扩展语降格为负面形式成分，另外，原来任选型的"品评"语也成为负面兼容语，动词本义中的任选"时间"语（如 уже, иногда, наконец 等）、负面形式兼容语"方式""条件"语成为可以纳入的兼容语，其他如"程度""原因""结果""让步"语在动词该义项中仍然是负面形式兼容成分。转换特征方面，类同于上一隐喻意义项，也没有相宜的句法实现方式。

（四）уйти₄喻义形式实现

该动作义为"脱离、退出、放弃"。例如：уйти от политики（退出政坛）；уйти от дел（不再管事）；уйти со службы（退职）；уйти на пенсию（退休）。这一隐喻意义特征在俄语其他运动动词中也不难发现，例如：выйти в солдаты, пойти в лётчики, идти в ученики, выйти/идти замуж 等（参见 Апресян 1995a：490）。动词 уйти 在这一隐喻义项下，题元结构为 N₁Vf от/с N₂ 或 N₁Vf на N₄，也新增必有性的间接客体题元 от/с N₂ 或 на N₄，主体题元保留了"人"的次语义属性，但其语义角色功能由施事变为当事，就是说主体的意志活动中包含了一定的被动性。另外，新增客体题元的次语义属性也为抽象名词，但语义角色与上一义项不同，由"弃事"或"避事"变化为"源点""本位"（指 от/с N₂）或"终位""新状态"（指 на N₄）。兼容扩展方面，动词本义中可以兼容扩展的"方向""处所""目的"语以及任选型的"品评"语在此均变为负面兼容语，动词本义中的任选"时间"语（如 уже, потом 等）是兼容语，"条件"语也同样是该义项的兼容语，这几点与上一义项义项大致相同。但不同的是，上一义项中的"方式"兼容语成为这里的负面形式兼容语，而那里的负面兼容语"原因""让步"语成为该义项的兼容语，其他如"程度""结果"语在动词该义项中仍是负面形式兼容成分。转换特征方面，与1.3相似，也不具备同义和可逆转换形式特征。

（五）уйти$_5$喻义形式实现

该动作义为"专心致志地做……、埋头干……、沉浸于"。例如：уйти в книги（专心读书）；уйти в науку（专心致志地搞科学）；уйти в работу（埋头工作）；уйти в мысли（陷入深思）；Она целиком ушла в хозяйство（她完全埋头于家务中去了）；Она так ушла в танцы, что ни разу не взглянула на своего мужа（她专心跳舞，全然没看丈夫一眼）。该隐喻义项中，动词题元结构为 $N_1 Vf$ в N_4，与动词本义时的结构形式相比，新增必有性的间接客体题元 в N_4，主体题元仍然为表"人"名词，其语义角色施事的主观意志性有所增强，表示有明确目的的智力、心智活动行为者。另外，新增客体题元的次语义属性也为命题、抽象名词，但语义角色与1.4又有所不同，由"源点""本位"或"终位""新状态"变为"（题元）重合"的角色——兼含"对象"或"内容"两种语义关系成分。兼容扩展方面，动词本义中可以兼容扩展的"方向""处所""目的"语变为负面兼容语，另外，"方式""结果"语也成为这里的负面形式兼容语，而"条件""原因""让步"语同样是该义项的兼容语，这些与第四义项相类似，但与其不同的是，"时间"语在这里成为负面兼容语，而那里的"品评""程度"两种负面形式成分在此升格为正面兼容语。最后，该隐喻意义的转换特征与第三义项和第四义项不同的是，一般可以借助同根动词 войти 进行同义转换，与此同时也很难有可逆转换这一句法实现方式。

（六）уйти$_6$喻义形式实现

该动作义为"超过、赶过"。例如：Ученик ушёл от своих сверстников（这个学生超过了同龄的孩子们）；Этот конь от всех ушёл（这匹马超过［强于］所有的马）；Жизнь за это время так далеко ушла вперед, что трудно всё осмыслить（这段时间里，生活前进得太快了，对一切事物还难以理解透彻）。该隐喻义项中，动词题元结构为 $N_1 Vf$ от N_2，与动词本义时的结构相比，新增必有性的间接客体题元 от N_2（在一定上下文条件下可能省略——笔者），与本义时相比，主体题元次语义属性方面并不局限于表人名词，而可以是动物名词甚至抽象名词，它的语义角色从原来的施事变成抽象关系事件中的"主系事"。而新增客体题元的次语义属性可以是具体或抽象名词，但其语义角色与第五义项不同，由"对象"或"内容"角色的重合变为"从系事"。兼容扩展方面，该意义的兼容能力较弱，动词本义中可以扩展的"方向""处所""目的"语均变为负面兼容语，此外"方式""结果""条件""原因""品评""让步"语也都成为不能兼容的负面成分，表示长时间段落的"时间"语和"程度"语是动词这一意义的正面兼容语。显然，这些形式特征与前面诸义项中的表现都不尽相同。而其转换特征类同于上面两个义项，基本没有纯句法性质的同义转换、可逆转换机会。

（七）уйти₇喻义形式实现

该动作义为"偏离、脱离"。例如：Роман ушёл далеко от истины（小说离现实生活太远）；Их разговор ушёл в сторону（他们的谈话偏离正题了）。该隐喻义项中，动词题元结构为 N₁ Vf от N₂，与动词本义时的结构性能相比，新增必有性的间接客体题元 от N₂（在一定上下文条件下可能省略，以 в сторону 来表现大体相同的意义——笔者），与本义时相比，主体和新增加的客体题元次语义属性方面原则上都只能是抽象名词，这与第六义项不同，而它们的语义角色分别为"主系事""从系事"，这与第六义项相似，因为这两个义项表示的本质上均为抽象关系事件。该意义的兼容能力也较弱，而且与第六义项较为接近，有所不同的是，第六义项中的负面形式"品评"兼容语在此转变为正面形式兼容成分，而第六义项中的正面形式（长时段）"时间"兼容语在该隐喻义项中却成为负面兼容语。最后，该义项的转换形式特征与上一义项相同。

（八）уйти₈喻义形式实现

该动作义为"转移、移去、消失"。例如：Бой ушёл на запад——оттуда доносились пулемётные очереди（战事转到西边去了，从那里传来了机关枪的点射声）；Почта ушла утром（邮件早晨发走了）；Бумаги ушли на подпись к начальнику（文件送去首长那里签字了）；Роман ушёл в печать едва ли не с первой корректуры（小说差不多只校一遍就付印了）；Весь товар уже ушёл из склада（仓库里的存货都光了）。该隐

喻义项中，动词题元结构为 N_1Vf，主体题元的次语义属性由表人名词变为抽象名词或事物名词，并且其语义角色功能由施事变为事件结构中的受事或自事。另外，动词可以新补充进可选性题元成分 наN_4，表示事物转移、消失的所去方向，次语义属性可以是事物或抽象名词，其语义角色为"方位/方向"或"终位"。兼容共现成分的扩展方面，原来本义中的"目的"兼容语在此成为负面形式成分。原来可以兼容的"处所"（从……）、"时间"语扩展性语义成分保留了下来，但原有的"品评"语不能再使用，变为所谓的负面兼容语，而原本意义中的负面形式兼容语"方式""原因""条件""让步"语变为正面形式扩展成分，其他如"程度""结果"扩展语仍不能进入动词该意义的形式构造。最后，该隐喻意义的转换特征方面，如果没有词汇因素的参与，动词同样也无法开展同义转换和逆向型的转换。

（九）уйти₉喻义形式实现

该动作义为"陷入、沉入、（脑袋等）埋进、藏进"。例如：Ноги ушли в грязь（脚陷进泥浆里）；Голова его тяжело ушла в подушку（他的头沉甸甸地埋在枕头里）；Часовой ушёл с головой в тулуп（哨兵把头也缩进羊皮袄里去了）；Свая ушла в землю на метр（桩子进入地里一米深了）。该隐喻义项中，动词题元结构为 N_1Vf в N_4，主体题元的次语义属性为具体事物名词，只在个别情况下为表人名词，并且其语义角色功能由施事变为事件结构中的自事。这里动词新增客体题元 в N_4，表示事物空间状态变化的方向、终点，其次语义属性只能是具体事物名词，语义角色为"终位"。兼容共现特征方面，原来本义中的"目的""品评"兼容语在此成为负面形式成分，"让步""结果"语仍然是无法接纳的成分。原来可以兼容的"处所"（从……）、"时间"语扩展性语义成分保留了下来，而本义中的负面形式兼容语"方式""原因""程度""条件"语变为正面形式扩展成分。这些方面的句法分布形式特征与前面的义项都存在一定差异。同样，该隐喻意义条件下，动词仍然为"零转换形式"。

（十）уйти₁₀喻义形式实现

该动作义为"装得下、装进去"。例如：Бельё ушло в один чемодан（衣服用一只皮箱就全装下了）；Ноги не ушли в сапоги（脚穿不进靴子里）。所以该转义意义接近于动词 входить-войти，而当不注重这一"阻力"语义特征时,动词可能转化为抽象的关系意义动词,表示容器的容积、整体—局部(事物的组成)关系。试对比:Книги входят в чемодан; В комитет вошли 8 учёных。该隐喻义项中,动词题元结构为 $N_1 Vf$ в N_4,主体题元的次语义属性为具体事物名词,而不能像上一义项一样还有使用表人名词的可能性,而它的语义角色由施事变为关系事件中的"主系事"或"容物"。另外,动词题元结构中加入了客体 в N_4,其次语义属性也只能是具体事物名词,语义角色为"从系事"或"容器"。兼容共现特征方面,原来本义中的"处所"(从……)、"让步""时间""目的""品评"共现语成为这里的负面兼容成分,而"结果"语仍然是不能扩展的成分。本义中的负面形式兼容语"方式""原因""程度""条件"语上升为正面形式扩展语。最后,动词用于该隐喻意义时,也无法实现同义和可逆性质的句法转换。

(十一) уйти₁₁喻义形式实现

该动作义为"溢出、冒出、(锅等)漫出"。例如:Молоко ушло(牛奶溢出了);Шампанское ушло(香槟溢出来了);Кипяток/Самовар ушёл(茶炊的水溢出来了);Тесто ушло из дежи(发面从面盆里冒出来了)。该隐喻义项中,动词题元结构为 $N_1 Vf$,主体题元的次语义属性由表人名词变为事物名词,并且其语义角色功能由施事变为事件结构中的自事。另外,这里的主体题元"自事"可以换喻为容器(如 Кипяток 换喻为 Самовар)。兼容共现成分的扩展方面,原来本义中的"目的"兼容语在此成为负面形式成分。原来可以兼容的"处所"语("从……")保留了下来,但原有的"品评""时间"语不能再使用,变为负面兼容语,而原本意义中的负面形式兼容语"方式""原因""条件""程度""结果"语上升为正面形式扩展成分,"让步"语仍然是负面形式兼容语。转换特征方面,该隐喻义项仍没有句法性质的同义转换和逆向转换。

(十二) уйти₁₂喻义形式实现

该动作义为"延伸、伸向"。例如:Тропинка уходила в сосновый борок, откуда слышалась музыка(小路通向传来音乐声的松树林);Вершины тополей ушли в лазурное небо(杨树梢伸向蔚蓝的天空)。该隐喻义项表示的实际是事物的空间位置关系,其动词题元结构为 $N_1 Vf$ в N_4,主体题元的次语义属性为具体事物名词,语义角色由原来的施事变为关系事件中的"主系事"或"主位事"。另外，动词题元结构中加入了客体 в N₄，其次语义属性也只能是具体事物名词，语义角色为"从系事"或"从位事"。兼容共现特征方面，原来本义中的"处所"（从……）、"时间"、"目的"共现语成为这里的负面兼容成分，原来可以兼容的"品评"语保留下来，原来不能兼容的"方式"语在此成为可以连用的扩展成分，而原本的负面形式兼容语"原因""程度""结果""条件""让步"语还是无法使用。最后，动词用于该隐喻意义时，也无法实现同义和可逆性质的句法转换。

（十三）уйти₁₃喻义形式实现

该动作义为"（人体或植物某部分）长得特别大、光长……"。例如：Картофель ушёл в ботву（土豆光长茎叶了）；Лук ушёл в стрелки（洋葱生芽子了）；Это был губастый парень, казалось, всё лицо ушло в губы（这是一个厚嘴唇的小伙子，好像整个脸只有嘴唇显得突出）。该隐喻义项表示的是对事物状态变化的描写，动词题元结构为 N₁Vf в N₄，主体题元的次语义属性为事物名词，语义角色变为"自事"。另外，动词题元结构新增加了客体 в N₄，它的次语义属性也是具体事物名词，语义角色为"结果"或状态"终位"。兼容共现特征方面，原来本义中的"处所"（从……）、"时间"、"品评"、"目的"共现语成为这里的负面兼容成分，原来不能兼容的"原因""程度""条件"语在此成为可以连用的扩展成分，而原本的负面形式成分"结果""方式""让步"语仍不能兼容共现。另外，动词用于这一隐喻意义时，也为"零转换形式"。

（十四）уйти₁₄喻义形式实现

该动作义为"抛弃、丢下"。例如：уйти от мужа（抛弃丈夫）；уйти от семьи（离家出走）；уйти от родителей（离开父母［出走］）。该隐喻义项中，动词题元结构为 N₁Vf от N₂，相较于动词本义时的分布特征，新增必有客体题元 от N₂，若没有该题元，动词这一新的隐喻意义将无法实现。与本义时相比，主体和新增加的客体题元次语义属性方面都只能是表"人"名词或其换喻形式（如用"家"［семья］换喻"家人"）。主体题元的语义角色仍为"施事"，而新增加客体题元 в N₄的语义角色变为"源点"。兼容性能方面，原来本义中的"方向"（去……）、"时间"、"品评"语保留了下来，"目的"共现语成为负面兼容成分，原来不能兼容的"原因""让步""条件"语在此成为正面扩展成分,而原本的负面形式成分"结果""程度""方式"语在这里仍无法同现。这些组合特征与前一隐喻意义不尽相同,而其转换形式特征与上一义项类同,无法实现句法形式的转换。

三 小结

通过以上分析可以发现,俄语动词 уйти 各喻义及基本义与喻义之间,在形式句法性能上表现出截然不同的特征,而较为典型的是:题元形态—句法内容方面,本义时只有一个表主体的题元,有一个可选性的题元成分,而各喻义一部分仍为单题元再组配一个可选性的题元,但不少新增了一个客体题元,变为双题元,也有极个别("消逝、失去、不存在")除了题元之外,失去了原有的可选性题元。另外,本义时动词非必有题元的形态—句法形式有别于喻义时的情形,它可以有较为灵活的论元方式。题元次语义属性或其语义次范畴特征方面,本义时主体题元为表人名词,而隐喻时各喻义义项的主体题元主要变化为非生命事物名词、抽象名词或表自然现象的名词,极个别仍为表人名词;本义时可选性题元的次语义属性为具体名词(包括人和事物),也可能是抽象名词,而各喻义义项下可选性题元的次语义属性极有可能为抽象名词。题元语义功能或语义角色方面,本义时主体题元为"准施事",而隐喻时各义项的主体题元分别为"自事"、"系事"、"施事"甚至"受事"等。另外,从可选性题元的语义角色看,动词义项间也存在较大不同:本义时可选性题元的语义角色主要为"方向"、"处所"(从……)和"目的",而动词隐喻时,一些义项下可选性题元的语义角色发生变化,另一些义项下该可选性题元已然消失,也就无语义角色可言。因此,如果说上一层次的区分还不够清楚的话,那么该层次较为明晰地反映出该动词各喻义及本义与喻义之间的形式差别。再有,在句法(副题元)兼容扩展性能方面,本义时动词任选性质兼容语主要有"时间"语、"品评"语,负面形式的兼容扩展语主要有"方式""程度""原因""结果""条件""让步"语,而各喻义义项下动词正面、负面形式的兼容形式特征与之形成较大反差,并且各喻义之间动词的兼容扩展性能也存在一定不同。最后,句法转换特征方面,动词本义与各喻义之间存在显著差异:本义时借助近义的同根动词 идти,可以形成相应的同义转换形式,而喻义状态下的动词很难有这一转换形式特征

第六章　俄语动词隐喻意义的形式实现机制　　455

（只有表"装得下、装进去"这一喻义时，同根动词войти可辅助其实现同义转换）。另外，受动词уйти语义特点制约，该动词一般不能进行纯句法性质的逆向转换，基本为"零逆换形式"。这样，俄语动词уйти各喻义及本义与喻义之间在集成描写方面的差别通过具体的组合、聚合性能反映出来。有了这些组合和聚合形式特征形成的特殊"句法装置"（синтаксическое устройство），动词语义内容的变化得到了确定的区分和限定，因此，我们说，语义决定句法，通过句法可以描写语义。而这些集成描写内容正是动词隐喻语义内容在形式界面上的投射。

此外，动词уйти喻义义项之间语义接近或差别小的其形式方面的共性就大，反过来讲，语义差异大的义项所对应的形式差异也就相应越大。基于俄语动词уйти的语义特点和其语义分化的特性、分化走向和格局，在上述几方面的形式特征中，发生变化最大或者说表现最为积极的形式内容首先是动词的正面、负面形式兼容语，其次是动词的题元次语义属性和题元角色功能、动词配价结构，而同义转换和逆向转换方式表现相对要弱，这一方面与该动词的语义结构及隐喻意义的特性不无关系，另一方面也反映出组合性能与转换特征在词义形式表现系统中的一定不对等性。而应当看到，动词转换形式方面的局限性同样也构成俄语动词隐喻的一个形式界面特征。

本章小结

由此可见，动词语义变化往往在相应的形式结构变化、形式句法表现中反映出来，动词喻义衍生会在相对确切的句法形式机制中得以体现、实化，形式机制在动词喻义表达、喻义实现中发挥十分重要的作用，"近年来，语言的界面研究已经成为语言学研究的热点之一"（苗兴伟、董素蓉，2009：22），"研究语义时，忽略形式，单纯主观的意义研究，会造成混乱的、臆断性的研究"（华劭，2003：195）。以上提供的动词隐喻意义形式化机制和实证分析尝试建立起了一套关于俄语动词隐喻意义的句法—语义界面理论。书中分析表明，动词语义变化的形式句法映射在动词隐喻机制中也同样有自己的表现，"语义决定句法，通过句法描写语义"这一理论原则不但可以运用于句法语义的研究，同样也适用于认知语义、认知语法问题的探讨。动词隐喻意义的背后有一整套属于自己的形式表现手段、形式区分机制，建立在句法形式基础上的动词隐喻意义研究能赋予其认知语义更为客观的性质。我们提出了句法分布和句法转换两大类动词隐喻意义的语法实现方式，前者包括题元的配价结构或题元形态—句法结构性能、题元次语义属性或语义次范畴特征、题元语义功能或语义角色以及（副题元）兼容扩展，后者包括同义形式转换及可逆形式转换。动词隐喻意义的区分性形式实现可能在以上五方面都有表现，也可能只是在其中的某些方面有反映，而这都是动词喻义的客观句法方式。通过俄语动词 уйти 的相关实证分析也可以看出，它的各个隐喻意义在句法分布形式特征方面有同有异，而且其分布特征的区分是分层级的，在上一层级中没能得到区分的隐喻意义可以在下一个层次中得到体现，在上一层次中已经得到区分的喻义可以在下一层次中得到进一步区分。另外，动词 уйти 的隐喻意义区分中，其本义与喻义之间的转换形式差别主要通过同义转换特征表现出来，换言之，其喻义的句法转换特征表现不是很明显、饱满，且往往难以实现纯粹句法性质的同义转换、逆向转换，多为"零转换形式"，这也构成动词 уйти 隐喻义项变化在形式实现方面的突出特点。显然，这受该动词本身的语义特性所决定，是动词 уйти 隐喻意义形式—句法面貌的客观反映。

还想指出的是，以上有关动词喻义形式实现的分析也反映出动词喻义与其形式特征之间实际存在一种双向关系，以此推论，词汇语义与句法的界面研究应该是双向的，而这与语言形式—语义对应关系或句法语义同构性的思想不谋而合。

结束语

综上所论,"隐喻无处不在"(Лагута,2003:162),"它一头联系着语言运用,一头联系着思维现象"(徐盛桓,2008:7)。作为一种符号行为,隐喻是语言认知理解和思想表现机制的重要环节,"隐喻不仅对于他人理解我们的思想是必须的,而且对于我们自己理解事物也同样必要"(Архенова,2010:7),这在俄语动词隐喻意义机制中得到了充分的反映。动词隐喻产生认知性多义现象在俄语中相当普遍,但这一问题在俄罗斯语言学理论中并未得到足够重视和深入系统的阐发,其中一个重要的原因就是对隐喻的实质及动词隐喻机制的认识不充分。本课题正是基于这一认识,以俄语动词为对象和操作实体,对相关理论问题展开了针对性和目的性较强的研究。我们创建的俄语动词隐喻分析模式分为这样几个步骤。(1)对俄语动词隐喻进行结构内容的分析和解剖。这具体有三方面内容——俄语动词隐喻以相似性为其认知创意的基础;以范畴语义错置、语义冲突为其独特的语义条件;以意象图式、概念结构内核为其语义转化和认知迁移的基本内容、操作对象。(2)对俄语动词隐喻的语义内容、语义功能展开分析。这包括分析俄语动词隐喻独特的形象化语义、评价语义、认知凸显语义、否定语义特征及互动性的语义功能。(3)对俄语动词隐喻"语义变异"机制加以讨论。"语义变异"的义子特征表现通过隐性方式融入动词隐喻语义过程,具体包括语义剥离、语义增生、语义成素的各种变异以及语义变异的协同性等方面的内容,它们在动词隐喻中的特殊作用和存在方式构成动词语义衍生这一认知行为的独特面相。(4)对不同动作概念域之间的认知映射这一隐喻运作核心和基本方式、手段展开详细分析、讨论,这包括由具体域(或物理域)向抽象域的映射、由一具体域向另一具体域的映射以及由具体域向"抽象性质具体域"的映射。(5)对俄语动词隐喻认知模式进行深入探讨。俄语动词隐喻有专门的认知操作模式,借助结构隐喻、方位隐喻、本体隐喻模式的具体运作,动词认知语义得以演化和衍生。（6）对俄语动词隐喻意义的形式表现问题展开分析。俄语动词隐喻而来的认知语义有自己相应的形式实现机制。通过对俄语动词隐喻意义的形式化论证，找出了动词隐喻认知语义同形式内容的同构性，发掘出了动词喻义蕴含在句法表征中的语言学根据。在此综合分析和研究的基础上，我们建立起了俄语动词隐喻由结构描写（隐喻的组建）到语义功能、语义变异，再到意象图式、隐喻映射和认知模式化操作、语义衍生，最后进入语义（动词隐喻意义）形式化描写、验证的理论体系。这一理论线索可表述为：俄语动词隐喻的结构组成（理论建构）—语义功能及语义变异—认知意象构建—认知概念域映射—模式化操作（语义衍生）—形式化描写。而课题的相关具体论证相应也依循这一思路和理论框架来展开。作为动词功能范畴化的重要表现，动词隐喻在整个语言机制中独树一帜，而总体上讲，俄语动词喻义的生成是外部输入和主观能动、认知意象客观运动与主观运动交互作用的产物，本课题有关俄语动词隐喻机制的研究提供了动作事象概念新的表释方式和认知手段，尝试构建起了一套新的语言认知语义知识体系，显示出语言认知隐喻的体验动因和认识论价值及人的语言动作思维、动作表现的隐喻性。课题研究得出的主要结论有以下几点。

1. 俄语动词隐喻机制是一个多方面认知操作和语义运作积极协同参与构建的意义产出模式和系统，是一个抽象思维与具象判断彼此互见的转换机制。它经由相似性进入动作本体和喻体的认知衔接和关联，借助语义错置形成特殊的逻辑范畴意义联系，在意象图式、概念结构、认知域这一语义内核的认知引领、驱动下，达成意义衍生所需的内容填充，其间掺入喻体动作成素的各种语义变异，进入行为认知域的隐喻映射，同时形成本体动作事件表现的具体隐喻模式，通过这些因素的综合作用，实现本体动作的构建和动词喻义衍生。而从上述各要素在动词隐喻机制中的分工来看，可以作出这样的认识和概括：相似性对应于隐喻认知创意基础的本体功能；语义错置负责范畴化铺垫功能；意象图式、概念结构实现语义（信息）加载功能；语义变异对动词语义义子进行新的配置、组构和增减，发挥语义协调的功能；隐喻映射完成动作认知域的转化—迁移功能；隐喻模式对动作认知思维与事件语义的接应规则进行约定，执行动词隐喻的认知范型化和喻义生成、输传等核心操作功能。它们各尽其职，有机调配，协同作业，组建起动词隐喻的"认知共同体"。进而言之，认知运作所获取的动词隐喻义拥有自己独特的形式实现机制，相应形成有别于动词基义的形式句法表征。而这一系列环节的关联、对接勾织出俄语动词隐喻的意义衍生机制及其相应形式表达、形式实现体系，从动词认知语义这一层面上反映并印证着语义内容同形式句法之间的同构关系性质，呈现出动词隐喻认知意义的句法—语义界面特征。

2. 俄语动词喻义产出过程可归结为一个对相关动作事件信息进行心理体认和认知加工的符号化过程。对于本体动作来讲，喻体动作是本体动作的意向性内容，有意向态度的作用成分，即认知者主观上将它想象为、设定为那样的，因此是人赋予了本体动作以一种心理属性。动词隐喻中，认知语义衍生借助隐喻模式，在一定意象图式、概念域基础上映射铺展开来，其间动词越具体就越易于构成认知意象，相应地，其认知辐射面越广，语义衍生能力越强。而就俄语动词隐喻意义的语义实质而言，不论这一意义表现的是抽象的还是某种具体的或者是抽象性质的具体意义，由于其认知上的"跨域性"（features of cross-domain），它们都经历了由客观原型向主观表征、读解的"主观意义释放"过程，由"涉身"的经验感知上升到"功能—意志"的心理表现，主观属性十分明显，而且这一主观认知心理属性可以作为特殊的语义因子，统辖动词规律性语义变体和用法，将动词不同喻义集聚到一起，形成一个规律性多义的聚合体即动词喻义范畴。从动词词义系统的内在（包括人的主观内在）、外在看，俄语动词隐喻机制很好地揭示并演绎了符号意义解释的内聚性和开放性特点。

3. 动词喻义的生成是"创造性认知过程结构化"的结果。整个动词隐喻机制反映出动词隐喻的创造性语义实质，其中相似性和语义错置最为直接、集中地体现出这一特质，隐喻映射和隐喻模式为此搭建平台并积极推进动词意义的输转过程，具体实现动词隐喻的创生性语义功能，而意象图式、概念结构和认知域则为此提供材料、内容，成为动词语义转化、语义扩展的有力保障。简言之，动词隐喻机制内部各要素都是为获取"创造性"认知语义这一目的而协同作用。因此，该机制是人类创造性智慧在语言认知领域的集中表现，为动词语义在认知心理世界中的延伸提供了广泛的空间，而且动词喻义的创生过程和机制展现了人类思维所特有的意义"生态特征"。

4. 不同类别动词隐喻其认知运作机制也相应不同，比如俄语感知动词隐喻有自己的显著特点，它在本体与喻体的动作方向性或者动作线性上的认知相似性以及在动作投入、动作专注度方面表现出来的相似性都是其他类动词的隐喻所没有的，运动动词的隐喻操作中（包括以动词词组的方式隐喻表现思维活动意义）往往运用客体题元参项上的容器隐喻这一二性隐喻模式，而这在其他类动词中表现却不明显。而即使是同一动词隐喻衍生不同认知语义时，其隐喻机制也或多或少存在差异。如动词трогать（摸，触）可以隐喻抽象的情感意义"使感动""着手干"和各种动作、关系意义如"打扰，招惹，触犯""使微微一动，使微微现出，使变样""动用，使用，碰"等共五个意义，动词следить（注视，目送）可分别隐喻衍生具体行为意义"看护，照料""跟踪，追踪"和抽象动作意义"关注，关心，注意"，而与此同时，这些义项各自的隐喻运作方式、内容及特点也会相应不同。

5. 动词语义变化会有相应的形式句法表现机制，动词喻义衍生会在相对稳定、确切的句法方式中得以映现、实化。作为一种语义机制，动词认知隐喻与句法语义存在密切关系，动词隐喻意义的形式实现、形式变化在认知层面上反映出句法—语义界面理论方法内容，形成一个独特的认知语义—句法接口，这十分有助于认识并逐步走近语言的本质。正如书中论及，运动动词уйти（离开、走开、到……地方去、做……去）的各隐喻衍生意义在题元形态—句法、题元次语义属性、题元语义功能、句法（副题元）兼容扩展性能及句法转换方式等方面表现出有别于其用于基本意义之时的形式特征，并且该动词各喻义彼此之间在集成描写方面的差别也相应通过具体的句法组合、聚合性能反映出来，显示出动词隐喻变义同形式句法条件之间的呼应性。

6. 非常重要而特别的是，实际上本课题提出的相似性、语义错置、语义变异、意象图式、隐喻映射及隐喻模式在俄语动词隐喻机制中扮演着双重角色，作为构成动词隐喻的基本条件，它们一方面发挥着构建动词隐喻的组织功能，另一方面也是直接参与到动词隐喻过程中的认知操作手段。而认知相似性、语义错置在隐喻建构和隐喻操作中的双重功能效应尤为突出。正是这些隐喻功能、隐喻操作环节的共同参与和作用，构建出俄语动词喻义产出的动态化机制，形成一套有关动词词汇多义性的认知操作体系。

7. 俄语动词的认知隐喻机制中，结构性因素、结构性内容发挥至关重要的作用，结构性对应关系反映出动词认知隐喻拓扑结构的特质，它便于人们在高度构造性和简单描述性之中对动作概念进行把握和认知加工、处理，动词隐喻意义衍生所涉及的认知相似性、意象图式（概念结构、认知域）、语义变异、隐喻映射以及隐喻模式内容及其相关认知运作都有力地印证了这一点。这同时也表明框型构念的类比思维方式、机制和思维内容是动词隐喻和认知语义表现的基础和实质。而"结构"之所以重要，是因为它构成并代表着客观事象和动作事件的主体，动词隐喻构架性的内容蕴含于它，这是客观事理—概念内容在语言认知中的真实记载和反映。

8. 俄语动词隐喻是多层次、立体化的一个互动机制，它涵括动作本体与喻体、动词子义与属义、动作认知的主观与客观、认知思维与认知对象等多对象、多层面、多方位的交互作用方式。本质上讲，俄语动词喻义模式代表的是一种深层互动机制，在此"互动"是催生动词喻义的基本认知能量，而认知"心理迁移"则是这一互动关系背后的真正诱因和推力。由此而论，俄语动词隐喻意义机制本质上是心智的一种语义敷释空间，代表的是人的一种语义思维意志、过程和机制。

此外，课题有关俄语动词隐喻机制的研究还有以下几点值得一提。

动词隐喻过程中，人的语义意志会迫使动词基义对目标义作出某种让步和妥协——通过改变义素特征面貌而与本体动作意识趋同化，相应动词基义会发生各种形式的语义变异，这是参与动词隐喻意义生成的一个重要因素。具体包括动词基义的语义剥离、语义增生、语义成素的各种变异以及各方面语义变异的协同作用等内容，这些语义变异的动态化运作构成动词隐喻意义机制的一个独特语义面相，反映出动词隐喻操作中义子独特而活跃的表现及词汇义征的功能参与性与建构性。而这里非常重要的一点是，动词隐喻语义变异是一种隐现的方式发挥作用，这些义子特征表现事实上贯穿于动词隐喻的语义过程，却不以专门、单一的显在方式呈现，这构成其重要的语义认知行为特点。

语义错置以特定方式进入动词隐喻过程，动词隐喻显性和隐性语义错置在此都发挥着积极的作用。从功能上看，动词隐喻语义错置中的矛盾性实际上是隐喻发生的信号，通过语义冲突发现隐喻的存在，并溯源而上寻找冲突发生的缘由，以求达成对动词隐喻的理解、动词喻义的生成。隐喻过程中，显性和隐性语义错置往往同时存在，但显性错置和隐性错置层的"Sub. IS A"和"Ob. IS B"有可能缺位，形成局部错置，而"X IS Y"隐性错置层却不可或缺。这表明，动词隐喻中，语义错置总会以某种方式存在，充分地显示出其独特的认知意义功能，是动词隐喻机制运作的一个重要构件。

隐喻映射是俄语动词隐喻机制的一个关键要素，正是有了它，不同概念域之间才能进行认知迁移，实现动词意象图式的转换，将动作喻体实质概念内容投射到本体动作的概念结构之中，建立起动作本体与喻体之间特殊的"认知守衡"和新的动作事件框架，衍生出相关动词新的语义结构内容。而进一步在这一过程中发挥积极作用的是动词隐喻模式，或者说动词隐喻映射背后起认知操作和思维支撑作用的是隐喻模式，隐喻模式为认知映射提供基本思想方式、线索和思维进路，它处理并统辖着动词事件认知域意象内容，对意象图式、概念结构内容进行加工、梳理和范畴化，建立起动词事件之间的范畴语义联系和事理—概念逻辑关系，进而帮助认知主体以模式化方式驾御动词事件认知材料、实现认知概念域迁移，从而也使隐喻映射得以顺利进行。因此，在动词喻义衍生机制中，隐喻模式与隐喻映射实质上是一种相辅相成的关系。

俄语动词隐喻具有"命题性"和"语境性"、"话语性"，这与动词的情景建构、事件框架功能密切相关，同时与动词在整个语言机制中的事件认知思维特性和使命本身不无关联，可以认为，这是动词隐喻的一个实质性特征。而这也从认知隐喻这一独特视角表明动词的语言、思维建构功能。在俄语动词中研究隐喻实际就是在动词句子中，在情景、话语中研究隐喻，动词隐喻是一种以句子或话语为框架，以动词为焦点的认知语义现象。"隐喻就产生于符号由低层级向高层级扩展和推演的过程中，而且符号的多层级性决定了隐喻的多层级性。"（陈勇，2005：3）

课题有关俄语动词隐喻机制的研究充分表明，无论从认识论还是从本体属性上看，语言系统都是一个开放性的系统。动词隐喻构成语言词义系统独特而有效的再生机制，它不仅是语言表达、语义拓展的需要，同时也是人类认识语言及自身的基本切入点和有效途径。有关俄语动词隐喻理论的探讨既是词义动态研究策略的一种有力实践与尝试，也是词汇语义动态分析模式的重要组成部分。

俄语动词隐喻不仅衍生了新的语义，同时还表明了符号的结合方式即意指方式。在隐喻中，动词本义、喻义的关系以及动词与其所喻指对象之间的双重关系都得以体现。课题研究也印证了俄语动词隐喻是由在场符号向不在场符号的一种语义转移，并由此充分表明，俄语动词的隐喻是

(系统内)静态与动态因素相结合的产物,本质上是一种特殊的语言使用现象。有关动词隐喻的语义性能分析让我们认识到,在行为事件描写中,动词隐喻运用得当,能产生一种"观则同于外,感则穷于内"的认知美感。

研究表明,隐喻是语言认知的一种内部机制,它既反映出语言语义的实质,也呈现出语言中"人"的因素及其特质。俄语动词隐喻代表了一种认知语义方式,动词隐喻化思维成为动作客观实在这一物质范畴的重要认识前提,其概念化内容也是语言世界图景的有机组成部分,一定程度上它是从动词事件的表现中揭示人的内在特征,是"个体意义系统"(Русакова,2013:39)的一种认知表释。

研究还表明,动词隐喻还有一个极为重要而又被人忽略了的潜在"交际—语义"功能,那就是它增强了交际双方尤其是受话一方的交际参与意识和参与感,提高了受话人的交际参与认同度,相应也提升了双方话语行为能力,从而有效调动、开掘了动词这一重要语言实体的语义功能,为语言交际行为、动态语义理论的研究、同时更为语言实质的研究提供了极有价值的认知线索。因此,基于本课题的研究可窥探出,"隐喻表现于语言是一种机制,表现于人是一种能力"(赵彦春,2014:1)。

课题研究的一个重要发现是:通过俄语动词这一特定对象的相关研究可以看出,隐喻不仅是语言词汇语义转化、衍生的重要载体和机制,而且有理由被视为认知内容的主要构成,有力加大了语言思维的认知纵深。鉴于隐喻认知的派生(机制)在动词中的大面积分布,有理由认为动词隐喻是动词词义系统的一种基本语义方式,因而动词隐喻具有很强的认知思维和语义表现建树性,通过俄语动词认知语义机制的研究可以看出,隐喻问题的研究是语言认知或认知语言学的重要基础及组成部分。而且值得一提的是,实际上许多包含隐喻意义的俄语动词型成语可以借助相关动词隐喻机制进行结构性的分析、研究和新的释读,这一认知解构化分析的好处是它可以为成语研究提供新的思路和线索,深化俄语成语语义分析,并且进一步可以通过认知格式塔理论等阐释其文化蕴含和文化认知意义,对于文化观念的分析与解读也有积极意义。

本课题有关俄语动词隐喻机制研究的价值在于,一方面它以自己独特的理论建构和思想实践积极推动了俄语动词认知隐喻语义和词汇多义问题的研究,其方法论体系对于认知语义理论的整体研究以及认知语法研究具有较强启迪意义和价值，经过变通处理，其理论方法、原则可用于指导名词、形容词、副词等词汇的认知隐喻研究。另一方面，对于建立语言认知语义的长效机制大有裨益，对于在动词这一语言实体中逐步走近精细化多义研究、实现语义认知可计算主义具有建设性作用。而从实践方面看，某种意义上讲，俄语动词多义与认知隐喻之间近乎一种相生相伴的共生现象，本课题相关研究对于动词多义现象的处理及多义词的理解、掌握和实际运用具有很强的现实意义，它可以引导学生认识动词多义的认知特点和生成机制，有助于俄语学习者了解动词不同义项的来龙去脉及其同相应形式表达之间的关系，从而极大丰富其语言手段，提高其语言表达和驾驭能力，这对于俄语实践教学、言语交际的开展都具有重要意义和价值。此外，相关研究结论有益于词汇信息库、词汇语义动态模式的构建，可为自然语言信息处理、语言机器翻译和机器词典的编纂带来积极启示。

  本课题研究的特点与长处体现在以下两方面。

  1. 隐喻在不同语词类、不同语言单位实体中的表现是不尽相同的，因此不能笼统、泛泛地谈隐喻问题。而既有的语言、认知隐喻研究往往停留在这一层面，因而难免隔靴搔痒，缺乏针对性而失之片面，相应地，很难真正实质性地解决隐喻理论实际问题，而本课题研究有的放矢地针对了这一点，在俄语动词这一具体对象物里作出了系统性、跟踪式的研究，它目的性强，理论目标明确，建立起了一套较为独特而完整的俄语动词隐喻机制，在深入探讨俄语动词认知语义方面作出了积极尝试，课题研究为动词喻义衍生、转化提供了一套认知心智的符号程序、符号关系，为认知语义的研究提供了一个有实验证据支持的较为具体、全面的解释框架。这十分有助于深化对语言认知语义机制和动词词汇语义实质内容的认识，极大地拓宽了认知语义思维的表释空间，对词汇语义的"精细多义研究"（research of fine-grained polysemy）（朱彦，2010：287）是一种有力促进。

  2. 克服了现有认知隐喻理论的不足，形成了自己考察历时词义变化与共时多义现象的独立的理论方法和体系。隐喻理论可谓浩如烟海，理论方法林林总总，观点层出不穷，但始终没有形成相对完备的理论体系和面向语料的实际研究①。而本课题在国内外已有研究的基础上，博采众长，化繁为简，建立起了自己独立的观点原则、方法论体系及具有可操作性的理论架构和体系，用以指导语言材料的分析，并得出相应结论。

---

① "当代隐喻研究尽管呈现出多元化态势，出现了众多成果，但还缺乏一种对隐喻进行整体把握和全面分析的统一的理论框架。"（王葆华、梁晓波，2001：398）

参考文献

［美］D. 戴维森：《隐喻的含意》，见 A. P. 马蒂尼奇编《语言哲学》，商务印书馆 1998 年版。

［法］保罗·利科：《活的隐喻》（二十世纪西方哲学经典），汪堂家译，上海译文出版社 2004 年版。

蔡晖：《转喻的语义特征》，《首都师范大学学报》（社会科学版）（增刊）2006 年。

蔡晖：《Падучева 词汇语义动态模式的研究特色与创新价值》，《外语学刊》2010 年第 5 期。

蔡晖：《俄语运动动词的静态语义衍生》，《解放军外国语学院学报》2011 年第 6 期。

蔡龙权：《隐喻化作为一词多义的理据》，《上海师范大学学报》（哲学社会科学版）2004 年第 5 期。

曹丹红、许钧：《试论翻译的隐喻性》，《中国外语》2012 年第 1 期。

陈勇：《认知语义学视野下的俄语词汇语义研究》，《中国俄语教学》2003 年第 2 期。

陈勇：《浅论隐喻的文化认知价值》，《中国俄语教学》2005 年第 2 期。

陈冬秀：《论隐喻的语义识别、语义结构和特征》，《桂林师范高等专科学校学报》2004 年第 6 期。

陈嘉映：《语言哲学》，北京大学出版社 2006 年版。

成军：《范畴化及其认知模型》，《四川外语学院学报》2006 年第 1 期。

程琪龙：《语言认知和隐喻》，《外国语》2002 年第 1 期。

程琪龙：《概念框架及其汉语证据》，《汉语学报》2006 年第 6 期。

程琪龙：《致使对象角色的选择和操作》，《外国语》2007 年第 1 期。

程琪龙：《转喻种种》，《外语教学》2010年第3期。

程琪龙、梅文胜：《使移事件及其小句》，《外语学刊》2008年第3期。

崔艳菊、严灿勋等：《从语义关系的复杂性看语义词典建设》，《解放军外国语学院学报》2011年第4期。

戴浩一：《概念结构与非自主性语法：汉语语法概念系统初探》，《当代语言学》2002年第1期。

单文波：《隐喻的运作机理》，《湖北大学学报》（哲学社会科学版）2008年第3期。

邓莉：《隐喻对语义变化的阐释》，《安庆师范学院学报》（社会科学版）2004年第3期。

邓奇、杨忠：《英汉感官形容词语义认知与语义功能研究》，《外语研究》2014年第1期。

丁全：《喻体浅论》，《修辞学习》2001年第5期。

窦艳：《隐喻生成机制的符号观分析》，《佳木斯大学社会科学学报》2007年第5期。

杜桂枝：《俄语多义词转义过程的认知语义分析》，《解放军外国语学院学报》2002年第5期。

杜桂枝：《俄语动词明喻转义的认知心理机制》，《中国俄语教学》2003年第3期。

杜桂枝：《语言整合性描写原则之意义的句法制约性》，《中国俄语教学》2010年第4期。

杜桂枝：《语言中不确定情景的多维度阐释》，《中国俄语教学》2012年第2期。

杜桂枝：《当代俄语学研究的主要特点及趋势》，《中国俄语教学》2013年第3期。

冯德正：《多模态隐喻的构建与分类》，《外语研究》2011年第1期。

高航：《概念物化与名词化》，《解放军外国语学院学报》2007年第6期。

高航：《重力体验的概念分析》，《解放军外国语学院学报》2011年第3期。

高明乐：《事件语义学与动词语义表达式》，《外语学刊》2011年第

2 期。

葛林：《来自认知语义与概念语义学的哲学比较》，《河北理工大学学报》（社会科学版）2005 年第 4 期。

葛建民、赵芳芳：《论动作型动词的概念隐喻类型及机制》，《外语学刊》2010 年第 3 期。

龚玉苗、周榕：《隐喻表述范畴隶属关系的影响机制研究》，《现代外语》2011 年第 1 期。

桂永霞：《隐喻："同质重合选择"和"异质同化选择"——基于"外延内涵传承说"的研究》，《中国外语》2013 年第 3 期。

贺文、危辉：《概念结构研究综述》，《计算机应用与软件》2010 年第 1 期。

侯国金：《隐喻的本体论语用观》，《中国外语》2013 年第 3 期。

胡萍英：《隐喻理论探究》，《四川理工学院学报》（社会科学版）2009 年第 6 期。

胡世雄：《论隐喻的深层结构——兼论与明喻的区别》，《中国俄语教学》2000 年第 4 期。

胡元德：《比喻的心理机制》，《齐鲁学刊》1995 年第 2 期。

胡壮麟：《语言·认知·隐喻》，《现代外语》1997 年第 4 期。

胡壮麟：《认知隐喻学》，上海外语教育出版社 2005 年版。

华劭：《用于句子转换的词汇手段》，见《华劭论文选》，黑龙江人民出版社 1991 年版。

华劭：《从符号学角度看转喻》，《外语学刊》1996 年第 4 期。

华劭：《语言经纬》，商务印书馆 2003 年版。

华劭：《从新的角度看隐喻》，《俄语语言文学研究》2007 年第 1 期。

华劭：《当代中国俄语名家学术文库——华劭集》，黑龙江大学出版社 2007 年版。

华劭：《概念还是观念？概念化还是观念化？概念分析还是观念分析？》，《中国俄语教学》2010 年第 4 期。

华劭：《普通语言学讲座——关于〈语言经纬〉》，黑龙江大学出版社 2013 年版。

华劭：《〈词汇语义的动态模式〉研究补遗》，《中国俄语教学》2014 年第 1 期。

黄缅：《望之也隐，即之也缜——科学语言与隐喻的探讨》，《四川外语学院学报》2006年第2期。

黄华新、徐慈华：《隐喻表达与经济性原则》，《浙江大学学报》（人文社会科学版）2006年第3期。

黄剑平：《也谈隐喻与转喻的认知模式》，《长江大学学报》（社会科学版）2007年第6期。

贾志高、程杰：《论隐喻互动论和认知互动论的统一》，《四川外语学院学报》2002年第2期。

江晓红：《转喻词语理解的认知语用机理探究——关联理论和认知语言学的整合分析模式》，《现代外语》2011年第1期。

蒋勇：《特别概念结构的借代功能》，《外国语》2003年第6期。

金娜娜、陈自力：《语法隐喻的认知效果》，《外语教学与研究》2004年第1期。

蓝纯：《从认知角度看汉语的空间隐喻》，《外语教学与研究》1999年第4期。

蓝纯：《认知语言学：背景与现状》，《外语研究》2001年第3期。

蓝纯：《从认知角度看汉语和英语的空间认知》，外语教学与研究出版社2003年版。

蓝纯：《认知语言学与隐喻研究》，外语教学与研究出版社2010年版。

郎天万、蒋勇：《概念结构与语篇分析》，《四川外语学院学报》1999年第2期。

郎天万、蒋勇：《概念结构对语义原子论和语义场理论的整合》，《四川外语学院学报》2000年第4期。

李恒：《手势隐喻和言语隐喻的认知同一性——基于对我国英语演讲比赛的分析》，《西安外国语大学学报》2013年第2期。

李苗、陈广文：《论隐喻意义构建过程中的概念溶合及其激发机制》，《长沙铁道学院学报》（社会科学版）2003年第3期。

李雪：《概念隐喻、概念转喻与词汇研究》，《外语学刊》2012年第4期。

李毅：《当代认知语言学隐喻研究》，《山东社会科学》2009年第3期。

李发元：《国外隐喻学研究评介》，《修辞学研究》2001年第6期。

李福印：《当代国外认知语言学研究的热点——第八届国际认知语言学大会论文分析》，《外语研究》2004年第3期。

李福印：《概念隐喻理论和存在的问题》，《中国外语》2005年第4期。

李福印：《意象图式理论》，《四川外语学院学报》2007年第1期。

李福印、张炜炜：《挑战George Lakoff——〈隐喻、转喻及体验哲学：挑战认知语义学〉介绍》，《外语教学与研究》2007年第5期。

李洪儒：《感知命题意向谓词》，《外语学刊》2003年第2期。

雷卿：《外延内涵传承与隐喻生成及理解》，《中国外语》2010年第5期。

李立永：《试论隐喻与组合关系、聚合关系三者关系》，《外国语言文学》2004年第3期。

李善廷：《论隐喻的相似性》，《中国俄语教学》2008年第1期。

李善廷：《论隐喻的意向性》，《中国俄语教学》2008年第2期。

李诗平：《隐喻的结构类型与认知功能研究》，《外语与外语教学》2003年第1期。

李锡胤：《俄语构词前缀与语义》，见张家骅主编《俄语语言文学研究（第二辑·语言学卷）》，黑龙江人民出版社2004年版。

李鑫华：《隐喻相似初探》，《四川外语学院学报》2005年第2期。

李勇忠、李春华：《认知语境与概念隐喻》，《外语与外语教学》2001年第6期。

练敏：《认知语境和隐喻识解》，《语文学刊》2010年第5期。

梁婧玉、汪少华：《当代美国政治语篇的隐喻学分析——以教育类语篇为例》，《外语研究》2013年第4期。

林书武：《〈隐喻与认知〉评介》，《外语教学与研究》1995年第4期。

林书武：《〈隐喻与象似性〉简介》，《国外语言学》1995年第3期。

林书武：《国外隐喻研究综述》，《外语教学与研究》1997年第1期。

林玉霞：《英语中A and B is X表达方式的隐喻特征》，《外语教学与研究》2000年第3期。

林正军：《英语感知动词词义衍化的认知研究》，《外语教学》2011

年第 6 期。

林正军、杨忠：《语法隐喻的语义关系与转级向度研究》，《外语教学与研究》2010 年第 6 期。

林正军、杨忠：《英语感知动词词义研究的认知语义视角》，《外语与外语教学》2011 年第 5 期。

刘邦凡、杨炳均：《论概念的结构诠释》，《毕节学院学报》2006 年第 6 期。

刘大为：《言语行为与言说动词句》，《汉语学习》1991 年第 6 期。

刘大为：《比喻、近喻与自喻——辞格的认知性研究》，上海世纪出版社、上海教育出版社 2001 年版。

刘润清、胡壮麟：《认知语言学概论》，外语教学与研究出版社 2001 年版。

刘文宇、张勔茹：《语境对隐喻理解影响研究文献的可视化分析》，《外语研究》2013 年第 4 期。

刘英波：《认识论视野中隐喻的认知价值研究》，《山东外语教学》2014 年第 3 期。

刘宇红：《隐喻的多视角研究》，世界图书出版公司 2011 年版。

刘玉梅：《后语哲视阈下"意义世界"的建构》，《外国语文》2013 年第 1 期。

刘云红：《"里""中""内"隐喻意义的认知语言学考察》，《解放军外国语学院学报》2011 年第 3 期。

刘振前：《隐喻的范畴化和概念化过程》，《四川外语学院学报》1999 年第 4 期。

刘振前、时小英：《隐喻的文化认知本质与外语教学》，《外语与外语教学》2002 年第 2 期。

刘正光：《隐喻映射的本质特征》，《外语学刊》2003 年第 3 期。

刘正光：《隐喻的认知研究》，湖南人民出版社 2007 年版。

刘佐艳：《从认知角度看多义现象》，《外语研究》2002 年第 5 期。

卢植：《论认知语言学对意义与认知的研究》，《外语研究》2003 年第 4 期。

卢英顺：《比喻现象的认知解释》，《语言教学与研究》2001 年第 1 期。

鲁苓：《语言符号认知——关于索绪尔语言学理论的再思考》，《外语研究》2003 年第 2 期。

陆春光：《语言中的相似性》，《外语教学理论与实践》2008 年第 1 期。

陆俭明：《隐喻、转喻散议》，《外国语》2009 年第 1 期。

[法] 罗兰·巴特：《符号学原理》，李幼蒸译，生活·读书·新知三联书店 1988 年版。

马明：《语言哲学视野中的隐喻直陈性及相似性》，《西安外国语大学学报》2009 年第 3 期。

马明、陈瑶：《隐喻本质的哲学反思》，《东北大学学报》（社会科学版）2008 年第 6 期。

马清华：《隐喻意义的取象与文化认知》，《外语教学与研究》2000 年第 4 期。

倪保元：《修辞》，浙江人民出版社 1983 年版。

宁岩：《从概念范畴角度解析概念结构的普遍性特征》，《洛阳师范学院学报》2011 年第 7 期。

牛保义：《英汉语概念化对比研究》，《外语教学》2011 年第 5 期。

[俄] 帕杜切娃 Е. В.：《词汇语义的动态模式》，蔡晖译，北京大学出版社 2011 年版。

潘艳艳：《政治漫画中多模态转喻与隐喻的动态构建》，《外语研究》2011 年第 1 期。

彭建武：《认知语言学研究》，中国海洋大学出版社 2005 年版。

彭文钊：《语言世界图景的知识系统：结构与生成》，《中国俄语教学》2008 年第 1 期。

彭宣维：《系统功能语言学概念语法隐喻新探》，《当代外语研究》2013 年第 11 期。

彭玉海：《论客体题元》，《中国俄语教学》2000 年第 3 期。

彭玉海：《俄语命题语义的称名化研究》，《外语学刊》2001 年第 4 期。

彭玉海：《俄语感情动词的整合研究》，《当代语言学》2001 年第 3 期。

彭玉海：《动词语义结构的隐喻机制》，《四川外语学院学报》2003

年第 2 期。

彭玉海：《俄语题元理论》，黑龙江人民出版社 2004 年版。

彭玉海：《理论语义学视角下的俄语"意愿"动词》，《四川外语学院学报》2005 年第 4 期。

彭玉海：《论动词转义的题元结构变异机制——动词语义的认知转喻研究》，《外语学刊》2009 年第 5 期。

彭玉海：《语义动态分析方法探索》，中国社会科学出版社 2009 年版。

彭玉海：《试论俄语动词隐喻显性语义错置——俄语动词多义性的分析》，《外语与外语教学》2012 年第 5 期。

彭玉海：《俄语动词隐喻的意象图式——俄语动词多义性的研究》，《外国语文》2012 年第 4 期。

彭玉海、丁鑫：《俄语动词隐喻象似的复合性与合成性》，《东北亚外语研究》2013 年第 1 期。

彭增安：《隐喻的作用机制》，《修辞学习》1998 年第 5 期。

[苏] 普罗霍夫等：《苏联百科词典》，丁祖永等译，中国大百科全书出版社 1986 年版。

齐振海：《论"心"的隐喻——基于英、汉语料库的对比研究》，《外语研究》2003 年第 3 期。

钱冠连：《语言的离散性》，《外语研究》2001 年第 1 期。

钱钟书：《管锥编》，中华书局 1984 年版。

任鹰：《动词语义特征对共现名词指称方式的制约和影响》，《世界汉语教学》2007 年第 3 期。

任绍曾：《概念隐喻和语篇隐喻》，《外语教学与研究》2006 年第 2 期。

沈园：《句法—语义界面研究》，上海世纪出版股份有限公司/上海教育出版社 2007 年版。

沈家煊：《雷·贾肯道夫的〈语义学和认知〉》，《国外语言学》1985 年第 4 期。

沈家煊：《词义与认知》，《外语教学与研究》1997 年第 3 期。

沈家煊：《语法研究的分析与综合》，《外语教学与研究》1999 年第 2 期。

沈家煊：《认知语法的概括性》，《外语教学与研究》2000 年第 1 期。

沈家煊：《复句三域"行、知、言"》，《中国语文》2003 年第 3 期。

师璐：《试论意象图式及其在词义延伸中的作用》，《四川外语学院学报》2004 年第 5 期。

师璐：《同词反义的认知研究》，《西安外国语大学学报》2008 年第 1 期。

施春宏：《词义结构的认知基础及释义原则》，《中国语文》2012 年第 2 期。

束定芳：《现代隐喻学的研究目标、方法和任务》，《外国语》1996 年第 2 期。

束定芳：《论隐喻的本质及语义特征》，《外国语》1998 年第 6 期。

束定芳：《论隐喻的语言修辞和社会修辞功能》，《山东师范大学外国语学院学报》2000 年第 1 期。

束定芳：《论隐喻的基本类型及句法和语义特征》，《外国语》2000 年第 1 期。

束定芳：《隐喻学研究》，上海外语教育出版社 2000 年版。

束定芳：《论隐喻的认知功能》，《外语研究》2001 年第 2 期。

束定芳：《论隐喻的运作机制》，《外语教学与研究》2002 年第 2 期。

束定芳：《隐喻和换喻的差别与联系》，《外国语》2004 年第 3 期。

束定芳：《认知语义学》，上海外语教育出版社 2008 年版。

束定芳、汤木庆：《隐喻研究的若干问题与研究课题》，《外语研究》2002 年第 2 期。

孙影、成晓光：《身体词词义演变的认知解析》，《外语研究》2012 年第 2 期。

孙崇飞、钟守满：《手部动词"拿"义及其认知机制》，《外语研究》2013 年第 3 期。

孙毅：《英汉情感隐喻视阈中体验哲学与文化特异性的理据探微》，《外语教学》2010 年第 1 期。

索绪尔：《普通语言学教程》，商务印书馆 2002 年版。

谭业升：《转喻的图式及其例示的语言差异——以英汉名词动用为例》，《外国语文》2011 年第 3 期。

唐明凤：《原型理论及词义扩展模式在英语多义词教学中的应用》，

《西南民族大学学报》(人文社科版) 2008 年第 S1 期。

田苗:《英语口语隐喻类型和功能分析》,《外语学刊》2011 年第 2 期。

田润民:《隐喻的语用观》,《外语与外语教学》1995 年第 1 期。

汪少华:《话语中的隐喻认知过程与阅读教学》,《外语教学》2005 年第 2 期。

王斌、王颖:《合成·类比·隐喻》,《外语研究》2002 年第 5 期。

王军:《隐喻映射问题再考》,《外国语》2011 年第 4 期。

王寅:《语义理论与语言教学》, 上海外语教育出版社 2001 年版。

王寅:《认知语义学》,《四川外语学院学报》2002 年第 2 期。

王寅:《Lakoff 和 Johnson 的体验哲学》,《当代语言学》2004 年第 4 期。

王寅:《认知语言学中值得思考的八个问题》,《外语研究》2005 年第 4 期。

王寅:《解读语言形成的认知过程——七论语言的体验性:详解基于体验的认知过程》,《四川外语学院学报》2006 年第 6 期。

王寅:《认知语言学》, 上海外语教育出版社 2007 年版。

王寅:《认知构式语法》,《外语学刊》2011 年第 2 期。

王寅:《什么是认知语言学》, 上海外语教育出版社 2011 年版。

王寅:《新世纪语言学研究当与哲学紧密结合——基于后现代人本观的认知语言学》,《外国语文》2012 年第 5 期。

王葆华、梁晓波:《隐喻研究的多维视野——介绍〈隐喻学研究〉(2000)》,《外语教学与研究》2001 年第 5 期。

王德春:《论隐喻——指导语言学博士研究生记实》,《外语学刊》2009 年第 1 期。

王德丽:《隐喻思维与认知机制》,《外语研究》2002 年第 5 期。

王更生、汪安圣:《认知心理学》, 北京大学出版社 1992 年版。

王红孝:《空间映射论与概念整合的认知过程》,《外语学刊》2004 年第 6 期。

王洪明:《Е. В. Падучева 的意义观》,《中国俄语教学》2010 年第 4 期。

王晶芝、杨忠:《概念隐喻理论的再思考》,《东北师大学报》(哲学社会科学版）2010 年第 3 期。

王铭玉：《现代俄语同义句的分类》，《中国俄语教学》1996 年第 2 期。

王铭玉：《隐喻与换喻》，《外语与外语教学》2000 年第 1 期。

王铭玉：《语言符号学》，高等教育出版社 2004 年版。

王松亭：《论隐喻的机制和社会文化模式》，黑龙江人民出版社 1999 年版。

王松亭：《俄汉语中隐喻共性现象对比研究》，《解放军外国语学院学报》1999 年第 5 期。

王文斌：《再论隐喻中的相似性》，《四川外语学院学报》2006 年第 2 期。

王文斌：《隐喻性词义的生成和演变》，《外语与外语教学》2007 年第 4 期。

王文斌：《论隐喻构建的主体自洽》，《外语教学》2007 年第 1 期。

王文斌、林波：《论隐喻中的始源之源》，《外语研究》2003 年第 4 期。

王希杰：《修辞学新论》，北京语言学院出版社 1993 年版。

王亚同：《概念特征的语义记忆研究》，《青海师范大学学报》（哲学社会科学版）2008 年第 1 期。

王志坚：《俄语空间前置词语义扩张机制》，《中国俄语教学》2003 年第 4 期。

王宗英、郭高攀：《概念结构的认知理据与专业英语翻译》，《上海翻译》2010 年第 2 期。

魏在江：《英汉拈连辞格预设意义的构式研究》，《外语与外语教学》2011 年第 5 期。

文旭：《国外认知语言学研究综观》，《外国语》1999 年第 1 期。

文旭、叶狂：《概念隐喻与外语教学》，《重庆工学院学报》2007 年第 1 期。

吴建清：《隐喻边界的延伸》，《外语学刊》2014 年第 1 期。

吴静、王瑞东：《空间隐喻的英汉对比》，《山东外语教学》2001 年第 3 期。

吴诗玉、马拯：《隐喻理解加工机制研究的"旧貌新颜"——从隐含比较到概念构建》，《当代外语研究》2013 年第 2 期。

吴世雄、周运会：《基于语料库的英汉词汇化隐喻的认知研究初探》，《外国语言文学》2012 年第 4 期。

吴志杰、王育平：《框架语义理论探索》，《南京社会科学》2006 年第 8 期。

武瑷华：《谈隐喻化》，《中国俄语教学》2001 年第 1 期。

项成东：《显义生成与概念映射》，《外国语文》2009 年第 6 期。

谢之君：《隐喻：从修辞到认知》，《外语与外语教学》2000 年第 3 期。

谢之君：《隐喻认知功能探索》，复旦大学出版社 2007 年版。

谢之君：《西方思想家对隐喻认知功能的思考》，《上海大学学报》（社会科学版）2007 年第 1 期。

熊学亮：《认知语言学简述》，《外语研究》2001 年第 3 期。

徐敏：《试论隐喻语义的生成及特征》，《皖西学院学报》2007 年第 4 期。

徐盛桓：《隐喻为什么可能》，《外语教学》2008 年第 3 期。

徐盛桓：《外延内涵传承说》，《外国语》2009 年第 3 期。

徐盛桓：《"A 是 B"的启示——再谈外延内涵传承说》，《中国外语》2010 年第 5 期。

徐盛桓：《再论隐喻的计算解释》，《外语与外语教学》2013 年第 4 期。

徐盛桓：《意向性的认识论意义——从语言运用的视角看》，《外语与外语教学》2013 年第 2 期。

徐先玉：《对 Lakoff & Johnson 隐喻分类的思索》，《中国俄语教学》2010 年第 1 期。

徐晓健：《英语隐喻格的设置及解读策略》，《青岛大学师范学院学报》2004 年第 3 期。

徐秀芝：《试论修辞中的远程比喻》，《北方论丛》2005 年第 3 期。

许保芳、袁凤识：《隐喻能力研究 30 年：回顾与思考》，《解放军外国语学院学报》2012 年第 6 期。

许保芳、于巧丽等：《隐喻能力与语言能力关系的理据分析》，《外语研究》2014 年第 1 期。

延俊荣、潘文：《论"给予"的非典型参与者之建构》，《汉语学习》2006 年第 1 期。

闫铁煌：《隐喻认知中的语义转移》，《长春理工大学学报》（社会科学版）2004 年第 4 期。

颜志科：《俄语隐喻性言语动词的认知分析》，《中国俄语教学》2011 年第 4 期。

杨波、张辉：《跨感官感知与通感形容词研究》，《外语教学》2007 年第 1 期。

杨明天：《俄语的认知研究》，上海外语教育出版社 2004 年版。

杨明天：《观念的对比分析——以俄汉具有文化意义的部分抽象名词为例》，上海译文出版社 2009 年版。

杨信彰：《隐喻的两种解释》，《外语与外语教学》1998 年第 10 期。

杨秀杰：《隐喻及其分类新论》，《外语学刊》2005 年第 3 期。

杨衍松：《隐喻的反用》，《中国俄语教学》2003 年第 2 期。

于广、王松鹤：《隐喻认知解读中的 Figurative Thinking》，《外语学刊》2011 年第 2 期。

余红卫：《隐喻构成与阐释的双域多元性》，《中国外语》2007 年第 4 期。

俞建梁：《论范畴构建的主体间性》，《解放军外国语学院学报》2010 年第 2 期。

曾欣悦：《认知语义学的六个基本特征》，《外语研究》2008 年第 5 期。

张凤：《俄汉空间隐喻比较研究》，《解放军外国语学院学报》2001 年第 1 期。

张凤、高航：《语义研究中的认知观》，《中国俄语教学》2001 年第 1 期。

张红：《政治言语中生理隐喻的认知分析》，《中国俄语教学》2010 年第 4 期。

张红：《俄汉情感言语动词语义—句法对比描写》，《外语学刊》2012 年第 2 期。

张辉、蔡辉：《认知语言学与关联理论的互补性》，《外国语》2005 年第 3 期。

张敏:《思维与智慧》,机械工业出版社 2003 年版。

张莎:《心智和语言建构的世界——古德曼建构主义思想探析》,《外国语言文学》2012 年第 1 期。

张雁:《从物理行为到言语行为:嘱咐类动词的产生》,《中国语文》2012 年第 1 期。

张凤:《俄语前置词的隐喻意义研究》,《中国俄语学教学》2009 年第 2 期。

张殿玉:《多义名词的词义凸显与词项共现研究》,《外语教学与研究》2005 年第 5 期。

张会平、刘永兵:《人际隐喻认知视域下的英汉否定转移现象研究》,《外语教学》2011 年第 5 期。

张家骅:《莫斯科语义学派》,《外语研究》2001 年第 4 期。

张家骅:《新时代俄语通论》(上),商务印书馆 2006 年版。

张家骅:《语义预设与双重否定》,《外语学刊》2013 年第 3 期。

张家骅、彭玉海等:《俄罗斯当代语义学》,商务印书馆 2003 年版。

张建理:《从认知角度看汉语"心"的多义网络》,《修辞学习》2005 年第 1 期。

张建理、朱俊伟:《动词隐喻的本体研究》,《外语教学》2011 年第 1 期。

张帘秀:《俄语动词行为方式与动词体》,《中国俄语教学》2012 年第 3 期。

张绍全:《词义演变的动因与认知机制》,《外语学刊》2010 年第 1 期。

张志军、孙敏庆:《俄语空间参数形容词隐喻意义的认知分析》,《解放军外国语学院学报》2010 年第 2 期。

章宜华:《对外汉语词典多维释义的概念结构探讨——对外汉语词典与〈现代汉语词典〉的对比研究》,《学术研究》2008 年第 5 期。

赵冬生:《韩礼德语境模型与认知隐喻的构建与解读》,《山东外语教学》2012 年第 1 期。

赵蓉:《隐喻阐释的两种新视角及其比较》,《四川外语学院学报》2002 年第 3 期。

赵秀凤:《概念隐喻研究的新发展——多模态隐喻研究——兼评 Forceville & Urios-Aparisi〈多模态隐喻〉》,《外语研究》2011年第1期。

赵秀凤:《语言的主观性研究概览》,《外语教学》2010年第1期。

赵彦春:《隐喻理论批评之批评》,《外语教学与研究》2010年第6期。

赵彦春:《隐喻的维度、机制及归并》,《外语教学》2014年第2期。

赵彦春、黄建华:《隐喻——认知词典学的眼睛》,《现代外语》2000年第2期。

赵艳芳:《语言的隐喻认知结构——〈我们赖以生存的隐喻〉评介》,《外语教学与研究》1995年第3期。

赵艳芳:《认知的发展与隐喻》,《外语与外语教学》1998年第10期。

赵艳芳:《认知语言学研究综述》(一),《解放军外国语学院学报》2000年第5期。

赵艳芳:《认知语言学概论》,上海外语教育出版社2001年版。

周榕:《隐喻认知基础的心理现实性——时间的空间隐喻表征的实验证据》,《外语教学与研究》2001年第2期。

周红民:《论隐喻翻译的认知运作方式》,《外语教学》2004年第1期。

周运会:《论隐喻的模糊性》,《外国语言文学》2013年第4期。

朱彦:《基于意象图式的动词"穿"的多义体系及意义连接机制》,《语言科学》2010年第3期。

朱跃:《论人的认知与语义的不确定性》,《四川外语学院学报》2004年第4期。

朱建新、左广明:《再论认知隐喻和转喻的区别与关联》,《外语与外语教学》2012年第5期。

朱永生、严世清:《语法隐喻理论的理据和贡献》,《外语教学与研究》2000年第2期。

邹虹:《运用语义链理论谈汉俄动词"吃/есть+N"构造的语义延伸》,《中国俄语教学》2010年第4期。

Aristotle, *Rhetoric and poetics*, The Franklin Library, 1981.

Bally, Ch.Traite de stylistique.Geneve, 1964.

Barsalou, L. W., "Adhoc categories", *Memory & Cognition*, 1983,

Vol.11, 211-227.

Barsalou, L.W., Cognitive psychology: An overview for cognitive scientists, Basic Books, 1992.

Black, M., *Models and metaphors: Studies in language and philosophy*, Cornell University Press, 1962.

Black, M., *More about metaphor*, Ortony, A. (ed.) Metaphor and thought.Cambridge University Press, 1979.19-43.

Bolinger, D., *Language—the loaded weapon*, Longman, 1980.

Bowdle, B. F. & Gentner, D., Metaphor Comprehension: From comparison to categorization, in Hahn, M. & Stoness, S. C. (eds.) Proceedings of the twenty-first annual conference of the cognitive science society, Lawrence Erlbaum Associates, 1999, 90-95.

Clausner, T.& W.Croft, "Domains and image schemas", *Cogintive linguistics*, 1999, Vol.10, №1.1-31.

Collins, A.M.& Loftus, E.F., "A spreading activation theory of semantic processing", *Psychological review*, 1975, Vol.82, №6.407-428.

Croft, W. & Cruse, D., *Cognitive linguistics*, Cambridge University Press, 2004.

Evans, V. & Green, M., *Cognitive linguistics: An introduction*, Edinburgh University Press, 2006.

Fauconnier, G.& Turner, M., The way we think—Conceptual blending and the mind's hidden complexities, Basic Books, 2002.

Gibbs, R., *The poetics of the mind*, Cambridge University Press, 1994.

Goalty, A., *The language of metaphor*, Routledge, 1997.

Goldberg, A., *Constructions: A construction grammar approach to argument structure*, University of Chicago Press, 1995.

Goldstein, I.P.& Roberts, R.B.NUDGE, a knowledge-based scheduling program, in Metzing, D. (ed.) Frame conceptions and text understanding, Walter de Gruyter, 1980.

Halliday, M.A.K., *An introduction to functional grammar*, 2-rd edition, Edward Arnold, 1994.

Halliday, M.A.K., Language and the reshaping of human experience, in

B. Dendrinos (ed.) *Proceedings of the Fourth International Symposium on Critical Discourse Analysis*, University of Athens Press, 1995.

Halliday, M.A.K.& Matthiessen C.M.I., *Construing experience through meaning*, Comtimuum, 1999.

Halliday, M.A.K., *The language of science*, Continuum, 2004.

Indurkhya, B., *Metaphors and cognition—An interactionist approach*, Kluwer academic publishers, 1992.

Jackendoff, R., *Semantics and cognition*, The MIT Press, 1983.

Johnson, M., *The body in the mind: The bodily basis of meaning, imagination and reason*, University of Chicago Press, 1987.

Kennedy, J.M., Metaphor — Its intellectual basis, *Metaphor and symbolic activity*, Vol.5, University of Chicago Press, 1990, 115-123.

Kittay, E.F., *Metaphor: its cognitive force and linguistic structure*, Clarendon Press, 1987.

Koller, V., "Metaphor clusters, metaphor chains: Analyzing the multifuctionality of metaphor in text", *Metaphorik de*, 2003, №5.115-134.

Lakoff, G.& Johnson, M., *Metaphors we live by*, The University of Chicago Press, 1980.

Lakoff, G., *Women, fire, and dangerous things: what categories reveal about the mind*, University of Chicago Press, 1987.

Lakoff, G. Cognitive semantics, in Eco, U., Santambrogio, M., & Violi, P. (eds.) *Meaning and mental representation*, Indian University Press, 1988.119-154.

Lakoff, G.& Turner, M., *More than cool reason: A field guide to poetic metaphor*, University of Chicago Press, 1989.

Lakoff, G., The contemporary theory of metaphor, in A. Ortony (ed.) *Metaphor and thought*, 2nd ed., Cambridge: CUP, 1993.202-251.

Lakoff, G.& Johnson, M., *Philosophy in the flesh: The fmbodied mind and its challenge to western thought*, Basic Books, 1999.

Lakoff, G.Cognitive linguistics: What it means and where it is going, 外国语, 2005 年第 2 期。

Langacker, R.W., Foundations of cognitive grammar, Vol. Ⅰ,

Theoretical prerequisites.Stanford university press, 1987.

Langacker R.W., Foundations of cognitive grammar, Vol. II, *Descriptive application*, Stanford University Press, 1991.

Langacker, R.W., *Grammar and conceptualization*, Mouton de Gruyter, 1999.

Langacker, R. W., *Cognitive Grammar: A Basic Introduction*, Oxford University Press, 2008.

Matsui, T., *Bridging and relevance*, John Benjamins Publishing House, 2000.

Ortony, A. (ed), *Metaphor and thought*, Cambridge University Press, 1979.

Panther, K-U., Metonymy as a usage event, in Kristiansen, G. (ed.) *Cognitive linguistics: current applications and future perspectives*, Monton de Gruyter, 2006, 147-185.

Pavio, A. & Walsh, M., Psychological processes in metaphor comprehension and memory, in Ortony, A. (ed.) *Metaphor and thought* (2nd ed.), Cambridge University Press, 1993, 307-328.

Quine, W.O., Natrual kinds, in Schwartz, S.P. (ed.) *Naming, necessity, and natural kinds*, Cornell University Press, 1977.

Radden G., Kovecses Z., Towards a theory of metonymy, in Panther, K.U.& Radden, G.. (eds.) *Metonymy in language and thought*, John Benjamin Publishing Company, 1999, 17-59.

Rakova, M., *The Extent of the literal-metaphor, polysemy and theories of concept*, Peking University Press, 2004.

Ravelli, L., Grammatical metaphor: An initial analysis, in Steiner, E. & Veltman, R. (eds.) *Pragmatics, discourse and text: some systemically-inspired approaches*, Pinter publishers, 1988.133-147.

Richards, I.A., *The Philosophy of rhetoric*, Oxford University Press, 1965.

Richards, I.A. & Orgden, C.K., *The meaning of meaning*, Harcourt Brace Jovanovich Publishers, 1989.

Saeed, J.I., *Semantics*, Blackwell publishers, 1997.

Santibanez, F., *The object image-schema and other dependent schemas,*

Atlantis, 2002, №2, 183-201.

Sarup, M., *Jacques lacan*, Harvester Wheatsheaf, 1992.

Sweetser, E., *From etymology to pragmatics: metaphorical and cultural aspects of semantic structure*, Cambridge University Press, 1990.

Taylor, J. R., *Linguistic categorization: prototypes in linguistic theory* (2nd ed.), Oxford University Press, 1997.

Taylor, J.R., *Cognitive grammar*, OUP, 2002.

Tourangeau, R.& Sternberg, R.J., *Understanding and apperciating metaphors*, Cognition, 1982, №11.203-244.

Ullmann, S., *Semantics: An introduction to the science of meaning*, Basil Blackwell, 1962.

Ungerer, F.& Schmid, H.J. An introduction to cognitive linguistics.外语教学与研究出版社, 2001年。

Vyvyan, E.& Melanie, G., *Cognitive Linguistics: An introduction*, Edinburgh University Press, 2006.

Whittock, T., *Metaphor and film*, Cambridge University Press, 1990.

Yu, N., *The Contemporary theory of metaphor: A perspective from Chinese*, John Benjamings, 1998.

Авдевнина, О. Ю., Семантика 《Состояние V. Действие》 в содержнии перцептивных глаголов, Известия Саратовского государственного университета. Филология. Журналистика, 2012, №1. Вып. 2, 10-18.

Александровна, М. Б., Когнитивная метафора в научном тексте. МГУ, 2005.

Алефиренко, Н.Ф., Спорные проблемы семантики.Гнозис, 2005.

Алиева, М.П., Типы объектных отношений и средства их выражения в современном русском языке.Наука, 1989.

Алиева, С.А., Функционально-семантический анализ звукоподражательной лексики в современном русском языке.Автореферат.Дагестанский государственный университет, 1997.

Алтапов, В.М., Об антропоцентричном и системоцентричном подходах к языку, Вопросы языкознания, 1993, №3, 15-26.

Андерсон, Р. Д., Каузальная сила политической метафоры, Будаев, Э. В., Чудинов, А. П. (ред.) Политическая лингвистика, Вып.20, Екатеринбург, Уральский государственный педагогический университет, 72-91.

Антонова, С.М., Глаголы говорения - динамическая модель языковой картины мира: опыт когнитивной интерпретации. Изд - во ГрГУ, 2003.

Апресян, В.Ю., Эмоции: современные американские исследования, Семеотика и информатика, Языки русской культуры, 1995. Вып. 34, 82-97.

Апресян, В.Ю., Апресян, Ю.Д.Метафора в семантическом представлении эмоций, Вопросы языкознания, 1993, №3, 27-35.

Апресян, Ю.Д., Экспериментальное исследование семантики русского глагола.Наука, 1967.

Апресян, Ю.Д., 1995а Избранные труды (т.II).Интегральное описание языка и системная лексикография.Языки русской культуры, 1995.

Апресян, Ю.Д., 1995b Избранные труды (т.I).Лексическая семантика: Синонимические средства языка. 2 - е издвание, исправленное и дополненное.Языки русской культуры, 1995.

Апресян, Ю. Д., Новый объяснительной словарь синонимов русского языка. Второе издание, исправленное и долполненное. Языки славянской культуры, 2003.

Апресян, Ю. Д., О Московской семантической школе, Вопросы языкознания, 2005, №1, 3-30.

Апресян, Ю. Д., Языковая картина мира и системная лексикография.Языки славянских культур, 2006.

Апресян, Ю. Д., Семантические основы глагольного управления, Славистический сборник Матице Сербской, Отделение литературы и языка, Нови Сад, 2007, 49-62.

Апресян, Ю. Д., Исследования по семантике и лексикографии. Языки славянских культур.2009.

Апресян, Ю. Д., Грамматические категории глагола в активном словаре, Воейкова, М.（ред.）От значения к формве, от формы к значению: Сборник статей к 80-летию члена-корреспондента РАН А.В.Бондарко, Языки славянских культур, 2012, 15-31.

Арутюнова, Н.Д., 1978a Синтаксические функции метафоры, Известия АН СССР.Серия литературы и языка, 1978, №3, 251-262.

Арутюнова, Н. Д., 1978b Функциональные типы языковой метафораы, Известия АН СССР.Серия литературы и языка, 1978, №4,. 333-343.

Арутюнова, Н.Д., Языковая метафора（синтаксис и лексика）, Григорьев, В. П.（ред.）Лингвистика и поэтика, Наука, 1979, 147-173.

Арутюнова, Н.Д., Проблемы функциональных типов лексического значения, Арутюнова, Н.Д., Уфимцева, А.А.（ред.）Аспекты семантических исследований, Наука, 1980, 156-249.

Арутюнова, Н. Д., Типы языковых значений: Оценка. Событие. Факт.Наука, 1988.

Арутюнова, Н. Д.," Полагать " и " видеть "（К проблеме смешанных пропозициональных установок）, Арутюнова, Н. Д.（ред.）Логический анализ языка.Проблемы интенсиональных и прагматических контекстов, Наука, 1989, 7-30.

Арутюнова, Н.Д., 1990a Тождество и подобие（Заметки о взаимодействии концептов）, Арутюнова, Н. Д.（ред.）Логический анализ языка.Тождество и подобие.Сравнение и идентификация, АН СССР Институт языкознания, 1990, 7-32.

Арутюнова, Н.Д., 1990b Метафора и дискурс, Арутюнова, Н.Д., Журинская, М.А.（ред.）Теория метафоры, Прогресс, 1990, 5-32.

Арутюнова, Н.Д., Язык и мир человека.Языки славянской культуры, 1998.

Арутюнова, Н. Д., 2002a Метафора, Ярцева, В. Н.（ред.）Большой энциклопедический словарь.Языкознание, Большая Российская энциклопедия, 2002.

Арутюнова, Н. Д., 2002b Проблемы семантического анализа

лексики, Крысин, Л.П. (ред.) Тезисы докладов международной конференции 《Пятые Шмелевские чтения》, Русские словари, 2002.

Арутюнова, Н. Д., Предложение и его смысл. Едиториал УРСС, 2005.

Архенова, Н. А., Метафора в когнитивном аспекте, Вестник МГОУ, Серия 《Русская филология》, 2010, № 2, 7-12.

Бабенко, Л. Г., Волчкова, И. М. и др. Толковый словарь русских глаголов: Идеографическое описание. АСТ-ПРЕСС, 1999.

Бабенко, Л. Г., Волчкова, И. М. и др. Толковый словарь русских глаголов: Идеографическое описание. Синонимы. Антонимы. Английские эквиваленты. АСТ-ПРЕСС Книга, 2009.

Балашова, Л.В., Когнитивный тип метафоры в диахронии (На материале перцептивной лексики русского языка), Вестник Омского универсистета, 1999. №4, 81-84.

Балли, Ш., Французская стилистика. Издательство иностранной литературы, 1961.

Баранов, А. Н., Внутренняя форма в значении и толковании идиом: тавтология или часть семантики?, Известия РАН. Серия литературы и языка, 2010, №3, 3-15.

Баранов, А. Н., Лингвистика намека, Ляпон, М. В. (Отв. ред.) Язык как материя смысла: Сборник статей к 90-летию академика Н.Ю. Шведовой, ИЦ Азбуковник, 2007.

Баранов, А. Н., О типах сочетаемости метафорических моделей, Вопросы языкознания. 2003, №2, 73-94.

Барану, В. И., Оценка, модальность, прагматика, Сусов, И. П. (Отв. ред.) Языковое общение: Единицы и регулятивы, Калининский государственный университет, 1987.

Белошапкова, В.А., и др. Современный русский язык. Высшая школа, 1989.

Бессарабова, Н. Д., Метафора как языковое явление, Розенталь, Д.Э. (ред.) Значение и смысл слова, Наука, 1987, 156-173.

Блэк, М., Метафора, Арутюнова, Н. Д., Журинская, М. А.

(ред.) Теория метафоры, Прогресс, 1990.

Богданова, Л.И., Зависимость формы актантов от семантических свойств русских глаголов.Диалог-МГУ, 1998.

Болдырев, Н.Н., Когнитивнаясемантика.Издательство ТГУ, 2000.

Болдырев, Н.Н., Когнитивная семантика: Курс лекций по английской филологии.Изд-во Тамб.гос.ун-та им.Г.Р.Державина, 2002.

Болдырев, Н.Н., Концептуальное пространство когнитивной лингвистики, Вопросы когнитивной лингвистики, 2004, № 1, 18-36.

Болотов В.И.А.А., Потебня и когнитивная лингвистика, Вопросы языкознания, 2008, №2, 82-96.

Бородина, М.А., Гак, В.Г.К типологии методике историко-семантических исследований (На материале лексики французского языка). Наука, 1979.

Бранко, Т., Экспрессивный синтаксис глагола. Языки славянской культуры, 2006.

Будаев, Э.В.," Могут ли метафоры убивать?"?: Прагматический аспект политической метафорики, Будаев, Э. В., Чудинов, А. П. (ред.) Политическая лингвистика, Вып.20, Екатеринбург, Уральский государственный педагогический университет, 2006, 67-74.

Будаев, Э.В., Становление когнитивной теории метафоры, Чудинов, А.П. (ред.) Политическая лингвистика, Вып. (1) 21, Екатеринбург, Уральский государственный педагогический университет, 2007, 16-32.

Будаев, Э. В., Чудинов, А. П. 2007а Метафора в педагогическом дискурсе: современные зарубежные исследования, Чудинов, А. П. (ред.) Политическая лингвистика, Вып. (1) 21, Екатеринбург, Уральский государственный педагогический университет, 2007, 69-75.

Будаев, Э. В., Чудинов А. П. 2007b Метафоры, которыми мы живем: преобразования прецедентного названия, Чудинов, А. П. (ред.) Политическая лингвистика, Вып. (2) 22, Екатеринбург, Уральский государственный педагогический университет, 2007, 99-106.

Булыгина, Т.В., Шмелев, А.Д. Языковая концептуализация мира

(на материала русской грамматики).Языки русской культуры, 1997.

Бурмистрова, М.А., Когнитивная метафора в научном тексте.Электронный ресурс.Дис. …канд.филол.наук.10.02.04.РГБ, 2005.

Буслаев, Ф.И., Историческая грамматика русского языка.Учпедизд., 1959.

Васильев, Л.М., Семантика русского глагола.Высшая школа, 1981.

Вежбицкая, А., Сравнение—градация—метафора, Арутюнова, Н.Д., Журинская, М.А. (ред.) Теория метафоры, Прогресс, 1990.

Верхотурова, Т.Л., Динамика взаимодействия обыденной и научной картины мира, Крввчено, А.В. (Гл.ред.) Studia linguistica cognitiva, Вып. 3. Когнитивная динамика в языковых взаимодейтвиях, ФЛИНТА, Наука, 2013.

Гаврилова, В.И., Семантика "начала" в спектре значений глаголов открыть/открыться, раскрыть/раскрыться, Арутюнова, Н.Д. (ред.) Логический анализ языка.Семантика начала и конца, Индрик, 2002, 195-210.

Гак, В.Г., К проблеме общих семантических законов, Степанов, Ю.С. (ред.) Общее и романское языкознание, Изд-во МГУ, 1972, 144-158.

Гак, В.Г., Сопоставительная лексикология.Наука, 1977.

Гак, В.Г., Метафора: универсальное и специфическое, Телия, В.Н. (Отв.ред.) Метафора в языке и тексте, Наука, 1988, 11-26.

Гак, В.Г., Пространство мысли (опыт систематизации слов ментального поля), Арутюнова, Н.Д., Рябцева, Н.К. (ред.) Логический анализ языка.Ментальные действия, Наука, 1993, 22-29.

Гак, В.Г., Лексическое значение слова, Ярцева, В.Н. (ред.) Большой энциклопедический словарь. Языкознание, Большая Российская энциклопедия, 2002.

Глазунова, О.И., Логика метафорических преобразований.Питер, 2000.

Глебкин, В.В., Лексическая семантика: культурно-исторический подход.Центр гуманитарных инициатив, 2012.

Голуб, И.Б., Русский язык. Звуки. Буквы. Слова. Голуб, И.Б., Кохтев, Н.Н. и др. (ред.) Книга о языке для любознательных, АО《Столетие》, 1998, 30-40.

Демьянков, В.З., Когнитивная лингвистика как разновидность интерпретирующего подхода, Вопросы языкознания, 1994, №4, 17-33.

Долгова, И. А., Метафорическая модель перемещения в пространстве как средство характеристики жизни и деятельности человека. Дис. ... канд. филол. наук. 10. 02. 01. Самарский государственный университет, 2007.

Друлак, П., Метафора как мост между рациональным и художественным, Будаев, Э. В., Чудинов, А. П. (ред.) Политическая лингвистика, Вып.20, Екатеринбург, Уральский государственный педагогический университет, 2006, 136-151.

Дубин, Б.В., Две главные метафоры. http://philosophy.ru/library/ortega/kant.html.1991.

Дэвидсон, Д., Что означают метафоры, Арутюнова, Н.Д., Журинская, М.А. (ред.) Теория метафоры, Прогресс, 1990, 172-193.

Жоль, К.К., Мысль. Слово. Метафора. Проблемы семантики в философском освещении. Наукова думка, 1984.

Журавлев, А. Ф., Технические возможности русского языка в области предметной номинации, Шмелев, Д.Н., Журавлев, А.Ф. и др. (ред.) Способы номинации в современном русском языке, Наука, 1982.

Зализняк, Анна А., Метафора движения в концептуализации интелликтуальной деятельности, Арутюнова, Н. Д., Шатуновский И. Б. (ред.) Логический анализ языка. Динамика мира в разных культурах и языках, Международный университет природы, общества и человека Дубна, 1999, 312-318.

Зализняк, Анна А., Преодоление пространства в русской картине мира: глагол *добираться*, Арутюнова Н.Д. (ред.) Логический анализ языка. Языки пространства, Языки русской культуры, 2000, 30-37.

Зализняк, Анна А., Феномен многозначности и способы его описания, Вопросы языкознания, 2004, № 2, 20-45.

Зализняк, Анна А., *Внутренняя форма* // Энциклопедия 《Кругосвет》.www.rurgosvet.ru.2005.

Зализняк, Анна А., Многозначность в языке и способы ее представления.Языки славянских культур, 2006.

Зализняк, Анна А., Русская семантика в типологической перспективе.Языки славянской культуры, 2013.

Золотова, Г.А., Очерк функционального синтаксиса русского языка.Наука, 1973.

Золотова, Г.А., Синтаксический словарь.Наука, 1988.

Зубкова, О.С., Некоторые когнитивные аспекты формирования метафоры.УДК 81`23, 2010.

Иорданская, Л.Н., Лексикографическое описание русских выражений, обозначающих симптомы чувств, Машинный перевод и прикладная лингвистика, Вып.16, МГПИИЯ им.Мориса Тореза, 1972, 3-30.

Иорданская, Л.Н., Мельчук И.А.К семантике русских причинных предлогов (из-за любви – от любви – из любви – с любви – по любви), Янко, Т.Е. (ред.) Москвоский лингвистический журнал, Т.2, РГГУ, 1996, 162-211.

Калашникова, Л.В., Метафора – адаптивный механизм процесса познания.//Понимание в коммуникации. Язык. Человек. Концепция. Текст: Тезисы докладов международной научной конференции.http://uni-persona.srcc.msu.ru/site/conf/conf_07/thesis-07.htm#_ftn13.2007.

Касаткин, Л.Л., Крысин, Л.П., Лекант, П.А.и др.Русский язык. Издательский центр 《Академия》, 2001.

Кассирер, Э., Сила метафоры, Арутюнова, Н.Д., Журинская, М.А.(ред.) Теория метафоры, Прогресс, 1990, 33-43.

Кацнельсон, С.Д., Категории языка и мышления: Из научного наследия.Языки славянской культуры, 2001.

Кацнельсон, С.Д., Содержание слова, значение и обозначение. Изд.3-е.Эдиториал УРСС, 2011.

Кириллова, Н. О., Метафорические номинации в семантическом поле глаголов речи, Вестник СамГУ, 2006, №10/2 (50), 140-147.

Клименова, Ю.И., Интегрированный подход к исследованию метафоры, Известия Российского государственного педагогического университета им. А. И. Герцена. Серия Общественные и гуманитарные науки, 2009, № 96, 201-205.

Клобуков, П. Е., Метафора как концептуальная модель формирования языка эмоций, Красных, В. В., Изотов, А. А. (ред.) Язык, сознание, коммуникация, Вып.2, 《Филология》, 1997.

Кобозева, И.М., Мысль и идея на фоне категоризации метальных имен, Арутюнова, Н.Д., Рябцева, Н.К. (ред.) Логический анализ языка: Метальные действия, Наука.1993, 95-105.

Кобозева, И. М., Лингвистическая семантика. Эдиториал УРСС, 2000.

Комлев, Н.Г., Компоненты содержательной структуры слова. Изд. 3-е.КомКнига, 2006.

Корольков, В. И., Семасиологическая структура метафоры, Ученые записки 1-го МГПИИЯ им.Мориса Тореза.Т.41.Труды кафедры русского языка, МГУ, 1968, 49-72.

Кравченко, А.В., От языкового мифа к биологической реальности: переосмысляя познавательные установки языкознания.Рукописные памятники Древней Руси, 2013.

Крейдлин, Г. Е., Семиотическая концептуализация человеческого тела (теория и методология анализа), Крввчено, А. В. (Гл. ред.) Studia linguistica cognitiva.Вып.3.Когнитивная динамика в языковых взаимодейтвиях, ФЛИНТА, Наука, 2013.

Кронгауз, М.А., Семантика.Издательский центр 《Академия》, 2005.

Кубрякова, Е.В., Демьянков, В.З.и др.Краткий словарь когнитивных терминов.МГУ, 1996.

Кубрякова, Е. С., Язык и знание. На пути получения знаний о языке: Части речи с когнитивной точки зрения.Роль языка в познании мира.Языки славянской культуры, 2004.

Кубрякова, Е.С., В поисках сущности языка.Когнитивные исследования.Знак, 2012.

Кубрякова, Е. С., и др. Проблемы естественной категоризации в языке.Глава III.В кн.: Отв.ред.Бондарко, А.В.и др.Проблемы функциональной грамматики: Принцип естественной классификации, Языки славянской культуры, 2013.

Кулиев, Г.Г., Метафора и научное познание.Элм, 1987.

Кураш, С.Б.Метафора и её пределы: микроконтекст—текст—интертекст.МозГПИ, 2001.

Куслий, П.С., Разгадка контекстов мнения в семантике, Касавин, И.Т., Куслий, П. С. (ред.) Языка—знание—реальность, Альфа-М, 2011, 184-200.

Кустова, Г.И., Когнитивные модели в семантической деривации и система производных значений, Вопросы языкознания. 2000, №4, 85-109.

Кустова, Г.И., О семантическом потенциале слов энергетической и экспериенциальной сферы, Вопросы языкознания, 2005, №3, 53-79.

Кустова, Г.И., Валентности и конструкции прилагательных, Под ред.Лауфер, Н.И. и др.Компьютерная лингвистика и интеллектуальные технологии: Труды международной конференции《Диалог´2006》, Изд-во РГГУ, 2006.

Лагута, О.Н., Метафорология: теоретические аспекты (Часть 2). Новосиб.гос.ун-т.Новосибирск, 2003.

Лакофф, Дж., Когнитивное моделирование, Под ред.Петрова, В. В.Язык и интеллект, Прогресс, 1996, 143-184.

Лайонз, Дж., Лингвистическая семантика: Введение.Пер.с англ.Морозова, В.В., Шатуновского, И.Б.Языки славянской культуры, 2003.

Лакофф, Дж., Женщины, огонь и опасные вещи: Что категории языка говорят нам о мышлении: Пер.с англ.Шатуновского, И.Б.Языки славянской культуры, 2004.

Лакофф, Дж., Джонсон М.Метафоры, которыми мы живём.Пер.с

англ. А. Н. Баранова, А. В. Морозовой. М., Языки славянской культуры, 2004.

Лассан, Э., О формах существования концептуальных метафор как индикаторах силы и бессилия общества, Чудинов, А.П. (ред.) Политическая лингвистика, Екатеринбург, Уральский государственный педагогический университет, 2010, №1 (31), 24-33.

Левин, Ю. И., Структура русской метафоры, Лотман, Ю. М. (Отв.ред.) Труды по знаковым системам.Том 2, Издательство Тартуского университета, 1965, 293-299.

Левин, Ю. И., Избранные труды: Поэтика. Семантика. Языки русской культуры, 1998.

Лихачева А., О семантической параметризации русских номинаций говорения.Studies About Language (Kalby Studijos), issue: 13/2008.21-26.On www.ceeol.com.

Майсак, Т.А., Типология грамматикализации конструкций с глаголами движения и глаголами позиции.Языки славянских культур, 2005.

Маслова, В. А., Введение в когнитивную лингвистику. Флинта, Наука, 2006.

Меркулов, И.П., Когнитивная наука // Новая философская энциклопедия (в четырех томах).Т.2.Мысль, 2001.

Моисеева, С.А., Особенности семантики глаголов восприятия в языке и речи (На западнороманском языковом материале).http: //archive.nbuv.gov.ua/portal/soc_ gum/VKnlu/fil/2009_ 1/13.

Моисеева, С. А., Семантическое поле глаголов восприятия в западно-романских языках.Изд-во Белгородского государственного университета, 2005.

Москвин, В.П., Русская метафора. Семантическая, структурная, функциональная классификация.Перемена, 1997.

Москвин, В.П., Русская метафора: Очерк семиотической теории. Изд.2-е, перераб.и доп.ЛЕНАНД, 2006.

Никитин, М.В., О семантике метафоры, Вопросы языкознания. 1979, №1, 91-102.

Никитина, С. Е., Семантический анализ языка науки: На материале лингвистики. Изд. 2-е, испр. и доп. Книжный дом 《ЛИБРОКОМ》, 2010.

Никонова, М.Н., Соременный русский язык. ОмГТУ, 2008.

Опарина, Е.О., Исследование метафоры в последней трети XX в., Березин Ф.М. (Отв. ред.) Лингвистические исследования в конце XX в., ИНИОН РАН, 2000, 186-204.

Падучева, Е.В., Семантические исследования. Языки русской культуры, 1996.

Падучева, Е.В., Парадигма регулярной многозначности глаголов звука, Вопросы языкознания, 1998. № 5, 3-23.

Падучева, Е.В., Метонимические и метафорические переносы в парадигме глагола *назначить*, Рахилина, Е.В., Тестелец, Я.Г. (ред.) Типология и теория языка. От описания к объяснению. К 60-летию А.Е. Кибрика, Языки русской культуры, 1999, 488-502.

Падучева Е.В., Динамические модели в семантике лексики. Языки славянской культуры, 2004.

Падучева, Е.В., Наблюдатель: типология и возможные трактовки, Лауфер, Н.И., Нариньяни, А.С., Селегей, В.П. (ред.) Компьютерная лингвистика и интеллектуальные технологии: Труды международной конференции 《Диалог 2006》, Наука, 2006, 403-413.

Пенсина, С.А., Полисемия в когнитивном аспекте. РГПУ им. А.И. Герцена, 2005.

Перцова, Н.Н., К понятию 《вещной коннотации》, Под ред. Иванова, Вяч. Вс. Вопросы кибернетики. Язык логики и логика языка. Вып. 166, Наука, 1990, 96-105.

Петренко, В.Ф., Психосемантика сознания. Московский университет, 1988.

Плотникова, А.М., Когнитивная лингвистика. Изд-во Урал. ун-та, 2008.

Плунгян, В.А., Рахилина, Е.В. Полисемия служебных слов: предлоги *черези сквозь*, Русистика сегодня, 1996, № 3, 1-17.

Плунгян, В. А., Рахилина, Е. В. По поводу "локалистской" концепции значения: предлог *под*, Пайар, Д., Селиверстова, О. Н. (ред.) Исследования по семантике предлогов, Русские словари, 2000, 115-133.

Плунгян, В.А., Приставка *под*-в русском языке: к описанию семантической сети.Глагольные префиксы и префиксальные глаголы, Московский лингвистический журнал, Т.5, №1, 2001, 95-124.

Попова, З. Д., Стернин И. А. Когнитивная лингвистика. АСТ: Восток-Запад, 2007.

Попова, З.Д., Стернин И.А.Очерки по когнитивной лингвистике. Истоки, 2001.

Рахилина, Е. В., Когнитивная семантика: история, персоналии. Идеи.Результаты, Семиотика и информатика.Вып.36, Языки русской культуры, 1998, 274-318.

Рахилина, Е.В., Когнитивный анализ предметных имен: семантика и сочетаемость.Русские словари, 2000.

Рахилина, Е.В., Основные идеи когнитивной семантики, Кибрик, А.А., Кобозева, И.М.и др. (ред.) Современная американская лингвистике: функциональные направления, Эдиториал УРСС, 2002.

Рахилина, Е. В., Плунгян, В. А. Конструкция анекдота с точки зрения грамматики конструкций, Известия РАН.СЛЯ, 2009, Том 68, №5, 47-54.

Рикёр, П., Живая метафора, Арутюнова, Н.Д., Журинская, М. А. (ред.) Теория метафоры, Прогресс, 1990.

Ричардс, А., Философия риторики, Арутюнова, Н. Д., Журинская, М.А. (ред.) Теория метафоры, Прогресс, 1990.

Розина, Р., Объект, средство и цель в семантике глаголов полного охвата, Вопросы языкознания, 1994, №5, 56-66.

Розина, Р.И.,Движение в физическом и ментальном пространстве, Арутюнова, Н.Д., И.Б.Шатуновский (ред.) Логический анализ языка: Языки динамического мира, Международный университет природы, общества и человека 《Дубна》, 1999, 108-118.

Розина, Р. И., Семантическое развитие слова в русском литературном языке и современном сленге.Азбуковник, 2005.

Рудакова, А. В., Когнитология и когнитивная лингвистика.《Истоки》, 2004.

Русакова, М.В., Элементы антропоцентрической грамматики русского языка.Языки славянской культуры, 2013.

Рябцева, Н. К., Новые идеи в когнитивной лингвистике, Болдырев, Н.Н. (ред.) Филология и культура.Материалы III международной научной конференции. Часть 2, Тамбовский государственный университет им.Г.Р.Державина, 2001, 14–17.

Сагова, М.Б., Метафора как средство формирования зооморфной характеристики фразеологизма.http：//www.pglu.ru/lib/publications/University_ Reading/2008/II/uch_ 2008_ II_ 00057.2014.

Сафонова, И.А., Модуляционно-деривационные семантиские изменения древнерусских глаголов восприятия.Российский государственный университет имени Иммануила Канта, 2008.

Северская, О.И., Метафора, Григорьев, В.П. (ред.) Очерки истории языка русской поэзии XX века：Тропы в индивидуальном стиле и поэтическом языке, Наука, 1994.

Сергеевна, Н. К., Роль метафоры в развитии лексико - семантической системы языка и языковой картины мира（На материале английских и русских неологизмов）.Автореферат диссертации на соискание ученой степени кандидата филологических нау.Саратовский государственный университет им.Н.Г.Чернышевского, 2007.

Скляревская, Г.И., Языковая метафора в словаре.Опыт системного описания, Вопросы языкознания, 1987, № 2, 58–65.

Скляревская, Г.Н., Метафора в системе языка.Наука, 1993.

Сковоридников, А.П., Копина, Г.А.Экспрессивность и выразительность языка средств массовой информации.Издательство МГУ, 2004.

Стародубец, С.Н., Этнокультурная основа метафоры и символа — базовое средство концептуализации в дискурсе И. А. Ильина, Вестник МГОУ, Серия《Русская филология》, № 3, 2007, 32–42.

Степанов, Ю.С., В трехмерном прстранстве языка: Семиотические проблемы лингвистики, философии, искусства.Наука, 1985.

Степанова, Г.В., Шрами, А.Н.Введение в семасиологию русского языка.http: //jgreenlamp.narod.ru/step_ ch2_ b.htm.2014.

Телия, В.Н., Вторичная номинация и её виды, Серебренников, Б.А. (ред.) Языковая номинация, Наука, 1977.

Телия, В.Н., Типы значений.Связанное значение слова в языке. Наука, 1981.

Телия, В.Н., Коннотативный аспект семантики номинативных единиц.Наука, 1986.

Телия, В.Н., Метафоризация и её роль в создании языковой картины мира, Серебренников, Б.А. (ред.) Роль человеческого фактора в языке: Язык и картина мира, Наука, 1988, 173-205.

Телия, В.Н., К проблеме связанного значения слова: гипотезы, факты, перспективы, Степанов, Ю.С., Земская, Е.А., Молдован, А.М. (ред.) Язык—система. Язык—текст. Язык—способность: сб. статей к 60-летию члена-корреспондента РАН Ю.Н.Караулова, Языки русской культуры, 1995.

Тихонов, А.Н., Хашимов, Р.И.и др.Энциклопедический словарь-справочник лингвистических терминов и понятий (т.I).Филинта, 2008.

Топоров, В.Н., Тропы, Ярцева, В.Н. (ред.) Большой энциклопедический словарь.Языкознание, Большая Российская энциклопедия, 2002.

Топорова, Т.В., Семантическая мотивировка концептуально-значимой лексики в древнеисландском языке. Автореф. дисс. канд. филол. наук.М., 1985.

Тэффи, Н.А., Все о любви: Рассказы.Повесть.Роман.Политиздат, 1991.

Уилрайт, Ф., Метафора и реальность, Арутюнова, Н.Д., Журинская, М.А. (ред.) Теория метафоры, Прогресс, 1990, 82-119.

Ульман, С., Семантические универсалии, Успенский, Б.А. (Отв. ред.) Новое в лингвистике.Вып.5, Прогресс, 1970, 250-299.

Урысон, Е.В., 2003а Проблемы исследования языковой картины

мира. Аналогия в семантике. Языки славянской культуры, 2003.

Урысон, Е.В., 2003b Мысль, Апресян, Ю.Д. (ред.) Новый объяснительный словарь синонимов русского языка. Второе издание. Языки славянской культуры, 2003, 551-556.

Успенский, В.А., О вещных коннотациях абстрактных существительных, Михайлов, А.И. (ред.) Семиотика и информатика, ВИНИТИ, 1979, Вып.11, 142-148.

Феофилактова, С.Ю., Метафора в поэтическом тексте О.Э.Мандельштама (На материале сборника 《Камень》). Дис.. канд. филол. наук. Литературный институт имени А.М.Горького, 2008.

Фернандес-Дюк, Д., Джонсон, М.Л. Метафоры внимания: Как метафоры определяют путь когнитивной психологии внимания (с сокращениями). Перевод с англ. Е.В. Печенковой, Vol. 23. Cognitive Science, 1999, 83-116.

Филлмор, Ч., Основные проблемы лексической семантики, Звегицев, В.А. (Отв. ред.) Новое в зарубежной лингвистике. Вып. XII. Прикладная лингвистика, Радуга, 1983, 74-122.

Фурашова, Н.В., О когнитивных механизмах развития многозначности слова, Рябцева, Н.К. (Отв. ред.) Горизонты современной лингвистики. Традиции и новаторство. Сборник в честь Е.С. Кубряковой, Языки славянских культур, 2009, 568-580.

Харченко, В.К., Функция метафоры. Издательство Воронежского государственного университета, 1992.

Черкасова, Е.Т., Опыт лингвистической интерпретации тропов, Вопросы языкознания. 1963, № 2, 28-38.

Чернейко, Л.О., Лингво-философский анализ абстрактного имени. Изд-во МГУ им. М.В.Ломоносова, 1997.

Шатуновский, И.Б., Проблемы русского вида. Языки русской культуры, 2009.

Шатуновский, И.Б., 2012a О трояком делении в области мнения в русском языке. Лекция 《Язык и мысль》 (I). Харбин, 2012.

Шатуновский, И.Б., 2012b Глаголы мысли и вид. Лекция 《Язык и мысль》(Ⅱ).Харбин, 2012.

Шаховский, В.И., Категоризация эмоций в лексико-семантической системе языка.Издательство Воронежского университета, 1987.

Шаховский, В. И., Типы значений эмотивной лексики, Вопросы языкознания, 1994, №1, 20-25.

Шахнаров, А. Л., Психолингвистика: когнитивные аспекты, Кубрякова, Е.С., Болдырев, Н.Н., Позднякова, Е.М. (ред.) Традиционные проблемы языкознания в свете новых парадигм знания - Материалы круглого стола, ИЯ РАН, 2000, 120-122.

Шилков, Ю. М., Язык и познание: Когнитивные аспекты. Владимир Даль, 2013.

Шмелев, Д. Н., Проблемы семантического анализа лексики. ЛКИ, 2007.

Якушкина, Е. И., Лексическая типология глаголов понимания в славянских литературных языках, Известия РАН.Серия литературы и языка, 2010, №3, 21-29.